KB052423

한 권으로 읽는
한국의 야사

한 권으로 읽는
韓國野史
한국의 야사

김형광 엮음

우리가 알고 있는 역사 그것은 반쪽짜리에 불과하다. 승자들이 왜곡한 패자들의 역사적
진실, 지배계층이 기만한 민초들의 삶에 대한 이야기는 그동안 역사의 주변부로 밀려나
역사 기록에서 철저히 무시되고 배제되어 왔다. 여기 우리의 머릿속에 정형화된
모습으로 박혀 있는 역사적 지식에 생기를 더해 줄 이야기가 우리를 먼 역사로의 여행에
단숨에 빠져들게 한다.

야사野史는 역사의 이면裏面에 흐르는 이야기이다. 설화적인 분식粉飾
이 다분한 내용도 있지만 정사正史에는 기록되지 못한 민초들의 투박한
삶의 모습도 잘 투영되어 있는 것이 야사의 특징이다. 더구나 정사는 승
자의 기록이라는 점에서 당시의 실상과 반드시 일치한다고 볼 수 없는
측면이 있다.

여기에 확실한 근거가 부여되지는 못하지만 야사의 존재 이유가 있는
것이다. 더구나 야사는 입에서 입으로 전승되어진 이야기들이기 때문에
그 어떤 정사 못지않게 나름대로의 생명력을 갖춘 역사의 실체일 수도
있다. 역사를 들여다보면 여러 가지 정황이나 여건으로 보았을 때 기록
된 내용이 과연 사실일까 하는 의구심이 들 때가 간혹 있기 때문이다.

정보가 많이 공개되어 있다는 요즈음에도 신문지상에 보도되는 정치
적 사건들에 있어서 믿어지지 않는 대목이 있는 것이 현실인 것을 보면
이해하기 쉬울 것이다. 하물며 추적하여 진실을 밝혀 내기 쉽지 않은 과
거의 일에 있어서야 어찌 이설異說이 없을 수 있겠는가?

물론 풍문으로 역사 자체를 모두 함몰시킬 수는 없다. 또한 이미 토
대 지어진 역사의 기록을 왜곡된 시선으로만 바라봐서도 안 된다. 그러
나 뒷이야기로 전해지는 야사의 존재 자체도 역사의 한 모습임을 인정
해야 된다는 점을 말하고 싶다.

5

그런데도 우리는 지금까지 야사를 심심풀이 옛이야기 정도로 치부하는 경향이 있다는 것을 부인할 수 없다. 삼류소설에서 느끼는, 흥미를 탐하는 시각으로 야사를 보아서는 그 진면목을 참되게 이해하기 어렵다. 혹여 야사가 꾸며진 이야기라고 할지라도 그 이야기에 선조들의 삶의 모습이 투영되어 있음을 간과해서는 안 된다. 다시 말하면 야사에는 그 시대 사람들의 인간과 세상을 보는 시각이 그대로 녹아 흐르고 있음을 알아야 한다. 옳고 그름에 대한 근저根柢가 거기에 있고 실체적 사실이 부정적인 모습일 때는 바람의 갈망이 그곳에 있다.

이 책에 소개되는 한국의 야사들은 필자가 이야기 형식으로 재구성한 것이다. 어차피 정사처럼 건조乾燥한 사실의 나열이 아닐 바에야 재미있게 윤색되는 것이 독자들이 읽기에도 편하기 때문이다.

다만 극적 구성의 효과를 위해 차용한 이야기 형식의 전개가 야사에 대한 허구적 편견을 증폭시키지나 않을까 우려될 뿐이다. 그렇지만 독자들의 이해를 돕기 위해 나라별, 시대별로 구성하였기 때문에 국사책을 새삼스럽게 꺼내 보지 않아도 단편적이나마 역사의 흐름을 파악할 수는 있을 것이다. 또 관심 있는 독자라면 역사책을 펼쳐 놓고 정사와 대비하여 읽어볼 때 또 다른 역사에 대한 이해의 참맛을 느끼게 되리라 믿는다.

아쉬움이라면 지면의 한계와 능력의 부족으로 플롯의 단순함과 시대정신의 치열한 반영이 제대로 이루어지지 못한 점이다. 하지만 야사에 더 큰 의미를 반영하려는 것 자체가 불필요한 지적 허영이자 욕심으로 생각하고 더 이상의 집착을 놓아버린 사실은 미리 고백해 둔다.

필자는 2년 전쯤 정사로 접근한 조선시대 인물에 대한 탐구를 책으로 엮어낸 적이 있다. 그때 앞에서도 잠깐 언급하였지만 몇몇 인물들의 삶 속에서 기록된 역사가 과연 모두 사실일까 하는 의문을 갖게 되었다. 따라서 역사적 사실에 대한 또 다른 내면의 이야기가 없을까 하는 원초적 관심이 이 책을 쓰게 된 동기의 하나가 되었다.

일종의 훔쳐보기 욕구의 발현이라고도 볼 수 있지만 역사에 대한 또 다른 이해를 위한 노력이라고 긍정적으로 보아주길 바랄 뿐이다.

그러나 정사처럼 사실에 대한 탐구라는 딱딱한 접근보다는 선조들의 삶에 대한 관조라는 관점에서 편안한 읽을거리가 된다면 족하다는 생각을 갖는다. 또한 인간의 사유思惟에 있어서도 장르가 허물어지는 것이 21세기의 일반적 흐름인 것처럼 역사의 이해에 있어서도 정사와 야사를 아우르는 여유로움이 필요하지 않을까 하는 생각도 해본다.

김형광

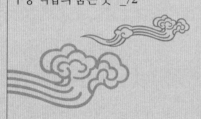

한 권으로
읽는 삼국
야사

신라

한 권으로
읽는 고려
야사

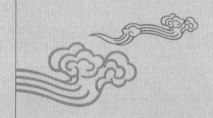

한 권으로
읽는 조선
야사

천 년의 고대사에 숨을 불어넣다

로마 시대의 폭군 못지않게 악명 높은 왕, 열 살의 왕자가 나라를 구한 일, 왕을 죽인

7세의 검객, 김유신의 탄생, 선덕여왕의 사랑 등 왕가에 관한 이야기를 비롯하여 숱한

사건 속에 명멸해간 충신들과 장수들의 이야기 등 정사를 통해서는

미처 알지 못했던 사실들이 마치 역사소설을 읽듯 흥미롭게 펼쳐진다.

우리의 고대사를 이루고 있는 삼국시대는 반쯤은, 신화나 설화에 발을 들여 놓고 있어

당혹스럽지만 흥미진진한 건국이야기나 고구려·백제·신라 세 나라의 패권다툼 과정에서

발생한 격동적인 사건들로 인해 어느 시대 못지않은 풍성한 읽을거리를 제공한다.

한 권으로
읽는 **삼국
야사**

한 권으로 읽는
삼국야사

신라

시림의 닭 울음 소리

신라 제 4대 이사금師수(신라 초기 왕의 명칭)인 탈해왕은 밤이 깊도록 잠을 이루지 못하고 이리저리 몸을 뒤척였다. 왕의 나이 벌써 예순하고도 둘, 슬하에 자식 하나 없는 것이 그날따라 왕의 심사를 더욱 우울하게 만들었다.

바야흐로 봄이라 천지에 만개한 꽃들 사이로 벌과 나비가 짝을 찾아 날아다니고 새들도 암수 서로 짝을 지어 곧 태어날 새끼를 위한 둥지를 짓느라 부산한 몸짓이었다.

'하찮은 미물도 모두 제 새끼가 있는 법이거늘……'

탈해왕은 근심이 가득 찬 얼굴로 꺼질 듯 꺼질 듯하면서도 가물거리며 타오르는 등불을 바라보았다.

그때 어디선가 희미하게 닭 우는 소리가 들렸다.

'벌써 날이 새려 하는가?'

탈해왕은 이제라도 잠을 청해야겠다고 생각하고 고단한 몸을 잠자리에 누이려다 자리에서 벌떡 일어났다.

구중 궁궐 심처인 자신의 침소에까지 닭 우는 소리가 들릴 리가 만무한 까닭이었다. 그리고 지금까지 한 번도 닭 우는 소리가 들린 적이 없기도 했다.

탈해왕은 자신의 귀를 의심하면서 조용히 귀를 기울였다. 역시 닭 울음소리가 분명했다. 이번에는 전보다 더 힘차고 아주 또렷하게 들렸다.

탈해왕은 닭 울음소리가 하늘의 어떤 계시이거나 상서롭지 못한 일의 징조일지도 모른다고 생각하고 곧 호공을 내전으로 불러들여 어디서 닭이 울며 그 소리가 어찌하여 내전에까지 들리는지 그 연유를 알아보도록 명령했다.

탈해왕의 명령을 받은 호공은 급히 군병들을 거느리고 닭 울음소리가 들리는 곳으로 말을 몰았다. 닭 울음소리는 역시 궁궐 밖에서 들려 왔다.

진원지를 찾아 한참을 가던 호공 일행은 금성의 서쪽 변두리에 있는소나무 숲까지 이르렀다. 닭 울음소리는 먼곳에서부터 들려 왔던 것이다.

소나무 숲은 캄캄한 밤인데도 대낮처럼 환한 빛이 숲 전체를 감싸고 있었다. 닭 울음소리는 그곳에서 들렸고 그 소리가 들릴 적마다 빛은 섬광처럼 어느 한곳을 비추고 있었다.

호공은 말에서 내려 천천히 섬광이 내리비치는 곳으로 발걸음을 옮겼다. 그곳에는 크지도 작지도 않은 한 그루 소나무가 서 있었는데 한쪽 가지 끝에 금빛 궤짝이 매달려 있었다. 그리고 그 궤짝 아래로 흰닭과 백마 한 마리가 있었다. 탈해왕이 들은 소리는 바로 그 흰닭의 울음소리임에 분명했다.

흰닭은 호공이 가까이 다가오자 신기하게도 울음을 멈추고 가만히 그자리에 서 있기만 했다.

호공은 소나무 가지 끝에 매달린 금빛 궤짝을 땅으로 내렸다. 그리고 조심스럽게 궤짝을 열어 보았다. 다음 순간 호공의 눈이 휘둥

그렇게 커졌다. 궤짝 안에는 태어난 지 얼마 되지 않은 사내아기가 호공을 바라보며 방실방실 웃고 있었던 것이다.

호공은 순간적으로 몸을 움츠렸으나 천진난만하게 웃고 있는 아기의 얼굴을 보자 자신도 모르게 두 팔로 번쩍 안아 올렸다.

호공의 팔에 안겨서도 아기는 여전히 방실거리고 있었다. 마치 오래전부터 그렇게 호공의 품에 안기기를 기다렸다는 듯이……

호공은 군병들에게 백마와 흰닭을 거두게 하고 자신은 아기를 품에 안고 서둘러 대궐로 돌아왔다. 여전히 품에 아기를 안고 탈해왕 앞으로 나아간 호공은 아기를 내보이며 자신이 본 것을 모두 아뢰었다.

탈해왕은 감탄을 연발하며 호공의 품에서 아기를 건네 받았다.

"후사가 없어 노심초사하는 이 늙은이를 하늘이 불쌍히 여겨 너를 내게 보내 준 것이 틀림없도다."

아기는 탈해왕의 품에 안겨서도 여전히 방실거리며 귀여움을 부렸다.

"저런…… 귀여운 것 같으니……"

탈해왕은 아기의 성을 금으로 만든 궤짝에서 나왔다고 해서 김金이라고 하고 이름은 '알지閼智'라고 지었다. 이는 '애기'를 취음取音으로 풀이했을 때의 이름이라고도 한다. 하지만 그 진위 여부는 확실하지 않다. 그리고 그때까지 시림始林으로 부르던 금성 서쪽의 소나무 숲은 그후 계림鷄林으로 바꾸어 불려졌다.

이렇게 탈해왕이 찾아낸 금빛 궤짝에서 나온 사내아이가 바로 김씨의 시조가 되었다고 하며, 그때부터 신라는 계림을 국호로 삼았다.

진상된 여인

군장 태을太乙과 마주앉은 파로波路는 마음속으로 조바심이 일었지만 꾹 참고 태을이 먼저 입을 열기만을 기다리고 있었다.

안부 인사를 나누고 이런저런 주변 얘깃거리를 늘어놓다가 정작 해야 할 말이 나올 시점에서는 태을이 헛기침으로 말을 끊곤 했다. 파로가 찻잔을 다 비울 때까지 빙빙 말을 돌리던 태을은 파로가 그만 일어서 가려고 하자 조심스럽게 가슴속에 숨겨둔 말을 꺼냈다.

"저…… 만나자고 한 것은 다름이 아니라……, 며칠 후 왕께서 저희 고을에 행차하십니다."

파로는 들었던 엉덩이를 다시 바닥에 내려놓으며 태을의 말에 귀를 기울였다.

"저희 고을로서는 둘도 없는 영광이지요."

거기까지 말을 마친 태을은 이미 다 식어 버린 차를 한 모금 들이켜고는 말을 이었다.

"그런데 왕께서 행차하시는데 저희 고을에 마땅히 대접하거나 내놓을 것이 없어서 말입니다."

태을은 물끄러미 파로를 쳐다보았다.

"무슨 말씀이신지……."

파로는 말끝을 흐리며 태을의 다음 말을 재촉했다.

"올해 따님의 나이가 몇이나 되는지요?"

파로는 태을이 얘기 도중 뜬금 없이 딸의 나이를 물어 오는 게 어딘지 석연치 않았지만 순순히 대답했다

"올해 열여섯이오만……."

태을은 잠시 뜸을 들이더니 침착하게 말했다.

"왕께서 우리 고을에 행차하시면 따님을 진상하는 게 어떨까 해서요."

파로는 자신의 귀를 의심했다.

'저자가 금덩이보다 더 귀한 내 딸 벽화碧花를 왕께 올리는 진상품쯤으로 치부하다니……!'

부아를 삭이며 얼굴이 굳어져 가는 파로를 쳐다보며 태을이 말을 이었다.

"생각해 보십시오. 일만 잘되면 따님은 왕의 총애를 받아 대궐로 들어갈 수 있을 것이고 또……."

"듣기 싫소! 사람을 어떻게 보고 그런 소릴 함부로 하시오? 내 오늘 얘기는 못 들은 걸로 하겠소!"

파로는 태을이 더 뭐라 말을 꺼내기 전에 얼른 자리를 박차고 일어나 밖으로 나와 뒤도 돌아보지 않고 집으로 돌아왔다.

그날 밤 파로는 잠을 이룰 수가 없었다.

하나뿐인 외동딸 벽화는 어려서부터 금지옥엽으로 곱게 키웠고 처녀가 된 지금은 미색이나 성품으로도 어느 누구에게 뒤지지 않을 만큼 온 마을에 소문이 자자했다. 그런 딸을 왕께 진상품으로 올리자니……. 파로는 생각할수록 기가 차고 화가 났다. 군장 태을이 분명 자신을 얕잡아 보고 이런 일을 꾸민 것이라 생각하니 더욱 부아

가 치밀었다.

파로는 잠 한 숨 못 자고 꼬박 며칠 밤을 지샜다. 그 동안 마을에서는 왕을 맞을 채비를 하느라고 온통 야단법석이었다.

그러나 파로는 갈수록 초조한 마음이 들었다. 처음에는 화가 나고 분하던 것이 하루하루가 지날수록 걱정과 원망으로 바뀌었다.

'혹 군장 태을이 이번 일을 꼬투리 삼아 우리 식구들을 못살게 구는 건 아닐까?'

'아니, 어쩌면 군장의 위세로 우리 벽화를 억지로라도 왕께 진상할지도 몰라……'

파로는 안절부절못하는 것은 물론 속이 타 들어가는 것만 같아 밥도 제대로 못 먹고 온 종일 냉수만 연신 들이켰다.

벽화는 아버지가 며칠 전 군장 태을을 만나고 온 다음부터 식사도 제대로 못 하시고 잠도 못 주무시는 것 같아 걱정이 되었다.

평소 아버지는 다소 고지식하긴 해도 원래 성품이 유순하고 착하신 까닭에 그리 큰 곤란이나 어려움을 겪지 않고 살아왔기 때문이었다.

그런데 요즘의 아버지는 마음속에 무슨 말못할 큰 걱정거리가 생긴 듯 언제나 얼굴에 그늘이 지고 상심에 차 보였다. 땅이 꺼질 듯 한숨을 내쉬는 것이나, 밤잠을 못 이루는 것이나, 여름도 다 지나 어느덧 가을인데도 연신 찬물만 들이켜는 것도 전에 없던 일이었다.

그리고 가끔 마당이나 부엌에서 일하고 있는 자신의 모습을 뚫어지게 쳐다보다가 자신과 눈이 마주치면 황급히 고개를 돌리며 시선을 다른 곳으로 돌리는 것도 이상했다.

벽화는 그런 아버지가 걱정이 되어 하루는 저녁 설거지를 끝낸 다음 안방으로 들어가 아버지 앞에 다소곳하게 앉았다.

"아버님, 혹 마음속에 무슨 근심거리라도 생기신 거예요?"

벽화의 말에 파로는 딴청을 부렸다.

"아니다. 아무 근심도 없다."

벽화는 채근하듯 다시 여쭈었다.

"아버님, 무슨 일인지 말씀해 주세요. 저번에 군장 어른을 만나고 오신 후부터 아버님의 모습이 전과 달라지셔서 그렇습니다."

벽화의 말에 파로의 아내도 맞장구를 쳤다.

"그래요 영감. 벽화의 말이 옳아요. 군장 어른이 뭐라 그랬어요?"

딸과 아내가 이렇듯 채근하자 파로도 더 이상 숨길 수가 없어 태을과 있었던 일을 모두 얘기해 주었다.

파로의 얘기를 들은 아내는 안 될 일이라고 펄쩍 뛰었지만 웬일인지 벽화는 조용히 고개를 숙이고만 있었다.

잠시 후 벽화가 결심을 굳힌 듯 나지막하게 말했다.

"아버님, 어머님! 소녀 군장 어른의 말을 따르겠습니다. 이 좁은 고을에서 가난한 촌부의 아내로 사느니 대궐에 들어가서 왕의 총애를 받으며 호화롭게 살고 싶어요."

벽화의 부모는 생각지도 않은 딸의 말에 적이 놀랐다. 그러면서도 한편으로는 부모의 걱정을 덜어 주려는 딸의 깊은 속내를 헤아리고는 속으로 소리 없이 눈물만 흘렸다.

며칠 후 약속한 날짜에 왕을 모신 행차가 고을에 도착했으니 이가 바로 신라 제 21대 소지왕이다.

마을에는 곧 성대한 잔치가 벌어졌다. 잔치는 밤늦도록 계속되었고 고을 백성들은 횃불을 환히 밝혀 놓고 술과 음식을 나눠 먹으며 가무를 즐겼다.

소지왕도 오랜만에 편안한 심정으로 신하들과 술잔을 돌리며 얼큰한 흥취에 젖어 들었다. 술자리의 분위기가 한껏 고조되었을 무렵 고을의 군장 태을은 소지왕 앞에 고을의 진상품을 바쳤는데 정성스레 포장한 큰 함函이었다.

신하들은 상당히 부피가 큰 함을 보고 어떤 물건일까, 하는 표정으로 어명이 떨어지기만을 기다렸다.

소지왕은 술 한잔을 쭉 들이켜고 난 후 한 신하에게 함을 열도록 명했다. 명을 받은 신하는 서둘러 함을 싼 보자기를 풀고 함 뚜껑을 열었다.

그런데 이게 웬일인가?

함 속에서 나온 것은 곱디고운 처녀였다. 첫눈에 보기에도 미색이 출중했을 뿐더러 아리땁기가 이루 말로 표현하기 어려웠다.

소지왕을 비롯하여 좌중에 앉은 신하들은 홀린 듯 함 속에서 나온 처녀를 바라보았다. 처녀는 수줍은 듯 눈을 내리깔고 홍조 띤 얼굴로 가만히 서 있었다.

소지왕의 황홀해하는 표정을 곁눈질로 훔쳐본 태을이 뭐라 말을 하려는 순간 왕의 엄명이 떨어졌다.

"지금 당장 대궐로 돌아가겠다. 어서 행차를 준비하라!"

신하들은 물론 군장 태을은 당혹스러워 몸둘 바를 모르고 우왕좌왕했다. 벽화는 그저 멍청하게 서 있다가 왕의 엄명이 떨어지자 함 속에 털썩 주저앉고 말았다.

소지왕이 버럭 역정을 내며 대궐로 돌아가는 바람에 어쩔 수 없이 집으로 다시 돌아오게 된 벽화의 마음은 반반이었다. 왕의 후궁이 되어 대궐로 들어가지 않은 것이 기쁘기도 했지만 한편으론 무슨 우환이라도 있지 않을까 싶어 마음을 졸였다. 그것은 벽화의 부모도 마찬가지였다.

하루가 지나고 이틀이 지났다. 그리고 10여 일이 지나도록 별다른 일이 일어나지 않자 벽화와 그 부모도 그제서야 안심을 했다.

초가을 따가운 햇살이 조금씩 짧아져 가는 9월 중순 어느 새벽, 환한 보름달이 천지 사방을 은은하게 비추며 점차 서쪽으로 흘러가고 있을 때였다. 난데없이 문밖에서 인기척이 났다.

파로는 달디단 새벽잠에서 깨어난 부스스한 얼굴로 옷을 걸치고 마당으로 나갔다.

"뉘시오?"

"문을 여시오!"

"뉘신지 말을 하시오."

"문을 열면 알게 될 것이오."

파로는 조심스럽게 문을 열었다. 문밖에는 옷을 잘 차려 입은 한 사람이 서 있었다. 그리고 몇 걸음 뒤편에 또 한 사람이 희미한 새벽빛 속에 서 있었다.

옷차림새를 보아 한눈에 보기에도 범상치 않은 인물이라고 판단한 파로는 그들을 아무 말 없이 집안으로 맞아들였다.

때마침 마당의 인기척 소리를 듣고 잠에서 깨어난 벽화가 방문을 열고 나오다가 그들과 마주쳤다.

"어험! 어험!"

방에서 나오는 벽화를 본 손님 중 한 사람이 가볍게 잔기침을 했다.

무의식중에 그 사람의 얼굴을 힐끗 쳐다보던 벽화는 얼른 마당으로 뛰어 내려와 땅에 무릎을 꿇고 엎드려 말했다

"왕께서 어인 일로 이렇게 누추한 곳에……."

그와 동시에 파로도 무릎을 꿇고 엎드렸고 안방에서 그 소리를 들

은 파로의 아내도 얼른 마당으로 내려와 소지왕 앞에 무릎을 꿇었다.

문을 두드렸던 남자가 입을 열었다.

"왕께서 여기에 온 연유를 잘 알 것이다. 그러니 알아서 잘 모시도록 하라."

그런 다음 남자는 소지왕에게 허리를 숙이며 말했다.

"폐하! 소신은 궐로 돌아가 폐하께서 몸이 불편하시어 오늘 하루는 국사를 잠시 물리시고 쉬신다고 전하겠습니다."

"흠흠…… 어험!"

그 말에 소지왕은 다시 헛기침만 할 뿐이었다.

파로는 얼른 소지왕을 벽화의 방으로 모시고 들어갔다. 파로의 아내는 정성껏 벽화의 몸단장을 시켰다.

단장을 끝낸 벽화가 고운 자태로 방으로 들어가 소지왕 앞에 다소곳하게 앉자 그때까지 한마디도 하지 않던 소지왕이 입을 열었다.

"내가 대궐로 그냥 돌아가서 서운했느냐?"

"……."

벽화는 얼굴을 붉히며 말이 없었다.

"너무 서운해하지 마라. 내 너의 미색에 한눈에 반했으나 주위 눈도 있고 해서 그냥 돌아갔노라. 그러나 내 오늘 너를 다시 찾은 것은 너를 이제부터라도 평생 내 곁에 두고자 함이니 지난 일을 잊고 내 마음을 받아다오."

"……."

여전히 아무런 대답도 하지 못한 채 고개를 떨구고 앉아 있던 벽화는 소지왕의 정성 어린 말에 가만히 눈시울을 붉혔다. 진주처럼 영롱한 눈물을 흘리는 벽화를 품에 안고 소지왕은 어린아이를 다독거리듯 그녀의 등을 토닥토닥 두드렸다.

이윽고 방의 불은 꺼지고 한번 닫힌 방문은 다음날 정오까지 열
릴 줄을 몰랐다.

이렇게 해서 벽화는 소지왕의 후궁이 되었고, 이 일은 신라 역사
상 두고두고 회자되는 아름다운 이야기로 남아 있다.

망국의 한이 서린 가야금

　우륵은 대가야 사람으로서 기록된 바에 따르면 조국인 대가야를 버리고 신라에 귀화했다고 전해진다.

　그렇지만 그것은 신라의 입장에서 그렇게 적은 것이지 우륵은 조국을 버리지 않았다. 우연히 만난 진흥왕의 부탁으로 신라의 청년들을 제자로 받아들여 가야금을 비롯해 자신의 음악적 재능을 가르쳐 주었을 뿐이었다.

　그리고 가야금은 신라의 악기가 아니라 대가야의 마지막 왕인 가실왕이 중국에서 들여온 '쟁이'라는 악기를 응용하여 만든 것이다.

　후세의 사가들이 적은 것처럼 가야금의 대가인 우륵은 신라에 귀화하지도 않았고 예술가로서의 생애 또한 그렇게 편안하거나 화려하지도 않았다.

　대가야의 마지막 왕인 가실왕이 가야금을 만들도록 했을 때 왕을 도운 수많은 예술가와 장인들 중에서 공로가 가장 컸던 사람이 바로 우륵이다.

　또한 우륵은 직접 가야금을 연주하며 수많은 곡들을 만들었는데 날로 기울어 가는 국운을 걱정하는 마음이 고스란히 담겨 그 음률이 하나같이 슬프고도 애잔했다.

우륵이 고향 근처 국원이란 마을에 자리를 잡고 가야금을 연주하고 곡을 만드는 데 혼신의 정열을 쏟고 있을 때였다. 진흥왕이 지방을 순시하며 돌아다니다가 우륵이 살고 있는 국원에서 그리 멀지 않은 남성이라는 마을에서 하룻밤 묵게 되었다.

남성의 수령은 진흥왕을 즐겁게 해줄 요량으로 우륵을 데려다 가야금 연주를 부탁했다. 진흥왕이 비록 적국의 왕이긴 해도 익히 그 현명하고 용맹스러운 명성을 듣고 있었기에 우륵은 제자를 데리고 순순히 진흥왕 앞에 나아가 가야금을 연주했다.

우륵의 가야금 연주에 진흥왕은 깊은 감동을 받아 후일 신라에 돌아가 청년 셋을 뽑아 우륵에게 제자로 삼아달라고 보냈다.

신라 청년들을 맞이한 우륵은 우선 가야금을 앞에 놓고 이렇게 말했다.

"이 가야금이 어떤 모양으로 이루어져 있는지 아느냐?"

신라 청년들은 아무런 대답도 못하고 생전 처음 보는 악기를 그저 신기하게 쳐다만 볼 뿐이었다.

"우선 가야금의 머리 쪽은 둥글게 만들어졌으니 이는 하늘을 뜻하는 것이요, 밑 부분은 평평하니 이는 땅을 이르는 것이다. 줄은 열두 줄이니 그것은 일년 열두 달을 이르는 것이다."

신라 청년들은 우륵의 말에 귀를 기울이며 가야금에서 눈을 떼지 못했다.

우륵은 계속 말을 이었다.

"그리고 줄을 고정하는 기둥의 높이가 세 촌인 것은 하늘과 땅과 사람이 모여야 그 소리가 완벽하다는 뜻이니, 삼라 만상의 모든 이치가 이 가야금 속에 담겨 있느니라."

말을 마친 우륵은 고요히 신라 청년들을 바라보았다.

신라의 청년들은 일어나 큰절을 올리며 말했다.

"선생님의 말씀 늘 명심하며 열심히 배우도록 하겠습니다."

그렇게 우륵의 제자가 된 신라 청년들은 만덕과 법지, 계고로서 만덕은 우륵에게서 춤을 배웠고, 법지는 성악을, 계고는 기악을 배웠다.

그렇게 몇 년이 흐른 어느 날, 신라 청년들은 한자리에 모여 음악에 대해 이야기를 나누다가 스승 우륵이 만든 가야금 곡들이 너무 처량하고 애절하다는 데 의견이 일치했다.

이어 셋은 스승 우륵이 만든 가야금 열두 곡조 중 다섯 곡조를 자신들의 구미에 맞게 편곡을 하여 우륵 앞에서 연주했다.

우륵은 눈을 감고 그 연주를 들으며 마음속으로 깊은 회한과 절망을 느꼈다.

'너희의 조국 신라는 바야흐로 새 기운이 솟는 나라이니 곡조가 그렇게 신명 나고 흥겨울 테지만 내 조국 대가야는 그 운명이 지는 해와도 같으니 당연히 그 곡조가 슬프고도 비통할 수밖에…….'

제자들의 연주가 모두 끝나자 우륵은 한마디를 하고는 밖으로 나갔다.

"참으로 흥에 겹고 힘찬 곡조라 듣기에도 좋구나."

우륵은 먼 하늘을 바라보았다. 희미한 별이 떨어지기 직전의 꽃송이처럼 가느다랗게 떨며 깜빡거리고 있었다. 마치 서서히 기울어가는 조국의 운명 같았다. 우륵은 가슴을 후벼 파는 듯한 통증을 느끼며 천천히 걸음을 옮겼다. 머릿속으로 예전 가야금 열두 곡조를 만들 때의 광경이 그림처럼 펼쳐졌다.

마을을 끼고 굽이굽이 흐르는 강물과 오곡 백과가 풍성하게 익어가던 들판, 눈이 내린 밤이면 눈 쌓인 오두막 위로 청아한 빛을 발하며 떠오르던 달빛, 봄이면 산야를 온통 분홍빛으로 물들이던 진달래와 철쭉, 여름날 하루 종일 강물에서 멱을 감던 벌거숭이 아이들……

우륵은 대가야의 아름다운 사계를 떠올리며 가야금 열두 곡조를 완성했다. 그것이 비록 애잔하고 슬픈 곡조일망정 조국을 생각하는 우륵의 충정 어린 마음에서 우러나온 것이었기에 그 곡들은 우륵의 분신과도 같았다.

어둠 속으로 사라지는 우륵의 뒷모습은 한 시대를 풍미한 뛰어난 예술가임에도 불구하고 망국의 한을 지닌 무기력하고 작은 인간일 수밖에 없는 처연한 모습이었다.

고구려 승려와 신라 장수

흐린 등불 앞에 마주앉은 혜랑법사와 거칠부는 좀처럼 서로 입을 열지 않았다. 거칠부가 혜랑법사 밑에서 불법을 배운 지 한참이 지났지만 혜랑법사가 거칠부를 이렇게 늦은 밤 따로 부른 것은 처음이었다.

혜랑법사는 한동안 그렇게 말없이 앉았다가 이윽고 조용히 입을 열었다.

"말하라, 너는 어디에서 왔느냐?"

거칠부는 잠시 숨을 가다듬었다. 그러나 더는 숨길 필요가 없다는 생각을 하고 사실대로 말할 것을 결심했다.

"소승은 신라에서 법사님께 불법을 배우고자 왔습니다."

거칠부의 말에 혜랑법사의 눈썹이 움찔 위로 올라가는 듯했다.

"나에게 불법을 배우러 적국인 고구려까지 왔다는 말이냐?"

거칠부는 거침없이 대답했다.

"예. 그렇습니다. 불법을 배우는 데 무슨 국경이 있겠습니까?"

혜랑법사는 말이 없었다. 대신 눈을 질끈 감았다. 방안엔 고요한 정적만이 감돌 뿐 숨도 쉬지 않는 듯 두 사람은 숨소리조차 내지 않았다.

이윽고 혜량법사가 감은 눈을 뜨며 말했다.

"가거라. 아무리 불법이 중요하다 한들 사람의 목숨보다 중요하지 않다. 여기는 너희 나라의 적국인 고구려이다. 더군다나 이곳은 하루에도 수십 명이 드나드는 곳으로 네 행동을 조금만 눈여겨본 자라면 네가 신라인이라는 걸 금방 눈치 챘을 게다. 이 밤으로 서둘러 떠나도록 하라. 인연이 닿으면 다음에 또 만날 것이니 그때 가서 내게 불법을 배워도 늦지 않을 것이다."

거칠부는 시선을 아래로 둔 채 고민에 빠졌다. 그는 왕실의 후예로서 권력과 부귀가 보장된 탄탄대로를 버리고 머리를 깎고 구도자의 길을 걷고자 결심하면서 가슴에 품은 포부 또한 남달리 컸다.

거칠부는 신라에 불교가 뿌리를 내린 지 겨우 10여 년, 아직 불법이 무엇인지도 잘 모르는 무지한 백성들을 구도의 길로 인도하고자 하는 굳은 결심을 마음속에 품고 있었다.

그래서 자신의 뜻을 이루고자 목숨을 걸고 적국인 이곳 고구려까지 왔다. 그런데 불법을 채 공부하기도 전에 돌아가라니…….

풀 꺾인 자세로 망연자실하게 앉아 있는 거칠부의 손을 잡으며 혜량법사가 말했다.

"내 말을 잘 들어라. 내가 보기에 너는 불법에 몸담고 있을 위인이 아니다. 너는 분명 장래에 신라의 큰 장군이 될 것이다. 언젠가는 고구려와 신라, 이 두 나라 사이에 큰 싸움이 일어날 것이니 그때에 가서 네가 나를 만나면 부디 지금의 정을 생각해서라도 해치지는 말아다오. 그리고 그때도 지금처럼 불법을 공부하고 싶다면 내 기꺼이 너를 받아들여 주마."

혜량법사의 간곡한 말에 거칠부는 돌아가기로 마음을 고쳐먹었다.

거칠부는 일어나 혜량법사에게 큰절을 올리며 말했다.

"알겠습니다, 법사님. 법사님의 말씀을 따르도록 하겠습니다. 그리고 방금 하신 법사님의 말씀처럼 제 앞날이 그러하다면 제게 베풀어주신 오늘의 이 은혜를 잊지 않고 법사님의 목숨만은 무슨 일이 있어도 꼭 지켜 드리겠습니다."

조용히 혜량법사의 방에서 나온 거칠부는 그 길로 짐을 꾸려 신라로 돌아왔다.

아이가 자라듯이 세월이 흘렀다. 신라에 돌아온 거칠부는 곧 국사에 전념하여 제법 높은 관직에까지 올랐다.

진흥왕 12년, 신라는 백제와 동맹을 맺고 고구려 공격에 나섰다. 백제군이 고구려의 수도인 평양을 공격하기로 하고 거칠부가 주축이 된 신라군이 고구려의 지방을 공략하기로 했다.

거칠부가 이끄는 신라군은 가는 곳마다 대승을 올리며 고구려의 여러 지방을 며칠 안에 점령했는데 그 수가 무려 열 곳이나 되었다.

이처럼 혁혁한 공을 세우며 거칠부가 군사들을 이끌고 거침없이 고구려 땅을 달리던 어느 날이었다.

깃발을 앞세워 말을 달리던 신라군은 피난을 가는 한 무리의 고구려인들과 맞닥뜨렸다. 고구려인들은 어쩔 줄 몰라하며 신라군을 피해 숨을 곳을 찾기에 급급했다. 거칠부는 그때 무리 속에 낯익은 얼굴을 발견했다.

거칠부는 급히 말에서 내려 군사들을 고구려인들에게서 물러나게 한 뒤 한 사람에게로 성큼성큼 다가가더니 땅바닥에 엎드려 큰절을 했다. 그러고는 감격에 찬 목소리로 말했다.

"이렇게 법사님을 다시 뵙고 나니 지난날 법사님의 말씀이 한치의 그릇됨도 없다는 것을 알겠습니다. 그때 법사님께서 저를 살려 주신 은혜를 무엇으로 갚겠습니까마는 법사님과 한 약속은 꼭 지키겠습니다. 그러니 염려 마십시오."

혜랑법사는 꿇어앉은 거칠부의 손을 잡아 일으켜 세우며 말했다.

"나 또한 그대를 다시 만나 기쁘기가 그지없소. 훌륭한 장수가 되었구려."

거칠부는 눈물을 흘리며 혜랑법사에게 말했다.

"법사님! 이제라도 부디 저를 다시 제자로 받아 주시어 불법을 가르쳐 주십시오."

거칠부의 말에 혜랑법사는 소리 없이 웃으며 말했다.

"나를 그대의 나라로 데려다 주시오. 어차피 고구려에서는 불법을 전할 만큼 전하여 이제 나 말고도 훌륭한 고승이 많으니 여생을 신라에 가서 불법을 전하며 보내고 싶소."

거칠부는 혜랑법사를 정중히 예우하여 신라에 왔다. 그리고 혜랑법사를 대궐로 모시고 들어가 진흥왕을 뵈었다.

"그대가 혜랑법사인가?"

혜랑법사에게 건넨 진흥왕의 첫마디였다.

"예. 그러하옵니다."

혜랑법사가 공손히 예를 갖추고 대답했다.

거칠부는 진흥왕에게 지난날 혜랑법사와 있었던 일을 상세하게 고한 다음 신라에서 불법을 전하고 싶어하는 혜랑법사의 뜻을 아뢰었다. 진흥왕은 크게 기뻐하며 기꺼이 그 뜻을 받아들여 혜랑법사에게 국통國統을 제수하고 거칠부로 하여금 그 뒤를 돕게 했다.

이렇게 해서 신라에 불교가 널리 퍼지게 되었으며 그것은 또한 훗날 신라에서 이름 난 고승들이 많이 나올 수 있는 계기가 되었다.

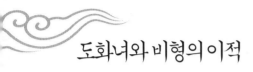

도화녀와 비형의 이적

진지왕은 머리를 조아리고 다소곳하게 어전에 앉아 있는 도화녀의 자태를 지긋한 눈으로 찬찬히 훑어보았다. 소문대로 도화녀의 미색은 자신이 지금껏 보아 왔던 그 어떤 여인보다도 아름답고 뛰어났다.

진지왕은 다시 한 번 도화녀에게 물었다.

"정녕 네가 짐의 청을 거절할 것이냐?"

도화녀는 머리를 숙인 채 또렷하게 대답했다.

"폐하, 저는 이미 혼인을 한 몸으로 지아비가 있는 처지이옵니다. 그런 제가 어찌 후궁이 되어 폐하를 모실 수 있겠사옵니까?"

도화녀의 대답에는 결연한 의지가 깃들여 있었다.

"음……. 나는 너를 죽일 수도 있고 살릴 수도 있다. 네가 어명을 거역한 죄로 이 자리에서 죽임을 당해도 괜찮다는 말이더냐?"

진지왕의 엄포에도 도화녀는 주저 없이 대답했다.

"죽으라면 죽겠습니다. 그러나 아녀자의 몸으로 두 지아비를 섬길 수는 없사옵니다."

진지왕은 잠시 생각에 잠기더니 어투를 바꿔 말했다.

"그렇다면 너는 남편이 죽은 후라면 짐의 청을 들어주려는가?"

도화녀는 한동안 말이 없다가 조심스럽게 입을 열었다.

"그땐…… 폐하의 말씀에 따르겠사옵니다."

진지왕은 아쉬운 마음에 조바심이 일었지만 도화녀의 말을 받아들일 수밖에 없었다. 아무리 자신이 한 나라의 임금이라 해도 남편 있는 여자를 함부로 범할 수는 없는 노릇이었던 것이다.

그렇게 해서 도화녀는 무사히 집으로 돌아올 수 있었고 남편과 예전처럼 행복하게 살아갈 수 있었다. 그렇지만 마음 한구석에는 언제나 불안감을 떨쳐 버릴 수 없었다. 진지왕이 언제 마음이 변할지 아무도 모를 노릇이었다.

그러나 그러한 불안감은 얼마 가지 않아 사라졌다. 진지왕이 승하했던 것이다. 도화녀는 그제서야 안심을 했지만 그 행복은 오래가지 않았다. 이듬해 남편의 돌연한 죽음으로 졸지에 과부가 되고 만 것이다.

사랑하는 남편도 죽고 남편이 죽으면 자신을 데려가 후궁으로 삼겠다던 진지왕도 죽자 도화녀는 날마다 눈물로 밤을 지새며 자신의 신세를 한탄했다.

남편이 죽은 지 한 달여가 지났을 때였다. 도화녀는 그날따라 밤이 이슥할 때까지 혼자 빈방을 지키고 있었다. 그런데 도화녀의 방에 이상한 향기가 진동하더니 자욱한 연기와 함께 진지왕이 방으로 들어왔다.

숨이 막힐 듯 놀라는 도화녀를 향해 진지왕이 말했다.

"예전에 나와 한 약속을 잊지 않았겠지. 이제 그 약속을 지킬 때가 되었다."

진지왕은 미소를 머금으며 놀라 입을 다물지 못하는 도화녀 앞에 앉았다. 도화녀는 꿈인지 생시인지 분간이 안 되는 와중에도 진지왕의 모습을 뚫어지게 쳐다보았다.

희미한 등불 아래에 보이는 진지왕의 모습은 왕이 승하하기 전 대궐에서 만난 그 모습 그대로였다. 이윽고 방에 불이 꺼지고 진지왕과 도화녀는 나란히 잠자리에 들었다.

그로부터 일주일 동안 진지왕은 도화녀와 꿈 같은 나날을 보내고 다시 홀연히 어디론가 사라졌다.

열 달이 지나 도화녀는 사내아이를 낳았다. 그 소문은 진평왕의 귀에까지 들어갔다. 진평왕은 죽은 진지왕의 조카로서 선왕을 생각해서 두 모자를 대궐로 데려와 살게 했다.

도화녀가 낳은 아들의 이름은 비형으로 어려서부터 총명하고 슬기로웠다. 비형은 나이가 들수록 기골이 장대하고 지혜도 뛰어나 진평왕의 사랑이 극진했다.

비형은 열다섯 살이 되던 해부터 밤이면 대궐을 빠져 나가 귀신들과 어울려 놀다 새벽녘이 되어서야 돌아오곤 했는데 이 얘기를 들은 진평왕이 비형을 불러 물었다.

"네가 귀신들과 어울린다던데 그게 사실이냐?"

진평왕의 말에 비형은 스스럼없이 대답했다.

"예, 그러하옵니다."

진평왕은 다시 넌지시 물었다.

"그렇다면 그것을 내게 증명해 보일 수 있겠느냐?"

비형은 이번에도 주저 없이 대답했다.

"분부만 하십시오."

비형의 당당한 태도에 진평왕은 웃으며 말했다.

"그래? 그렇다면 내일 아침까지 신원사의 북대천에 다리를 하나 놓을 수 있겠느냐?"

비형은 머리를 조아리며 큰소리로 대답했다.

"예, 폐하!"

다음날 반신반의하던 진평왕은 신원사 북대천에 다리가 놓였다는 신하의 말을 듣고 크게 놀라지 않을 수 없었다.

진평왕의 명에 따라 비형과 귀신들이 밤새 놓은 그 다리를 사람들은 귀신이 놓은 다리라고 해서 귀교鬼橋라고 불렀다.

비형의 말을 확신하게 된 진평왕은 곧 비형을 불러 말했다.

"네 말이 정말이로구나. 그렇다면 귀신 중에 정사에 관여할 만큼 뛰어난 인물이 있느냐? 있으면 어디 한번 천거해 보라."

비형은 이번에도 당당하게 대답했다.

"제가 알고 있는 귀신 중에 길달이란 자가 있는데 매사에 능통하고 지략 또한 뛰어나 데려다 쓰시면 후회하시지 않을 것이옵니다."

진평왕은 흔쾌히 허락을 하고 이튿날 비형이 데려온 길달에게 벼슬을 제수했더니 과연 능력이 뛰어났다. 길달은 나중에 유명한 흥륜사의 길달문을 짓기도 했다.

비형은 그후에도 여러 이적을 행하였으나 자세한 기록은 없다. 다만 훗날 자신이 진평왕에게 천거한 길달이 도망을 치자 귀신들로 하여금 길달을 잡아 죽이게 하자 모든 귀신들은 비형의 이름만 들어도 벌벌 떨게 되었다. 그뒤부터 사람들이 액막이를 할 때 비형을 찬미하는 글을 지어 대문에 붙였다고 한다.

비록 지금은 귀교도 사라지고 길달문도 남아 있지 않아 전설이 되어 버린 이야기지만 사람인 도화녀와 귀신인 진지왕 사이에서 태어난 비형이라는 인물의 이적 때문에 그 신기함과 흥미가 더한다.

국사의 어머니

신라 진평왕 때의 국사國師였던 원광법사는 경상도 안동에 사는 이덕삼李德三의 삼대 독자로 태어났다. 원광법사의 본명은 경조로서 손이 귀한 집안이었던 만큼 태어나면서부터 집안 식구들의 사랑과 귀여움을 독차지했다.

농사꾼인 덕삼은 아내와 함께 이른이 넘은 아버지를 봉양하며 살고 있었는데 효성이 지극해서 마을 사람들의 칭찬이 자자했다.

경조가 세 살 되던 해였다.

덕삼이 아침 일찍 밭일을 나가고 부엌에서 아침을 준비하던 덕삼의 아내는 어린 경조에게 젖을 먹이기 위해 방으로 들어갔다. 덕삼의 아내는 경조를 품에 안고 저고리의 옷고름을 풀어 젖을 물렸다. 그런데 웬일인지 평소 같으면 허겁지겁 엄마의 젖꼭지를 찾아 물 경조가 그날따라 잠잠하기만 했다.

덕삼의 아내는 어린 아들이 깊이 잠들었다고 생각하고 잠을 깨울 요량으로 경조의 볼을 살짝 꼬집었다.

그러나 경조의 얼굴은 이미 사색으로 변해 있었고 전신이 나무 토막처럼 딱딱하게 굳은 지 오래된 듯싶었다.

덕삼의 아내는 혼비백산해서 그만 넋을 놓고 말았다. 눈에 넣어도 아프지 않을 만큼 귀한 삼대 독자이거늘 어찌 이리 허망하게 하루아침에 잃어버린다는 말인가?

평소에 지병이 있었던 것도 아니고 간밤에 별다른 병색이 있었던 것도 아닌데 무슨 연유로 이렇게 세상을 버렸다는 말인가? 덕삼의 아내는 당장 그자리에서 땅을 치고 통곡이라도 하고 싶었으나 곧 마음을 지그시 누르고 평정을 되찾았다. 연로하신 시아버지가 아직 잠자리에서 일어나지 않은 탓이었다.

덕삼의 아내는 애간장이 끊어지는 심정으로 이미 숨이 끊어진 어린 아들을 등에 업고 발소리를 낮춰 부엌으로 나갔다. 먼저 솥에서 시아버지의 밥을 퍼 따뜻한 방 아랫목에 묻은 다음 남편의 밥을 퍼서 푸성귀 두세 가지를 곁들여 함지박 속에 담았다.

그런 와중에도 눈물은 쉴새없이 볼을 타고 흘러 행여 시아버지와 남편의 밥에 눈물 한 방울이라도 떨어뜨릴까 봐 그녀는 몇 번이고 얼굴을 돌려 혼자 고스란히 눈물을 받아내어야만 했다.

남편의 아침상을 마련한 덕삼의 아내는 함지박을 머리에 이고 남편이 일하고 있는 밭으로 나갔다.

덕삼은 아내가 차려 온 아침밥을 맛있게 먹었다. 다른 날과는 달리 아내의 표정이 어두워 보이기는 했지만 등에 업은 아들을 더욱 정성스럽게 감싸 안고 있는 것으로 봐서 어린 아들의 칭얼거림이 여느 때보다 좀 더해서 그러려니 하고 어림짐작만 할 뿐이었다.

덕삼이 밥 한 그릇을 맛있게 비우자 덕삼의 아내는 조심스럽게 등에 업었던 아들을 바닥에 내려놓았다.

그리고 참았던 눈물이 물꼬 터지듯 한꺼번에 쏟아져 나왔다.

"아니 여보, 왜 그러시오? 무슨 일이오?"

덕삼은 갑작스런 아내의 눈물에 당혹감을 감추지 못했다.

"여보! 우리 경조가…… 우리 경조가…… 흑흑!"

아내의 흐느낌에 놀라 덕삼은 땅에 눕힌 어린 아들을 품에 안았다. 덕삼의 얼굴은 순식간에 흑빛으로 변했다.

"이게 무슨 일이오? 어찌 된 일이오, 여보!"

덕삼의 목소리는 절규에 가까웠다.

"흑흑……, 아침밥을 짓고 젖을 물리려고 방에 들어갔더니……, 흑흑……."

덕삼은 품에 안았던 어린 아들을 다시 바닥에 내려놓았다.

"이놈아! 네 이 불효 막심한 놈! 이렇게 일찍 가려고 태어났다는 말이냐? 이른이 넘으신 할아버지도 계신데……. 네 이놈! 이 불효 막심한 놈 같으니라고……!"

덕삼은 피눈물을 흘리며 어린 아들의 뺨을 사정없이 때렸다.

한 번, 두 번, 세 번…….

보다못한 덕삼의 아내가 남편의 손을 잡고 함께 울부짖으며 매질을 말렸다.

"제 명대로 살다 가지도 못한 이 불쌍한 어린것에게 이 무슨 몹쓸 짓이란 말입니까? 이러지 마세요, 여보…… 흑흑……!"

그렇게 덕삼의 아내가 남편의 손을 잡고 절규하는 순간 죽은 줄로만 알았던 어린 아들 경조가 울음을 터뜨렸다.

"응애! 응애!"

덕삼과 그 아내는 누가 먼저랄 것도 없이 땅에 눕혔던 어린 아들을 껴안았다. 기적처럼 죽었던 경조가 소생한 것이다. 아들의 죽음을 애통해하던 부부의 눈물은 금세 기쁨의 눈물로 바뀌었다.

죽었다 살아난 어린 경조는 언제 무슨 일이 있었냐는 듯 부부의 품속에서 생긋생긋 귀엽게 웃고 있었다.

이 일은 사람들의 입을 통해 널리 퍼졌고 그러한 기적이 일어난 것은 모두 덕삼의 아내가 부덕婦德이 높은 까닭이라고 입을 모았다.

그 이유는 첫째, 아들의 죽음에 맞닥뜨리고도 잠든 시아버지를 생각해서 슬픔을 감춘 것이요, 둘째, 남편이 아침밥을 다 먹을 때까지 눈물을 보이지 않았기 때문이라고 했다.

그리고 죽었다 다시 살아난 경조가 나중에 원광법사가 되어 국사의 자리에 오를 수 있었던 것도 그런 어머니의 훌륭한 가르침 덕분이었다고 전한다.

천산 땅에 묻은 맹세

가실사로 가는 길은 제법 멀었다. 젊고 혈기 왕성한 두 청년 귀산과 취항은 서로 이런저런 한담을 나누며 발길을 재촉했다.

귀산은 무은 장군의 아들로서 그 의기가 출중했으며 취항 또한 그에 못지 않은 기상과 사나이로서의 늠름함을 두루 갖추고 있었다.

오늘 귀산과 취항이 가실사를 찾아가는 것은 원광법사를 만나기 위함이었다. 수나라에서 불법을 공부하고 신라에 돌아온 원광법사는 이미 당대의 유명한 스님으로 사람들의 추앙을 한 몸에 받고 있었다.

서로 절친한 친구 사이인 두 청년이 원광법사를 만나러 가게 된 것은 며칠 전에 귀산이 한 말 때문이었다.

"여보게 취항. 우리의 몸은 비록 속세에 살고 있다 하나 그 정신은 거울처럼 맑고 깨끗해야 한다고 생각하네. 듣자니 가실사에 있는 원광법사의 덕망이 뛰어나다고 하니 한번 찾아뵙고 그 가르침을 듣는 게 어떻겠는가?"

귀산의 말을 들은 취항은 그 말이 일리가 있다는 생각이 들어 날을 잡아 이렇게 길을 나서게 되었다.

가실사에 도착한 귀산과 취항은 부처님께 예불을 드리고 원광법사 앞에 공손히 무릎을 꿇고 앉았다.

원광법사가 무슨 일이냐는 듯 넌지시 눈길을 건네자 귀산이 조심스럽게 먼저 입을 열었다.

"저희가 비록 세상에서 속인의 몸으로 살아가지만 마음을 깨끗이 하고 정대하게 한다면 부처님의 가르침에서 크게 벗어나지 않을 것으로 사료됩니다. 그러니 부디 법사께서는 저희가 속세에서도 그 마음을 잃지 않고 살아갈 수 있도록 참된 진리의 말씀을 들려 주십시오. 저희가 법사님을 찾아온 것은 바로 그 말씀을 듣기 위함입니다."

귀산의 말을 들은 원광법사의 얼굴에 대견한 표정이 역력하게 드러났다.

"너희의 뜻이 갸륵하기 이를 데 없구나. 그러나 속인으로는 지키기 어려운 것이 한둘이 아닐 터인데……."

원광법사의 말에 취항이 나섰다.

"비록 지키기 힘들다 할지라도 끝까지 지키려고 애쓰는 그 마음만은 소중히 간직하겠습니다."

원광법사는 두 청년의 눈을 고요히 바라보더니 말을 이었다.

"그렇다면 들어라! 첫째, 백성 된 도리로서 나라에 충성할 것이요, 둘째, 자식된 도리로서 부모에게 효도를 다할 것이요, 셋째, 친구 된 도리로서 신의를 지킬 것이요, 넷째, 싸움에 임해서는 물러서선 안 될 것이요, 다섯째, 짐승을 죽이되 가려서 죽이라는 것이다. 너희가 능히 이 다섯 계명만을 지킨다면 속인으로서도 그 마음 바탕은 잃지 않을 수 있으리."

원광법사의 말을 들은 귀산과 취항은 기쁜 마음으로 법사 앞에 큰절을 올리고 가실사를 나섰다.

집으로 돌아오며 두 청년은 원광법사가 가르쳐 준 다섯 계명을 죽을 때까지 지키기로 굳게 맹세했다.

그로부터 몇 년 후 진평왕 19년 가을, 백제군이 신라에 쳐들어왔다. 진평왕은 여러 장군들에게 군사를 주어 전지로 급파하였는데 그 가운데는 귀산의 아버지인 무은 장군도 있었다.

군사들 중에는 아버지를 따라 나선 귀산과 나라를 구하겠다는 일념으로 그 대열에 합류한 취항도 있었다.

신라군은 백제군을 맞아 말 그대로 죽기를 각오하고 싸웠다. 두 나라의 군사는 조금의 양보도 없이 치열한 접전을 벌였다. 시간이 점차 흐를수록 전쟁의 대세는 조금씩 신라군에게로 넘어오는 것 같았다.

기세가 밀려 후퇴하는 백제군의 뒤를 신라군은 때를 늦추지 않고 쫓았다. 그러나 그렇게 앞으로만 치달은 것이 문제였다.

신라군이 천산 땅에 도착하였을 때, 미리 산속에 매복하고 있던 백제군의 기습 공격을 받게 되었다.

신라군의 대열은 일시에 흐트러지고 군사들은 갈피를 잡지 못해 이리저리 몰려다니기에 경황이 없었다. 백제군은 사정없이 신라군의 목을 칼로 내리치고 창으로 찔렀다.

그런 와중에 귀산의 아버지인 무은 장군이 말에서 떨어지고 말았다. 백제군에 둘러싸인 무은 장군의 목숨은 바람 앞의 등불처럼 위태로웠다.

일촉즉발의 위기 상황이었다.

멀리서 이 광경을 목도한 귀산은 말을 돌려 아버지 무은 장군에게로 달려가며 큰소리로 외쳤다.

"나는 세속을 살아가며 마음을 깨끗이 하고 정대하게 하는 가르침을 받기를, 나라에 충성하는 것이 첫째요, 부모님께 효도하는 것이 둘째라고 들었다!"

귀산의 말이 채 끝나기도 전에 힘찬 말발굽 소리와 함께 또 다른 목소리가 쩌렁쩌렁 울렸다.

"친구와의 신의를 저버리지 않는 것이 그 셋째요, 싸움에 임해서는 절대 물러서지 않는 것이 넷째라고 배웠다!"

귀산은 그 목소리가 친구 취항의 음성임을 알았다. 둘은 적지를 뚫고 들어가 무은 장군을 구하기 위해 사력을 다하였다.

그 모습을 본 신라군들은 크게 함성을 지르며 귀산과 취항의 뒤를 따랐다. 백제군들은 사기 충천한 신라군의 기세에 눌려 다시 후퇴하기 시작했다.

귀산이 아버지 무은 장군을 무사히 자신의 말에 태워 아군 진영으로 보내고 취항과 함께 수많은 백제군들의 목을 베었을 때 싸움은 천천히 끝나가고 있었고 승리의 신은 신라군의 손을 들어 주었다.

한바탕 피바람이 몰아친 천산 땅은 천지간에 피비린내가 진동하였다. 사방에는 널부러진 시체들과 부상을 입은 군사들로 발 디딜 틈이 없었고, 그 광경은 참혹하기 이를 데 없었다.

그 가운데 신라의 두 청년은 드러누워 있었다. 아니 쓰러져 있었다. 온몸에 칼을 맞고 창에 찔린 채 신음 소리도 제대로 내지 못하고 그저 하늘만 바라보고 있었다.

귀산이 취항을 쳐다보며 한번 싱긋 웃기라도 했던가? 그러나 그렇게 생각하기에는 이미 둘은 숨이 끊어진 지 오래인 듯했다.

다만 둘 다 입가에 희미한 미소를 머금고 있을 뿐이었다. 그 미소 때문이었을까? 둘의 얼굴 표정은 속세를 벗어나 해탈의 경지에 이른 듯 평온하고 행복해 보였으며 상처투성이의 몸에 흐른 붉은 선혈은 마치 연꽃처럼 온몸을 감싸 안고 있는 듯 보였다.

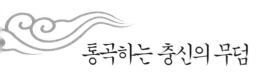

통곡하는 충신의 무덤

신라 진평왕 때 이찬伊 벼슬을 지낸 김후직은 지증왕의 손자로 사리에 밝고 학덕이 높은 인물이었다.

당시 진평왕은 사냥을 너무 좋아해 날마다 대궐을 비우기 일쑤였는데, 그런 왕을 보다못한 김후직이 하루는 굳은 결심을 하고 왕께 아뢰었다.

"폐하! 예로부터 성인들이 이르시기를 사냥은 마음을 흐리게 만들고 정신 또한 흐리게 만드니 결국 심신을 모두 피폐하게 한다고 했사옵니다. 그런데 폐하께서는 정사를 돌보실 생각은 아니 하시고 허구한 날 사냥에만 몰두하시니 이는 폐하의 옥체를 상하게 할 뿐만 아니라 사직을 위해서도 결코 합당한 일이 아닌 줄로 아옵니다. 그러니 부디 오늘부터라도 사냥을 그만두시고 정사를 돌보는 데 힘쓰옵소서!"

그러나 김후직의 이러한 충정 어린 간언에도 아랑곳하지 않고 왕은 그 다음날 또 사냥개를 앞세워 궐 밖으로 사냥을 나갔다.

그 소식을 들은 김후직은 나직이 한숨을 내쉬며 장차 어찌해야 왕이 더 이상 사냥을 나가시지 않을지를 곰곰이 생각할 따름이었다.

그후로도 김후직은 틈만 나면 왕 앞에 나아가 진심으로 왕이 사냥 나가는 것을 말리며 간언했지만 왕은 들은 척도 않고 혼자 콧방귀만 뀔 뿐 도무지 정사에는 관심이 없고 오로지 사냥하는 데만 온 마음을 쏟았다.

세월이 흘렀다. 이찬 김후직도 나이가 들어 대궐에 나가는 일보다 집에서 몸져눕는 일이 잦아졌다.

그러나 김후직의 마음속에는 언제나 짙은 먹구름이 드리워져 있었다. 자기를 제외하고는 신하들 중 어느 누구도 왕이 사냥하는 것을 말리지 않는데 만약 이대로 자신의 명이 다한다면 과연 누가 있어 왕의 그 같은 일을 말리겠는가?

그런 생각을 하노라면 김후직의 눈에는 어느새 희미한 눈물이 괴어올랐다.

생각에 생각을 거듭하던 김후직은 하루는 자식들을 불러 이렇게 말했다.

"지금부터 내가 하는 말을 가슴에 새겨 듣고 그대로 행하라. 내가 죽으면 내 시체를 왕께서 사냥 다니시는 길가에 묻되 묘비를 세우지 마라. 한평생 나라의 녹을 먹은 신하로서 왕이 사냥하는 일 하나도 제대로 막지 못했는데 내 무슨 염치가 있어 그 같은 호사를 누리겠느냐. 내가 무엇보다 염려하고 걱정하는 일은 왕께서 사냥에만 빠져 정사를 돌보지 않으니 이 나라의 앞날이 위태로운 것이요, 사냥을 나가셨다가 무서운 맹수로 인해 혹 무슨 변고라도 당하지 않을까 하는 것이다. 나는 죽어서도 그러한 일들을 막고자 애쓸 것이니 너희들은 부디 후일 내 뜻대로 나를 장사 지내 주기 바란다!"

김후직의 말을 듣고 있던 자식들의 가슴에는 피 멍울이 돋는 듯 쓰리고 아팠다.

며칠이 지난 어느 날, 그날도 진평왕은 사냥개를 앞세우고 들판으로 사냥을 나갔다. 날씨는 화창했고 바람도 적당히 불어 사냥을 하기에는 안성맞춤이었다.

왕은 말을 몰아 넓은 들판을 거침없이 달렸다. 들판의 끝자락에 이르러 산속으로 급히 달아나는 노루 한 마리를 발견하고 화살을 쏘며 뒤쫓기 시작했다.

노루는 화살을 피해 더욱 깊은 산속으로 몸을 날려 뛰었고 왕은 정신없이 말을 몰았다. 그러나 노루는 이내 빽빽한 숲 사이를 벗어나 계곡으로 가뿐하게 뛰어내려 어디론가 달아나 버렸다.

말을 멈춘 왕은 분한 표정으로 노루가 사라진 계곡 쪽을 바라보다가 할 수 없이 산 아래로 발길을 돌렸다.

좀 전에 노루를 쫓아 천지를 진동하는 듯한 말발굽 소리가 그치고 난 산속은 그야말로 적막 강산이었다. 가끔 이마를 스치고 지나가는 바람 소리나 계곡을 흐르는 낮은 물소리만 숲의 적막을 깨고 있었다.

왕이 말을 몰아 터벅터벅 산길을 내려오는데 난데없이 어디선가 울음소리인 듯한 가느다란 외침이 들려 왔다.

'폐하! 부디 발길을 돌리소서……. 발길을 돌리소서, 폐하……!'

처음에 왕은 자신이 바람 소리를 잘못 들었다고 생각했으나 갈수록 그 소리는 뚜렷하게 들려 왔다. 왕은 신하를 불러 그 소리에 대해 조사하도록 명했다.

잠시 후 돌아온 신하는 왕 앞에 무릎을 꿇고 다음과 같이 아뢰었다.

"폐하! 황공하오나 이 소리는 얼마 전에 세상을 떠난 이찬 김후직의 무덤에서 나는 소리이옵니다."

신하의 말을 들은 왕은 믿을 수 없다는 표정으로 재차 물었다.

"뭐라? 이 소리가 이찬의 무덤에서 나는 소리라고? 그게 사실이냐?"

신하는 왕을 묘비도 없이 초라한 무덤으로 모시고 갔다. 이찬의 무덤을 본 왕은 급히 그의 아들을 부르도록 명했다.

갑작스런 왕의 부름을 받고 달려온 이찬의 아들을 향해 왕은 엄중한 목소리로 물었다.

"네 어찌 하나뿐인 아비의 묘를 묘비도 없이 이런 길가에 방치해 둔다는 말이냐?"

엄중하게 꾸짖는 왕의 말에 이찬의 아들은 조금도 주저 없이 저간의 모든 사정을 이야기했다. 얘기를 듣고 있던 왕의 얼굴은 점차 슬픔으로 일그러졌다.

왕은 종내 얼굴을 감싸 쥐고 이찬의 무덤 앞에 무릎을 꿇고 앉아 형언할 수 없는 슬픔의 눈물을 터뜨렸다.

"용서하시오. 내가 잘못했소! 내가 부덕하여 경의 무덤이 이곳에 이렇듯 쓸쓸하게 버려지게 되었구려! 내가 지금이라도 경의 말을 듣지 않는다면 이는 경의 죽음을 헛되이 하는 일이며 나중에 내가 죽어서라도 경의 얼굴을 바로 보지 못할 것이오."

왕은 곧 그 길로 말을 돌려 대궐로 향했고 두 번 다시는 사냥을 나가지 않았다. 김후직의 충정이 죽어서 왕의 마음을 바꾸었던 것이다.

혜숙의 이적

신라 진평왕 때에 혜숙이란 스님이 있었다. 혜숙은 본래 화랑의 낭도였다가 도성을 떠나 적선촌이란 곳에 작은 암자를 지어 그곳에서 거의 20년 가까이 혼자 은거하며 지냈다.

적선촌에는 구참랑이라는 화랑이 자주 사냥을 나왔는데 혜숙은 무슨 연유에선지 구참랑의 낭도가 되어 그들과 자주 어울렸다.

그러던 어느 날, 그날도 사냥을 나온 구참랑 일행이 들판에 둘러앉아 사냥감으로 잡은 짐승들로 맛있는 요리를 해먹으며 한바탕 잔치를 벌이고 있었다. 혜숙 또한 자연스럽게 그자리에 끼여 그들과 즐겁게 얘기를 나누며 음식을 나눠 먹었다.

잔치의 흥이 한창 무르익을 무렵 혜숙이 구참랑에게 은밀한 목소리로 말했다.

"제게 이 고기보다 훨씬 더 맛있는 음식이 있는데 한번 잡숴 보시겠습니까?"

혜숙의 말에 구참랑은 입맛을 다시며 대답했다.

"이보다 더 맛있는 음식이라? 어디 맛 좀 보여 주구려."

구참랑의 말이 끝나자마자 혜숙은 품속에서 칼을 꺼내더니 다짜고짜 자신의 허벅지를 손바닥만큼 잘라내어 구참랑 앞에 내밀었다.

구감랑은 너무 놀란 나머지 아무런 말도 못하고 아직도 붉은 피가 뚝뚝 떨어지는 살점을 두려운 눈초리로 쳐다만 볼 뿐이었다.

혜숙은 아무렇지도 않다는 듯 칼을 품속에 다시 집어넣으며 말했다.

"무릇 선비는 하찮은 미물일지라도 그 목숨을 귀하게 여겨 함부로 죽이지 않는다고 했는데 당신은 틈만 나면 살생을 일삼아 자신의 몸을 보전하기에만 급급해하는구려. 이는 어질고 학덕 있는 선비가 할 일이 아니니 내가 사람을 잘못 보아도 크게 잘못 본 것 같소!"

말을 끝낸 혜숙은 뒤도 돌아보지 않고 그곳을 떠났다. 일행은 그저 멍하니 혜숙의 뒷모습을 바라보다가 구감랑에게로 시선을 돌렸다.

혜숙이 떠나자 사색이 되었던 구감랑의 얼굴에 조금씩 핏기가 돌아오기 시작했다. 구감랑은 평생 그렇게 큰 모욕을, 그것도 사람들이 보는 앞에서 당하기는 처음이었다.

구감랑은 조금씩 분한 감정이 치밀었다.

'이름도 없는 중놈 주제에 감히 나를……? 가만 있자, 제 놈도 나와 같이 고깃국을 나눠 먹지 않았던가?'

구감랑은 얼른 혜숙이 먹다 남긴 고깃국을 살펴보았다. 그런데 놀랍게도 혜숙의 국그릇은 손도 대지 않은 것처럼 여전히 김이 모락모락 오르는 그대로였다.

그제야 혜숙이 예사로운 스님이 아님을 깨닫게 된 구감랑은 그 길로 대궐로 들어가 진평왕을 만나 뵙고 낮에 있었던 일을 소상히 얘기했다. 구감랑의 말을 들은 진평왕 또한 혜숙을 범상치 않은 인물로 여겨 그를 당장 데려오라며 적선촌으로 신하를 보냈다.

왕의 명을 받은 신하는 부랴부랴 적선촌에 있는 혜숙의 암자로 찾아갔다. 암자에 당도한 신하는 몇 번이나 혜숙의 이름을 불렀지만 방안에서는 아무런 기척이 없었다. 기다리다 못한 신하가 다시 혜숙의 이름을 부르며 방문을 열었을 때였다.

방안에 펼쳐진 광경을 본 신하는 자신의 눈을 믿을 수가 없었다. 방안에는 웬 스님이 벌거벗은 채로 젊은 처녀를 껴안고 잠이 들어 있었는데 나이나 생김새로 보아서는 구감랑이 설명한 혜숙의 모습이 분명했던 것이다.

신하는 한 손으로 입을 틀어막고 뒷걸음질을 쳐서 얼른 방에서 나왔다.

'저런 자가 스님이란 말인가? 그것도 범상치 않은 인물이라니……'

대궐로 돌아오면서 신하는 마음속으로 수없이 거친 욕설을 내뱉었다. 생각 같아서는 왕께 아뢰어 당장 혜숙의 목이라도 베고 싶은 심정이었다. 아니, 왕이 이 사실을 안다면 분명 혜숙의 목을 치라는 분부를 내릴 것이었다.

분한 마음을 삭이지 못해 끙끙거리며 대궐로 돌아가는 발길을 재촉하던 신하가 도성에 거의 다 이르렀을 때였다.

건너편에서 스님 한 사람이 걸어오고 있었는데 그 모습을 본 신하는 그자리에 우뚝 멈춰 섰다. 그 스님은 분명 조금 전 암자에서 본, 벌거벗은 채로 처녀를 껴안고 잠들어 있던 혜숙이 분명했다.

신하는 고개를 갸웃거리다가 혜숙이 자기를 몇 발짝 스쳐 지나치고 난 다음에야 머뭇거리는 음성으로 혜숙을 불렀다.

"저…… 스님!"

신하의 부름에 혜숙은 걸음을 멈추고 뒤를 돌아보며 물었다.

"나를 부르셨소?"

신하가 다시 머뭇거리는 표정으로 물었다.

"혹시…… 스님께서 혜숙대사이신지요?"

그 말에 혜숙은 성큼성큼 신하 앞으로 걸어오더니 대답했다.

"그렇소. 내가 혜숙이오만……."

신하는 자신의 눈과 귀를 의심하지 않을 수 없었다.

'그렇다면 아까 암자에서 본 그 스님은 누구란 말인가? 생김새나 나이 또한 그 스님과 똑같은데……, 혹시 지금 내가 꿈을 꾸고 있거나 귀신에 홀린 것은 아닐까?'

신하는 한 손으로 이마에 배어 나오는 식은땀을 닦으며 더듬거리듯 말했다.

"그렇다면 지금 대사께서는 어디에서 오시는 길인지……."

혜숙은 여전히 당당한 목소리로 대답했다.

"도성 안에 있는 보살의 집에서 한 이레 머물다 암자로 돌아가는 길이오만, 왜 그러시오?"

신하는 더 이상 아무런 말도 못하고 왕의 명을 전하고는 쫓기듯이 대궐로 돌아왔다. 왕 앞에 엎드린 신하는 자기가 겪었던 일을 상세하게 아뢰었다. 왕은 곧 혜숙이 머물렀다는 집에 사람을 보내어 혜숙의 말이 사실임을 확인했다.

진평왕은 다시 적선촌에 신하를 보내어 혜숙을 만나고자 했으나 그로부터 얼마 되지 않아 혜숙은 조용히 열반에 들었다.

마을 사람들이 혜숙을 장사 지내기 위해 산으로 가고 있을 때, 혜숙은 홀연히 산너머 고갯마루에 나타나 그때까지 혜숙의 죽음을 모르고 있던 마을의 노인과 이런저런 잡담을 나누다가 지금 사는 곳이 싫증 나 다른 곳으로 가게 되었다며 아쉬운 작별의 인사를 나누었다.

고갯마루를 넘어 마을에 도착해서야 혜숙의 죽음을 알게 된 노인은 방금 전에 자신이 혜숙을 만나고 왔다며 마을 사람들의 말을 믿으려 하지 않았다.

노인의 말이 워낙 강경하기도 했지만 평소 혜숙이 비범한 인물이라는 것을 알고 있었던 마을 사람들은 궁리 끝에 혜숙의 관을 열어 보기로 했다.

마을 사람들이 두렵고 떨리는 마음으로 관 뚜껑을 열었을 때, 관 속에는 혜숙의 모습은 온데간데 없고 짚신 한 켤레만 덩그러니 들어 있었다.

마을 사람들이 놀라 서로의 얼굴만 쳐다보고 있을 때, 노인은 오색 구름에 싸여 동쪽 하늘로 올라가는 혜숙의 모습을 보았다.

혜숙은 언제나 그랬던 것처럼 인자하고 자비롭게 웃고 있었다.

공주의 길

  진평왕 54년, 살을 에이는 듯한 눈보라를 헤치고 덕만德曼 공주
는 다시 대궐로 돌아왔다. 날이 밝아오는지 검은 눈구름을 헤치고
동편으로 희부연 기운이 어리는가 싶더니 이어 환한 빛이 간간이 구
름 사이로 비치었다.

  덕만 공주는 옷에 묻은 눈을 턴 후, 옷매무새를 가다듬고 가만가
만 아버지 진평왕의 침소로 발을 옮겼다.

  "대왕 폐하, 소녀 덕만이옵니다."

  "들어오너라."

  왕비의 목소리가 조용히 새어 나왔다.

  침소에 들어간 덕만 공주는 걱정스러운 낯빛으로 진평왕 곁에
무릎을 꿇고 앉았다.

  "오늘도 신궁神宮에 다녀왔느냐?"

  "……"

  덕만 공주는 아무 대답 없이 그저 고개만 끄덕였다.

  "오늘처럼 눈보라가 심한 날은 궐에 있지 그랬느냐? 그러다 혹
몸이라도 상하면 어쩌려고……."

  근심스러운 말투로 왕비가 말했다.

"못난 아비 때문에 네 고생이 심하구나."

"아니옵니다, 대왕 폐하. 소녀는 그저 하루 빨리 대왕 폐하께서 쾌차하시어 예전처럼 건강해지시기만을 바랄 뿐이옵니다."

그렇게 말하는 덕만 공주는 그만 눈물을 쏟고 말았다.

진평왕이 병중에 든 지 벌써 수개월이 지났건만 병세는 큰 차도를 보이지 않았다. 그도 그럴 것이 진평왕의 병은 육신의 병이 아니라 마음의 병인 까닭에 치유되기가 더욱 어려웠다.

지난해 5월 진평왕이 그토록 신임해 마지않던 이찬 칠숙柒宿과 석품石品이 작당하여 반란을 일으켰다.

다행히 반란은 어렵지 않게 진압되었지만 진평왕은 정신적으로 큰 충격을 받았다. 평소 진평왕은 칠숙과 석품, 두 사람을 대할 때 군주와 신하의 관계로만 대하지 않았다.

진평왕은 인간적으로 그들을 좋아했고 늘 곁에 두고 어려운 국사를 의논하는 것은 물론 사사로운 얘기도 흉허물없이 나누었던 것이다.

진평왕은 인간사에 짙은 회의를 느꼈다. 왕은 식욕을 잃고 시름시름 앓더니 덜컥 자리보전을 하고 드러누웠다.

그날부터 덕만 공주는 하루도 빠뜨리지 않고 이른 새벽 남산에 있는 신궁을 찾아 아버지 진평왕의 쾌유를 빌었다.

"그래, 오늘도 영두랑永斗郞과 함께 갔느냐?"

"……."

영두랑의 이름이 나오자 덕만 공주는 저도 모르게 얼굴이 붉어져 고개를 돌렸다.

"내 소생 중에 태자가 없으니 너로 하여 내 뒤를 잇게 할 것이다. 연약한 여자의 몸으로 나라를 다스리기는 매우 어렵고 힘들 테지만 곁에서 지켜 주는 든든한 부마가 있다면 힘이 되고 도움이 될 것이다."

숨이 찬 듯 잠시 말을 멈췄던 진평왕이 덕만 공주의 손을 잡고 다시 말했다.

"내가 보기에 영두랑은 무예가 뛰어나고 지혜로운 데다 품성도 너그러워 네 곁에 두기에 딱 맞는 인물이다. 그러니 속히 혼례를 치르도록 하는 것이 좋겠다."

진평왕의 말에 덕만 공주는 눈물을 글썽이며 말했다.

"아니옵니다, 대왕 폐하! 소녀는 대왕 폐하가 한시 바삐 쾌차하시어 예전처럼 이 나라 사직을 돌보시기만을 간절히 염원할 따름입니다."

"공주야……!"

진평왕과 덕만 공주가 나누는 얘기를 들으며 왕비는 소매 깃으로 연신 눈가를 훔쳤다.

그러나 진평왕은 덕만 공주를 영두랑과 맺어 주지 못하고 그만 눈을 감고 말았다. 덕만 공주와 영두랑의 혼사 얘기를 꺼낸 지 불과 십여 일이 지나서였다.

진평왕이 승하하는 날 하늘도 그 죽음을 애도하는지 전에 없이 매서운 눈보라가 도성을 뒤덮었고 문무백관을 비롯한 백성들의 비탄에 찬 통곡 소리는 밤늦도록 이어졌다.

덕만 공주는 일체 곡기를 입에 넣지도 않고 잠도 자지 않은 채 아버지 진평왕의 빈소를 지켰다. 곁에서 보기에도 애처로울 정도였다.

진평왕의 국장國葬이 치러진 후, 왕위 계승을 둘러싸고 각 계파에서 이러저러한 말들이 많았다.

선왕의 뜻에 따라 덕만 공주를 왕으로 세워야 한다는 각간 을제

乙祭와 유사 이래 공주를 군주로 세운 적이 없으니 당연히 선왕의 친척인 낙신洛信이 왕위에 올라야 한다는 이찬 수품水品 사이의 논쟁이 뜨거웠다.

덕만 공주는 거기에 대해서도 이렇다저렇다 별다른 말이 없었다. 그저 매일매일 선왕의 신위를 모신 종묘에서 선왕의 명복을 빌고 또 빌 뿐이었다.

그런 덕만 공주를 바라보는 영두랑의 가슴은 예리한 면도칼이 지나간 자국처럼 선명한 통증이 아릿하게 스며들었다.

그러나 일개 화랑에 지나지 않는 자신이 덕만 공주를 위해 할 수 있는 일은 그저 공주의 곁에서 신변을 지켜 주는 호위병 정도에 지나지 않았기에 영두랑의 고통은 한층 더했다.

왕위 계승을 둘러싸고 논쟁이 끊이지 않던 신하들은 결국 덕만 공주를 선왕의 뒤를 이어 여왕으로 추대하기로 하였다.

자신의 왕위 계승이 결정된 날 밤, 덕만 공주는 선왕이 승하하신 이후 처음으로 영두랑을 머릿속에 떠올렸다.

아버지의 죽음 앞에서 사랑하는 이를 생각하는 것은 자식된 도리가 아닌 것 같아 덕만 공주는 그 동안 애써 영두랑의 생각을 머릿속에서 지우려 애썼다. 그러다가 내일이면 보위에 오를 것을 생각하니 맨 먼저 영두랑의 모습이 떠올랐던 것이다.

덕만 공주는 자신이 마음대로 결정할 수 있다면 여왕 자리에 오르는 것보다 영두랑과 혼인하여 여염집 아낙들처럼 자식 낳고 지아비의 귀여움을 받으며 한평생을 보내고 싶었다.

그러나 승하하신 선왕을 생각하면 그럴 수가 없었다. 선왕인 진평왕은 공주 셋 중에서 그래도 맏이인 덕만을 총명하다 하여 제일 귀여워하고 예뻐해 주시지 않았던가?

일찍이 덕만 공주의 슬기로움과 총명함에 모든 사람들이 경탄했던 적이 있다. 언젠가 당 태종이 모란꽃 그림이 그려진 병풍 한 폭과 모란씨를 보내 온 적이 있었다. 그 병풍을 본 덕만 공주는 그림 속에 나비가 없는 것을 보고 필시 모란에는 향기 없다고 하였다. 그뒤 모란씨를 심어 꽃이 피었는데 과연 모란에는 향기가 나지 않았다.

선왕인 진평왕은 그런 덕만 공주를 품에 안고 태자가 없는 아비의 심려를 네가 씻어 주었다며 얼마나 기뻐하시고 자랑스러워하셨던가?

덕만 공주의 시름에 찬 눈가에 방울방울 눈물이 맺혔다.

'대왕 폐하의 위업을 이어야 한다. 내 한 몸을 희생해서 대왕 폐하의 이름을 후대에까지 드높일 수 있다면 그 길을 택하리라!'

이렇게 해서 왕위에 오른 덕만 공주가 바로 그 유명한 선덕여왕이다.

선덕여왕이 보위에 오르고 며칠이 지나서였다. 영두랑이 입궐하여 여왕 뵙기를 청했다. 선덕여왕은 어전에 꿇어앉은 영두랑의 모습을 내려다보았다. 몰라보게 수척해진 얼굴에다 힘없이 늘어진 어깨, 부어오른 눈두덩이 안쓰러워 차마 제대로 볼 수가 없었다.

"폐하! 하례 드리옵니다!"

"……고맙소."

영두랑의 축하 인사에 선덕여왕은 간신히 대답했다. 가슴으로 전신으로, 온 신경이 파르르 떨리는 것 같았다.

"먼 길 떠나기 전에 폐하를 뵙고 인사를 여쭙고자 이렇게 입궐하였습니다."

먼 길이라니……. 선덕여왕은 순간적으로 가슴이 툭 떨어져 내렸으나 이내 마음을 가다듬고 말했다.

"먼 길이라니…… 대체 어디를 간다는 말이오?"

"사문沙門에 들어가 나라를 위해 부처님께 한평생 불공을 드릴까 하옵니다."

그러나 선덕여왕은 말이 없었다. 말리고 싶은 마음이야 굴뚝 같았지만 자신의 처지를 생각하면 영두랑의 사사로운 개인사에 간섭하여 괜히 신하들의 입방아에 오르내려 여왕의 권위에 오점을 남기고 싶지 않았던 것이다.

선덕여왕의 그 같은 마음을 알아차린 듯 영두랑은 머리를 조아리며 아뢰었다.

"폐하! 부디 만수무강하옵소서!"

영두랑은 애써 눈물을 감추며 어전에서 물러났다.

선덕여왕은 멀어지는 영두랑의 모습을 망막에 또렷하게 아로새기려는 듯 그의 모습이 보이지 않을 때까지 시선을 떼지 않았다.

선덕여왕은 평생 독신으로 살며 선왕인 진평왕의 위업을 이어 사직을 보존하고 백성들을 바로 다스리는 데 일생을 바쳤다.

청포 삼백 필과 구도 설화

선덕여왕 즉위 11년, 대장군 윤충을 앞세운 백제군은 신라의 대야성을 함락시키고 대야성의 성주인 김품석과 그 일가를 모두 몰살시켰다.

대야성의 성주 김품석은 김춘추의 사위로서 그 비보를 전해 들은 김춘추의 마음은 예리한 칼로 가슴살을 한 점 한 점 저며내는 듯이 고통스러웠다.

하룻밤을 꼬박 눕지도 않고, 먹지도 않고 피눈물을 쏟으며 보낸 김춘추는 사사로운 자신의 슬픔보다는 나라의 위기가 더 시급하다는 판단을 내리고 날이 밝자마자 서둘러 환궁하여 선덕여왕 앞에 무릎을 꿇었다.

이미 대야성의 함락을 보고받은 선덕여왕은 하루 사이에 반쪽이 된 김춘추의 얼굴을 마주 대하니 애처로운 마음만 들 뿐 쉽사리 위로의 말조차 나오지 않았다.

선덕여왕이 위로의 말을 찾지 못해 눈가에 괸 눈물만 소리 없이 훔치고 있는데 김춘추의 굵은 목소리가 내전에 울려 퍼졌다.

"폐하, 소신의 사위인 김품석이 불충하여 대야성이 함락되었으니 그 죄를 대신 물어 소신을 죽여 주옵소서!"

"그 무슨 당치 않은 말이오? 과인의 덕이 부족하여 경이 참척慘慽의 변을 당하게 되었으니 모두가 나의 허물인가 하여 경의 얼굴을 차마 볼 수가 없구려……."

선덕여왕의 따스한 위로의 말에 김춘추는 다시금 눈물이 나올 것 같았지만 입술을 지그시 깨물고 슬픔을 삼켰다.

"폐하! 소신이 그 죄를 씻을 수 있는 길은 오직 하나, 고구려에 가서 구원병을 청하여 함락된 대야성을 도로 찾는 것이오니 부디 소신을 고구려에 보내 주옵소서!"

김춘추의 말에 선덕여왕은 위태로운 사직을 보존하고 불안에 떠는 백성들을 백제군으로부터 구하려면 김춘추의 말대로 하는 수밖에 없다고 판단했다.

"경의 말이 옳소. 뜻대로 하도록 하오."

김춘추는 내전을 물러나와 김유신을 만났다. 수심에 가득 싸이기는 김유신의 얼굴도 마찬가지였다.

김춘추가 김유신의 손을 잡으며 말했다.

"장군! 나는 이 길로 집으로 돌아가 짐을 꾸려 고구려로 갈 것이오. 내가 없는 동안 여왕 폐하를 잘 보필하고 전란의 공포에 휩싸인 백성들을 보살펴 주시오."

김춘추의 말에 김유신은 마주 잡은 두 손을 더욱 힘주어 잡으며 대답했다.

"그런 걱정은 마시오. 나는 오로지 공의 안부가 걱정될 뿐이오. 내 공에게 장부로서 맹세하거늘 만약 공이 고구려에 갔다가 60일 이내에 돌아오지 않으면 군사를 일으켜 고구려를 칠 것이오."

"고맙소, 장군! 비록 늙은 육신이긴 하나 이 한 몸을 바쳐서라도 나는 기필코 사직을 보존하고 백성들을 구할 것이오.

"부디 몸조심 하시오."

두 손을 굳게 잡은 두 사람은 서로 당부의 말과 안부를 기원하며 다시 만날 것을 굳게 약속했다.

고구려를 향해 출발한 김춘추는 신라와 고구려의 국경 지대인 벌매현伐買縣에 도착하여 하룻밤 행장을 풀었다. 그런데 웬 낯선 사람이 찾아와 김춘추 앞에 청포青布 3백 필을 꺼내놓으며 말했다.

"공께서 나라를 위해 먼 길을 떠나시는데 조금이나마 보탬이 되었으면 하는 바람으로 가져왔습니다. 약소하나마 부디 사양치 마시고 받아 주시기 바랍니다."

김춘추는 고마운 마음으로 그 사람이 가져온 청포 3백 필을 받아 넣었다. 나라를 생각하는 백성들의 충정이 새삼 갸륵하고 감격스러웠다.

다음날 드디어 국경을 넘어 고구려 땅에 당도한 김춘추는 자신의 신분을 밝히고 대궐로 들어가 고구려 국왕인 보장왕을 알현했다.

김춘추는 자국인 신라의 어려운 상황을 설명하고 보장왕에게 원병을 파견해 줄 것을 요청했다. 보장왕은 일단 김춘추를 객사에 머무르게 한 뒤 주연을 베풀어 위로하고 여독을 풀도록 며칠 쉬게 했다.

그리고 신하들을 불러 여러 차례 의견을 수렴한 결과 김춘추의 요청을 받아들여 신라에 원병을 파견하기로 결정했다.

그런데 그렇게 결정이 내려진 날 저녁, 신하들 가운데 보장왕이 가장 신임하고 아끼는 선도해라는 자가 왕을 찾아와 뵙기를 청했다.

"폐하! 소신이 폐하를 뵙고자 한 것은 다름이 아니오라 소신의 뜻을 폐하게 아뢰고자 함이옵니다. 원병을 요청해 온 김춘추라는 자는 신라뿐만 아니라 당나라까지 널리 알려진 인물로서 외교술에 능하고 언변이 능통하다고 들었습니다."

선도해의 말에 보장왕은 묵묵히 귀를 기울였다.

"그런 자가 우리 나라에 와서 원병을 요청하는 것은 분명 다른 뜻이 숨어 있을 것입니다. 소신의 생각으로는 필시 우리 고구려의 국력을 저울질 하고 정세를 염탐하기 위함이라고 사료됩니다. 그러니 이 기회에 그 자를 죽여 후환을 없애시는 것이 바람직할 것이옵니다."

보장왕은 선도해의 말도 일리가 있다는 생각이 들었다.

"그렇다면 무슨 구실로 김춘추를 죽인단 말인가?"

"구실은 이미 제가 만들어 놓았습니다. 지금은 신라 땅으로 되어 있지만 원래 마목현麻木峴과 죽령竹嶺은 우리 고구려 땅이옵니다. 그러니 내일 김춘추를 불러 그 땅을 돌려준다는 확답을 받으십시오."

"그래서……?"

"영토 문제는 아무리 지위가 높아도 혼자 사사로이 결정할 일이 못 되므로 김춘추는 분명 귀국한 연후 왕과 상의하여 결정을 해야 한다고 할 것이옵니다. 그러니 이를 구실 삼아 김춘추를 죽이시면 될 것이옵니다."

선도해의 말을 모두 들은 보장왕은 무릎을 치며 기뻐했다. 그리고 그에게 많은 금은 보화를 하사했다.

다음날 보장왕은 김춘추를 불러 간밤에 선도해가 시킨 대로 했다. 결국 선도해의 계략에 말려든 김춘추는 옥에 갇히는 신세가 된 것이다.

옥에 갇힌 지 여러 날이 지나도록 보장왕이 자신을 방면할 기미를 보이지 않자 김춘추는 어떻게 해서든 이 난국을 극복하고 고국인 신라로 돌아가야겠다고 생각했다.

이미 김유신과 약속한 귀환 날짜가 며칠 남지 않았으므로 자칫 잘못하면 신라와 고구려 사이에 큰 전쟁이 일어날 것이고 만약 일이 그렇게 된다면 신라로서는 대야성을 함락한 백제뿐만 아니라 고구려와도 일시에 전쟁을 치르게 되니 그 폐해가 국가의 존망마저 위태롭게 할지도 모를 까닭이었다.

여러 날 생각에 잠겨 있던 김춘추는 보장왕이 신하들 가운데 제일 신임하고 총애하는 선도해의 얼굴을 떠올렸다.

선도해는 욕심이 많고 음험한 인물이라는 평판이 자자했지만 지금 자신을 살릴 수 있는 사람은 그 자밖에 없다고 생각하고 한 가지 계책을 세웠다.

밤이 깊어 주위가 조용해지자 김춘추는 은밀하게 옥문을 지키는 늙은 옥사쟁이를 불렀다.

"이보시오. 이리 좀 와보오."

"무슨 일이오?"

한낱 옥사쟁이에 불과했지만 그래도 김춘추의 명성은 익히 들어 알고 있었던지라 늙은 옥사쟁이는 순순히 김춘추의 부름에 응했다.

"여기에 갇힌 이상 이제 나는 죽은목숨이나 진배없는 몸이오. 일국一國의 재상이면 무엇하고 그깟 부귀 영화가 다 무슨 소용 있겠소? 오히려 옥문을 지키며 천명을 누리는 댁이 부럽기만 하구려."

김춘추는 그렇게 탄식하며 긴 한숨을 내뱉었다. 늙은 옥사쟁이는 지체 높은 김춘추가 자신을 부러워한다는 말에 황공한 마음이 들어 어찌할 바를 몰랐다.

"무슨 말씀이시옵니까, 대인! 저 같이 미천한 옥사쟁이 늙은이가 부러우시다니……."

"아니오! 나는 정말 댁이 부럽기만 하오!"

기회를 놓치지 않고 김춘추가 맞받았다. 늙은 옥사쟁이는 아무 말도 못하고 그저 가만히 서 있기만 했다.

"이제 곧 나는 사지死地에 갈 몸, 그 전에 꼭 한 가지 처리해야 될 일이 있어 댁한테 부탁을 좀 할까 해서 이리 불렀소. 들어줄 수 있겠소?"

김춘추의 말에 늙은 옥사쟁이는 허리를 숙여 김춘추에게 귀를 가까이 갖다 댔다.

"내가 묵던 객사에 가면 청포 3백 필이 있을 것이니 사람을 시켜 그것을 선도해 어른 댁에 좀 전해 주시오. 그리고 약간의 금덩이도 있으니 그것은 여기 있는 사람들과 함께 나눠 가지시오."

늙은 옥사쟁이는 고개를 끄덕이곤 서둘러 자리를 떴다. 그 뒷모습을 묵묵히 바라보는 김춘추의 얼굴에 오랜만에 흡족한 미소가 떠올랐다.

선도해가 하인으로 하여금 술상까지 받쳐들고 옥에 갇힌 김춘추를 직접 찾은 것은 그로부터 얼마 지나지 않아서였다.

옥문을 열고 들어온 선도해는 김춘추와 술상을 마주하고 하인을 비롯한 모든 옥사쟁이들을 멀리 물러나 있도록 명했다.

선도해가 김춘추의 술잔에 먼저 술을 따랐고 이어 김춘추도 선도해의 술잔에 술을 따랐다. 두 사람은 주거니받거니 술잔을 나누면서도 아무런 말이 없었다.

그렇게 술이 몇 순배 돌아 얼큰하게 취기가 오르자 선도해가 천천히 입을 열었다.

"낯선 땅에서 고생이 많으시오, 김공! 내가 오늘 이렇게 공을 찾은 것은 한 가지 들려줄 얘기가 있어서요. 공께서도 이미 들어 알고 계시겠지만 혹시 구토龜兎설화說話를 아시오?"

김춘추는 아무런 대답 없이 선도해의 말에 귀를 기울였다.

"동해 용왕이 병이 들어 백방으로 약을 구하다가 육지에 사는 토끼의 간을 먹어야만 효험이 있다는 얘기를 듣고 거북으로 하여금 토끼를 용궁으로 데려오게 했소. 거북의 꾐에 빠져 용궁으로 간 토끼는 그 사실을 알게 되고 간을 육지에 두고 왔다는 기지를 부려 겨우 목숨을 건질 수 있었소. ……김공! 그 토끼의 기지가 놀랍지 않소?"

얘기를 마친 선도해는 한참 동안 김춘추의 눈을 깊숙이 들여다보더니 하인을 불러 집으로 돌아갔다.

한숨도 자지 않고 자리에 앉아 밤을 지샌 김춘추는 날이 밝자 보장왕 뵙기를 청했다. 왕을 알현한 자리에서 김춘추는 고개를 숙이고 큰소리로 말했다.

"폐하! 소신의 생각이 짧아 심려를 끼쳐 드린 바 죄송한 마음 금할 길이 없사옵니다. 폐하의 말씀대로 마목현과 죽령은 고구려 땅이오니 신이 신라에 돌아가는 즉시 왕께 간언하여 그 땅을 돌려드리도록 하겠습니다."

김춘추의 말에 보장왕은 크게 기뻐했다. 옆에서 그 모습을 지켜보던 선도해의 입가에 희미한 미소가 번졌다.

보장왕은 김춘추를 다시 예전처럼 사신으로 예우하고 많은 예물을 하사하여 신라로 돌려보냈다.

고구려에 간 김춘추가 약속한 기일이 지났는데도 신라에 돌아오지 않자 대군을 거느리고 고구려로 쳐들어가려 했던 김유신은 김춘추의 귀환을 누구보다 기뻐했다.

누구나 다 알고 있는 구토 설화가 김춘추의 목숨을 살린 것은 물론 고구려와 신라의 전쟁까지도 막을 수 있었다.

구층 석탑의 숨은 뜻

신라 선덕여왕 14년, 대국통大國統 자장율사는 당나라에서 불법을 공부하고 돌아올 때 가져왔던 부처님의 사리를 모실 탑을 세우기 위해 선덕여왕을 찾았다.

여왕은 자애로운 미소를 머금으며 자장율사를 맞았다.

"부처님의 사리를 모실 탑을 세우려 하신다지요?"

여왕의 말에 자장율사는 공손히 허리를 숙이며 대답했다.

"그러하옵니다, 폐하. 소승이 당에서 돌아올 때 소중히 모셔 온 부처님의 사리를 모실 구층 석탑을 세우고자 합니다."

여왕은 미소를 잃지 않은 채 말했다.

"어디에다 세우실 생각이시오?"

자장율사는 여전히 허리를 숙인 채 대답했다.

"황룡사가 적당하다고 생각합니다."

여왕은 곰곰이 생각에 잠기는 듯하더니 다시 물었다.

"황룡사에 구층 석탑이라……. 그런데 혹 석탑이 꼭 구층이어야만 하는 무슨 연유라도 있는 것이오?"

여왕의 물음에 자장율사는 다소 엄숙한 음성으로 말했다.

"소승이 당에 있을 때 하루는 꿈속에 신령이 나타나 이르기를 지금 신라에는 여왕이 나라를 다스리고 있어 덕은 있되 위엄을 갖추지 못해 주변 나라들이 틈만 나면 침략할 기미를 엿보고 있으니, 구층 석탑을 세워 그 안에 부처님의 사리를 모시면 주변에 있는 아홉 나라가 무릎을 꿇고 머리를 조아릴 것이니 나라가 흥하는 것은 물론 왕업도 자손만대까지 이어질 것이라고 하였습니다."

자장율사의 말을 들은 여왕은 반가운 낯빛을 하며 한시 바삐 황룡사에다 구층 석탑을 세울 것을 명했다.

그날부터 자장율사는 신라 전역에서 석탑을 세울 기술자를 물색했으나 애석하게도 그만한 공사를 감당할 인물이 없어 애를 태웠다. 그리고 요행히도 이웃 나라 백제에서 아비지라는 뛰어난 기술자를 데려올 수 있었다.

신라의 황룡사에 도착한 아비지는 부지런히 공사를 벌여 얼마 지나지 않아 마침내 법당 앞에 탑을 쌓을 기둥 하나를 세울 수 있었다.

그날 밤, 탑을 쌓을 기둥 하나를 세웠다는 뿌듯함에 술까지 한잔 거나하게 걸치고 잠자리에 들었던 아비지는 무서운 악몽에 가위 눌려 한참을 끙끙거리며 앓다가 한 순간 비명을 지르며 잠에서 깨어났다.

아비지는 잠에서 깼어도 아직도 꿈속의 일이 생생한 듯 두 손으로 얼굴을 감싸 쥐었다. 얼굴은 온통 흥건한 땀으로 범벅이 되어 있었다.

얼굴뿐만이 아니라 베개까지도 아비지가 흘린 식은땀으로 축축하게 젖어 있었다. 아비지는 천천히 얼굴에서 두 손을 뗐다.

무서운 꿈이었다. 자신이 탑을 완성하고 조국인 백제로 돌아갔을 때, 백제의 도성은 천지가 불바다였고 백성들은 불길을 피해 정신없이 길거리를 뛰어다녔다.

집집마다 불길이 치솟아 매캐한 연기가 자욱했으며 미처 집을 빠져 나오지 못한 사람들은 살려달라고 울부짖고 있었다. 그야말로 아비규환의 생지옥이었다.

그리고…… 그 속에 아비지의 아내와 자식도 있었다. 아비지가 그들의 이름을 부르며 달려가려 했지만 웬일인지 발바닥이 땅에 붙은 듯 전혀 움직일 수가 없었다.

처연하게 불길에 휩싸여 죽어 가는 처자식을 목전에 두고서도 아비지는 아무 것도 할 수 없었다. 눈물을 철철 쏟으며 아내와 자식의 이름만 애타게 부르다가 아비지는 비명을 지르며 잠에서 깨어난 것이다.

아비지는 자리에서 일어나 문을 열고 법당 앞마당으로 나갔다. 교교한 달빛이 황룡사의 이끼 낀 기왓장 사이로 푸른 비단실 타래를 늘어뜨린 듯 아름답게 빛나고 있었다.

아비지는 말없이 서서 자신이 세운 탑의 기둥을 바라보았다. 기둥에도 달빛은 잔잔히 휘감기고 있었다.

'방금 전 꿈에서 보았던 것들은 무엇인가? 내가 저 탑을 완성하면 백제가 멸망한다는 계시인가?

황룡사 주위는 바람 한 점 없이 고요하기만 할 뿐 풍경조차 울리지 않았다.

'만약…… 만약에 그렇다면 나는 이 탑을 세울 수 없다. 아니, 세워서는 안 된다. 내 나라를 망하게 하면서까지 남의 나라의 탑을 세울 수는 없는 노릇이다.'

아비지는 가슴속으로 밀려드는 온갖 상념들에 싸여 뜬눈으로 아침을 맞았다.

그날부터 아비지는 탑의 공사를 더는 계속하지 않았다. 주위에서 이유를 물으면 그저 몸이 아프다는 핑계만 대었다.

그러기를 하루 이틀……, 며칠이 지났다. 처음에는 아비지의 몸을 걱정하던 사람들도 차츰 이상한 눈초리로 아비지를 쳐다보기 시작했다. 자장율사를 비롯하여 대궐에서도 그런 아비지의 태도에 의구심을 품었다.

더 이상 핑계를 댈 수도 없고, 주변 사람들이 자기를 바라보는 눈길을 의식하게 된 아비지는 백제로 도망칠 결심을 했다. 그것만이 조국을 살리고 또 자신도 살길이었다.

마음을 굳힌 아비지가 사람들의 왕래가 뜸한 점심때를 이용해서 살며시 방문을 열고 밖으로 나왔을 때였다.

갑자기 맑은 하늘이 캄캄해지더니 천지를 진동시키는 천둥 소리가 들렸다. 이어 번개가 구름을 가르고 세찬 폭풍이 황룡사 앞마당에 휘몰아쳤다.

갑자기 닥친 일이라 사람들이 모두 두려움에 떨며 나무아미타불을 외고 있는데 어디선가 키가 족히 열 척은 넘을 만한 장정 한 명과 키는 동자승만했지만 흰 수염을 길게 늘어뜨린 노승 한 명이 법당 앞마당에 나타나더니 탑 기둥 하나를 순식간에 세우고는 다시 어디론가 사라지는 것이었다.

그리고 그와 동시에 하늘은 다시 맑아지고 세상의 모든 것을 날려 버릴 것 같던 폭풍도 일시에 멎었다.

아비지의 눈은 놀라 휘둥그레졌다. 다른 사람들도 그 광경을 보았는지 주위를 두리번거리고 있었다. 하지만 모두들 날씨가 개어 안심하는 표정일 뿐 별다른 기색은 없었다.

아비지는 방문을 닫고 다시 방으로 들어왔다. 그리고 자신이 보았던 광경을 떠올리며 깊은 생각에 잠겼다.

'어쩌면 내가 잘못 생각했는지도 모른다. 절에 석탑 하나를 세운다고 나라가 망하겠는가? 그리고 좀 전에 내가 보았던 기이한 광경은 부처님께서 내게 탑을 세우라고 현신해 보이신 것이다. 그렇다, 석탑을 완성하자.'

다음날부터 아비지는 공사를 다시 시작했다. 석탑이 한 층 한 층 높아질 때마다 사람들은 그 아름다움과 정교함에 감탄을 금치 못했다.

석탑의 높이 235척, 황룡사 구층 석탑이 그 웅장한 모습을 드러냈다. 아비지는 훌륭히 석탑을 완성한 것이다.

선덕여왕이나 자장율사의 기쁨은 물론 아비지의 기쁨도 이루 말할 수 없었다. 하지만 아비지는 얼마 후 석탑을 세우게 된 경위를 듣고서는 남몰래 눈물을 머금지 않을 수 없었다.

'그렇다면 그날 밤 나의 꿈이 맞았다는 말인가?'

아비지는 뒤늦게 뼈아픈 후회를 했지만 이미 완성된 석탑을 다시 무너뜨릴 수도 없는 노릇이었다.

피눈물을 흘리며 아비지는 조국 백제로 돌아갔다. 돌아가는 길에도 자꾸만 그날 밤 꿈의 환영이 보이는 듯해서 아비지는 고통으로 가슴이 옥죄어 들었다.

황룡사 구층 석탑을 세운 공덕 때문이었는지 그로부터 15년 후 신라는 백제를 멸망시켰다. 생사를 건 참혹한 전쟁이었으니 아비지의 꿈처럼 백제의 도성은 아비규환의 생지옥이었다.

아비지도 죽고 그가 남의 나라 신라에 세웠다는 황룡사 구층 석탑도 지금은 그 모습을 온전히 찾아볼 수 없다.

다만 백제로 돌아가 자신이 세운 석탑으로 인해 나라가 망할까봐 여생을 두고두고 혼자 자책하고 괴로워했을 위대한 석탑 기술자의 인간적인 고뇌가 안타까울 따름이다.

부계 화상

신라의 명승 혜공은 그 덕망과 학식이 높음은 물론 여러 가지 기행을 일삼은 기인으로도 유명하다.

사람들은 혜공을 일러 부계 화상和尙이라 불렀는데 그 이유는 혜공이 언제나 삼태기 하나만을 어깨에 메고 노래를 부르며 돌아다닌 것에서 비롯되었다. 부계란 바로 혜공이 메고 다녔던 삼태기를 이르는 말이다. 그래서 사람들은 혜공이 기거하던 절을 부계사라고 불렀다.

혜공은 출가하기 전에는 귀족 천진공의 집에서 부엌 허드렛일을 하는 노비를 어머니로 둔 세습적 노비로 이름은 우조였다.

혜공이 일곱 살 되던 해에 천진공의 몸에 심한 종기가 생겼는데 아무리 훌륭한 명의를 데려다 좋은 약으로 치료를 해도 낫지 않아 거의 다 죽게 되었을 때였다.

몇 날 며칠 동안 온 집안은 문병을 온 사람들로 들끓었고 집안 분위기 또한 심상치 않자 우조가 어머니에게 여쭈었다.

"어머니. 집안에 웬 사람들이 이리도 많습니까?"

어린 아들의 말에 어머니는 수심이 가득한 표정으로 대답했다.

"아이고, 이게 무슨 일인지…… 주인 어르신의 몸에 심한 종기가 나 거의 다 돌아가시게 생겼구나……."

어머니의 말에 어린 우조는 생글생글 웃으며 말했다.

"주인 어르신의 몸에 생긴 종기는 그렇게 해서 나을 병이 아닙니다. 어머니, 저를 주인 어르신께 데려다 주세요. 제가 그 종기를 한번 고쳐 보도록 하겠습니다."

아들의 얼토당토 않은 말에 어머니는 황당한 표정을 지었으나, 우조가 워낙 조르는 바람에 하는 수 없이 주인 어른에게 문병을 드린다는 핑계로 아들을 데리고 천진공이 몸져누운 안방으로 찾아갔다.

우조의 어머니는 어린 아들을 방에 들여보내고 맹랑한 아들이 또 어떤 말을 할까 싶어 문밖에서 안절부절못했다.

방에 들어간 우조는 천진공에게 인사를 하고는 그 발치에 무릎을 꿇고 앉더니 아무런 말도 하지 않았다. 그저 눈을 감고 속으로 무엇인가를 골똘히 생각하는 것 같았다.

천진공은 저 아이가 왜 저러나 싶으면서도 어린것이 자신의 병이 낫기를 기원하는 마음에서 저런 것이겠거니 싶어 가만히 누워 있었다.

그런데 천진공은 시간이 흐를수록 자신의 몸에 난 종기가 쓰라리고 아려 오는 것을 느꼈다. 그러더니 그 고통도 잠시, 시꺼멓게 딱지가 앉은 종기가 터지면서 누런 고름이 바닥으로 철철 쏟아져 흘렀다.

천진공은 조금씩 신음 소리를 내뱉으면서도 점차 온몸의 신열이 가라앉고 종기 터진 자리가 시원해져 옴을 느꼈다.

그 말을 들은 의원들이 부랴부랴 방으로 들어온 다음에야 우조는 눈을 뜨고 자리에서 일어나 밖으로 나갔다.

그렇게 해서 천진공의 몸에 난 종기는 말끔히 나았으나 아무도 그것이 우조가 한 일이라고는 생각하지 않았다. 그저 그 동안에 쓴 약재들이 효험을 나타낸 것이라고만 여길 따름이었다. 다만 우조의 어머니만이 우조가 평범한 아이가 아니라는 사실을 알았을 뿐이었다.

어린 우조는 어느덧 장성하여 청년이 되었다. 청년 우조는 여전히 천진공의 집에 기거하며 소일 삼아 매를 여러 마리 길렀다. 평소 천진공도 매를 좋아하던 터여서 그런 우조를 가만히 내버려두었다.

하루는 천진공의 동생이 이웃 고을에 관직을 받아 부임을 하면서 천진공의 집에 인사차 들렀다가 우조가 기르는 매를 보고는 그중에서 가장 영특하고 매섭게 생긴 매 한 마리를 가져갔다.

며칠 후 천진공은 잠자리에 들었다가 곰곰 생각을 해보니 동생이 가져간 매가 바로 자신도 아끼고 좋아하던 매라는 생각이 들었다. 천진공은 내일 아침 일찍 하인을 시켜 찾아오도록 해야겠다고 마음을 먹었다.

다음날 아침, 천진공은 날카로운 매 울음소리에 잠이 깨었는데 조용히 들어 보니 간밤 자신이 동생에게서 찾아와야겠다고 생각한 매 울음소리 같아 이상히 여겨 얼른 밖으로 나가 보았다.

그랬더니 마당에 있는 나뭇가지에 매 한 마리가 앉아 울고 있는데 자세히 보지 않더라도 분명 자신이 아끼고 좋아하던 그 매였다.

천진공은 하인을 불러 물었다.

"저 매는 분명 며칠 전에 내 동생이 데려간 매인데 어찌하여 저기 앉아 있는 게냐?"

하인은 굽신거리며 대답했다.

"소인이 알기로는 이른 새벽 우조가 다시 찾아온 것으로 압니다."

하인의 말에 천진공은 놀란 마음을 금할 수 없었다. 그러고 보니 몇 해 전 자신의 몸에 난 몹쓸 종기가 치유된 것도 우조가 한 일이 틀림없는 것 같았다.

천진공은 곧 하인을 시켜 우조를 자신의 방으로 들라고 명했다. 천진공은 떨리는 가슴을 억누르고 조용히 앉아 우조를 기다렸다.

잠시 후 우조가 방으로 들어오자 천진공은 자리에서 일어나 우조를 상석에 앉게 하고 큰절을 올렸다.

천진공은 떨리고 흥분된 목소리로 말했다.

"예전에 저를 살려 주신 은혜 무엇으로 갚으오리까? 지금껏 이렇듯 훌륭하신 분을 몰라뵙고 무례하게 행동한 저를 용서하여 주십시오."

천진공의 말에 청년 우조는 큰소리로 호탕하게 웃었다. 그리고 그 즉시 출가하여 산으로 들어가 이름을 혜공이라 했다.

혜공의 기행은 그후로도 계속되었다. 절에 있는 우물에 들어가 두세 달을 나오지 아니하다가 나올 때 보면 꼭 푸른 옷을 입은 동자를 앞세우고 나왔는데 더욱 기이한 것은 동자나 혜공의 몸에는 물 한 방울도 묻어 있지 않았다.

혜공이 늙어 항랑사에 기거할 때 당대의 명승 원효와 가끔 만나곤 했는데 하루는 둘이 시냇가에서 물고기를 잡아먹고 있는 것을 보고 사람들이 힐난을 퍼붓자 그대로 바지를 내리고 시냇가에 똥을 누었다. 그러자 방금 전에 잡아먹은 물고기가 그대로 살아 헤엄쳐 가니 사람들이 이를 보고 혀를 내둘렀다.

또한 명랑대사가 당나라에서 불법을 공부하고 돌아와 금강사를 창건하고 학덕이 높은 여러 고승들을 초대했는데 유독 혜공만이 참석하지 않았다.

이에 명랑대사는 향을 피우고 혜공이 오도록 빌자 잠시 후 퍼붓는 장대비 속을 뚫고 혜공이 웃으며 도착했다. 그런데 그의 옷이나 신발에 빗물 한 방울 묻지 않았다.

하루는 어떤 사람이 산길에 쓰러져 죽어 있는 혜공을 발견했다. 시체는 썩어 악취를 풍기고 그 주위로 온통 벌레들이 들끓고 있는 것을 보고 놀란 그는 마을로 내려와 사람들에게 그 소식을 전하려는데 혜공은 멀쩡히 살아서 술에 잔뜩 취해 흥겨운 노래를 부르고 있었다.

이렇게 지금까지 전하는 혜공의 이적은 끝이 없다. 혜공의 마지막 모습 또한 보통의 사람들로서는 도저히 믿을 수 없는 얘기로 전하는 바에 따르면 혜공은 입은 옷 그대로 허공에 떠서 어디론가 사라졌다고 한다.

과연 명승다운 마지막 모습이라 아니 할 수 없다.

여왕을 사랑한 지귀

추수를 시작하려면 아직 한 달여가 남았지만 들판 곳곳에 벌써 누렇게 익어 고개를 숙이기 시작한 벼들도 제법 있었다.

사계절을 통틀어 겨울 한철을 제외하곤 그래도 농사꾼에겐 지금 이 시기가 가장 한가한 때라 지귀는 오래전부터 계획했던 도성 구경 을 실행에 옮기기로 마음먹었다.

하루 일을 끝내고 집으로 돌아온 지귀志鬼는 저녁을 먹고 나서 조 심스럽게 자신의 생각을 어머니께 말씀 드렸다.

지귀의 어머니는 어려서 일찍 아버지를 여의고 지금까지 농사며 집안일을 혼자 도맡아 하느라고 동네 밖 구경이라곤 한번도 해본 적 이 없는 아들이 측은하고 가여워 흔쾌히 승낙했다.

다음날 아침, 괴나리봇짐을 등에 멘 지귀는 어머니의 환송을 받 으며 즐거운 마음으로 집을 나섰다.

지귀가 사는 마을에서 도성인 서라벌까지는 족히 3백 리가 됨직 한 거리였지만 지귀는 부지런히 발걸음을 놀려 이틀 만에 도성에 도 착할 수 있었다.

서라벌, 말로만 듣고 언제나 머릿속으로만 상상하던 신라의 고 도古都 서라벌에 도착한 지귀는 가슴이 뛰어 밤잠도 제대로 이룰 수가 없었다.

지귀는 도성 안에 사관宿館을 정해 두고 아침을 먹기가 무섭게 구경을 나갔다가 밤이 이슥해서야 다시 돌아왔다.

지귀의 눈에 비친 서라벌은 그야말로 별천지였다. 말 그대로 없는 것이 없었고 지귀가 생전 처음 보는 희한한 물건들도 많았다. 장터는 언제나 사람들로 북새통을 이루었고 대궐은 지귀처럼 시골에서 올라온 촌민들의 제일 큰 구경거리로서 사람들의 발길이 끊이지 않았다.

지귀는 저녁을 먹고 나면 늘 사관의 주인과 그날 하루 자신이 구경한 것들에 대해 이런저런 얘기를 나누곤 했는데 하루는 주인으로부터 놀라운 말을 들었다. 다음날 선덕여왕이 시조始祖 묘墓에 제사를 드리러 가니 그 행차를 구경하러 가자는 것이었다. 그 말에 지귀는 귀가 번쩍 트이는 것 같았다.

서라벌에 사는 사람들도 일 년에 한두 번 볼까 말까 한 여왕의 행차를 일개 촌민에 불과한 자신의 눈으로 직접 볼 수 있다는 사실이 쉬이 믿어지지 않았다.

두근거리는 가슴으로 밤새 잠을 설친 지귀는 아침을 먹는 둥 마는 둥 몇 수저 뜨고 난 뒤 사관의 주인과 함께 여왕의 행차가 지나가는 길목으로 나갔다.

길목에는 이미 수많은 사람들이 모여 있었고 사람들은 여왕의 모습을 잘 볼 수 있는 장소를 잡느라 서로 자리 싸움을 벌이기도 했다.

지귀는 두근대는 가슴을 진정시키며 여왕의 행차가 나타나기만을 기다렸다.

이윽고 멀리서 풍악 소리가 울리더니 수많은 군사들의 호위를 받으며 여왕이 탄 어가가 나타났다. 사람들은 숨을 죽이고 허리를 숙여 여왕에게 경의를 표했다. 지귀도 머리를 조아리고 진심으로 여왕의 건승을 빌었다.

여왕이 탄 어가가 지귀가 서 있는 곳을 지나갈 때 지귀는 자신도 모르게 고개를 들어 여왕의 모습을 바라보았다. 지귀는 순간적으로 숨이 멎는 것 같았다. 여왕은 자기처럼 사람이 아니라 하늘에서 내려온 선녀처럼 느껴졌다.

백옥처럼 흰 얼굴에 가느다란 눈썹, 호수같이 맑은 눈에 앵두같이 붉은 입술, 기품 있는 자태와 온화한 미소는 지귀의 넋을 빼앗고도 남았다.

어느새 지귀는 여왕의 행차를 뒤따르고 있었다. 시선은 오로지 여왕이 타고 있는 어가에 둔 채 거의 무의식적으로 걸어가고 있었다.

'한 번만 단 한 번만이라도 여왕 폐하를 가까이 뵐 수 있다면…….'

지귀의 머릿속은 온통 그 생각뿐이었다. 그러나 수많은 호위병들에 둘러싸인 여왕은 지귀의 존재 조차도 모른 채 제사가 끝나자마자 곧바로 다시 대궐로 들어가고 말았다.

그때부터 지귀는 대궐 문 앞에 앉아 여왕이 다시 모습을 나타내기만을 기다렸다. 하루가 가고 이틀이 가고……, 보름이 지났다. 지귀는 잠도 자지 않고 밥도 먹지 않고 오로지 대궐 문 앞에 쪼그리고 앉아 여왕의 모습을 떠올리며 애타게 불렀다.

"선덕여왕이시여! 선덕여왕이시여!"

처음에는 그런 지귀를 대수롭지 않게 여겼으나, 날이 갈수록 사람들 사이에 지귀가 여왕을 연모한 나머지 상사병에 걸려 미쳤다는 소문이 퍼졌다.

대궐을 호위하는 군사들이 아무리 지귀를 쫓아 버리려고 애를 써도 지귀의 몸은 땅에 붙은 듯 꿈쩍도 하지 않았다.

지귀의 몸은 마른 나뭇가지처럼 말라 갔다. 잠을 자지 못해 벌겋게 충혈된 눈은 움푹 패였고 얼굴엔 광대뼈가 불거져 나왔다. 살아 있는 사람이라곤 도저히 생각할 수가 없을 것처럼 보이는데도 입으로는 끊임없이 여왕을 되뇌었다.

"선덕여왕이시여! 선덕여왕이시여……!"

다시 며칠이 지난 뒤 선덕여왕은 영묘사에 분향을 하러 가게 되었다. 육중한 대궐 문이 열리고 호위병에 둘러싸인 여왕의 어가가 나타났다.

어가에 앉아 여전히 아름답고 온화한 미소를 띄고 이는 여왕의 모습을 본 지귀는 갑자기 자리를 박차고 일어나 호위병을 뚫고 그녀 앞으로 달려들었다.

그러나 여왕을 겹겹이 둘러싼 호위병들에게 금방 붙잡히는 신세가 되고 말았다. 지귀는 목놓아 여왕의 이름을 부르며 거의 짐승처럼 울부짖었다.

그로 인해 여왕의 행차는 잠시 중단되었다. 여왕은 신하를 불러 어가가 멈춰 선 연유를 물었다.

처음에는 말하기를 꺼려하던 신하는 여왕의 추궁에 어쩔 수 없이 지귀에 대해 얘기하였다. 자초지종을 들은 여왕은 곧 지귀를 데려오라고 명했다.

지귀는 피골이 상접한 몰골로 여왕 앞에 꿇어앉았다. 그토록 사모하는 여왕이건만 지귀는 얼굴을 들어 여왕의 용안을 똑바로 쳐다볼 수가 없었다.

"네가 지귀라는 백성이냐?"

부드럽고 인자한 여왕의 말에 지귀는 눈앞이 흐려졌다.

"······."

여왕은 다시 부드러운 어조로 말했다.

"네가 나를 정녕 사모하느냐?"

지귀는 여전히 아무 말도 못하고 굵은 눈물 방울만 뚝뚝 흘리고 있었다.

초라하기 이를 데 없는 지귀의 행색을 본 여왕의 가슴으로 한 줄기 슬픔이 밀려들었다. 비록 이름 없는 백성에 불과하지만 자신을 사모하는 마음이 얼마나 사무쳤기에 육신이 저토록 마른 나뭇가지처럼 말랐다는 것인지······.

"나를 생각해 주는 네 마음이 정녕 갸륵하구나."

그러나 그 말뿐, 여왕이 달리 무슨 할말이 있겠는가? 여왕은 신하를 시켜 지귀를 어가 뒤에 따르도록 명했다.

웅성거리는 사람들을 헤치고 여왕을 태운 어가는 다시 영묘사로 출발했다. 지귀도 묵묵히 어가 뒤를 따랐다.

영묘사에 도착한 여왕은 법당 안으로 들어가 분향을 올렸다. 지귀는 밖에 있는 작은 목탑에 몸을 기대고 앉아 여왕이 법당 안에서 나오기만을 기다리고 있었다.

그러나 잠시 후 여왕이 분향을 끝내고 나왔을 때, 지귀는 곤히 잠들어 있었다. 꿈을 꾸는지 피골이 상접한 얼굴에 희미한 미소가 가끔 떠올랐다.

여왕은 그런 지귀의 모습을 애처로운 눈길로 바라보더니 팔목에서 황금 팔찌를 빼내어 자고 있는 지귀의 가슴 위에 살포시 놓았다. 그 모습은 한 나라의 여왕이라기보다 곤히 잠든 지아비를 깨우지 않으려는 여염집 아낙네의 다정한 몸짓 같았다.

여왕은 돌아서서 다시 어가에 올랐다. 부신 햇살이 눈에 들어가기라도 한 것일까? 일순 여왕의 눈동자가 흐려지는 듯했다. 어가에 탄 여왕은 무슨 생각에선지 취타수의 연주를 금하고 조용히 대궐로 돌아갈 것을 명했다. 지귀가 달콤하고도 깊은 잠에 빠져 있는 동안 여왕을 태운 어가는 호위병에 둘러싸여 천천히 멀어져 갔다.

여왕의 행차가 대궐로 돌아가고 난 지 한참이 지나서야 지귀는 소스라치게 놀라며 잠에서 깨어났다. 그러나 주위는 조용하기만 했고 여왕의 모습은 어디에도 보이지 않았다. 황급히 자리에서 일어서는 지귀의 발치에 여왕이 벗어 두고 간 황금 팔찌가 떨어졌다.

지귀는 그제서야 여왕이 대궐로 돌아간 것을 알았다. 황금 팔찌를 주워 들고 지귀는 제 가슴을 쥐어뜯으며 오열했다.

지귀가 토해 내는 오열은 듣기에도 끔찍할 정도로 서러움이 맺혀 있었다. 그건 사람의 울음이 아니라 지옥에서 들려 오는 귀곡성 같았다.

마침내 지귀의 가슴에 사무쳤던 여왕에 대한 그리움은 뜨거운 불길이 되어 온몸으로 번졌다. 가슴에서 일어난 불길은 두 팔을 태우고, 두 다리를 태우고, 결국 지귀의 몸은 한 줌 재가 되었다. 그러나 그 재마저도 불어오는 바람에 실려 어디론가 흔적도 없이 사라져 버렸다.

선덕여왕을 사랑한 지귀의 육신은 열정으로 불이 타올라 영묘사의 작은 목탑마저 태워 버렸고 그 소식을 전해 들은 여왕은 작은 절을 지어 지귀의 영혼이나마 위로하게 했다.

만명 부인의 덕

삼국 통일의 위업을 이룬 신라의 명장 김유신의 어머니의 이름은 만문萬門이며, 그녀는 학식이 높고 성품이 자애로워 사람들로부터 만명 부인萬明婦人이라 불리며 칭송을 받았다.

만문이 아직 앳된 처녀티를 벗지 못한 어느 해 봄, 마을의 큰길가에 있는 우물가에서 만문이 두레박질을 하고 있을 때였다.

말을 타고 지나가던 행렬의 우두머리인 듯한 한 젊은이가 말에서 내리더니 그녀에게로 다가와 조금도 주저하지 않고 말했다.

"죄송하오만 목이 말라 그러니 물 한 사발만 주시오."

"……."

만문은 일순 젊은이의 행동이 무례하다는 생각이 들었으나 나그네의 목마름을 헤아리고는 공손히 물을 떠서 젊은이 앞에 내밀었다. 젊은이는 시원하게 물을 들이켜더니 만문이 들으라는 듯 제법 큰소리로 이렇게 읊조렸다.

"봄 동산을 날아가는 한 마리 나비가 아름다운 꽃을 보고 어찌 그냥 지나칠까?"

젊은이는 곁눈질로 슬쩍 만문의 동태를 살폈다.

"하늘 나는 기러기야, 망망대해를 건널 적에 조심하지 아니 하면

물에 빠져 죽으리라."

만문의 낭랑한 화답에 젊은이는 의외라는 듯 놀라는 기색이었다.

잠시 후 젊은이는 얼굴에 흡족한 미소를 띄우고 만문을 사랑스러운 눈빛으로 바라보았다. 그러자 만문은 얼른 도망치듯 황급히 집으로 돌아갔다.

그날부터 만문과 묘령의 젊은이는 사람들의 눈을 피해 두터운 정을 나누었다. 두 사람의 정은 자연스럽게 남녀간의 운우雲雨의 애정으로 발전했고 이 소문은 마을 사람들의 입을 통해 온 동네에 파다하게 퍼졌다.

이 소문을 들은 만문의 집에서 가만있을 리가 없었다.

만문의 아버지인 숙흘종은 딸을 불러 엄히 문책했다.

"혼인도 치르지 않은 처녀에게 이 무슨 흉측한 소문이냐?"

"……."

"말해라! 그놈이 어떤 놈이냐?"

만문은 머리를 숙인 채 굳게 입을 다물었다. 화가 난 숙흘종은 만문을 곧장 광에 가둬 버렸다.

그런데 기이하게도 그날 밤, 하늘에서 고막을 찢을 듯한 우레 소리와 함께 만문이 갇힌 광으로 번개가 내리쳤다.

그 바람에 광을 지키던 하인은 졸지에 번개에 맞아 죽고 만문은 광 창문을 넘어 정을 통하던 젊은이와 함께 멀리 진주 땅으로 달아나 혼인식을 치렀다.

딸 만문이 혼인식을 치른 것을 안 숙흘종은 어쩔 수 없이 젊은이를 사위로 인정할 수밖에 없었는데 그가 바로 김유신의 아버지인 서현공이다.

만문은 혼인을 한 다음에도 처녀 때와 다름없이 언제나 겸손하고 매사에 후덕함으로 사람들을 대해 사람들은 모두 만문을 존경하였다.

이듬해 만명 부인이 친정에 잠시 다니러 가게 되었는데 원래 검소하여 호사스러운 것을 싫어하는 성격이라 가마도 마다하고 젖먹이 어린 딸을 건사할 계집종 한 명만을 데리고 길을 나섰다.

어두워지기 전에 친정에 당도할 요량으로 만명 부인은 널찍한 대로보다는 지름길인 호젓한 산길을 택했다.

딸아이를 등에 업은 계집종과 함께 서로 말벗도 해가며 만명 부인이 산 중턱에 이르렀을 무렵 산길 한쪽에 쓰러져 신음하는 늙은 걸인을 보게 되었다.

만명 부인은 급히 그를 부축하여 대충 몸의 상태를 살폈더니 늙은 걸인은 허기에 지친 데다 탈진한 상태라 당장 그자리에서 숨이 끊어질 것만 같았다.

만명 부인은 한치의 망설임도 없이 자신의 저고리를 풀어 헤치고 잔뜩 부풀은 젖가슴을 꺼내어 늙은 걸인의 입에 물렸다.

처음에는 미동도 않던 늙은 걸인은 젖가슴의 따뜻한 온기를 느끼자 정신없이 젖꼭지를 빨아대기 시작했다.

놀란 계집종은 어찌할 바를 몰라 얼굴을 돌리고 섰는데 만명 부인은 부끄러운 기색도, 당황하는 기색도 없이 늙은 걸인이 젖을 좀 더 잘 빨 수 있도록 걸인의 목덜미를 두 손으로 받쳐 주었다.

한참 후 늙은 걸인이 겨우 의식을 회복하자 만명 부인은 손수 걸인을 부축하여 마을에 데리고 가서 주막집에다 셈을 치르고 따로 주모를 불러 수고비를 얹어 주며 걸인이 몸을 회복할 때까지 몸조리를 부탁하고는 다시 친정으로 향했다.

그 모습을 본 계집종은 마음으로부터 이루 말할 수 없는 감동을 받았고, 그 일을 죽을 때까지 어느 누구에게도 발설하지 않고 마음속의 비밀로 간직하리라 마음먹었다.

한편 주막집에서 건강을 회복한 늙은 걸인은 자신의 생명을 구해 준 은인을 사방으로 찾았으나 아무도 그 신원을 아는 이가 없었다.

늙은 걸인은 그날부터 신라 전역의 사찰을 돌아다니며 자신의 생명을 구해 준 은인을 축원하는 불공을 드렸다.

그래서였을까?

얼마 후 만명 부인이 꿈을 꾸었는데 꿈에 관세음보살이 나타나더니 눈부신 광채가 나는 둥근 옥玉 한 개를 주며 이렇게 말하는 것이었다.

"공덕이 크고도 아름답구나, 여인이여. 내가 너에게 주는 이 옥은 장차 나라와 가문을 길이 빛낼 귀한 보배이거니 부디 소중하게 간수하고 잘 닦도록 하라."

만명 부인은 관세음보살로부터 그 옥을 소중히 건네 받아 품에 안았다. 그 순간 전신으로 짜릿한 전율이 강하게 느껴졌다.

그날 밤 만명 부인이 꾸었던 꿈은 다름 아닌 신라의 명장 김유신의 태몽이었다.

그렇게 해서 세상에 태어난 김유신은 어머니 만명 부인의 훌륭한 가르침에 따라 후일 삼국 통일의 위업을 이루는 신라 최고의 명장이 될 수 있었던 것이다.

추남의 환생

언제부터인지 고구려 백성들 사이에는 압록강이 거꾸로 흐른다는 흉흉한 소문이 꼬리에 꼬리를 물고 퍼지고 있었다. 그리고 그 소문은 마침내 고구려 왕의 귀에도 들어갔다. 왕은 당시 유명한 점쟁이였던 추남이란 자를 대궐로 불러들여 점을 치도록 했다.

추남의 점괘는 왕비의 기세가 왕을 누르기 때문에 강물이 거꾸로 흐른다고 나왔다. 왕은 몹시 기분이 언짢아져서 추남의 점괘를 시험하게 되었다.

이어 신하가 작은 나무상자 하나를 가져와 추남 앞에 놓았다. 왕은 추남에게 그 상자 안에 무엇이 들어 있는지 알아맞추라고 명했다.

추남은 서슴없이 쥐가 여덟 마리 들어 있다고 대답했다. 그러자 왕은 싸늘한 미소를 띠우며 쥐는 분명하지만 한 마리밖에 들어 있지 않다고 추남의 말을 부인했다.

왕은 이내 추남의 목을 칠 것을 명했다. 추남은 마지막까지 그럴 리가 없다고 항변했지만 결국 형장의 이슬로 사라지고 말았다.

추남은 군졸들에게 끌려 나가면서 왕에게 저주의 말을 퍼부었다.

"내가 죽어서 다시 태어난다면 기필코 신라의 장수가 되어 고구려를 멸망시키고 말겠다."

왕은 그 말이 걸렸는지 추남이 형장으로 끌려간 뒤 신하로 하여금 상자를 열어 보게 했다. 그런데 놀랍게도 상자 속에는 쥐가 일곱 마리의 새끼를 낳아 그 수가 정확하게 여덟 마리였다.

왕은 놀라움을 금치 못하고 추남을 살려 주려 했으나, 그때는 이미 추남의 목이 땅에 떨어진 뒤였다.

그날 밤 잠자리에 든 왕은 꿈을 꾸었는데 과연 추남의 영혼이 자신의 말대로 신라의 지체 높은 대갓집 부인의 뱃속으로 들어가는 것이었다.

열여덟 살에 국선國仙이 되어 많은 낭도들을 거느리게 된 김유신은 산과 들을 돌아다니며 무예를 닦을 때를 제외하고는 언제나 낭도들과 함께 삼국 통일의 위업을 이룰 일에만 온 열정을 쏟았다.

그날도 낭도들과 함께 무예를 연마하고 삼국 통일의 위업을 생각하며 혼자 조용히 나무 밑에 앉아 있는데 낭도들 중 백석이란 자가 슬그머니 김유신 옆으로 와서 앉았다.

"무얼 그리 골똘히 생각하고 계십니까?"

생각에 잠겨 있던 김유신은 백석을 쳐다보았다. 백석은 그다지 눈에 띄는 인물은 아니지만 그래도 꽤 지혜롭고 용맹스런 자였다.

"보나마나 삼국 통일의 위업을 이룰 생각을 하고 계셨겠지요?"

백석의 말에 김유신은 겸연쩍은 듯 웃으며 대답했다.

"잘 알고 있으면서 왜 물어 보는가?"

백석의 눈길이 짐짓 다정스러워졌다.

"공께서는 지피지기면 백전불퇴라는 말을 아시겠지요?"

백석의 말에 김유신은 조용히 고개를 끄덕였다.

"그렇다면 그렇게 생각만 하실 게 아니라 먼저 고구려를 한번 다녀오시지요. 그래서 지세와 형세를 세세히 살펴 두면 나중에 고구려를 칠 때에 전략을 짜기가 훨씬 더 쉬울 것이 아니겠습니까?"

백석의 말에 김유신은 귀가 번쩍 트이는 느낌이었다.

"그 말도 일리가 있긴 하지만……, 그게 어디 그리 쉬운 일인가?"

백석은 목소리를 낮춰 말했다.

"아닙니다. 공께서 마음만 먹으면 얼마든지 가능한 일입니다."

백석의 말에 김유신은 놀란 눈빛으로 그저 백석을 바라볼 뿐이었다.

백석은 주위를 한번 둘러보고는 은밀한 밀담이라도 나누는 사람처럼 김유신의 귓전에 입을 바싹 갖다 대고 말했다.

"공께서 그럴 마음이 있다면 저를 따라오시기만 하면 됩니다. 저는 일전에 고구려를 다녀온 적이 있으니 제가 공을 안내하겠습니다."

김유신은 잠자코 생각에 잠겼다가 결심을 굳히고 대답했다.

"좋아! 그렇다면 나를 안내해 주게. 나는 자네만 믿겠네."

김유신이 결심을 굳히자 백석은 날짜와 만날 장소를 알려 준 뒤 이 일은 둘만이 아는 비밀로 해두자고 김유신과 약속을 했다.

그렇게 해서 김유신은 백석을 따라 적국인 고구려로 떠났다. 도성을 벗어나 부지런히 발길을 재촉한 두 사람은 첫날 골화천이란 마을에 도착해서 그곳에서 하룻밤을 묵게 되었다.

저녁을 먹고 일찍 잠자리에 든 김유신은 잠결에 이상한 기운이 느껴져 눈을 떴다. 그 순간 김유신은 자신의 눈을 의심했다. 머리맡에 아름다운 처녀 셋이 앉아 자신을 조용히 바라보고 있는 게 아닌가.

"……뉘시오?"

김유신이 떨리는 음성으로 묻자 처녀들은 입을 모아 대답했다.

"저희들은 하늘에서 보낸 사자使者들로서 지금 공께서 위험에 처한 것을 알리려고 왔습니다. 속히 도성으로 돌아가십시오. 지금 공께서는 죽음의 길로 가고 있습니다. 속히 돌아가십시오, 속히……!"

그 말과 함께 처녀들은 어디론가 온데간데없이 홀연히 사라졌다. 놀란 김유신은 그제야 눈을 떴다. 꿈이었다.

그러나 김유신은 막연한 불안감에 쉬이 다시 잠을 이룰 수가 없었다.

생각해 보니 백석이 처음부터 자신 밑에 낭도로 들어온 것이나 평소 그의 행적에도 미심쩍은 점이 한둘이 아니었다. 우선 백석이 어디 사는지 아는 이가 없었고, 누구네 집 자제인지도 아무도 몰랐다. 그리고 무엇보다 자신에게 고구려 행을 권유한 것과 남들에게 절대 알리지 말고 둘만의 비밀로 하자고 한 것도 이상했다.

김유신은 꼬박 뜬눈으로 밤을 지샜지만 아침이 되자 아무 일 없었다는 듯이 태연하게 백석과 아침상을 마주 대하고 말했다.

"생각해 보니 내가 중요한 일을 처리하지 않고 그냥 이렇게 왔소. 집안의 대사大事이니 돌아가 처리하고 다시 길을 떠나야겠소."

김유신의 말에 백석은 밥을 먹다 말고 그의 얼굴을 멍하니 바라보았다.

"여기까지 왔는데 무슨 말씀이신지……."

김유신은 수저를 놓으며 말했다.

"어서 밥을 마저 드시오. 내 먼저 짐을 꾸려 마당에서 기다리겠소."

그렇게 말하고 나가는 김유신의 뒷모습을 백석은 그저 멍청히 바라보기만 할 뿐 딱히 무슨 할말이 없었다.

김유신은 걸음을 재촉해서 그날 날이 어둡기 전에 도성 안으로 들어올 수 있었다. 김유신은 백석에게 자신의 집에서 저녁이나 먹고 가라고 청한 다음 집에 도착하자마자 곧바로 백석을 포박하여 문초를 시작했다.

"네 놈의 정체가 무엇이냐?"

백석은 처음에는 어리둥절한 눈치였으나 곧 모든 것을 체념한 듯 고개를 떨궜다.

"말하라! 나를 고구려에 데려가려 한 이유가 무엇이냐? 너는 고구려에서 보낸 첩자임에 분명하렷다!"

김유신의 추상 같은 호령이 이어졌다.

백석은 고개를 떨군 채 대답했다.

"그렇소. 나는 고구려의 첩자요."

백석의 대답에 김유신의 목소리가 한층 더 커졌다.

"나를 고구려로 데려가 죽이려고 했느냐?"

백석은 힘없이 대답했다.

"그럴 요량이 아니면 내가 왜 공을 고구려에 데려가려 했겠소?"

김유신은 눈을 부릅뜨고 물었다.

"말하라! 왜 나를 죽이려 했느냐?"

백석은 천천히 고개를 들어 김유신을 쳐다보았다.

"그 이유를 알고 싶소?"

백석의 대답에 김유신이 거침없이 다그쳐 물었다.

"말하라, 무엇이냐?"

백석은 나지막하게 한숨을 내뱉으며 천천히 입을 열었다.

"공이 태어나기 전, 고구려 백성들 사이에는 압록강이 거꾸로 흐른다는 흉흉한 소문이 돌았소. 소문의 진원은 알 수 없지만 그 소문을 들은 왕은 추남이라는 유명한 점쟁이를 대궐로 불러 점을 치게 했소. 추남은……."

백석의 이야기를 모두 들은 김유신은 믿을 수 없다는 표정이었다. 망설이던 끝에 김유신은 백석에게 사형을 내렸다.

다시 못 올 죽음의 길로 가며 백석은 마지막으로 이렇게 덧붙였다.

"고구려 왕은 공을 추남이 환생한 것이라고 믿고 있소. 그래서 공을 데려다 죽이려 한 것이오."

광덕과 엄장의 불심

장이 파하고 사람들이 하나둘 씩 집으로 돌아가자 엄장嚴莊은 팔다 남은 우산을 등에 걸머지고 생선 장수로부터 생선 두 마리를 사서 손에 들고는 추적추적 내리는 늦은 가을비 속을 뚫고 죽마고우인 광덕廣德의 집으로 향했다.

엄장이 흥얼흥얼 콧노래를 부르며 분황서리芬皇西里에 있는 광덕의 집에 도착했을 때에는 이미 날이 저물어 어둑어둑해질 무렵이었다.

엄장은 광덕의 집에 들어서자마자 큰소리로 친구의 이름을 불렀다.

"여보게, 집에 있는가?"

엄장의 말이 끝나기가 무섭게 방문이 활짝 열리며 광덕이 반가운 표정으로 엄장을 맞았다.

"내 그렇지 않아도 자네가 올 줄 알고 저녁을 먹지 않고 기다리고 있었네."

이어 부엌에서 광덕의 아내가 나와 엄장에게 미소 띤 얼굴로 인사를 했다. 엄장은 손에 든 생선을 광덕의 아내에게 건네주고 방으로 들어갔다.

잠시 후 광덕의 아내가 엄장이 사 온 생선을 구워 밥상을 내왔다. 언제나 그랬듯이 밥상 위에는 온갖 약초로 빚은 반주도 놓여 있었다.

광덕이 먼저 엄장에게 술을 권하며 말했다.

"그래, 우산은 많이 팔았는가?"

"그럭저럭 다음 장날까지 먹을 밥값 정도는 벌었네."

"다음 장날에 비가 오지 않으면 나도 짚신을 팔러 나가야겠네."

"그날 비가 오지 않으면 우산을 팔 수 없으니 내가 자네 저녁을 지어야겠구먼."

엄장의 말에 두 사람은 통쾌하게 웃음을 터뜨렸다.

광덕과 엄장은 어려서부터 한 동네에서 자랐다. 둘 다 불심이 깊어 불법을 공부하고 심신을 닦는 일에 전념하다가 광덕이 지금의 아내를 만나 이곳 분황서리에 정착을 했고 엄장은 아직 혼인을 올리지 못하고 남악南岳에 혼자 살고 있었다.

엄장과 광덕은 둘 다 농사꾼으로 한 해 추수가 끝나 농한기가 되면 엄장은 우산을 만들어 장에 내다 팔았고 광덕은 낟알을 거두고 남은 볏짚으로 짚신을 만들어 팔았다.

이웃 사람들은 엄장과 광덕이 그런 장사를 해서 많은 돈을 모았을 것이라고 수군거렸지만 두 사람은 그렇게 모은 돈으로 남몰래 불우한 이웃들을 도와 주었다.

두 사람은 물론 광덕의 아내도 그러한 일이 부처님의 자비를 행하는 것이라고 굳게 믿고 실천했다. 그만큼 세 사람의 불심은 대단히 깊고도 돈독했다.

며칠 후 엄장은 아침을 먹고 친구 광덕의 집으로 향했다. 추수가 끝난 들판은 황량하기 그지없는데, 늦가을의 산은 단풍이 절정이어서 쳐다보기만 해도 두 눈가에 붉은 기운이 서리는 듯했다.

천천히 단풍 구경을 하며 광덕의 집에 도착한 엄장은 마침 짚신을 삼고 있던 광덕을 도와 함께 짚신을 삼으며 이런저런 얘기를 나누었다.

"우리가 서로 가진 것을 나누며 사이좋게 지내는 것을 두고 동네 사람들이 우리를 일러 형제지간처럼 내 것 네 것이 없다 하지만 자네는 아내가 있으니 그래도 나보다 좀더 가진 셈일세 그려, 허허허!"

엄장이 우스갯소리를 하자 광덕이 조심스럽게 입을 열었다.

"자네가 보기에 우리 부부 사이가 어떤 것 같은가?"

엄장은 광덕이 뜻밖의 말을 하자 당혹스러운 표정을 지었다.

"자네, 내가 한 농담이 기분 나빴는가?"

"아닐세. 그게 아니라 우리 부부는 다른 사람들이 생각하는 것처럼 그런 부부 사이가 아니라서 하는 말이네."

엄장은 광덕의 말이 이상스러워서 다시 물었다.

"보통의 부부 사이가 아니라니? 그게 무슨 말인가?"

광덕은 짚신을 삼을 볏짚을 두 손바닥으로 비벼 꼬며 말했다.

"자네도 알다시피 자네와 나는 불법에 귀의하려 하였으나 그 뜻이 제대로 이루어지지 않아 이렇게 속세에 살고 있지 않은가? 지금의 내 아내도 우리와 마찬가지라네. 아내가 비록 나와 혼인을 하기는 하였으나 생활은 여느 수도승 못지않게 청정하다네."

"음……."

"다른 여염집 아낙들과 밥짓고 빨래하고 집안일을 하는 것은 똑같지만 그 외의 생활은 전혀 다르다네."

광덕은 그렇게 말하며 엄장을 쳐다보며 싱긋 웃었다.

"난 자네가 장가를 가지 않는 것을 보고 나보다 불심이 더욱 깊다고 높이 보았더니 그도 아닌가 봄세 그려."

광덕의 말에 엄장은 무안한 듯 너털웃음을 웃으며 말했다.

"그래도 아내가 없는 것보다야 낫지 않은가?"

엄장이 계속 부럽다는 듯이 말하자 광덕이 표정을 굳히며 말했다.

"자네……, 그렇다면 내가 아내를 빌려 주면 어떻겠는가?"

"예끼 이 사람! 실없는 소리 말게! 그게 말이나 될 법한 소린가?"

"아닐세. 나는 자네가 원한다면 언제든지 그리 할 수 있다네."

"그만하게. 괜히 내가 먼저 자네 비위를 거슬렸구먼……."

두 사람이 옥신각신 얘기를 주고받는데 밭에 나갔던 광덕의 아내가 사립문으로 들어오다 엄장을 보더니 고개를 숙여 인사했다.

"오셨어요? 잠시 기다리세요. 얼른 점심상을 봐오겠습니다."

광덕의 아내가 부엌으로 들어가자 광덕이 소리를 낮춰 엄장에게 말했다.

"어떤가? 내 오늘 저녁 아내에게 얘기를 해볼까?"

"어허! 그만두라니까. 이 사람이, 자꾸 그러면 그냥 가겠네."

엄장이 자리에서 일어나 집으로 돌아가려고 마당으로 내려서는데 광덕의 아내가 부엌에서 점심상을 차려 내왔다.

엄장은 엉거주춤 서 있다가 뒤따라 나온 광덕의 손에 이끌려 다시 방으로 들어가는 수밖에 없었다.

한겨울이 다가왔다. 천지는 눈에 덮여 은빛 세계를 이루었고 앙상한 나뭇가지 끝에서는 기다란 고드름이 나무 열매처럼 매달렸다.

광덕과 엄장은 며칠 사이 내린 폭설로 서로 왕래할 수 없었다. 두 사람은 마당에 서서 친구의 집이 있는 곳을 바라보며 마음속으로 서로의 안부를 물을 따름이었다.

밤늦도록 불경을 외며 수도에 정진하던 엄장은 새벽녘이 되어서야 잠자리에 들었는데 문밖에서 희미하지만 또렷한 말소리가 들렸다.

"이보게, 엄장! 나는 먼저 서방 정토로 가네. 자네도 곧 따라오게."

틀림없는 친구 광덕의 목소리였다.

엄장은 문밖으로 뛰쳐나갔다. 그런데 마당에는 아무도 없고 동쪽으로 아침이 밝아 오는데 이상하게도 서쪽에 밝은 기운이 서려 있었다.

엄장은 분명 광덕이 서방 정토인 극락 세계로 떠났다 여기고 급히 광덕의 집으로 달려갔다. 엄장의 예상대로 광덕은 새벽녘에 숨을 거두었다.

엄장은 광덕의 아내와 함께 친구의 장례를 후히 치러 주었다. 두 사람 모두 광덕이 서방 정토로 갔다고 믿었기 때문에 그리 크게 슬퍼하지 않았다.

광덕의 사십구일재를 지낸 날 저녁, 엄장은 광덕의 아내에게 마음속에 담아둔 말을 조심스럽게 꺼냈다.

"부인, 제 말을 들으시고 저를 죽일 놈이라 욕하셔도 좋습니다."

광덕의 아내는 엄장을 물끄러미 바라보며 말했다.

"무슨 말씀이신지……."

엄장은 각오를 단단히 한 듯 한 번 숨을 크게 들이쉬고는 말을 이었다.

"광덕이 가고 부인 혼자 남았으니 아녀자 혼자 몸으로 이 험한 세상을 살아가기가 쉬운 일은 아닙니다. 일전에 광덕과 내가 짚신을 삼으며 부인 얘기를 하다가……."

엄장은 전날 있었던 일을 광덕의 아내에게 소상히 들려준 다음 이렇게 덧붙였다.

"그러니 부인께서 싫지 않다면 저와 함께 여생을 보내시는 게 어떻겠습니까?"

"……."

말없이 엄장의 말을 듣고 있던 광덕의 아내는 조용히 고개를 끄덕였다. 엄장은 가슴이 벅차 오르는 것을 느끼며 내일이라도 당장 자신의 집으로 거처를 옮기자고 말했다. 광덕의 아내는 그 말에도 말없이 고개만 끄덕였다.

그리하여 다음날 광덕의 아내는 엄장의 집으로 짐을 옮겼다. 엄장은 하루 종일 설레는 마음으로 첫날밤을 치를 꿈에 부풀어 있었다.

저녁을 먹고 부부가 된 두 사람은 나란히 잠자리에 누웠다. 엄장은 뛰는 가슴을 억누르고 이불 속에서 살며시 광덕의 아내가 아닌 이제 자신의 아내가 된 사랑스러운 여인의 손을 잡았다.

그런데 갑자기 아내가 벌떡 일어나더니 방안에 불을 밝혔다.

엄장이 당황하여 자리에서 일어나 앉자 아내는 원망스러운 눈초리로 엄장을 바라보며 말했다.

"저는 당신의 불심 또한 죽은 남편의 불심처럼 깊고 높은 줄 알았습니다. 그런데 알고 보니 당신은 다른 속인들과 마찬가지이군요. 죽은 남편과 저는 십년을 한 집에서 같이 살며, 한 이불을 덮고 잤지만 남편은 제 몸을 범하기는커녕 손 한 번 잡지 않았습니다."

그 말을 들은 엄장은 놀라움을 금치 못했다. 언젠가 광덕이 자신과 아내를 가리켜 보통의 부부 사이와 다르다고 했던 말의 의미를 그제서야 깨달았다.

"죽은 남편과 저는 마음속으로 바랐던 수도의 길을 가지 못해 그저 평범해 보이는 삶을 택했던 겁니다. 그렇지만 우리 두 사람은 평범한 부부들처럼 살지 않았습니다. 서로 수도 정진에 힘쓰며 부처님을 뵈올 그날을 위해 혼신의 노력을 기울였습니다."

엄장은 자신도 광덕처럼 열심히 불법을 공부했지만 덕이 그에 미치지 못함을 깨닫고 통탄하며 말했다.

"용서하십시오, 부인. 제 불심이 너무 부족한 것 같습니다. 이제부터라도 훌륭한 스승을 찾아 열심히 불법을 공부하여 죽은 광덕에 버금 갈 만한 덕을 쌓도록 하겠습니다."

"그러시면 혹 마음속에 스승으로 두고 계신 분이 있으십니까?"

엄장은 주저하지 않고 말했다.

"지금 신라에서는 원효대사를 따를 자가 없으니 그분 밑에 제자로 들어갈까 합니다."

"잘 생각하셨습니다. 부디 부처님의 가르침을 갈고 닦아 성불成佛하시기를 비옵니다."

엄장의 아내, 아니 광덕의 아내로 되돌아간 여인의 말을 귀담아들으며 엄장은 마음속으로 깨우치는 바가 컸다.

그리하여 엄장은 그 다음날로 곧바로 출가하여 원효대사의 제자가 되어 후일 큰 깨달음에 이를 수 있었고, 마침내 친구 광덕을 따라 서방 정토로 갈 수 있었다.

원효와 관세음보살의 현신

낙산으로 향하는 원효의 발걸음은 흥분된 마음 탓에서인지 아무리 재게 놀려도 더딘 것만 같았다.

의상이 낙산 소백화小白華에서 관세음보살을 보았다는 소문은 이미 사람들의 입을 통해 신라 전역에 퍼졌고 그 소문을 들은 원효는 내심 생각했다.

'관세음보살이 의상에게 나타났다면 나에게도 현신하실지 모른다.'

그래서 원효는 낙산으로 길을 떠나게 되었고 여러 날 걸려 겨우 낙산에 당도할 수 있었다.

원효는 낙산의 이곳저곳을 돌아다니며 관세음보살의 모습을 찾아 헤매었다. 저잣거리에서 작은 암자로, 이름 없는 촌락에서 기암괴석이 즐비한 산과 바닷가로, 원효의 발걸음은 정처 없었다.

'전해 오기로 관세음보살은 그 모습이 아름답고, 고귀한 여인의 모습이라고 했으니 분명 여인네로 현신하셨을 게야.'

그렇게 생각한 원효는 아무리 하찮은 신분의 여인네라도 함부로 지나치지 않고 찬찬히 살펴보았다.

그러나 날이 갈수록 원효의 마음속은 의구심으로 가득 찼다. 낙산에서 만나고 본 모든 여인네들은 하나같이 속되고 천해 보이기만 할 뿐 도무지 관세음보살이 현신했다는 느낌을 주는 여인은 없었다.

'의상은 과연 관세음보살을 만난 것일까? 아니, 관세음보살이 있기라도 한 것일까? 나는 지금 쓸데없는 일에 시간만 낭비하고 있는지 모른다.'

원효는 마침내 낙산을 떠나기로 결정을 내렸다. 괜한 시간 낭비를 하느니 차라리 수도에 더 정진하는 것이 나을 것 같았다. 원효는 터벅터벅 발걸음을 돌렸다. 때는 가을이었고 들판은 누렇게 익은 벼들로 온통 황금빛을 이루고 있었다.

해가 뉘엿뉘엿 질 무렵, 원효는 작은 마을의 초입으로 걸어 들어가고 있었다.

'오늘은 저 마을에서 하룻밤 묵어가야겠다.'

원효는 마을 입구의 큰 정자나무 아래에 앉아 피곤한 심신을 잠시 쉬었다. 넓게 펼쳐진 들판에는 하루 일을 끝마친 농부들이 모두 돌아가고 텅 비었는데, 들판 한쪽에 웬 아낙네 한 명만이 남아 그때까지도 일을 하고 있었다.

원효는 무심히 그 모습을 바라보았다. 비록 들판에서 일을 하고 있기는 하나 여인의 옷차림새는 깔끔하고 정갈했다. 지는 햇빛을 받아 더욱 고운 백색으로 빛나는 여인의 흰 무명 저고리는 고귀한 품격마저도 느껴지게 했다.

잠시 몸을 쉰 원효가 자리에서 일어나 마을로 들어가려 할 때였다. 정자나무 위에서 원효를 부르는 소리가 들렸다.

"원효, 여기를 보시오."

원효는 고개를 들어 정자나무 위를 쳐다보았다. 정자나무에는 새 두 마리가 앉아 이렇게 재잘거렸다.

"원효, 관세음보살이 저기 있소. 저기를 보시오."

그러더니 새들은 어디론가 날아가 버렸다. 원효는 들판에서 일을 하는 여인을 자세히 살펴보았다.

한눈에 보기에도 여인의 자태는 아름다웠다. 비록 논에서 벼를 묶는 촌부村婦에 불과할지라도 백옥 같은 얼굴과 단아한 매무새는 알 수 없는 일종의 신비함까지 엿보였다.

여인의 이마에 송송이 맺힌 땀방울은 그 어떤 보석보다 아름다웠고 질끈 동여맨 치마 아래로 하얗게 드러난 종아리는 비록 흙이 묻었지만 건강해 보였다.

원효는 여인에게 무슨 말이라도 건넬까, 잠시 생각하다가 가만히 그곳에 서서 여인의 모습만 바라보았다.

'아름답구나, 여인이여. 관세음보살이 현신한다 해도 그대보다 아름답진 않을 것이다. 땀 흘려 일하는 모습이 세상 그 무엇보다 고귀하구나. 이름 없는 들꽃이 가장 아름답다더니 그대를 두고 한 말일세.'

원효는 관세음보살을 보았다고 생각하고 그 여인을 향해 합장을 했다. 그리고 표표히 발걸음을 옮겼다.

한평생의 업처럼 길고 긴 그림자를 발끝에 매달고 가는 원효의 등 뒤편으로 가을 해가 황금빛을 내며 지고 있었다.

쇠뇌 기술자 구진천의 죽음

신라가 당나라의 도움을 받아 삼국을 통일한 문무왕 시대, 당시 신라에는 '쇠뇌' 라는 무기가 있었는데 그 위력이 대단하여 당 고종의 귀에도 들어가게 되었다.

쇠뇌라 함은 나무로 만든 큰 화살의 일종으로서 잇달아 여러 개의 화살을 쏠 수 있으며 그 사정 거리도 보통 활보다 엄청나게 길었다.

당 고종은 곧 신라 문무왕 앞으로 사신을 보내어 쇠뇌 만드는 기술자를 한 명 당나라로 보내달라고 청했다.

신라로서는 이미 당나라의 도움을 받은 터라 그 청을 거절할 수 없는 처지였으므로 쇠뇌 만드는 기술자 가운데 가장 뛰어난 구진천을 당나라에 보내게 되었다.

왕의 어명을 받고 당나라로 가게 된 구진천은 겉으로는 아무런 내색을 하지 않았지만 속으로 한 가지 굳은 다짐을 하고 있었다.

그것은 무슨 일이 있어도 당나라에서 쇠뇌를 만들어서도 안 되고 쇠뇌 만드는 기술을 전수해서도 안 된다는 것이었다.

사신을 따라 당나라로 향하는 구진천은 무엇인가 아쉬운 듯 자주 고국 산천을 뒤돌아보았다. 그것은 어쩌면 영영 돌아오지 못할지도 모른다는 구진천 혼자만의 뼈아픈 심정에서였을 것이다.

일행은 무사히 당나라에 도착했고 당 고종은 구진천을 위해 훌륭한 연회를 베풀었다. 당 고종은 구진천이 지레 짐작한 바와 마찬가지로 쇠뇌 만드는 기술까지도 알아내고 싶은 속셈이었던 것이다.

연회가 끝난 다음날부터 구진천은 본격적으로 쇠뇌 만드는 작업에 들어갔다. 당 고종은 틈만 나면 신하들을 보내어 구진천이 작업하는 모습을 살피도록 했고 때로 세세히 기록하여 오라는 명령도 내렸다.

그러나 구진천은 일부러 느릿느릿 작업의 공정을 이어나갔다. 그러면서 중요한 작업은 사람들이 모두 잠든 밤중에 혼자 몰래 했다.

그렇게 하여 구진천은 나무 쇠뇌 하나를 완성했고 그 소식을 들은 당 고종은 부랴부랴 군졸들로 하여금 그 쇠뇌를 시험하도록 명했다.

당 고종을 비롯한 수많은 신하들과 쇠뇌를 직접 만든 구진천이 지켜보는 가운데 마침내 시위가 당겨졌다.

그런데 시위를 떠난 활은 채 몇 미터를 가지 못하고 힘없이 바닥에 떨어졌다. 오히려 일반적인 활과 비교하더라도 그 거리가 그에 반도 미치지 못했다.

실망을 감추지 못한 당 고종은 구진천을 불러 물었다.

"아니, 어찌 된 일이냐? 저것이 내가 소문으로 들은 천하 제일의 병기 쇠뇌라는 말이냐?"

구진천은 머리를 조아리며 이상하다는 투로 대답했다.

"소신도 무슨 연유인지 모르겠사옵니다. 생각건대 아마도 나무에 문제가 있는 듯하옵니다."

당 고종은 눈을 크게 뜨며 말했다.

"그렇다면 신라의 재목을 가져다 쓰면 되겠느냐?"

구진천은 다시 한 번 머리를 조아리며 능청스럽게 대답했다.

"소신의 생각도 그러하옵니다."

당 고종은 구진천의 말을 철석같이 믿고 그자리에서 신라에서 쇠뇌에 쓸 재목을 운반해 오도록 신하들에게 명했다.

구진천은 고국 신라에서 재목이 운반해져 오는 동안 날마다 술잔을 벗하며 지냈다. 해질 무렵 서편 하늘에 검붉은 노을이 물드는 것을 바라보노라면 온몸으로 그 노을 빛과 같은 술기운이 거나하게 퍼지는 것을 느꼈다.

그렇게 며칠이 지났다.

신라에서 운반되어 온 목재가 구진천의 작업장 가득 부려졌고 구진천은 그리운 고국 산천의 냄새라도 맡으려고 목재에 코를 갖다 대었다. 목재는 이미 잘린 지 오래였지만 고향의 솔바람 소리까지도 들려줄 것처럼 향기로웠다.

구진천은 남들이 이상하게 보든 말든 오래 그러고 있었다.

구진천은 그 목재로 다시 쇠뇌 하나를 완성했고 이에 당 고종을 비롯한 많은 신하들이 쇠뇌의 위력을 보고자 모여들었다.

호기심에 가득 찬 사람들의 시선을 붙잡으며 힘차게 쏘아진 쇠뇌의 화살은 먼젓번보다는 조금 멀리 나가긴 했으나 그 거리가 명성에 비해 너무도 미미하였다.

당 고종은 화난 얼굴로 구진천을 불렀다.

"이번에는 무엇이 잘못되었느냐?"

구진천은 얼굴빛 하나 변하지 않고 담담하게 말했다.

"아마도 소신의 짧은 소견으로는 목재가 해풍을 너무 많이 쏘여 그런 것 같사옵니다."

당 고종은 얼굴을 붉히며 말했다.

"그렇다면 어찌하면 되겠느냐?"

그 말에 구진천은 대답이 없었다. 다만 이미 모든 것을 각오한 듯 묵묵히 입술을 깨물었다. 결연한 모습이었다.

구진천의 행동에서 모든 것을 알아차린 당 고종은 노발대발하며 스스로 분을 삼키지 못해 씩씩거렸다.

"네 감히 천자인 나를 우롱하다니! 그러고도 네 목숨이 성할 줄 알았느냐! 네 놈의 마음속에 어떤 꿍꿍이 속이 들었는지 모르지만 형틀에 묶여 사지가 찢어져도 그럴 수 있을지 내 두고보리라!"

구진천은 군졸들에게 이끌려 옥에 갇혔고 날마다 심한 매질과 형벌이 가해졌다. 그것은 사람으로서 참기 힘든 고통이었으나, 그는 끝내 의연한 기세를 꺾지 않고 죽을 때까지 쇠뇌에 대해 그 어떤 말도 하지 않았다.

당나라로부터 고국 신라를 지킬 수 있는 유일한 무기라고 생각한 쇠뇌의 비밀을 가슴에 품고 구진천은 그렇게 이국 땅에서 목숨을 잃었다.

그것은 나라를 위해서라면 자신의 목숨까지도 내놓을 수 있는 신라인의 고귀한 애국심이었고, 자신의 소신을 굽히지 않는 충정의 표본이기도 했다.

첩을 빌려준 안길

신라 문무왕의 서제庶弟인 차득공車得公은 어려서부터 대궐 밖으로 나가 들판을 쏘다니며 놀기를 좋아하고 촌민들과 어울려 한담을 나누는 것을 즐겨 백성들은 그를 가리켜 수레 공자車得公라고 부르곤 했다.

차득공의 이러한 행적을 보다못한 조정의 여러 신하들은 문무왕께 아뢰어 차득공의 바깥출입을 금하기를 청했으나 문무왕은 화랑들의 예를 들며 그것을 거절했다.

"이 나라의 기둥인 화랑들을 보시오. 낭도들은 하루 종일 말을 타고 들판을 달리며 기상을 높이 세우고 심신을 수련하는 데 온 힘을 기울이고 있소. 비록 차득공이 말을 타고 들을 달리지는 않는다고 하지만 초야에 나가 백성들과 어울려 늘 소탈하고 검소하게 생활하니 그 또한 백성들에게는 귀감이라 할 것이오."

그렇게 말하며 문무왕은 차득공을 더욱 아끼고 총애했다.

문무왕은 즉위 때부터 국력을 신장시키고 고구려와 백제의 침략을 막기 위해 여러 가지 역사役事를 벌여 백성들을 부역에 동원했는데 그 때문에 백성들의 원성이 갈수록 높아만 갔다.

그러나 신하들 중 어느 누구도 이를 문무왕에게 고하지 않았고 백성들의 고충을 보다못한 의상법사가 문무왕을 찾아가 직언을 했다.

"예로부터 백성들이 편히 살고 정사가 안정되면 외부의 침략과 내란이 사라져 애써 군비를 늘릴 필요가 없다고 하였습니다."

의상법사의 말에 문무왕이 물었다.

"그렇다면 지금 나라에서 행하는 역사가 필요 없다는 말이오?"

"필요 없다는 것이 아니라 지나쳐도 좋지 않다는 것입니다. 백성들이 역사에 동원되어 농사를 제대로 지을 수조차 없으니 생활은 피폐해지고 자연히 민심은 흉흉해진다는 말씀이옵니다."

의상법사의 말에 문무왕은 고민에 빠졌다.

"그렇다면 법사의 생각을 말해 보오."

"역사를 그만 멈추시고 백성들이 생업에 종사할 수 있도록 하옵소서. 그리고 이제라도 흩어진 민심을 수습할 방도를 찾으심이 좋을 듯 하옵니다."

문무왕은 의상법사의 말을 마음에 깊이 새겨 그날 밤 서제인 차득공을 은밀히 어전으로 불렀다.

"너는 어려서부터 궐 밖을 나가 백성들과 자주 어울렸으니 백성들의 고초를 누구보다 잘 알 것이다. 내 너에게 재상의 자리를 줄 터이니 백성들의 마음을 헤아려 민심을 수습하는 데 힘쓰도록 하라."

문무왕의 말을 들은 차득공은 그 전에 한 가지 해야 할 일이 있다고 아뢰었다.

"대왕의 뜻을 받들기 전에 먼저 소신이 나라 안을 돌며 민심을 살피도록 허락하여 주십시오."

문무왕은 차득공의 말에도 일리가 있다고 여겨 그렇게 하도록 허락했다.

다음날 아침 차득공은 평민의 옷차림새로 궐을 떠나 홀로 온 나라 안을 떠돌아다녔다. 백성들은 나라의 지나친 역사에 분노하고 비방했으며 어떤 자들은 술에 취해 차라리 고구려나 백제로 도망치는 게 낫다고 떠들기도 했다.

차득공은 자신의 신분을 숨긴 채 백성들의 말에 귀를 기울일 뿐 그 어떤 내색도 하지 않았다. 오히려 백성들의 편에서 그 말을 이해하고 받아들이려 애썼다.

동가식서가숙을 하며 정처 없이 떠돌아다니던 차득공이 어느 날 무진주武珍州라는 곳에 이르러 고을 주사州史 안길安吉의 집에서 하룻밤을 묵어가게 되었다.

안길은 첫눈에 차득공이 보통 사람이 아니라는 것을 간파하였다. 그는 차득공을 사랑으로 안내한 다음 저녁을 후히 대접하고 술상을 따로 준비하여 마주앉아 술잔을 기울이며 밤늦도록 이런저런 한담을 나누다가 잠자리에 들었다.

이튿날 아침을 먹은 후 차득공이 다시 길을 떠나려 하자 안길은 한사코 그의 앞길을 가로막으며 며칠 더 머무르며 여독을 풀고 떠나기를 권했다.

차득공은 하는 수 없이 안길의 권유를 따르기로 했다. 대궐을 떠난 후 지금까지 줄곧 이 고을 저 고을을 돌아다니느라 하루도 편히 쉬어 본 적이 없었기에 차득공의 몸도 피로가 겹쳐 있었던 것이다.

안길은 차득공을 하루 종일 편히 누워 쉬게 하고 세 명의 첩들에게 그 시중을 들게 했다.

첩들은 안길이 시키는 대로 번갈아 가면서 밥상을 차려 오고 보약을 달여 오고 술상을 내왔다.

차득공은 안길이 첩 셋을 거느리고 산다는 데 내심 놀랍기도 했으나 그들이 어느 누구 하나 질투하거나 미워하는 기색 없이 서로

도와 가며 다소곳하게 안길의 말을 잘 따르는 것을 보고 그의 사람됨이 넉넉하다는 것을 알아차렸다.

안길이 그토록 차득공을 후하게 대접한 것은 내심 속셈이 따로 있어서였다.

안길은 잡기에 능해 사람의 관상을 제법 볼 줄 알았는데 차득공의 관상은 지금까지 자신이 보아 온 어느 누구보다 귀티 나고 신수가 훤한 상이었다.

그런 차득공을 지금 후하게 대접해 놓으면 나중에라도 자신에게 득이 되면 되었지 해가 되지는 않을 것이라는 게 안길의 속셈이었다.

차득공이 떠나기 전날 밤, 안길은 조용히 첩들을 안방으로 불러 말했다.

"내 말을 이상하게 듣지 말고 가슴으로 들어야 할 것이야."

평소와는 달리 안길의 표정이 심상치 않다는 것을 느낀 첩들은 천천히 고개를 끄덕였다.

"오늘 밤 너희들 중 한 사람이 사랑에 있는 손님과 동침하도록 하라. 이는 내가 너희를 쉬이 생각해서도 아니며 너희가 싫어서도 아니다."

안길의 말에 그들은 눈을 휘둥그레 뜨며 서로의 얼굴을 쳐다보았다.

"지금 사랑에 계신 분은 보통 사람이 아니다. 나중에 아주 크게 될 인물이시다. 내가 한낱 고을의 주사 자리에 머물지 않고 출세를 하려면 저분의 도움을 받지 않으면 안 된다. 그러니 너희들 중 한 명이 오늘 밤 저분과 동침한다면 나는 그 여인이 누구든지 한평생 버리지 않을 것이요, 오히려 전보다 더 귀하게 여길 것이다."

그러나 첩들은 말이 없었다. 아무리 그렇다 해도 외간 남자와 동침을 하다니……. 그건 절대 있을 수 없는 일이었다.

안길은 그들을 한 명씩 훑어보며 어느 누가 나설지 조바심을 내며 기다렸다.

"내 약속하마! 절대로 그 일을 문제 삼지 않을 것이며 죽을 때까지 입에 담지도 않겠다. 그러니 내 앞길을 생각해서 부디 누구든지 허락만 하여라. 제발!"

안길의 간절한 말에 첩 가운데 가장 나이가 어린 쪽이 머뭇거리며 말했다.

"나리! 지금 하신 말씀을 지키실 수 있으시겠습니까?"

안길은 반색을 하며 대답했다.

"지키고 말고! 어디 지킨다 뿐이랴. 네가 원한다면 각서라도 써주마!"

"알겠습니다. 나리의 뜻을 따르도록 하겠습니다."

어린 첩은 일어나 자신의 방으로 건너가 깨끗하게 옷을 갈아입고 화장을 했다. 안길은 다른 두 명에게 주안상을 준비하도록 하여 어린 첩의 손에 들려 차득공이 있는 사랑으로 보냈다.

마당에 숨어 방안에 불이 꺼지기만을 기다리던 안길은 이윽고 사랑의 불이 꺼지자 흡족한 미소를 띠우며 안채로 돌아갔다.

날이 밝아 행장을 꾸려 길을 나서려던 차득공은 안길에게 고맙다는 인사를 정중하게 한 뒤 다음과 같이 말했다.

"혹 나중에 도성에 올 일이 있거든 황성사와 황룡사 중간에 있는 단오라는 사람의 집을 꼭 찾아 주시오."

안길은 그 말을 한마디도 빠뜨리지 않고 가슴 깊이 아로새겼다.

나라 안을 한바퀴 돌며 백성들의 민심을 살피고 대궐로 돌아간 차득공은 곧바로 재상의 자리에 올랐다.

차득공은 안길을 잊지 않고 무진주의 주사 자리에서 승진시켜 도성의 제조諸曹를 맡아 보게 했다. 안길의 속셈이 들어맞았던 것이다.

도성으로 이직한 안길은 틈만 나면 차득공이 일러 준 황성사와 황룡사 사이를 왔다갔다하며 단오라는 사람의 집을 찾았으나 아무도 아는 이가 없었다.

그러던 어느 날 백발이 성성한 노인을 만나 단오라는 사람에 대해 물으니 노인은 껄껄 웃으며 다음과 같이 말했다.

"단오端午라 함은 5월 5일 단오날에 태어나신 수레 공자를 일컫는 말이 아니오? 수레 공자는 곧 지금 재상의 자리에 계신 차득공을 말하는 것이니 그분의 집은 바로 저기라오."

안길은 자신이 찾는 단오라는 사람이 재상이신 차득공이라는 말을 듣고 적이 놀랐다. 안길은 노인이 가르쳐 준 집을 찾아가 자신이 찾아온 용건을 이야기하고 차득공을 뵙기를 청했다.

차득공은 안길을 기쁘게 맞아들여 성대한 주연酒宴을 베풀고 안길이 주사로 있던 무진주에 토지를 하사하였다.

안길은 이후 차득공 덕에 벼슬이 점차 높아졌으며 차득공과 하룻밤 동침을 했던 나이 어린 첩을 언제나 곁에 두고 사랑해 마지않았다.

김대성의 꿈

해가 뉘엿뉘엿 넘어갈 무렵에야 마을에 도착한 대성은 마을을 한 바퀴 휘 둘러보더니 주저 없이 제일 큰 기와집으로 발길을 옮겼다.

뒤따라오는 하인들은 낮에 대성이 거의 맨손으로 잡다시피 한 커다란 곰을 어깨에 메고 오느라 낑낑거리며 힘겹게 종종걸음을 쳤다.

기와집 앞에 선 대성은 큰소리로 주인을 불러 하룻밤 묵어 갈 것을 청했다. 대성의 기상도 기상이려니와 하인들이 메고 온 커다란 곰을 보고는 주인은 금방 대성이 범상치 않은 인물이라는 것을 알아차렸다.

주인은 쾌히 승낙을 하고 푸짐하게 저녁을 대접한 다음 대성과 마주 앉아 차를 마셨다.

"초면에 보기에도 용기가 대단한 젊은이 같은데 어디서 온 뉘 집 자제이신가?"

주인의 말에 대성은 예의를 갖춰 대답했다.

"예. 저는 서라벌에서 온 김대성이라고 합니다. 아버님은 지금은 비록 돌아가셨지만 생전에 중시 벼슬을 지내신 분으로서 성함이 김 자, 문 자, 량 자이십니다."

대성의 말을 들은 주인은 크게 놀라며 정중한 어조로 고쳐 말했다.

"아! 그러십니까. 이렇게 훌륭하신 분을 저희 집에 모시게 되어 영광입니다."

주인은 대성을 더욱 극진히 대접했고 대성은 기쁜 마음으로 주인과 한동안 이런저런 이야기를 나누다가 밤이 이슥해서야 잠자리에 들었다.

대성은 잠자리에 누워 아버지의 얼굴을 떠올렸다. 인자한 아버지의 모습이 그날따라 더욱 대성의 가슴에 사무친 그리움으로 파고들었다. 대성은 아버지의 극락 왕생을 다시 한 번 마음속 깊이 기원하면서 서서히 잠이 들었다.

얼마나 잔 것일까? 대성은 꿈결인지 생시인지도 모르는 상태로 눈을 떴다. 그런데 이게 무슨 조화란 말인가? 방에는 낮에 대성이 사냥했던 커다란 곰이 가슴에 피를 뚝뚝 흘리며 대성을 노려보고 있는 것이 아닌가.

대성은 깜짝 놀라 소리를 지르려 했으나 웬일인지 마음만 조급할 뿐 목소리는 입으로 나오지 않았다. 또 몸을 일으켜 옆에 둔 칼을 잡으려 했지만 전신이 무거운 바윗덩어리에 눌린 듯 꿈쩍도 할 수 없었다.

곰은 대성을 노려보며 느릿느릿 말했다.

"너는 어찌하여 나를 죽였느냐? 내가 네게 무엇을 잘못했단 말이냐?"

대성은 두려움으로 숨이 막힐 것만 같았다. 곰은 발톱을 세우고 천천히 대성에게로 다가왔다.

대성은 젖 먹던 힘까지 짜내어 겨우 모기만한 목소리로 말했다.

"살려……주세요. 잘못했습니다. 제발…… 살려만…… 주세요……."

곰은 대성의 눈동자를 한참 동안 물끄러미 쳐다보더니 발톱을 감추고 말했다.

"정말로 네가 잘못했다고 생각하느냐?"

"예…… 잘못……했습니다……."

"그럼 다시는 죄 없는 짐승을 죽이지 않겠다고 나와 약속을 해라! 그럴 수 있겠느냐?"

"예…… 다시는…… 다시는…… 죄 없는 짐승을 죽이지 않겠습니다. 아니…… 다시는 사냥을 하지 않겠습니다."

곰은 다시 한 번 대성을 물끄러미 바라보더니 말했다.

"그래? 그렇다면 너의 말을 믿도록 하겠다. 대신 한 가지 조건이 있다. 들어줄 수 있겠느냐?"

곰의 말에 다소 안심을 한 대성은 말없이 고개를 끄덕였다.

"잘 들어라! 너는 지금껏 죄 없는 짐승들을 함부로 죽였다. 그러니 이제 그 죄과로 절을 하나 지어 죄 없이 죽은 짐승들의 영혼을 달래 주는 것은 물론 네가 저지른 살생의 업보를 부처님께 빌도록 하라!"

대성은 진심으로 자신의 잘못을 뉘우치며 말했다.

"잘 알겠습니다. 말씀대로 꼭 절을 지어 제가 죽인 짐승들의 영혼을 달래 주고 저의 죄과를 빌겠습니다."

대성이 말을 끝내자마자 곰은 어디론가 형체도 없이 사라지고 방안엔 괴괴한 정적만이 흘렀다. 대성은 그제야 자리에서 벌떡 일어나 앉았다.

'내가 꿈을 꾸었나? 아냐, 그러기에는 방금 전 일이 너무 생생해…….'

대성은 아침이 밝아 올 때까지 깊은 생각에 잠겼다. 간간이 마당을 쓸고 가는 바람 소리가 때로 자신의 손에 무참히 죽어간 짐승들의 울음소리만 같아 자신도 모르게 가끔 소스라치게 몸을 떨기도 했다.

다음날 날이 밝자마자 대성은 하인들을 깨워 곰을 메고 어제 사냥했던 장소로 갔다. 대성은 하인들을 시켜 곰을 땅에 파묻고는 오래도록 곰의 영혼을 위해 부처님께 기도를 올렸다.

그로부터 몇 달 후, 대성은 그곳에 절을 짓고 '웅수사'라는 현판을 내걸었다.

그후 대성은 사냥은 물론 작은 미물 하나라도 제 목숨처럼 소중히 여겼으며 부처님의 뜻을 따라 후에도 여러 사찰을 지었다. 신라 천년의 예술품 중 가장 뛰어난 걸작으로 평가받는 불국사와 석굴암 또한 대성이 설계하고 만든 것이다.

여삼의 해몽

　신라 제 37대 왕인 선덕왕에게는 불행하게도 대를 이을 태자가 없었다. 왕은 밤낮으로 고심을 하며 자신의 후대를 걱정했지만 왕비의 몸에서는 전혀 태기가 있을 것 같지 않았다.

　그러나 이와 같은 왕의 고심과는 반대로 김주원金周元과 김경신金敬信은 속으로 왕의 후사가 없기를 은근히 바라고 있었다.

　왜냐하면 당시의 관례로는 왕에게 대를 이을 태자가 없으면 신하들 중에서 가장 서열이 높은 사람이 왕위를 이어받게 되어 있었기 때문이다.

　그런 까닭에 김주원과 김경신은 늘 서로에 대한 경계를 늦추지 않았다. 특히 김경신은 자신보다 김주원의 서열이 더 높았기 때문에, 항시 마음속으로 왕은 하늘이 내리는 것이니 미리 낙담할 필요 없다고 스스로를 격려하며 때를 기다리고 있었다.

　그러던 어느 날 김경신이 이상한 꿈을 꾸게 되었다. 꿈속에 자신이 머리 위에 쓴 관冠을 벗고 가야금을 품에 안은 채 천관사天官寺에 있는 천관정天冠井이라는 우물 속에 빠지는 것이었다.

　꿈에서 깨어난 김경신은 도성에서 유명하다는 점쟁이를 집으로 불러 해몽을 부탁했다.

김경신의 말을 들은 점쟁이는 어두운 표정으로 먼저 양해를 구했다.

"나리, 먼저 제가 무슨 말을 하더라도 너그러이 받아 주시겠다고 약속해 주십시오."

김경신은 말없이 고개를 끄덕였다.

"우선 나리께서 관을 벗으셨다는 것은 관직에서 물러난다는 것을 의미하고 가야금을 품에 안았다는 것은 큰 칼, 즉 형구形具를 목에 차는 형국이니 벌을 받으신다는 뜻이며 마지막으로 천관정에 빠진다는 것은 옥에 갇힌다는 뜻이옵니다."

"음……."

점쟁이의 해몽을 듣고 있던 김경신의 얼굴에 짙은 그늘이 드리워졌다.

"어떻게 이 흉사凶事를 피해 갈 길은 없겠느냐?"

김경신의 말에 점쟁이는 그저 입을 다물고 묵묵히 앉아 있기만 했다.

"알았다. 내 자네에게 부탁하느니 오늘 자네와 내가 나눈 얘기를 어느 누구에게도 발설해서는 안 된다. 알겠느냐?"

"예, 나리! 명심하겠사옵니다."

점쟁이가 돌아간 후 김경신은 상심하여 자리에 앓아 눕고 말았다. 집안 식구들이 무슨 일이냐고 아무리 물어도 그는 입을 다문 채 얘기하지 않았다.

다만 부인에게만 점쟁이와의 일을 얘기했는데 공교롭게도 부인의 몸종이 문밖에서 그 얘기를 엿듣고는 소문을 내고 말았다.

도성에 그러한 소문이 나돌자 김경신은 몸이 아프다는 핑계로 아예 문밖 출입을 하지 않고 입궐도 하지 않았다.

소문을 들은 김주원은 속으로 쾌재를 부르며 그것이 하늘의 뜻이라고 여기고 호시탐탐 왕위를 노리고만 있었다.

김경신이 자리보전을 하고 누운 지 며칠이 지나서였다. 아찬 벼슬을 한 여삼餘三이라는 자가 그의 집으로 찾아와 만나기를 청했다.

김경신은 생전 처음 들어 보는 이름인 데다가 아무도 만나고 싶지 않아 그냥 돌아가라고만 전했다. 그러나 여삼은 다음날도 찾아와 김경신을 만나기를 청했고 그 다음날도 만나 줄 것을 간청했다.

김경신이 화를 내며 여삼을 쫓으려 하자 그는 집사를 시켜 편지 한 장을 보내왔다.

'소인이 나리를 뵙고자 하는 것은 하늘의 뜻을 전하려 함이온데 나리께서 이를 끝까지 거절하신다면 나리는 하늘의 뜻을 저버리시는 것이옵니다. 하여 오늘 밤도 소인을 이대로 돌려보내신다면 다시는 나리를 찾아뵙지 않을 것이옵니다.'

편지를 읽은 김경신은 꺼림칙한 생각이 들어 여삼을 집안으로 들여 사랑에서 기다리게 했다.

잠시 후 김경신은 집사에게 술을 내어 오라 이르고 사랑으로 나갔다. 김경신이 방에 들어서자 여삼은 자리에서 일어나 먼저 큰절을 올렸다.

술상이 차려지고 먼저 김경신이 술을 따르려 하자 여삼이 불쑥 이런 말을 했다.

"황공하옵니다. 장차 이 나라의 왕이 되실 나리의 잔을 소인같이 미천한 자가 어찌 먼저 받겠습니까? 나리께서 먼저 받으십시오."

김경신은 왕이 된다는 말에 놀라 주위를 살핀 다음 여삼을 뚫어지게 쳐다보았다.

"방금 한 말이 무슨 뜻이냐? 지금 나를 놀리는 게냐?"

"아니옵니다. 소인은 그저 나리께서 꾸셨다는 꿈을 올바로 해몽한 것을 말씀 드린 것뿐이옵니다."

여삼은 조금도 주저하지 않고 거침없이 말했다.

"꿈이라니? 전날 내가 꾸었던 그 흉몽 말이더냐?"

김경신의 힐난하는 말투에 여삼이 강력한 어조로 대답했다.

"흉몽이라니오? 나리, 그 꿈은 흉몽이 아니라 천하에 둘도 없는 길몽이옵니다."

"음……."

김경신은 여삼을 향해 준엄하게 물었다.

"너도 점쟁이인 게냐?"

"아니옵니다. 소인은 그저 도술에 조금 능통할 뿐이옵니다."

"좋다. 그렇다면 어디 한번 너의 해몽을 들어 보자."

김경신의 말에 여삼은 술을 한잔 들이켜고는 김경신이 꾸었다는 꿈을 하나하나 되짚어가며 말했다.

"첫째 나리께서 관을 벗으셨다는 것은 관직에서 물러나는 것이 아니라 천하를 얻는다는 것이옵니다. 관을 벗으면 곧 하늘을 머리에 쓰게 되는 형상이니 그 뜻이 아니고 무엇이겠습니까?"

"둘째는……?"

"둘째로 나리께서 가야금을 품에 안으신 것은 칼을 목에 차는 것이 아니라 12대 자손이 왕위를 이으신다는 뜻입니다. 생각해 보십시오. 나리께서는 내물왕의 12대손이 아니십니까? 가야금의 열두 줄은 그 뜻을 표시하는 것입니다"

"그렇다면 셋째는……?"

김경신은 여삼의 말에 공감하며 조금씩 심취해 갔다.

"셋째로 나리께서 천관사에 있는 천관정이라는 우물 속에 빠지

신 것은 바로 궁궐에 들어가신다는 의미입니다. 천관정天冠井의 글자를 보옵소서. 천관天冠이라 함은 보석으로 치장한 훌륭한 관冠을 뜻하는 것으로 이 나라에서 어느 누가 그런 관을 쓰겠습니까? 왕이 아니라면 어느 누구도 그러한 관을 쓸 수가 없사옵니다."

여삼의 말을 모두 들은 김경신은 조용히 머리를 끄덕였다.

"그런데 한 가지, 내 위에 김주원이 버티고 있는데 그 점은 어찌 생각하는가?"

김경신의 말투는 어느새 달라져 있었다.

"김주원은 북천北川 건너편에 살고 있으니 미리 예방하시는 방책으로 그 북천에 사는 용에게 제사를 지내시면 후일 도움이 되실 것이옵니다."

김경신은 여삼에게 많은 돈과 재물로 후사하고 다음날로 여삼의 말대로 북천에 사는 용에게 제사를 지내고 아무 일 없었던 것처럼 입궐했다.

그 일이 있은 지 얼마 지나지 않아 선덕왕은 끝내 후사를 잇지 못하고 승하하고 말았다. 관례에 따라 김주원이 왕위를 계승할 것이라고 여긴 신하들은 그를 찾았다.

그런데 그때 김주원은 북천 너머 자신의 집에서 왕의 승하 소식을 접했다. 김주원은 자신이 왕위를 계승할 것이라는 기대에 차서 서둘러 집을 나서 대궐로 향했다.

김주원을 모신 행렬이 부랴부랴 북천에 도착했을 때였다. 큰비도 오지 않고 장마철도 아니었는데 갑자기 강물이 크게 불어 도저히 배를 띄울 수 없는 상황이었다. 여삼의 예언대로 북천의 용이 조화를 부린 것이다.

김주원이 다급한 마음에 어서 강물이 줄어들기를 기다리며 노심

초사하고 있을 때 김경신은 먼저 대궐로 들어가 왕위를 이어받고 즉위식을 치렀다.

처음에는 반대하던 신하들도 김경신이 즉위식을 끝내고 왕좌에 앉자 더 이상 어쩔 도리가 없어 모두들 허리를 굽히고 신왕新王에 대한 예를 표했으니, 이가 바로 제38대 원성왕이다.

꿈도 해석하기에 따라 그 뜻이 천차만별일 수 있으니 여삼의 해몽은 김경신을 왕으로 거듭 태어나게 한 사건이었다.

문수암의 늙은 농부

신라 원성왕 때의 유명한 고승인 연회법사는 세상사 모두와 일체 인연을 끊고 영취산 암자에 숨어 오로지 불법을 공부하고 수도 정진하는 데에만 온 힘을 쏟았다.

그러나 초야에 묻힌 옥玉일수록 그 빛이 더욱 영롱하고 진흙에 피는 연꽃일수록 그 자태가 더욱 아름답다고 했듯이 비록 연회법사가 영취산에 깊숙이 은둔하고 있다고 해도 그 덕망은 세인들의 입을 통해 날로 높아져만 갔다.

마침 나라의 국사國師 자리가 비어 마땅한 인물을 물색하고 있던 원성왕은 연회법사의 소문을 듣고는 연회법사를 국사로 삼으려고 신하를 보냈다.

자신을 국사에 제수한다는 어명을 받든 신하가 온다는 말을 들은 연회법사는 서둘러 영취산을 떠났다.

'일생을 수도에 정진하면서 부처님의 말씀을 좇는 것만으로도 한평생이 부족하거늘 그깟 국사가 되어 무엇하나…….'

그렇게 생각한 연회법사는 등에 멘 바랑 하나를 벗삼아 쉬엄쉬엄 발걸음을 옮겼다. 오래도록 영취산에 숨어만 지냈으니 이 참에 세상 돌아가는 일을 구경하는 것도 그리 나쁠 것 같지만은 않았다.

이 마을 저 마을 돌아다니며 동가식서가숙을 하던 연회법사가 문수암이라는 어느 작은 고갯마루에 이르러 땀도 식힐 겸 잠시 쉬어 가려고 길가의 바위에 앉아 있을 때였다.

밭일을 끝내고 소를 몰고 지나가던 늙은 농부가 불쑥 연회법사를 향해 말했다.

"이름을 팔려거든 제대로 팔아야지 그렇게 도망을 가서 이름 값을 올릴 것은 또 무언가?"

연회법사는 농부의 말이 처음에는 무슨 뜻인지 몰라 자기 외에 또 누가 있나 싶어 주위를 둘러보았다.

"이름 값 올리려고 도망치는 이가 여기 자네 말고 또 누가 있나?"

농부가 아무렇지도 않게 그렇게 말하며 지나치려 하자 연회법사는 그제야 그 말이 자기에게 한 말이었음을 깨닫고는 농부를 불러 세웠다.

"여보시오. 초면에 무슨 말을 그리 하오?"

연회법사가 말을 걸어 오자 농부는 걸음을 멈추더니 이렇게 대꾸했다.

"이름을 파는 것도 장사라면 장사일 텐데 장사를 하려면 똑바로 해야지 그렇게 도망을 쳐서 값을 올릴 게 또 무엇이란 말이오?"

연회법사는 기가 막혔다.

"이름을 팔다니 누가 이름을 판다는 것이오?"

농부는 연회법사를 쳐다보지도 않고 말했다.

"제 한 몸 잘되자고 입산 수도를 할 요량이면 부처는 세상에 불법을 퍼뜨리지도 않았을 것을…… 쯧쯧."

연회법사가 뭐라 미처 말할 기회를 주지도 않고 농부는 그 말을 끝으로 소를 몰고 제 갈 길을 가버렸다. 그 말을 들은 연회법사는 속에서 치솟아 오르는 화를 주체하지 못해 끙끙거렸다.

'세상의 부귀 공명이 싫어서 도망가는 나에게 저런 시골 농부가 무엇을 안다고 수작을 부린단 말인가? 이름을 팔 것이면 국사가 되어 한세상 잘먹고 편히 살다 가면 될 것을 내 그것을 피해 이리 종종걸음을 치는 것인데……'

연회법사는 바위에서 일어나 화풀이를 하듯 장삼 자락을 툭툭 털고 다시 길을 떠났다.

그날 저녁 해질 무렵이 되어서야 근처 작은 절에 당도한 연회법사는 자신의 신분을 숨기고 하룻밤 묵어 갈 것을 청했다.

한눈에 보기에도 연회법사가 보통 인물이 아니라는 것을 눈치챈 절의 주지는 지극 정성으로 연회법사를 대접하고, 저녁 공양이 끝난 후에는 손수 차를 끓여 내왔다.

그리하여 두 사람 사이에는 자연스레 이런저런 이야기가 오가게 되었는데 주지가 문득 연회법사에게 이렇게 물었다.

"이곳에 오실 때 혹 문수암이란 곳을 지나치지 않으셨습니까?"

연회법사는 낮의 일이 다시 떠올라 기분이 언짢아지는 듯해서 절로 인상을 찌푸렸다.

"지나쳐 오기는 왔습니다만……"

연회법사가 말끝을 흐리는데도 아랑곳없이 주지가 재차 물었다.

"그곳에서 소를 모는 늙은 농부 한 사람을 못 보셨는지요?"

소를 모는 농부라는 말에 연회법사는 주지의 얼굴을 정면으로 바라보았다.

"보았긴 보았습니다만……"

역시 연회법사가 말끝을 흐리는데도 주지는 계속 말을 이었다.

"그 농부가 아무 말도 없었습니까?"

"……."

연회법사는 아무 말도 할 수가 없었다. 농부와의 일을 얘기하면 자신의 신분이 탄로날 것이 뻔한 까닭이었다.

"그 늙은 농부가 겉보기엔 그래도 범상치 않은 인물입니다. 세상의 이치를 모두 꿰고 있지요. 이 근방 여러 마을에서 모르는 이가 없을 정도이지요. 모두들 그 늙은 농부를 일러 문수암의 성인이라 하여 문수대성文殊大聖이라고 부른답니다."

주지의 말을 들으면서 연회법사는 조심스럽게 깨닫는 것이 있었다.

주지가 돌아가고 빈방에 홀로 남게 된 연회법사는 조용히 오늘 낮에 있었던 일을 반추해 보았다. 밝히지 않았는데도 첫눈에 자기의 신분을 알아본 것과 얘기하지 않았는데도 왜 먼 길을 떠나게 되었는지를 단박에 알아맞춘 것만 보더라도 주지의 말이 틀린 것만은 아닌 것 같았다.

그렇다면 이름을 판다는 건 무슨 뜻일까?

연회법사는 가부좌를 틀고 앉아 깊은 삼매경에 빠져들었다. 그리고 농부의 말을 화두로 삼아 그 속뜻을 이해하고자 애썼다.

법당 처마 끝에서는 맑게 풍경이 울었다. 바람이 몸 뒤척이는 소리도 가끔 문풍지를 쓸고 갔다.

그럴수록 연회법사의 삼매경은 깊어 갔고, 어느 순간 혜안이 열리며 마음이 평온해지는 것을 느낄 수 있었다.

'그렇다. 내가 국사의 자리에 오를 만큼 이름이 났다면 그 이름 또한 내가 낸 것이 아니겠는가? 그리고 그 이름을 피해 도망을 치는 것은 그 이름을 더욱 고매하게 하기 위함이 아니겠는가? 나는 너무나 자신만을 위해 불법을 공부해 온 것이다. 내가 국사의 자리를 마다하고 영취산을 떠난 것도 결국은 중생들을 구제하는 데 힘을 쏟는 것이 아니라 오로지 나 자신만을 위한 수도와 정진에만 그 목적이 있었기 때문이다. 부처님은 일체 중생을 위해 스스로를 버리셨다. 내가 국사의 자리에 오른다고 해서 부귀와 공명을 좇는 것인가? 아니다. 그 모든 것은 내 본심에 있는 것이다. 취할 것만 취하고 버릴 것은 버리면 된다. 돌아가자…… 돌아가자!'

연회법사는 바랑을 메고 밖으로 나왔다. 새벽 빛이 비추려면 아직 이른 시간이었다. 연회법사는 법당을 향해 합장을 한 뒤 문수암이 있는 쪽을 향해 또 한 번 합장을 올렸다.

그리하여 연회법사는 원성왕의 명을 받아들여 국사의 자리에 올라 성심을 다해 중생을 구제하는 데 남은 생애를 보냈다.

김현의 사랑

중추절 밝은 보름달이 흥륜사 마당을 대낮같이 환하게 비추고 있었다. 탑돌이를 하던 사람들은 하나둘씩 집으로 돌아가고 남아서 탑을 도는 이는 몇 되지 않았다.

낭도 김현은 더욱 정성을 들여 한 바퀴, 두 바퀴 탑을 돌았다. 가끔 서늘한 밤바람이 불어와 이마에 맺힌 땀방울을 식혀 줄 뿐 사위는 적막 속에 빠져 있었다.

둥근 보름달이 중천에 이르자 그나마 남아 탑을 돌던 사람들도 모두 돌아가고 마당에는 김현 혼자 남게 되었다. 김현은 한 바퀴만 더 돌고 집으로 돌아가자고 생각하고 합장한 두 손에 더욱 공을 들여 걸음을 옮길 때였다.

어디선가 희미한 발소리가 들리더니 한 처녀가 탑 주위를 천천히 원을 그리며 돌기 시작했다.

한 열일곱 살쯤 되었을까? 밤중이었지만 환한 달빛 아래 어렴풋이 드러난 처녀의 얼굴은 배꽃같이 곱고 예뻤다.

김현은 탑을 돌면서도 마음은 온통 그 처녀에게로 집중되었다.

'어디 사는 뉘 집 규수일까? 한눈에 보기에도 백옥같이 곱구나.'

그러나 그런 김현의 마음을 아는지 모르는지 처녀는 합장한 손끝만을 지긋이 바라보며 좀체 얼굴을 들지 않았다.

김현은 발걸음을 조금씩 늦춰 처녀와 되도록 가까운 거리를 유지하려고 애썼다. 처녀는 일정한 보폭으로 조심조심 탑 주위를 돌며 낮은 소리로 불경을 외고 있었다.

김현이 처녀와 한 서너 걸음의 간격을 두었을 때였다. 탑을 돌던 처녀가 부처님이 계신 대웅전을 향해 크게 합장을 하며 허리를 굽히고는 치맛자락을 표표히 날리며 흥륜사 마당을 벗어나고 있었다.

김현은 망설였지만 이내 처녀의 뒤를 쫓아가기 시작했다. 그대로 처녀를 보내 버리면 다시는 못 볼지도 모른다는 생각이 불같이 들어서였다.

흥륜사를 나온 처녀는 김현이 뒤를 밟는지에 대해서는 전혀 관심이 없는 듯 앞만 보고 걸었다. 그런데 이상하게도 처녀는 마을과는 반대 방향인 산길로 접어들더니 익숙한 발걸음으로 험한 산중으로 계속 올라갔다.

김현은 이상한 마음이 들면서도 넋을 잃고 그저 처녀의 뒷모습에서 눈을 떼지 않았다. 그러면서 어떻게 말을 붙여야 하는지를 끊임없이 생각했다.

한참을 그렇게 가다가 솔숲이 울창한 언덕에 이르렀을 때 앞서 가던 처녀가 갑자기 걸음을 멈추더니 뒤를 돌아보지도 않고 말했다.

"무슨 일로 소녀의 뒤를 밟으시는지요?"

김현은 순간적으로 당황하였지만 말을 붙일 수 있게 된 것에 기쁨을 감추지 못했다.

"낭자의 자태가 하도 고와서…… 그만 이런 무례를 범하고 말았소."

처녀는 여전히 돌아보지 않고 말했다.

"돌아가십시오. 그렇게 하시는 것이 서로에게 좋을 듯합니다."

그러나 거기에서 물러설 김현이라면 처음부터 처녀를 쫓아오지도 않았을 것이다.

김현은 몇 걸음 앞으로 나아가 말했다.

"제가 지금 낭자에게 무례를 범하고 있는 줄은 알고 있지만 이렇게 만난 것도 인연이라고 생각하오. 그러니 부디 얘기나 좀 나눌 수 있게 해주시오."

김현의 말을 들은 처녀는 한동안 망설이는 눈치이더니 천천히 옆에 있는 바위로 가서 앉았다. 다소곳하고 아름다운 자태였다.

김현도 조용히 걸어가 처녀의 옆에 자리를 잡고 앉았다. 가까이 본 처녀의 얼굴은 한층 더 아름답고 고혹적이었다.

김현이 조용히 입을 열었다.

"아까 탑을 돌며 무엇을 그리 간절히 빌었소?"

처녀는 수줍게 미소를 띄우며 대답했다.

"그러시는 낭께서는 밤늦도록 무얼 그리 비셨는지요?"

처녀의 말에 김현은 이내 웃음이 나왔다. 재치 있는 대답이었다.

달은 중천을 벗어나 서쪽으로 천천히 기울어가고 있었다. 산새 소리도 들리지 않고 오로지 두 사람의 목소리와 간간이 들리는 낮은 웃음 소리만이 잠든 솔숲의 달빛을 깨우고 있었다.

얘기를 나누는 동안 두 사람은 급격히 서로에게 빠져들었고 이내 손을 잡고 솔숲 사이로 들어갔다. 그곳에서 두 사람은 평생을 함께할 반려자가 되기를 굳게 맹세했다. 처녀는 기다렸다는 듯이 김현을 받아들였고 김현은 처녀의 아름다움에 흠뻑 취했다.

새벽녘에 가까워져서야 두 사람은 솔숲에서 나와 처녀의 집으로 향했다. 처녀는 극구 사양했지만 김현은 평생을 함께할 사람을 무서운 산중에 혼자 가게 둘 수 없다고 고집을 부렸다.

두 사람이 처녀가 사는 오두막집에 도착했을 때 처녀의 어머니인 듯한 늙은 노파가 마당에 나와 처녀가 돌아오기를 기다리고 있었다.

김현은 처녀와 함께 노파를 따라 방으로 들어가 큰절을 올렸다. 노파는 말없이 앉아 있는 처녀의 얼굴에서 모든 것을 읽어낸 것 같았다.

"어찌 되었건 미천한 내 딸을 아내로 받아준다니 고맙구려. 그러나 지금은 그런 인사나 하고 있을 때가 아닌 것 같소. 조금 있으며 저 아이의 오빠들이 올 터이니 오늘은 얼굴을 마주 대하지 않는 게 좋을 것 같소. 그러니 어서 저 벽장 속에 숨으시오. 무슨 일이 있어도 문을 열고 나와서는 아니 될 것이오."

노파의 말에 처녀도 그렇게 하라며 김현의 팔을 잡아 끌었다. 김현은 영문도 모르는 채 벽장 속으로 들어가게 되었다.

그로부터 얼마 지나지 않아 어디선가 허공을 가르는 날카로운 포효가 들리더니 대문 여는 소리가 들려 왔다.

"어머니! 돌아왔습니다. 진지는 드셨습니까?"

듣기에도 우렁찬 목소리가 방안을 쩌렁쩌렁 울렸다.

"네 이놈들! 이제 너희들의 명도 오늘로 끝이다. 내 그렇게 살생을 하지 말라 일렀거늘 오늘도 무고한 생명을 둘씩이나 해하다니!"

노파의 엄한 호령에 방안에는 잠시 무거운 침묵이 흘렀다.

김현은 벽장 문틈으로 소리 나지 않게 밖을 내다보았다. 처녀의 오빠 셋이 앉았는데 모두들 기골이 장대하고 범상치 않은 눈빛을 번득이고 있었다.

"내가 모를 줄 아느냐? 좀 전에 신령님께서 다녀가셨다. 오늘이야말로 너희들을 죽여 더 이상의 살생이 없도록 하시겠다고 엄포를 놓으셨다!"

"어머니 그것이 아니라……."

"천벌은 두려우냐? 인명만은 해치지 말라고 입이 닳도록 이르고
당부했거늘……! 나는 모른다. 너희가 알아서 벌을 받도록 해라!"

김현은 두려움에 온몸이 덜덜 떨렸다. 살생은 무엇이고 천벌은
또 무슨 말인가?

"그만두세요, 어머니. 그 벌은 오빠들을 대신해서 제가 받도록
하겠어요. 오빠들을 한꺼번에 잃으면 어머니께서 어떻게 사실 수 있
겠어요?"

처녀의 말에 오빠들의 눈이 금세 휘둥그레졌다.

"오빠들, 어서 이곳을 떠나 멀리 가세요. 그리고 부디 앞으로는
사람을 해치지 않겠다고 약속해 주세요."

처녀의 말에 오빠들은 모두 말없이 고개를 끄덕였다. 다만 노파
만이 눈에 눈물이 가득 괸 채로 처녀를 애처롭게 바라보고 있었다.

이윽고 처녀의 오빠들은 일어나 노파에게 큰절을 하더니 밖으로
나갔다. 또다시 엄청나게 커다란 포효가 들렸다.

포효가 사라지자 처녀가 벽장 문을 열고 김현을 밖으로 나오게
했다. 어리둥절한 표정으로 앉아 있는 김현 앞에서 처녀는 울음을
터뜨리며 말했다.

"용서하여 주세요. 들으신 바와 같이 저는 사람이 아니라 짐승입
니다. 그러나 오늘 이 같은 일이 없었더라면 때가 되면 모든 것을 고
백하고 용서를 빌 생각이었습니다. 오늘 낭을 만나 비록 하룻밤의
짧은 인연을 맺었지만 그래도 낭께서는 저의 하나밖에 없는 지아비
입니다. 잘 들으세요, 내일 낮에 도성 안에 호랑이 한 마리가 나타나
사람들을 해하려 들 것입니다. 사람을 해치지는 않는 대신 어느 누

구의 손에도 잡히지 않을 것입니다. 그러면 나라에서 그 호랑이를 잡으려 할 것이니 부디 당신께서 그 호랑이를 잡겠다고 하소서. 그리고 성의 북쪽에 있는 숲으로 오세요. 저는 거기에서 당신을 기다리고 있겠습니다."

처녀는 목이 메어 더 이상 말을 잇지 못하고 빗물처럼 눈물만 흘리고 있었다.

멍하니 앉아 처녀의 얘기를 듣고 있던 김현이 말했다.

"무슨 소리를 하는 것이오? 낭자가 짐승이든 사람이든 나는 상관하지 않소. 우리가 오늘 만나 부부의 인연을 맺었으니 이는 죽을 때까지 지켜져야 할 약속이오. 나는 낭자의 말을 따를 수가 없소."

그러나 처녀는 김현의 말을 듣지 않았다. 김현이 아무리 얘기하고 달래어도 김현의 손에 죽고 싶다고 계속 같은 말만 되풀이할 뿐이었다.

그러는 사이 날이 밝았고 김현은 집으로 돌아왔다. 그러나 아무리 생각해도 간밤의 일이 꿈인지 생시인지 잘 분간이 되지 않았다. 그것은 적어도 도성 안에 호랑이가 나타났다는 소리를 듣기 전까지는 그랬다.

훤한 대낮에, 그것도 도성 안에 출몰한 호랑이는 닥치는 대로 사람들을 해치려 하였다. 이름 난 궁사들과 장수들이 그 호랑이를 잡으려 했으나 아무도 당해 내지 못한다는 소문이 삽시간에 온 도성 안을 들끓게 했다.

급기야 원성왕은 그 호랑이를 잡는 이에게는 후한 상금과 벼슬까지 제수한다는 방을 써 붙였다.

김현은 비로소 처녀의 말이 사실임을 깨달았다. 그렇지만 처녀가 호랑이라고는 도저히 믿을 수가 없었다.

망설임을 거듭하던 김현은 마침내 처녀의 말을 제 눈으로 확인하고 싶은 생각이 들어 원성왕 앞에 나아가 호랑이를 잡겠노라고 아뢰었다. 왕은 크게 기뻐하며 김현을 불러 친히 격려했다.

김현은 어깨에 활을 메고 허리에 단검을 찬 다음 호랑이를 잡으러 갔다. 겉으로는 내색하지 않았지만 김현의 가슴은 천만 가지 생각으로 어지러웠다.

'과연 그 호랑이가 어제 만난 그 처녀란 말인가? 만약 그렇다면 어찌 내 손으로 죽일 수 있단 말인가?'

호랑이는 도성의 북문에서 이리저리 뛰어다니며 사람들을 위협하고 있었다. 그러더니 멀리서 김현의 모습을 보고는 성문 밖으로 달아났다.

김현은 곧 호랑이를 쫓아갔다. 호랑이는 마치 김현에게 길 안내라도 하는 것처럼 적당한 거리를 두고 달렸다.

김현이 간밤에 처녀가 말했던 성의 북쪽 숲에 이르렀을 때, 호랑이는 백옥같이 곱고 예쁜 처녀로 변하여 김현을 기다리고 있었다.

김현이 가까이 다가오자 처녀는 무릎을 꿇고 앉으며 말했다.

"오실 줄 알았습니다. 오늘 저에게 물린 사람들은 상처에 흥륜사의 간장을 바른 뒤 절의 나팔 소리를 듣게 하면 나을 것입니다. 이제…… 어제 저와 약속하신 대로 죽여 주세요. 당신의 손에 죽는 것이 제 소원입니다."

김현의 눈에서는 쉴새없이 눈물이 쏟아졌다.

"그럴 수는 없소. 어찌 내가 낭자를 죽인다는 말이오. 그럴 수는……."

김현의 말이 끝나기도 전에 처녀는 피를 낭자하게 토하며 바닥에 쓰러졌다. 김현의 허리에서 단검을 뽑아 제 스스로 목을 찔렀던 것이다.

"낭자!"

김현은 급히 처녀를 안아 제 무릎에 뉘었다. 그러나 이미 가망이 없는 일이었다.

처녀는 마지막으로 김현의 손을 잡으며 말했다.

"제가…… 죽거든…… 절을 하나 지어…… 저의 명복을…… 빌 어 주세요."

김현의 손에서 처녀의 손이 스르르 빠져 나가는 순간, 꽃 같은 처녀의 모습은 온데간데없이 사라지고 커다란 호랑이 한 마리가 피를 흘리며 쓰러져 있었다.

김현은 무서워하는 기색도 없이 엎드려 호랑이를 끌어안고 큰소리로 통곡했다. 아직도 호랑이의 몸에 희미하게 남아 있는 온기는 이승에서 다 못한 애절한 사랑을 말해 주는 듯 김현의 마음을 더욱 아프게 했다.

그후 김현은 호랑이가 죽은 자리에 '호원사虎願寺'라는 절을 짓고 처녀로 변해 자신과 사랑을 나누었던 호랑이의 명복을 빌었다.

응렴의 선택

신라 헌안왕 때 응렴이라는 화랑이 있었는데 잘생긴 얼굴도 얼굴이거니와 총명함과 지혜가 남달라 도성에 그 이름이 자자하였다.

도성 안의 모든 처녀들은 응렴의 얼굴이라도 한번 보려고 언제나 응렴의 집 주변을 서성거렸고, 그 소문은 마침내 헌안왕의 귀에까지 들어갔다.

헌안왕에게는 두 명의 공주가 있었는데 둘 다 혼기가 되었으므로 왕은 응렴을 사윗감으로 적당한지 시험하기로 마음먹고 하루는 대궐에서 큰 잔치를 열어 그 자리에 응렴을 불렀다.

왕의 부름을 받은 응렴은 다소곳하지만 기백 있는 자세로 왕 앞에 무릎을 꿇고 앉았다. 과연 응렴은 한눈에 보기에도 훤하게 잘생긴 미남이었다.

내심 마음이 흡족해진 왕은 응렴에게 술잔을 하사하며 물었다.

"내가 듣기로 낭은 총명하고 지혜롭기가 국선 중에 으뜸이라고 들었다."

왕의 말을 들은 응렴은 머리를 조아리며 대답했다.

"당치 않으십니다. 소인은 그저 일개 미미한 존재에 불과하옵니다."

왕은 입가에 미소를 띠우며 말했다.

"낭이 국선이 된 지는 얼마나 되었는가?"

응렴은 다시 머리를 조아리며 대답했다.

"예. 폐하의 은덕을 입어 국선이 된 지 두 해가 되옵니다."

응렴의 대답에 왕이 재차 물었다.

"그 두 해 동안 무엇을 배우고 깨달았는가?"

응렴은 주저하지 않고 큰소리로 대답했다.

"예, 폐하! 소인은 세 가지 아름다운 일을 보고 깨달았습니다."

응렴의 대답에 흥미롭다는 듯 헌안왕은 눈을 크게 뜨며 물었다.

"호오, 세 가지 아름다운 일이라? 그래 그것이 무엇인지 내게 말해 줄 수 있겠느냐?"

왕의 말에 응렴은 스스럼없이 아뢰었다.

"예, 폐하! 우선 세 가지 중 첫째는 윗사람인 자가 스스로 자신을 낮추고 겸손히 여겨 남보다 아래쪽에 앉는 것이옵고, 둘째는 재물이 많은 자가 그것을 자랑하지 않고 남보다 검소하고 절약하는 것이옵고, 마지막 세 번째로는 권세를 가진 자가 허세와 위엄을 부리지 않는 것이옵니다."

응렴의 말을 들은 왕의 얼굴에 환한 미소가 떠올랐다. 미소는 점차 호탕한 웃음 소리로 변해 갔고 좌중에 함께한 신하들의 입가에도 미소가 번졌다.

왕은 기분 좋게 술 한잔을 마시고는 응렴에게 말했다.

"듣거라. 내 낭의 말을 듣고 깨달은 바가 크다. 그런즉 낭을 부마로 삼으려 하니 공주 둘 중 한 명을 택하여 수일 내로 내게 간하라."

생각지도 않았던 왕의 말에 응렴은 잠시 정신이 아득해지는 것 같았다. 지금 자신에게 벌어지는 모든 일들이 도무지 꿈만 같았다.

응렴은 왕에게 예를 갖추고 곧 대궐에서 나왔다. 그러고는 서둘러 집으로 돌아가 부모님을 뵙고 대궐에서 있었던 일을 소상하게 말씀 드렸다.

응렴의 부모는 크게 놀라면서도 기쁨에 들뜬 표정을 감추지 못하고 물었다.

"너는 두 공주 가운데 어느 쪽이 마음에 드느냐?"

부모님의 말에 응렴은 잠깐 생각에 잠기다가 솔직하게 말했다.

"소자가 듣기로 첫째 공주는 성격이 냉정하고 언행도 방정하지 못한 데 비해 둘째 공주는 성품도 온순하고 얼굴도 후덕한 미인이라 들었습니다. 그러니 소자의 생각으로는 부모님께서 허락만 하신다면 둘째 공주에게 장가 들고 싶습니다."

응렴의 말에 부모는 순순히 승낙을 하고 곧이어 친척들에게도 그 기쁜 소식을 알려 큰 잔치가 벌어졌다.

그날 저녁, 응렴의 집으로 같은 국선인 범교사가 찾아왔다. 범교사는 평소 응렴과 친밀한 사이로 지혜롭고 총명하기가 응렴에 버금갈 정도였다.

범교사는 응렴에게 일단 축하의 뜻을 표했다.

"여보게, 무어라 축하의 말을 해야 할지 모르겠네. 자네가 이 나라의 부마가 된다니……."

범교사의 말에 응렴은 조금 겸연쩍은 표정으로 대꾸했다.

"이 모두가 대왕의 은덕이시네."

범교사는 곧이어 자신이 찾아온 의중을 내비쳤다.

"자네는 두 분 공주님 중 어느 분을 택할 텐가?"

응렴은 부모님과 상의했던 바를 그대로 얘기하며 둘째 공주를 택할 것이라고 했다.

응렴의 말을 들은 범교사는 이미 짐작하고 있었다는 듯 주저하지 않고 말했다.

"여보게, 내 말 잘 듣게. 나는 오래전부터 자네의 친구로서 누구보다도 자네를 잘 안다고 생각하네. 그래서 지금 내가 하는 말은 자네를 생각하고 아끼는 마음에서 하는 것이니 부디 내 마음을 헤아려 내 뜻을 따라 줄 수 있겠는가?"

범교사의 말에 응렴은 궁금증이 생겼다.

"무슨 말인가? 우선 들어 보기나 하세."

응렴의 눈동자를 천천히 응시하며 범교사가 조심스런 어투로 말했다.

"둘째 공주와 혼인하지 말고 첫째 공주와 혼인을 하게. 그러면 후일 꼭 좋은 일 세 가지가 있을 것이네."

범교사의 말을 들으며 응렴은 깊은 생각에 잠겼다. 평소 범교사와의 우정을 생각하면 그의 말에는 분명 깊은 뜻이 숨어 있을 것이었다.

응렴은 단호한 눈빛으로 범교사에게 말했다.

"알았네. 자네 말대로 하겠네. 나를 생각해 줘서 정말 고맙네."

응렴은 곧 부모님께 자신의 뜻을 말씀 드리고 왕을 찾아뵙고 첫째 공주와 혼인을 하겠다고 허락을 청했다.

이윽고 응렴의 혼인식은 화려하고 장대하게 치러졌다. 혼인식에 참석한 범교사도 진심으로 두 사람의 혼인을 축하해 주었다.

그런데 호사다마라고 했던가? 혼인식을 치른 지 3개월을 넘기지 못하고 헌안왕은 그만 병석에 드러눕게 되었고 그 길로 영영 돌아오지 못할 불귀의 객이 되고 말았다.

헌안왕이 승하하자 아들이 없었던 관계로 당연히 부마인 응렴이 왕위를 물려받았으니 그가 곧 경문왕이다.

응렴이 왕위에 오른 뒤 범교사가 찾아와 이렇게 말했다.

"폐하, 들어 보소서! 소신이 전에 폐하께 세 가지 좋은 일이 있을 것이라고 말씀 드렸던 바, 그 첫째는 선왕의 뒤를 이어 보위에 오르신 것이옵고, 둘째는 마음에 있어 하시던 둘째 공주를 얻으신 것이옵고(경문왕은 등극 후 헌안왕의 둘째 공주도 왕비로 맞아들였다), 그로 인해 만백성이 모두 기뻐하니 그것이 바로 셋째이옵니다."

이에 왕이 크게 기뻐하며 범교사에게 금은 보화를 하사하고 대덕 벼슬을 제수하였다.

원앙의 혼

신라 경문왕 때 김수길이라는 유명한 사냥꾼이 있었다. 사냥 실력이 얼마나 뛰어났던지 도성에 사는 사람들 중에 그를 모르는 이가 없었다.

사람을 잡아먹는 무서운 호랑이나 몸집이 집채만 한 포악한 멧돼지도 일단 수길의 눈에 띄기만 하면 그 즉시 죽은목숨이나 진배없었다.

수길은 뛰어난 활 솜씨와 검술을 갖춘 데다 맹수에 대한 해박한 지식까지 두루 꿰고 있어 그야말로 당대 최고의 사냥꾼이었다.

수길은 사시사철 때를 가리지 않고 사냥 길에 올랐는데 그날따라 유독 사냥이 하고 싶은 생각이 들어 아침을 먹자마자 곧장 활과 전동을 챙겨 집을 나섰다.

도성을 빠져 나와 산길에 오르자 수길은 사냥감을 찾기 위해 주위를 두리번거리며 두 눈을 번득였다.

쉴새없는 긴장감이 숲의 정적과 함께 팽팽하게 이어졌고 화살을 쥔 손바닥에 끈적거리며 식은땀이 배어 나왔다.

웬일인지 산속은 쥐죽은 듯이 조용했다. 커다란 맹수는커녕 작은 산토끼 한 마리도 수길의 눈에 잡히지 않았다. 마치 살아 있는 생물이라곤 수길 혼자인 것처럼 산 전체가 깊은 정적에 휩싸여 있었다. 가끔 푸드득거리며 날아가는 산새들의 날갯짓 소리만 숲의 정적을 깨트릴 뿐이었다.

이미 단풍이 든 지도 오래여서 산길에 수북이 쌓인 낙엽을 밟는 수길의 발자국 소리는 조심스러웠다. 산중에 사는 짐승들은 귀가 밝아 아주 작은 소리에도 예민해져서 자신의 은신처에 몸을 숨기거나 아니면 더 깊은 산속으로 달아나 버리기 때문이다.

그날 수길이 해질 무렵까지 사냥감을 찾아 온 산을 헤매 다녔지만 거짓말처럼 단 한 마리의 짐승도 발견할 수가 없었다. 수길이 사냥꾼이 되고 난 후 생전 처음 있는 일이었다. 맹수는 고사하고라도 산토끼 한 마리라도 잡아가야 이름 난 사냥꾼으로서 수길의 체면이 설 판인데 온종일 산짐승의 그림자조차 구경하지 못한 것이다.

수길은 터벅터벅 산을 내려왔다. 화살을 멘 어깨에 턱없이 힘이 빠져 있었다. 그러나 수길의 눈빛만은 여전히 살아 움직였다. 산을 다 내려올 때까지 언제 어디에서 어떤 짐승이 튀어나올지 모르는 상황이 수길의 긴장감을 끝까지 물고 늘어졌다.

산을 내려온 수길은 어둑어둑해지는 들판을 가로질러 갔다. 이미 오늘 사냥은 망친 듯싶었다.

들판이 다 끝나갈 무렵 키를 덮을 만큼 큰 억새가 우거진 연못이 나타났다. 연못에는 철새들이 한가로이 물고기를 잡아 먹으며 노닐고 있었다.

수길은 지는 해를 배경으로 연못 위에 떠 있는 철새들을 멍하니 바라보다가 문득 사냥감을 발견한 맹수처럼 눈을 번득였다. 풀이 우거진 연못 한 기슭에 원앙 두 마리가 다정하게 몸을 기대고 있었던 것이다.

수길은 조용히 어깨에 멘 활을 한 손에 쥐고 다른 손으로 전동에서 화살을 꺼내 들었다. 천천히 시위를 당기며 수길은 온 정신을 한데 모았다. 화살 끝을 정확히 원앙 한 마리의 심장에 겨누고 화살을 놓았다. 바람을 가르며 날아간 화살은 정확히 원앙의 가슴을 관통했다. 화살에 맞은 원앙은 울음소리도 내지 못하고 그자리에 푹 고꾸라졌다.

수길이 속으로 쾌재를 부르며 달려갔을 때 나머지 한 마리는 이미 어디론가 사라지고 보이지 않았다.

수길은 흡족한 마음으로 화살에 맞은 원앙을 집어 들었다. 그런데 이상하게도 죽은 원앙의 머리가 없었다. 날카로운 것에 잘려나간 듯 목 부분엔 아직도 피가 흘러나오고 있었다.

분명 화살은 원앙의 심장을 관통했는데 머리가 없어지다니……. 수길은 이상한 생각이 들어 주위를 샅샅이 훑어보았다.

그러나 아무리 찾아보아도 원앙의 머리는 보이지 않았다. 날이 어두워져 컴컴해질 때까지 원앙의 머리를 찾던 수길은 그냥 집으로 돌아올 수밖에 없었다.

집에 돌아와서도 저녁 내내 수길의 마음은 석연치 않았다.

'참으로 괴이한 일이로다…….'

찝찝한 기분을 떨쳐 버릴 수 없어 밤이 깊도록 술잔을 기울이던 수길이 깜빡 졸음에 빠졌다. 하지만 어디선가 희미하게 들려 오는 여인의 흐느낌 소리에 곧 잠에서 깨어났다.

눈을 뜬 수길은 흠칫 놀랐다. 자신의 앞에 놓인 술상 맞은편에 아리따운 여인이 앉아 수길을 바라보며 서럽게 흐느끼고 있었다.

"누……누구냐?"

그렇게 묻는 수길의 목소리는 가느다랗게 떨렸다.

"흑흑……흑……! 당신은 어찌 그리도 무정하십니까?"

여인은 애처롭게 흐느끼며 수길을 바라보았다.

"무정하다니? 그게 무슨 말이냐?"

여인은 울음 섞인 목소리로 수길에게 말했다.

"저는 오늘 저녁 당신이 쏜 화살에 맞아 죽은 원앙의 아내입니다."

여인의 말을 들은 수길은 귀신에 홀린 것처럼 등골이 오싹했다.

"원앙의 아내라니……? 한낱 미물에 불과한 날짐승이 어찌 사람의 모습으로 나타날 수 있단 말이냐?"

수길의 말에 여인은 여전히 눈물을 흘리며 대답했다.

"한낱 미물일지라도 남편과 저는 행복했습니다. 당신이 나의 남편을 화살로 쏘아 죽이지만 않았더라면 우리는 더 오래오래 행복하게 살 수 있었을 것입니다. 그러나 오늘 저녁 남편은 죽고 저는 혼자가 되고 말았습니다. 제가 이렇게 사람의 모습으로 당신을 찾아온 이유는 저 또한 죽여달라는 말씀을 드리기 위해서입니다. 남편이 없는 세상에 제가 살아야 할 아무런 이유나 까닭이 없습니다. 그러니 내일 날이 밝거든 연못으로 와서 저를 화살로 쏘아 죽여 주세요. 저는 어제 남편이 화살에 맞아 죽은 그자리에 있겠습니다. 제 말이 믿어지지 않으시면 저를 죽인 다음 제 한쪽 날개 밑을 한 번 보세요. 남편이 화살에 맞았을 때 제가 재빨리 남편의 목을 물어뜯어 그 속에 감추어 두었으니까요. 제발 제 소원을 들어주세요."

이야기를 마친 여인은 자리에서 일어나 홀연히 사라졌다. 여인을 붙잡으려고 손을 뻗다가 수길은 잠에서 깨어났다. 술상은 그대로 앞에 놓여 있었고 방에는 자신 외에 아무도 없었다. 수길은 불길한 느낌이 들어 다시 잠을 이룰 수가 없었다.

'어허……! 내가 몸이 허약해졌는가? 이런 황당한 꿈을 꾸다

니……'

그러나 마음 한구석은 어서 아침이 밝기만을 기다리고 있었다.

뜬눈으로 밤을 지샌 수길은 아침도 먹지 않고 화살과 전동을 챙겨 들고 곧장 어제 원앙을 사냥했던 연못으로 갔다.

연못에는 떠오르는 아침 햇살을 받으며 서로 물고기를 많이 잡아먹으려는 물새들의 날개 소리로 부산했다.

수길의 눈길은 자연스럽게 어제 자신이 원앙을 쏘아 죽였던 기슭으로 향했다. 그런데 과연 어젯밤 꿈속에 나타났던 여인의 말처럼 그곳에는 원앙 한 마리가 고개를 푹 숙이고 힘없이 앉아 있었다.

수길은 망설이지 않을 수 없었다.

'그렇다면 그 말이 사실이란 말인가?'

모든 것들이 혼란스러웠고 자신이 지금 연못가에 서 있는 것도 꼭 꿈처럼 느껴졌다. 원앙은 수길을 바라보며 애처롭게 울었다. 울음소리는 마치 어서 죽여달라는 소리로만 들려 수길의 마음을 더욱 아프게 했다.

잠시 후 수길은 천천히 시위를 당겼다. 가느다랗게 떨리는 손끝은 어제의 그것과는 너무나도 달랐다. 화살은 정확히 원앙의 가슴에 꽂혔고 수길은 참담한 심정으로 원앙에게로 걸어갔다. 원앙은 이미 숨이 끊어져 있었다. 수길은 원앙의 한쪽 날개를 들춰 보았다. 여인의 말처럼, 아니 죽은 원앙의 말처럼 날개 속에는 어제 잡은 원앙의 머리가 들어 있었다.

수길의 눈에서 뜨거운 눈물이 흘러내렸다. 수길은 죽은 원앙을 품에 안고 돌아와 어제 잡았던 원앙과 함께 땅에 고이 묻어 주었다.

그후로 수길은 사냥을 그만두고 속세를 떠나 수도의 길을 걸으며 원앙의 영혼과 자신이 사냥한 모든 짐승들의 극락왕생을 빌었다.

소경 어머니와 딸 지은

신라 진성여왕 때 효종랑이란 화랑이 있었는데 인품이 고매하고 학덕이 높아 그를 따르는 낭도들이 많았다.

어느 해 봄 효종랑이 포석정에서 여러 낭도들과 함께 꽃놀이를 즐기고 있었다. 그때 낭도 두 사람이 눈물을 흘리며 효종랑을 찾아왔다.

낭도들의 눈물을 본 효종랑은 놀라 물었다.

"아니, 무슨 일이오?"

두 사람은 고개를 떨구고 다시 서럽게 울더니 대답했다.

"오는 길에 하도 애처로운 일을 보게 되어서 그만……."

효종랑은 궁금한 표정으로 재차 물었다.

"말해 보시오. 무슨 일을 보았기에 그리 눈물을 흘린단 말이오?"

잠시 후 겨우 눈물을 그친 낭도 한 사람이 입을 열었다.

"저희 둘이서 이곳으로 오는 길에 작은 민가를 지나게 되었는데, 그 집 마당에서 눈먼 어머니와 그 딸이 서로 부둥켜안고 서럽게 울고 있었습니다."

어린 소녀 지은은 병든 아버지와 앞 못 보는 어머니와 함께 살았는데 얼마 전 아버지가 병으로 세상을 떠난 후에는 비록 어린 몸이지만 남의 집에 품을 팔아 눈먼 어머니를 봉양하며 하루하루 어렵게 살아가고 있었다.

아침부터 저녁까지 힘든 일을 마다하지 않고 열심히 했다. 하지만 그 대가는 겨우 어머니와 함께 지어 먹을 수 있는 저녁밥 한끼 정도의 곡식밖에 되지 않았다.

그래도 지은은 어머니께 밥 한끼라도 지어 드릴 수 있다는 생각에 일이 끝나면 기쁜 마음으로 집으로 돌아와 정성을 다해 어머니를 모셨다.

앞을 보지 못해 집밖으로 나갈 수조차 없는 지은의 어머니는 어린 딸이 고생하는 것을 생각하면 밥이 목구멍으로 제대로 넘어가지 않았다. 하지만 자신마저 없으면 지은이 외톨이로 남게 된다는 생각에 눈물을 숨기면서 억지로라도 밥을 먹었다.

그로부터 얼마 후 소녀 지은은 다행히 그들의 사정을 딱하게 여긴 부잣집에서 허드렛일을 할 수가 있었고, 보수도 훨씬 나아져 저녁 한 끼만이 아니라 하루 세끼 밥은 다 먹을 수 있게 되었다.

지은은 아침에 일을 나가면서 꼭 어머니의 아침상을 챙겨 드렸고 점심때에도 잠깐 집에 들러 어머니의 점심상을 보아 드렸다.

그리고 일하는 부잣집에 어쩌다 잔치라도 있어 맛있는 음식을 얻게 되면 자신은 입도 대지 않고 그대로 어머니께 모두 갖다 드렸다.

그렇게 생활이 조금씩 나아지게 되었지만 그럴수록 지은의 어머니의 심사는 더욱 불편했다. 하루 세끼를 먹게 된 것이나 지은이 좋은 음식을 가져오는 날이면 어린것이 얼마나 고생을 했을까 하는 생각에 가슴이 미어지는 것만 같았기 때문이었다.

그런 심정의 지은 어머니였기에 내색은 하지 않고 지냈지만 갈수록 입맛이 없어지고 눈에 띄게 살이 빠졌다.

그날도 지은은 어머니의 점심상을 차리기 위해 잠시 짬을 내어 집으로 돌아왔다. 그때 지은은 마루에서 울고 있는 어머니를 보고 깜짝 놀라지 않을 수 없었다.

지은은 급히 어머니에게로 달려가 어머니를 부여안고 물었다.

"어머니, 무슨 일이세요? 어디가 편찮으세요?"

지은의 어머니는 지은을 붙잡고 여전히 눈물을 흘리며 말했다.

"아니다, 아가! 나 때문에 고생하는 어린 네가 너무 가엾고 불쌍해서 그런단다!"

지은은 어머니의 무릎에 얼굴을 묻으며 서럽게 흐느꼈다.

"어머니, 제 걱정은 마세요. 어머니께서 안 계시면 저 혼자 어찌 살겠어요? 저는 어머니와 이렇게 함께 사는 것만으로도 너무 행복해요. 그러니 어머니 그만 눈물을 거두세요!"

그렇게 말하며 서럽게 울자 어머니가 지은의 등을 다독거리며 달랬다.

"아가, 울지 마라. 내가 잘못했다. 내가 한 말이 네 마음을 상하게 했다면 이 어미를 용서해다오, 아가."

"아니에요, 어머니! 어머니를 바로 모시지 못한 저를 용서해 주세요."

지은은 어머니를 껴안고 목놓아 울었다.

두 모녀는 서로를 다독거리며 한동안 서럽게 울었다. 울음소리를 듣고 이웃 사람들은 물론 길을 가다가 담 너머로 그 모습을 지켜보고 서 있던 모든 사람들이 애써 넘쳐 흐르는 눈물을 삼켰다.

마당 가득 쏟아지는 햇살이 불쌍한 두 모녀의 가느다랗게 떨리는 어깨를 애처롭게 비추고 있었다.

이야기를 전해 들은 효종랑의 눈에도 희미한 안개가 서리는 듯했다. 효종랑만이 아니라 주위에서 그 얘기를 듣고 있던 모든 낭도들의 눈에도 뿌연 물안개 같은 것이 어렸다.

효종랑은 곧 눈물을 거두고 말했다.

"나는 불쌍한 그 모녀를 그냥 둘 수가 없소! 세상의 가장 큰 근본은 효행일진대 어린 나이에 앞 못 보는 어머니를 위해 그토록 고생을 하다니 어찌 그냥 보고만 있을 수 있겠소? 나는 쌀 백 섬을 내어 그 모녀를 도울 것이오!"

효종랑의 말이 끝나자마자 그곳에 모인 여러 낭도들은 저마다 옷감을 내겠다, 돈을 내겠다, 곡식을 내겠다 하며 지은을 돕기로 결의했다.

효종랑은 서둘러 집으로 돌아와 아버지에게 지은의 일을 말씀드리고 도움을 청했다. 그 말을 들은 효종랑의 아버지 또한 불쌍한 지은 모녀를 위해 곡식과 옷감을 내놓았다.

그후 지은의 이야기를 들은 진성여왕은 집 한 채와 쌀 5백 섬을 하사하고 군사 둘을 주어 지은의 집 주변을 도둑으로부터 지키게 하니 사람들이 지은이 사는 마을을 일러 효양방이라고 불렀다.

신라 제일의 명궁

매서운 폭풍은 며칠째 수그러들 기미조차 보이지 않았다. 오히려 하루하루가 지날수록 그 기세를 더해 가는 것만 같았다.

신라 진성여왕의 막내 아드님이신 양패공을 모시고 당나라로 사신의 길을 떠나던 일행은 바다에서 만난 이상한 구름의 조화로 벌써 이곳 흑도에 표류한 지 십 며칠을 넘기고 있었다.

그러나 어찌 된 일인지 폭풍은 날로 심해지기만 할 뿐, 좀처럼 가라앉지 않고 있었다. 며칠을 작은 동굴 속에서 날씨가 개기만을 기다리던 일행은 저마다 답답한 마음으로 노심 초사하고 있었다.

양패공을 호위하는 무사들을 제외하고 배에서 가장 우두머리격인 늙은 사공은 배가 흑도에 표류하던 그날부터 묵묵히 저 혼자의 생각에 잠겼다.

어려서부터 바다에서 잔뼈가 굵은 사공은 아무래도 이번 일이 예삿일 같지 않다는 생각이 들었다. 폭풍을 몰고 온 구름의 모양도 이상했거니와 이렇게 며칠이고 비바람이 계속되는 것을 지금껏 본 적이 없었기 때문이다.

늙은 사공은 한참을 망설이는 눈치이더니 조심스럽게 양패공 앞에 나아가 머리를 조아리고 여쭈었다.

"아무래도 이번 폭풍은 다른 폭풍과는 조금 다른 듯합니다."

사공의 말에 양패공이 눈을 크게 뜨며 말했다.

"이상하다니? 뭐가 이상하다는 말이냐?"

사공이 다시 한 번 머리를 조아리며 대답했다.

"소인의 미천한 생각으로는 아마도 이 폭풍은 용신의 재앙이 아닌가 하옵니다."

"용신의 재앙이라? 음……, 그렇다면 어찌해야 한다는 말이냐?"

"송구하오나 양패공께서 친히 용신에게 제사를 드리면 무슨 방도가 있지 않을까 하옵니다."

사공의 말을 들은 양패공은 잠시 생각에 잠겼다. 벌써 며칠째 이렇게 몰아치는 폭풍우라면 언제 배를 띄워 당나라에 도착하겠으며, 또 이 섬에서 마냥 지체하다가는 가져온 식량도 다 떨어질 것이었다.

양패공은 곧 모든 일행들과 함께 내리는 비를 맞으며 경건한 마음으로 용신에게 몸소 제사를 지냈다.

그날 밤 양패공의 꿈속에 흰 수염을 기다랗게 늘어뜨린 노인 한 사람이 나타나더니 양패공을 호위하는 무사 중에서 활 솜씨가 뛰어난 이를 이 섬에 남겨 두고 떠나면 폭풍이 그치고 뱃길 또한 무사할 것이라는 말을 남기고 사라졌다.

이튿날 잠에서 깬 양패공은 곧 모든 일행들을 불러 간밤에 꾸었던 꿈 이야기를 들려주며 자신을 호위하는 무사들에게 나무 패에다 저마다의 이름을 새기도록 명하였다.

무사들이 나무 패에다 각자의 이름을 새기자 양패공은 이 나무 패들을 바다에 던지도록 다시 명했다. 바다에 던져진 나무 패들은 거센 파도 위로 이리저리 떠다니는데 놀랍게도 그 중 하나가 바닷물 속으로 쏙 빨려 들어갔다가 잠시 후 다시 올라왔다.

신하들이 그것을 건져 보니 나무 패의 주인은 '거타지'라는, 무사들 중에서도 활 솜씨가 가장 뛰어나기로 소문난 궁사였다.

양패공은 거타지를 친히 불러 섬에 남을 것을 명하자 기적처럼 하늘이 천천히 개기 시작했다. 일행은 놀라우면서도 두려운 마음에 서둘러 떠날 채비를 마쳤다. 배는 바람을 타고 잔잔한 수면 위로 미끄러지듯 떠나고 거타지는 속수무책으로 바위에 서서 한 손으로 어깨에 멘 커다란 화살만을 만지작거릴 수밖에 없었다.

배가 수평선 너머로 흔적도 없이 사라지자 거타지는 천천히 섬을 둘러보기 시작했다. 섬에는 이렇다 할 맹수도 사람의 자취도 찾아볼 수 없었다. 그저 사위를 짓누르는 듯한 고요만이 거타지의 마음을 활시위처럼 팽팽하게 조여 올 뿐이었다.

그렇게 한참을 돌아다니던 거타지가 제법 큰 연못을 발견하고는 연못가 나무 그늘에 앉아 잠시 몸을 쉬려 할 때였다. 무엇인지 알 수 없는 서늘한 기운이 거타지의 등허리를 빠르게 훑고 내려갔다. 일순 위협을 느낀 거타지는 화살을 잰 시위를 힘껏 잡아당기며 재빠르게 뒤로 몸을 돌렸다.

거타지가 겨누고 있는 활의 끝에는 흰옷을 입고 머리와 수염이 온통 하얀 노인이 서 있었다. 노인의 눈빛은 겁에 질린 것 같기도 했고 무엇인가를 애원하는 눈빛 같기도 했다.

노인은 정중한 목소리로 거타지에게 말했다.

"두려워 마시오. 나는 이 연못에 사는 용신이오."

거타지는 화살을 거두지 않은 채 말을 받았다.

"노인장이 양패공의 꿈에 나타나서 나를 이곳에 남겨 두게 한 그 용신이란 말이오? 도대체 이유가 무엇이오? 나를 잡아먹기라도 하겠다는 말이오?"

거타지의 거침없는 말에 노인은 애원하는 투로 말했다.

"아니오. 내가 궁사에게 부탁할 것이 있어서 그랬소."

노인의 간절한 말투에 거타지는 한동안 머뭇거리다가 겨누었던 화살을 내려놓았다.

"그래, 내게 부탁할 것이 무엇이란 말이오? 어디 들어 보기나 합시다."

노인은 다소 떨리는 목소리로 말을 이었다.

"나는 몇 백년 동안 이 연못에서 일가를 이루며 살고 있었는데 얼마 전부터 동이 틀 무렵이면 어김없이 하늘에서 사미승이 내려와 다라니경을 외우며 연못을 도는데 신기하게도 세 바퀴를 돌고 나면 우리 일가들의 몸이 물 속에서 연못 위로 저절로 떠오르게 되지요. 그러면 사미승은 우리들 중에서 제일 살찐 한 마리를 잡아먹고는 다시 하늘로 올라간답니다. 그러다 보니 이제 우리 일가들은 거의 다 잡아먹히고 우리 늙은 내외와 딸아이 하나만이 남게 되었소. 그래서 이래저래 방도를 궁리하다가 명궁으로 이름 난 그대가 이곳 앞바다를 지나간다는 것을 알고는 폭풍으로 그대가 탄 배를 잡아 이렇게 도움을 청하는 것이오. 부디 남은 우리 일가를 구해 주시오."

말을 마친 노인의 눈에는 희미하게 눈물이 내비쳤다. 거타지는 잠시 생각에 잠겼으나 문득 노인의 말이 사실인지 아닌지 확인해 보고 싶은 생각이 들었다.

"그렇다면 내가 어찌하면 되겠습니까?"

거타지의 말에 노인은 반가운 기색으로 얼른 대답했다.

"어렵지 않소. 내일 아침이면 또 그 사미승이 하늘에서 연못으로 내려올 터이니 그때 화살로 그 사미승을 쏘아 죽여 주시오."

노인의 말에 거타지는 알았노라고 승낙을 하고는 그날 밤을 연못가 풀이 우거진 곳에서 숨어 보냈다.

깜빡 잠이 들었다고 생각했는데 싸늘한 새벽 한기가 온몸을 감싸 거타지는 얼른 잠에서 깨어났다. 먼 동쪽으로 희미하게 여명이 밝아 오고 있었다.

노인의 말이 사실인지 확인하기 위해 거타지는 화살을 활에 잰 채 꼼짝도 않고 풀숲에 숨어 연못 주위를 뚫어지게 바라보고 있었다.

그러나 잠시 후, 노인의 말은 곧 사실로 드러났다. 하늘에서 홀연히 나타난 사미승이 연못 주위를 돌며 다라니경을 외우자 연못 위로 용 세 마리가 그 모습을 드러냈다. 사미승은 입맛을 당기며 그중 한 마리를 연못 밖으로 끌어내려 하고 있었다.

거타지는 그제야 정신을 차리고 활을 겨누었다. 가슴은 터질 듯이 두근거렸지만 정신은 조금씩 또렷해져 활시위에 팽팽하게 힘이 들어갔다.

숨을 잠시 멎은 다음 거타지는 활시위를 놓았다. 시위를 떠난 활은 바람보다 빠르게 날아가 사미승의 가슴에 정통으로 꽂혔다. 사미승은 비명조차 없이 그대로 꼬꾸라졌다.

거타지가 달려갔을 때 이미 사미승은 사지를 부들부들 떨면서 붉은 선혈을 입으로 낭자하게 쏟아내고 있었다. 더욱 놀랍고 기괴한 것은 죽은 사미승이 다름 아닌 늙고 커다란 여우였다는 사실이었다.

거타지가 놀라 그자리에 우뚝 서 있는데 어제의 그 노인이 다시 나타나더니 거타지 앞에 무릎을 꿇었다. 노인은 아내와 딸인 듯한 두 사람과 함께였다.

"고맙소! 무엇으로 이 은혜를 보답하겠소."

거타지는 얼른 노인을 일으켜 세웠다.

"무슨 말씀이십니까? 저렇게 사악한 짐승은 죽어도 마땅합니다."

노인은 아직도 무릎을 꿇고 앉아 있는 딸을 가리키며 말했다.

"아직은 어리고 보잘것없는 아이지만 그대가 거두어만 준다면 평생토록 그대를 하늘처럼 받들고 모실 터이니 그것으로라도 이 은혜를 갚을 수 있도록 하여 주시오. 그렇게만 해준다면 우리 두 늙은 내외 여생을 편하게 살 것 같소."

거타지는 노인의 딸을 찬찬히 바라보았다. 태어나 지금까지 본 적 없는 절색 중의 절색이었다. 눈부시게 떠오르는 아침 햇살에 얼굴을 붉히는 그 모습은 더욱 아름답고 신비하게 느껴졌다. 어느새 신라 제일의 명궁 거타지의 얼굴도 장밋빛으로 물들었다.

이후 무사히 신라로 돌아온 거타지와 딸은 부부의 연을 맺어 한평생 행복하게 살았다고 한다.

부덕이 낳은 기적

　박 부자는 참담한 표정으로 자리에 누워 잠든 아들의 얼굴을 내려다보았다. 하나밖에 없는 외아들의 얼굴에는 고름이 잔뜩 밴 종기로 뒤덮여 있어 보기에도 흉측스러웠다.

　혼사 날이 며칠 남지 않았는데 아들의 얼굴에 난 종기는 없어지기는커녕 외려 자고 나면 하나둘씩 늘어나기만 했다.

　박 부자는 깊은 한숨을 내쉬었다. 어려서부터 영특하고 글재주가 뛰어났던 아들의 몸에 이런 천형天刑 같은 나병이 생긴 것은 장가갈 나이가 된 열일곱 살이 되면서였다.

　이제 아들의 나이 열아홉 살, 처음에는 가슴 근처에서 발병한 나균이 이제는 전신으로 퍼져 그 증세가 얼굴에까지 나타났다.

　용하다는 의원은 모두 데려다 치료를 받아 보고 좋다는 약은 백방으로 구해 먹여 봤으나 아들의 병세는 호전될 기미를 보이지 않고 날로 나빠져만 갔다.

　박 부자의 아들이 몹쓸 병에 걸렸다는 소문은 인근 마을에까지 쫙 퍼졌고 그런 까닭에 어느 누구도 박 부자와 사돈을 맺으려 들지 않았다.

　박 부자는 자신의 대에서 후손이 끊어질 것을 생각하면 밤에 잠도 오지 않고 밥 생각도 나지 않았다.

아들의 병이 위중하여 언제 어느때 세상을 뜰지 모르는 판국에 그 안에 혼인을 시켜 어떻게든지 후손을 보아야겠는데 도무지 박 부자의 아들에게 시집 올 처녀가 없으니 그야말로 난감할 뿐이었다.

그도 그럴 것이 아무리 박 부자의 재산이 많다 해도 어느 누가 고이 기른 딸을 나병환자에게 시집 보내려 하겠는가?

박 부자는 인근 마을에서는 며느리를 구할 수 없다는 것을 깨닫고 아주 먼 마을로 매파를 보내 마침내 송씨 성을 가진 처녀와 혼인 날짜를 잡았다.

그런데 혼인 날짜가 일주일도 채 안 남았는데 아들의 얼굴이 저렇게 종기로 짓물러져 있으니 혼사를 치를 수 있을지조차 염려스러웠던 것이다.

박 부자는 아들의 방을 나와 마당에 서서 하늘을 보았다. 산자락을 타고 내려온 소슬바람에 목덜미에 좁쌀만한 소름이 돋았다.

'이를 어찌한단 말인가? 만약 그 집에서 이 사실을 알게 된다면 혼사는 여지없이 깨어지고 말 터인데……'

혼례식 날 아들의 얼굴을 가릴 방법을 밤낮으로 아내와 상의해도 뾰쪽한 방도는 떠오르지 않았고 결국은 속이 탄 박 부자의 술추렴으로 매번 끝이 났다.

박 부자가 마당에서 하늘을 우러러보며 탄식을 하고 있는데 안채 문이 열리더니 하인을 따라 박 부자의 죽마고우인 김상수의 아들 상하가 들어왔다. 상하는 박 부자의 아들과 연배로 키가 훤칠하고 잘생긴 미남이었다.

박 부자를 따라 방으로 들어간 상하는 큰절을 올린 다음 무릎을 꿇고 앉았다.

"이 밤중에 무슨 일이냐? 집에 무슨 일이라도 생긴 게냐?"

박 부자의 걱정스러운 말에 상하가 머뭇거리며 대답했다.

"늦은 밤에 실례인 줄 아오나 하도 일이 급하게 되어서……."

"음…… 그래 무슨 일이냐?"

박 부자는 일이 급하게 되었다는 상하의 말을 들으며 내심 평소 노름을 즐기는 친구 김상수가 먼젓번에도 밤늦게 자기를 찾아와 노름빚을 갚기 위해 돈을 꾸어 간 일을 떠올렸다.

"어르신께서도 아시겠지만 저희 아버님께서 워낙 노름을 좋아하다 보니 그로 인해 큰일을 내시고 말았습니다. 집에 있는 세간이며 전답을 몽땅 잡히고도 노름을 그만두지 못하시더니 이번에는 몸담고 계시는 관아에서 돈을 빼돌려 노름으로 탕진하고 말았습니다."

박 부자는 묵묵히 입을 다물고만 있었다.

"세간이나 전답은 상관없지만 나랏돈을 빼돌렸으니 그 일이 발각이라도 되는 날에는 아버님은 물론이거니와 저희 식구들의 목숨도 위태롭게 생겼습니다."

상하는 박 부자를 향해 간절한 어조로 말했다.

"그래서…… 염치 불구하고 이렇게 어르신을 찾아뵙게 되었습니다. 면목없는 부탁인 줄 알지만 부디 저희를 살려 주신다 생각하시고 돈을 좀 변통하여 주십시오. 제가 무슨 일이 있어도 꼭 갚아 드리겠습니다."

상하의 말을 듣고 있는 동안 박 부자는 한 가지 꾀를 내었다.

"얼마면 되겠는가?"

박 부자의 말에 상하는 얼굴에 희색을 띠며 대답했다.

"3천 냥이옵니다, 어르신!"

상하의 희색만면한 얼굴을 본 박 부자는 신중한 어조로 말했다.

"그렇다면 내게도 청이 하나 있네. 들어주겠는가?"

"죽은 목숨을 살려 주시는데 무슨 청인들 못 들어 드리겠습니까? 말씀하십시오, 어르신!"

박 부자는 상하를 지긋이 바라보며 입을 열었다.

"내 아들 대신 혼례를 좀 치러 주게. 사흘만 신랑 행세를 하여 며느리를 우리 집에 데려다만 주면 되네. 그 다음 일은 내가 알아서 처리할 테니 아무 걱정 안 해도 될 것이야."

상하는 흠칫 놀랐지만 곰곰이 생각해 보니 박 부자의 청을 거절하기에는 자신의 처지가 너무 다급했다.

"그럼 신방은 어떻게 차린단 말씀이십니까?"

"혼례를 치른 후 갑자기 몸이 아프다고 핑계를 대면 될걸세."

상하는 박 부자의 빈틈 없는 계책에 혀를 내두를 만큼 놀라워하면서도 병든 자식을 둔 부모의 마음을 얼추 헤아릴 수도 있을 것 같아 하는 수 없이 승낙을 하고 말았다.

다음날부터 모든 일은 박 부자의 계획에 따라 일사천리로 진행되었다. 혼례는 당연히 상하가 대신 치렀고 신부 집에 머무는 사흘 동안 몸이 아프다는 핑계로 신부와 합방하지 않고 박 부자의 며느리를 처녀의 몸으로 데려올 수 있었다.

상하는 박 부자의 집에 도착하자마자 신부에게 한마디 말도 없이 서둘러 집으로 돌아갔고 모든 사실을 알게 된 박 부자의 며느리는 하룻밤을 뜬눈으로 꼬박 새우고 새벽 무렵 본가로 돌아가 버렸다.

박 부자는 다시 근심에 싸여 아예 몸져눕고 말았다. 그러나 일은 그것으로 끝나지 않았다.

한때 박 부자의 며느리로 들어왔던 송씨 처녀 집에서는 이미 혼례를 치른 딸을 다른 곳으로 시집 보낼 수 없다며 박 부자에게 혼례를 치른 신랑을 찾아달라고 성화를 부렸다.

박 부자 집 이야기는 삽시간에 온 동네에 소문이 퍼졌고 박 부자의 친구인 김상수의 귀에도 들어갔다. 김상수는 잘못하다가는 아들 상하가 위장 결혼한 죄로 옥살이를 할지도 모른다는 생각에 식구들을 모아 놓고 의논했다.

그러나 전후 사정을 두고 볼 때 방법은 하나밖에 없었다. 비록 상하가 박 부자의 부탁으로 대신 혼례를 치렀다 하더라도 일단 혼례를 치른 이상 모른다고 발뺌할 수는 없는 노릇이었다.

김상수는 한동안 고민에 빠져 있다가 아들 상하에게 말했다.

"어쩔 수 없다. 네가 그리 싫지만 않다면 혼례를 치른 그 처자를 집에 데려와 살도록 해라."

"알겠습니다."

상하는 지금 처한 상황이 그럴 수밖에 없긴 했지만 혼례를 치른 처자가 그리 싫은 것은 아니어서 흔쾌히 대답했다.

"그런데 아버님……."

곁에서 두 사람의 얘기를 듣고 있던 상하의 동생 상아가 조심스럽게 입을 열었다. 두 사람의 시선이 자연스럽게 상아에게로 옮겨 갔다.

상아는 근심스러운 표정으로 아버지에게 말했다.

"아버님의 말씀대로 하신다면 박 부자 어른이 너무 가엾지 않습니까? 병든 자식이나마 후대를 생각해서 그리 한 것인데 이제 오라버니가 혼례를 치른 송씨 댁 처자를 집으로 데려온다면 박 부자 어른에게 남은 것이 무엇이겠습니까?"

상아의 말을 듣고 보니 김상수 또한 친구에게 못할 짓을 하는 것 같아 기분이 언짢았다. 상하도 가만히 고개를 숙였다.

"그렇다면 무슨 다른 방도라도 있는 게냐?"

아버지의 물음에 상아는 또렷한 목소리로 대답했다.

"제가 박 부자 어른 댁의 며느리로 가겠습니다."

김상수와 상하는 동시에 놀란 표정으로 상아를 쳐다보았다. 상아는 두 사람의 시선은 아랑곳하지 않고 이미 마음을 굳힌 듯 당당한 표정이었다.

처음에는 안 될 일이라고 펄쩍 뛰던 김상수는 상아의 끈질긴 설득과 고집에 조금씩 마음이 기울어져 갔다. 아들 상하는 그에 대해 아무 말도 하지 못하고 가만히 앉아만 있었다.

박 부자와 죽마고우인 김상수 자신도 생각해 보니 박 부자에게 해준 것이라곤 무엇 하나 내세울 만한 게 없었다. 언제나 노름빚을 꾸어다 썼을 뿐 박 부자의 아들이 나병에 걸렸다는 소식을 접하고도 변변한 약재 한번 가져다 준 적이 없었던 것이다.

김상수는 새벽녘까지 노심초사하다가 결국 상아의 말대로 하기로 결정했다. 상아의 뜻도 뜻이려니와 박 부자를 위해 친구로서 자신이 할 수 있는 가장 큰 우정의 답례이기도 했다.

그렇게 해서 상아는 박 부자의 아들과 혼례를 치르게 되었다. 박 부자는 김상수가 모든 사실을 알고 있으면서도 하나뿐인 딸 상아를 며느리로 준 것이 너무도 고마웠고, 며느리인 상아에 대해서도 눈물겹도록 고마워했다.

혼례를 치른 다음날부터 상아는 혼자 남편의 병 수발을 들었다. 하인들조차 들어가기 꺼려하는 남편의 방에서 같이 먹고 자면서 온갖 궂은일을 도맡아 했다.

남편의 전신에 번진 종기에서 피고름을 닦아내고 목욕을 시켰으며 냄새 나는 빨래도 서슴지 않고 혼자 해냈다.

그러나 한 해가 가고 두 해가 가도록 남편의 병세는 호전될 기미를 보이지 않았다. 갈수록 종기는 커져만 갔고 얼굴에 난 종기가 입술에까지 번져 그나마 간신히 하던 말도 이제는 할 수 없게 되었다.

　그 무렵 상아는 조금씩 지쳐 갔다. 시아버지인 박 부자의 사랑과 자애가 극진했지만 시어머니는 또 달랐다. 처음에는 딸처럼 잘해 주더니 해가 바뀔수록 손자 타령을 하며 그것을 병든 아들보다는 며느리 탓으로 돌리기 일쑤였다.

　또한 병든 남편을 건사하는 일은 보통 사람이 혼자 몸으로 할 수 있는 일이 아니었다. 게다가 집안일까지 신경을 써야 하니 상아의 몸은 갈수록 야위어만 갔다.

　상아가 시집 온 지 3년째 되던 가을 어느 날이었다.

　고된 하루를 보내고 방으로 들어온 상아는 불을 끄고 자리에 누웠다. 음력 9월 보름날이라서 그런지 불을 꺼도 달빛이 비쳐 든 방 안은 대낮처럼 환했다.

　상아는 잠든 남편의 얼굴을 무심히 바라보다 왈칵 눈물을 쏟고 말았다. 시집 온 지 3년이 지나도록 단 한번도 상아를 품에 안은 적이 없는 남편과 남편 품에 단 한번도 안겨본 적 없는 자신이 불쌍하고 가련하게 느껴졌던 것이다.

　상아의 볼을 타고 흐르던 눈물은 금세 베개를 흥건히 적셨다. 상아는 자리에서 일어나 남편의 얼굴을 가만히 만져 보았다. 남편의 얼굴은 이제 사람의 형상으로도 보이지 않을 만큼 온통 종기로 뒤덮여 있었다.

　'불쌍한 사람…….'

　상아는 더 이상 살아갈 의미가 없다고 느꼈다. 남편 또한 언제 죽을지 모를 운명이었고 이제 그만 고된 삶을 끝내고 싶었다.

상아는 장롱 속에서 비상砒霜을 꺼내 대접에다 털어 넣고 물을 부었다. 그것은 시집 올 때 만일을 위해 준비해 온 것이다.

상아는 일어서서 부모님이 계신 곳을 향해 마지막으로 큰절을 올렸다. 자식된 도리를 다하지 못하고 부모님 가슴에 지울 수 없는 상처를 남긴다고 생각하니 상아는 설움이 복받쳐 절을 한 상태에서 일어서지 못하고 한동안 소리 없이 흐느껴 울었다.

그런데 그 순간 상아의 남편은 잠결에 목이 말랐던지 머리맡에 놓인 자리끼를 찾다가 대접이 손에 닿자 그 물을 벌컥벌컥 단숨에 들이켜 버렸다.

흐느끼던 상아는 남편이 물 마시는 소리에 놀라 얼른 대접을 빼앗으려 하였으나 남편은 대접의 물을 한 방울도 남기지 않고 모두 마신 뒤였다.

"여, 여보!"

상아는 갑작스레 벌어진 일에 놀라 저절로 손으로 입을 가렸다. 남편은 갈증이 심했던지 상아에게 물을 더 달라고 손짓을 했다. 상아는 놀란 가슴을 가까스로 가라앉히고 주전자를 들어 대접에 물을 따라 주었다.

그런데 물을 마시던 남편은 갑자기 물을 방바닥에 쏟아 부으며 좀 전에 자신이 마셨던 물을 달라는 시늉을 했다.

상아가 자꾸만 주전자의 물을 따르자 남편은 화를 내며 대접을 집어 던져 버렸다. 대접은 벽에 부딪혀 산산조각이 났고 놀란 상아의 비명이 뒤를 이었다.

안방에서 그 소리를 들은 박 부자가 황급히 달려와 방문을 열었다.

"무슨 일이냐?"

"……."

상아는 말을 잃고 멍청히 서 있었다. 박 부자는 아들이 물을 달라는 시늉을 금방 알아차리곤 하인을 시켜 냉수를 가져오게 했다.

그러나 물맛을 본 아들은 자꾸만 물을 방바닥에 쏟아 부으며 그 물이 아니라는 시늉만 했다.

몇 번이고 그 일이 반복되자 박 부자는 무슨 사연이 있음을 눈치채고 상아에게 자초지종을 물었다.

상아는 눈물을 쏟으며 그 밤에 일어난 일을 시아버지 앞에 낱낱이 고했다. 그 말을 들은 박 부자의 눈시울도 촉촉이 젖었다.

'어린것이 얼마나 마음고생이 심했으면 죽을 마음을 먹었을꼬…….'

며느리의 말을 듣자니 박 부자의 마음도 찢어질 듯 아팠다. 박 부자는 아들의 모습을 처연하게 내려다보았다.

아들은 이제 아예 스스로 옷을 쥐어뜯으며 비상 탄 물을 달라고 야단이었고 찢어진 옷 사이로 드러난 몸에서는 종기가 터져 악취가 진동했다. 아무리 아들이었지만 박 부자가 보기에도 끔찍한 모습이었다. 모두들 얼굴을 돌리며 그 모습을 외면했다.

박 부자는 하인을 시켜 비상을 가져오게 했다. 상아는 눈물을 흘리며 말렸지만 박 부자는 하나뿐인 아들을 짐승의 모습이 아닌 인간의 모습으로 죽게 하고 싶었다.

박 부자는 직접 물에다 비상을 타서 아들에게 주었다. 물맛을 본 아들은 허겁지겁 그 물을 들이켰다. 아들은 비상 탄 물을 한 주전자나 마시고서야 겨우 갈증이 가신 듯 잠에 곯아떨어졌다.

박 부자는 하인을 시켜 장례 준비를 시켰다. 상아는 남편 곁에 앉아 뜬눈으로 밤을 지샜다. 얼마나 울었던지 제대로 눈을 뜰 수가 없었다.

희미한 여명이 동쪽 하늘을 비추더니 이내 선홍빛 햇귀가 은은히 타올랐다. 이어 창문으로 부신 햇살이 쏟아져 들어왔다.

상아는 남편의 죽음을 차마 두 눈으로 확인할 수가 없어 고개를 돌린 채 앉아 있었다. 그런데 죽은 줄로만 알았던 남편의 입에서 가느다란 숨소리가 새어 나오는 것이 아닌가.

상아는 얼른 고개를 돌려 남편을 쳐다보았다. 남편은 죽은 것이 아니었다. 그뿐만이 아니라 놀라운 기적이 일어났다.

눈부신 햇살에 비친 남편의 얼굴은 어젯밤보다 몰라보게 달라져 있었다. 종기에 고였던 피고름이 깨끗하게 없어지고 그 위에 딱지가 붙어 있었다.

상아는 너무나 놀라 큰소리로 박 부자를 불렀다. 아들의 얼굴을 본 박 부자는 자신의 눈을 의심했다. 이내 박 부자와 상아의 눈에는 기쁨의 눈물이 흘러 넘쳤다.

그로부터 10여 일이 지난 후 박 부자의 아들은 예전처럼 정상의 몸으로 돌아왔다. 이를 두고 사람들은 상아의 정성이 하늘에 닿아 남편을 살렸다며 두고두고 칭찬하였다.

기원전 108년 삼한 시대, 중국의 한 무제漢武帝는 우리나라를 침략하여 사군四郡을 설치하고 한반도 전역을 지배하려 했다.

그러나 남쪽의 여러 부족들은 끝까지 한 무제에게 항거하며 각기 나름대로의 영토를 구축하고 집단 생활을 했다.

이러한 부족들은 마한, 변한, 진한을 비롯해 남쪽의 여러 지방에 걸쳐 대략 60여 개나 되었는데, 이들은 장수長帥나 신지臣智라고 불리는 우두머리를 두고 농사 짓고 누에를 치며 자치적인 생활을 하는 일종의 부족국가 형태를 이루었다.

산하는 이러한 부족국가의 하나인 큰뫼의 우두머리 큰뫼 장수의 아들이었다.

산하는 아버지인 큰뫼 장수의 뒤를 이어 부족을 다스리려면 용맹과 지혜를 두루 갖추어 부족민들로부터 인정받고 존경받아야 했다. 단지 자신이 큰뫼 장수의 아들이라는 이유만으로는 부족민을 다스리는 장수의 자리에 오를 수 없었다.

오늘 산하가 부족을 떠나 이곳 지리산 반대쪽까지 사냥을 나선 것도 자신의 용맹스러움을 과시하고 인정받기 위함이었다.

산하는 다행히 커다란 곰 한 마리를 사냥해서 살코기와 가죽을 벗겨 가지고 다시 부족이 있는 곳으로 돌아가는 길이었다.

그런데 화창하던 날이 어둑어둑해질 무렵에 갑자기 검은 먹구름이 몰려오더니 비가 억수같이 퍼부었다.

산하는 어깨에 둘러멘 곰 가죽을 우산처럼 받쳐들고 비를 피해 뛰다가 호젓한 골짜기에 민가인 듯한 집 서너 채가 옹기종기 모여 있는 것을 발견하곤 무작정 그 중 한 집으로 뛰어들었다.

마당에 들어선 산하는 큰소리로 주인장을 불렀다.

"계십니까? 아무도 안 계십니까?"

산하의 다급한 말투가 연이어 이어지자 부엌에서 한 여인이 걸어 나왔다.

"누구를 찾으시는지요?"

여인의 얼굴을 본 산하는 잠시 넋을 잃고 서 있었다. 여인은 보통의 여염집 아낙들과는 달리 미모가 출중했다. 반달 같은 두 눈에 선이 부드러운 콧날, 산수유 열매처럼 작고 붉은 입술이 산하의 정신을 아뜩하게 만들었다.

"저……, 사냥을 나갔다가 돌아가는 길에 갑자기 비를 만나 이렇게……."

산하가 말끝을 흐리며 얼굴을 붉히자 여인은 생긋 미소를 띄우며 말했다.

"지금 집에 저 혼자뿐입니다만…… 어쩌겠어요, 비 때문인걸. 그렇게 비를 맞고 서 계시지 마시고 어서 안으로 들어가세요."

여인은 산하의 팔을 잡아 끌다시피 하여 그를 방으로 데리고 들어갔다. 산하는 여인에게 이끌려 방으로 들어가면서 숨이 멎는 듯한 황홀감에 빠져 전신에 맥이 풀리는 것만 같았다.

"잠시만 기다리시면 곧 저녁을 지어 올리겠습니다."

그렇게 말하며 여인은 다시 부엌으로 나갔다.

산하는 생전 처음으로 자신이 남자라는 사실과 가슴속에서 들끓어 오르는 남성의 본능적인 욕구를 느끼게 되었다. 이제 산하의 나이 갓 스물이었다. 아직 혼인을 올리지 않았으니 여자를 품에 안은 경험이 있을 리 만무했다.

산하는 뛰는 가슴을 진정시키고 방안을 둘러보았다. 벽에 걸린 남자의 옷가지들로 보아 여인은 처녀가 아님이 분명했다.

'그렇다면 남편은 어디 간 것일까? 괜히 남편도 없이 아녀자 혼자 있는 집에 들어와 경을 치르게 되는 건 아닐까?'

산하는 짐짓 불안한 마음이 들었다. 얼른 저녁이나 얻어먹고 길을 떠나야겠다고 속내를 다지는데 방문이 열리며 여인이 밥상을 받쳐들고 들어왔다.

"외딴 산중이라 반찬이 시원치 않습니다. 그냥 허기나 때우세요."

"무슨 별 말씀을……. 고맙게 먹겠습니다."

여인의 말과는 달리 밥상은 사시사철 산에서 나는 나물을 비롯해 이것저것 정갈하게 잘 차려져 있었다.

종일 굶었던 산하는 허겁지겁 밥술을 떠다 말고 여인에게 물었다.

"남편께서는 사냥이라도 나가신 것입니까?"

"아닙니다. 재 너머에 계신 시아버님이 편찮으셔서 병구완을 갔습니다. 돌아오려면 한 사나흘쯤 더 걸릴 겁니다."

여인은 산하가 물어 보지 않은 시일까지 말하며 생긋 웃었다. 산하는 또다시 가슴이 두방망이질 쳐서 얼른 시선을 아래로 내리깔고 수저를 쥔 손에 힘을 주었다.

산하가 밥 한 그릇을 모두 비우고 나자 여인은 다시 술상을 차려 내왔다. 자리에서 일어나려던 산하는 도로 자리에 앉아 여인이 내미는 술잔을 받았다.

"비가 그치려면 좀더 있어야 될 것 같습니다. 먼 길 가시려면 추우실 테니 약주로 몸을 좀 녹이시는 게 좋을 것입니다."

"이렇게 후히 대접해 주셔서 무엇으로 감사해야 할지 모르겠습니다."

산하의 말에 여인은 또 생긋 웃으며 비어 있는 술잔에 술을 따랐다. 어느새 술 한 병을 다 비운 산하가 낮에 사냥한 곰의 살코기와 가죽을 내놓으며 말했다.

"변변치 않습니다만 드릴 게 이것밖에 없습니다. 받아 주십시오."

"……."

산하가 활과 칼을 들고 자리에서 일어나려는 순간, 말없이 앉아 있던 여인이 산하의 다리를 잡고 늘어졌다.

"잠시만 더 계시다 가십시오. 산중이라 저 혼자서는 무섭습니다."

"부인, 이러시면……."

여인의 팔에서 다리를 빼려던 산하는 중심을 잃고 방바닥에 넘어졌고 이내 여인의 가쁜 숨소리가 산하의 귓전을 간질거렸다. 산하는 더 이상 흥분을 참지 못하고 여인의 등을 끌어안고 한 손으로 거칠게 여인의 옷을 벗기기 시작했다.

그렇게 방안의 두 남녀가 열에 들며 서로를 탐하느라 정신이 없는 사이 들창 밖에서 조용히 귀를 기울이고 있던 검은 그림자 하나가 황급히 마당을 빠져 나와 재 너머로 달려가기 시작했다.

정기는 친구의 말을 듣고 황급히 집으로 돌아왔다. 밤이 깊지 않았는데 집의 불이 꺼져 있는 걸로 보아 친구의 말이 사실인 것 같았다.

집으로 들어가기 전, 정기는 친구를 돌려보냈다.

"고맙네. 이렇게 연락을 해주어서⋯⋯. 그렇지만 사람의 일은 모르는 것이 아닌가? 혹 자네가 오해한 것이라면 자네도 그렇고 내 아내도 그렇고 얼마나 서로 무안하겠는가? 그러니 내가 사실을 확인하고 자네를 찾아가겠네. 그러니 집으로 돌아가 있게나."

"알았네. 그럼 이따가 봄세."

친구를 돌려보낸 정기는 발소리를 죽여 들창 밑으로 가 귀를 기울였다. 아니나다를까 방안에서는 남녀의 거친 숨소리가 신음 소리와 함께 흘러나왔다.

정기는 피가 거꾸로 솟는 것 같았지만 마음을 다잡았다. 방안에 있는 남자가 누군지는 모르지만 필시 아내의 꾐에 넘어간 것이 분명한 까닭이었다.

정기의 아내는 미모가 뛰어난 대신 정조 관념이 별로 없는 여자였다. 홀아버지를 모시고 살던 정기가 나이 서른이 넘어서야 뒤늦게 이 마을에 사는 지금의 아내와 혼인을 했는데 첫날밤을 치르고 보니 아내는 처녀가 아니었다. 당시의 풍습으로는 있을 수 없는 일이었지만 정기는 아무 내색도 하지 않고 아내를 대했다.

그러나 아내는 천성적으로 음탕함을 타고났는지 정기의 친구들 중에 얼굴이 반반한 이가 집으로 찾아오면 괜히 방을 들락거리며 실없이 웃음을 흘리고 다녔다.

아내의 그런 성질을 잘 아는 정기로서는 재 너머 아버지의 병구완을 가면서 옆집에 사는 친구에게 미리 아내의 행실을 살펴달라는 부탁을 해두었던 것이다.

그러나 지금 당장 방으로 들어가 난리를 피운다면 몇 가구도 되지 않는 동네에 소문이 날 것이고 그렇다면 얼굴을 들고 다닐 수 없기는 정기의 아내뿐만 아니라 정기 역시 마찬가지일 터였다.

생각이 거기까지 미친 정기는 어험 하고 헛기침을 한 번 하고는 마당에서 잠시 지체했다. 이윽고 방안에 불이 켜지더니 서둘러 옷을 챙겨 입느라 그러는지 부산스런 소리가 밖에까지 들렸다.

정기는 잠시 후 방문을 열고 방안으로 들어갔다. 아내의 얼굴은 사색이 되어 있었고 아내와 정을 통한 젊은이는 지은 죄를 아는지 무릎을 꿇고 앉아 있었다.

"네 이놈! 대체 누구기에 남편 있는 아녀자를 희롱하고 통정까지 했단 말이냐?"

정기의 목소리는 낮았지만 분노가 깃들여 있었다.

"죽을죄를 지었습니다. 부디 저를 죽여 주십시오!"

산하는 한 순간의 욕정을 참지 못하고 이런 일을 벌인 수치심에 얼굴이 확확 달아올랐다.

"죽을죄를 지었다는 걸 알긴 아느냐?"

"여기 칼이 있습니다. 부디 이 칼로 제 목을 쳐주십시오."

정기는 산하가 내놓은 칼을 보았다. 정교한 칼집의 문양과 귀한 돌이 박혀 있는 걸로 보아 필시 지체 높은 자임이 분명했다.

"누군지 이름을 말해 보라!"

"……."

산하는 입을 열 수가 없었다. 자신의 이름을 밝힌다면 그것은 산하 자신만이 아니라 아버지인 큰뫼 장수를 비롯한 부족 전체의 명예를 더럽히는 일이었기 때문이다.

"이름이 무엇이냐?"

"그것만은 묻지 말아 주십시오. 어서 이 칼로 제 목을 쳐주십시오!"

정기는 칼로 목을 쳐야 한다면 그것은 앞에 무릎을 꿇고 앉아 있는 젊은이가 아니라 음탕한 자신의 아내라고 마음속으로 고통스럽게 되뇌었다.

정기는 칼집에서 천천히 칼을 꺼내 들었다. 흐린 불빛에 날카롭게 날이 선 칼날에서 금속성의 차가운 빛이 번득였다.

정기는 칼등으로 산하의 목덜미를 슬슬 문지르며 말했다.

"죽음이 두렵지 않다는 게냐?"

"죽음이 두렵지 않은 사람이 세상에 어디 있겠습니까? 하지만 지금 제가 지은 죄는 죽음으로도 씻지 못할 대죄입니다."

정기는 산하의 목에 대었던 칼을 아내의 얼굴을 향해 겨누었다. 정기의 아내는 사색이 되어 벌벌 떨고만 있었다.

정기는 방 한쪽에 놓인 술상을 쳐다보며 아내에게 말했다.

"술을 가져오라!"

정기의 아내는 방바닥을 기다시피 하여 부엌으로 나갔다 술병을 들고 다시 들어왔다.

"따라라!"

정기는 한 손에 칼을 쥐고 남은 손으로 술잔을 들었다. 정기의 아내는 떨리는 손으로 술을 따랐다.

연거푸 술 몇 잔을 단숨에 들이켠 정기는 술잔을 산하에게 건넸다.

"죽을 때 죽더라도 술 한잔은 받아라!"

산하는 정기가 건넨 술잔을 받아 마셨다. 그러자 정기는 칼끝으로 안주를 집어 정기의 입에 갖다 대었다.

"먹어라!"

산하는 묵묵히 입을 벌리고 칼끝에 꽂힌 안주를 받아먹었다.

"보기보다 간담이 꽤 큰놈이구나!"

정기는 술 한 병을 다 비우도록 말이 없었다. 정기의 아내는 벌벌 떨고만 있었고 산하는 고개를 숙인 채로 얼굴을 들지 못하고 있었다.

정기의 가슴속으로 수많은 생각이 교차했다. 마음 같아서는 둘 다 죽여 가슴속의 분노를 시원하게 씻어 버리고 싶었지만 젊은이의 언행이 예사 사람 같지 않은 데다 아내의 잘못이 더 크다는 생각이 자꾸만 정기의 머릿속을 혼란스럽게 만들었다.

"가거라! 이후 다시는 이 주변에 얼씬도 하지 말아라!"

산하는 자신의 귀를 의심했다. 정기의 아내도 뜻밖이라는 듯 놀란 눈으로 남편의 얼굴을 쳐다보았다.

"알겠느냐? 내 너의 얼굴을 다시 볼 때에는 그냥 두지 않으리라! 그러니 어서 가거라! 내 마음이 변하기 전에……."

정기의 두 눈에 새파란 광채가 일었다가 서서히 꺼졌다.

"살려 주신 은혜 죽을 때까지 잊지 않겠습니다!"

산하는 일어나 황급히 그 집을 빠져 나왔다. 여인의 운명은 어찌 될지 모르지만 자신을 살려 준 것을 보면 필경 죽이지는 않을 것이라는 생각이 설핏 들었다.

산하는 뒤도 돌아보지 않고 어두운 산길을 헤치고 부족에게로 돌아가는 길을 찾았다.

수십 년의 세월이 흘렀다. 아버지인 큰뫼 장수가 세상을 떠나고 산하는 부족민의 천거를 받아 장수의 자리에 올랐다.

산하는 여러 부족들을 통합하여 큰 세력을 이루었고 그런 동안 산하의 머리도 하얗게 세어 갔다. 자식도 여럿 두어 산하는 부족민들의 부러움과 존경을 한 몸에 받았다.

그러던 어느 해 가을, 한 무리의 사람들이 산하 앞으로 오랏줄에 꽁꽁 묶인 한 사람을 끌고 왔다. 장수인 산하에게 직접 재판을 받기 위함이었다.

"무슨 일이냐?"

산하가 엄준한 목소리로 말했다.

"예! 다름이 아니옵고 이 자가 제 아버지를 살해했습니다."

무리 중의 한 사람이 산하 앞에 나서 눈물을 흘리며 아뢰었다.

"자세히 말해 보라!"

"소인은 외돌 마을에 사는 섬돌이라고 하옵니다. 오늘 저희 마을에서 사냥을 나갔는데 이 자가 활을 쏘아 제 아버지를 죽였습니다."

"그래?"

그 당시 풍속으로는 사람을 죽인 자는 똑같이 죽임을 당했다. 산하는 오랏줄에 묶인 사내를 내려다보았다. 사내는 묵묵히 고개를 숙이고 있었다.

산하는 사형을 언도하려고 사내에게서 얼굴을 돌리려다 문득 사내의 허리춤에 꽂힌 칼을 보게 되었다.

산하는 눈을 크게 뜨고 칼을 자세히 보았다. 그 칼은 분명 자신의 칼이었다. 수십 년 전 사냥을 나갔다가 젊은 혈기에 남편이 있는 여인을 범하고 그 집에 두고 온 바로 그 칼이었다.

'그렇다면 그때 나를 살려 준 여인의 남편이 바로……'

산하는 고민에 빠졌다. 이제는 자신이 은혜를 갚을 차례였던 것이다.

산하는 큰소리로 말했다.

"너는 어찌하여 저 자의 아비를 살해했느냐?"

오랏줄에 묶인 사내는 고개도 들지 못하고 대답했다.

"살해한 것이 아닙니다. 화살을 잘못 쏘아 실수로 그리 된 것이옵니다."

"그것이 사실이렸다?"

"어느 안전이라고 거짓을 아뢰겠습니까?"

"알았다! 내일 다시 재판을 할 것이니 죄인은 옥에 가두고 나머지는 모두 물러들 가거라!"

야심한 시각, 산하는 심복인 해소를 은밀히 자신의 침소로 불렀다.

"잘 들어라. 이것은 너와 나 둘만이 아는 비밀이어야 한다."

"예!"

해소의 눈빛이 날카롭게 빛났다.

"오늘 낮에 자기의 아버지를 죽였다고 고소한 섬돌이란 자의 집을 아느냐?"

"예!"

"이유는 알 것 없고, 지금 당장 그 집으로 가서 관에서 시체를 꺼내어 산속 깊이 갖다 버려라. 그리고 관 속에다 커다란 개 한 마리를 집어넣어 두어라. 이 일은 어느 누구에게도 들켜서는 안 될 것이야. 알겠느냐?"

산하의 명을 받은 해소는 시키는 대로 아무도 모르게 모든 일을 해치우고 산하에게 보고를 했다.

다음날 오후 산하는 현장 검증을 핑계로 섬돌의 집으로 향했다. 그러고는 다짜고짜 관을 열라고 명했다.

죽은 사람의 관을 연다는 일은 있을 수 없는 일이었지만 장수의 명이니 어쩔 수 없는 노릇이었다.

천천히 관이 열리고 관 속을 들여다본 사람들은 믿어지지 않는 표정으로 짧은 비명을 질렀다. 시체는 온데간데없고 죽은 개 한 마리가 들어 있었던 것이다.

산하는 화를 내며 큰소리로 섬돌을 심문했다.

"어찌 된 일이야? 죽은 아비의 시체는 어디 있다는 말이냐?"

그러나 영문을 알 수 없는 섬돌은 어찌할 바를 몰라 할말을 잃었다.

"네 놈이 장수인 나를 능멸하려 드느냐? 바른 대로 말하라! 어째서 무고한 사람을 살인범으로 몰아 죽이려 했느냐?"

"그것이 아니라…… 소인의 아비는 분명 그 자의 화살에 맞아 죽었습니다."

"네 이놈! 아직도 정신을 못 차리고 망령된 소리를 하는구나! 여봐라! 이 놈을 당장 옥에 가두어라!"

산하는 그 즉시 옥에 갇힌 정기를 방면하였다. 집으로 돌아온 정기는 아내로부터 전후 사정을 듣고는 일이 어떻게 돌아가는지 알 수가 없어 걱정으로 쉬이 잠을 이루지 못했다.

그날 밤 산하는 정기를 조용히 침소로 불러들였다. 술상을 앞에 놓고 산하는 먼저 정기의 잔에 술을 따랐다. 정기는 떨리는 마음을 억누르며 술잔을 받아 들었다.

"자, 드세요. 이제야 지난날의 은혜를 갚게 되었습니다."

산하의 말에 정기는 놀라 고개를 들었다.

"기억하시겠습니까? 젊은 혈기에 죽을죄를 지었던 것을 넓은 아량으로 용서해 주셨지요?"

정기는 휘둥그레진 눈으로 믿을 수 없다는 듯 산하의 얼굴을 바라보았다.

"그렇다면 장수께서는 그때 제 아내를 범한……?"

산하는 지그시 고개를 끄덕였다. 술잔을 거머쥔 정기의 손이 가느다랗게 떨리고 있었다.

"어서 드세요. 이제야 그때의 은혜를 갚게 되었습니다."

산하는 조용히 잔을 들어 정기의 술잔에 가볍게 부딪혔다. 정기의 눈에서는 어느덧 굵은 눈물 방울이 떨어지고 있었다. 술잔을 들이켜는 산하의 눈자위도 촉촉하게 젖어 들었다.

두 사람은 밤새도록 오래전 헤어진 벗을 만난 것처럼 술잔을 나누었다. 반갑고 즐거운지 가끔 희미한 웃음소리도 새어 나왔다.

며칠 후 산하는 옥에 가두었던 섬돌을 특별히 사면시켜 주었고 정기에게는 남몰래 많은 돈과 전답을 하사했다.

한 권으로 읽는
삼국야사

고구려

졸본성에 남겨진 태자

고구려 유리왕 22년, 왕은 도성을 졸본성卒本城에서 국내성國內城으로 천도하고 개국 성지인 졸본성을 그대로 버려 둘 수 없다 하여 둘째 아들 해명解明을 그대로 머무르게 했다.

어려서부터 부왕의 극진한 사랑을 받아왔던 해명 태자는 자신만 외톨이마냥 고도古都에 혼자 남게 되자 마음속으로 울분이 치솟았다.

곰곰이 헤아려 보면 부왕의 사랑과 총애가 동생 무휼無恤에게로 옮겨간 지는 오래전이었다. 동생 무휼은 해명 태자 못지 않은 무술 실력을 갖춘 데다 두뇌가 명석하여 모두들 무휼의 총명함에 혀를 내두를 정도였다.

자신을 졸본성에 혼자 남겨 두고 무휼과 동생들만을 데려간 것을 보면 지금 자신이 앉아 있는 태자의 자리가 언제 무휼의 차지가 될지 알 수 없는 일이었다.

해명 태자는 우울한 심사에 젖어 며칠을 술에 젖어 지냈다. 그러나 가슴속 울분은 여전히 씻어지지 않아 해명은 혼자 끙끙거리며 속을 앓고 있었다. 그때 수족이나 다름없는 심복 재우再牛가 해명 태자 앞에 슬며시 무릎을 꿇고 앉았다.

"폐하! 어인 일로 이토록 용안龍眼이 상하셨는지요?"

재우의 말에 해명 태자는 놀란 표정으로 말했다.

"용안이라니? 그 무슨 해괴한 소린가? 대왕 폐하 외에 그 소리를 들을 사람이 이 나라에 누가 있다고 함부로 입을 놀리는가?"

용안이라 함은 임금의 얼굴을 높여 부르는 말로서 해명 태자는 자신의 얼굴을 들여다보며 그 같은 말을 하는 재우의 불충함에 절로 언성이 높아졌다.

"폐하! 고정하옵소서! 이곳 졸본성을 떠나 국내성으로 도읍을 옮기신 유리왕께서 대왕大王이시라면 그 아드님이신 태자 마마께서는 당연히 소왕小王이 아니십니까? 그러니 폐하의 안색을 살필 때 용안이라고 하는 것이 지당한 줄로 아옵니다."

"소왕이라니? 지금 나를 놀리는 게냐?"

그렇게 말하는 해명 태자의 말투가 조금 누그러진 걸로 보아 재우의 말에 서서히 현혹되어 가고 있었다.

"더군다나 폐하께서는 장차 이 나라를 이으실 태자가 아니십니까? 그러니 이제부터라도 천천히 그에 대한 준비를 하셔야 할 것이옵니다."

"준비라니?"

"폐하의 걱정과 우려를 어찌 소인이 모르겠사옵니까? 폐하께서 그 우려와 걱정에서 벗어나는 길은 이곳 졸본성을 무휼 왕자가 계신 국내성보다 더 강하게 만드는 것뿐이옵니다."

해명 태자는 재우의 입에서 무휼의 이름이 나오자 재우의 말에 완전히 현혹되었다.

"그렇다면 어쩌면 좋겠느냐?"

"우선 군사를 늘리고 무기를 확충하는 일이 시급하다 할 것입니다."

그날부터 해명 태자는 재우의 말대로 군사력을 증강하고 무기를 제조했다. 도성민들 사이에는 곧 전쟁이 날 것이라는 흉흉한 소문이 나돌았고, 마침내 그 말은 유리왕의 귀에까지 들어갔다.

어느 날, 유리왕은 국조國祖인 주몽 때부터 정사를 맡아 온 협부를 불렀다.

"들리는 소문에 의하면 졸본성에 있는 태자가 군사를 징집하고 무기를 제조하여 성안의 백성들이 곧 전쟁이 날 것이라 하여 불안에 떨고 있다고 하오."

"소신도 그 소문을 듣고 폐하께 상의를 드리려던 참이었습니다."

"공의 생각은 어떠하시오? 혹 태자가 무슨 일을 꾸미는 게 아닌지 심히 불안하구려."

"폐하! 소신이 졸본성을 찾아가 직접 태자 마마를 뵙고 오겠습니다."

"그리하도록 하오. 공이 직접 간다니 안심이 되는구려."

협부는 해명 태자를 졸본성에 그대로 머무르게 하자고 유리왕께 간한 장본인으로 졸본성에서 지금 일어나는 일이 그것과 무관하지 않을지도 모른다는 생각을 했다.

그는 다음날 일찍 졸본성을 향해 길을 떠났다. 다른 신하도 아닌 노신老臣 협부가 직접 온다는 말을 듣고 해명 태자는 은근히 걱정이 되었다. 자칫 잘못했다간 자신의 본심이 드러날지도 모를 까닭이었다.

해명 태자는 재우를 불러 사태를 의논했다. 재우는 밤늦도록 해명 태자의 방에서 나올 줄을 몰랐다. 다만 소곤거리는 낮은 말소리 사이로 두 사람의 웃음 소리만이 간간이 문밖으로 새어 나왔다.

졸본성에 당도한 협부는 우선 주위의 동정을 살폈다. 성안 곳곳에 군사들이 배치되어 있고 경비는 사뭇 삼엄하게 느껴졌다.

협부는 해명 태자를 알현하고 문안 인사를 올렸다. 해명 태자는 협부의 인사를 받는 동안 슬픈 표정으로 한마디 말이 없었다.

이윽고 협부가 무릎을 꿇고 앉자 느닷없이 눈물을 흘리며 유리왕의 안부를 물었다.

"대왕 폐하께옵서는 안녕하시오?"

"예, 폐하!"

협부의 대답에 해명 태자는 아예 흐느끼며 말을 잇지 못하다가 다시 물었다.

"무휼도 잘 있소?"

"예, 폐하!"

협부는 해명 태자가 눈물을 흘리는 모습을 바라보며 마음속으로 애처로운 생각이 들었다.

"폐하! 눈물을 거두옵소서."

협부는 해명 태자가 부왕을 그리워하고 동생을 생각하는 정이 사무쳐 눈물을 흘린다고 생각하니 그 마음이 갸륵하고 어여뻤다.

그러나 협부의 생각과는 달리 해명 태자는 재우의 잔꾀에 따라 연극을 하고 있었다. 그런 줄을 까맣게 모르는 협부는 그저 해명 태자가 불쌍하다고만 여겨 자신이 졸본성에 온 까닭에 대해서는 한마디 말도 꺼내지 못했다.

그러나 해명 태자의 연극은 그것으로 끝나지 않았다.

그날 저녁 협부를 위한 연회가 한창일 무렵, 갑자기 도성 안에 북소리가 요란하더니 이어 요란한 말발굽 소리가 대궐을 울렸다.

"무슨 일이냐?"

해명 태자가 문밖을 향해 큰소리로 묻자 재우가 들어오더니 다급하게 아뢰었다.

"폐하! 큰일 났사옵니다! 지금 황룡국 군사들이 또 국경을 넘어 왔사옵니다!"

"뭐라? 저런 죽일 놈들이 또……?"

해명 태자의 말이 끝나기가 무섭게 연회에 참석했던 신하들은 우르르 떼를 지어 밖으로 나갔다.

해명 태자는 놀라 서 있는 협부에게 말했다.

"안심하고 자리에 앉으시구려. 요즘 들어 황룡국 군사들의 침입이 잦아 한시도 마음 편한 날이 없소. 그래서 내 그 동안 새로이 군사를 징집하고 무기를 만들어 적의 침략에 대비하고 있으니 그리 크게 걱정하지 않아도 될 것이오."

"폐하의 고생이 이만저만이 아니십니다."

협부는 해명 태자가 든든하게 느껴졌다. 뿐만 아니라 소문이 사실이 아니라고 여기며 해명 태자를 믿어 의심치 않았다.

다음날 협부는 국내성으로 돌아가 유리왕께 자신이 보고 겪은 모든 일들을 상세하게 아뢰었다. 유리왕은 해명 태자를 기특하게 여겨 큰 상을 내려 격려했다.

해명 태자와 재우는 자신들의 속임수에 넘어간 협부를 비웃으며 이제는 아예 내놓고 군사력을 증강시키고 무기를 만들었다.

한편 졸본성의 기세가 갈수록 강해지자 불안감을 느낀 황룡국의 국왕은 신하들과 나라의 앞일을 두고 근심에 잠겼다.

"졸본성의 위세가 갈수록 강해지니 장차 이를 어찌하면 좋단 말이오?"

황룡국 왕의 탄식에 한 신하가 나서 아뢰었다.

"소신이 졸본성으로 가서 해명 태자의 의중을 한번 떠보겠사옵니다."

"그렇게 하는 것이 좋겠소."

황룡국 왕은 신하에게 왕실 대대로 내려오는 보물인 큰 활을 건네주었다. 국왕의 명을 받은 신하는 곧 졸본성으로 향했다.

졸본성에 도착한 황룡국의 신하는 성 곳곳에서 심상치 않은 기운을 느꼈다. 건장한 남자들은 모두 전쟁터의 군사처럼 무장을 하고 있었고 늙은이와 아녀자들은 성을 축조하고 무기를 만드느라 비지땀을 흘리고 있었다.

해명 태자를 알현한 황룡국 신하는 국왕의 예물인 활을 바치면서 말했다.

"태자 마마! 소국小國의 왕께서 드리는 선물이옵니다."

해명 태자는 황룡국에서 사람이 온다는 것을 알고 미리 재우와 대책을 마련해 놓았다. 간교한 재우는 황룡국을 쳐서 자신들의 힘을 한번 시험해 보자고 해명 태자를 부추겼다. 이기면 해명 태자의 명성이 드높아질 것이요, 만약 전세가 불리할 경우에는 국내성의 유리왕에게 원군을 요청하면 될 것이니 황룡국의 신하에게 겁을 줘서 되돌려 보내라고 감언이설을 늘어놓았다.

해명 태자는 대뜸 언성을 높였다.

"감히 여기가 어느 안전이라고 이따위 불충한 짓거리를 하느냐? 네 나라의 왕이란 자가 내게 활을 보낸 속셈이 무엇이냐? 이까짓 활로 나를 겁주려는 게냐?"

해명 태자는 두 손으로 활을 들어 뚝 하고 부러뜨려 버렸다. 그 모습을 본 황룡국의 신하는 두려움에 벌벌 떨며 서둘러 되돌아갔다.

신하에게서 졸본성에서의 일을 낱낱이 고해 들은 황룡국 왕의 얼굴에는 당황하는 빛이 역력했다.

"폐하!"

나이가 지긋한 노신老臣이 국왕 앞에 나서 아뢰었다.

"해명 태자를 저대로 두었다가는 장차 어떤 화를 입을지 예측할 수 없사옵니다. 그렇다고 우리가 나서 해명 태자를 상대하기는 어렵사오니 해명 태자의 방자함을 부왕인 유리왕에게 알려 부자지간이 해결토록 하는 것이 좋을 것이옵니다."

황룡국 국왕은 신하의 말을 받아들여 국내성으로 사신을 보내 유리왕에게 그간의 일들을 모두 아뢰었다.

처음에는 황룡국 사신의 말을 곧이듣지 않던 유리왕은 해명 태자를 시험해 볼 요량으로 세 명의 신하를 각기 다른 날에 졸본성으로 보내어 황룡국 사신의 말의 진위 여부를 염탐해 보았다. 그러나 모든 것은 사실이었다.

유리왕은 대노하여 자신의 보검을 황룡국 사신에게 주며 해명 태자를 죽이라고 명했다. 황룡국 사신은 보검을 가지고 부랴부랴 자신의 나라로 돌아와 왕을 알현하고 유리왕의 명을 전했다.

황룡국의 국왕은 이번에도 입장이 난처하게 되었다. 해명 태자를 죽이려 했다가 자칫 잘못하여 실패하는 날에는 대번에 군사를 일으켜 황룡국을 치려 할 것이고, 만약 성공했다 해도 일국의 태자를 죽였다고 나중에 고구려가 어떤 꼬투리를 잡을지 알 수 없는 일이었다.

황룡국이 이런 고민에 빠져 있을 무렵 졸본성에서는 해명 태자의 진노가 불같이 일고 있었다.

"뭐라? 대왕 폐하께서 나를 죽이라 하셨다는 게냐?"

"그러하옵니다."

"이럴 수가……!"

해명 태자는 분노로 온몸을 사시나무 떨듯 떨었다.

"폐하! 소신의 말을 귀담아 들으옵소서."

이렇게 간하고 나선 이는 재우였다.

"일이 이렇게 된 이상 국내성을 칠 수밖에 없는 상황입니다. 더이상 지체하셨다간 폐하께서 오히려 불리하실 것이옵니다. 용단을 내리옵소서!"

재우의 말을 들은 해명 태자의 표정은 차가운 얼음장처럼 변했다.

'대왕 폐하께서 자식인 나를 죽이려 한 이상 이제 핏줄의 정은 끊어졌다!'

해명 태자는 군사들을 전투 태세에 임하게 하고 국경의 경비를 더욱 철통같이 했다. 황룡국을 드나드는 자들은 남녀노소를 막론하고 잡아 들이라 명했다.

그러던 어느 날, 황룡국 대신의 딸인 옥무玉舞가 산에 제를 지내러 가기 위해 국경을 넘다가 해명 태자 앞에 잡혀 오게 되었다.

옥무의 아리따운 미모에 반한 해명 태자는 넋을 잃을 지경이었으나 황룡국 대신의 딸이라 함부로 범할 수는 없는 노릇이었다. 해명 태자는 옥무를 별당에 가두고 기쁜 마음으로 신하들과 술잔치를 벌였다. 내심 옥무에 대한 마음이 사뭇 뜨거웠던 것이다.

잔치가 한창일 때 국내성에서 유리왕이 보낸 신하가 당도했다. 신하는 유리왕의 어명이 적힌 칙서를 해명 태자 앞에서 큰소리로 읽었다.

무릎을 꿇고 앉아 어명을 받드는 해명 태자의 이마에 땀이 비오듯 흘렀다. 이윽고 유리왕의 칙서가 끝나자 해명 태자는 자리에서 일어나 국내성이 있는 곳을 향해 큰절을 올렸다.

"말을 대령하라!"

해명 태자의 말에 군사들 중 한 명이 태자의 말을 끌고 왔다. 말위에 탄 해명 태자는 창을 휘두르며 말을 달렸다.

그러기를 몇 번…….

해명 태자는 어느 순간 땅에 창을 거꾸로 꽂더니 말을 달리다 순식간에 그 창 위로 몸을 날렸다. 해명 태자의 나이 꽃다운 스물한 살이었다.

유리왕이 내린 칙서에는 해명 태자 스스로 목숨을 끊으라고 적혀 있었던 것이다. 역사의 준엄한 판단 앞에 이미 혈육의 정이란 거추장스러운 걸림돌에 불과했다.

무휼의 구국 지략

　고구려 제 2대 유리왕 32년에 동부여의 대소왕은 양국의 화친을 조건으로 고구려 왕자를 볼모로 데려가려 했으나 고구려가 이를 거절하자 다시 사신을 보내 이 일을 따지려 하였다.

　유리왕은 대소왕이 이 일을 빌미로 쳐들어올지도 모른다는 생각에 걱정이 태산 같았다. 나라를 세운 지 일천하여 힘이 부족할 뿐 뾰족한 수가 없었기 때문이다.

　근심에 싸여 식욕도 잃고 침울한 얼굴로 초조하게 사신을 기다리고 있는 유리왕에게 셋째 왕자인 무휼無恤이 찾아왔다.

　무휼은 유리왕의 셋째 아들이지만 큰형 도절은 그가 태어나기 3년 전에 병사하였고, 둘째형 해명이 6살 때 자결하여 어린 나이지만 태자 승계자인 셈이었다.

　무휼은 유리왕 앞에 무릎을 꿇고 앉아 말했다.

　"대왕 폐하! 소자가 동부여 사신을 만나겠습니다."

　그 말을 들은 유리왕은 놀란 눈으로 무휼을 바라보았다.

　이제 무휼의 나이 열 살. 세상일을 알기에는 턱없이 어린 나이인데 무슨 생각으로 저런 말을 하는가 싶어 유리왕은 어이가 없었다.

　"대왕 폐하! 제발 소자를 동부여 사신과 만나게 해주십시오."

무휼이 재차 말하자 유리왕이 물었다.

"그게 무슨 말이냐? 이제 네 나이 겨우 열 살밖에 되지 않았거늘 무슨 일로 동부여 사신을 만나려 하느냐?"

짐짓 꾸짖는 듯한 유리왕의 말에 무휼이 큰소리로 대답했다.

"소자가 동부여 사신을 만나 이번 일을 해결하고 앞으로는 두 번 다시 이런 일이 생기지 않도록 조치를 취하겠습니다."

유리왕은 어이가 없어하면서도 어린아이답지 않은 무휼의 언행에 마음의 동요를 느꼈다.

유리왕은 국왕인 자신이 동부여 사신을 맞는 것보다 왕자가 먼저 예를 갖추는 것도 좋을 듯하여 무휼에게 그렇게 하라고 허락했다.

유리왕의 허락을 받아 낸 무휼은 그 길로 동부여 사신이 거처하고 있는 숙소를 찾아가 사신을 만났다.

무휼은 사신에게 먼저 정중하게 예를 갖춘 다음 당당하게 말했다.

"이번에는 또 무슨 일로 저희 나라에 오셨습니까?"

사신은 아무리 고구려의 왕자라고는 하나 열 살밖에 안 된 어린 아이가 그렇게 말을 걸어 오니 황당하여 우습기까지 했다.

동부여 사신은 빙그레 미소를 띄우며 농담 섞인 말투로 대답했다.

"왕자께서도 알고 계시겠지만 양국의 화친을 위해 고구려의 왕자 한 분을 우리나라에 모시려 하는데 이를 거절하시니 화친을 원치 않으신다는 뜻인지 따지러 왔소이다."

동부여 사신의 말에 무휼은 더욱 당당한 어조로 말했다.

"도대체 저희 형제가 귀국貴國에 가야 할 까닭이 무엇입니까? 제가 듣기로 저희 고구려의 시조始祖께서 이곳에 나라를 건국한 이래 끊임없이 귀국으로부터 시달림을 받아왔는데 도대체 무슨 연유로 그러시는 것입니까? 돌아가시어 귀국의 왕께 전하십시오. 지금부터는 여러 개의 알을 포개어 놓을 것이니 귀국에서 그 알을 허물지 않으면 따를 것이요, 만약 그 알을 허물어뜨린다면 더 이상 따르지 않을 것입니다."

어리지만 당찬 무휼의 말에 동부여 사신은 속으로 놀라움을 금치 못했다. 그러나 한편으로는 동부여 사신인 자신에게 코흘리개 왕자를 보내어 이런 말을 한다는 게 괘씸하기도 했다.

동부여 사신은 정작 유리왕을 만나 보지도 못하고 다시 돌아갈 수밖에 없었다. 동부여로 돌아간 사신은 대소왕을 알현하고 고구려에서의 일을 낱낱이 아뢰었다.

사신의 말을 들은 대소왕은 흥분하여 길길이 날뛰었다.

"뭐라? 유리왕을 만나 보지도 못하고 코흘리개 어린 왕자에게 그런 수모를 당하고 왔다는 말이냐?"

"고정하옵소서, 폐하! 그런데 그 왕자의 말 중에 지금부터는 여러 개의 알을 포개어 놓을 것이니 귀국에서 그 알을 허물지 않으면 따를 것이요, 만약 그 알들을 허물어뜨린다면 더 이상 따르지 않을 것이라는 말은 과연 무슨 뜻인지 소신이 아무리 헤아려 봐도 알 수가 없습니다."

대소왕 역시 곰곰이 그 말뜻을 헤아려 보았지만 도무지 속뜻을 알 수 없었다. 대소왕은 여러 신하들을 불러모아 놓고 그 말뜻을 물었으나 신하들 중에도 아는 이가 한 사람도 없었다.

대소왕은 전국에 방을 돌려 그 말뜻을 풀이할 이를 찾았으나 좀처럼 나서는 이가 없었다. 그러던 중 한 노파의 풀이에 대소왕의 표정은 형편없이 일그러지고 말았다.

"여러 개의 알을 포개어 놓은 것을 허물지 말라는 것은 가만히 내버려두라는 뜻이며 만약 그 알들을 허물어뜨린다면 더 이상 따르지 않겠다는 말은 가만히 내버려두지 않고 계속 상관을 하면 가만히 있지 않겠다는 뜻입니다. 그러니 이 말은 더 이상 고구려를 귀찮게 하지 말라는 뜻인 줄로 압니다."

노파의 말이 끝나기가 무섭게 대소왕은 노기 띤 얼굴로 호령했다.

"내 더 이상 고구려의 방자함을 그냥 두지 않으리라! 여봐라, 어서 군사를 풀어 고구려를 치도록 하라!"

그리하여 동부여의 대군은 고구려를 치기 위해 출정했고 그 소식을 들은 유리왕은 안절부절못했다. 괜히 어린 아들의 말만 듣고 경솔하게 행동했다고 후회를 했지만 상황은 이미 엎질러진 물과 같았다.

유리왕이 후회를 하며 불안에 떨고 있을 때 무휼이 다시 유리왕을 찾아왔다.

"대왕 폐하! 소자에게 군사 3백 명만 주십시오. 그러면 소자가 나서서 적군을 섬멸하고 오겠나이다."

유리왕은 아무런 말도 못하고 어린 아들의 얼굴만 멍청하게 쳐다보았다.

"대왕 폐하! 제발 소자의 말을 흘려듣지 마시고 믿어 주십시오. 소자 비록 나이가 어리기는 하나 나라를 생각하는 충정은 어느 누구 못지않사옵니다. 그러니 부디 군사 3백만 주옵소서. 반드시 적군을 무찌르고 위기에 빠진 이 나라를 구하겠습니다!"

유리왕은 나이답지 않게 눈물을 흘리며 간언하는 무휼의 태도에 사뭇 감동이 되었다. 그러나 어린 아들에게 나라의 운명을 맡길 수는 없는 노릇이었다.

유리왕은 고개를 돌리며 무휼에게 말했다.

"물러가라! 더 이상 어린 너에게 나라의 운명을 맡길 수는 없다.

물러가라!"

그러나 무휼은 자세를 단정히 하여 더욱 다부진 목소리로 간언했다.

"대왕 폐하! 한 번만 더 소자의 말을 믿어 주십시오. 저로 인해 생긴 일이니 소자가 해결하겠습니다. 군사 3백 명만 주시면 동부여군을 꼭 물리치고 오겠습니다!"

무휼의 진심 어린 간청에 점차 유리왕의 마음이 흔들렸다. 유리왕은 하룻밤을 꼬박 고민하다가 마지못해 무휼의 간청을 들어주었다.

"알았다. 내 너를 믿어 보마! 군사 3백을 줄 터이니 가서 적군을 무찌르고 오라! 그 전에 한 가지 약속할 것이 있다. 만약 적군에게 패하면 네 목숨 또한 그곳에 묻어야 할 것이다. 알겠느냐?"

"예. 대왕 폐하! 꼭 승전고를 울리도록 하겠습니다."

서릿발 같은 유리왕의 말에 무휼은 큰절을 올리고 내전을 나왔다.

왕자 무휼은 군사 3백을 데리고 전장으로 향했다. 군사들은 처음에는 어리둥절해했으나 점차 무휼의 당당함과 나이답지 않은 기백에 감명을 받아 일사불란하게 움직였다.

무휼이 지휘하는 고구려군은 마침내 병정甁井에 당도했다. 병정은 지리적으로 산골짜기의 입구는 좁고 안으로 들어가면 넓어지다가 다시 골짜기가 끝나는 지점은 입구와 같이 좁아져 적군을 유인하여 기습작전을 펴기에는 아주 유리한 지형이었다.

무휼은 병정에다 군사들 중 절반을 숨겨 놓고 나머지 군사들에게 명령했다.

"잘 들어라! 지금부터 동부여군과 전투를 벌일 것이다. 그러나 한 가지, 멀리 동부여군의 진지가 보이면 징을 요란하게 울리고 큰 소리로 함성을 질러라! 그러다가 동부여군이 진격해 오면 재빨리 뒤로 물러나 보이지 않게 몸을 숨기도록 하라. 그렇게 해서 동부여군을 이곳 병정까지 유인하여 나의 다음 명령을 기다리도록 하라!"

나이 어린 왕자이긴 했지만 모두들 그 지략에 감탄하여 무휼의 얼굴을 다시금 우러러보았다.

고구려군은 무휼의 지시대로 동부여군의 진지 근처에서 징을 울리고 함성을 지르다가 동부여군이 진격할 기미를 보이면 뒤로 물러나 재빠르게 몸을 숨겼다.

그렇게 하기를 닷새가 되는 날, 드디어 고구려군은 동부여군을 작전 장소인 병정까지 유인해 올 수 있었다.

처음에는 고구려군의 행동이 이상하다고 여겼던 동부여군은 며칠이 지나도록 고구려군이 공격할 태세를 보이지 않고 뒤로 물러나기만 하자 그들이 지레 겁을 먹고 도망간다고만 생각했다.

동부여군이 화난 맹수처럼 기세 등등하게 병정의 골짜기 안으로 모두 들어왔을 때 왕자 무휼은 고구려군에게 공격 명령을 내렸다.

피하고 숨기만 하던 고구려군들은 말고삐를 돌려 칼과 창을 앞세우고 함성을 지르며 진격했다. 그와 동시에 미리 매복해 있던 절반의 군사들이 동부여군의 퇴로를 차단하고 뒤에서 맹공격을 퍼부었다.

순식간에 앞뒤에서 한꺼번에 공격을 받은 동부여군은 갈팡질팡하며 도망치기에 급급했다. 동부여 군사들의 목은 말 그대로 추풍 낙엽처럼 떨어졌다. 살아 남아 동부여로 돌아간 군사는 몇 십 명도 채 되지 않았다. 왕자 무휼의 지략에 따른 고구려군의 혁혁한 승리였다.

유리왕은 손수 왕자 무휼을 맞이하여 감격의 눈물을 흘렸다.

이렇게 동부여군을 무찌르고 조국 고구려를 구한 열 살의 어린 왕자 무휼은 후일 대무신왕에 즉위하여 즉위 5년에 동부여 대소왕의 목을 베었다.

부여에서 온 붉은 새

"참으로 이상하게 생긴 새로구나."

부여扶餘의 대소왕帶素王은 한 사냥꾼이 받친 조롱 속의 새를 보면서 고개를 갸웃거렸다.

그도 그럴 것이 조롱 속의 새는 생전 처음 보는 것으로 모양새나 색깔 또한 여느 새들과는 사뭇 달랐다.

생긴 것은 까마귀와 비슷한데 전신이 핏빛이었고 더욱 해괴한 것은 머리는 하나인데 몸이 둘이라는 것이었다.

대소왕은 일관日官을 불러 그 새를 보여 주며 의견을 물었다.

"네가 보기엔 어떠하냐?"

일관은 유심히 새를 관찰하더니 이렇게 아뢰었다.

"소신이 보기에 새의 깃털이 붉은 것은 피를 뜻하고 머리가 하나인데 몸이 둘인 것은 두 나라가 합쳐진다는 뜻이오니, 이는 대왕께서 북쪽의 고구려를 쳐서 우리 부여 땅으로 만든다는 경사스러운 징조입니다."

대소왕은 기쁨을 감추지 못하고 즉시 일관의 말을 그대로 옮겨 적은 편지와 함께 조롱 속의 새를 북쪽 고구려왕인 대무신왕에게 보냈다.

부여의 사신이 가져온 괴상하게 생긴 새와 함께 편지를 받아 본 대무신왕은 신하들을 불러 편지와 함께 새를 보여 주며 의견을 물었다.

모두들 괴상하게 생긴 새를 보며 인상을 찌푸린 채 아무 말이 없는데 나이가 가장 많은 노신老臣이 나서 왕께 아뢰었다.

"폐하! 경하 드리옵니다. 새의 깃털이 붉은 것은 남쪽을 뜻하니 이는 우리 고구려에서 보자면 남쪽이란 바로 부여를 가리키는 것이고, 두 몸이 하나의 머리로 합쳐지는 형상은 곧 두 나라가 하나가 된다는 뜻이옵니다. 그리고 원래 붉은 새는 길조라 하여 함부로 다루지 아니하였는데 부여의 대소왕이 그것을 모르고 우리 고구려로 보냈으니 장차 나라에 큰 경사가 있을 징조이옵니다."

노 신하의 말을 들은 대무신왕은 그와 같은 내용의 글을 적어 부여의 대소왕에게 보내면서 조롱 속의 새는 선물로 알고 감사히 받겠다며 돌려보내지 않았다.

대무신왕의 편지를 받은 대소왕은 뒤늦게 후회했지만 이미 새는 돌려받을 수 없었다.

부여의 대소왕으로부터 뜻하지 않게 길조를 선물 받은 대무신왕은 곧 군사를 일으켜 부여를 치기로 했다.

국조國祖인 주몽〔동명왕〕이 부여에서 도망쳐 나와 고구려를 세운 후에도 부여의 대소왕은 틈만 나면 동명왕을 시해하려 들었고 선대왕인 유리왕 때에도 이런저런 핑계를 대며 고구려의 국정을 간섭하려 들었다.

대무신왕은 어려서부터 부여의 대소왕을 원수로 알고 장차 자신이 보위에 오르면 대소왕의 목을 직접 베리라 굳은 결심을 하고 있었다.

대무신왕이 직접 지휘하는 고구려군이 부여 땅을 향해 진군하다가 이물림利勿林이라는 곳에 이르러 군막을 치고 하룻밤을 보내게 되었다.

밤이 깊어 군사들이 모두 깊은 잠에 빠졌는데 어디선가 희미하게 들리는 쇳소리에 대무신왕은 잠에서 깨어났다.

'야심한 시각에 웬 쇳소리란 말인가?'

대무신왕은 혹시 부여군이 쳐들어온 게 아닐까 하는 의구심에 자리에서 일어나 부하 장수들을 깨워 대동하고 쇳소리가 나는 곳으로 조용히 발길을 돌렸다.

쇳소리는 어둠을 뚫고 야산 기슭에서 은은히 들려 왔다. 대무신왕을 비롯한 부하 장수들은 긴장감을 늦추지 않고 소리 나는 곳으로 천천히 다가갔다.

쇳소리는 야산 기슭의 작은 동굴에서 울려 나오고 있었는데, 대무신왕이 직접 동굴로 들어가 보니 그곳에는 칼과 창이 엄청나게 많이 쌓여 있었다. 쇳소리는 바로 바람이 불 때마다 칼과 창이 서로 부딪치는 소리였다.

대무신왕은, 이는 부여를 치라는 하늘의 뜻이라고 여겨 군사들로 하여금 동굴 속의 칼과 창을 거두게 하고 다시 부여 땅을 향해 진군했다.

대무신왕이 거느린 고구려 군사가 부여 땅에 가까이 갔을 무렵, 키가 아홉 척이나 되는 거구의 사내가 대무신왕을 뵙기를 청하였다.

"대왕 폐하! 소인은 북명北溟에 사는 괴유怪由라고 하옵니다. 대왕 폐하께서 친히 부여를 치러 가신다기에 여기서 기다리고 있었사옵니다!"

대무신왕 앞에 무릎을 꿇은 그 사내는 다짜고짜 그렇게 말하며 큰절을 올렸다.

보아하니 장신의 몸에다 부리부리한 눈매, 거기에다 눈에서 뿜어져 나오는 광채가 예사로운 인물 같지는 않았다.

"무술에는 능한가?"

대무신왕의 말이 떨어지기가 무섭게 괴유는 칼과 창을 들고 날렵하게 몸을 움직여 보였다. 보는 이마다 입을 쩍 벌릴 정도로 괴유의 무술 실력은 뛰어났다.

대무신왕은 즉시 괴유를 선봉장으로 삼았다.

괴유를 선봉장으로 앞세운 고구려군은 마침내 부여 땅의 남쪽 국경을 넘었다. 대무신왕은 우선 지형을 살피어 구릉이 낮은 곳을 일부러 비워 두고 높은 언덕에다 진을 치고 부여군을 기다렸다.

한편 대소왕은 대무신왕이 지휘하는 고구려 군사가 남쪽 국경을 넘어 진을 쳤다는 소식을 접하고 불같이 화를 내었다.

"이제 갓 왕위에 오른 어린놈이 무얼 안다고 군사를 일으켜 우리 부여를 친다는 말이더냐? 오냐, 이놈! 오늘이 바로 네 제삿날이 될 줄 알아라!"

그리하여 대소왕은 군사를 이끌고 고구려군 진영을 향해 말을 몰았다. 고구려군이 진을 친 곳에 도착한 대소왕은 코웃음을 치며 대무신왕을 두고 비아냥거렸다.

"낮은 구릉을 피해 언덕 위에 진을 친 것을 보니 병법이라곤 하나도 모르는 무식한 놈이로구나! 구릉을 끼고 적을 맞아야 적의 퇴로를 차단하여 섬멸할 수 있는 법이거늘……."

대소왕은 곧장 군사들에게 명령하여 구릉 쪽으로 내려가게 했다. 왕의 명령을 받은 군사들은 개미떼처럼 창과 칼을 들고 일제히 언덕 아래 구릉으로 내달렸다.

그런데 이게 웬일인가? 구릉은 진흙투성이여서 제대로 몸을 가누기조차 힘들었다. 몸이 반쯤 진흙에 잠긴 부여 군사들은 중심도 잡지 못하고 허우적거렸다.

그때를 놓치지 않고 대무신왕의 공격 명령이 떨어졌다. 언덕 위에서 함성을 지르며 구릉을 에워싸고 있는 고구려 군사들은 갈팡질팡하는 부여군을 손쉽게 무찌를 수 있었다.

대소왕은 말을 돌려 부여군의 진영으로 돌아가려 했으나 장검을 휘두르며 괴유가 그 앞을 가로막으며 큰소리로 외쳤다.

"어리석은 대소는 내 칼을 받아라!"

대소왕은 괴유의 말에 더욱 기세등등하게 맞받았다.

"젖비린내 나는 어린놈이 못하는 말이 없구나! 그렇게 죽기가 소원이거든 네 원대로 해주마!"

대소왕은 말이 끝나자마자 큰 창을 휘두르며 괴유를 향해 말을 달렸다. 괴유도 소리를 지르며 대소왕을 향해 칼을 휘두르며 달려들었다.

두 사람은 서로 으르렁거리는 호랑이와 표범처럼 싸워댔다. 괴유가 젊고 용맹스러워 힘에서 앞선다면 대소왕은 비록 늙은 몸이지만 백전노장이라 할 수 있었다.

누가 먼저랄 것도 없이 칼과 창을 주고받으니 두 사람의 싸움은 좀처럼 승패를 가리기 힘들 정도로 오래 지속되었다.

그러던 어느 순간 말을 타고 달려오며 괴유의 심장을 향해 창을 겨누던 대소왕의 머리가 툭 하니 땅바닥에 떨어져 나뒹구는 것이 아닌가. 괴유가 창을 피하며 몸을 뒤로 돌려 스쳐 지나가는 대소왕의 목을 뒤에서 내리쳤던 것이다.

고구려군의 함성이 언덕 저편까지 메아리쳤다. 대무신왕은 자리에서 벌떡 일어나 두 주먹을 불끈 쥐었다. 마침내 선왕들의 원수를 갚은 것이다.

괴유는 칼끝에 대소왕의 목을 꽂은 채 고구려 진영으로 돌아왔다. 대무신왕은 친히 괴유의 손을 잡고 감격의 눈물을 흘렸다.

"그대가 뼛속까지 사무친 내 원한을 풀었다!"

대무신왕의 그 말 한마디에는 그 동안 고구려가 부여에 당한 모든 수모와 원한이 알알이 서려 있었다.

대무신왕이 대소왕의 목을 벤 괴유의 손을 붙잡고 감격의 눈물을 흘리고 있는 사이, 졸지에 왕을 잃은 부여군은 말할 수 없는 비통함에 격분하고 있었다.

부여군은 일개 소국小國에 불과한 고구려가 부여를 침략한 것도 어이가 없는데 대소왕의 목숨까지 앗아 가자 고구려왕의 목을 베어 원수를 갚자는 소리가 드세어 갔다.

군사를 재정비한 부여군은 다음날 아침 대대적인 공격을 감행해 왔다. 수적으로 열세인 고구려군은 죽기를 각오하고 싸웠지만 조금씩 뒤로 밀리기 시작했다.

대무신왕은 일단 철수하기로 마음을 굳혔지만 진지를 에워싼 부여군의 숫자가 워낙 많아 쉽사리 포위망을 뚫을 수가 없었다.

하루하루가 지날수록 고구려군은 불리한 입장에 놓였다. 가져온 군량미는 바닥을 보이고 있었고 군사들도 조금씩 지쳐 갔다. 퇴로를 차단당한 상태라 되돌아갈 수도 없는 노릇이었다.

대무신왕은 하늘을 우러러 탄식을 했다.

"하늘이시여! 이렇게 저희 고구려를 버리십니까? 차라리 제 목숨을 거둬 가시고 죄 없는 군사들은 살아서 돌려보내 주옵소서!"

그런 왕을 바라보는 괴유의 마음도 쓰라리고 안타까웠다. 대장부가 싸움터에서 죽을 양이면 전사했다는 소리를 들어야지 군량미가 떨어져 굶어 죽었다는 소리를 듣는다는 것은 치욕스러운 일이었다.

대무신왕과 괴유가 가슴을 졸이며 애를 태우고 있는데 난데없이 안개가 끼어 자욱하게 진지를 에워싸기 시작했다. 안개는 점차 짙어져 얼마 지나지 않아 한치 앞이 안 보일 정도로 짙어 갔다.

대무신왕은 급히 괴유를 불러 말했다.

"이 안개는 하늘이 우리를 돕기 위해 내리신 것이다. 이 기회를 놓치지 말고 고구려로 돌아가야겠는데 무슨 방도가 없겠는가?"

괴유는 곰곰이 생각에 잠기더니 왕께 아뢰었다.

"폐하! 염려치 마옵소서. 소신이 알아서 처리하겠습니다."

대무신왕 앞을 물러난 괴유는 군사들을 시켜 나무와 짚으로 허수아비를 만들게 했다. 군사들 한 명당 하나씩을 만들게 했으니 그 수가 군사들의 수와 일치했다.

그런 다음 칼이며 창을 허수아비의 손에 묶어 군사들이 정렬한 것처럼 땅 위에 일렬로 세워 놓았다.

밤이 되기를 기다려 괴유는 대무신왕을 모시고 먼저 앞장섰다. 그리고 그 뒤로 군사들을 몇 개 조로 나누어서 띄엄띄엄 뒤따르게 했다. 밤인 데다 한치 앞도 볼 수 없는 안개 속이라 부여군들은 전혀 눈치 채지 못했다.

대무신왕을 비롯한 고구려군은 그렇게 해서 무사히 고구려 땅으로 돌아올 수 있었다.

안개는 일주일이나 계속되었고 고구려군이 도망친 다음에도 부여군은 안개 속에 희미하게 창과 칼을 들고 서 있는 허수아비를 고구려군으로 착각하여 언제나 전투 태세를 갖추고 안개가 걷히기만을 기다리고 있었다.

마침내 안개가 걷히고 부여군이 총공격을 개시하려는 순간 고구려군의 진영에는 무수한 허수아비만이 부여군을 비웃는 듯 서 있었다.

그제야 고구려군이 달아났음을 알아차린 부여군은 즉각 추격전을 벌였으나 그 시각 고구려의 대궐에서는 이미 대무신왕을 비롯한 신하들이 모여 대소왕의 목을 베고 무사히 돌아온 것을 기념하는 큰 잔치가 벌어지고 있었다.

고구려군을 추격하던 부여군은 국경에 이르러서야 그 사실을 알고 울분을 삭이며 훗날을 기약한 채 말을 돌려 부여 땅으로 되돌아갔다.

대무신왕은 괴유에게 큰 상을 내리고 전쟁에서 죽은 군사들의 유가족에게는 쌀과 옷감을 내려 그 슬픔을 위로하였다.

악명 높은 왕

　　고구려 제5대 왕인 모본왕은 대무신왕의 아들로서 이름은 해우
解憂다. 해우는 이복형인 호동 왕자가 자결한 후 태자에 책봉되었다.
　　그러나 대무신왕이 승하한 후 해우 태자의 나이가 너무 어리다
는 이유로 숙부인 해색주解色朱가 왕위를 이으니 그가 곧 고구려 제4
대 왕인 민중왕이다.
　　민중왕은 착하고 어진 성군이었으나 늘 해우 태자를 둘러싼 무
리들의 위협을 받아야 했다. 결국 민중왕은 재위 5년 만에 몹쓸 병
을 얻어 세상을 떠났다.
　　민중왕이 승하하자 해우 태자는 때를 기다렸다는 듯이 왕위에
올랐는데 그가 바로 고구려 최초로 신하에게 암살당한 모본왕이다.
　　모본왕은 태자 시절부터 성질이 포악하고 행실 또한 극악무도하
기로 온 나라 안에 소문이 자자했다. 여색을 좋아하여 어떤 여자든
마음에 들면 겁탈을 일삼았고 욕심이 많아 진기한 물건을 보면 닥치
는 대로 빼앗았다. 태자라는 신분 때문에 일언반구도 할 수 없었던
백성들은 그저 태자가 나타났다는 소리만 들리면 문을 걸어 잠그고
바깥출입을 일체 금했다.
　　그런 태자가 왕위에 올랐으니 그 흉포함과 악행은 이루 말할 수

조차 없었다.

하루는 모본왕의 행동을 보다못한 노老 신하가 왕을 알현하고 직언을 했다.

"폐하! 부디 선대왕의 위업을 이어받아 나라를 바로 세우고 백성들에게 선정을 베푸시도록 하옵소서!"

모본왕은 노 신하의 말을 한쪽 귀로 흘려 들으면서 짐짓 신중한 척 말을 받았다.

"공의 말은 과인이 실정失政을 한단 말이오?"

"……."

왕의 말에 노 신하는 차마 입을 열 수가 없었다. 마음 같아서는 그렇다 말하고 싶었지만 그랬다가는 무슨 후환을 당할지 아무도 모를 일이었다.

모본왕은 재차 말했다.

"그렇다는 말이오, 아니라는 말이오?"

"통촉하여 주옵소서, 폐하!"

할말을 잃은 노 신하는 그자리에 엎드리며 눈물을 쏟았다.

"알았소! 공의 말을 따를 것이니 눈물을 거두시오."

노 신하는 자신의 귀를 의심했다. 그뿐만 아니라 어전에 있던 모든 신하들이 왕의 말을 듣고 깜짝 놀랐다.

모본왕의 평소 행동 대로라면 지금쯤 직언을 한 노 신하의 목을 치라는 엄명이 떨어졌을 것이다.

"돌아가오. 과인이 신중히 생각해 보겠소."

"황공하옵니다, 폐하!"

노 신하는 감읍하며 큰절을 올리고 어전에서 물러났다.

모본왕은 노 신하가 어전에서 물러나자마자 곧바로 활을 가져오라고 명하더니 밖으로 나가 대궐 마당을 가로질러 가는 그의 등에 화살을 꽂았다.

노 신하는 외마디 비명을 지르며 그자리에서 고꾸라졌고 다른 신하들은 사색이 되어 벌벌 떨며 보고만 있을 따름이었다.

모본왕은 싸늘한 눈초리로 신하들을 둘러보았다. 독기가 잔뜩 서린 뱀 같은 눈빛이었다. 그 눈빛은 마치 어느 누구를 막론하고 노 신하와 같은 말을 하면 죽임을 당하리라는 일종의 본보기이기도 했다.

신하들은 몸을 잔뜩 움츠리고 모본왕의 눈치만 살피고 있었다. 그렇게 살기 띤 눈초리로 신하들을 둘러보던 모본왕은 화살을 대궐 마당에 내팽개치고 씩씩거리며 어전으로 들어갔다.

그제야 신하들은 막혔던 숨통이 풀린 듯 크게 숨을 몰아쉬며 누가 먼저랄 것도 없이 우르르 대궐 문 밖으로 꽁무니를 뺐다.

다만 두로杜魯라는 신하만이 모본왕의 화살에 맞고 쓰러진 노신에게 달려가 그 시체를 껴안고 소리 없이 통곡할 뿐이었다.

모본왕의 흉악함은 날로 더해져 나중에는 정사는 안중에 두지도 않고 오로지 신하들을 비롯해 주위 사람들을 괴롭히고 못살게 구는 일에만 재미를 붙였다.

모본왕은 어전에 앉지도 않고 아예 바닥에 드러누워 신하들을 맞이하곤 했는데 보료나 요를 깔지 않고 신하들의 몸을 베개삼아 깔고 눕기를 즐겼다.

젊은 신하들은 그래도 다행이었지만 늙은 신하들은 영 죽을 맛이었다. 자신의 몸을 베고 누운 모본왕이 낮잠이라도 잘 요량이면 미동은커녕 처음의 그 자세로 꼼짝도 할 수 없이 왕이 잠에서 깨어나기만을 기다려야 했다. 그러다 보면 전신이 쑤시고 결려 나중에는 숨이 턱턱 막힐 노릇이었다. 만약 그 신하가 조금이라도 움직이면 모본왕은 인상을 찌푸리며 타박을 했다.

"공은 과인이 편히 쉬는 게 싫은 것이오? 왜 그리 몸을 움직이시오?"

그것뿐만이 아니었다. 연로한 신하를 베고 누워서는,

"공은 너무 늙은 것 같소! 살가죽이 없고 뼈만 남아 과인의 머리가 다 아플 지경이오."

하며 신경질을 부렸고, 살찐 신하를 베고 누워서는,

"공은 정사는 돌보지 않고 날마다 놀고 먹으며 국록國祿만 축내는가 보구려." 하고 비아냥거렸다.

모본왕의 행실이 나아지기는커녕 갈수록 악행이 더욱 심해지자 두로는 비장한 결심을 하고 왕을 찾았다.

두로가 어전에 들어서는 것을 본 모본왕은 반가운 기색을 하며 두로를 가까이 불렀다.

"어서 오시오, 두로! 그렇지 않아도 낮잠을 잘까 했는데 마침 잘 됐구려. 이리 와서 피곤한 과인의 몸을 좀 보필해 주시오."

"예, 폐하!"

두로는 웃음 띤 얼굴로 모본왕 곁에 다가가 기꺼이 베개가 되어 주었다.

"과연 두로만큼 편안한 이가 없지……."

두로의 몸을 베고 누운 모본왕은 깊은 잠에 곯아떨어졌다. 간밤에도 밤새 술을 마셨는지 모본왕이 숨을 쉴 때마다 술내가 진동했다.

두로는 모본왕이 잠든 것을 확인하고는 품속에서 비수를 꺼내들었다. 두로는 한 손으로 왕의 입을 틀어막은 다음 칼을 쥔 손을 힘껏 왕의 가슴에 내리꽂았다.

모본왕은 비명도 지르지 못하고 즉사했다. 눈썹을 움찔했지만 이내 맥없이 두 눈동자가 풀어졌다.

　모본왕의 죽음에 대해 어느 누구도 시해라고 말하지 않았다. 그저 쉬쉬하며 공공연한 죽음으로만 받아들일 뿐이었다.

　유사 이래 최초로 신하에게 암살당한 임금이 된 모본왕은 모본벌에 묻혔고 태자 익翊이 있었으나 조정에서는 제3대 대무신왕의 동생인 재사再思의 아들 궁宮을 왕으로 추대했다.

왕 뒤를 따르는 흰여우

고구려 제6대 임금인 태조대왕의 동생 수성遂成은 사냥하기를 즐겨 대궐에 있는 날보다 궐 밖으로 나가 사냥을 다니는 날이 더 많았다.

찌는 듯한 무더위가 기승을 부리는 한여름에도 날씨에 아랑곳하지 않고 왜산倭山으로 사냥을 나간 수성은 더위가 한풀 꺾인 저녁이 되자 심복들을 좌우에 거느리고 앉아 낮에 사냥한 고기를 푸짐하게 구워 먹으며 술판을 벌였다.

"나리!"

모두들 술이 얼큰하게 올랐을 무렵 부하 한 명이 목소리를 낮춰 수성을 불렀다.

"무슨 일이냐?"

수성이 술에 취한 목소리로 호기롭게 대답했다.

"지난날 모본왕께서 승하하셨을 때, 태자의 나이가 어리다는 이유로 선대왕의 왕자이시자 나리의 아버님이신 재사공으로 하여금 보위를 잇게 하려 했으나, 재사공께서 자신이 노쇠한 것을 들어 아들이신 지금의 태조대왕께 왕위를 물려주지 않았습니까?"

그 말에 흥청거리던 술자리는 금세 엄숙하게 바뀌었다.

"그게 어떻다는 말이냐?"

"그러한 전례로 볼 때 왕위를 동생에게 물려주지 말라는 법도 없지 않겠습니까?"

"그러하옵니다. 당연히 있을 수 있는 일이옵니다."

이번에는 다른 부하가 그 말에 맞장구를 치고 나섰다.

"나리! 지금의 대왕께서 왕좌에 앉으신 지 어언 80년이 다 되어 갑니다. 이제 대왕께서는 너무 연로하시어 국정을 제대로 돌보시기도 어렵사옵니다."

부하들의 말에 수성은 말없이 술잔을 입으로 가져갔다.

"그렇긴 하다만 대왕 슬하에 태자가 없다면 몰라도 태자가 둘씩이나 되는데 내 어찌 감히 왕좌를 엿보겠는가?"

"아니옵니다, 나리. 태자가 있다고는 하나 세상 물정을 모르는 어린아이와 같사옵니다. 그런 태자에게 왕위를 잇게 하기보다는 세상사를 두루 섭렵하신 나리 같은 분이 마땅히 보위를 이어야 할 것이옵니다."

부하들은 너도나도 달콤한 말로써 수성을 부추겼다. 처음에는 술 취한 부하들의 주정쯤으로 여기던 수성의 마음은 조금씩 그 말들에 현혹되어 갔다.

사냥에서 돌아온 수성은 사람이 달라져 있었다. 갈수록 기세 등등해져서 함부로 거친 말과 행동을 일삼았고 마치 자신이 왕이라도 된 양 대궐의 신하들을 수족처럼 부렸다.

이를 보다못한 수성의 아우 백고伯固가 수성을 찾아가 언행을 조심할 것을 간했으나 수성은 백고의 말을 한마디로 일축해 버리고 날로 방자해져만 갔다.

그로부터 10년이 지난 어느 날 태조대왕은 꿈을 꾸었는데, 꿈속에 호랑이와 표범이 서로 맹렬한 기세로 싸우다가 표범이 날렵하게 몸을 날려 호랑이의 꼬리를 잘라 버리는 것이었다.

꿈에서 깨어난 왕은 참으로 희한한 꿈이라 여겨 일관을 불러 해몽을 시켰다.

"예로부터 호랑이는 백수의 왕으로 일컫는데 표범에게 꼬리가 잘렸다 함은 상서롭지 못한 징조이옵니다. 즉, 대왕께서 이 같은 꿈을 꾸신 것은 신하들 중에 역모를 꾀하는 자가 있으니 조심하라는 하늘의 계시라 할 것이옵니다."

일관의 말을 듣고 있던 신하 근신이 왕께 아뢰었다.

"대왕 폐하! 호랑이와 표범은 생김새는 달라도 같은 종이 아니옵니까? 하오니 역모를 꾀하는 자는 분명 왕실 가운데 있는 것으로 아옵니다."

근신이 왕실이라고 한 것은 태조대왕의 동생 수성을 두고 한 말이었다. 그러나 태조대왕은 천천히 머리를 가로 저었다. 근신의 말은 알아들었으되 그럴 리가 없다는 뜻이었다.

"대왕 폐하!"

곁에서 잠자코 있던 우보右輔 고복장高福章이 아뢰었다.

"성현의 말씀 중에 '내가 화로써 남을 대하지 않으면 남도 나를 함부로 대하지 못한다'고 하였사옵니다. 하오니 부디 대왕께서는 성은을 베푸시어 왕실의 화친을 도모하시고 백성들을 자애로 다스리시옵소서."

그 말에 태조대왕은 비로소 흡족한 미소를 지었다.

그러나 불행하게도 우보 고복장은 수성의 음모를 아직 알아차리지 못하고 있었다.

다시 4년의 세월이 흘렀다.

수성은 점차 자신의 세력을 키워 나갔고 사냥을 핑계로 궐 밖으로 나가면 심복들을 모아 놓고 왕을 없앨 계책을 마련하느라 고심했다.

처음에는 근신의 말을 믿지 않던 고복장도 수성의 거동이 심상치 않다는 것을 눈치 채고 태조대왕을 알현하여 수성의 일을 아뢰었다.

"대왕 폐하! 아무래도 왕제王弟의 행적이 심상치 않사옵니다."

"왕제라 함은 수성을 말함이오?"

"그러하옵니다."

태조대왕의 용안에 어두운 빛이 서렸다.

"과인이 일일간에 말하려 하였던 바, 이제 과인은 보위를 수성에게 물려주고 편히 쉴까 하오."

"대왕 폐하! 당치 않은 말씀이시옵니다."

고복장은 놀란 표정으로 아뢰었다.

"아니오. 과인은 이미 노쇠하여 국사를 돌볼 기력이 없소. 그러나 수성은 이제 이른 여섯이니 아직 젊다 할 것이오. 그러니 수성으로 하여금 보위를 잇게 하면 국사에 대한 과인의 시름이 덜어질 것이오."

태조대왕이 아우인 수성에게 보위를 물려준다는 말을 듣고 근신이 어전으로 달려왔다.

"대왕 폐하! 명을 거두옵소서! 왕제이신 수성은 언행이 난폭하고 성품이 어질지 못해 만백성의 어버이 될 인물이 아니옵니다. 더군다나 두 분 왕자님의 안위를 생각하신다면 더더욱 그럴 수 없는 노릇입니다. 하오니 부디 명을 거두시고 보위를 지키옵소서, 대왕 폐하!"

그러나 태조대왕은 명을 거두지 않았다. 그해 12월 그는 수성에게 보위를 물려주고 자신은 별궁으로 물러나 칩거했다.

드디어 그토록 갈망하던 왕좌에 오른 수성은 스스로를 차대왕이라 칭하고 서서히 그 본심을 드러내기 시작했다. 우선 자신의 왕위 계승을 반대하던 고복장과 근신의 목을 베고 그자리에 자신의 심복들을 앉혔다.

차대왕의 그 같은 처사에 다른 신하들은 관직을 버리고 낙향하거나 산속에 은둔하여 은자로 살았다. 차대왕의 동생 백고 또한 왕의 눈을 피해 어디론가 자취를 감추었다.

차대왕의 만행은 이에 그치지 않았다. 전왕인 태조대왕의 두 아들인 막근莫勤과 막덕莫德이 살아 있으니 그야말로 눈엣가시였던 것이다.

차대왕은 심복 중에 무술이 뛰어난 자를 불러 두 왕자를 살해하도록 명을 내렸다. 왕명을 받은 심복은 한밤중에 태자궁으로 몰래 들어가 막근을 무자비하게 난자했다.

막근의 비명 소리를 듣고 달려온 궁인들에게 들켜 자객이 도망을 치는 바람에 다행히 동생 막덕은 목숨을 건졌지만 언제 죽을지 모를 자신의 운명을 비관한 나머지 스스로 목을 매어 자살하고 말았다.

이로써 태조대왕의 두 아들이 한꺼번에 목숨을 잃으니 언젠가 근신이 태조대왕의 왕위 계승을 반대하며 간한 우려가 현실로 나타난 셈이 되었다.

차대왕은 자신을 탐탁지 않게 여기는 신하들과 눈엣가시였던 두 왕자를 제거하자 만사가 자신이 원하는 대로 된 것을 기뻐하며 심복들과 어울려 날마다 사냥터에서 시간을 보냈다.

차대왕이 왕위에 오른 지 3년째 되던 해 7월이었다.

여느 날과 다름없이 차대왕은 심복들을 데리고 평유원平儒原으로 사냥을 나갔는데 괴상하게도 흰여우 한 마리가 차대왕의 행렬 뒤를 졸졸 따르는 것이었다.

차대왕은 화를 내며 궁사들을 시켜 흰여우를 활을 쏘아 죽이라고 명했다. 그런데 흰여우는 화살을 이리저리 날렵하게 피하며 계속해서 수성의 행렬을 뒤따라 다녔다.

화가 머리끝까지 치민 차대왕은 자신이 직접 활을 들고 흰여우를 향해 화살을 날렸다. 여전히 날렵하게 화살을 피하던 흰여우는 차대왕을 놀리는 듯이 숲속으로 달아나더니 이내 종적을 감추었다.

기분이 상한 차대왕은 사냥을 그만두고 대궐로 돌아와 일관을 불러 낮에 있었던 일을 이야기하고 그와 같은 일이 일어난 뜻을 물었다.

"여우는 본시 요망한 짐승으로서 대왕의 뒤를 따랐다면 상서롭지 못한 징조입니다. 더군다나 그 빛깔이 흰빛이라 함은 더더욱 흉조입니다. 하오니 대왕께서는 이제부터라도 몸가짐을 조심하시고 마음을 정결하게 하시어 덕을 쌓으시는 것이 좋을 것입니다."

"그렇다면 지금 과인이 부덕하다는 말이더냐?"

"그것이 아니옵고……."

"괘씸한 놈 같으니! 여봐라! 저놈의 목을 베어 엄히 다스려라!"

"대왕 폐하! 폐하!"

일관은 차대왕을 애타게 부르다가 한 칼에 목이 잘리고 말았다.

백성들의 안위와는 상관없이 날마다 사냥만 일삼는 차대왕에 대한 백성들의 원망은 날로 높아갔고 하늘도 이변으로써 차대왕에게 무언의 경고를 하였다.

차대왕이 즉위한 지 4년째 되는 해 4월 그믐에는 대낮에 일식이 일어나 천지가 온통 암흑에 휩싸였고, 5월에는 천체의 오성五星, 즉 금성, 목성, 수성, 화성, 토성이 동방으로 모였으며, 겨울이 되어도 얼음이 얼지 않았다.

　그후에도 이변은 끊이지 않았는데, 차대왕 즉위 8년 6월에는 갑자기 서리가 내려 농작물이 모두 얼어 죽었고, 12월에는 여름에나 있을 법한 천둥 소리가 하늘을 울렸다. 신하들은 그저 차대왕을 칭송하기에 급급할 뿐 백성들의 원망이나 민심의 동요는 입에 담지도 않았다.

　차대왕 즉위 20년, 별궁에 칩거하던 태조대왕이 마침내 승하했다. 차대왕은 오히려 잘된 일이라며 태조대왕의 빈소에 들르지도 않았다.

　그러나 운명은 알 수 없는 것이었다. 태조대왕이 승하한 그해 12월, 차대왕은 조의皂衣하는 하급관리직에 있던 명림답부明臨答夫의 손에 의해 무참히 시해되었다.

　민심을 업고 일어선 명림답부는 차대왕의 후대로 왕제王弟 백고를 내세웠다.

국상이 된 농부

　왕실의 외척인 어비류와 좌가려의 반란을 진압한 고국천왕은 정사를 더 이상 왕실의 일가 친척들 손에 맡겨서는 안 된다고 생각하고 전국에 영을 내려 백성들로부터 직접 어질고 훌륭한 인재를 천거받았다.

　그렇게 해서 동부와 서부, 남부와 북부의 모든 백성들이 각자 여러 인물들을 천거했는데, 그 중에서 동부에 사는 안유晏留라는 인물이 가장 많은 백성들로부터 천거되었다.

　고국천왕은 안유를 불러들여 사람됨을 살펴 보니 과연 많은 백성들이 천거한 사람답게 학덕이 높고 인품이 고매했다.

　고국천왕이 기쁜 마음으로 안유를 등용시켜 정사를 모두 맡기려 하자 안유는 왕 앞에 나아가 이렇게 말했다.

　"대왕 폐하! 소신은 나라의 정사를 맡을 만한 인물이 못 되옵니다. 황공하오나 소신 대신 을파소乙巴素를 데려다 그 일을 맡기시는 것이 합당할 것이옵니다."

　안유의 말에 고국천왕이 물었다.

　"을파소라는 자는 대체 어떤 인물인가?"

　"을파소는 선대의 왕이신 유리명왕 때 대신大臣을 지낸 을소乙素

의 손자이옵니다."

"대신 을소의 손자라……"

고국천왕이 잠시 머뭇거리자 안유가 다시 한 번 을파소를 천거했다.

"대왕 폐하! 을파소는 성품이 강직하고 재주 또한 비범하여 그를 아는 사람들은 누구든지 그의 말을 믿고 따릅니다. 또한 지혜롭고 영특하기가 이루 말할 수가 없으며 큰 기상을 품고 있어 나라일을 돌보는데 적임자이옵니다."

"그렇다면 왜 백성들이 그 자를 천거하지 않았느냐?"

"본래 사람들 앞에 나서기를 꺼려하며 스스로 자신을 낮추기를 잘하니 겸손의 덕 또한 크다고 할 것입니다."

고국천왕은 백성들로부터 천거받은 안유가 그토록 내세우는 인물이라면 분명 큰 인물일 듯싶었다.

"그렇다면 을파소를 데려오라! 내 친히 그 인물됨을 알아보리라."

그런 다음 고국천왕은 많은 예물을 수레에 싣게 하고 을파소를 중외대부에 제수한다는 칙서까지 친히 써서 신하를 을파소의 집으로 보냈다.

그러나 왕의 칙서를 받은 을파소는 중외대부의 자리에 올라서는 정사를 제대로 돌보지 못할 것을 알고 예물을 실은 수레와 함께 사양한다는 뜻을 적은 상소를 올렸다.

을파소의 상소문을 받은 고국천왕은 그 필체가 물 흐르듯이 유려하고 문장 또한 범인의 것이 아닌 것을 알고 을파소를 국상에 임명한다는 명을 내렸다.

일이 이렇게 되자 을파소도 더 이상 왕의 명을 거역할 수가 없었다. 그리고 국상의 자리라면 자신의 뜻을 바로 펼 수도 있을 것 같아 마지못해 벼슬길에 올랐다.

하루아침에 농부에서 한 나라의 국상이 된 을파소를 두고 왕실을 비롯한 모든 백성들이 놀라움을 금치 못하며 우려를 표명했지만 정작 고국천왕만은 안유의 말을 철석같이 믿었기에 태평스럽게 나날을 보냈다.

그러던 어느 날 고국천왕이 사냥을 나섰다가 돌아오는데 허름한 민가에서 통곡 소리가 들려 신하로 하여금 그 사연을 알아보게 했다.

잠시 후 통곡 소리가 그치고 민가에서 신하와 함께 한 청년이 나와 고국천왕 앞에 무릎을 꿇었다.

"네 무슨 일로 그리 서럽게 우느냐?"

고국천왕의 말에 청년은 얼굴도 들지 못하고 떨리는 목소리로 아뢰었다.

"대왕 폐하! 소인은 남의 집에 품을 팔아 늙으신 홀어머니를 봉양하며 사는 하찮은 백성이옵니다. 그런데 올해는 흉년이 들어 품을 팔기가 쉽지 않아 늙으신 어머니께 사흘이 넘도록 곡기 한 알 대접하지 못해 안타까운 마음에 그만……."

청년은 또다시 흐느꼈다. 그의 행색을 자세히 들여다본 고국천왕은 가슴이 미어지는 것 같았다.

때문은 옷 밖으로 드러난 청년의 두 팔과 다리는 뼈만 앙상하게 남아 있었고 자신 앞에 조아린 목덜미는 마른 나뭇가지처럼 금방이라도 꺾일 것만 같았다.

고국천왕은 신하를 시켜 청년의 집에 쌀 몇 섬을 들여준 뒤 대궐로 돌아와 국상 을파소와 의논을 하여 백성들 중에 연로한 홀아비와 홀어미, 자식 없는 노인과 부모 없는 어린아이는 나라에서 구제하도록 했다.

을파소는 더 나아가 백성들의 굶주림을 원천적으로 해결해야 된다고 생각했다. 그래서 먹을 것이 바닥나는 춘궁기에 나라에서 백성들에게 곡식을 빌려 주고 가을이 되어 추수가 끝난 다음에 약간의 이자를 보태어 갚도록 하는 제도를 실행했는데, 이것이 바로 진대법이다.

　을파소는 백성들의 생활에도 관심을 가져 도적을 소탕하고 예의범절을 숭상했으며 포악한 자가 있으면 엄한 벌로 다스리고 백성의 고혈을 착취하는 관리는 지위 고하를 막론하고 벼슬을 박탈하고 옥에 가두었다.

　또 한편으로는 뛰어난 인재가 있다면 일개 평민일지라도 관직에 등용시켰으며 학업을 널리 펴서 백성들의 무지함을 일깨우는 데 힘썼다.

　그리하여 을파소가 국상의 자리에 오른 지 몇 년이 채 되지 않아 고구려는 태평성대를 맞이했고, 백성들은 을파소를 성인聖人처럼 우러러보고 받들었다.

득래의 예언

고구려 동천왕은 혈기가 왕성하고 기상이 높고 진취적이라 30대 젊은 나이에 위나라를 침략하여 서안평을 함락시켰다. 이에 기세 등등해진 동천왕은 위나라의 군사력이 별것 아니라고 여겨 전쟁을 그만둘 기미를 보이지 않고 계속 전쟁 준비에 전념했다.

그러나 고구려군의 대장 득래는 동천왕의 욕심이 과하다는 것을 알아채고 왕을 알현하고 아뢰었다.

"폐하! 이만하면 위나라에서도 우리 고구려의 위력을 알았을 것이옵니다. 그러니 이제 전쟁을 그만두시고 백성들의 안위에 힘쓰옵소서!"

득래의 말을 들은 동천왕은 마뜩잖은 표정으로 말했다.

"이제 겨우 서안평을 함락한 것뿐인데 여기서 물러날 수는 없는 노릇이오!"

득래는 다시 한 번 충심으로 아뢰었다.

"폐하! 저들의 힘을 쉽게 보아서는 안 됩니다. 비록 지금은 저들이 서안평을 내어주었다고는 하나 언제 군사를 정비하여 대군을 이끌고 다시 쳐들어올지 모릅니다. 하오니……."

"듣기 싫소! 이제 보았더니 공은 일개 겁쟁이에 불과하구려! 물러가시오!"

동천왕은 화를 버럭 내며 큰소리로 득래를 책망했다.

득래는 더 이상 자신의 말이 왕의 욕심을 꺾을 수 없다는 것을 알고는 그 즉시 관직을 사직하고 집으로 돌아갔다.

'이를 어쩔 것인가? 왕의 지나친 욕심으로 장차 이곳 환도성에는 풀과 나무만 무성하여 이름 없는 새들만이 예전의 영화榮華를 구슬피 애도하겠구나!'

득래는 속으로 그렇게 탄식했다. 그뒤 그는 자신의 집에서 칩거한 채 식음을 전폐하며 오로지 나라일을 걱정하다 결국 굶어 죽고 말았다.

그러나 동천왕은 그런 득래의 죽음에는 아랑곳하지 않고 백성들을 동원하여 날마다 전쟁 준비를 하느라 여념이 없었다.

득래가 죽은 지 얼마 지나지 않아 위나라 장수 관구검이 대군을 거느리고 고구려를 쳐들어왔다.

동천왕은 친히 군사 2만 명을 이끌고 관구검과 대적하러 나갔다. 동천왕은 비록 2만의 군사였지만 지형을 이용한 공격과 뛰어난 용병술로 위나라 군사들을 두 차례에 걸쳐 대파했다.

동천왕은 위나라 장수 관구검도 별것 아니라는 자만심과 두 차례의 승리감에 도취되어 세 번째 싸움에서는 앞서 썼던 지형을 이용한 공격이나 용병술을 쓰지 않고 정공법을 써서 공격해 들어갔다.

그러나 결과는 한마디로 고구려의 대패였다. 위나라 장수 관구검은 두 차례나 패전당한 모멸감을 일시에 씻으려는 듯 파죽지세로 몰려왔고 이미 기울어진 전세를 파악한 고구려군은 동분서주하며 달아나기에 바빴다.

동천왕은 도성인 환도성을 버리고 압록강 남쪽으로 달아났다.

환도성을 함락한 위나라 장수 관구검은 군사를 풀어 동천왕을 뒤쫓았다.

위나라 군의 맹렬한 추격을 받으며 쫓기던 동천왕은 점차 지쳐 갔다. 위나라 군은 바로 등뒤에까지 칼을 들이대며 쫓아온 상황이었다.

그때 동천왕을 따르던 장수 밀우가 앞에 나서 왕에게 아뢰었다.

"폐하! 이대로는 적군에게 잡힐 것이 자명합니다. 그러니 제가 결사대를 만들어 적들과 교전을 벌일 터이니 그사이 어서 몸을 피하시어 옥체를 보존하옵소서!"

동천왕은 다른 방도가 없었기에 밀우의 말을 따를 수밖에 없었다.

밀우는 곧 결사대를 조직하여 말을 돌려 쫓아오는 위나라 군을 향해 돌진해 갔다. 그러나 말 그대로 달걀로 바위 치기였다.

밀우를 비롯한 결사대는 동천왕이 안전한 곳으로 피할 때까지 있는 힘을 다해 위나라 군사를 맞아 혈투를 벌였으나 결과는 불을 보듯 뻔했다.

결사대의 목숨을 건 항전으로 안전한 곳으로 피신한 동천왕은 밀우의 충정을 생각하여 그를 그대로 죽게 할 수는 없는 노릇이라고 여겼다.

이에 장수 유옥구가 자처하고 나서 밀우를 구해 왔는데 유옥구의 등에 업혀 온 밀우는 피투성이가 되어 거의 죽음 직전에 이른 처참한 모습이었다.

동천왕은 친히 밀우의 손을 잡고 눈물을 글썽이며 노고를 치하했다. 다행히 밀우는 치명상을 입은 것은 아니어서 목숨을 건질 수 있었다.

위나라 군에게 쫓겨 동천왕은 다시 남옥저까지 내려갔지만 더는 갈 곳이 없었다. 동천왕은 득래의 말을 떠올리며 자신의 부주의함을 탓했지만 돌이킬 수 없는 현실 앞에 그런 후회는 아무 소용이 없었다.

그렇게 동천왕이 고심하고 있을 때 장수 유유가 왕을 찾아와 말했다.

"폐하! 제게 한 가지 계책이 있사옵니다."

계책이라는 말에 동천왕은 귀가 번쩍 트이는 것 같았다.

"계책이라니……? 어서 말해 보오!"

유유는 침착한 어조로 차분하게 자신의 계책을 이야기했다.

"다름 아니라 내일 날이 밝으면 소장이 적장을 찾아가 폐하께서 항복하시겠다고 거짓말하겠습니다. 그리고 음식을 마련하여 항복의 뜻으로 폐하께서 친히 보내셨다고 적장에게 전할 것이옵니다."

"그래서……?"

동천왕이 눈을 빛내며 유유의 다음 말을 재촉했다.

"저는 그 음식 속에 단도를 숨겨 두었다가 적장이 방심한 틈을 타 그 자의 목을 치겠습니다. 그러면 일대 혼란이 일어날 것이니 그 때를 놓치지 말고 적을 치소서."

유유의 계책을 들은 동천왕은 기쁘면서도 기뻐할 수가 없었다. 유유의 계책대로 만사가 이루어진다고 해도 적지에서 적장의 목을 벤 유유의 목숨 또한 살아 남기 어려울 것이기 때문이었다.

동천왕의 근심스러운 표정에서 그의 마음을 읽은 유유는 일어나 큰절을 올린 다음 말했다.

"폐하! 소장의 죽음을 심려치 마옵소서. 오로지 옥체를 보존하시어 이 나라의 장래를 기약하옵소서. 소장은 그것 외에는 아무 바람이 없사옵니다."

그리하여 다음날 유유는 단도를 숨긴 음식을 마련하여 위나라 장수를 만났다.

"우리 대왕께옵서 귀국에 항복하시겠다고 하오니 부디 너그럽게 받아들여 주시기 바랍니다."

위나라 장수는 크게 기뻐하며 안심하고 유유를 자신의 군막으로 맞아들였다.

위나라 장수와 마주앉은 유유는 들고 온 음식을 내놓으며 말했다.

"이 음식은 우리 대왕께서 장군께 보내는 선물이오니 부디 맛있게 드시기를 바랍니다."

위나라 장수가 항복을 받아들이며 유유가 가져온 기름진 음식을 받으려 할 때였다.

유유는 순식간에 음식에 숨겨 둔 단도를 꺼내 적장의 목을 베었다.

유유가 적장의 목을 베었다는 소식은 삽시간에 고구려군 진영에도 퍼졌고 이어서 유유가 죽었다는 비보도 전해졌다.

유유의 죽음으로 비분강개한 고구려 군사들은 적장을 잃고 어찌할 바를 몰라 우왕좌왕하는 위나라 군사들을 향해 창과 칼을 들었다.

동천왕은 고구려군을 선두에서 지휘하며 고군분투한 끝에 가까스로 위나라 군사들을 무찌를 수 있었다. 그러나 환도성으로 돌아가기에는 남아 있는 군사의 수가 너무 적어 동천왕은 눈물을 삼키며 환도성을 버리고 돌아갈 수밖에 없었다.

한편 환도성을 함락한 위나라 군사들은 마음껏 노략질을 하다가 동천왕이 환도성을 버리고 떠나자 이를 크게 비웃으며 되돌아갔다.

득래의 예언대로 결국 고구려 환도성에는 풀과 나무만이 무성하게 자랐고 가끔 이름 모를 새들만이 그 옛날의 영화를 그리워하듯 구슬프게 울 뿐이었다.

결국 동천왕은 그 이듬해에 평양성으로 천도하여 환도성은 역사 속에 옛 영화를 묻고 말았다.

수장된 여인

　중천왕은 왕비의 얼굴을 바라보다가 이내 얼굴을 찡그리고 말았다. 왕비가 무슨 말을 하려는지 이미 다 알고 있었기 때문이었다.

　"폐하!"

　왕비는 중천왕의 표정과는 달리 웃음 띤 얼굴로 말했다.

　"폐하, 지금 위나라 조정에서 머리 긴 여인을 구한다고 하옵니다."

　중천왕은 왕비의 입에서 위나라 얘기가 나오자 자신도 모르게 몸을 움찔했다.

　위나라로 말하자면 선왕인 동천왕 때 고구려로 쳐들어와 환도성을 함락하고 온 나라를 노략질한 철천지원수가 아닌가?

　그런 까닭에 중천왕은 선왕이 죽고 왕위에 등극한 뒤부터 위나라를 쳐서 그날의 원수를 갚을 기회만 호시탐탐 노리고 있는데 갑자기 왕비의 입에서 위나라 얘기가 나오자 자신도 모르는 사이에 기분이 언짢아졌다.

　"그래서…… 그게 어쨌다는 말이오?"

　중천왕의 말에 왕비는 한결 부드럽게 말했다.

　"폐하께서도 아시다시피 위나라는 우리의 적국이 아니옵니까? 하지만 지금의 상황으로 보아서는 아직 국력이 미약하여 위나라를 칠 수 없사오니 먼저 위나라에서 구한다는 머리 긴 여자를 보내어 위나라 조정의 환심을 사십시오."

"……"

중천왕이 아무 말이 없자 왕비는 더욱 간드러진 목소리로 말했다.

"그렇게 해서 일단 위나라를 안심시킨 다음 적당한 기회를 보아 치심이 옳은 줄 아옵니다."

그러나 중천왕은 왕비의 말에 뭐라 대답하지 않았다. 왕비가 말하는 머리 긴 여자는 분명 관나 부인을 일컫는 게 분명한 까닭이었다.

"알았으니 물러가 계시오."

중천왕은 그렇게 말하며 불편한 심사를 숨기지 않았다.

중천왕이 관나 부인을 만난 것은 왕위에 오르기 전인 태자 시절이었다.

사냥을 나갔다가 돌아오는 길에 중천왕은 관나부 근처에서 우연히 물동이를 이고 가는 한 처녀를 보았는데 다른 여인과는 달리 허리까지 길게 늘어진 머리에는 윤기가 자르르 흘렀다.

처녀의 뒷모습에 반한 중천왕은 일부러 물 한 모금을 청했고 다소곳하게 눈을 아래로 내리깔고 물 한 바가지를 건네주는 처녀의 얼굴은 뒷모습 못지않게 아름다웠다.

관나 부인에게 한눈에 반한 중천왕은 한시라도 빨리 그녀를 대궐로 데려와 곁에 두고 싶었으나 지금의 왕비인 태자비 연씨와 이미 혼인한 후였기에 어쩔 수가 없었다.

그러다가 선왕이 승하하고 자신이 왕위를 물려받았을 때에야 비로소 관나 부인을 대궐로 데려와 후궁으로 입적시킬 수 있었다.

그러나 문제는 왕비의 질투심이었다. 관나 부인이 대궐에 들어오는 것을 쌍심지를 켜고 못마땅해하던 왕비는 그녀가 들어오자 아예 불편한 심기를 노골적으로 드러내었다.

오늘 중천왕을 찾아와 위나라에서 머리 긴 여자를 구한다는 말 또한 관나 부인을 위로 보내자는 말을 은근 슬쩍 돌려서 한 것이었다.

관나 부인 또한 마찬가지였다. 처음에는 왕비가 무슨 험담을 해도 묵묵히 참아내는가 싶더니 어느때부터 그녀의 입에서도 왕비를 헐뜯는 말들이 하나둘 튀어나오기 시작했다.

중천왕은 두 여자 사이에서 갈팡질팡하는 자신의 모습이 우스꽝스러웠다. 그리고 점차 왕비나 관나 부인 모두에게 환멸을 느끼기 시작했다.

그러나 오늘 왕비의 말은 생각할수록 괘씸했다. 아무리 미워한다지만 그래도 왕이 아끼고 총애하는 후궁을 적국인 위나라로 보내자니……

중천왕은 울화가 치밀고 만사가 귀찮아져서 곧바로 신하들을 대동하고 사냥 길에 나섰다.

사냥은 내리 사흘 동안 계속되었다. 산짐승을 향해 활을 쏘고 창을 날리며 중천왕은 조금씩 가슴이 후련해짐을 느꼈다. 그리고 밤이면 낮에 사냥한 짐승들을 불에 구워 신하들과 어울려 한바탕 술판을 벌이면서 왕비와 관나 부인에 대한 미움과 원망을 달랬다.

사흘째 되는 날, 중천왕은 신하를 불러 엄명을 내렸다.

"지금 당장 대궐로 돌아가 왕비와 관나 부인에게 전하라! 앞으로 두 번 다시 투기하지 말지니 만약 그런 일이 있으면 어느 누구를 막론하고 엄벌로 다스리겠노라고 전하라!"

명령을 받은 신하가 대궐로 달려간 뒤 중천왕은 말을 몰고 다시 사냥에 나섰다. 중천왕은 도망가는 짐승들을 향해 날렵하게 활을 쏘았다. 마치 왕비와 관나 부인에 대한 미움과 원망을 화살에 실어 날려 버리려는 것처럼 쉴새없이 화살을 쏘고 또 쏘았다.

다음날 중천왕은 마침내 대궐로 돌아왔다. 먼 여행을 다녀온 사람처럼 그의 마음은 가뿐하고 한결 평온해졌다.

중천왕의 발길은 저절로 관나 부인의 처소로 향했다. 며칠 보지 못한 사이 그리운 마음이 중천왕을 그리로 이끌었던 것이다.

'그녀가 무슨 잘못이 있겠는가? 이번 일도 다 왕비 때문에 생긴 게지……'

생각이 거기에까지 미치자 중천왕은 한편으로 관나 부인이 측은하게 여겨져 발길을 재촉했다. 그렇게 그녀가 기거하는 처소에 당도했을 때 중천왕은 깜짝 놀라 그자리에 우뚝 멈춰서고 말았다.

탐스럽고 긴 머리를 휘날리며 자신을 맞이할 줄 알았던 관나 부인의 모습은 보기에도 끔찍할 정도로 달라져 있었다. 풀어 헤쳐진 머리는 헝클어지고 옷은 아무렇게나 걸쳐 입고 있었다. 신발도 신지 않은 맨발에다 두 손에 커다란 가죽 부대를 들고 있었다.

그 모습을 본 중천왕은 놀라 묻기부터 했다.

"이게 도대체 무슨 일이냐?"

관나 부인은 중천왕 앞에 힘없이 쓰러지며 말했다.

"폐하! 소녀를 집으로 돌려보내 주옵소서!"

"그게 무슨 말이냐?"

중천왕의 말에 그녀는 서럽게 흐느끼며 대답했다.

"왕비 마마께서 허구한 날 소녀를 일러 시골 계집이라 천대하고 박대하니 어찌 이곳에서 폐하를 모시고 살아갈 수 있겠습니까? 차라리 소녀를 집으로 돌려보내어 단 하루라도 마음 편히 살아갈 수 있도록 은혜를 베풀어 주옵소서!"

관나 부인의 말을 들은 중천왕의 얼굴은 무참하게 일그러졌다.

사냥터에서 돌아올 때의 가뿐한 기분도 순식간에 사라지고 마음은 다시 예전처럼 천근 만근이나 무거워졌다.

중천왕의 그런 기분과는 상관없이 관나 부인은 계속 눈물을 흘리며 말했다.

"폐하께서 사냥을 나가신 후 왕비 마마께서 이 가죽 부대에 소녀를 담아 바닷물에 수장시키려 하셨사옵니다. 그러니 소녀가 살길은 오직 집으로 돌아가는 것뿐입니다. 부디 소녀의 청을 들어주옵소서!"

중천왕의 얼굴은 점점 무표정하게 변해 갔다.

'내 사냥터에서 사람을 보내 그토록 투기하지 말라고 단단히 일렀거늘……'

"폐하! 제발 소녀를……."

관나 부인의 울부짖음이 계속 이어지자 중천왕이 단호하게 물었다.

"왕비가 너를 그 가죽 부대에 담아 수장시키려 한 것을 어찌 알았느냐?"

"……."

중천왕의 물음에 관나 부인은 대답을 못하고 머뭇거리는 눈치였다.

"그리고 너를 담아 수장시키려 한 가죽 부대가 왕비의 손에 있지 않고 어찌하여 네가 가지고 있단 말이냐?"

"……."

중천왕의 목소리가 커지면 커질수록 관나 부인은 묵묵부답이었다. 그저 벌벌 떨면서 눈물만 흘릴 따름이었다.

중천왕은 그녀에게로 향했던 마음이 구름 걷히듯 일시에 사라짐을 느꼈다.

'내 그토록 저를 어여삐 여겼거늘……. 과연 여자의 마음은 어쩔 수가 없구나!'

중천왕은 큰소리로 신하를 불렀다.

"여봐라! 관나 부인을 저 가죽 부대에 담아 동쪽 바다에 버리고 오라!"

왕의 추상 같은 명령에 관나 부인은 그자리에서 기절하고 말았다. 중천왕은 더는 꼴도 보기 싫다는 듯이 뒤도 돌아보지 않고 그곳을 떠났다.

중천왕의 명을 받은 신하는 비록 사람의 인정으로는 그럴 수 없는 일이라 해도 왕의 지엄한 명을 거역할 수는 없는 노릇이었다.

중천왕의 후궁인 관나 부인은 그렇게 가죽 부대에 담겨져 바다에 산 채로 수장되었고, 그 소식을 들은 왕비는 이전보다 더욱 몸가짐을 조심하게 되었다.

중천왕은 한동안 왕비의 처소에는 얼씬도 하지 않았다. 가끔 관나 부인이 그리운 적도 있었지만 여자의 투기심을 생각하면 두 번 다시 보고 싶지 않은 얼굴이기도 했다.

소금장수 을불

해가 진 지도 한참이나 되어서인지 사위는 깊은 어둠에 묻힌 것은 물론 길에는 지나가는 인적도 끊어진 지 오래였다.

어느 집에선가 늦은 저녁밥을 짓는지 구수한 밥 냄새가 허기진 속을 더욱 아리게 했다. 오늘도 하루 종일 굶었던 것이다.

사내는 밥 냄새가 풍기는 집 쪽을 한참 바라보다가 이내 발걸음을 돌렸다. 어차피 동냥질도 하기 어려운 세상이라는 걸 사내는 누구보다도 잘 알고 있는 터였다.

골목을 벗어난 사내는 느릿느릿 동구 밖 주막으로 향했다. 주막에 들어서기 전 사내는 허리춤을 더듬으며 돈의 액수를 확인한다. 그 정도의 돈으로는 밥은커녕 술 한 병도 먹기 어려웠다.

사내는 잠깐 망설이다가 주막으로 들어가 평상에 걸터앉았다. 손님이 들어서는 것을 본 주모는 얼른 사내 앞으로 다가와 뭘 드시겠냐고 말보다 먼저 웃음을 흘렸다.

사내는 주저하지 않고 막걸리 한 사발을 시켰다. 한 병도 아닌 한 사발이라는 말을 듣고 주모의 얼굴은 금세 흥미를 잃은 어린아이 마냥 웃음기를 거두고 사내의 행색을 살피며 부엌으로 들어갔다. 그리고 신 김치 쪼가리 하나에다 막걸리 한 사발이 놓인 개다리소반을 사내 앞에 소리나게 내려놓고 다시 들어갔다.

사내는 막걸리 한 사발을 쭉 들이켜고는 한숨을 쉬며 밤하늘을 쳐다보았다. 숱한 잔별들이 무리 지어 떠 있는 게 보였다.

'저 별처럼 찬란하고 아름다운 나날들이 내게도 있었던가? 꿈은 아니었던가?'

사내는 다시 한숨을 쉬며 주모를 불러 술값을 치르곤 이 마을에서 제일 부잣집이 어디냐고 물었다. 주모는 또 한 번 사내의 행색을 훑어보더니 마을 끝자락에 위치한 큰 기와집을 손짓으로만 가리키고는 사내가 고맙다는 인사치레를 하기도 전에 휑 하니 등을 돌렸다.

사내는 주모가 가르쳐 준 부잣집을 찾아가 주인을 만나 부디 자신을 머슴으로 받아달라고 청했다. 주인은 귀찮은 표정을 지으며 사내를 힐끗 쳐다보더니 썩 내키지는 않은 듯 허락했다.

그날부터 사내는 그 부잣집의 머슴이 되었다. 일은 고되었다. 동트기 전부터 밤늦도록 사내는 죽어라 일을 했지만 새경이라곤 몇 푼되지도 않았고 탐욕스러운 주인은 세끼 밥 먹여 주는 것만으로도 감지덕지해야 한다고 귀에 못이 박힐 정도로 잔소리를 늘어놓았다.

그렇게 한 해가 지나고 여름이 되었다. 사내는 여전히 생기 잃은 표정으로 하루 종일 일만 했다. 사내는 거의 말을 하지 않았고 다른 머슴들과 어울리지도 않았다.

여름이 한창일 무렵, 주인은 사내를 부르더니 뒷마당 연못에서 우는 개구리 울음소리 때문에 잠을 잘 수가 없으니 밤새 연못가에 앉아 돌멩이를 던져 개구리 울음소리를 그치게 하라는 명을 내렸다.

사내는 그 말에 웃음조차 나오지 않았다.

'동트기 전부터 밤늦도록 일을 하고 밤에는 잠을 자지 말고 개구리를 쫓으라니……'

다음날 해뜨기 전에 사내는 그 집을 나왔다. 갈 곳이 없어 막막한 것보다도, 세끼 밥을 다 찾아 먹지 못하는 것보다도 단 하루를 살아도 심신 편히 사는 게 나을 것 같았다.

사내는 궁리 끝에 얼마 되지는 않지만 그간 푼푼이 모아둔 새경으로 소금장사를 하기로 결심했다.

사내는 압록강 근처에 있는 한 주막집을 숙소로 정해 놓고 날마다 소금을 팔러 다녔다. 이른 아침에 소금을 팔러 나갔다가 해가 지고 나서야 주막집으로 돌아오면 사내의 몸은 물먹은 솜처럼 무거웠다.

사내는 주모가 차려 주는 저녁밥을 허겁지겁 먹어 치우고는 그 자리에 그대로 쓰러져 코를 곯았다. 고된 나날이었다.

그러던 어느 하루, 그날도 지칠 대로 지친 사내가 저녁밥을 먹고 잠자리에 들려는데 주모가 은근 슬쩍 소금 한 말을 공짜로 줄 수 없냐고 농담처럼 말을 건넸다.

사내는 어이가 없었으나 아녀자의 몸으로 오죽하면 드센 사내들을 상대하는 주막집을 할까 싶어 순순히 소금 한 말을 주었다.

그런데 그것이 화근이었다.

며칠이 지나지 않아 주모는 또 소금 한 말을 달라며 생떼를 쓰다시피 사내를 졸랐다. 그렇게 자꾸 공짜로 주었다간 나중에 밑천이 거덜날지도 모른다는 생각을 한 사내는 이번에는 냉정하게 주모의 청을 거절했다.

그러자 주모는 표독스러운 표정을 지으며 내일 당장 주막을 떠나라고 화를 냈다. 사내 역시 정나미가 떨어져 더 이상 그곳에 머무르고 싶지 않았기에 날이 밝자마자 떠나겠다고 대답했다.

그날 밤, 사내가 정신없이 깊은 잠에 빠져들었을 때 주모는 아무도 몰래 사내의 소금 가마니 속에 자기의 신발 한 짝을 숨겨 두었다.

사내를 도둑으로 몰아 소금을 모두 빼앗을 생각이었던 것이다.

아무 것도 모르는 사내는 다음날 아침 일찍 소금 가마니를 등에 지고 주막을 나섰으나 이내 주모와 작당한 사내들의 손에 끌려 관가에 붙잡혀 가는 신세가 되었다.

영문을 모르는 사내는 결백을 주장했지만 자신의 소금 가마니에서 주모의 신발 한 짝이 나오자 그만 어안이 벙벙해져 이내 모든 것을 체념하고 말았다.

어차피 사내의 인생은 그러했다. 돌아보면 볼수록 뼛속 깊이 한이 서리는 삶이었다.

사내의 이름은 을불.

지금의 왕인 봉상왕은 포악 무도하기가 이를 데 없어 자신의 삼촌인 안국군 달가와 돌고를 죽이고 돌고의 아들인 을불마저 죽이려 하였으나 이를 미리 눈치 챈 을불은 그날로 도망을 쳐서 지금까지 이렇게 정처 없이 떠도는 나그네 신세가 된 것이다.

사내, 아니 을불의 눈에서는 하염없이 눈물이 흘렀다. 그저 지난날이 모두 한 줄기 꿈만 같을 뿐 지금의 자기 신세를 한탄하기에도 가슴이 벅차고 답답해 스스로 목숨이라도 끊어 버리고픈 심정이었다.

당대의 충신 국상 창조리는 밤이 으슥해지도록 잠을 이루지 못하고 술잔을 기울였다. 아무래도 더 이상은 아니 될 듯싶었다.

봉상왕이 자신의 삼촌들을 죽이고 을불까지 해치려 한 것도 그렇지만 지금 조정에서 벌이는 역사는 자칫 잘못하다가는 나라를 위태롭게 할지도 몰랐다.

더군다나 올해는 천재 지변이 많아 농사를 망친 백성들은 굶기를 밥 먹듯 하며 초목의 껍질과 뿌리로 그나마 나날이 연명하고 있는데, 왕이 무모한 역사를 벌여 전국의 청년들을 죄다 끌고 가자 역사에 동원된 청년보다 고향을 등지고 피신하는 청년의 수가 몇 배나 더 많았다.

며칠 전에도 왕을 알현한 자리에서 무모한 역사를 그만두고 백성들의 안위를 도모해야 한다는 자신의 뜻을 내비쳤다가 오히려 왕의 노여움과 미움만 사지 않았던가?

'음…….'

창조리는 또 한잔의 술을 들이켰다. 이러다간 자신의 생명마저도 위협받을지 모른다는 생각이 어렴풋하게나마 뇌리를 스쳐 지나갔다.

'왕을 폐하는 수밖에 없다!'

창조리는 손에 든 술잔을 꽉 쥐었다. 그것만이 자신이 살길이며 도탄에 빠진 백성들을 구하고 이 나라 사직을 살리는 길이라는 확신이 들었다.

'그렇다면 누구를 다음 왕으로 세워야 하는가?'

자리에서 일어나 방안을 서성이던 창조리의 머릿속으로 한 순간 섬광처럼 스쳐 지나가는 인물이 있었다. 을불이었다. 을불이라면 능히 왕의 재목이 되고도 남을 것이었다.

그러나 그날 이후 을불의 행방은 묘연해졌고 지금은 생사조차 알 수 없는 상황이었다. 한동안 허공을 응시하던 창조리는 단호한 결단을 내린 듯 눈빛이 형형하게 빛났다.

'일단 사람을 풀어 찾아보자! 어딘가에 꼭 살아 계실 것이다!'

창조리는 다음날 아침 일찍 조불과 소우를 불렀다. 그리고 자신의 뜻을 말하고 을불을 찾아올 것을 명했다. 조불과 소우 또한 창조리의 뜻에 따를 것을 맹세하고 곧 을불을 찾으러 길을 떠났다.

두 사람은 전국을 돌며 을불의 생김새와 비슷한 사람을 물색했다. 큰 키에 넓은 이마, 빛나는 눈동자에다 귀가 큰 남자. 이것이 창조리가 두 사람에게 설명해 준 을불의 생김새였다. 그러나 그런 조건을 다 갖춘 사람은 좀처럼 만나기가 어려웠다.

한 군데가 맞으면 두세 군데가 틀렸고 두세 군데가 맞으면 또 한 군데가 부족했다. 두 사람은 지나가는 사람들에게서 한 순간도 눈길을 떼지 않고 한 사람, 한 사람을 민망스러울 정도로 뚫어지게 쳐다보았다.

몇 날 며칠이 흘러 두 사람은 어느 강가에 이르렀다. 그때 뱃사람 중에 유독 한 사람이 둘의 눈길을 끌었다.

두 사람은 동시에 어떤 직감에 이끌려 그 뱃사람 앞으로 걸어가 낮은 목소리로 왕손이 아니냐고 물었다.

그러나 그 사람은 고개를 가로 저으며 단호하게 부인했다. 하지만 두 사람은 더듬거리는 말투로 보나 순간적으로 광채를 띠는 눈빛으로 보아 자신들이 찾고 있는 을불이 틀림없다고 확신했다.

두 사람은 곧 엎드려 예를 갖춘 뒤 자신들의 신분을 밝히고 찾아온 이유를 소상히 이야기했다.

그제서야 을불은 자신의 신분을 밝히고 두 사람을 따라 속히 그곳을 떠났다.

도성에 도착한 세 사람은 창조리의 뜻에 따라 일단 때를 기다리기로 하고 우선 성밖에 있는 오백남의 집에 몸을 숨겼다.

창조리는 하루하루 마음이 조급했다. 어서 때가 와야 하는데 좀처럼 그 때는 오지 않았다. 안타까운 마음에 창조리는 하루가 한 달 같게만 느껴졌다.

그러나 그 안타까움은 다행히 며칠 가지 않았다. 왕이 도성 밖에 있는 후산으로 사냥을 가게 된 것이다.

창조리와 조불, 소우, 이 세 사람은 비장한 각오를 하고 왕과 함께 사냥 길에 올랐다. 오늘의 일이 성공만 한다면 자신들의 뜻이 후대에까지 칭송받을 것이지만 만약 실패하는 날에는 자신들을 비롯한 일가족이 모두 몰살당할 것이기 때문이었다.

사냥터에 도착한 왕은 평소의 포악한 성질대로 짐승들이 눈에 보이는 족족 잡아 죽였다. 그 광경은 옆에서 보기에도 참혹할 정도였다.

한참을 그렇게 짐승들을 쫓아 말을 달리던 왕은 심신이 노곤했던지 잠시 행궁 안으로 들어가 몸을 쉬었다.

왕이 행궁 안으로 들어가자 창조리는 신하들을 불러모은 뒤 소신을 밝히고 뜻을 같이할 이들은 자신의 행동을 따르라고 말했다.

그런 다음 창조리는 주위에 무성히 자란 갈잎 하나를 꺾어 천천히 자신의 머리에 쓴 관에다 꽂았다. 비장한 표정을 한 조불과 소우가 그 뒤를 이어 갈잎을 꽂았다.

모여 있던 신하들은 처음에는 어리둥절하고 놀란 표정이었으나 이미 왕의 부덕함과 포악함에 염증을 느꼈던지라 모두들 차례로 갈잎을 꺾어 관에 꽂았다.

신하들이 모두 갈잎을 관에 꽂자 창조리는 곧바로 군사들을 시켜 왕을 행궁 안에 감금하도록 명령을 내렸다.

밖에서 일어나는 소동의 진의를 눈치 챈 왕은 마침내 자신에게도 때가 왔음을 깨닫고는 행궁 안에서 스스로 목숨을 끊어 버렸다.

이렇게 해서 불행한 반생을 보냈던 을불은 늦게나마 왕위에 오르게 되었고, 그후 고구려의 위세를 만방에 떨쳤으니 그가 바로 제15대 미천왕이다.

광개토대왕의 지혜

광개토대왕은 기백이 높고 용맹스러울 뿐만 아니라 지혜롭기로
도 유명하다. 여기에 소개하는 이 일화는 광개토대왕의 지혜로움을
잘 보여 주고 있다.

어느 해 가을, 광개토대왕이 백성들의 민심도 살필 겸 사는 모습
도 구경할 겸 도성 밖으로 어가를 타고 나갔다.

광개토대왕이 도성 밖 여러 마을을 순시하고 도성으로 돌아오기
위해 어가를 돌려 한 마을을 지나치게 되었는데, 마침 그때 동구 밖
에서 한 무리의 청년들이 두 패로 나뉘어 서로 멱살을 잡고 싸움을
벌이고 있었다.

얼마나 싸움이 거셌는지 청년들은 어가가 마을 앞에 멈춰 서 있
는 것도 몰랐다.

광개토대왕이 군사를 보내어 싸움을 말리자 그제야 어가를 본
청년들은 모두 땅바닥에 무릎을 꿇고 엎드렸다.

광개토대왕은 마을의 촌장을 불렀다.

"무슨 일로 저리 패싸움을 하고 있느냐?"

나이가 지긋한 촌장은 어가 앞에 엎드려 아뢰었다.

"대왕 폐하! 폐하의 행차를 알지 못하고 불충하게도 싸움질을 한

저희의 죄를 용서하여 주옵소서!"

광개토대왕은 거듭 그 연유를 물었다.

"무슨 일로 저리 싸우는지 어서 말하라!"

촌장은 잠시 머뭇거리는 기색이더니 자초지종을 이야기했다.

"소인이 사는 마을은 을갈乙渴이라 하옵고 산너머에 을돌乙乭이라는 마을이 있사온데……."

마을 촌장이 광개토대왕에게 아뢴 사연은 다음과 같았다.

원래 을돌이라는 마을과 을갈이라는 마을은 오래된 앙숙지간으로서 예로부터 무슨 일에 있어서든지 서로 경쟁하고 헐뜯는 사이였다.

을갈 사람들이 멧돼지를 사냥했다고 하면 을돌 사람들은 호랑이를 잡아 그 기세를 눌렀으며, 을돌 사람들이 올해 벼 몇 섬을 수확했다고 하면 을갈 사람들은 이듬해 그보다 몇 배나 더 많은 곡식을 수확하기 위해 밤잠까지 설치며 농사일에 열중했다.

일이 이렇게 되고 보니 두 마을 사람들은 어쩌다 만나면 서로 자랑하고 헐뜯기 일쑤였고 부모를 죽인 원수를 만난 것처럼 으르렁대며 이를 갈았다. 얼마 전에 있었던 전쟁에서도 서로의 공이 크다고 자랑하다가 마을 청년들 사이에 좋지 않은 기색이 역력했다.

그런데 갑자기 어젯밤 을돌에 사는 봉화라는 아리따운 처녀가 행방불명된 것이다.

봉화라는 처녀는 미색이 뛰어나고 행실이 올바르기로 을돌은 물론 이웃 을갈까지 소문이 자자했기 때문에 평소 을돌 청년들은 물론 원수지간으로 여기는 을갈 마을 청년들조차 은근히 속으로 봉화를 아내로 삼았으면 하고 바랄 정도였다.

을돌 사람들은 봉화의 행방을 찾아 온 마을을 뒤졌지만 그녀의 흔적은 어디에서도 발견되지 않았다.

을돌 사람들은 촌장의 집에 모여 봉화의 행방에 대해 의논을 했다.

"혹시 호랑이에게 물려간 게 아닐까요?"

"그건 아니지. 호랑이가 마을까지 내려왔다면 그 소리가 들렸겠지."

"그렇다면 귀신에게 홀려 깊은 산중으로 들어갔나?"

"그럴 리야 없을 테지만 생각만 해도 소름이 끼치는군!"

그 사람은 어깨를 치떨며 말했다.

"암만 생각해도 제 생각엔 이는 필시 사람의 소행일 것입니다."

그때까지 잠자코 침묵을 지키고 있던 마을 청년 하나가 사람들의 의견을 일시에 잠재우는 말을 꺼냈다.

마을 사람들의 시선이 일제히 그 청년에게로 쏠렸다.

"생각해 보십시오! 봉화는 우리 마을뿐만 아니라 이웃 을갈에까지 어여쁘기로 소문이 자자합니다."

말을 잠시 멈춘 청년은 좌중에 앉은 다른 청년들을 훑어보며 다시 말했다.

"우리 마을 청년들 중에 봉화에게 마음이 없는 이는 한 사람도 없습니다."

청년의 말에 다른 청년들이 고개를 끄덕이며 얼굴을 붉혔다.

"그렇다면 분명 을갈 놈들도 봉화에게 흑심을 품고 있었을 것입니다. 봉화가 우리 마을에 없다면 이는 필시 을갈 놈들이 지난밤 봉화를 보쌈해 간 것이 분명하지 않겠습니까?"

청년의 말이 끝나자 다른 청년들도 그 말이 옳다고 맞장구를 치며 떼를 지어 을갈로 몰려갔다.

을갈에 당도한 을돌 청년들은 다짜고짜 봉화를 내놓으라고 을갈 청년들에게 으름장을 놓았다. 영문을 모르는 을갈 청년들은 화를 내며 무슨 소리냐고 되레 큰소리로 윽박질렀다.

그렇게 해서 두 마을의 청년들은 서로 드잡이를 벌이게 되었던 것이다.

촌장의 말을 모두 들은 광개토대왕은 어가를 호위하는 장군을 불러 명했다.

"여봐라! 봉화라는 처녀가 을갈 마을에 보쌈을 당했다고 말한 청년을 잡아 오라!"

왕명을 받은 장군은 잠시 후 땅바닥에 엎드려 있던 청년들 중에서 키가 작고 눈썹이 위로 치켜 올라간 한 청년을 광개토대왕 앞에 데려와 무릎을 꿇게 했다.

광개토대왕은 엄한 어조로 문책했다.

"네가 을갈 마을 청년들이 봉화를 보쌈해 갔다고 했느냐?"

광개토대왕의 준엄한 말에 청년은 온몸을 사시나무 떨듯 떨며 아뢰었다.

"예…… 예!"

"너는 그것을 어찌 아느냐?"

"소, 소인은 그저 어림짐작으로……."

청년이 몸을 떨며 말을 더듬자 광개토대왕을 호위하는 장군의 호통이 떨어졌다.

"네, 이놈! 바로 아뢰지 못하겠느냐? 네 목숨이 몇 개인 줄 알고 거짓을 아뢰려 하느냐? 대왕 폐하를 기만하고도 네가 살아남을 줄 알았더냐?"

서슬 퍼런 장군의 호통에 청년은 기가 질린 듯 사실을 아뢰었다.

"대왕 폐하! 소인 죽을죄를 지었사옵니다. 봉화를 연모하는 마음에 그만 눈이 멀어……. 제발 목숨만은 살려 주옵소서!"

광개토대왕은 장군을 시켜 봉화를 찾아오라고 일렀다. 청년은 거의 초죽음이 된 표정으로 군사들에 의해 끌려갔다.

봉화는 그 청년의 집 뒤편 토굴 속에서 입에 재갈이 물리고 두 손과 다리가 밧줄에 꽁꽁 묶인 채 발견되었다.

장군은 봉화를 왕 앞으로 데려갔다. 광개토대왕이 보기에도 눈이 번쩍 뜨일 만큼 미모가 출중한 처녀였다.

광개토대왕은 을갈과 을돌 사람들을 한곳에 불러모은 뒤 어명을 내렸다.

"두 번 다시 이런 일이 있어서는 안 될 것이며 앞으로는 두 마을 부락민들이 서로 화해하고 사이좋게 살아갈 것을 명하니 이를 어기는 자는 죽음으로 그 죄과를 치르게 될 것이다!"

광개토대왕을 태운 어가는 다시 대궐로 향했다. 을갈과 을돌 마을 사람들은 멀어져 가는 어가를 향해 몇 번이고 땅바닥에 엎드려 큰절을 올렸다.

당 태종과 양만춘

고구려 보장왕 4년, 당나라 태종은 20만 대군을 이끌고 고구려로 쳐들어왔다.

당 태종은 우선 고구려의 관문과도 같은 안시성安市城을 치기로 하고 군사들로 하여금 성 주위를 겹겹이 둘러싸게 한 다음 공격 명령을 내렸다.

당시 안시성의 성주인 양만춘楊萬春은 성문을 굳게 걸어 잠그고 당나라 군사들에 맞서 용감하게 싸웠다.

성문이 열리지 않자 당나라 군사들은 성벽을 타고 기어올라갔는데 안시성을 지키는 고구려 군사들은 그들을 향해 화살을 비오듯 쏘아댔다. 성안의 백성들도 힘을 합쳐 여자들은 뜨거운 물과 기름을 쏟아 부었고, 남자들은 돌멩이를 굴려 떨어뜨렸다.

안시성의 그와 같은 공격에 성벽을 기어오르던 당나라 군사들은 화살에 맞아 죽는 자, 뜨거운 물과 기름에 데여 죽는 자, 돌멩이에 맞아 죽는 자 등 성벽 아래에는 떨어져 죽은 당나라 군사들의 시체로 아수라장을 이루었다.

당 태종은 의외로 안시성의 함락이 만만치 않자 막료幕僚 장수將帥 이세적李世勣을 불러 닦달했다.

"장군은 20만 대군으로도 저토록 작은 성 하나를 함락하지 못한 단 말이오?"

이세적은 허리를 숙이고 아뢰었다.

"안시성의 성주인 양만춘은 지략이 뛰어나고 성안의 백성들도 기상이 드높아 연개소문이 난을 일으켰을 때도 함락하지 못했습니다."

이세적의 말에 당 태종이 인상을 찌푸리며 말했다.

"그래서 장군도 안시성을 치지 못한다는 말이오?"

"그것이 아니라 일전에 소장이 안시성을 치기 전에 먼저 건안建安을 치라고 말씀 드리지 않았습니까?"

"아니, 그건 또 무슨 말이오?"

이세적의 말에 당 태종이 화를 버럭 내며 되물었다.

"건안은 성도 튼튼하지 못한 데다 군사도 적어 쉽사리 함락할 수 있사옵니다. 그러니 먼저 건안을 함락하여 군사들의 사기를 드높여 그 기세로 안시성을 쳤다면 일이 달라졌을 수도 있었기에 드리는 말씀이옵니다."

"듣기 싫소! 안시성도 함락하지 못하는 장군이 건안이라고 별수 있었겠소?"

당 태종은 이세적의 얼굴을 쏘아보며 언성을 높였다.

"내일부터 안시성을 빙 돌아서 안시성과 똑같은 높이의 성루를 쌓으시오. 성루가 완성되면 사다리를 놓고 건너가면 될 테니까……."

당 태종의 말에 이세적이 덧붙였다.

"역사役事를 일으켜 군사력을 소진시키기보다는 차라리 군량이 떨어져 항복해 오기를 기다리는 게 더 나을 듯하옵니다."

"장군도 답답하시구려. 우리가 고구려를 치러 왔지 이까짓 작은 성 하나를 함락하러 왔소? 그리고 20만 대군이 작은 성 하나를 함락하지 못해 군량이 떨어질 날을 기다리고 있다면 미천한 짐승도 웃고 갈 일이오!"

당 태종은 혀를 끌끌 차며 이세적에게서 얼굴을 돌렸다. 이세적은 아무 대꾸도 못하고 군사들을 시켜 성루를 짓게 했다.

성루가 점차 완성되어 가자 안시성에서도 가만히 있을 수만은 없었다.

"장군! 적들의 성루가 날로 높아지고 있습니다. 이를 어찌하면 좋겠습니까?"

부하들의 말에 양만춘은 태연자약하게 대답했다.

"오히려 잘된 일이잖소? 적군이 사다리를 타고 우리 쪽으로 건너올 양이면 우린 그저 사다리를 들어 성벽 아래로 밀어 떨어뜨리면 될 터이니……."

"장군!"

양만춘의 태연한 말투에 애가 달은 부하들은 속을 태우며 합창하듯 양만춘을 불렀다.

"지금부터 내가 이르는 대로 하시오. 먼저 성안에 있는 솜뭉치와 헝겊을 모두 모으시오. 그런 다음 철사와 기름도 모두 모으고……."

당나라 군사들이 세운 성루가 완성되자 당 태종은 이번에야말로 기필코 안시성을 함락하겠다고 굳은 다짐을 하고 군사들을 출정시켰다.

출정 명령을 받은 당나라 군사들은 사다리를 들고 개미떼처럼 우르르 성루로 올라가 건너편 안시성의 성루에 사다리를 걸쳤다. 일부 군사들은 밧줄을 집어 던지기도 했다.

그런데 웬일인지 안시성에서는 이렇다 할 반격의 기미가 보이지 않았다. 깃발만 성루 위에서 세찬 바람에 휘날릴 뿐 쥐죽은듯이 조용하기만 했다.

그것을 지레 겁을 먹고 항복할 태세라고 판단한 당나라군은 함성을 지르며 사다리를 타고 건너가기 시작했다.

"둥!"

우렁찬 북소리가 한 번 울리자 그때까지 성루 뒤에 몸을 숨기고 있던 고구려 군사들이 시위에 활을 당긴 채 모습을 드러냈다.

"둥!"

또 한 번의 북소리가 울리자 이번에는 횃불을 치켜든 아녀자들이 나타났다.

"둥!"

세 번째 북이 울리자 아녀자들이 화살 끝에 매단 솜뭉치에 불을 붙였다. 기름이 잔뜩 밴 솜뭉치는 세찬 열기로 활활 타올랐고 화살촉은 시뻘겋게 달아올랐다.

"둥둥둥둥둥!"

이어 불붙은 화살이 소나기처럼 쏟아졌다. 사다리를 건너가던 당나라 군사들은 비명을 지르며 아래로 떨어졌다. 함성을 지르며 나타난 아이들이 힘을 합쳐 사다리를 성루 아래로 밀어 떨어뜨렸다.

불화살에 맞아 비명을 지르며 성 아래로 떨어진 당나라 군사들의 몸에 붙었던 불길은 밑에 있던 군사들에게로 금세 옮겨 붙었고, 이어 순식간에 진지 곳곳에서 검붉은 불길이 치솟아 올랐다.

당나라 군사들은 몸에 붙은 불을 끄느라 외마디 비명을 지르며 이리저리 뛰어다녔고 남은 군사들도 비오듯 쏟아지는 불화살을 피하느라 싸움은커녕 도망치기에 급급했다. 당 태종은 고함을 치며 군사들을 지휘했지만 왕의 말을 따르는 군사는 불행하게도 단 한 명도 없었다.

분을 못 이긴 당 태종이 칼을 높이 쳐들고 안시성을 향해 말을 달리려 할 때였다.

"윽!"

날아온 불화살에 한쪽 눈을 정통으로 얻어맞은 당 태종은 그만 말 위에서 푹 고꾸라져 땅바닥으로 떨어져 내렸다.

"폐하!"

이세적은 황급히 말을 몰아 당 태종에게로 달려왔다. 이세적은 말에서 내려 당 태종을 무릎에 누이고 눈에 박힌 화살을 뽑아냈다.

"폐하! 정신 차리옵소서! 폐하! 어의는 어디 있느냐? 어디 있는 게냐?"

이세적이 어의를 찾아 목놓아 부르는 동안, 당나라 군사는 불화살을 피해 도망가기에 급급해 임금의 부상 따위는 안중에도 없었다.

당 태종이 의식을 회복한 것은 다음날 이른 새벽이었다.

"폐하! 이제 정신이 드시옵니까?"

"음……."

"폐하!"

"싸움은 어찌 되었는가?"

이세적은 말을 잃고 침통한 표정으로 고개를 숙였다.

"어제의 전투로 많은 군사들이 죽거나 부상을 당했습니다. 그러니 이제라도 그만 돌아가시는 것이 좋을 듯합니다."

당 태종도 할말을 잃었다. 자신이 고구려를 소국小國이라고 너무 쉽게 생각한 것이 잘못이었다. 화살이 꽂혔던 한쪽 눈이 심한 통증을 일으키며 아려 왔다.

"폐하! 한시 바삐 돌아가셔서 상처부터 치료하시는 것이 급선무라고 사료됩니다."

당 태종은 비통한 표정으로 말했다.

"전군에 회군할 것을 명한다."

이세적은 곧 당 태종의 명령을 전군에 전달했다.

날이 밝자 당 태종을 앞세운 당나라 군사는 처참한 몰골로 되돌아갔다. 한쪽 눈에 붕대를 감은 당 태종과 그 뒤를 따르는 군사의 태반은 화상을 입었거나 부상을 입어 팔다리를 제대로 쓸 수 없었다.

군사들의 행렬이 안시성을 벗어나 시야에서 멀어져 갈 즈음, 안시성의 성주 양만춘이 성루 위에서 큰소리로 당 태종에게 작별을 고했다.

"폐하! 다친 눈이 하루빨리 완쾌되시기를 비옵니다. 안시성은 앞으로도 철통 같은 방책으로 그 어떤 침략에도 굴하지 않고 싸울 것입니다. 부디 가시는 길 편안하시기 바랍니다!"

당 태종은 양만춘의 말을 듣고 나서 호탕하게 웃었다.

"장수 중의 장수인지고! 내 일찍이 그대와 같은 인물은 보지 못했다. 그대와 같은 인물이 고구려에 있는 줄 내 진작 알았더라면 생각을 달리했을 것을……."

당 태종은 그렇게 말한 후 신하를 시켜 비단 백 필을 양만춘에게 보냈다.

안시성의 승리는 고구려의 위세를 당나라에 떨친 것뿐만 아니라 넓은 중원 대륙의 다른 나라에까지 그 명성을 드높이는 결과를 낳았다.

망국의 불씨

　고구려 보장왕 25년, 한 시대를 풍미하며 파란 만장한 생애를 보냈던 연개소문이 죽자 큰아들 남생이 아버지의 대를 이어 막리지의 벼슬에 올랐다.

　남생은 막리지에 오른 뒤 국내 정세를 살피기 위해 길을 떠나게 되었는데 떠나기 전, 두 동생인 남건과 남산에게 자신이 자리를 비운 동안 뒷일을 부탁했다.

　그로부터 며칠이 지났다. 남생이 각처에 있는 성을 돌아다니며 그 지방의 정세를 살피고 있는데 하루는 도성에서 한 사람이 남생을 찾아왔다.

　그 사람은 남생을 은밀히 만나기를 청하더니 주위를 살피며 목소리를 낮추어 말했다.

　"제가 이렇게 불시에 찾아온 것은 아주 중요한 일 때문입니다. 다름이 아니라……."

　그 사람은 다시 한 번 주위를 살피는 눈치이더니 계속 말을 이었다.

　"지금 도성에서는 동생 분들이 남생님을 죽이고 자기들이 권력을 차지하려고 역모를 꾸미고 있습니다."

남생은 크게 놀랐지만 그 말을 도저히 믿을 수가 없었다.

'아버님이 살아 계신 동안에 그토록 아끼고 사랑해 주신 동생들이 아니었던가? 그리고 불행하게도 아버님께서 돌아가신 지금에는 내가 아버지를 대신해서 동생들을 친자식처럼 돌보고 있는데……역모라니……. 더군다나 형인 나를 죽이려 한다니……!'

남생은 얼른 머리를 저었다. 그런 생각을 한다는 자체부터가 동생들에게 몹쓸 짓을 하는 것 같았다.

'그러나 도성에서 이렇게 나에게 사람을 보낸 것부터가 이상하지 않은가?'

그 사람이 돌아간 후 날이 밝도록 남생은 잠을 이룰 수가 없었다. 머릿속으로 수많은 상념들이 선을 그으며 지나갔다. 마음은 그야말로 지옥이었다.

한편 형인 남생을 대신해서 성심 성의껏 정사를 돌보던 남건과 남산에게도 어느날 밤 한 사람이 찾아왔다.

그 사람은 남건과 남산에게 남생에게 했던 것과 똑같은 말을 했다.

"지금 형님께서는 도성에 돌아오시는 대로 동생인 두 분을 해치려는 계략을 세우고 계십니다. 그것은 두 분이 살아 계시면 자신의 권력이 위협을 받을 것이기 때문입니다."

남생과 마찬가지로 남건과 남산은 크게 놀라며 그 말을 좀체 믿으려 하지 않았다. 그만큼 형제들의 우애는 돈독했고 서로에 대한 믿음이 철석 같았다.

동생들도 밤을 하얗게 새우기는 형과 마찬가지였다. 아무리 생각해도 그 사람의 말은 자신들을 이간질시키려는 아귀의 속삭임만 같았다.

며칠 후 남생은 혹시나 하는 의구심을 떨쳐 버리려는 마음에 자신의 심복을 도성으로 보냈다. 도성에 있는 동생들의 동태를 살피고 오되 어느 누구에게도 들켜서는 안 된다는 신신당부를 꼬리표처럼 달고서였다.

허름한 옷차림으로 나그네의 행색을 가장한 남생의 심복은 도성에 도착하자마자 즉시 행동을 개시했다. 낮이면 도성 구경을 하는 체하며 사람들의 민심을 살폈고, 밤이면 남건과 남산의 집 주위를 그림자처럼 숨어 다니며 집안의 동태를 살폈다.

그렇게 하기를 며칠이 지나도록 아무런 낌새도 발견하지 못한 심복은 마침내 돌아가기로 마음을 먹고 도성을 빠져 나오다 그만 자신의 얼굴을 아는 남산의 부하에게 들켜 남건과 남산, 두 형제 앞에 끌려가게 되었다.

일이 여기에까지 이르자 두 형제는 형인 남생을 의심하지 않을 수 없었다. 두 형제는 전에 자신들을 찾아왔던 사람과 함께 즉시 왕을 알현하고 모든 일을 고했다.

두 형제의 말을 들은 왕은 크게 노하여 남생을 잡아들이라는 명령을 내렸고, 이어 군사들이 남생이 있는 성으로 말을 달렸다.

왕명으로 자기를 잡으러 군사들이 온다는 말을 들은 남생은 분노로 치를 떨었다. 모든 것이 사실이었던 것이다.

깊은 절망과 배신감에 빠진 남생은 복수를 다짐하며 국내성으로 몸을 피신하였다. 그 소식을 들은 남건 또한 모든 것이 분명한 사실이라 확신하고 스스로 막리지에 올랐다.

남생은 아들을 당나라로 보내어 도움을 청했고 당 고종은 원정군을 보내어 남생을 당나라로 데려왔다.

당나라에 도착한 남생은 당 고종으로부터 막리지의 벼슬을 제수 받고 자신을 버린 조국과 동생들에 대한 복수를 맹세했다.

당 고종은 이 일을 하늘이 주신 절호의 기회라고 생각하였다. 그리고 남생으로 하여금 장군 이세적과 함께 많은 군사들을 데리고 고구려를 공격하도록 했다.

그렇게 시작된 싸움은 2년 동안이나 계속되었고 마침내 신라군까지 가세하여 705년간 그 기세를 떨쳤던 고구려는 멸망이라는 비극적인 국운을 맞고 말았다.

결국 남생과 남건, 남산 세 형제의 사소한 오해로 인해 시작된 싸움은 한 나라의 운명까지도 바꿔 버린 것이다.

장수 검모잠의 한

나당 연합군이 삼국을 통일한 후 당나라가 백제와 고구려를 자기 영토로 만들 음모를 꾸미자 이를 눈치 챈 신라는 즉시 당나라와의 전쟁에 들어갔다.

졸지에 나라를 잃은 고구려와 백제 유민들도 잃어버린 나라를 되찾기 위해 곳곳에서 당나라군을 상대로 교전을 벌였다.

그 중 고구려의 대형大兄을 지낸 검모잠은 특히 그 세력이 크고 휘하에 뛰어난 장수들이 많았다.

검모잠은 평양 북쪽에 위치한 궁모성에서 고구려 유민 수백 명을 거느리고 당나라군과 치열한 접전을 벌였으나 성의 규모가 워낙 작아서 당나라군을 막아내기에는 역부족이었다.

그대로 계속 버틸 수 없었던 검모잠은 우선 당나라군을 이 땅에서 몰아내는 게 급선무라고 생각했다. 그래서 부하들과 의논하여 비록 조국을 멸망시킨 원수이긴 해도 동족인 신라군과 힘을 합쳐 당나라군에게 대항하는 것이 훨씬 유리할 것이라는 판단을 내리고 부하들과 백성들을 이끌고 신라로 향했다.

검모잠과 일행은 당나라군의 눈을 피해 넓은 대로를 버리고 험하고 가파른 산길을 택해 이동했다.

그들이 대동강을 건너 남쪽으로 내려가다가 험준한 고개를 하나 넘었을 때였다. 잘 지은 기와집이 50여 호 남짓 되는 작은 마을이 나타났다.

비록 작긴 해도 이런 산중에 기와집이 있는 것을 수상하게 여긴 검모잠은 부하들 중 가장 날쌔고 총명한 금룡을 시켜 마을의 동정을 살피고 오라고 일렀다.

얼마 후 돌아온 금룡은 마을에는 당나라 관리들과 군사들이 살고 있다고 보고했다. 그래서 검모잠 일행은 조심스럽게 마을 뒤쪽 더 깊은 산속으로 몸을 숨겼다.

검모잠 일행이 가파른 산길을 따라 한참을 걸어가노라니 난데없이 생각지도 못했던 큰절이 나타났다.

날은 저무는데 마땅히 쉴 곳을 찾지 못해 속으로 걱정을 하던 검모잠은 만일을 대비하여 일행을 숲속에 남겨 두고 금룡과 단둘이서 절 안으로 들어갔다.

밖에서 본 규모나 크기와는 달리 절에는 젊은 수도승 몇 사람과 나이가 지긋한 주지가 전부였다.

검모잠은 주지를 만나 자신들의 사정을 이야기하고 하룻밤 쉬어 갈 것을 청하자 주지는 흔쾌히 승낙을 하며 말했다.

"소승도 고구려인으로서 나라 잃은 설움이 뼛속까지 사무칩니다."

검모잠은 금룡을 시켜 일행들을 절로 데려오게 하고 주지와 마주앉아 이런저런 담소를 나누며 차를 마셨다.

시간이 지날수록 검모잠은 주지가 호인好人이라는 생각이 들었다. 지식도 해박하고 불심佛心도 깊은 것 같았다. 그리고 무엇보다 감탄한 것은 자기와 일행들을 대하는 그의 태도였다.

주지는 온화한 미소로 그들을 환대했고 젊은 수도승들을 시켜 저녁을 짓게 했다. 일행이 도우려고 나서면 극구 사양하며 피곤할 터이니 걱정 말고 쉬라고만 했다.

검모잠과 부하 장수들의 밥상에는 술도 올랐고 오랜만에 푸짐한 저녁에다 술까지 얻어 마신 검모잠과 일행은 취기에 젖어 얼마 지나지 않아 깊은 잠에 곯아떨어졌다.

밤이 깊어 검모잠을 비롯한 일행은 달콤한 잠 속으로 빠져들었다. 풍경 소리만 간간이 울릴 뿐 절 안은 고요하다 못해 적막하기까지 하였다. 그런데 어디선가 낮지만 단호한 말소리가 또렷하게 들렸다.

"잘 들어라! 검 장군을 비롯한 우리 일행의 목숨은 너희들의 손에 달렸다! 비록 주지가 우리와 같은 동족이라고는 하지만 그래도 앞일은 알 수 없는 것이니 조용히 움직이며 저들의 행동을 살펴라!"

그렇게 말하는 이는 금룡이었다. 그는 검모잠과는 달리 주지의 행동이 아무래도 이상하다는 느낌을 받았다. 그리고 이토록 큰 절에 스님이 열 명 안팎이라는 것도 적이 의심스러웠다.

"두 조로 나뉘어 한 조는 절의 정문을 지키고 다른 조는 뒷문을 지켜라! 개미 새끼 한 마리도 절을 빠져 나가게 해서는 안 된다. 혹 나가는 자가 있거든 즉시 붙잡아 내 앞에 데려오라. 알겠느냐?"

"예!"

금룡의 말에 부하들은 두 눈을 번득이며 대답했다.

부하들이 각각 앞문과 뒷문으로 가 매복하는 것을 확인한 금룡은 법당 마당의 작은 석탑 옆에 몸을 숨겼다.

산중의 밤은 깊은 물 속처럼 조용했다. 하늘엔 쏟아질 듯 수많은 별들이 운성을 이루었고 그 별들을 바라보던 금룡의 입에서는 나지막하게 한숨이 스며 나왔다.

'장차 어찌 될 것인가? 신라의 도움을 받아 망국亡國의 한을 씻

을 수 있을 것인가?'

금룡이 가슴속으로 불안한 미래를 생각하며 탄식하고 있을 때, 뒷문을 지키던 부하들이 젊은 수도승 두 명을 잡아 금룡 앞에 끌고 왔다.

"이놈들이 뒷문을 빠져 나가는 것을 잡아왔습니다."

금룡은 장검을 빼내어 수도승의 목에다 들이대며 말했다.

"말하라! 무슨 일로 이 야심한 밤에 절을 빠져 나가려 했느냐?"

"살려만 주십시오! 소승들은 큰스님의 분부를 따랐을 뿐입니다."

수도승 중 한 명이 벌벌 떨며 대답했다.

"그 분부가 무엇이냐?"

금룡의 다그침에 다른 수도승이 품속에서 네모 반듯하게 접은 편지 한 장을 꺼내어 떨리는 손으로 금룡에게 건넸다.

"이것을 아랫마을에 있는 당나라 장군에게 전하라 하셨습니다."

수도승이 건넨 편지를 읽는 금룡의 두 팔이 부들부들 떨렸다.

'지금 저희 절에 고구려군이 3백 명 가량 주둔해 있으니 내일 날이 밝는 대로 군사 5백 명 정도만 보내시면 섬멸할 수 있을 것 같사옵니다. 그리고 고구려군의 우두머리인 검모잠이란 자는 소승이 알아서 처리할 테니 장군께서는 걱정하지 마십시오.'

편지를 다 읽은 금룡은 젊은 수도승의 목에 들이댄 칼을 더욱 힘주어 잡으며 말했다.

"지금부터 내 말을 새겨 들어라. 만약 내 말을 조금이라도 거역하면 너희들의 목숨은 오늘 밤 안으로 끝이다. 이 편지를 당나라 장군에게 가서 전하되 절대 아무런 내색도 하지 말아라! 내 부하들이 너희들의 뒤를 그림자처럼 따라붙을 것이니 조금이라도 허튼수작을 부렸다간 단칼에 목이 달아날 것이다!"

수도승들은 여전히 부들부들 떨면서 금룡이 내미는 편지를 받았다.

"사실 큰스님은 저희와 같은 고구려 사람이 아니라 당나라 사람입니다. 저희들은 그저 목숨을 부지하고자 잘못된 일인 줄을 알면서도 그만 이렇게……."

수도승들은 어깨를 들썩이며 낮게 흐느꼈다.

"알았다. 너희가 내 말대로만 한다면 목숨만은 살려 주리라. 어서 가거라!"

금룡의 추상 같은 명령에 젊은 수도승들은 편지를 품속에 넣고 절을 빠져 나갔다. 그리고 그 뒤를 금룡의 부하들이 일정한 거리를 두고 소리 없이 뒤따랐다.

금룡은 곧 검모잠을 깨워 전후 사정을 이야기하였다. 놀란 검모잠은 일행들을 조용히 깨워 뒷산으로 급히 피신시켰다.

얼마 후 당나라 장군에게 갔던 수도승들이 답장을 가지고 왔다.

'고맙소! 내일 아침 날이 밝는 대로 군사 5백 명을 대동하고 절을 에워쌀 것이니 걱정하지 말고 몸조심 하시오.'

금룡은 수도승들로 하여금 답장을 주지에게 전하게 하고 심복 둘을 주지의 방문 앞에 매복시켜 놓았다. 그리고 혹 이상한 낌새라도 보이면 그 즉시 목을 쳐도 좋다는 명을 내렸다.

날이 희끄무레하게 밝아오는 새벽 무렵, 검모잠은 고구려군의 숫자가 당나라군에 비해 수적으로 열세인 점을 감안하여 기습 작전을 펴기로 하고 지형을 두루 살펴 군사들을 절 주변의 요소要所마다 배치시켰다.

희뿌연 안개를 헤치고 아침 햇살이 절 마당에 부신 빛을 뿌릴 즈음, 당나라군 5백여 명이 절 주위를 에워싸기 시작했다.

이에 검모잠은 요소마다 배치해 놓은 군사들을 지휘하여 정오가 채 되기 전에 당나라군을 전멸시켰다. 실로 놀라운 일이 아닐 수 없었다.

검모잠이 당나라군 대장의 목을 베고 절로 내려가니 요망스러운 주지의 목 또한 이미 금룡의 심복들 손에 달아나고 없었다.

검모잠은 일행을 정렬하여 다시 길을 떠났다. 멀고도 험한 길이었지만 다행히 신라와 손이 닿아 무기를 비롯한 곡식까지도 원조받을 수 있게 되었다.

그리하여 검모잠은 고구려의 마지막 왕인 보장왕의 서자 안승安勝을 왕으로 추대하고 당나라군과 힘겨운 싸움을 벌였다.

그러나 이미 기울어진 대세를 되돌리기엔 역부족이었던 데다 내분까지 일어나 검모잠은 안승에게 죽임을 당하고 만다. 이로써 힘겨운 고구려 부흥 운동은 완전히 끊어지고 말았다.

고구려를 다시 세워 망국의 한을 풀고자 했던 검모잠과 금룡, 그리고 그들을 따르던 고구려 유민들은 약육강식의 냉엄한 논리에 밀려 역사의 이면 속으로 한 줄기 유성처럼 사라지고 말았다.

한 권으로 읽는
삼국야사

백제

충신의 길

　백제의 국조國祖인 온조왕은 성품이 온후하고 어질었던 반면 통솔력이 부족하고 매사에 일의 끊고 맺음이 확실하지 않아 건국 초기에는 강력한 나라의 기반을 다지지는 못했다. 그런 까닭에 언제나 주변국들의 침략에 전전긍긍했는데 그 가운데서도 말갈의 위협이 제일 컸다.

　온조왕 2년, 우보 을음乙音은 온조왕을 알현하고 앞으로 있을지도 모를 말갈의 침략에 대해 상의했다.

　"폐하! 지금 말갈의 국력이 날로 강대해지니 머지않아 분명 우리 백제를 치려 할 것이옵니다."

　"과인의 생각도 그러하오. 대체 이를 어찌하면 좋단 말이오?"

　온조왕은 예의 걱정스러운 말투로 대답을 할 뿐 한 나라의 군주다운 방안이나 대비책은 강구하지 못했다.

　"소신의 생각으로는 군사를 재정비하고 군량을 미리 확보해 두는 것이 최우선이라고 사료되옵니다."

　"지금 백성들의 생활도 곤궁하기 이를 데 없거늘……."

　온조왕이 말끝을 흐리자 을음이 강력한 어조로 아뢰었다.

　"나라의 존망이 달린 일인데 백성의 곤궁함이 문제이겠습니까?

무릇 나라 없는 백성의 설움이 얼마이며 폐하께서는 무엇으로 이 사
직을 보존하려 하시옵니까?"

"음……."

온조왕은 말을 잇지 못했다. 을음의 말이 합당했던 것이다.

"폐하! 소신에게 모든 것을 맡겨 주옵소서. 백성들의 원망은 소
신 혼자서 달게 받을 것이옵니다!"

"알아서 하오. 과인은 공의 충정을 그대로 따를 것이오."

어전을 물러난 을음은 곧 나라에 포고령을 내려 군사들을 징집
하고 백성들의 곳간에 쌓아 둔 곡식들을 강제로 국고에 환수했다.

백성들의 원성은 이루 말할 것도 없거니와 다른 신하들의 반발
도 그에 못지않게 강력했다. 백성들은 을음을 나라의 재상이 아닌
도적으로 여겼으며 다른 신하들은 을음이 왕의 눈에 들기 위해 괜한
일을 벌인다고 쑥덕거렸다.

그러나 을음은 그런 소리에 귀를 기울이지 않고 말갈의 침략에
대비하여 만반의 태세를 갖추는 데에만 열중했다.

마침내 이듬해인 온조왕 3년 9월에 을음의 우려대로 말갈은 군
사를 일으켜 백제로 쳐들어왔다.

예상하고 있었던 일이라 을음은 침착하게 군사들을 통솔하여 말
갈군을 단번에 무찔러 버렸다.

온조왕은 크게 기뻐하며 을음의 노고를 치하했으나 백성들과 다
른 신하들은 그렇지 않았다. 일단 을음을 비뚤어 보기 시작한 민심
은 을음의 대승을 두고 말이 많았다.

얼마 되지도 않는 오랑캐에게 지레 겁을 먹고 군사를 양성했다
느니, 군량을 빌미 삼아 을음이 개인적인 치부를 했다느니 하며 부
상자와 전사자가 생긴 집에서는 아예 을음을 일러 원수라고까지 대

놓고 욕을 할 정도였다.

신하들도 마찬가지였다. 을음이 군사들을 이끌고 대궐로 돌아오자 온조왕은 후원後苑에서 성대한 연회를 베풀었는데 신하들은 비아냥거리는 말투로 괜한 날씨 탓을 하거나, 공연히 허튼소리를 해대며 을음에 대한 미움과 질투의 감정을 노골적으로 드러내었다.

그 소리는 온조왕과 마주앉아 술잔을 기울이는 을음의 귀에까지 들렸으나 을음은 말없이 술잔을 비우며 가끔 후원 마당에 때아니게 피어난 복숭아꽃을 바라볼 뿐이었다.

제철도 아닌 가을에 후원 마당에 피어난 복숭아꽃은 마치 을음의 개선을 축하해 주기 위해 하늘이 보낸 화환 같았다. 하지만 개중의 몇몇 신하들은 그것마저도 상서롭지 못한 징조라고 함부로 입을 놀렸다.

다시 세월이 흘러 온조왕 8년에 이르러 말갈은 다시 군사 3천 명을 이끌고 백제로 쳐들어와 도성을 포위했다.

왕을 비롯한 모든 신하들이 어전에 모여 사태를 의논했지만 이렇다 할 방도를 찾지 못해 애를 끓이고 있었다.

"폐하! 불충한 소신에게 다시 한 번 중임을 맡겨 주소서!"

이렇게 간하며 나선 이는 다름 아닌 을음이었다. 온조왕은 물론이거니와 다른 신하들도 은근히 을음이 나서 주기를 고대하고 있던 터였기에 모두들 기다렸다는 듯이 을음에게로 시선이 쏠렸다.

"폐하! 소신에게 한 가지 계책이 있사오니 믿고 맡겨 주옵소서!"

"과인은 공이 그렇게 나올 줄 알고 있었소! 일전에 말갈을 맞아 대승을 올린 것처럼 이번에도 공이 나서 말갈을 물리치고 이 나라를 구할 것을 과인은 굳게 믿으오!"

"황공하옵니다, 폐하!"

을음이 그렇게 아뢴 뒤 어전을 물러날 때까지 다른 신하들은 한 마디 말도 없이 그저 어전 바닥에 머리만 조아리고 있었다.

하루가 가고 이틀이 지났다. 사흘, 나흘이 지나고 일주일이 되었다. 그런데도 을음은 군사들에게 아무런 명령도 내리지 않고 그저 묵묵히 시간만 보냈다.

말갈의 군사들은 백제군이 도성 문을 굳게 걸어 잠근 채 도무지 싸울 기세를 보이지 않자 조금씩 초조해졌다.

말갈군은 도성을 향해 온갖 욕설을 해대며 싸움을 부추기기도 하고 흥겨운 술판을 벌여 자신들의 방심을 거짓으로 꾸며 백제군이 공격 해 올 것을 유도하기도 했으나 도성 위엔 깃발만 휘날릴 뿐 백제군은 그림자조차 보이지 않았다.

온조왕은 그와 같은 을음의 태도가 미심쩍었지만 그에게 모든 것을 일임한 이상, 자신이 나서 뭐라 말하기도 거북한 상황이었다.

을음이 도성 문을 굳게 닫고 말갈과 대치한 지 열흘째 되는 날이었다. 을음은 날랜 군사 5백 명을 뽑아 별동대를 조직했다.

"너희들은 야음을 타고 도성을 빠져 나가 대부현大斧峴에 매복하고 있다가 내일 아침 적들의 퇴로를 차단하라!"

을음의 말에 부하 장수 한 명이 나섰다.

"그 말은 즉, 우보께서 내일 아침 적들을 공격하시겠다는 뜻이옵니까?"

을음은 그 장수를 바라보며 말했다.

"지금 적진의 소리에 귀기울여 보라. 술에 취해 흥청망청 노래를 부르는 군사들의 합창 소리가 들리지 않느냐? 이는 필시 저들의 군량이 바닥이 나서 내일 아침이면 회군할 것이기에 저렇듯 밤새 마음 놓고 음주 가무를 즐기는 것이다. 그러니 우리가 미리 퇴로를 차단하고 기다렸다가 적들이 회군할 때 앞뒤에서 한꺼번에 공격을 한다면 승세는 분명 우리의 것이 될 것이다!"

을음의 말을 들은 부하 장수들은 고개를 끄덕이며 계책 중의 계책이라며 탄복했다. 별동대는 말갈의 군사들이 술에 취해 잠든 새벽녘에 그림자처럼 도성을 빠져 나갔다.

날이 밝자 말갈군은 을음의 예견대로 회군하기 시작했다. 말갈군이 대부현 근처에 이르렀을 무렵, 을음은 도성 문을 열고 군사를 출정시켰다.

간밤의 주독이 채 가시지 않은 말갈군은 느닷없는 백제군의 공격에 당황하여 일단 후퇴했지만 대부현에 매복해 있던 별동대에게 다시 쫓겨 독 안에 든 쥐 모양 꼼짝없이 갇히고 말았다.

을음은 군사들을 지휘하여 말갈군의 목을 하나도 남김 없이 베라는 명령을 내렸다. 백제군을 겁쟁이라고 욕하고 놀리던 말갈의 군사들은 혼비백산하여 사방으로 흩어졌다.

그러나 물을 만난 물고기처럼 기운이 용솟음 친 백제의 군사들은 도망치는 말갈군을 향해 활을 쏘고 칼을 휘두르며 맹렬히 추격했다.

이 싸움에서 을음 휘하의 백제군은 말갈의 군사 3천 명 가운데 5백 명 이상의 목을 베어 대승하는 혁혁한 전과를 올렸다.

그러나 그러한 대승에도 불구하고 신하들과 백성들은 을음의 구국 충정을 칭찬하기보다는 비꼬거나 멸시하며 전쟁에 미친 자라고 손가락질을 하였다.

말갈의 침략을 물리친 후 을음은 온조왕을 알현하고 허술한 변방의 성들을 개축해야 한다고 아뢰었다. 온조왕은 피폐한 백성들의 생활상과 흉흉한 민심을 이유로 거절했으나 을음의 끈질긴 설득에 결국 그의 말을 따르기로 했다.

을음의 뜻에 따라 대대적인 역사役事가 벌어졌고 전쟁의 고통에서 채 벗어나지 못한 백성들의 원성은 을음을 대역 죄인으로까지 표현하기에 이르렀다. 그러나 을음은 백성들의 그 같은 원망에도 뜻을 굽히지 않고 마침내 변방의 여러 성들을 개축할 수 있었다.

온조왕 13년에 들어서 도성 안에 사는 한 노파가 어느 날 갑자기 남자로 변하는 괴변이 생기더니 대궐에 호랑이 다섯 마리가 뛰어들어 궁녀들을 물고 사라지는 이변이 속출했다.

그러던 중 갑자기 온조왕의 어머니이신 예씨 부인이 별세하자 나라 안은 온통 어수선한 분위기로 변했다.

을음은 그때를 놓치지 않고 온조왕에게 간했다.

"폐하! 나라에 이변이 속출하는 데다 왕실에 크나큰 불운이 닥치니 이는 분명 왕기王氣가 다 되었음을 알리는 하늘의 계시라 할 것이옵니다."

"하늘의 계시라니 그게 무슨 말이오?"

"예, 폐하! 지금 나라에 닥친 여러 흉사凶事들을 볼 때 새로 도읍지를 정해 도성을 옮기라는 뜻으로 아옵니다."

"새로 도읍지를 정해 도성을 옮긴다?"

"그러하옵니다. 지금 도성의 위치는 동편에 치우쳐 말갈의 침범이 잦습니다. 하오니 한수漢水 이남으로 옮기시는 것이 여러모로 합당한 줄로 아옵니다."

온조왕은 곰곰이 생각에 잠겼다. 한수 이남은 자신도 둘러본 바가 있는데 산세가 험해 주변국들의 침략을 막기에 용이하고, 땅이 기름지고 물이 맑아 천혜의 복지福地라고 부러워했었다.

온조왕은 을음의 말을 받아들였다. 을음은 곧 도읍지를 옮기는 일에 착수했다. 먼저 주변국들에 천도를 알리는 사신을 파견하고 한

산漢山 아래에 성책을 세워 백성들을 이주시켰다.

도성의 터전을 닦고 다음해 준공에 이르기까지 을음은 밤낮을 잊고 그 일에 몰두했다. 그리하여 마침내 천도를 하고 나라의 국경을 정하니 동의 주양과 서의 대해, 북의 패하와 남의 웅천까지였다.

천도를 성공리에 마친 을음은 온조왕에게 이제는 주변국들을 흡수하여 영토를 넓히고 나라의 위상을 널리 떨칠 시기라고 간했다.

"그렇다면 공이 보기에 어느 나라가 적합하다고 생각하오?"

"예, 폐하! 소신의 생각으로는 마한의 국력이 갈수록 기울어지니 웅진 쪽에 성을 세워 후일을 도모하심이 좋을 것으로 사료됩니다."

"마한이라……. 한번 생각해 봅시다."

온조왕이 대답을 미루는 데에는 그만한 까닭이 있었다.

처음 온조왕이 백제를 개국할 당시 마한의 왕은 온조왕을 도와 순순히 마한의 땅을 나눠 주었으며 대접도 후히 하였던 것이다. 그런데 이제 와서 마한을 속국으로 만들자는 을음의 주장을 온조왕은 도리상 쉽사리 받아들일 수 없는 노릇이었다.

온조왕에게서 이렇다 할 대답이 없는 사이 을음은 웅진에다 먼저 성책을 축조했다. 그러자 마한에서 곧바로 온조왕에게 사신을 보내어 전날의 일들을 열거하며 성책을 축조하는 것을 책망하고 나섰다.

민망해진 온조왕은 화를 내며 당장 을음에게 성책을 허물어 버리라고 명했다. 을음의 뜻을 처음으로 거절한 것이었다. 을음은 순순히 왕명을 따랐다.

그로부터 얼마 지나지 않아 대궐의 우물물이 넘쳐 물바다를 이루고 도성에 사는 한 농부가 기르던 소가 새끼를 낳았는데 몸뚱이 하나에 머리가 둘 달린 해괴한 송아지가 태어났다. 을음은 이는 하늘이 주신 기회라고 생각하고 대궐의 일관을 은밀히 불러 밀담을 나눈 후, 왕을 찾아뵈었다.

을음이 먼저 온조왕께 앞서 말한 괴이한 일을 아뢰자 왕도 그 말을 이미 듣고 있었던지라 일관을 불러 점괘를 보도록 명했다.

"폐하! 경하 드리옵니다! 대궐의 우물물이 넘치는 것은 곧 나라가 흥하게 됨을 뜻하는 것입니다. 그리고 머리 둘 달린 송아지가 났다는 것은 이제 머지않은 시일에 폐하께서 두 나라를 하나의 나라로 합친다는 뜻이옵니다!"

일관의 말을 잠자코 들으며 을음은 속으로 미소를 지었다. 모든 일이 자신의 뜻대로 되어가고 있는 까닭이었다.

그러나 온조왕은 일관의 말을 되새기는 듯 묵묵부답이었다.

마침내 온조왕 26년, 을음의 계략대로 온조왕은 사냥을 핑계 삼아 친히 군사를 이끌고 도성을 나갔다가 말고삐를 돌려 그 길로 마한을 정복해 버렸다.

나날이 기울어가던 마한의 국력은 하루가 다르게 번창해 가는 백제의 위력을 당해 낼 수 없었던 것이다.

마한을 완전히 정복한 을음은 이제 기력이 쇠해지는 것을 느꼈다. 그도 그럴 것이 온조왕을 도와 국사를 돌본 지 벌써 40여 년. 온조왕을 대신하여 백성들의 원성을 홀로 받으며 백제를 중흥시키는 데에만 온 정열을 쏟았으니 지치고 힘이 들만도 했다.

온조왕도 이제는 태자 다루가 있으니 왕위 계승에는 문제가 없을 것이요, 나랏일도 젊고 유능한 인재가 새로이 많이 등용되었으니 크게 걱정할 바는 없었다.

을음은 온조왕을 찾아뵙고 사직의 뜻을 비쳤다. 온조왕은 처음에는 완강히 거절했으나 늙고 쇠약해진 을음의 몸이 하루가 다르게 병색이 깊어 가는 것을 보고 더는 만류할 수 없었다.

"이 나라 사직이 이만큼 바로 설 수 있었던 것은 모두 공의 덕이오. 과인은 공에게 고맙다는 말밖엔 달리 할말이 없구려……."

온조왕의 말에 을음은 마지막 인사인 듯 간절하게 아뢰었다.

"폐하! 총기를 잃지 마시고 언제나 백성들의 든든한 어버이가 되어 주소서!"

그 말을 끝으로 집으로 돌아온 을음은 자리에 드러누웠다. 평생 제대로 쉬어 본 적이 없는 육신에는 갖은 병마가 누적되어 있다가 한꺼번에 드러나 며칠을 넘기지 못하고 을음은 조용히 눈을 감았다.

온조왕은 눈물을 흘리며 을음의 죽음을 애도했다.

'충신은 충신이로되 백성들의 원성을 한 몸에 받은 가여운 충신.'

온조왕은 흐르는 눈물을 닦으며 을음의 한평생을 그렇게 반추했다.

그러나 온조왕의 그 같은 생각에 을음은 소리 없이 이렇게 간하는 것 같았다.

"폐하! 눈물을 거두소서! 올바른 신하의 길이 바로 그것이옵니다."

지달과 노화

어디선가 들려 오는 독경 소리에 지달知達은 가까스로 눈을 떴다. 여기가 어딘가? 주위를 둘러보는 지달의 눈에 벽에 걸린 장삼과 작은 탁자 위에 놓인 목탁이 들어왔다.

지달은 몸을 일으키려 하였으나 이미 지칠 대로 지친 몸은 생각과는 달리 전혀 움직여질 것 같지 않았다. 지달은 도로 자리에 드러누워 천장을 바라보았다. 방안에 호롱불이 켜져 있는 걸로 보아 밤인 듯했다.

흐릿한 불빛이 가물가물 어리는 천장에 그리운 어머니의 모습과 사랑하는 노화盧花의 얼굴이 둥근 달처럼 떠올랐다. 지달은 버릇처럼 깊은 한숨을 내쉬었다.

'과연 어디 가서 어머니와 노화를 찾는다는 말인가?'

지달은 일어나야 한다는 생각과는 달리 다시 곤한 잠에 빠져 들었다. 지난날이 모두 한 순간의 꿈결처럼 잔잔히 밀려들었다.

지달의 아버지는 본래 왕족이었으나 역모를 꾀했다는 모함을 받아 도성에서 쫓겨나 고구려와의 국경 근처에 살게 되었다.

지달의 아버지는 가혹한 고문의 후유증으로 반신불수의 몸이 되었고, 지달의 어머니는 남의 집 품을 팔아 어린 지달을 키우고 병든 남편을 봉양하며 살았다.

지달의 어머니는 어려운 생활 중에도 지달에게 글을 가르치고 틈틈이 무예도 익히게 했다. 거기에는 언젠가 남편이 누명을 벗고 도성으로 돌아가면 지달을 여느 대갓집 아들들과 비교해도 뒤떨어지지 않도록 키우려는 어머니의 깊은 뜻이 숨어 있었다.

어머니의 간절한 바람 때문인지 어려서부터 지달은 총명하고 무예가 뛰어나 또래의 아이들 중에 지달을 당할 아이가 없었다.

지달이 열일곱 살 되던 해였다. 그 당시 백제에도 지금의 병역의 무처럼 국경에서 3년간 나라를 지키는 수자리라는 제도가 있었는데 지달에게도 그 임무가 떨어졌다.

지달은 병든 아버지와 혼자 살림을 꾸리시는 어머니가 제일 큰 걱정이었지만, 또한 남몰래 마음속으로 사모하고 있는 연인 노화도 마음에 걸렸다.

그러나 나라의 명을 받은 이상 거역할 수도 없는 노릇이었다. 지달은 수자리로 가기 전날 밤, 마을 뒷동산에서 노화를 만나 자신의 속마음을 털어놓고 기다려 달라고 말했다.

노화는 사과처럼 얼굴을 붉히며 조용히 고개를 끄덕였다. 지달과 노화는 지달이 수자리를 마치고 돌아오는 대로 혼인식을 치르기로 손을 걸고 약속했다.

그렇게 해서 지달은 수자리를 떠났지만 얼마 후 들려 온 소식은 참담하기만 했다. 고구려군이 지달의 마을을 급습하여 집집마다 불을 지르고 양민들을 학살한 뒤 젊은 처녀만 붙잡아 고구려로 되돌아갔다는 것이었다.

지달은 야음을 틈타 군영을 이탈했다. 군인이 군영을 이탈한다는 것은 곧 죽음을 의미했지만 지달은 도저히 그대로 있을 수가 없었다.

더군다나 지달의 무예 실력이 아무리 높아도 역모를 꾀하고 귀양살이를 하는 처지라는 것을 안 부대원들은 너나할것없이 지달과 친해지기를 꺼리고 멀리하려 했다.

어차피 매사에 흥미를 잃은 지달은 죽을 때 죽더라도 가족의 생사와 사랑하는 노화를 한 번이라도 더 보고 죽는 것이 나을 것이라고 생각했던 것이다.

어렵사리 자신이 살던 마을에 도착한 지달은 땅바닥에 털썩 주저앉고 말았다. 마을은 흔적조차 없이 불태워졌으며 살아 남은 사람이라곤 단 한 명도 없었다.

지달은 아버지와 어머니를 목놓아 부르다가 고구려로 끌려간 노화를 찾아야겠다는 일념으로 몰래 고구려의 국경을 넘었다.

그리하여 노화의 행방을 찾아 여기저기 수소문하며 고구려 땅을 돌아다니다가 오늘 낮에 그만 기진맥진한 상태로 길바닥에 쓰러져 버린 것이다.

생각해 보면 지달이 살아난 것은 거의 기적에 가까웠다. 군영을 이탈한 이후 아무 것도 먹지 못했을 뿐만 아니라 계속하여 돌아다니느라 제대로 잠도 자지 못했던 것이다.

지달이 초죽음이 되어 길가에 쓰러져 있는 것을 암자의 노승이 발견하여 이곳으로 데려온 것이었다.

"이놈, 어서 일어나지 못할까? 젊은 놈이 해가 중천에 뜨도록 자빠져 자면서 이 늙은이를 굶긴단 말이더냐?"

지달은 호령 소리에 놀라 얼른 눈을 뜨고 자리에서 일어났다.

"냉큼 방에서 나오너라, 이놈!"

방문을 활짝 열어 젖히고 지달을 바라보며 호령을 하는 노승은 흰 수염을 길게 휘날리며 두 눈에 광채를 띠고 있었다.

지달은 놀라 쏜살같이 밖으로 튀어나갔다.

"어서 밥을 짓거라! 뱃가죽이 등허리에 붙겠다, 이놈아!"

지달은 얼떨결에 방 옆에 딸린 부엌으로 들어가 아궁이에 불을 지펴 밥을 지었다. 지달은 정성껏 밥을 지어 밥 두 그릇과 수저 두 벌을 차려 개다리소반에 받쳐들고 방으로 들어가 노승 앞에 놓았다.

"이놈! 왜 밥그릇이 두 개냐?"

"예?"

영문을 몰라 가만히 서 있는 지달을 향해 노승은 큰소리로 고함을 질렀다.

"너는 부엌에 가서 누룽지나 먹어라!"

지달은 아무 말도 못하고 부엌으로 나가 솥에 눌은 누룽지를 긁어 먹었다.

며칠이 지나자 지달은 예전처럼 기력을 회복할 수 있었다. 지달은 행장을 꾸려 노승에게 인사를 올렸다.

"스님, 고맙습니다. 이제 웬만큼 기력도 회복했으니 이제 제 갈 길을 갈까 합니다."

"이런 배은망덕한 놈을 보았나. 길거리에서 죽어 가는 놈을 데려다 며칠 동안 먹여 주고 재워 주며 살려 놓았더니 이제 와서 은혜를 무시하고 떠난다는 게냐?"

"스님, 살려 주신 은혜는 백골난망이옵니다만……."

"이놈! 배고프구나! 어서 가서 밥을 지어 오지 못할까?"

지달은 하는 수 없이 행장을 풀고 부엌으로 들어가 밥을 지을 수밖에 없었다.

다시 며칠이 지났다. 지달은 다시 짐을 꾸려 암자를 떠나려 했으나 노승은 지난번처럼 화를 내며 지달의 발목을 붙잡았다.

그럭저럭 3년이 흘렀다. 모든 것을 체념한 지달은 노화에 대한 생각마저도 가물가물해지는 것을 느꼈다.

"지달아! 이놈, 지달아!"

"예, 스님."

지달은 스님의 부름에 답하며 옷매무새를 고치고 방으로 들어갔다.

노승은 지달 앞에 보자기 하나를 내놓으며 말했다.

"이것을 가지고 내일 이곳을 떠나거라."

"예? 스님, 그게 무슨 말씀이신지……."

"이제 너와 나의 인연이 다 되었으니 이곳을 떠날 때가 되었다. 날이 밝는 대로 짐을 꾸려 암자에서 내려가도록 해라."

지달은 묵묵히 앉아 있었다. 노승의 말에는 분명 깊은 뜻이 숨겨져 있는 것 같았다.

"이 보자기에는 말린 밥알과 잣 세 알이 들어 있다. 말린 밥알은 허기질 때 요깃거리로 하면 될 것이고 잣 세 알은 곤경에 부딪힐 때마다 한 알씩 이로 베어 물어라. 그러면 곤경에서 벗어날 수 있을 것이다."

노승은 그렇게 말한 후 돌아앉아 천천히 독경을 외기 시작했다.

다음날 아침, 행장을 꾸린 지달은 노승 앞에 큰절을 올리자, 노승은 마지막으로 내려가는 길을 일러 주었다.

"늘 다니던 길로 가되 산자락을 오른쪽으로 끼고 걸어라. 그러면 귀한 인연을 만날 수 있을 것이다."

지달은 노승의 말대로 산자락을 오른쪽으로 끼고 걸으며 흥얼흥얼 콧노래를 불렀다. 실로 3년 만에 산을 내려오는 것이었다.

산 중턱을 가로질러 내려오다가 지달은 잠시 바위 위에 걸터앉아 땀을 식혔다. 초봄의 다소 쌀쌀한 바람이 이마에 맺힌 땀방울을 훑고 지나갔다.

"음……음, 물…… 물을 좀……."

어디선가 들려 오는 신음 소리에 지달은 반사적으로 바위에서 일어났다. 그 소리는 지달이 앉아 있는 바위 뒤쪽 수풀 속에서 들려왔다.

지달은 발소리를 죽여 수풀을 헤치고 걸어 들어갔다. 거기에는 놀랍게도 전신이 피투성이가 된 여인이 쓰러져 있었다.

지달은 급히 여인을 안아 부축하여 바로 누인 뒤 황급히 개울가로 달려가 양손으로 물을 떠다 여인의 입가에 가져갔다. 여인은 목이 말랐던지 주는 대로 물을 받아 먹었다.

지달은 노승이 주었던 말린 밥알을 기억하고 품속에서 꺼내어 여인의 입 속으로 집어 넣었다. 여인은 지달이 입 속에 넣어 주는 말린 밥알을 조금씩 씹어 삼켰다.

신기하게도 밥알을 세 쯤 먹자 여인은 금세 기운을 회복하더니 전신에 난 상처도 아물기 시작했다. 이어 여인은 의식을 회복하고 상처에 흐르는 피는 물론 상처 자국까지도 깨끗하게 아물었다.

여인은 눈을 들어 지달의 얼굴을 바라보더니 낮게 탄성을 질렀다.

"지달님, 살아 계셨군요."

지달은 깜짝 놀라 여인의 얼굴을 바라보았다. 기적이었다. 의식을 잃고 쓰러져 있던 이 여인은 지달이 그토록 찾아 헤매던 노화였던 것이다.

"아니, 이게 어찌된 일이오? 어떻게 당신이 여기에……."

두 사람은 서로 부둥켜안고 기쁨의 눈물을 흘렸다. 지달은 암자를 내려올 때 했던 노승의 말이 떠올랐다.

'그랬었구나. 이렇게 노화를 다시 만나게 하려고 3년 동안이나 나를 암자에 붙잡아 놓고 있었구나. 그리고 오늘 나를 암자에서 내려보낸 것도 스님의 깊은 뜻이었구나.'

한참을 부둥켜안고 울던 두 사람은 누가 먼저랄 것도 없이 지나간 일들을 이야기하기 시작했다.

고구려군의 급습을 받아 고구려로 붙잡혀 온 노화는 갖은 고생 끝에 고구려 장수의 집에 노비로 가게 되었다. 그곳에서 3년 동안 노비로 있다가 오늘 장수의 동생 집으로 첩살이를 가게 되었는데, 마침 이 산을 넘어가다가 산적떼를 만나 일행들은 모두 죽고 자신은 칼에 맞아 수풀 속에 버려졌다는 것이었다.

지달과 노화는 곧 백제로 돌아가기 위해 수풀에서 나와 산길을 걸어 내려갔다. 그런데 이게 웬일인가?

죽은 줄로만 알았던 장수의 동생이 고구려 군사를 이끌고 산적들의 자취를 뒤쫓던 중 지달과 노화를 발견한 것이다. 그는 지달과 노화를 산적과 같은 일당이라고 여겨 관가로 끌고 가 하옥시켰다.

졸지에 옥에 갇히게 된 지달과 노화는 기가 막혀 할말을 잃었다. 천신만고 끝에 만났는데 억울한 누명을 뒤집어쓰고 이렇게 옥에 갇히게 되었으니 그저 난감할 따름이었다.

밤이 깊어 모두가 잠들었을 때 지달은 노승이 준 잣알 세 개를 떠올렸다. 지달은 품속에서 그 중 하나를 꺼내어 입에 넣고 세차게 깨물었다.

순간, 우지직 하는 소리와 함께 옥문이 부서졌다. 그와 때를 같이 하여 밖에서 "불이야!" 하는 소리가 들렸다.

사방이 어수선한 틈을 타서 두 사람은 급히 그곳을 빠져 나와 무작정 어둠 속을 달렸다. 날이 밝을 즈음 작은 마을에 도착한 두 사람은 말린 밥알로 허기를 채우고 지나가는 사람을 붙잡고 물었다.

"대체 예가 어디쯤이오?"

"여기는 고구려와 접한 박기성이란 백제 땅이오."

지달은 비로소 백제 땅에 왔음을 알고 안도의 한숨을 쉬었다. 그렇지만 낯선 사람이 마을에 온 것을 수상히 여긴 마을 사람들이 두 사람을 고구려의 첩자들이 아닌가 의심을 하여 관가에 고발했다.

신고를 받은 백제의 군사들이 지달과 노화의 앞길을 가로막았다.

"너희들은 고구려의 첩자들이 분명하렷다?"

"아니 그게 무슨 말이오?"

"첩자들이 아니라면 여기가 어딘지 왜 묻고 다니느냐?"

"아니오. 우리들은 수년 전에 고구려에 잡혀 갔다가 겨우 살아서 도망쳐 오는 길이오."

"거짓말 하지 마라! 내 그 말에 속아넘어갈 줄 아느냐?"

군사들은 다짜고짜 지달과 노화의 양팔을 잡아 끌었다. 옥신각신 실랑이를 벌이던 중 지달의 품속에 있던 작은 보자기가 땅에 떨어졌다.

"이게 무엇이냐?"

"이리 주시오. 함부로 할 물건이 아니오."

"함부로 할 물건이 아니라니. 더욱 수상하구나."

군사들은 보따리를 풀었다. 지달의 보따리 속에 든 말린 밥알과 잣알을 본 군사들은 코웃음을 치며 말했다.

"이것이 함부로 할 물건이 아니란 게냐?"

군사는 잣알 하나를 집어 낼름 입 속으로 집어넣었다. 순간 잣알을 삼킨 군사는 비명을 지르며 땅에 쓰러졌다. 다른 군사들이 땅에 쓰러진 군사를 부축하는 동안 지달과 노화는 그곳에서 도망칠 수 있었다.

이제 첩자로 몰리고 군사까지 죽인 셈이 되었으니 두 사람은 백제 땅에서도 살 수가 없게 되었다.

두 사람은 그 길로 깊은 산중으로 들어갔다. 사람의 눈길이 닿지 않는 곳만이 두 사람이 안심하고 살 수 있었다. 그러나 수중에는 말린 밥알 몇 톨과 잣알 하나만이 있을 뿐이었다.

"이제 어떻게 하지요?"

"……."

지달도 막막할 따름이었다. 그들에게는 당장 연명할 곡식은 물론 앞으로 살아가야 할 방편조차 없었다.

그때 노화가 눈을 빛내며 말했다.

"지달님. 스님이 주신 밥알은 보통 밥알과는 다른 것 같아요. 그러니 저 밥알을 땅에 심으면 혹 싹이 날지도 모르잖아요?"

노화의 말에 지달도 맞장구를 치며 씨앗의 영험함을 믿고 더 깊은 산속으로 들어갔다.

두 사람이 커다란 절벽에 면한 계곡에 이르렀을 때였다. 갑자기 등뒤에서 말 울음소리와 함께 군사 한 사람이 말과 함께 절벽 아래로 굴러 떨어졌다.

놀란 두 사람은 급히 군사를 부축하여 말린 밥알을 먹였다. 군사는 잠시 후 신음 소리를 내며 살아났다.

"무슨 일이오?"

"큰일 났소! 나는 고구려에 파견되었던 백제의 첩자로서 며칠 전부터 고구려군의 낌새가 수상하여 은밀히 조사를 하고 있었는데 오늘 아침 고구려군 5백 명이 백제 땅에 몰래 침입을 하였소."

지달과 노화는 놀라 서로의 얼굴을 바라보았다.

"나를 좀 도와 주시오. 한시 바삐 성에 계신 장군님께 이 사실을 알려야 하오."

지달은 남은 밥알을 죽은 말에게 먹였다. 밥알을 먹은 말은 신통하게도 금세 자리에서 일어나 크게 울었다.

군사는 놀라 지달과 노화를 번갈아 쳐다보며 말했다.

"어찌 된 영문인지는 알 수 없으나 살려 주어서 고맙소. 내 이 은혜는 꼭 갚으리다."

군사는 말을 타고 서둘러 성을 향해 달렸다. 그 뒷모습을 바라보고 있던 지달은 마음속으로 뜨겁게 치솟는 어떤 기운을 느꼈다. 그것은 다름 아닌 나라에 대한 충정이었다.

"노화! 나라가 위험한데 이대로 있을 수만은 없소. 나 또한 미력하나마 고구려군을 물리치는 데 목숨을 바치겠소."

"장하십니다. 지달님!"

노화의 눈에 맑은 이슬이 맺혔다. 두 사람은 곧 성으로 향했다. 그러나 이미 성은 고구려군에 의해 포위되어 있었다.

멀리 언덕 위에서 그 모습을 본 지달과 노화는 안타까워 어찌할 바를 몰랐다.

"이제 마지막 잣알을 깨물 때가 온 것 같아요."

그렇게 말하며 노화는 지달의 손을 꼭 잡았다. 지달은 품속에서 마지막 남은 잣알을 꺼내 물었다. 딱 하는 소리와 함께 잣알이 입 속에서 으스러졌다.

다음 순간 우레와 같은 소리와 함께 산 위의 바위들이 한꺼번에 성을 포위하고 있던 고구려 군사들을 향해 쏟아지기 시작했다.

갑작스레 굴러 떨어지는 바위에 맞아 고구려 군사들은 순식간에 전멸했다. 성안에서 원군이 오기만을 기다리고 있던 백제군들은 뜻밖의 일에 놀라 하늘이 백제를 도운 것이라 하면서 기뻐했다.

그러나 장군은 이 일을 이상히 여겨 바위가 굴러 떨어진 산으로 군사들을 보냈다. 군사들은 얼마 지나지 않아 지달과 노화를 데리고 왔다.

장군은 지달과 노화가 보통 사람이 아니라고 여겨 신중하게 물어 보았다.

"산에서 바위가 굴러 떨어진 것이 너희와 관련이 있는 게냐?"

장군 앞에 무릎을 꿇은 지달과 노화는 지금까지의 일을 장군에게 모두 말했다. 지달의 말이 계속되는 동안 노화는 소리 없이 눈물만 흘렸다. 지달의 말을 다 들은 장군은 두 사람을 극진히 대접했다.

얼마 후 지달과 노화의 일은 고이왕에게 보고되었다.

이미 지달의 아버지가 역모를 꾀한 것이 모함이라는 사실이 밝혀진 터였기에 고이왕은 지달을 다시 왕족에 복원시키고 큰 상을 내렸다.

왕을 죽인 7세의 검객

낙랑 태수의 부마인 보육輔育은 신라로 향해 가면서 기어이 군사를 지원받아 백제를 치리라 굳은 결심을 다졌다. 그는 백제군의 기습으로 불에 타 죽은 꽃다운 아내의 얼굴이 아직도 두 눈에 선하게 떠올라 또다시 가슴이 옥죄어 들었다.

보육이 동진東晉에서 현관縣官으로 벼슬이 올랐을 때 누구보다 기뻐한 것은 아내였고, 그 소식을 들은 보육의 장인인 낙랑 태수가 여러 신하들과 변방의 장수들까지 별궁으로 불러모아 큰 잔치를 베풀었다.

그러나 잔치의 여흥을 다 즐기기도 전에 분서왕이 이끄는 백제군의 기습으로 잔치는 아수라장으로 변했고 별궁은 불에 타 낙랑 태수와 보육을 제외하고는 살아 남은 이가 한 사람도 없었다.

낙랑 태수는 분함을 참지 못해 보육을 신라에 사신으로 보내어 군사를 지원받아 백제를 칠 생각이었다. 보육 또한 죽은 아내의 원수를 갚기 위해서라면 무슨 일이든지 마다하지 않겠다고 한 줌 재가 된 아내의 영정 앞에서 피를 토하며 맹세했다.

보육은 신라왕에게 바칠 예물을 수레에 가득 싣고 신라 도성을 향해 쉬지 않고 말을 달렸다.

신라의 도성에 도착한 보육은 일단 객사客舍에 머무르면서 신라왕의 명을 기다렸다. 당시 낙랑은 신라에 비하면 소국小國에 불과했으므로 왕을 알현하려면 어명이 있을 때까지 기다려야 했다.

객사에서 쉬고 있던 보육은 신라의 도성을 구경할 겸 나들이를 나갔다. 신라의 도성은 낙랑과는 비교도 안 될 만큼 규모가 컸고 집들도 으리으리했다.

그 중에서도 저잣거리 한 곳에는 유독 많은 사람들이 모여 큰소리로 감탄사를 연발하며 흥을 돋우고 있었다.

"얼씨구! 잘한다!"

"저런, 저런! 거 참 신통한 재주로세!"

보육은 사람들을 헤치고 고개를 쭉 내밀어 무리의 안쪽을 들여다보았다.

한 예닐곱 살이나 되었을까?

어린 사내아이 하나가 칼을 빼어 들고 검무劍舞를 추고 있었는데 그 재주가 보통이 넘어 구경꾼들의 시선을 한 몸에 받고 있었다.

보육도 금방 그 재주에 빨려들어 사내아이에게서 시선을 떼지 못했다. 사내아이는 칼을 마치 제 수족을 놀리듯이 자유자재로 다루며 신기에 가깝도록 검무를 추었다.

사람들이 혀를 내두르며 구경을 하고 있는 동안 초라한 행색의 노파가 조그만 나무 그릇을 들고 다니며 구경꾼들에게 돈을 받았다. 보육은 노파가 내미는 나무 그릇에 엽전 몇 닢을 던져 주고 한참을 더 구경하다가 객사로 돌아왔다.

다음날 보육은 신라왕의 하명을 받고 입궐했다. 보육은 신라왕 앞에 낙랑 태수가 보낸 예물을 진상하고 전후 사정을 아뢴 뒤 백제를 치기 위한 군사 지원을 요청했다.

그런데 신라왕은 일언반구도 없이 다만 물러가라는 손짓만 했다. 속이 탄 보육은 뭐라 더 아뢸 겨를도 없이 쫓기듯 어전에서 물러나왔다.

신라왕을 만나고서도 이렇다 할 성과를 올리지 못한 보육은 객사로 돌아와 심한 허탈감에 빠졌다. 그러나 보육은 이대로는 낙랑으로 되돌아갈 수는 없다고 생각했다. 어떻게 해서든지 신라왕을 다시 만날 계획을 세워야 했다.

보육은 심복인 부수富洙를 불러 고이 간직해 온 패물을 내놓으며 신라왕의 측근을 매수하도록 했다.

며칠 후 신라왕은 다시 보육을 대궐로 불러들였다. 신라왕의 측근들에게 상납한 뇌물 공세가 먹혀 들었던 것이다.

"대왕 폐하! 부디 상국上國의 군사를 내어 주시어 백제군에게 소국小國의 왕가를 멸족당한 원수를 갚게 하옵소서!"

보육이 입에 침이 마르도록 애원하며 간했지만 신라왕은 그다지 관심을 보이는 것 같지 않았다.

"대왕 폐하! 부디 군사를 내어 주소서!"

보육의 말이 어전을 울리는데 마침 궁인이 들어와 아뢰었다.

"대왕 폐하! 황창랑黃昌郞이 왔사옵니다."

"오, 그래? 어서 들라 해라!"

"예! 폐하!"

궁인은 잠시 후 일전에 보육이 저잣거리에서 보았던 어린 사내아이를 데리고 들어왔다.

"네가 황창랑이냐?"

"그러하옵니다, 폐하!"

"네 검무가 그토록 신묘하다고 하니 어디 한번 놀아 보아라!"

"예!"

신라왕은 보육의 말에는 아예 관심이 없었다.

황창랑은 왕 앞에 큰절을 올린 다음 허리에 차고 있던 칼을 뽑아 들고 갖가지 재주를 부리기 시작했다.

신라왕은 연신 벙글거리며 황창랑이 기묘한 재주를 선뵐 때마다 감탄을 했다. 곁에서 그 모습을 지켜보던 보육은 답답함에 속이 터질 것만 같았다. 군사를 내어 준다는 말 한마디 없이 그저 어린아이의 신기한 칼 재주에 넋을 놓고 있는 신라왕의 모습이 한심하게만 여겨졌다.

보육은 고개를 떨구고 앉아 망연히 낙담했다. 낙랑의 힘이 미진한 것에, 그리고 자신의 능력이 부족한 것에 화가 났다.

보육은 신라왕에게 큰절을 올려 예를 표하고 미련 없이 어전에서 물러났다. 그리고 객사로 돌아와 낙랑으로 돌아갈 채비를 했다. 내일이면 빈손으로 돌아가야 한다는 생각에 보육은 쓸쓸한 마음을 달랠 길 없어 객사 마루에 홀로 앉아 술을 마셨다.

늦가을 밤이라 볼을 스치는 바람이 제법 매섭게 느껴졌다. 그러나 가슴속에 불같이 일어나는 분노에 비하면 그런 바람쯤이야 얼마든지 몰아쳐도 상관이 없었다.

보육의 마음속으로 그날따라 죽은 아내의 얼굴이 유난히 떠올랐다.

'여보, 면목이 없구려. 당신의 원수를 갚겠다고 내 사내대장부로서 맹세를 했거늘……!'

객사 마당에 서 있는 오동나무에서 나뭇잎 하나가 떨어져 바닥에 굴렀다. 보육은 물끄러미 그 모양을 지켜보다가 시름에 겨운지 긴 한숨을 내쉬었다.

한잔, 한잔……. 술이 들어갈수록 웬일인지 취기는 조금도 오르지 않고, 오히려 머릿속이 거울처럼 명징해져 왔다.

'이대로 낙랑으로 돌아가 어찌 태수의 얼굴을 대할 수 있으랴!'

백제군의 기습으로 죽임을 당한 사람들의 얼굴이 술잔마다에 달빛처럼 어리었다. 술 한 병을 모두 비운 보육은 심복인 부수를 불러 술을 더 가져오라고 일렀다.

부수는 말없이 고개를 숙이고는 술 한 병을 들고 왔다.

"앉아라! 너도 쉬이 잠이 오지 않을 터이니 술 한잔 받아라."

"나리, 과음하지 마십시오. 몸에 해롭습니다."

"허허! 이제 내가 네게 걱정까지 시키는구나. 허허허!"

보육은 자신의 무능력을 조소하듯 웃으며 부수의 잔에 술을 따라주었다.

"저…… 나리!"

술잔을 입에 가져가려던 부수가 할말이 있는 듯 조심스럽게 입을 열었다.

"왜 그러느냐? 내게 무슨 할말이라도 있는 게냐?"

보육의 말에 부수는 손에 들었던 술잔을 상에 내려놓으며 말했다.

"소인의 짧은 생각입니다만 아까 낮에 보았던 황창랑이란 아이 말입니다."

"황창랑? 아, 검무를 추던 미동 말이구나. 그런데 그 아이가 왜?"

"어차피 신라에서 군사를 파병받을 수 없다면 자객을 써서 백제왕을 죽이는 것도 좋은 방법일 듯합니다."

"자객이라?"

부수의 말에 보육의 눈은 반짝 빛났다.

'그렇다! 어차피 신라에서 군사를 지원받을 수 없다면 자객을 보

내어 백제왕을 죽이는 것도 원수를 갚는 길이다!'

보육은 부수를 뚫어지게 쳐다보며 말했다.

"그렇다면 네 생각은 어떠하냐?"

"예, 나리! 소인의 생각으로는 그 황창랑을 이용하시는 것이 어떨까 하옵니다."

"그 아이를 이용한다……?"

보육의 머릿속으로 한꺼번에 여러 가지 생각들이 겹쳐 들었다. 황창랑의 신묘한 검무 실력을 이용하여 백제왕에게 접근한 다음, 왕이 방심한 틈을 타 칼로 찌르면 될 것이다.

황창랑의 칼 솜씨가 뛰어난 데다 무엇보다 황창랑이 아직 어린 아이이니 백제왕이 의심을 품지 않을 것이다.

보육은 무릎을 치며 부수의 손을 잡고 의미심장한 웃음을 지었다. 보육은 부수의 귀에다 대고 뭐라 몇 마디를 소곤거렸다. 부수는 곧 자리에서 일어나 사람들의 눈을 피해 유유히 객사를 빠져 나갔다.

이른 새벽 보육의 방문을 열고 부수가 들어왔다. 그때까지 자지 않고 부수를 기다리던 보육은 긴장한 낯빛으로 물었다.

"알아보았느냐?"

"예, 나리!"

부수가 들려준 바에 따르면 황창랑은 신라 귀족의 아들이었으나 어려서 아버지가 역모의 모함을 받아 참형에 처해졌으며 일가족들도 모두 몰살당했는데 집의 유모가 기적적으로 갓난아기인 황창랑을 빼돌려 구사일생으로 목숨을 건졌다고 했다.

그리하여 깊은 산중에 숨어 지내다가 황창랑의 아버지가 모함에서 풀려나 다시 지위가 복원되자 산에서 내려왔으며, 황창랑의 신기에 가까운 검무는 산중에 있을 때 어떤 스님한테서 배운 것이었다.

그리고 황창랑이 신라 전역을 떠돌며 사람들 앞에서 검무를 추는 것은 혹시 목숨을 구한 일가 친척을 찾을지도 모른다는 생각에서였다.

부수가 물러간 후, 보육은 무엇인가를 골똘히 생각하는 눈치였다. 아침이 밝아올 즈음 보육은 모든 생각을 정리한 듯 잠시 피곤한 눈을 붙였다.

정오가 지나서야 잠에서 깨어난 보육은 서두르는 기색 없이 부수에게 황창랑의 행방을 알아오도록 지시하고 늦은 아침을 먹었다.

상을 물리고 객사 마당에서 옷을 차려입고 서성거리던 보육은 부수가 돌아오자 서둘러 객사를 나가 황창랑이 있다는 이손耳孫 김 부잣집으로 향했다.

생일을 맞은 김 부잣집은 모여든 사람들로 발 디딜 틈조차 없었다. 마당에서는 김 부자를 비롯한 내빈들이 큰상을 앞에 놓고 둘러앉아 황창랑의 검무를 구경하고 있었다.

기실 김 부자의 생일을 축하하러 온 하객보다 황창랑의 검무를 구경하러 온 사람이 더 많은 것 같았다.

"옳거니! 재주 한번 신통하구나!"

김 부자가 그렇게 말하며 은전 세 닢을 하사하자 예의 그 노파가 비실비실 웃으며 그것을 받아 챙겼다. 사람들은 황창랑이 칼 재주만 신통한 것이 아니라 효성 또한 지극하다고 입이 마르도록 칭찬을 늘어놓았다.

황창랑이 한차례 검무를 끝내고 좌중에 인사를 한 뒤 잠시 쉬러 가는 사이 보육은 살며시 황창랑 옆으로 다가가 목소리를 낮춰 말했다.

"창랑아, 오늘 밤 달이 뜨거든 강변 소나무 숲으로 혼자 오너라."

생전 처음 보는 사람이 다정하게 자신의 이름을 부르자 황창랑은 의아한 표정으로 되물었다.

"댁은 뉘십니까? 혹 저의 친척이라도 되십니까?"

"긴 말 할 여유가 없으니 일단 저녁에 만나면 모든 것을 알게 될 것이다. 그러니 꼭 내가 일러준 곳으로 나오너라."

"……."

"강변 소나무 숲이다. 알겠느냐? 창랑아."

보육은 사람들의 눈을 피해 황급히 발길을 돌렸다. 사람들이 황창랑을 좀더 가까운 곳에서 보려고 서로 몸싸움을 하며 자리다툼을 하는 사이 황창랑의 두 눈은 사람들 사이로 사라져 가는 보육의 뒷모습을 쫓고 있었다.

달이 뜬 지도 한참이나 지났는데 황창랑의 모습이 보이지 않자 보육은 조금씩 초조해졌다. 부수를 시켜 은밀히 황창랑의 거동을 살피라고 일렀는데 웬일인지 부수 또한 강변에 나타나지 않았다.

'이거 무슨 큰 낭패가 생긴 건 아닌가?'

보육이 초조한 심정으로 소나무 숲에 몸을 숨기고 있는데 강변을 가로질러 오는 작은 발자국 소리가 들려 왔다. 발자국 소리는 소나무 숲 앞에서 딱 멈춰 섰다.

"창랑인 게냐?"

"……."

"……창랑아!"

"어르신께서는 뉘신지 말씀을 하여 주십시오."

분명 황창랑의 목소리였다. 보육은 몸을 숨겼던 소나무 뒤에서 나왔다.

"이리 오너라, 너를 가까이 보고 싶구나."

황창랑은 잠시 머뭇거리는 눈치이더니 이내 성큼성큼 보육의 앞으로 걸어왔다. 한 손으로 칼집에 든 칼자루를 잡고 있는 걸로 보아 어린아이임에도 조심성이 대단해 보였다.

"나는 네 외숙이란다, 창랑아!"

외숙이라는 말에 황창랑의 표정이 조금 일그러졌다.

"너는 너무 어려서 나를 기억하지 못할 테지만 나는 네 얼굴을 똑똑히 기억한다. 어찌 그리도 돌아가신 누님의 얼굴과 쏙 빼 닮았느냐?"

그러면서 보육은 홀쩍홀쩍 흐느끼기 시작했다.

"너희 집이 그렇게 되고 난 후 나 또한 목숨을 부지하기 위해 혈혈 단신으로 도망을 쳤다. 다행히 지금은 먼 변방에서 이름을 바꿔 다른 사람 행세를 하며 살고 있다만 네 소식을 듣고 도저히 모른 체하고 있을 수가 없었다."

보육의 말이 여기까지 이르렀을 때 황창랑의 눈에도 눈물이 어리었다. 아무리 검술이 뛰어나고 어려서부터 언행을 어른처럼 하고 다녔지만 그래 봤자 아직 부모의 무릎에 앉아 재롱이나 피울 일곱 살짜리 어린아이에 불과했던 것이다.

"정녕 어르신께서 제 외숙이십니까?"

"창랑아! 그렇지 않다면 내 이리 위험을 무릅쓰고 이 먼 길을 달려오지 않았을 게다. 비록 네 아버지의 누명이 벗겨졌다고는 하나 아직도 신라 조정에서는 네 집안을 풍비박산 낸 자들이 권좌에 올라 있다."

보육은 천천히 황창랑 앞으로 다가가며 말했다.

"그 자들이 너를 가만두려 하겠느냐? 자신들의 허물을 덮기 위해 언젠가는 너를 잡아다 죽이려 할 것이다."

황창랑도 그런 생각을 하고 있었다. 아버지가 누명을 쓰고 억울하게 죽은 것은 물론이거니와 그로 인해 어머니를 비롯한 일가 친척들이 모두 몰살당하였으니 언젠가는 자기가 그 원수를 갚을 것이라는 생각을 그 자들도 분명히 알고 있을 것이었다.

"더군다나 요즘 신라왕께서 네 검무를 신통하게 여겨 자주 너를 대궐에 부른다는 것을 알고 이미 몇 놈의 간신들이 모여 너를 죽일 것을 획책하고 있다고 들었다."

보육의 걱정 어린 말을 듣고 있는 동안 황창랑의 마음은 아무런 사심 없이 보육을 외숙으로 받아들이고 있었다.

"그렇다면 제가 어찌하면 좋겠습니까, 외숙?"

황창랑의 입에서 외숙이라는 말이 나오자 보육은 속으로 쾌재를 부르며 말했다.

"나와 같이 지금 당장 떠나도록 하자. 이곳은 어린 네가 혼자 살 곳이 못 된다."

황창랑은 고개를 저으며 말했다.

"저를 키워 주신 양어머니를 두고 갈 수는 없습니다. 내일 날이 밝는 대로 양어머니를 모시고 외숙을 뒤따르겠습니다."

보육은 그렇게 하라고 할 수밖에 없었다. 혹시 잘못하여 황창랑의 마음을 상하게 하였다가는 지금까지 들인 공이 허사가 될 염려도 있었다.

"좋다! 그럼 내일 날이 밝으면 양어머니를 모시고 도성을 떠나도록 하라. 나와 같이 움직였다가는 놈들이 눈치를 챌지도 모르니 어디 먼 곳으로 검무를 추러 가는 척하고 평소처럼 어머니를 모시고 길을 나서면 될 것이다."

보육은 황창랑에게 고구려와의 국경 지대인 이두성伊豆城으로 와서 근처 아지촌阿支村에 사는 보이 거사를 찾으라고 단단히 일렀다.

황창랑은 보육을 외숙이라고 철석같이 믿고 보육의 말을 한마디도 빠뜨리지 않고 귀담아 들었다.

다음날 보육은 아지촌으로 떠났다. 보육은 아지촌 입구에 있는 주막에 심복들을 숨겨 놓고 황창랑이 보이 거사의 행방을 물으면 즉시 말에 태워 국경을 넘어 낙랑성으로 데려오라고 일렀다.

보육은 길을 재촉하여 낙랑 태수를 알현하고 저간의 사정을 얘기하고 자신의 계략을 아뢰었다.

"신라왕이 군사를 지원하지 않겠다면 백제를 칠 수 없는 노릇이 아니오?"

"그러하옵니다. 그러나 소신에게 백제를 치지 않고도 백제왕을 죽일 방법이 있사옵니다."

"백제를 치지 않고 백제왕을 죽일 방법이라?"

보육의 말에 낙랑 태수는 귀가 솔깃했다.

보육은 황창랑에 대해 얘기하며 부수와 자신이 짜낸 계략을 설명했다. 보육의 계략을 들은 낙랑 태수는 기뻐하며 황창랑을 맞을 채비를 했다.

그런 사실을 꿈에도 모르는 황창랑은 오직 외숙을 만났다는 설렘에 들떠 양어머니인 유모와 함께 신라의 도성을 떠나 아지촌에 다다랐다.

아지촌의 입구에 있는 주막에서 날마다 황창랑을 기다리고 있던 부수는 보이 거사의 명이라고 속이고는 야음을 틈타 황창랑과 양어머니를 말에 태워 낙랑성으로 달려갔다.

다행히 신라와 고구려군의 눈을 피해 낙랑성에 무사히 당도한 황창랑 일행을 맞은 것은 보육이었다.

황창랑은 낯선 사람들 틈에서 보육을 발견하고는 큰소리로 불렀다.

"외숙!"

"어서 오너라. 그렇지 않아도 네가 도착하기만을 손꼽아 기다렸다."

말에서 내린 황창랑을 품에 안으며 보육이 다정하게 말했다. 보육은 심복들에게 자신의 집으로 황창랑과 양어머니를 모시게 한 뒤 큰 잔치를 베풀었다.

황창랑은 외숙을 만난 것에 감격하여 눈물을 흘리며 기뻐했지만 양어머니인 유모는 본래 생각이 모자란 사람이라 그저 기름진 음식을 배불리 먹는 데에만 즐거워했다.

밤이 깊어 잔치가 파하자 보육은 황창랑을 따로 자신의 방으로 불렀다. 방에서 황창랑을 기다리는 보육의 얼굴에는 짙은 그늘이 드리워져 있었다.

"황창랑! 나를 용서하라."

보육의 말에 황창랑의 눈빛이 애매해졌다.

"나는 너의 외숙이 아니다."

일순 황창랑의 한 손이 날렵하게 칼집으로 향했다.

"잠깐만! 잠깐만, 내 말을 들어라."

황창랑의 행동을 제지하며 보육은 간절한 어조로 자신이 겪은 일과 신라에 갔던 이유를 설명했다.

처음에는 강하게 반발하던 황창랑도 보육의 설득에 조금씩 기세가 누그러졌다. 그도 그럴 것이 보육이 비록 자신의 외숙이 아니라 해도 강변의 소나무 숲에서 보육이 했던 말은 황창랑 자신도 느끼고 있던 간과할 수 없는 사실이었던 것이다.

자신의 부모를 죽인 간신들이 신라의 조정에 자리하고 있는 이상 더는 신라에서 목숨을 부지하기 어렵다는 것은 너무나 확연한 일이었다.

황창랑은 침울한 표정으로 말이 없었다.

"그러니 내 말을 들어라. 여기에서 힘을 기른 뒤 신라에 되돌아가 부모님의 원수를 갚아도 늦지 않을 것이다."

"알겠습니다. 어르신의 은혜는 결코 잊지 않겠습니다."

황창랑은 자리에서 일어나 보육에게 큰절을 올리며 말했다.

그러나 황창랑이 모르는 것이 한 가지 있었다. 그것은 보육이 백제왕의 자객으로 황창랑을 선택했다는 무서운 음모였다.

이튿날 황창랑은 낙랑 태수 앞에 나아가게 되었다.

"신라에서 온 황창랑 문안 드리옵니다."

"네 검무가 뛰어나다는 소리는 익히 들어 알고 있다."

"황공하옵니다!"

낙랑 태수는 어린아이답지 않은 황창랑의 태도에 든든함을 느꼈다.

낙랑 태수는 황창랑에게 검위劍尉라는 벼슬을 제수하고 큰 집과 많은 전답을 하사했다. 황창랑의 양어머니는 아무 영문도 모른 채 그저 좋아서 벌린 입을 다물지 못했다.

보육은 황창랑과 함께 자신의 심복들을 대동하고 자주 사냥을 나갔다. 겨울이어서 산짐승들이 별로 많지 않았는데도 보육은 수시로 날을 잡아 이틀이고 사흘이고 사냥터를 누볐다.

황창랑은 뛰어난 칼 솜씨로 보육이 잡아 온 산짐승의 배를 갈라 고기와 뼈를 발라내었다. 그 솜씨를 보고 있던 보육의 심복들은 모두들 혀를 내두르며 감탄해 마지않았다.

동짓달이 지나 한 해가 새로이 밝았다. 낙랑 태수는 새해 선물로 황창랑에게 보석으로 장식한 단도를 하사했다. 이는 그 단도로 백제 왕의 목을 베라는 뜻이 숨어 있었으나 이를 전혀 알지 못하는 황창랑은 그저 기뻐하기만 했다. 옆에서 이 모습을 지켜본 보육은 자신의 계책을 실행에 옮길 때가 가까웠음을 알고 서서히 음모를 드러내기 시작했다.

초봄이 되어 들판의 초목들이 연둣빛으로 물이 오른 어느 하루, 여느 날과 마찬가지로 보육은 황창랑을 데리고 사냥을 나섰다.

그런데 그날은 다른 날과 달리 사냥터가 아닌 다른 곳으로 말을 몰았다. 보육과 황창랑 일행이 백제와 고구려의 접경 근처에 있는 야트막한 구릉 위에 올라섰을 때였다.

갑자기 보육이 울음을 터뜨리며 말에서 내리더니 아예 바닥에 앉아 통곡을 하는 것이었다. 깜짝 놀란 황창랑은 급히 보육에게로 다가가 부축을 하며 여쭈었다.

"아니, 어르신! 무슨 일로 그러십니까?"

"저기를 보아라, 저기를 좀 보아! 으흐흑!"

보육이 통곡을 하며 손가락으로 가리키는 곳에는 일단의 무덤들이 옹기종기 모여 있었다. 아직 뗏장이 채 입혀지지도 않은 무덤들은 대략 오십 개 정도는 되어 보였다.

황창랑의 눈이 무덤에서 가실 줄을 모르자 때를 놓치지 않고 심복인 부수가 두 사람의 말에 자연스럽게 끼여들었다.

"저기에 있는 저 무덤들은 작년에 백제군의 피습을 받아 억울하게 돌아가신 이 나라 왕실 어른들과 부하 장수들이 묻혀 있는 곳이옵니다. 저 무덤들 중에는 현관이신 보육 어르신의 아내이셨던 이 나라 공주 마마의 능도 있사옵니다."

부수의 말에 보육은 더욱 크게 통곡을 했다. 그것은 마치 황창랑에게 들으라는 시늉처럼 보였지만 짜여진 각본대로 심복들은 보육을 따라 훌쩍이기만 할 뿐 한마디 말도 없었다.

"어르신! 눈물을 거두시고 슬픔을 참으소서!"

"내 가슴에 맺힌 이 한을 과연 누가 있어 풀어 준다는 말이냐?"

보육은 가슴을 치며 통곡을 쏟아냈다.

"어르신! 소인이 그 한을 풀어 드리겠습니다. 그러니 이제 그만 일어나십시오."

황창랑은 보육을 두 팔로 부축하며 안타까운 목소리로 말했다.

"그 말이 진정이냐?"

보육은 황창랑의 말에 무엇에 놀란 사람처럼 벌떡 일어났다.

"예, 어르신! 제가 기필코 어르신의 가슴에 맺힌 한을 씻어 드리겠습니다."

보육은 황창랑의 손을 덥석 잡았다.

"고맙다! 참으로 고맙다! 이제야 내 가슴이 시원해지는구나!"

보육은 황창랑을 손자처럼 품에 안고 큰소리로 웃음을 터뜨렸다.

성으로 돌아온 보육은 황창랑과 함께 태수를 알현하고 백제왕을 죽일 계략을 도모했다. 모든 일이 보육과 낙랑 태수의 속셈대로 일사천리로 이루어지고 있었다.

한 달 후 황창랑은 보육의 계책에 따라 백제 땅을 돌며 검무를 추었다. 생전 처음 보는 신묘한 검무에 백제 백성들은 넋을 잃고 왁자지껄한 소란을 피웠다.

황창랑의 검무 얘기를 들은 백제의 분서왕은 황창랑을 대궐로 불러들였다.

"네가 그토록 신묘한 검무를 춘다는 어린아이냐?"

"예! 폐하."

과연 분서왕은 보육의 계책대로 황창랑을 어린아이로밖에 취급하지 않았다.

"그렇다면 그 신묘한 검무를 과인에게도 보여 주겠느냐?"

"황공하옵니다, 폐하!"

분서왕은 황창랑의 어른스러운 말투에 신기해하며 귀여워 어쩔 줄 모르는 표정으로 말했다.

"고것 참! 어린것이 신통하구나! 어디 한번 구경이나 해보자!"

황창랑은 분서왕 앞에서 단도를 빼어 들고 검무를 추기 시작했다. 금과 은으로 화려하게 장식된 단도는 낙랑 태수가 새해 선물로 내린 하사품이었다.

황창랑은 여느 때보다 훨씬 정교한 춤 동작으로 칼을 이리저리 휘두르며 분서왕 앞을 왔다갔다했다. 어전에 모인 어느 누구도 어린 황창랑에게 의심을 품지 않았으며 감히 상상조차 하지 못했다.

한참을 춤을 추던 황창랑은 일순 몸 동작을 크게 하여 분서왕 앞으로 나아갔다. 왕은 귀여워 죽겠다는 표정으로 껄껄껄 웃으며 손자를 품에 안 듯이 황창랑을 향해 두 팔을 벌렸다.

그때였다. 번쩍 하는 칼날이 분서왕의 목을 가르며 붉은 선혈이 물을 뿜듯 왕의 목 줄기에서 터져 나왔다. 이어 분서왕의 몸이 바닥으로 굴러 떨어졌다.

"시해다! 저놈이 왕을 시해했다!"

황창랑은 바람같이 몸을 날려 군사들 몇을 칼로 벤 뒤 보육의 심복들이 말을 대기시키고 기다리고 있는 대궐의 뒷담으로 달렸다.

뒤따르는 군사들의 추격을 피해 뒷담을 넘으려는 순간, 황창랑은 날아온 화살에 한쪽 발을 맞고서 그만 땅바닥으로 떨어져 버렸다. 득달같이 달려온 백제 군사들은 어린 황창랑의 몸을 사정없이 난자했다. 황창랑은 비명도 지르지 못하고 그자리에서 즉사하고 말았다.

백제의 분서왕이 시해되었다는 소리를 들은 보육과 낙랑 태수는 가슴에 켜켜이 쌓인 울분과 한이 한꺼번에 가시는 듯했다. 그러나 어린 황창랑의 죽음에는 입을 다물고 말았다.

백제 분서왕을 죽이기 위해 낙랑에서 보낸 자객은 신묘한 검무를 추는 고작 일곱 살밖에 안 된 어린아이였다.

설례 왕자의 야심

백제 제17대 왕인 아신왕에게는 왕자가 셋 있었다. 태자인 전지
典支와 둘째 훈해訓解, 그리고 막내인 설례碟禮였다.

전지 태자는 백제가 고구려의 남하를 막기 위해 일본과 동맹을
맺으면서 볼모로 일본에 가 있었다. 그러나 볼모로 간 지 11년 되던
해, 부왕이 갑작스레 승하했다는 소식을 듣고 왜왕에게 간하여 급히
귀국 길에 올랐다.

왕위를 이을 전지 태자가 돌아올 동안 둘째 왕자인 훈해가 국정
을 돌보았는데 셋째 왕자인 설례는 그 기회를 노려 자신이 왕위에
오르려는 흑심을 품었다.

설례는 우선 둘째형인 훈해를 찾아갔다. 훈해도 자신처럼 왕위
찬탈의 욕심이 있는지 떠보기 위함이었다.

훈해와 마주앉은 설례는 조심스럽게 입을 열었다.

"형님! 태자 마마의 소식은 있습니까?"

"글쎄다. 태자 마마가 아직 일본을 떠났다는 소식은 듣지 못했다."

성품이 어진 훈해는 동생의 말에 너그럽게 대답했다.

"주위의 말을 들으니 볼모로 간 사람은 쉽사리 돌아오지 못한다
고들 하던데, 혹 태자 마마께서 돌아오시지 못하는 것은 아닌지 걱

정이 됩니다."

형을 걱정하는 동생의 마음씨가 갸륵하다는 생각이 든 훈해는 웃으며 대답했다.

"너무 심려치 마라. 태자 마마께서는 꼭 돌아오실 것이다."

훈해의 얼굴에 번지는 미소를 본 설례는 마음을 가다듬고 물었다.

"만약 태자 마마께서 돌아오시지 못하면 형님이 왕위를 이으셔야 하지 않겠습니까?"

"음……. 만약 그런 일이 생긴다면 그래야 되겠지."

"그렇다면 지금 당장 왕위에 오르셔도 무방하지 않겠습니까?"

설례의 말에 훈해는 표정을 바꾸며 말했다.

"무슨 말이냐? 지금 나에게 왕위 찬탈의 역모를 꾸미자는 게냐?"

"그게 아니라……."

"듣기 싫다! 이제 보니 볼모로 잡혀간 사람은 쉽사리 돌아오지 못한다 어쩐다 운운하더니 네가 태자 마마를 대신해서 왕위에 오르려는 속셈인 게로구나!"

훈해의 음성이 노기를 띠며 높아졌다.

"형님! 감히 제가 어찌 형님을 대신하여 왕좌를 넘보겠습니까? 당치 않으십니다! 저는 그저 태자 마마의 신변이 걱정이 되어서……."

설례는 바닥에 무릎을 꿇고 소리 내어 흐느꼈다.

훈해는 형을 생각하는 동생의 마음을 자신이 엉뚱한 방향으로 오해한 것 같아 설례의 어깨를 잡아 일으켜 세우며 말했다.

"미안하다. 내가 네 마음을 모르고 괜한 오해를 했구나."

훈해는 궁녀를 불러 술상을 내오라고 일렀다.

그리고 동생을 옆에 앉히고 다정하게 이름을 부르며 말했다.

"설례야, 너무 걱정하지 마라. 태자 마마께서는 무사히 돌아오실 것이다."

잠시 후 두 사람은 술상 앞에 마주앉았다.

"오랜만에 형님과 술을 마십니다."

먼저 훈해의 잔을 채우며 설례가 말했다

"선왕께서 승하하신 슬픔이 네가 제일 크겠지. 선왕께서는 막내인 너를 가장 귀여워하시지 않았더냐?"

훈해는 그렇게 말하며 동생의 잔에 술을 따랐다. 그러나 슬픈 표정을 짓는 설례의 눈가에 조금씩 살기가 움트는 것을 훈해는 눈치채지 못했다.

두 사람은 형제의 우애를 다독이며 거나하게 술에 취했다. 훈해는 왕자의 지위를 떠나 민가의 형제들처럼 스스럼없이 설례를 대했다. 승하하신 부왕과의 추억을 떠올리고 볼모로 간 전지 태자와의 일을 얘기했다.

설례는 입으로는 웃고 있었지만 마음속에서 뻗쳐오르는 살의를 감추느라 무진 애를 썼다.

'어쩔 수 없다. 내 뜻을 이루려면 모두 죽여야 한다!'

훈해가 잠시 용변을 보러 간 사이, 설례는 품속에 준비해 두었던 독약을 꺼내어 훈해의 술잔에 탔다.

독약이 든 줄도 모르고 술잔을 비운 훈해는 가슴을 움켜쥐고 피를 토하며 쓰러졌다. 그 모습을 지켜보는 설례의 얼굴은 귀기鬼氣가 서린 듯 싸늘하고 무서웠다.

설례는 그 길로 심복들을 불러모아 대궐을 에워싼 뒤 제멋대로 왕위에 올랐다. 훈해의 죽음은 돌연사로 간단하게 처리되었고 전지 태자는 일본에 볼모로 잡혀 귀국할 수 없다는 포고령을 내렸다.

백성들은 설례가 왕위를 찬탈했다고 술렁거렸지만 신하들은 목숨을 부지하기에 급급하여 아무도 이를 잘못되었다고 나서서 간하는 이가 없었다.

설례의 왕위 찬탈을 엄연한 역모라고 여기는 사람들 중에서 한성에 사는 해충解忠이 있었다. 그는 설례가 전지 태자를 죽일 것이라는 판단을 내리고 밤낮으로 말을 달려 전지 태자 일행이 백제와 가락국의 국경을 넘기 전에 그들의 앞을 가로막고 나섰다.

"태자 마마! 태자 마마!"

해충은 말에서 내려 땅에 무릎을 꿇고 큰소리로 전지 태자를 불렀다.

"무슨 일이오?"

전지 태자는 해충의 다급한 목소리에 직감적으로 도성에 변이 생겼다고 생각했다.

"폐하! 소인은 한성에 사는 해충이라는 자이옵니다."

"그런데 어찌 이 먼 곳까지 나를 찾아왔소?"

"폐하! 황급히 몸을 피하십시오. 지금 도성에서는……."

해충은 숨가쁘게 지난 며칠 사이에 일어난 일들을 전지 태자에게 알렸다. 전지 태자는 동생 훈해의 죽음에 할말을 잃고 말았다. 더군다나 다른 사람도 아닌 막내 동생의 손에 죽임을 당한 것이 태자의 심사를 더욱 안타깝게 했다.

해충은 전지 태자에게 안전한 곳으로 피신해야 한다고 간했다. 전지 태자는 자신을 수행하는 왜병의 수가 백여 명 정도에 지나지 않았기에 그 숫자로는 설례에게 대항하기 어려울 것이라는 판단을 내렸다.

전지 태자는 호위병을 이끌고 다시 바다로 나가 배를 타고 작은 무인도로 숨어들었다. 해충은 전지 태자가 안전한 곳으로 피신하는 것을 보고는 황급히 말을 돌려 다시 한성으로 돌아왔다.

한편 설례는 심복들을 국경에 배치하여 전지 태자가 돌아오는 즉시 그자리에서 목을 베라고 명령을 내렸으나 시일이 지나도 태자가 돌아오지 않자 적이 마음을 놓았다.

설례는 여느 폭군들이 그러하듯이 자연스럽게 주색에 빠져들어 정사를 돌보지도 않고 백성들의 고충에도 귀기울이지 않았다. 그리고 언제나 전지 태자가 돌아오는 것에만 촉각을 곤두세우고 자신의 자리를 누군가 넘볼까 하여 불안감에 떨었다.

그런 불안감을 잊기 위해 설례는 더욱 술과 여자에만 탐닉했고 마침내 종말의 날을 맞았다.

대낮부터 벌어진 술자리의 여흥은 저녁 무렵이 되자 더욱 그 분위기가 돋워졌다. 설례는 벌써부터 술이 취해 풍악에 맞춰 덩실덩실 춤을 추며 즐거워했다.

그 즈음 도성의 백성들은 하나둘 횃불을 밝혀 들고 대궐 주변으로 운집하기 시작했다. 행렬은 소리 없이 이어졌고 그 가운데에는 해충도 끼어 있었다. 대궐을 지키는 군사들은 처음에는 당황하여 창칼을 겨누었으나 백성들의 수가 점점 더 많아지고 전지 태자가 살아 있다는 말을 듣자 창칼의 끝을 대궐로 돌렸다.

"죽여라!"

"훈해 왕자를 독살하고 전지 태자를 죽이려 한 설례를 죽여라!"

"극악 무도한 죄인 설례는 이리 나와 무릎을 꿇어라!"

대궐 곳곳에서 터져 나오는 세찬 함성 소리에 설례는 정신을 못 차리고 이리저리 뛰어다녔다.

설례의 심복들도 백성들이 한꺼번에 대궐로 쳐들어온 것을 알고는 왕의 목숨 따위는 안중에도 두지 않고 제 살길 찾아 도망치기에 바빴다.

결국 설례와 그의 심복들은 왕위 찬탈에 분노한 백성들의 손에 의해 비참한 최후를 맞았다. 백성들은 전지 태자를 대궐로 모셔다가 새로운 왕으로 추대하고 기쁨에 찬 환호성을 질렀으니, 이가 바로 전지왕이다.

그러나 전지 태자의 눈에는 이슬이 서렸다. 한 방울, 두 방울 소리 없이 떨어져 용포를 적시는 눈물 속에는 두 번 다시 볼 수 없는 부왕과 두 동생의 얼굴이 가슴에 든 피멍처럼 맺혀 있었다.

개로왕과 도미의 아내

백제 개로왕 시대에 미모가 뛰어나고 총명하기로 소문이 자자한 한 처녀가 있었다. 그 처녀에게 반해 얼굴이라도 한번 보려는 남자들로 그 처녀의 집은 항시 문전 성시를 이루었다.

그러나 처녀는 그런 남자들은 안중에도 없는 듯 아무리 돈이 많은 부잣집이나 나는 새도 떨어뜨릴 정도의 세도가에서 청혼이 들어와도 눈 하나 깜짝 하지 않았다.

처녀의 부모들은 딸이 한시라도 빨리 좋은 집안으로 시집 가기를 은근히 바랐다. 하지만 나중에 처녀가 고른 남자는 도미라고 하는, 집안도 가난하고 외모도 지극히 평범한 남자였다.

부모들은 실망을 하여 그 처녀를 말렸지만 도미가 아니면 절대 시집 가지 않겠다는 딸의 단호한 결심을 바꿀 수는 없었다.어쩔 수 없이 딸을 도미와 혼인시키면서도 처녀의 부모는 내심 시일이 얼마 가지 않아 딸이 분명 다시 집으로 돌아올 것이라고 믿었다.

어려서부터 손에 물 한 방울 안 묻히고 곱게만 자랐으니 부리는 하인도 하나 없는 도미의 집에서는 분명 갖은 집안일을 혼자서 할 것이고, 그렇게 되면 힘들어서라도 분명 친정으로 돌아올 것이라고 확신했던 것이다. 그리고 그러한 생각은 처녀의 부모뿐만이 아니라 장안의 모든 사람들의 생각이기도 했다.

한 해가 가고 두 해가 흘렀다.

그러나 도미의 아내가 된 처녀는 친정으로 돌아오지 않았다. 오히려 품도 팔고 일도 열심히 해서 가난하던 집안의 가세를 조금씩 일으켜 세워 지금은 집안일을 돕고 잔심부름도 하는 계집종도 하나 두었다.

시집 가 세 해가 지나도록 장안의 돈 많고 소위 잘 나간다는 숱한 한량들이 돈을 미끼로 도미의 아내를 유혹했으나 그녀는 곁눈질 한 번 하지 않고 오로지 남편을 모시고 집안일을 하는 데 모든 정성을 기울였다.

처녀가 돌아올 것이라고 믿었던 처녀의 부모들을 비롯하여 장안의 모든 사람들은 조금씩 그 생각이 바뀌기 시작했다. 그리고 마침내 처녀가 도미의 아내가 된 지 네 해가 지나자 사람들은 그 생각을 완전히 버렸다. 대신 이제 도미의 아내로 불리게 된 그 처녀를 칭찬하고 칭송하는 소리가 높아졌다.

도미 아내의 소문은 마침내 개로왕의 귀에까지 들어가게 되었다. 그리고 술자리에서 신하들과 도미의 아내를 시험해 보자는 농담이 결국 내기로 이어졌다.

'계집에게 정절이라니……. 말도 안 되는 소리지!'

개로왕은 속으로 그렇게 코웃음을 치며 다음날 당장 도미를 궐 안으로 불렀다. 영문을 모르는 도미는 그저 벌벌 떨며 개로왕 앞에 엎드렸다.

개로왕은 미천하고 볼품없게 생긴 도미의 얼굴을 보고는 속으로 쾌재를 불렀다.

'천하 일색에다 다른 사내에게 눈길 한번 안 준다기에 얼마나 남편이 잘났으면 그럴까 싶었더니 나 원, 저렇게 볼품없고 미천한 자로구먼! 허! 눈이 멀어도 보통 먼 게 아니군. 이번 내기에 이기는 것은 식은죽 먹기보다 쉽겠군!'

개로왕은 큰소리로 호령하듯 말했다.

"네가 도미냐?"

개로왕의 쩌렁쩌렁한 목소리에 도미는 한층 기가 죽어 있었다.

"예…… 예, 그러하옵니다."

도미의 떨리는 음성을 들은 개로왕은 더욱 위엄 있는 목소리로 말했다.

"들기로 네 처가 천하 일색에다 정절이 높다던데 사실이냐?"

개로왕의 목소리에 도미의 대답은 마치 기어들어 가는 개미 소리였다.

"다른 이들이 그렇다고 합니다."

이번에는 다소 부드러운 음성이 도미의 귀에 들렸다.

"그렇다면 네 생각도 정녕 그러하냐?"

도미는 얼굴을 더욱 숙이며 대답했다.

"예…… 그러하옵니다."

도미의 목소리는 제대로 들리지도 않았다.

"왕인 내가 유혹해도 네 처가 거절하리라 생각하느냐?"

개로왕의 목소리는 은근히 위협적이었다.

"……황공할 따름입니다."

얼굴이 아예 바닥에 닿도록 온몸을 숙이고 도미가 겨우 대답을 했다.

개로왕의 입가엔 싸늘한 미소가 스쳐 지나갔다.

'미련한 놈 같으니……. 세상의 어떤 계집이 왕명을 어긴단 말이

냐. 목숨이 열 개쯤 된다면 몰라도…….'

개로왕은 다시 위엄에 찬 목소리로 말했다.

"알았으니 그만 나가 보라!"

도미는 사지가 떨려 제대로 대전을 걸어나올 수조차 없었다. 그저 모든 일이 꿈만 같이 아득하고 등줄기로 식은땀이 흘렀다.

'이게 무슨 일이란 말인가? 아내에게 무슨 일이 생기기 전에 얼른 집으로 돌아가야겠다.'

그러나 그렇게 생각하며 잰 걸음을 하는 도미의 앞길을 군졸들이 가로막았다. 군졸들은 이미 어명을 받고 그를 기다리고 있었던 것이다.

도미는 군졸들에게 끌려 차가운 옥에 갇히고 말았다. 아무리 발버둥을 치고 사정을 해도 어명대로 행하는 군졸들은 막무가내였다.

저녁이 되자 개로왕은 신하 한 명을 불러 자신이 거둥할 때 입는 노부를 빌려 주며 일렀다.

"오늘 밤 도미의 처를 유혹하여 그 집에서 자고 오너라. 나를 한 번도 본 적이 없을 터이니 네가 임금이라고 해도 곧이들을 게다."

개로왕의 명을 받은 신하는 절로 입이 벌어졌다. 말 그대로 꿩 먹고 알 먹는 셈이 아닌가? 왕에게서 노부를 받아 입고 도미의 집으로 향하는 신하의 입은 함지박만하게 벌어져 다물어질 줄을 몰랐다.

밤이 이슥할 무렵 도미의 집에 도착한 신하는 곧장 집안으로 들어가 도미의 아내를 불렀다. 그렇지 않아도 남편이 돌아오지 않아 노심초사하던 도미의 아내는 자신을 부르는 소리에 얼른 방문을 열고 마당으로 나갔다.

희미한 불빛 아래에서 마당에 서 있는 사람을 본 도미의 아내는 가슴이 철렁 내려앉았다. 직접 본 적은 없지만 들은 적이 있는 노부를 입은 사람이 자신을 보고 있었던 것이다.

'노부는 왕이 거둥할 때 입는 옷이라 들었는데……, 그렇다면 저 분이 왕이시라는 말인가?'

도미의 아내는 황급히 마당에 무릎을 꿇고 앉았다.

"이렇게 누추한 곳에 어인 일로……."

신하는 성큼성큼 방안으로 들어가더니 도미의 아내를 다시 불렀 다. 도미의 아내는 경황이 없는 중에도 옷매무새를 단정히 하고 계 집종에게 차를 내어오라 시키고 방으로 들어갔다.

다소곳하게 앉은 도미의 아내를 향해 신하가 은근한 음성으로 말했다.

"네가 도미의 아내이더냐?"

"예. 그러하옵니다."

"내가 왜 왔는지 아느냐?"

"모르옵니다."

왕의 행세를 하는 신하는 다소 목소리를 근엄하게 바꾸었다.

"네 남편과의 약속을 지키러 왔느니라."

뜻밖의 말에 도미의 아내는 놀란 마음이 들어 눈가가 부르르 떨 렸다.

"네 남편이 오늘 나를 만나러 대궐로 온 것을 알고 있겠지?"

"예……, 하오나 제 남편과의 약속이라니, 그게 무슨 말씀이신 지……?"

왕의 행세를 하는 신하는 헛기침을 한 번 하고는 다음 말을 이어 나갔다.

"낮에 네 남편과 내기 장기를 두었는데 내가 이기면 너와 동침을 하고 네 남편이 이기면 금은 보화를 하사하기로 했다. 그런데 불행히도 네 남편이 내기에서 졌느니라. 그러니 약속대로 내가 너와 동침을 하러 온 것이다."

"······."

"알아들었으면 어서 자리를 펴고 불을 끄도록 하라."

도미의 아내는 자신의 귀를 의심할 수밖에 없었다.

'남편이 그런 약속을 할 위인도 아니고 더군다나 남편은 장기를 두지도 못하는데 이 무슨 황당한 소리란 말인가? 그렇다면 이는 분명 왕의 억지임에 분명하다. 이를 어찌해야 하는가?'

경황이 없는 중에도 도미의 아내는 정신을 가다듬었다.

"그럼 일단 자리에 들어 잠시만 기다려 주십시오. 가서 몸단장을 하고 오겠습니다."

도미의 아내는 자리에서 일어나 이부자리를 깔았다. 그리고 왕이 옷을 벗고 이불 속으로 들어가자 불을 끄고 황급히 밖으로 나왔다.

도미의 아내는 그 길로 계집종을 불러 자초지종을 설명하고 오늘 하룻밤만 왕을 모시라고 부탁 아닌 부탁을 했다. 계집종은 어쩌면 왕의 아이를 잉태할지도 모른다는 생각에 흔쾌히 승낙했다.

도미의 아내는 계집종에게 자신의 옷을 입히고 곱게 몸단장을 시켰다. 그리고 절대 말을 하지 말라고 당부한 뒤 방안으로 들여보냈다.

그렇게 밤이 가고 새벽이 되자 마음껏 도미의 가짜 아내를 농락한 가짜 왕은 흡족한 마음으로 궐로 돌아가 개로왕에게 앞뒤 사실을 빠짐없이 고해 바쳤다.

개로왕은 곧 도미를 어전으로 불러 크게 만족한 표정으로 말했다.

"내가 어젯밤 네 처와 동침을 하고 왔느니라. 이래도 네 처의 정절을 믿는단 말이냐?"

순간 도미는 자신의 몸이 땅속으로 빨려 들어가는 것만 같았다.

"⋯⋯."

"미련한 놈 같으니⋯⋯! 이제 네 처는 나의 후궁이니 예의 범절을 갖추어 대해야 할 게야. 조만간 궐로 부를 터이니 그리 알라!"

도미는 넋이 나가 자신이 어디로 가고 있는지조차 알 수 없었다. 분노와 비애, 슬픔과 격분이 마음을 온통 불지핀 가마솥처럼 끓게 하고 있었다.

'아내가⋯⋯ 정말 아내가⋯⋯. 너무나 불쌍하구나! 나처럼 힘없는 놈을 만나 결국 부정한 여자가 되었구나!'

도미의 눈에서는 하염없이 눈물이 흘렀다. 할 수만 있다면 그대로 죽어 버리고 싶었다. 그러나 마지막으로 한 번만 더 아내의 얼굴을 보고 싶었다. 도미의 발길은 집으로 향하고 있었다.

이제나저제나 남편이 돌아오기만을 기다리던 도미의 아내는 마당으로 남편이 들어오는 것을 보고는 버선발로 달려 나가 남편의 품에 안겨 서럽게 흐느꼈다. 도미 역시 슬픔을 가누지 못하고 소리 내어 울었다. 둘은 오래도록 서러운 마음에 목을 놓아 울었다.

한참 후 도미의 아내는 간밤에 있었던 일을 남편에게 모두 얘기했다. 아내의 말을 들은 도미는 기쁘기도 하고 왕의 말만 믿었던 자신이 부끄러워 고개를 들 수 없었다.

그러나 그러한 기쁨도 잠시였다. 어떻게 그 일이 세상에 알려지게 되었는지 도미의 아내가 왕을 속였다는 소문이 항간을 떠돌다 결국 개로왕의 귀에까지 들어가게 되었다.

화를 참지 못한 개로왕은 도미를 붙잡아다 두 눈을 뺀 뒤 작은 나룻배에 태워 강에 띄워 보냈다. 그리고 도미의 아내도 붙잡아 후궁이 될 것을 명했다.

도미의 아내는 개로왕에게 이틀만 말미를 주면 집으로 돌아가 모든 것을 정리하고 오겠노라고 말했다. 그리고 그녀는 개로왕의 허락을 받은 다음 죽기로 결심하고 강으로 달려갔다.

　남편이 그리워 하염없이 눈물을 쏟으며 강가를 돌아다니던 도미의 아내는 작은 나룻배에 두 눈이 뽑힌 채 신음하고 있는 남편과 극적으로 재회했다. 그리고 곧바로 배를 타고 고구려로 떠나 여생을 행복하게 보냈다.

고구려 승려 도림

　　백제 개로왕은 평소 바둑 두기를 즐겨 때로는 정사를 뒤로 미룬 채 바둑판 앞에만 앉아 있는 경우도 있었다.

　　왕이 그렇게 바둑 두기를 좋아하는지라 신하들은 너나할것없이 모두 바둑을 배웠고, 입궐하여 하루 종일 왕과 바둑만 두다 돌아가는 신하도 있었다.

　　당시 도성에는 고구려에서 온 도림道琳이라는 승려가 있었는데 어찌나 바둑을 잘 두던지 내로라 하는 바둑의 고수들도 그를 당해내지 못해 백성들 사이에 도림이 신선으로부터 바둑을 배웠다는 소문이 나돌 정도였다.

　　그 소문을 들은 개로왕은 좌평佐平통성通成을 불러 도림을 데려오라는 명을 내렸다. 그러나 통성은 그가 고구려인이라는 게 꺼림칙하여 왕을 만류하고 나섰다.

　　"폐하! 비록 도림이 바둑을 잘 둔다고는 하나 그 사람은 고구려에서 도망쳐 온 자로 아무도 그 속마음을 알지 못합니다. 그러니 혹 그 자가 흑심을 품고 있다면……."

　　"그만두시오, 좌평! 좌평은 어찌 그리 의심이 많으시오?"

　　좌평 통성의 간언에 개로왕은 버럭 화를 내고 나섰다.

"폐하! 지금의 시국으로는 고구려인을 멀리 하셔야 합니다."

"시국은 무슨 시국이오? 지금 당장 고구려가 쳐들어오기라도 한다는 말이오?"

개로왕은 얼굴이 시뻘개지도록 역정을 내었다.

"그것이 아니오라 그 자가 고구려의 첩자인지도 모르니 조심하셔야 한다는 뜻이옵니다!"

"좌평도 어리석소. 도림은 승려라고 하지 않았소? 불법을 따르고 부처님을 모시는 승려가 첩자라니, 당치 않소! 어서 가서 도림을 데려오기나 하시오!"

통성은 더 이상 왕을 말릴 수 없다고 생각하고 허리를 숙인 채 조용히 어전에서 물러나왔다.

통성은 생각할수록 개로왕의 행동이 답답하기만 했다. 왕은 자신이 바둑을 잘 두는 것으로 알지만 신하들과의 대국에서 번번이 왕이 이기는 까닭은 신하들이 일부러 져주기 때문이라는 것은 하찮은 궁녀조차 다 알고 있는 사실이었다.

그런데 그런 왕이었으니 도림을 만난다 해도 바둑을 배우려는 것도 아니요, 그저 무조건 이기려고만 들 것이다. 만약 도림이 그런 왕의 마음을 약점 삼아 어떤 계책을 꾸미기라도 한다면 그 다음 일은 어느 누구도 책임질 수 없는 노릇이 아닌가?

좌평 통성은 먼 허공에 시선을 두고 한참을 서 있다가 결국 도림을 데리러 대궐 문을 나섰다.

다음날 점심때가 조금 지난 무렵, 좌평 통성은 도림을 데리고 입궐했다. 그는 도림과 함께 곧장 어전으로 들어가 개로왕을 배알했다.

도림을 본 개로왕은 흥분을 감추지 못하고 크게 웃으며 반겨 맞았다.

"잘 오시었소! 내 진작부터 그대를 만나 보고 싶었소!"

개로왕 앞에 머리를 조아린 도림은 고개를 숙인 채 대답했다.

"황공하옵니다, 폐하!"

개로왕은 연신 싱긋거리며 말했다.

"듣자하니 그대의 바둑 솜씨를 따를 자가 없다고 하던데 오늘 나에게도 한 수 가르쳐 주시겠소?"

"아니옵니다, 폐하! 소승은 그저 바둑돌의 흑백 정도만 가릴 줄 알뿐입니다."

"무슨 소리요? 겸손함이 지나치면 오히려 화를 부르는 법이오."

거기까지 말한 개로왕은 큰소리로 신하를 불러 명했다.

"어서 가서 준비해 둔 바둑판을 가져오라!"

그 명이 떨어지기도 전에 신하 둘이 바둑판을 들고 와 개로왕 앞에 놓았다.

"자, 이리 앉으시오. 신선에게서 배웠다는 그대의 바둑 솜씨를 한시바삐 보고 싶구먼."

"폐하! 소승은 그저……."

"어허! 왕명을 거역할 셈인가?"

도림이 다시 사양하자 개로왕이 일부러 역정 내듯 큰소리로 말했다.

도림은 허리를 굽실거리며 바둑판 앞에 앉았다. 개로왕은 기다리던 선물을 받은 아이처럼 기뻐 어쩔 줄을 몰라하며 바둑판 위에 먼저 검은 기석을 놓았다.

도림은 잠시 망설이는 듯하더니 천천히 흰 기석을 집어 바둑판 위에 소리 없이 내려놓았다. 좌평 통성이 잘못 본 것일까? 바둑돌을 내려놓는 순간 도림의 눈이 예리한 칼날처럼 강한 빛을 발했다.

점심 나절에 시작된 바둑은 저녁 무렵이 될 때까지 계속되었다. 처음에는 개로왕이 우세했지만 갈수록 도림 쪽으로 승부가 기우는 듯했다.

개로왕은 이마에 번질거리는 식은땀을 연신 닦으며 가끔 한숨 섞인 신음 소리를 내기도 했다. 반면 도림은 더욱 침착해졌고 때로 개로왕의 얼굴을 찬찬히 들여다보는 여유까지 부렸다.

엎치락뒤치락 승부의 우열을 가리기 힘들었던 개로왕과 도림의 대국은 결국 개로왕의 승리로 끝났다.

개로왕은 어린아이처럼 즐거워하며 술상을 내어 오라 분부했고 바둑판을 치우고 술상 앞에 마주앉은 두 사람은 주거니받거니 흥에 겨웠다.

"과연 소문 듣던 대로 그대의 바둑 솜씨는 보통이 아니구먼."

"아니옵니다, 폐하! 폐하의 바둑 실력이야말로 지금껏 제가 만난 그 어떤 상대보다 뛰어난 고수이십니다."

두 사람은 서로를 칭찬하고 다독거리는 말로 밤늦도록 술을 마셨다. 그 모습을 곁에서 지켜보던 좌평 통성의 마음은 외줄 타듯 위태롭기만 했다.

그날 이후 개로왕은 도림을 상객上客이라 칭하며 날마다 대궐로 불러들여 바둑을 두었다. 도림은 한낱 승려에 불과했지만 왕의 태도는 마치 오래된 벗을 대하는 것처럼 격식과 허물이 없었다.

왕의 태도가 그러하니 자연 신하들도 도림을 함부로 대하지 못하였고 도림의 기세는 하늘 높은 줄 모르고 날로 높아져만 갔다.

개로왕은 도림과 바둑을 두면서 매번 이긴 것은 아니었지만 바둑에 지고서도 웃음을 터뜨리며 도림을 위한 주연을 베풀곤 했다. 좌평 통성이 도림을 멀리하라고 간언을 올렸지만 왕은 반대로 그런 좌평을 나무라며 도무지 그 말을 들으려 하지 않았다.

개로왕과 도림은 점점 더 가까워져 이제 바둑을 두면서 이런저런 얘기를 나누는 사이가 되었다.

하루는 바둑을 두던 도중, 도림이 지나가는 말로 얘기를 꺼내었다.

"폐하! 백제는 모든 것이 고구려보다 나은데 한 가지 부족한 것이 있사옵니다."

도림의 말에 개로왕은 여전히 바둑판에서 시선을 떼지 않은 채 말했다.

"무언가? 말해 보라."

도림은 신중을 기하는 듯 잠시 침묵했다가 말을 이었다.

"소승이 보기에 백제의 대궐은 아직 정비가 제대로 되지 않은 것 같사옵고 선대왕의 능 또한 수리하여 보완해야 할 것들이 눈에 많이 띕니다."

백제의 대궐과 선왕의 능 얘기가 나오자 개로왕은 그제야 바둑판에서 눈을 떼며 도림을 쳐다보았다.

"소승이 괜한 말씀을 드려 폐하의 심기를 어지럽힌 것이 아닌지……."

"아니오, 듣고 보니 상객의 말이 일리가 있구먼. 나라의 위신을 바로 세우자면 대궐과 선대왕의 능이 장대하고 위엄이 있어야지……. 암, 그래야 하고말고! 그러고 보니 상객은 바둑만 잘 두는 게 아니라 눈썰미도 보통이 아니구려, 허허허!"

이튿날 개로왕은 신하들을 불러 도림의 말대로 대궐을 정비하고 선대왕의 능을 수리하고 보완하라는 어명을 내렸다.

좌평 통성은 대궐을 수리하고 선대왕의 능도 보완하자면 그 비용도 비용이거니와 백성들을 사역에 동원해야 하므로 그 원성이 이만저만이 아닐 것이라고 간언했지만, 이미 마음을 굳힌 개로왕의 고집을 꺾을 수는 없었다.

어명에 따라 대대적인 공사가 시작되었고 그 폐해는 이루 말할 수가 없었다. 국고는 바닥 나고 사역을 견디다 못한 백성들은 산적이 되거나 국경을 넘어 고구려와 신라로 도망쳤다.

그런데도 개로왕은 도림과 바둑을 두는 데만 정신이 팔려 신하들의 말을 제대로 듣지도 않았고 나중엔 아예 들으려 하지도 않았다.

그러던 어느 날, 도림의 행방이 묘연해졌다. 개로왕은 사람을 풀어 백방으로 도림의 행방을 수소문했지만 그 어느 누구도 도림의 행적을 아는 이가 없었다.

좌평 통성은 개로왕을 알현하고 피눈물을 토하듯 간언을 올렸다.

"폐하! 지금이라도 늦지 않았사오니 부디 공사를 멈추시고 국사를 돌보십시오! 도림이란 자는 고구려의 첩자가 분명하오니 이제 그 자에 대한 미련을 버리옵소서!"

"좌평은 무슨 말을 그리하오? 상객은 승려의 몸이니 어디 산속에 들어가서 불도 수행을 하고 있을지 어찌 아오? 상객이 돌아오면 그때 가서 내가 직접 좌평의 실언에 대한 책임을 물을 것이오!"

개로왕은 노발대발하며 통성의 간언을 무시했다.

민심은 수습할 수 없을 만큼 급속하게 흉흉해져 갔다. 사라진 도림의 정체를 두고 고구려의 첩자가 분명하다는 둥, 처음부터 왕을 부추겨 나라를 망하게 하려는 수작이었다는 둥, 흉흉한 소문은 꼬리에 꼬리를 물고 눈덩이처럼 불어났다.

하지만 도림에 대한 개로왕의 믿음은 절대 흔들리지 않았다. 오히려 갈수록 믿음이 더 군건해지고 탄탄해져만 갔다.

"폐하! 큰일 났사옵니다! 고구려 3만 대군이 우리 백제를 치기 위해 출정하였다 하옵니다!"

개로왕이 여전히 도림의 행방을 찾기 위해 신하들을 닦달하고 있을 때 난데없는 소식이 날아들었다.

"뭐라?"

개로왕은 두 주먹으로 탁자를 내리치며 자리에서 벌떡 일어났다.

'그렇다면 좌평의 말대로 상객, 아니 도림이 고구려의 첩자였단 말인가?'

개로왕은 분노와 절망감으로 다시 자리에 털썩 주저앉았다. 모든 것은 이미 엎질러진 물. 자신이 바둑을 좋아한다는 것을 안 고구려 장수왕이 도림을 보내어 수작을 부린 것이었다.

"여봐라! 군사들을 징집하고 모든 대신들을 들라 해라!"

그러나 사역에 동원된 백성들은 하나같이 지치고 병들어 있었으며 국고는 텅 비어 군량미조차 부족했다.

개로왕은 좌평 통성의 말을 듣지 않은 것을 가슴을 치며 후회했지만 모든 것은 고구려왕의 수작대로 진행되어 가고 있었다.

다급해진 개로왕은 신라에 태자를 보내어 구원병을 요청했지만 태자가 1만의 구원병을 보내겠다는 신라왕의 확답을 가지고 왔을 때에는 고구려군은 지척에서 서서히 도성을 에워싸고 있었다.

개로왕은 서둘러 태자를 도성에서 떠나 보냈다. 자신이 죽은 뒤에라도 백제의 사직을 다시 세울 사람은 태자밖에 없는 까닭이었다.

눈물을 뿌리며 태자가 남쪽으로 말을 달려 사라지자 개로왕은 반대편으로 말을 달렸다. 태자가 도망 갈 시간을 벌어 주기 위함이었다.

개로왕이 도성을 빠져 나가자마자 왕을 발견한 적장은 그 뒤를 쫓았다. 비오듯 쏟아지는 화살을 피하면서 말을 달리던 개로왕은 얼마 가지 못해 적장의 손에 붙잡혀 무참히 목이 잘려 죽었다.

　가까스로 목숨을 구한 태자는 지금의 공주公州인 웅진을 새 도읍
으로 정하고 다시 나라를 일으켰으니 그가 바로 백제 22대 왕인 문
주왕이다.

좌평 해구의 야심

    백제 제22대 왕인 문주왕은 선왕인 개로왕이 고구려 장수왕에게 대패하여 목숨을 잃자 피눈물을 흘리며 백성들을 이끌고 남하하여 웅진 땅에 도읍을 새로 정하고 선왕의 원수를 갚기 위해 군사들을 재정비하는 일에 전력을 기울였다.

    당시 문주왕의 휘하에는 훌륭한 장수가 많았는데 그 가운데에서도 병관 좌평 해구解仇의 기량이 가장 빼어났다.

    해구는 무술 실력이 뛰어났을 뿐만 아니라 부하들을 지휘하는 통솔력도 뛰어나 문주왕은 그에게 병마지권兵馬之權을 맡겨 고구려를 칠 준비를 하도록 했다.

    하지만 해구는 야심 만만한 인물로서 처음에는 왕의 명령을 잘 따르다가 막상 왕으로부터 병마지권을 인수받자 서서히 그 본심을 드러내기 시작했다.

    걸핏하면 왕의 명령을 거역하고 자기 멋대로 일을 처리하기 일쑤였고, 들리는 풍문에 의하면 은밀히 군사들을 따로 훈련시킨다는 얘기도 궐내에 떠돌았다. 그리고 그 모든 일들이 고구려를 치기 위한 것이 아니라 문주왕을 시해하고 해구 자신이 왕위에 오르기 위함이라는 무시무시한 소문도 왕의 귀에 들렸다.

문주왕은 며칠 동안 밤잠을 못 이루고 고심하다가 선왕 때부터 충신인 길평吉平과 물도勿刀를 은밀히 내전으로 불러들였다.

"어떡하면 좋단 말이오? 좌평의 행동이 날로 방자해지고 있으니……."

밤늦게 문주왕의 부름을 받았을 때 이미 직감하고 있었지만 왕이 직접 고충을 털어놓으니 두 노신老臣은 민망함에 얼굴을 들지 못했다.

"폐하! 더는 좌평을 그대로 두어서는 안 된다고 생각하옵니다."

물도가 조심스럽게 아뢰었다.

"과인의 생각도 그렇긴 하오만 무슨 방도가 있어 병마지권을 손에 쥔 좌평과 대적한단 말이오?"

두 사람은 왕의 말에 대답을 하지 못했다. 아무리 생각해도 좌평과 대적할 만한 힘이 그들에게는 없었던 것이다.

잠시 후 문주왕의 짜증 섞인 목소리가 내전을 울렸다.

"정말 답답하시구려! 정녕 공들에게도 아무런 방도가 없단 말이오?"

문주왕이 인상을 찌푸리며 언성을 높이자 길평이 아뢰었다.

"폐하! 좌평의 부하 장수 가운데 명지明之 장군이라면 폐하의 편에 설 것이옵니다. 명지 장군은 원래 의협심이 강하고 지략이 뛰어난 인물이라 사리에 맞게 설득을 하면 충분히 알아듣고 폐하를 도울 것이옵니다."

"명지 장군은 좌평의 심복 중의 심복이 아니오?"

"예, 폐하! 그러하옵니다."

그때 물도가 말참견을 하고 나섰다.

"이보시오, 길평! 명지 장군이 좌평의 심복인 것은 비단 어제오

늘의 일이 아니거늘 그 같은 자가 어찌 좌평을 내치는 일에 앞장을
설 수 있겠소? 오히려 폐하께 화가 미칠까 염려되오."

"꼭 그렇지만은 않소이다. 등잔 밑이 어두운 법이라 좌평이 그토
록 신임하는 자여야만 무리 없이 제거할 수 있을 것이오."

길평과 물도의 대화를 들은 문주왕은 어쩌면 길평의 말이 맞을
지도 모른다는 생각이 들었다.

"그렇다면 길평의 속셈은 무엇이오?"

왕의 물음에 길평이 아뢰었다.

"소신이 지금 곧 명지 장군을 찾아가서 폐하의 뜻을 전하겠습
니다."

그 말에 문주왕도 물도도 말이 없었다. 길평이 지금 하려는 일은
어쩌면 섶을 지고 불 속으로 뛰어드는 어리석기 그지없는 일인지도
모를 까닭이었다. 만에 하나 명지 장군이 길평의 말을 듣고 좌평 해
구에게 모든 사실을 말한다면 길평은 그자리에서 목숨을 잃을 것이
뻔한 이치였다.

길평은 문주왕께 큰절을 올리고 어전을 나와 곧장 명지 장군의
집으로 향했다.

"어서 오십시오 누추한 소장小將의 집에 어인 일로 오셨습니까?"

명지 장군은 길평을 반겨 맞으며 호탕하게 웃었다.

"장군께 술이나 한잔 얻어먹을까 해서 염치 불구하고 찾아뵈었
습니다."

"잘 오셨습니다. 그렇지 않아도 술 생각이 간절하던 참이었습니
다그려."

명지 장군은 하인들을 시켜 술상을 내오게 했다. 길평은 조심스
럽게 명지 장군의 안색을 살폈다.

명지 장군은 성격이 호탕한 남아 대장부로서 투기심이 많은 본처의 목을 벨 정도로 잔인한 면모도 있었지만, 오히려 그런 기질이 부하들에게는 환심을 샀다.

몇 순배 술잔이 돌고 약간 취기가 오른 길평은 천천히 입을 열었다.

"군사들을 훈련시키느라 얼마나 고생이 많으십니까?"

"고생이라니요? 당연히 해야 할 일을 하는 것뿐입니다."

"지금 대궐에서 폐하를 뵙고 오는 길인데 명지 장군의 노고에 폐하께서 칭찬을 아끼지 않으셨습니다."

"황공할 따름입니다. 모든 것이 폐하의 성은에 힘입은 것이지요."

길평은 잠시 뜸을 들이다가 말을 이었다.

"좌평의 덕도 무시할 수 없지요."

"당치 않으십니다. 폐하의 성은이 없이 어찌 좌평의 덕이 있다 하겠습니까?"

명지 장군의 말을 들은 길평은 이쯤에서 자신이 찾아온 이유를 밝혀야겠다고 생각했다. 명지 장군의 말투로 보아 왕에게 해를 미칠 것 같지는 않았다.

"장군!"

길평의 부드러운 음성에 명지 장군의 시선이 자연스럽게 길평에게로 향했다.

"장군! 나는 지금 사사로운 감정으로 장군을 찾은 것이 아니오. 이는 폐하의 뜻이오."

어명을 받고 왔다는 말에 명지 장군은 귀가 번쩍 뜨였다. 길평은 저녁에 문주왕과 나누었던 얘기를 상세하게 들려주며 좌평 해구의 일을 의논했다.

과연 길평의 짐작대로 명지 장군은 좌평 해구의 방자 무인을 걱정하며 그런 행적이 앞으로 나라의 사직에까지 미칠 영향을 심려하고 있었다.

길평과 명지 장군은 술잔을 주고받으며 밤늦도록 나라의 안위와 좌평 해구의 일을 거론했다.

"소장에게 좋은 생각이 있소."

명지 장군이 목소리를 낮춰 길평의 귓전에 대고 속삭이듯 말했다.

"내일 폐하께 말씀을 드려 모레 아침 일찍 사냥을 나가시도록 하오. 그때 소장으로 하여금 폐하를 호위토록 명하시면 소장이 폐하를 모시고 사냥을 나가는 척하다 좌평의 집으로 쳐들어가 단칼에 그의 목을 베는 것이 상책일 것이오."

길평은 명지 장군의 말에 고개를 끄덕이며 그리하겠다고 약속을 했다. 길평과 명지 장군은 서로를 격려하며 굳은 눈빛을 주고받았다.

그러나 두 사람이 그렇게 서로 격려의 눈빛을 주고받는 사이 검은 그림자 하나가 소리 없이 명지 장군의 방 창문 밑을 벗어나 담을 넘어 짙은 어둠 속으로 사라졌다.

다음날 길평은 문주왕을 알현하고 간밤에 명지 장군과 나누었던 밀담을 아뢰고 있을 즈음, 좌평 해구의 집에서는 한바탕 소용돌이가 휘몰아쳤다.

지난밤 명지 장군의 집 담을 넘어간 검은 그림자는 좌평 해구의 심복 중의 하나인 연신燕信이 자신의 경쟁자인 명지 장군의 집에 숨겨둔 수족 같은 자로서 명지 장군의 일거수일투족을 하나도 남김 없이 매일매일 연신에게 보고하였다.

담을 넘은 첩자는 곧장 연신을 찾아가 명지 장군과 길평의 밀담을 고자질했고, 이를 들은 연신은 곧 해구의 집으로 말을 달렸다.

"큰일 났습니다! 큰일 났습니다, 장군!"

연신은 해구의 집에 들어서기가 무섭게 호들갑을 떨었다.

"무슨 일인가?"

해구가 방문을 열고 뛰쳐나왔다.

연신은 말에서 내려 무릎을 꿇고 첩자가 전해 준 얘기를 낱낱이 고해 바쳤다.

해구는 초조함을 감추지 못해 마당을 이리저리 서성거리며 앞일에 대한 호구책을 마련하느라 고심했다.

연신은 그를 일단 방안으로 들게 한 다음 입을 열었다.

"장군! 제게 괜찮은 칼잡이가 한 놈 있사옵니다."

"괜찮은 칼잡이 놈이라니?"

"예! 얼마 전 도적 일당의 괴수를 잡아들였는데 그놈의 칼 솜씨가 보통이 아닙니다."

순간 해구의 눈이 섬광처럼 빛을 뿜었다.

"그런데……?"

"생각해 보십시오, 장군! 이 같은 일을 먼저 도모한 것은 장군이 아니라 왕을 비롯한 길평과 물도, 두 노신이옵니다. 하오니 장군께서 이 일을 꼬투리 삼아 왕위를 찬탈하신다 해도 어느 누구 하나 모반을 거론하며 나설 이가 없을 것이옵니다."

"음…… 그래서?"

"그러니 내일 왕께서 사냥 길에 명지 장군을 데리고 나서면……."

연신의 소곤거림이 계속될수록 해구의 입은 점차 함지박만하게 벌어졌다.

해구와 연신의 음모를 모른 채 문주왕은 이튿날 날이 밝자마자 명지 장군을 호위 대장으로 임명하고 사냥을 나섰다. 당연히 문주왕을 위시한 일행은 산으로 오르는 척하다가 해구의 집을 향해 번개처럼 말을 몰았다.

명지 장군을 선봉으로 한 왕의 일행이 해구의 집 근처에 있는 작은 언덕에 다다랐을 무렵, 난데없이 어디선가 날아온 비수가 문주왕의 이마를 정통으로 꿰뚫었다.

문주왕은 외마디 비명을 지르며 말에서 떨어졌다. 명지 장군이 문주왕에게 달려갔을 때는 이미 왕은 절명한 후였다.

사태는 심각해졌다. 해구는 왕의 죽음을 확인한 후에 즉시 궁궐로 들어가 13살 어린 왕자를 왕으로 내세우고 전권을 장악해 버린 것이다. 이렇게 문주왕은 아버지 개로왕의 죽음을 뒤로하고 고구려에 쫓겨서 웅진으로 남하하여 도읍을 정한 지 3년 만에 신하에게 피살되고 말았다.

그러나 역사의 물줄기는 또 한번의 극적인 반전을 준비하고 있었다.

어린 왕(제 23대 삼근왕)을 등에 업고 전횡을 일삼던 해구도 그 2년 뒤 또 한번의 반란을 일으키다 제거되고 왕권도 문주왕의 동생인 곤지昆支의 아들에게 넘어가니 이 사람이 후반기 백제의 틀을 잡은 제 24대 동성왕이다.

이처럼 백제에는 문주왕의 웅진 천도 이후 왕권이 약하고 정국이 어지러운 탓에 엄청난 피 바람이 세찬 광풍으로 휘몰아쳤던 것이다.

백제로 온 신라 여인

강물에 비치는 별빛은 다른 날보다 더욱 영롱하게 빛나는 듯했다. 어깨를 기댈 듯 강가에 나란히 앉은 젊은 남녀는 말없이 강물에 어리는 별빛만 바라보고 있었다.

도성인 서라벌은 대낮처럼 환하게 밝힌 불빛들로 말 그대로 불야성을 이루었고 사람들의 흥겨운 노랫가락이 멀리 이곳 강가에까지 들려왔다.

"순아……!"

"……."

순아는 아무런 대답 없이 그저 흘러가는 강물만을 물끄러미 바라보았다.

'며칠 후면 상불랑常弗郎과 헤어지게 된다. 며칠 후면 이곳을 떠나 머나먼 이국 땅인 백제로 가야 한다.'

순아는 그 생각만으로도 가슴이 미어지는 것 같아 상불랑의 부름에 아무 대꾸도 할 수 없었다.

"순아! 이제 오늘이 지나면 너를 볼 수도 없겠구나. 이 밤으로 너와의 인연도 끝……."

상불랑은 더 이상 말을 잇지 못했다. 순아의 흐느끼는 소리가 자신의 심장을 파고들 듯 애절한 까닭이었다.

상불랑은 순아의 손을 잡아 자신의 가슴에 갖다 대며 말했다.

"내 심장이 뛰는 게 느껴지지? 나는 네가 느끼는 이 느낌이 영원히 사라질 때까지 너를 잊지 않을 것이다. 아니, 사라진 다음에도 너를 찾아 헤맬 것이다."

"상불랑!"

"순아!"

둘은 서로의 어깨에 얼굴을 묻고 오래오래 흐느껴 울었다.

신라 소지왕 즉위 시절, 백제의 동성왕은 사신을 보내어 두 나라의 평화를 위해 국가간의 혼인을 제의해 왔다.

당시 주변국들의 세력이 날로 강성해지자 그 세력을 견제하기 위해 백제와 신라, 두 나라는 서로 동맹 관계를 수립해야 한다는 데 뜻을 같이하고 있었기 때문에 백제 동성왕의 제의는 신라로서는 내심 반가운 일이었다.

백제 동성왕은 이미 혼인을 한 처지였으나 후궁이 아닌 소후小后의 자격으로 신부를 맞아들이기로 했고 신라의 소지왕은 공주가 없는지라 이벌간伊伐干 김비지金比智의 딸인 순아順娥를 보내기로 했다.

그렇지만 순아는 이미 오래전부터 화랑인 상불랑을 마음에 두고 둘은 혼인할 때를 기다리며 서로에 대한 연모의 정을 불태워 왔었다.

그러다 갑자기 순아가 국혼國婚으로 백제에 가게 되었으니 상불랑이나 순아의 마음은 슬픔으로 얼룩져 이렇게 둘이 노닐던 강가에 나와 하염없이 눈물을 쏟고 있었던 것이다.

이제 내일 모레면 순아는 백제에서 온 사신을 따라가야 할 몸이었고 목숨을 걸 만큼 사랑함에도 불구하고 속절없이 순아를 떠나 보내야 하는 상불랑의 가슴은 못질을 한 것처럼 아리고 또 아렸다.

그와 반대로 서라벌 도성에서는 백제에서 온 사신을 환영하는 큰잔치를 벌이느라 거리마다 대낮처럼 환하게 횃불을 밝히고 사람들이 너나할것없이 모두 거리로 뛰쳐나와 곧 있을 국혼에 대한 설렘과 흥분을 감추지 못한 채 음주 가무를 즐기느라 여념이 없었다.

시간은 속절없이 흘러 순아는 백제 사신이 가져온 가마에 몸을 싣고 신라를 떠나게 되었다. 길거리에는 백제의 소후로 떠나는 순아를 보기 위해 사람들이 구름처럼 몰려들었다.

순아는 혹 그 사람들 중에 그리운 상불랑의 모습이 보이지 않을까 하여 가마 문틈으로 조심스럽게 밖을 내다보았다. 그러나 구름처럼 모인 군중들 어디를 보아도 상불랑의 모습은 보이지 않았다.

정작 순아가 상불랑의 모습을 본 것은 서라벌에서가 아니었다. 신라군의 호위를 받으며 왔던 사신 일행과 순아를 태운 가마가 신라와 백제의 경계선에서 백제군에게 인도될 때였다.

거기까지 호위하던 신라군이 되돌아갈 때 가마 밖을 무심히 내다보던 순아는 산아래 낮은 언덕에서 자신이 탄 가마를 뚫어지게 쳐다보고 있는 상불랑의 모습을 발견하곤 숨이 멎는 듯했다.

'저이가 왔구나! 나를 잊지 않고 저이가 나를 배웅하러 여기까지 왔구나!'

순아는 눈물을 흘리며 상불랑의 모습을 바라보았다. 여전히 신라 화랑의 기백을 잃지 않은 늠름한 모습이었다.

순아는 한마디 말도 못하고 그저 상불랑의 모습을 바라보며 가마 안에서 숨죽인 채 눈물만 흘렸다.

백제의 도성인 웅진에 도착한 순아와 사신 일행은 백성들로부터 환대를 받았다. 생전 처음 부모 곁을 떠나 낯선 이국 땅인 백제에서 첫날밤을 보내게 된 순아는 밤새 한숨도 자지 못하고 뜬눈으로 지샜다.

날이 밝자 궁녀들이 순아를 목욕시키고 몸단장을 깨끗이 해서 동성왕 앞으로 데리고 갔다. 순아는 감히 고개를 들지 못하고 가느다랗게 떨고만 앉아 있었다.

동성왕은 순아의 생김새를 주의 깊게 살펴보더니 흡족한 표정으로 고개를 끄덕였다. 궁녀들이 다시 순아를 보필하여 어전을 물러나와 숙소로 돌아올 때까지 순아는 눈을 내리깐 채 발끝만 바라보았다.

다음날 대궐에서는 성대한 잔치가 벌어졌다. 소후를 맞아들이는 잔치치고는 이례적이었지만 국혼國婚이라는 점에서 그만한 잔치는 당연하다고 신하들은 생각했다.

잔치가 끝나고 밤이 이슥해지자 동성왕은 신하들과의 술자리를 파하고 신방으로 건너갔다.

초조하게 앉아 있는 순아의 마음에는 온통 상불랑에 대한 그리움만이 낙엽처럼 수북이 쌓여 있었다. 차라리 그 밤에라도 어디론가 멀리 도망가지 않은 것을 순아는 남몰래 후회하고 있었다.

"어디가 아프신 것이오? 얼굴빛이 창백하구려."

동성왕의 따뜻한 말 한마디에 순아의 볼에서는 저절로 눈물이 흘러내렸다.

"하긴…… 먼 길을 왔을 터이니 많이 피곤하실 것이오."

동성왕의 인자한 말은 자꾸만 순아의 가슴에 맺힌 서러움을 자극시켰다. 순아의 볼에 소리 없이 흐르던 눈물 방울은 어느새 굵은 물줄기를 이루었고 형형색색 아름다운 신부의 비단 옷자락은 금세 눈물로 흥건해졌다.

"어허, 이런…… 이런. 부모도 없는 낯선 땅에서 혼인식을 올리자니 그 서러움 또한 컸을 것이오. 내 진작 왜 그 생각을 못했을꼬……."

동성왕은 순아의 등을 토닥이며 어린아이를 달래듯 그녀를 살며시 품에 안았다. 순간 순아는 모든 것을 체념하고 받아들일 수밖에 없다는 사실을 깨달았다. 그리고 천천히 동성왕의 손에 자신을 내맡겼다.

신방에 불이 꺼지고 순아의 저고리 옷고름이 하나씩 풀리면서 순아의 가슴에 낙엽처럼 쌓인 상불랑에 대한 그리움도 하나둘씩 허공으로 날려갔다.

"소후! 오늘 신라에서 사신이 왔소. 고구려가 쳐들어와 원군을 요청하기에 실죽實竹 장군 휘하에 군사 3천 명을 보내었소."

"황공하옵니다, 폐하!"

순아는 다소곳이 앉아 동성왕의 빈 술잔에 술을 따르며 대답했다. 순아는 자신이 비록 동성왕의 정실이 아닌 소후에 불과하다고는 하지만 백제와 신라를 잇는 가교 역할을 하고 있다는 생각이 들어 잠시 가슴이 뿌듯해졌다.

동성왕은 술잔을 들어 입가로 가져가려다 문득 생각난 듯이 순아에게 물었다.

"소후는 신라 땅이 그립지 않소?"

"폐하께서 계신데 뭐가 그립겠습니까?"

"허허허! 소후께서 이제 농담도 다 하오."

동성왕의 말에 순아는 얼굴을 붉히며 빙그레 미소를 지었다. 동성왕과 순아의 정다운 담소를 시샘하듯 훈훈한 봄바람이 연못가에 핀 봄꽃들을 한차례 휘젓고 지나갔다.

순아가 백제에 온 지 어느덧 한 해가 흘렀다. 처음에는 모든 것이 낯설기만 하고 두렵기만 하던 것이 이제는 조금씩 정이 들기 시작했고 무엇보다 동성왕의 사랑이 극진한지라 순아는 그저 행복하고 안

온한 나날을 보내었다.

상불랑에 대한 사랑도 돌이켜보면 철없는 어린 시절의 미숙한 감정에서 비롯된 한때의 열정이었거니 싶었고, 때로는 그런 지난날이 한없이 부끄러워지기도 했다.

여름에 접어들자 대궐에 경사가 났다. 순아의 몸에 태기가 생긴 것이다. 동성왕은 물론 온 대궐 안이 경사스런 분위기였다.

동성왕은 예전보다 더욱 순아를 총애하고 아꼈으며 순아는 자신의 뱃속에 든 아기가 장차 동성왕의 대를 이을 것이라는 생각에 몸가짐을 조심하고 태교에 힘썼다.

그러나 호사다마라고 했던가? 태기가 생긴 지 얼마 지나지 않아 순아는 신라에 계신 어머니가 세상을 떠났다는 비보를 접하고 망연자실 해야만 했다.

자식된 도리로 당연히 부모의 장례식에 참석해야 했지만 임신한 몸으로 그 먼 길을 다녀오기에는 아무래도 무리일 것 같아 상심한 채 그대로 궁에 있을 수밖에 없었다.

동성왕의 지극한 위로에도 불구하고 순아는 여러 날을 울며 지냈다. 그러다 뱃속에 든 아기를 생각하고 가까스로 슬픔을 참고 눈물을 거두었다.

어머니의 장례에 참석하지 못하는 대신 순아는 원덕사原德寺에서 어머니의 명복을 빌겠다고 동성왕의 허락을 받아 내었다.

순아는 어머니의 명복을 빌러 가는 길에 요란한 행차보다는 단출하게 다녀오는 것이 나을 것 같아 단정한 소복 차림새로 궁녀 한 명만을 데리고 원덕사로 향했다.

원덕사에 도착한 순아와 궁녀는 법당에 들러 부처님께 삼배를 올리고 명부전冥府殿으로 가기 위해 법당 옆쪽으로 돌아갔다. 그때였다.

"순아!"

낯익은 음성이 순아의 앞길을 가로막았다. 상불랑이었다. 초췌하고 수심이 가득한 얼굴이었지만 순아의 이름을 부를 때에는 반가운 미소가 환히 퍼졌다.

"순아!"

순아는 깜짝 놀라 제자리에 멈춰 섰고, 뒤따르던 궁녀는 얼결에 뒷걸음질을 치며 법당 쪽으로 달아났다.

"순아! 이날을 얼마나 기다렸는지 모른다. 너를 따라 백제에 오기는 했지만 구중궁궐 심처에 갇혀 있는 너를 만날 길 없어 네가 그곳을 빠져 나오기만을 학수고대했다."

"무엄하다! 감히 내가 누군 줄 알고……!"

순아의 입에서 뜻밖의 말이 튀어나오자 상불랑은 잠시 혼란에 빠졌다.

"나는 이미 예전의 순아가 아니다! 이미 한 나라의 대를 이을 왕자를 뱃속에 품고 있는 국모의 몸과 진배없다!"

"순아……."

상불랑의 음성이 조금씩 떨리기 시작했다.

"그러니 부질없는 옛일일랑 잊고 어서 네 갈 길을 가거라!"

순아도 전신이 부들부들 떨렸지만 뱃속의 아기를 생각해서 간신히 몸을 지탱하고 있었다.

"순아! 너를 볼 날만을 애타게 기다렸다. 그러니 나와 같이 가자! 이제 우리 둘은 영원히 헤어지지 않을 것이다. 순아, 가자! 제발……!"

상불랑은 거의 울상이 되어 순아에게 호소했다. 그러나 그럴수록 순아의 마음은 안정을 되찾으며 더욱 냉랭해졌다.

"물러서라, 어서!"

상불랑은 단호한 결심을 한 듯 두 눈을 번득이며 품속에서 단도를 꺼내 들었다. 순아는 순간적으로 한 걸음 물러나 저도 모르게 양손으로 배를 감싸 안았다. 본능적이고 순수한 모성애였다.

그 모습을 본 상불랑의 눈가에 설핏 눈물이 어리었다.

'내가 그토록 애타게 기다리고 연모해 온 여자가 저 여자란 말인가?'

상불랑은 단도와 순아의 얼굴을 번갈아 바라보며 무엇인가를 망설이는 눈치였다.

그러는 사이 법당 쪽에서 궁녀와 함께 사람들이 몰려왔다. 상불랑은 뒷산 쪽으로 달아나기 시작했다. 그 모습을 보며 순아는 털썩 땅바닥에 주저앉았다. 희미해져 가는 의식 속으로 줄임표처럼 점점이 생각이 떠올랐다 끊어지곤 했다.

'상불랑, 나를 용서해 주세요. 나는 이미 당신을 잊은 지 오래랍니다. 그리고 내가 사랑했던 당신은 여자 하나를 잊지 못해 조국을 버리고 떠돌이 신세가 된 지금의 당신 모습이 아니라 나라를 위해 목숨을 바칠 수 있을 만큼 늠름했던 화랑 상불랑이었어요.'

신하에게서 순아의 일을 들은 동성왕은 대노하여 군사들을 풀어 원덕사 뒷산을 구석구석 뒤졌다.

그러다 한 군사가 단도로 목을 찔러 자결한 상불랑의 시체를 발견했다. 그 소식을 들은 순아는 속으로 조용히 상불랑의 명복을 빌었다.

대야성의 피리 소리

　백제 의자왕 2년 8월, 신라의 대야성을 포위하고 성의 함락에 나선 도원수 윤충은 밤늦도록 잠을 이루지 못하였다. 내일이면 총공격을 감행할 것이니 성의 함락은 시간 문제였기 때문이다. 이미 며칠을 성안에 고립된 신라인들이기에 그렇게 큰 저항은 있을 것 같지 않았다.

　대야성의 도독 김품석은 비겁하게도 저 혼자 살겠다고 스스로 성문을 나왔으나 윤충의 칼에 추풍 낙엽처럼 그 목숨이 한 순간에 떨어져 버렸다.

　이제 대야성을 지키고 있는 자는 죽죽이라는 인물로서 한때 도독 김품석의 부하였으나 도독이 제 살길만을 찾아 성문을 나가자 다시 성문을 굳게 걸어 잠그고 백제군과 대치중이었다.

　윤충은 죽죽에게 부장 모선을 보내어 성문만 순순히 열면 백성들을 비롯한 모든 군사들의 목숨도 살려 주겠다는 뜻을 전했다. 그러나 죽죽은 윤충이 보낸 모선의 목을 잘라 성루에 걸어둠으로써 자신의 굳건한 결의를 보였다.

　내일 있을 총공격을 앞두고 군사들의 사기도 높일 겸 이미 예상한 승리를 자축도 하는 뜻에서 백제군의 진영에서는 오늘 저녁 큰 잔치가 벌어졌다.

저녁 내내 먹고 마시고 떠들던 군사들의 소란은 밤이 이슥해지자 조금씩 그 기세가 누그러졌다.

윤충은 진영을 벗어나 천천히 대야성 쪽으로 발길을 돌렸다. 하늘에는 잔잔하게 뿌려진 별빛을 배경으로 밝은 달이 청명한 빛을 발하고 있었다. 조금은 쌀쌀한 바람이 윤충의 귓전을 스쳤다.

총공격을 할 것이니 떠날 사람은 미리 성을 빠져 나가라고 대낮에 성안에 통보를 한 뒤 대야성의 동문에는 군사들을 세워 두지 않았다.

그러나 저녁에 보고받기로 성안에서 동문을 통해 빠져 나간 신라인은 단 한 명도 없었다고 했다. 그만큼 신라인들은 죽기를 각오하면서까지 대야성을 지키려는 것일까.

윤충의 가슴속으로 한차례 회한 같은 것이 회오리쳤다. 자기처럼 한 나라의 운명을 짊어지고 있는 장군의 몸이든, 보기에 따라 미천할지도 모를 일개 군사에 불과하든, 한평생 이름 없이 그저 평범하게 살다갈 백성이든, 사람의 생명이 소중하기는 모두들 천금의 값어치보다 더 소중할 것이었다. 그런데 내일이면 그와 같이 소중한 목숨이 얼마나 숱하게 스러져 갈 것인가.

윤충은 고개를 들어 달을 쳐다보았다. 달은 누런 빛을 띠고 있었다. 그 빛 속으로 그리운 가족들의 얼굴이 떠올랐다.

'저 수많은 군사들에게도 그리운 가족들이 있으리라…….'

윤충이 이런저런 번민에 싸여 대야성 가까운 곳에 다다랐을 때였다. 잔잔히 불어오는 바람을 따라 어디선가 피리 소리가 들려 왔다. 걸음을 멈춘 윤충은 그자리에 조용히 서서 피리 소리에 귀를 기울였다.

끊어질 듯 끊어질 듯하면서도 계속 이어지는 피리 소리는 윤충의 가슴을 날카로운 송곳으로 찌르는 듯했다.

'누구일까?'

윤충은 소리 나는 곳을 어림짐작으로 짚어 보았다. 피리 소리는 분명 대야성의 성루에서 들려 오고 있었다.

'내일이면 죽은 목숨일 텐데 누가 이 밤에 저렇듯 아름다운 음색으로 피리를 부는가?'

윤충은 의아한 생각이 들면서도 점차 그 피리 소리에 취해 갔다.

무릇 악기란 연주하는 이의 마음에 따라 그 소리가 즐겁기도 하고 슬프기도 한 법인데 지금 성루에서 들려오는 피리 소리에는 애절함은 물론 비장함마저 묻어 나오는 듯했다.

한참을 피리 소리에 넋을 잃고 있던 윤충은 조용히 발길을 돌렸다. 머릿속으로 떠오르는 한 장수가 있었기 때문이다.

'저 피리 소리의 주인은 분명 죽죽일 것이다.'

윤충은 서서히 멀어지는 피리 소리에서 죽기를 각오한 장수의 기개를 읽을 수 있었다. 갈수록 피리 소리는 호탕하고 거침없이 흐르는 강물을 닮아 갔다.

김품석에게서 들은 죽죽은 음험하고 죽음을 두려워하는 소인배로만 알았으나 지금 저 피리 소리의 기개로 보아 죽죽은 호탕하고 뛰어난 장수임에 틀림없었다.

'대야성에 김품석 같은 자만 있는 줄 알았는데 저런 큰 인물도 있었구나!'

윤충은 달빛을 등에 지고 진영으로 돌아왔다. 윤충이, 투항하다 잡힌 대야성 백성에게 알아보니 그 피리 소리의 주인은 죽죽이 분명했다.

다음날 윤충은 총공격에 앞서 군사들에게 당부하기를 창과 칼을 들지 않은 백성은 죽이지 말 것과 적장 죽죽은 무슨 일이 있어도 생포할 것을 명했다.

한치의 양보도 없이 죽기를 각오하고 싸운 결과는 예상한 대로 백제군의 승리였다. 싸움이 끝난 후, 윤충은 죽죽의 생사 여부를 물었다. 그러나 죽죽은 물론 성안의 모든 백성들은 한 명도 남김 없이 전몰당했다. 최후까지 백제군에게 저항하고 성을 지키며 목숨을 초개처럼 버린 것이다.

산더미처럼 쌓인 시체들 중에 죽죽의 시체도 있었다. 죽기 직전까지 싸움에 전력한 듯 오른팔이 잘리고 대신 왼손에 칼이 쥐어져 있었다.내장은 터져 나와 바닥에 피가 흥건했고 머리는 철퇴에 맞은 듯 두개골이 깨어져 있었다. 눈으로 보기에도 끔찍한 모습이었다.

윤충은 차마 더 볼 수가 없어 고개를 돌리고 말았다.

'잘 가시오, 죽죽. 그대는 적장이지만 그 기개와 충정은 어느 누구도 따를 자가 없을 것이오.'

윤충은 설핏 눈앞이 흐려지는 듯했다. 그러나 적장의 죽음을 두고 부하들 앞에서 눈물을 흘릴 수는 없는 노릇이었다.

윤충은 서둘러 진영으로 돌아왔다. 돌아오는 발걸음은 천 근 만 근 무거웠다.

'내 평생 그렇게 아름다운 피리 소리는 들어 본 적이 없소. 그리고 앞으로도 그런 소리는 들을 수 없을 것이오.'

윤충의 눈에서는 그제야 한 방울 굵은 눈물 줄기가 흘렀다.

그 눈물에 대한 화답이었을까?

승리의 기쁨에 들떠 환호하는 군사들의 고함 소리 사이로 희미하게 피리 소리가 들려 오는 듯도 했다. 윤충은 환청일지도 모를 그 소리를 조금이라도 잘 들으려 한동안 조용히 앉아 있었다.

마지막 충신

산야의 봄빛은 아름다웠다. 산골짝을 흘러내리듯 어우러져 핀 진달래며 설핏 부는 바람에도 봄 향기가 상큼하게 느껴질 것만 같은 논두렁에 듬성듬성 싹을 틔운 온갖 봄나물들, 햇살이 금빛으로 빛나는 시냇가에서는 송사리떼가 한가로이 유영하고 있었다.

겉으로 보기에는 아무 것도 달라진 게 없어 보였다. 몇 해 전의 봄도 그러했을 것이고 몇십 년 전, 아니 몇백 년 전의 봄도 이와 똑같았을 것이다.

그러나 올해의 봄은 그때와는 분명 달랐다. 산에는 봄꽃을 즐기는 백성들의 노랫소리가 그쳤고 들판에는 봄나물을 캐는 아낙네들의 발길이 끊어졌다. 무엇보다도 시냇가에서 송사리를 잡느라 한바탕 법석을 떨고 있을 아이들의 고함 소리가 사라졌다.

예전 같으면 사람들로 북적거렸을 이 길에도 지금은 사람의 그림자라곤 찾아볼 수도 없었다. 백성들은 모두들 집에만 숨어 밖으로 나다니려 하지 않았고 언제 밀어닥칠지 모르는 신라군을 무서워하며 하루하루 불안에 떨고 있었다.

말을 타고 길을 가던 좌평 성충의 눈에 설핏 눈물 같은 게 비쳤다.

백제 의자왕 16년.

왕위에 오른 처음 몇 해에는 선왕의 업을 이어받아 누구보다 명석하고 훌륭한 성군으로서 정사를 돌보던 의자왕은 재위 10년이 지나자 서서히 술과 여자에 빠져 방탕한 생활을 하기 시작했다.

그러더니 급기야 3천의 궁녀를 거느리고 허구한 날 술과 사냥으로만 세월을 보내니 입에 쓴 소리를 하는 충신들은 모두 목을 베거나 귀양을 보내고 옆에서 알랑거리기만 하는 간신들의 수만 날로 늘어 갔다.

더군다나 지금 이웃 신라에는 위로는 태종무열왕이 등극하고 아래로는 명장 김유신이 군사력 증강에 힘쓴 결과 예전과는 비할 바가 못 될 정도로 그 국력이 강대해지고 있었다. 만일 지금이라도 그 힘을 모아 백제로 쳐들어온다면 누가 있어 그 힘에 대항할 것이며 미약한 왕을 지켜낼 것인가?

생각이 거기에까지 미치자 성충의 입에서는 얼굴에 드리워진 짙은 그늘만큼이나 깊은 한숨이 새어 나왔다.

성충은 다시 한 번 마음속으로 결심을 확고히 했다.

'지금의 이 길이 설령 내 생의 마지막 길이라 해도 오늘만큼은 물러서지 않을 것이다.'

집을 나서기 전, 성충은 가족을 모아놓고 자신의 굳은 결심을 말하고 두서없는 이별의 인사도 해두었다. 가족들 또한 미리 예견하고 있었다는 듯이 그저 소리 없이 눈물만 흘릴 뿐이었다.

성충은 말의 고삐를 단단히 틀어쥐었다. 좌평의 신분임에도 불구하고 지금 성충의 행차는 초라하기 짝이 없었다. 그것은 이미 성충 또한 의자왕의 눈에서 벗어났다는 것을 의미했다.

대궐에 도착한 성충은 곧장 의자왕 앞으로 나아갔다. 왕은 그날도 어김없이 궁녀들에게 둘러싸여 대낮인데도 벌써부터 얼큰하게 취해 있었다.

대전에 엎드린 성충의 인사를 받은 왕은 내심 시큰둥했지만 겉으로는 반가운 척 궁녀를 시켜 술잔을 하사했다. 그러나 성충은 술잔을 가져온 궁녀를 부릅뜬 눈으로 흘기며 왕이 내린 술잔을 거부했다.

"폐하!"

성충의 목소리가 쩌렁쩌렁 대전에 울렸다.

"지금 나라의 형편은 날로 어려워져 백성들의 생활은 도탄에 빠지고 민심은 흉흉하기 이를 데 없사옵니다. 또한 이웃 신라의 힘은 날로 강대해져만 가고……."

"듣기 싫소!"

성충의 말이 채 끝나기도 전에 왕은 이맛살을 찌푸리며 고개를 돌렸다.

"폐하! 신은 오늘 죽을 각오를 하고 입궐하였습니다. 죽는 것은 두렵지 않으나 이 나라 사직의 일이 무엇보다 걱정이옵니다. 청컨대 부디 이제부터라도 주색을 멀리하시고 예전처럼 성군의 모습으로 돌아가옵소서! 그것만이 이 나라 백제를 살리는 유일한 길이옵니다."

"그렇다면 경은 짐이 술과 계집을 가까이 하여 지금 이 나라를 망치고 있다는 말이오?"

"폐하! 부디 성군의 모습을 되찾으소서!"

성충의 피를 토하는 듯한 간언에도 아랑곳없이 왕은 귀찮다는 듯 아예 자리에 드러누우려 했다. 잠을 자겠다는 핑계로 성충을 쫓아 버릴 생각이었던 것이다.

가까이 있던 궁녀 하나가 얼른 왕에게로 다가가 무릎을 꿇고 앉아 왕을 제 무릎에 누이려 했다. 그 모습을 본 성충은 궁녀를 옆으로 밀쳐내고는 얼른 자신의 무릎을 왕의 머리 밑에 들이밀었다.

왕은 싫었지만 모르는 척하며 성충의 무릎을 베개삼아 드러누웠다. 자신의 무릎을 베고 누운 왕을 바라보는 성충의 머릿속으로 옛일이 구름처럼 몰려들었다.

어려서부터 부모님에 대한 효성이 지극한 데다 지혜롭고 총명해서 백성들은 모두 어린 태자를 해동증자海東曾子라고 불렀었다. 그래서 태자가 왕에 오르면 오랜 숙원이었던 삼국을 통일하고 그야말로 태평 성대가 오리라고 백성들은 어느 누구 하나 믿어 의심치 않았다.

그러나 지금은 어떠한가? 날마다 술과 계집에 빠져 정사를 돌보기는커녕 온조대왕 이래 7백 년을 면면이 이어온 이 나라의 사직마저도 위태롭게 하고 있었다.

성충은 가슴속 저 깊은 곳으로부터 어떤 뜨거운 기운이 뻗쳐올라옴을 느꼈다. 그것은 뜨거운 분노 같기도 했고 아련한 비애 같은 것이기도 했다.

왕은 잠이 들었는지 꿈쩍도 하지 않았다. 자신의 무릎을 베고 누운 왕의 얼굴은 방탕한 생활로 인해 나날이 병색이 짙어가고 있었다.

성충은 그런 왕의 얼굴을 한번쯤 쓰다듬어 주고 싶었다. 늙은 아비가 자식의 얼굴을 다정하게 쓰다듬듯 그렇게 왕의 얼굴을 쓰다듬으며 제발 예전 성군의 모습으로 돌아가실 것을 애원이라도 하고 싶었다.

성충은 가슴이 미어지는 아픔으로 잠시 천장을 우러르다가 말못할 상심에 휩싸여 천천히 고개를 숙였다.

그 순간, 성충의 눈에서 굵은 눈물 한 방울이 왕의 이마 위로 떨어져 내렸다. 왕은 눈을 번쩍 뜨고 자리에서 일어나 고래고래 고함을 질렀다.

"에잇! 더럽게도…… 감히…… 짐의 얼굴에 더러운 눈물을 묻히다니……! 여봐라! 어서 가서 씻을 물을 가져오너라! 어서! 어서 가서 물을 가져다 내 이마를 씻어라!"

성충은 어쩔 줄 몰라 자리에 엎드린 채로 왕께 용서를 빌었다.

"폐하! 용서하옵소서! 죽을죄를 지었습니다! 하오나 부디 소신의 말을 들으옵소서, 폐하!"

그러나 성충의 사죄에도 불구하고 왕은 더욱 길길이 날뛰었다.

"여봐라! 지금 당장 저 늙은이를 끌어다 옥에 처넣어라!

왕의 호령에도 아랑곳없이 성충의 목소리는 추상같이 허공을 갈랐다.

"폐하! 부디 이 나라 백성들을 불쌍히 여기시고 7백 년 사직의 대업을 이으소서! 더 이상 술과 계집에 빠져 옥체를 더럽히지 마시고 이제부터라도 정신을 바로 차리시어 주변국들에 대한 경계를 철저히 하소서! 그것만이 이 나라를 살리는……."

왕은 더 이상 참을 수 없다는 듯이 큰소리로 호령했다.

"무엇 하느냐! 얼른 저 늙은이를 옥에다 처넣지 않고!"

왕의 호령이 끝나기가 무섭게 성충은 대전 밖으로 끌려나갔다. 목놓아 왕을 외쳐 부르며 끌려나가는 성충의 얼굴에는 거센 강물처럼 하염없는 눈물이 쏟아져 내렸다.

옥에 갇힌 성충은 피눈물을 쏟으며 며칠을 버티었다. 성충의 마음속에는 오로지 왕의 안위와 나라에 대한 충성심으로 가득했고 그런 걱정은 식음을 전폐시키고 밤중의 얕은 잠까지도 점차 빼앗아갔다.

마침내 성충은 자신의 죽음을 예감하고 혼신의 힘을 다하여 마지막 남은 여력으로 손가락을 깨물어 옷에다 피로써 상소문을 썼다.

상소문에는 성충이 죽음을 각오하고 왕께 아뢰었던 신하된 자의 충성과 나라에 대해 노심초사하는 마음이 구구절절이 배어 있었다.

간신히 상소문을 끝낸 성충은 왕이 계신 곳을 향하여 큰절을 올렸다. 그러고는 옥사쟁이를 불러 그 상소문을 왕께 전해 줄 것을 부탁하고 바닥에 드러누워 조용히 눈을 감았다.

더 이상 흐를 것이 없는 눈물일 텐데 차가운 바닥에 기댄 얼굴 가득 또다시 한 줄기 눈물이 번져 흘렀다.

무심한 하늘은 충신의 죽음을 아는지 모르는지 옥문 밖으로 차가운 바람 소리만 휑하니 띄워 놓고 있었다.

그 바람 아래로 이제 막 지기 시작한 봄꽃의 향내가 성충의 죽음을 애도라도 하는 듯 향불의 연기처럼 가느다랗게 피어오르고 있었다.

망국의 징후

의자왕 앞에 무릎을 꿇은 계백 장군은 어전이 쩌렁쩌렁 울릴 만큼 큰 목소리로 아뢰었다.

"폐하! 지금 신라와 고구려의 움직임이 심상치 않사옵니다. 신라는 당나라와 손을 잡을 조짐이고 고구려는 연개소문이 휘하에 장수들을 불러모아 군사들을 훈련시키는 데 온 힘을 쏟고 있다 하옵니다!"

"지금 우리 백제는 태평성대인 데다 장군과 같은 훌륭한 인물이 든든히 버티고 있는데 무슨 걱정이오?"

대낮부터 술에 취한 의자왕은 계백 장군의 말이 성가시다는 듯 인상을 찌푸렸다.

"폐하! 그렇지 않사옵니다! 지금부터라도 주색을 멀리하시고 정사를 바로 돌보소서!"

계백 장군의 충언에도 아랑곳없이 의자왕은 궁녀를 시켜 술을 따르게 했다.

"여봐라! 계백 장군에게도 술을 한잔 따르거라!"

의자왕의 명에 따라 궁녀가 술잔을 가져오자 계백 장군의 눈에 시퍼런 불꽃이 일었다. 그러나 왕이 하사한 잔을 마다할 수는 없는 노릇이라 억지로 잔을 비웠다.

"폐하! 옥중에서 의롭게 죽은 좌평 성충의 말을 잊지 마옵소서!"

성충의 이름이 나오자 의자왕의 이마에 깊은 주름이 패였다.

"폐하! 성충의 마지막 말이 무엇이었습니까? 머지않아 반드시 전란이 있을 것이니 이를 대비하라 하지 않았습니까? 하오니 폐하! 지금부터라도……."

"듣기 싫소! 좌평 성충의 이름은 들먹이지도 마시오! 그 자는 감히 과인의 얼굴에 더러운 눈물을 떨어뜨린 불충한 자일 뿐이오!"

계백 장군의 어깨가 힘없이 늘어졌다. 당대의 충신을 불충한 자라고 일축해 버리는 왕 앞에 무슨 말을 더 하겠는가?

의자왕은 계백 장군의 입을 막을 요량으로 풍악을 울리라고 명령했다. 계백 장군은 입술을 깨물며 어전을 물러났다.

젊어서 그토록 명석하고 지혜롭던 왕은 서서히 술과 계집에 빠져 정사는 뒷전이고 나라와 백성의 안위는 생각하지도 않았다.

언제나 술에 취해 가무를 즐겼으며 직언을 하는 충신들은 모두 옥에 가두거나 목을 베어 죽였다. 그러니 조정에는 간신의 무리들만 들끓었고 입에 발린 소리만 늘어놓아 왕의 총기를 더욱 흐리게 만들었다.

좌평 성충이 옥에서 손가락을 끊어 피로써 쓴 상소문도 의자왕에겐 한낱 불충한 신하의 하찮은 기우에 불과했다. 계백 장군은 좌평 성충을 생각하며 눈시울을 붉혔다.

'오늘따라 좌평의 얼굴이 더욱 그립구려. 누가 있어 왕을 바로 보필할 것이며 또 지금의 정사를 같이 의논하겠소? 내 미력한 힘으로 과연 이 나라를 지킬 수 있을지 그저 답답하기만 하오! 좌평…….'

기울어 가는 백제의 국운을 하늘이 미리 알고 계시를 내리는지 나라 곳곳에서 괴변이 일어났다.

의자왕 19년 2월, 여우가 떼를 지어 대궐 안으로 들어와 뛰어다니다가 그 가운데 한 마리는 좌평의 책상 위에까지 뛰어올라가 괴상한 울음을 세 번 울고는 사라졌다.

4월에는 흉측하게도 태자 궁의 암탉들이 새와 교미를 하였으며, 5월에는 도성 남쪽을 흐르는 사자수泗沘水〔사비수로도 칭함〕에 엄청나게 큰 물고기가 잡혔는데 그 물고기를 먹은 사람들이 모두 죽었다.

또한 8월에는 키가 18척이나 되는 여자의 시체가 생초진生草津으로 떠내려왔고, 9월에는 대궐 안의 커다란 느티나무가 밤낮으로 귀곡성을 내어 궐 안의 사람들이 모두 혼비백산했다.

나라 곳곳에서 이러한 불길한 징조가 나타나자 백성들은 얼굴에 웃음을 잃고 두려움에 떨며 집에만 틀어박혀 밖으로 나오지 않으니 도성 안은 텅 비어 황량하기가 이를 데 없었다.

괴이한 일은 이듬해에도 연이어 나타났다.

의자왕 20년 2월, 도성 안의 모든 우물물이 핏빛으로 변해 식수를 구하지 못한 백성들이 사자수로 달려갔더니 사자수 또한 핏빛으로 변해 식수를 구하느라고 온 백성들이 산으로 들로 헤매 다녔다.

4월에는 두꺼비 수만 마리가 도성 안으로 들어와 집이며 길거리며 할 것 없이 온통 두꺼비 천지가 되었으며, 5월에는 거센 폭우를 동반한 광풍이 휘몰아쳐 집이 무너지고 나무들이 뽑혀 날아갔다.

6월에는 왕흥사에 난데없이 큰물이 밀려들었는데 커다란 배 한 척이 물위에 떠서 절 안으로 들어오다가 어느 순간에 물과 배가 한꺼번에 사라져 버리는 일이 있었다.

이어 사자수 서쪽 언덕에 커다란 사슴 한 마리가 대궐을 향해 개처럼 짖어대자 그 소리에 응답이라도 하듯 도성 안의 개들이 이리저리 몰려다니며 한 목소리로 짖어댔는데 그 소리가 마치 통곡 소리 같았고 사슴이 한 순간 어디론가 사라지자 개들도 뿔뿔이 흩어졌다.

이러한 괴변이 해를 이어 계속되자 성안의 백성들은 너나할것없이 짐을 꾸려 피난길에 올랐는데 그 행렬이 얼마나 길었던지 도성 문을 빠져 나가려면 하루 해를 넘겨야 했다.

그런데도 의자왕은 허구한 날 주색잡기에 여념이 없었다. 게다가 나라 곳곳에 일어난 괴이한 일들을 왕에게 고하는 신하 또한 없었다.

마침내 백제의 국운이 다했음을 알리는 하늘의 계시가 떨어졌다.

청명하기만 하던 백주에 갑자기 구름이 일어 천지가 깜깜해지더니 하늘에서 귀신이 대궐 지붕에 내려와 큰소리로 울며 말했다.

"백제는 망하리라! 백제는 망하리라!"

그 모습을 본 사람들이 기겁을 하여 사시나무 떨 듯 떨고 있는데 말을 마친 귀신은 땅속으로 온데간데없이 사라져 버렸다.

대궐 안에 귀신이 나타났다는 소리는 의자왕의 귀에도 들어갔다. 의자왕은 '백제가 망한다' 라는 귀신의 소리가 꺼림칙해서인지 다른 때와는 달리 일관日官을 불러 물었다.

"이 일을 어찌 생각하느냐?"

"소신이 보기에는 귀신이 사라졌다는 땅을 파 보시는 게 좋을 듯 합니다."

의자왕은 궁인들을 시켜 일관의 말대로 귀신이 사라진 땅을 파게 했다. 땅속에서는 거북 한 마리가 나왔다.

궁인들이 거북을 깨끗한 물로 씻어 의자왕 앞에 대령하니 거북의 등에 이런 글이 씌어 있었다.

'백제는 보름달과 같고, 신라는 초승달과 같다.'

의자왕은 일관에게 뜻을 해석하라고 일렀지만 일관은 머뭇거리면서 좀체 말을 하지 못했다.

"뭘 하는 게냐? 어서 그 뜻을 말해 보라!"

의자왕이 다그치자 일관은 마지못해 아뢰었다.

"초승달은 점차 커져서 보름달이 되는 반면 보름달은 점차 작아져서 나중에 어둠 속에 묻혀 버립니다. 그러니 백제가 보름달이라 함은 이제 기운이 다 되어서 국운이 점차 쇠퇴한다는 뜻이고, 신라가 초승달이라 함은 국운이 점차 커져 강대해진다는 뜻이옵니다."

일관의 말을 들은 의자왕은 노발대발하며 당장 일관을 하옥시켜 버렸다. 그래도 분이 안 풀리는지 땅에서 나온 거북을 죽이려 하자 한 신하가 나서 왕께 아뢰었다.

"폐하! 소신이 보기에는 일관의 말이 틀렸사옵니다."

"그렇다면 공은 어찌 생각하오?"

신하는 더욱 허리를 굽실거리며 아뢰었다.

"우리 백제가 보름달이라 함은 한창 그 국운이 강성하다는 뜻이며, 신라가 초승달이라 함은 그 기운이 미미하다는 뜻이옵니다."

신하의 말을 들은 의자왕은 노기 띤 얼굴에 웃음을 지으며 말했다.

"그렇지! 공의 말이 옳소! 허허허!"

의자왕은 그 신하에게 비단과 패물을 하사하고 나라에 경사가 났다며 성대한 잔치를 열도록 명했다.

그 말을 전해 들은 계백 장군은 탁자를 손으로 내리치며 치를 떨었다. 암담한 백제의 앞날에 대한 걱정과 의자왕에 대한 안타까움으로 계백 장군은 전신의 피가 마른 꽃처럼 타 들어가는 것 같았다.

허물어진 백제 부흥의 꿈

의자왕 20년 백제는 나당 연합군에 항복을 하고 개국 이래 678년의 종사를 마감했다. 그러나 의자왕의 사촌 동생인 복신福信은 이에 굴하지 않고 부하들과 함께 주류성에서 군사들을 모아 끝까지 항쟁하기로 결심했다.

복신은 우선 흩어진 백성들의 마음을 한데 모으고 그 뜻을 집약하기 위해서는 백성들이 우러러볼 수 있을 만한 인물을 구심점으로 내세워야 한다고 생각했다. 그는 부하들과 상의한 끝에 일본에 가 있는 풍장 왕자豊璋王子가 적임자라고 결론 지었다.

복신은 일단의 신하들을 일본으로 보내어 풍장 왕자를 모셔 오도록 하고 적의 침입에 대비하여 주류성을 철저히 지키고 각처에 흩어진 백성들을 모으는 데 주력했다.

마침내 일본에서 풍장 왕자가 돌아오자 그 소식을 들은 수많은 백성들이 주류성으로 모여들어 그 수가 엄청나게 늘었다.

복신은 풍장 왕자를 왕으로 추대하고 군사들을 일으켜 빼앗긴 백제의 도성으로 진격했다. 당시 도성에는 당나라 장수인 유인원劉仁願이 군사들과 함께 주둔하고 있었는데 갑자기 들이닥친 복신에 의해 성이 포위당하자 황급히 사람을 보내어 원군을 요청했다.

도성에 있는 유인원에게서 원군을 요청받은 유인궤劉仁軌는 곧 대군을 이끌고 도성으로 향했다.

며칠 후 도성을 포위한 백제군의 등뒤에서 당나라 군사들의 우렁찬 함성 소리가 들렸다. 그와 더불어 도성에서도 진격의 북소리가 둥둥 울렸다.

그제야 당나라군이 앞뒤에서 연합 작전을 펴고 있다는 사실을 눈치 챈 복신은 부하들에게 후퇴 명령을 내렸다. 그러나 막상 적이 앞뒤에서 막고 있으니 어디로 가야 할지 난감하기만 했다.

풍장 왕자가 겁먹은 표정으로 복신을 불렀다.

"장군! 어찌하면 좋겠소?"

복신은 침착한 표정으로 말했다.

"너무 심려하지 마옵소서. 소장의 생각으로는 임존성任存城이 여기서 가까우니 일단 그곳으로 피하시는 게 좋을 듯합니다."

"임존성이라……? 음……. 알았소. 그곳으로 갑시다."

복신은 호위병들로 하여금 풍장 왕자의 신변을 철저하게 지키도록 명하고 군사들을 이끌고 곧장 임존성으로 말을 몰았다.

임존성은 아직 적이 침범하지 못한 성으로 성벽이 견고하여 쉽게 함락당할 염려는 없었고 위치 또한 앞뒤에서 공격하는 당나라군들 사이에 있었으므로 빠져 나가기에도 수월했다.

풍장 왕자를 모시고 임존성에 무사히 도착한 복신은 성문을 닫아 걸고서 군사력을 재정비하고 앞으로의 계획을 세우느라 밤낮을 잊고 지냈다. 그런 복신을 두고 부하 장수들은 물론 백성들의 칭송이 끊이지 않았다.

"참으로 대단한 분이시다!"

"복신 장군이 없었더라면 우린 이미 죽은 목숨일 게야."

백성들이 입을 모아 복신을 칭송하는 소리는 풍장 왕자의 귀에
까지 들렸다. 선천적으로 성품이 대범하지 못하고 식견이 좁은 풍장
왕자에게 백성들의 그 같은 소리가 좋게 들릴 리 만무했다.

풍장 왕자는 괜히 심통이 나서 복신을 보는 눈길이 곱지가 않았
다. 뿐만 아니라 자신의 무능함을 깨닫지 못하고 복신이 판단을 잘
못하여 도성에서의 싸움에 패했다고 생각했다.

이런 풍장 왕자의 속셈을 눈치 챈 한 신하가 비굴한 미소를 지으
며 아뢰었다.

"폐하! 심기가 불편해 보이십니다. 무슨 언짢은 일이라도 있으
시옵니까?"

신하의 간교한 말에 풍장 왕자는 대번에 혹해 말했다.

"어찌 아시오? 마치 과인의 속을 훤히 꿰뚫어 보는 듯하구려."

신하는 더욱 간교한 말로 풍장 왕자의 마음을 미혹시켰다.

"폐하! 소신이 어찌 폐하의 심려를 모른 체하겠습니까?"

"정말 과인의 심려를 안다는 말이오?"

"신하된 도리로서 어찌 그것을 모르겠사옵니까?"

결국 풍장 왕자와 신하는 한통속이 되어 복신을 제거할 계략을
세웠다.

며칠 후 풍장 왕자는 복신을 어전으로 불렀다.

"어서 오시오, 장군!"

"폐하! 어인 일로 소장을 부르셨사옵니까?"

복신이 무릎을 꿇고 자리에 앉자 풍장 왕자는 미리 준비해 두었
던 술상을 대령하라는 명을 내렸다.

궁인들이 술상을 놓고 물러가자 풍장 왕자가 술병을 들고 말했다.

"이리 가까이 오시오. 내 장군의 노고를 치하하기 위해 일부러

이렇게 술자리를 마련했소. 자, 받으시오."

"황공하옵니다, 폐하!"

대낮부터 웬 술상을 마련했는지 의아해하면서도 복신은 풍장 왕자가 하사하는 술잔을 받고 감격스러워했다.

근래에 들어 전과는 달리 자신을 대하는 풍장 왕자의 태도가 좀 이상하다고 생각했는데 이렇게 따로 술상을 준비하여 자신을 대접하는 것에 복신은 마음속에 가졌던 일말의 서운함이 봄눈 녹듯 사라지는 것 같았다.

풍장 왕자는 복신을 부추기며 계속하여 술잔을 하사했고 자신의 술잔은 일부러 가득 채우지 않았다.

복신이 얼큰하게 술에 취했을 무렵 풍장 왕자가 생각난 듯이 말했다.

"참, 장군!"

"예, 폐하!"

"일전에 과인이 산보를 하다 성벽 서쪽의 돌이 많이 허물어져 있는 것을 보았소. 한시 바삐 개축하지 않으면 적군이 그곳을 허물고 침략할지도 모를 일이오."

풍장 왕자의 말에 복신은 정신이 번쩍 드는 것 같았다. 적군이 침입할지도 모를 정도면 이제라도 당장 개축을 해야 할 것이었다.

"폐하! 위치만 가르쳐 주소서. 소장이 지금 당장 군사들에게 일러 성벽을 다시 쌓도록 하겠사옵니다."

복신의 말에 풍장 왕자는 갑자기 자리에서 벌떡 일어나더니 복신의 손을 잡아 끌었다.

"지금 과인과 함께 가서 봅시다. 장군이 직접 보아야 군사들을 시켜 수리하는 데 훨씬 도움이 될 것 아니겠소?"

복신은 엉겁결에 자리에서 일어나 풍장 왕자를 따라갔다. 풍장 왕자는 간교한 밀담을 나누었던 신하를 불러 술에 취한 자신과 복신을 부축하도록 명했다.

밖으로 나오자 바람이 서늘했다. 간밤에 내린 비로 땅이 질편했지만 풍장 왕자는 아랑곳하지 않고 무작정 앞서 걸으며 복신을 잡은 손을 놓지 않았다.

세 사람이 풍장 왕자가 말한 성의 서쪽에 당도해서 보니 과연 성벽이 허물어져 있고 그 아래로 천길 낭떠러지가 펼쳐져 있었다.

그것을 본 복신이 황급히 군사들을 불러 개축 명령을 내리려 하자 풍장 왕자가 손을 내저으며 만류했다.

"장군, 잠시 앉아 바람이나 좀 쏘입시다. 낮술이라서 그런지 머리가 좀……."

풍장 왕자가 그렇게 말하며 잠시 몸을 비틀거리자 복신과 신하가 얼른 풍장 왕자를 부축하여 근처 바위에 앉혔다.

"참, 경치 한번 빼어나구려."

풍장 왕자는 허물어진 성벽 아래로 까마득하게 흐르는 계곡 물을 바라보며 짐짓 딴소리를 했다.

"이리 오시오, 장군. 여기 이렇게 앉아 있으니 만 가지 시름을 잊은 듯하오."

풍장 왕자는 그렇게 말하며 복신의 옷소매를 잡아 끌었다. 복신은 엉거주춤 서 있다가 풍장 왕자의 곁에 앉았다.

"어떠하오, 장군! 경치가 참으로 수려하지 않소?"

"예, 폐하! 장관이옵니다."

복신의 말대로 높은 성벽 바위에 걸터앉아 내려다보는 경치는 아름다웠다. 비 개인 하늘은 청명하기 이를 데 없었고, 완만한 산세를 휘돌아나가는 들판 곳곳에 그림처럼 민가 몇 호가 자리잡고 있었다.

'이렇게 아름다운 나라를 적들의 손에 순순히 내어줄 수 없다. 무슨 수를 써서라도 꼭 백제의 옛 명성을 되찾으리라!'

복신은 마음속으로 굳은 결의를 다졌다.

"여봐라! 이리 와서 나를 좀 부축해다오!"

풍장 왕자가 곁에 서 있는 신하를 부르며 말했다.

"예, 폐하!"

간교한 신하는 성큼성큼 걸어오더니 한 손으로 풍장 왕자의 손을 잡았다. 복신도 바위에서 일어나 풍장 왕자를 부축하려고 몸을 일으켰다.

그 순간, 풍장 왕자의 손을 잡고 있던 신하가 갑자기 다른 한 손으로 복신의 등을 세차게 떠밀었다.

"으아악!"

외마디 비명을 내지르며 복신은 낭떠러지 아래로 굴러 떨어졌다. 백제를 부흥하려는 명장名將의 허무한 최후였다.

풍장 왕자는 슬픈 표정으로 신하들을 불러 복신이 술에 취해 발을 헛디뎌 낭떠러지 아래로 굴러 떨어져 죽은 것으로 발표했다. 신하들을 비롯한 복신의 부하 장수들과 백성들 모두 복신의 죽음을 애도하며 슬피 울었다. 그러나 풍장 왕자와 신하는 둘만의 은밀한 웃음을 나누었다.

복신이 죽은 후, 백성들을 비롯한 군사들은 하나둘씩 임존성을 떠났다. 더 이상 우러러볼 만한 인물이 없었던 것이다. 복신의 죽음을 알게 된 당나라군은 군사를 일으켜 임존성으로 쳐들어왔고 결국 질투에 눈이 먼 풍장 왕자는 비참한 몰골로 죽음을 맞았다.

지네에게서 낳은 아이

"누…… 누구냐?"

잠에서 깨어난 처녀는 어둠 속에 앉아 자기를 뚫어지게 쳐다보고 있는 한 남자를 향해 소리쳤다. 희미한 달빛에 비친 남자의 얼굴은 창백할 정도로 하얀 데다 아래위로 보랏빛 옷을 입고 있었다.

처녀는 얼른 이불로 몸을 가리며 말했다.

"누구냐? 누군데 이렇게 남의 방에 함부로 들어왔단 말이냐?"

"조용히 하시오."

남자는 천천히 입을 열었다.

"나는 하늘이 보낸 사람이오. 낭자와 합방 하기 위해 찾아왔소."

처녀는 두려움에 전신이 벌벌 떨려 왔지만 애써 두려움을 감추고 말했다.

"거 무슨 해괴한 소리냐? 보아하니 미쳐도 단단히 미친놈인 게로구나."

남자는 미소를 지으며 여유 있게 말했다.

"장차 낭군이 될 사람에게 말이 너무 지나치구려."

"낭군이라니? 차라리 혀를 깨물고 죽었으면 죽었지 그리 호락호락 네 품에 안길 내가 아니다!"

처녀의 목소리는 조금씩 안정을 되찾아가고 있었다.

"소리를 질러 사람을 부르기 전에 어서 이 방에서 나가거라! 그렇지 않으면 목숨을 부지하기도 어려울 게다!"

남자는 또다시 빙그레 미소를 지었다.

"그렇게 하도록 하오. 어차피 낭자가 아니라면 나도 장가 들 생각이 없으니……."

그러면서 남자는 대자로 방바닥에 드러누워 버렸다.

"여봐라! 밖에 아무도 없느냐? 여봐라!"

그러나 이상하게도 처녀가 큰소리로 비명을 지르며 고함을 쳐도 어느 누구 하나 달려오는 이가 없었다.

"아버님! 어머님! 소녀를 살려 주소서! 아버님, 어머님……!"

소리를 지르다 지친 처녀는 자리에서 일어나 밖으로 나가려고 했다. 그런데 어찌 된 영문인지 방문은 굳게 닫힌 채 열리지 않았다.

"아무리 애를 써도 소용이 없을 것이오. 이는 하늘의 뜻이니 그만 받아들이는 게 낭자를 위해서도 좋은 일이오."

남자는 방바닥에서 일어나 천천히 처녀에게로 다가갔다. 남자의 눈길이 처녀의 눈동자에 고정된 순간, 처녀는 온몸에서 맥이 풀리는 것을 느꼈다.

남자의 손길이 차례차례 처녀의 옷가지를 풀어 헤치는 사이 처녀는 전신이 밧줄에 묶인 듯 움직일 수가 없을 뿐더러 남자의 몸에서 나는 이상한 향기에 취해 정신까지 아뜩해지는 것을 느꼈다.

얼마나 시간이 지났을까? 새벽 닭 울음소리에 처녀의 몸을 감았던 남자의 손길이 부드럽게 풀렸다.

처녀는 수치심과 굴욕감에 얼굴을 들 수조차 없었다. 다만 소리 없이 눈물만 흘릴 뿐이었다.

"내일 밤에 다시 오겠소. 이 일은 하늘의 뜻이니 낭자와 나 이외에 어느 누구에게도 발설해서는 안 될 것이오."

남자는 그 말을 끝으로 흔적도 없이 어디론가 사라져 버렸다. 울고 있던 처녀는 너무 놀라 숨이 멎는 것 같았다. 그와 동시에 처녀의 몸을 밧줄처럼 감고 있던 이상한 힘도 사라졌다. 처녀는 자리에서 일어나 황급히 방문을 열고 밖으로 나왔다.

마당에는 희미한 새벽 기운이 푸르스름하게 깔려 있을 뿐 바람 소리도 들리지 않았다.

'어디로 간 것일까?'

처녀는 간밤의 일이 모두 꿈인 것만 같았다. 아니, 꿈이어야 한다고 생각하고 모든 것을 부인하듯 세차게 도리질을 쳤다.

처녀는 흰 천으로 감싸 묶은 자신의 아랫배를 근심스러운 눈초리로 내려다보았다. 태동이 느껴진 지는 벌써 오래되었다.

그날 이후 밤마다 처녀의 방을 찾은 남자는 뱃속의 아기에 대해서는 별말이 없었다. 처녀도 아무런 대책을 세우지 못한 채 하루, 이틀 시간만 보내고 있었다.

한편 처녀의 어머니는 딸아이의 몸이 갈수록 불어나자 이상히 여기기 시작했다. 그러나 아직 시집도 안 간 처녀의 몸이라 임신을 했다고는 감히 상상조차 할 수 없었다.

어느 날 처녀의 어머니는 저녁밥을 먹는 딸아이의 용태를 유심히 관찰했다. 꼭 사흘을 굶은 사람처럼 밥 때가 되면 허겁지겁 밥을 먹느라 정신이 없는 딸은 임산부처럼 더러 비린 생선을 보면 입덧하듯 헛구역질을 하기도 했다.

처녀의 어머니는 밤이 이슥해지자 아무도 몰래 딸아이의 방으로 건너갔다. 늦은 밤인데도 방안은 환히 불이 밝혀져 있었다.

처녀의 어머니는 딸아이의 얼굴을 유심히 바라보았다. 자세히 살펴보노라니 엄청난 식욕과는 달리 딸아이의 얼굴은 핼쑥하게 말라 있었다.

"바른 대로 말하여라. 누구냐? 누가 너를 이렇게 만들었느냐?"

어머니의 말에 처녀의 눈은 토끼처럼 휘둥그레졌다.

"어서 바른 대로 말해라. 애 아버지가 어떤 놈이냐?"

처녀는 눈물을 왈칵 쏟았다. 더 이상 숨길 수만은 없는 일이라고 혼자 고심하던 차에 어머니가 먼저 얘기를 꺼낸 것이 오히려 다행이라고 생각했다.

"어머니……, 흑흑!"

처녀는 서럽게 흐느끼며 그간의 전후 사정을 죄다 고백했다.

"그것이 사실이냐?"

"예, 어머니."

"그렇다면 그 자가 누구인지 정녕 알지 못한다는 게냐?"

"그러하옵니다, 어머니."

처녀의 어머니는 경황이 없는 중에도 곰곰이 생각을 다잡았다. 우선은 딸아이의 뱃속에 든 아이의 아버지가 누구인지 알아내는 게 최선책이라 싶었다.

"잘 들어라. 오늘밤에 또 그 남자가 찾아오면 이 바늘로 옷섶을 꿰매어 두어라. 날이 밝자마자 이 실을 따라가면 그 자의 집을 알아낼 수 있을 것이다."

처녀는 어머니가 건네주는 바늘과 실을 몰래 이부자리 밑에 감추어두었다.

이윽고 자정이 지나자 보라색 옷을 입은 남자가 웃으며 처녀의 방으로 들어왔다. 처녀는 이미 마음을 주고 있었기에 부끄러운 듯 볼을 붉히며 남자의 품에 살포시 안겼다.

두 사람은 밤새 뜨거운 숨결을 주고받으며 환락의 시간을 향유했다. 고요한 정적을 깨치고 새벽 닭 울음소리가 아스라이 들렸다.

언제나 그래왔듯이 남자는 일어나 주섬주섬 옷을 챙겨 입었다. 그때 처녀는 이부자리 밑에 감춰 두었던 바늘을 꺼내어 남자의 옷깃에 살며시 실을 꿰었다.

순간, 남자의 얼굴이 심하게 일그러지더니 고개를 돌려 무서운 눈길로 처녀를 쳐다보았다. 원망과 분노가 뒤섞인 눈빛은 이글거리며 타고 있었다.

"이 무슨 짓이냐? 내 그렇게 하늘의 뜻이라고 일렀거늘……."

놀란 처녀는 아랫배를 부여안고 남자의 얼굴을 똑바로 쳐다보지도 못했다.

"이것으로 우리의 인연은 끝났다. 하지만 뱃속에 든 아이의 운명은 참혹하고 저주스러울 것이다. 이는 하늘의 뜻을 어긴 너의 죄과이다."

끔찍한 저주의 말을 남기고 남자는 순식간에 어디론가 사라져 버렸다. 안개나 구름처럼 형체만 있지 소리는 없는 사람이었다.

아침 일찍 처녀의 어머니는 처녀와 함께 하인들을 대동하고 실을 쫓아갔다. 실은 끊어질 듯, 끊어질 듯하면서도 계속 이어지더니 마침내 뒷산 커다란 동굴 속까지 이어져 있었다.

횃불을 들고 동굴 속으로 들어간 처녀의 어머니와 처녀는 기겁을 하여 그자리에 주저앉고 말았다.

지네였다. 그것도 보통 크기가 아니라 사람만큼 커다란 지네였다. 실이 매달린 바늘은 지네의 몸에 꽂혀 있었고 지네는 이미 죽어 있었다.

누구보다 자신을 저주한 것은 처녀 자신이었다. 차라리 몰랐더라면 좋았을 것을……. 처녀는 혼비백산하여 하인들의 등에 업혀 집으로 돌아왔다.

수개월이 지나 처녀는 건강한 사내아이를 출산했다. 그러나 미역국을 제대로 먹을 새도 없이 아버지의 엄명으로 집에서 쫓겨나는 신세가 되었다.

처녀는 아이를 등에 업고 이 마을 저 마을로 돌아다니며 하루하루 품을 팔아 연명했다. 처녀는 자신이 낳은 아이지만 아이의 아비를 생각하면 도무지 정이 가지 않았다.

그래서 제때 젖도 물리지 않고 일을 하느라 아이를 종일 혼자 둘 때도 있었다. 그런데도 아이는 울음 한번 터뜨리지 않고 언제나 방실거리며 배고픈 투정도 부리지 않았다.

그러던 어느 날, 처녀가 남의 집 밭일을 거들고 있는데 마을에서 사람이 쫓아와 숨찬 목소리로 말했다.

"큰일 났소! 어서 마을로 가보시오! 아이가, 아이가 그만 호랑이에게 물려 갔소!"

처녀는 호미를 팽개치고 일어나 마을로 뛰었다. 마을 사람들은 모두 혀를 끌끌 차며 처녀를 불쌍한 눈초리로 바라만 볼 뿐 호랑이에게 물려간 아이를 찾으려는 엄두조차 내지 못하고 있었다.

처녀는 호랑이가 사라진 산속으로 미친 듯이 달려갔다. 어떻게 해서든지 아이를 구해야겠다는 일념뿐이었다. 마을 사람들이 처녀를 붙잡고 만류했지만 이미 처녀는 제정신이 아니었다.

호랑이가 사라진 산속으로 달려간 처녀는 호랑이를 발견하고는 자신의 눈을 믿을 수가 없었다.

호랑이는 아이 옆에 드러누워 마치 엄마가 아기에게 젖을 물리듯이 제 젖을 먹이고 있었다. 호랑이는 처녀가 놀라 바라보는 것도 전혀 개의치 않고 한참을 더 아이에게 젖을 먹이더니 천천히 일어나 숲속으로 어슬렁거리며 사라졌다.

　처녀는 얼른 달려가 아이를 품에 안았다. 아이는 조금도 놀란 기색이 없이 그저 방실거리며 천진난만하게 웃고 있었다.

　그제야 처녀는 모든 것이 하늘의 뜻이라던 아이의 아버지가 한 말을 떠올렸다. 그리고 자신이 낳은 아이가 범상치 않은 인물이라고 생각했다.

　그후 처녀는 아이를 훌륭하게 키웠지만 아이의 아버지가 남긴 저주의 말은 운명처럼 들어맞았다. 뛰어난 지략과 힘을 겸비했으면서도 세상은 아이에게 가혹하기만 했다.

　나라를 세웠으나 아들에게 왕위를 빼앗기고 다른 나라의 왕 밑에 들어가 더부살이 신세를 면치 못하다가 결국 가슴에 맺힌 한이 병이 되어 숨진 그 아이는 다름 아닌 후백제를 세운 견훤甄萱이다.

야사는 심심풀이 옛이야기나 흥미 위주로 꾸며낸 삼류소설이 아니다.
거기에는 널리 알려진 역사적 사실의 이면에 숨겨진 이야기와 정사에 기록되지 않은
민초들의 삶의 모습, 크고 작은 사건의 중심에 선 인물의 생각과 감정 등이 고스란히 담겨 있다.

질곡의 시대를 산 고려인의 기상을 엿본다

후삼국 시대의 치열한 각축전과 왕건의 통일국가 건설이야기, 이자겸과 이의민 그리고 최씨 무신정권 등 반역과 모반이 끊이지 않던 왕실의 권력 암투에 얽힌 비화. 외세의 침략을 물리친 고려의 명장들의 기상과 왜구의 침입과 원의 지배 하에서 약소국의 설움을 겪어야 했던 백성들의 애환이 스며 있는 삶의 이야기가 다양하게 펼쳐진다. 숱한 외세의 침략에도 굴하지 않고 끝까지 민족 자주성을 지켜온 고려인들의 다양한 모습을 통해 질곡의 시대 속에서도 뛰어난 불교문화와 청자문화를 꽃피웠던 그들의 기상과 시대정신을 엿보는 뜻깊은 기회가 될 것이다.

한 권으로
읽는 고려
야사

애꾸눈 왕자

신라 제47대 임금인 헌안왕憲安王은 신라 역사상 보기 드문 성군이었다.

재위시 어지러운 왕실의 기강을 바로잡아 조정의 기틀을 확고히하는 한편, 백성들을 아끼고 사랑하는 마음이 마치 부모가 자식을대하듯 자애로웠다.

나라는 모처럼 태평스러운 시절을 맞이했고 왕을 칭송하는 백성들의 소리가 온 장안에 자자했다.

그러나 이처럼 성군으로 칭송받는 헌안왕에게도 한 가지 시름이있었다. 그는 슬하에 공주를 둘 두었을 뿐 대를 이을 왕자를 두지 못했다. 만약 자신이 그대로 세상을 하직한다면 왕위 계승 문제를 두고 조정은 또 언제 피 바람에 휩싸일지 모를 노릇이었다.

헌안왕의 남 모르는 근심이 늘어가는 주름살만큼이나 깊게 패어갈 즈음, 귀가 번쩍 뜨일 만한 기쁜 소식이 전해졌다.

늦게 들인 후궁 중 한 명이 임신하여 사가에 해산하러 나갔는데그 후궁이 왕자를 낳았다는 낭보가 전해진 것이다.

그것뿐만이 아니었다.

소식을 전하러 온 궁인의 말에 의하면 왕자가 태어날 때 하늘에서부터 상서로운 빛이 집안 전체를 감쌌다는 것이었다. 더더욱 놀라운 일은 태어난 왕자의 잇몸에 가지런하게 하얀 이가 나 있었다는 것이다.

헌안왕은 그 말에 더욱 기뻐했다. 필시 하늘이 점지해 주신 아기라고 말하며 벌린 입을 다물지 못했다.

보위를 이을 왕자가 탄생했다는 얘기는 대궐 전체를 흥분시키고도 남았다.

헌안왕은 소식을 가져온 궁인에게 하명했다.

"태어난 왕자의 이름을 궁예弓裔라 지었노라고 전하라."

"예! 폐하!"

그러나 헌안왕의 기쁨은 그리 오래가지 못했다.

왕자의 탄생을 알리러 입궐했던 궁인이 돌아가자마자 일관이 헌안왕을 배알하러 왔다.

"폐하!"

일관은 무언지 모를 불안감에 휩싸인 듯 잠시 말을 끊었다.

"무슨 일이냐?"

헌안왕은 불길한 예감이 들어 일관을 재촉했다.

"아뢰옵기 송구하오나 오늘 태어나신 왕자님은 그 운세가 지극히 불운하옵니다."

일관의 말에 헌안왕의 얼굴이 차갑게 굳어졌다.

"뭐가 불운하다는 건지 소상히 아뢰어라!"

"폐하! 아시다시피 오늘은 오월 오일 단오이옵니다. 예로부터 단오에 난 아기는 천명을 거스른다 하였사옵니다. 아기가 태어날 때 하늘에서 상서로운 빛이 비쳤다고는 하나 그것 또한 천기를 범하는 일이옵니다. 더군다나 태어날 때부터 이가 나 있다 함은 장차 국운을 크게 해칠 나쁜 징조이옵니다."

헌안왕의 얼굴은 납처럼 하얗게 변했다.

"……하면?"

일관은 머리를 조아린 채 말이 없었다.

"네 말대로라면 그 아이가 나라를 망칠 운명을 타고났다는 게냐?"

"통촉하옵소서, 폐하!"

"물러가라!"

헌안왕의 말에는 어느새 노기가 서려 있었다.

일관은 머뭇거리다 자리에서 일어나 어전 밖으로 나갔다.

'괘씸한 놈!'

그러나 헌안왕은 시간이 지날수록 일관의 말 한마디 한마디가 뇌리를 맴돌아 좌불안석이었다.

'나라를 해칠 불운한 운명을 타고난 왕자라……'

헌안왕은 안절부절못하고 내전 안을 서성거렸다.

'일관의 말이 사실이라면…………'

만약 일관의 말이 사실이라면 왕자를 그대로 둘 수는 없었다. 왕에게는 천년의 사직을 지키는 일이 더 중한 것이었다.

헌안왕은 저녁 수라상도 마다한 채 번민하였다.

밤이 이슥해질 무렵, 헌안왕은 내관을 어전으로 불러들였다.

"폐하! 찾아 계시옵니까?"

"내 말을 잘 들거라! 그리고 이는 어명이니 즉시 시행해야 한다!"

"예! 폐하!"

일순 내관의 얼굴에 긴장감이 감돌았다.

"지금 당장 궐 밖으로 나가 오늘 태어난 왕자를 없애도록 하라! 이는 아무도 모르게 비밀리에 시행해야 할 것이야!"

"폐……폐하!"

"왕자를 죽이지 못하면 네가 죽을 줄 알라!"

헌안왕은 왕자를 죽이라 명령했지만 마음속은 애간장이 녹는 것 같았다.

'어떻게 태어난 왕자인가? 늘그막에 겨우 본 왕손이 아니던가?'

그러나 헌안왕은 핏줄에 연연하기보다는 사직을 지키고 보존해야 한다고 생각했다.

내관이 물러가자 헌안왕은 주안상을 들이라 명했다. 조금 전 내관에게 명할 때와는 달리 헌안왕의 음성은 가을비에 젖은 낙엽처럼 눅눅했다.

한편, 궁예의 생모는 밤늦게 내관이 찾아오자 이상한 생각이 들었다. 어명을 받들고 온 것이라 해도 밤이 너무 깊었던 까닭이었다.

"무슨 일이오?"

내관은 아무 말도 없이 안절부절못하고 서 있었다.

"어명이라니? 대체 무슨 어명이오?"

"마마! 소인을 용서하옵소서!"

"용서라니? 그게 무슨 말이오?"

"실은…… 폐하의 어명은 다름이 아니옵고……."

"답답하구려. 어서 말을 하시오."

내관은 거듭되는 재촉에 겨우 입을 열었다.

"폐하께서는 오늘 태어나신 왕자님을 없애라 하셨습니다."

"그게 무슨 말이오? 아기를 없애라니……?"

"일관의 말에 의하면 궁예 왕자님은 국운을 해칠 불길한 운명을 타고나셨다고 합니다. 하여……."

"아니 될 말이오! 아니 되오 그건!"

궁예의 생모는 큰소리로 외치며 강보에 싼 궁예를 급히 들어 품에 안았다. 그러나 다음 순간 달려든 내관에게 그만 아기를 빼앗기고 말았다.

갓 아기를 낳은 산모의 힘으로는 남자의 완력을 당해 낼 수가 없었다.

"아니 되오. 아니 돼. 이리 주오. 제발 아기를 이리 주오!"

궁예의 생모는 죽을힘을 다하여 내관의 옷자락을 붙잡고 늘어졌다. 강보에 싸인 아기는 자신의 운명을 알기라도 하는 듯 자지러지게 울어대고 있었다.

아이를 빼앗은 내관은 산모의 손을 뿌리치고 급히 방을 나와 다락으로 올라갔다.

'이 무슨 잔혹한 악연이냐? 나를 용서해다오, 아가……'

내관은 마음속으로 그 한마디를 남기고 얼굴을 옆으로 돌린 채 강보에 싸인 아기를 다락 아래로 던져버렸다.

그러나 하늘의 뜻은 아마도 다른 데 있었던 모양이었다.

이상한 낌새를 눈치채고 다락 아래에 숨어 있던 유모가 두 팔을 벌려 떨어지는 아기를 품에 안았다. 순간 떨어지는 아기를 받던 유모의 손가락이 그만 아기의 한쪽 눈을 찌르고 말았다.

유모는 아이의 상처를 돌볼 틈도 없이 그대로 어둠 속을 무작정 달리기 시작했다.

자지러지게 울어대던 아기는 한쪽 눈을 찔린 고통에 실신한 듯 이내 잠잠해졌다.

유모는 쫓아오는 군사들을 피해 산으로 올라갔다. 나뭇가지에 몸이 찢기고 발을 헛디뎌 몇 번이고 땅바닥을 굴렀지만 품에 안은 아기만은 절대 놓지 않았다.

궁예의 파란만장한 인생은 이렇게 서막이 올려졌다. 그는 평생 비운의 징표처럼 에꾸눈으로 살아야 했다. 후일 태봉국을 세우고 미륵의 세상을 꿈꾸던 궁예는 태어나면서부터 따라다니던 비운을 끝내 극복하지 못하고 비극적으로 생을 마감하게 되었다.

도선대사의 예언

"어허! 애석한지고⋯⋯. 어찌 기장을 심을 땅에 삼을 심었단 말인가? 쯧쯧⋯⋯."

신라 제49대 헌강왕이 등극한 이듬해 4월, 송악의 호족인 왕용王隆은 송악산을 마주한 벌판인 금돼지터(일명 금돈터)에 자신의 집을 짓는 공사를 한창 진행하고 있었다. 그런데 지나가던 한 객승이 그 모습을 보고 탄식하듯 그렇게 읊조렸다.

객승은 근처 느티나무 아래에 앉아서 잠시 땀을 식히며 한마디 더 덧붙였다.

"이 집의 주인은 사리에 밝아서 이곳을 집터로 골랐는가? 그렇다면 그 역시 혜안이 있는 이로세."

처음에는 지나가는 객승의 객쩍은 소리로만 듣고 있던 왕용의 부인은 무언가 짚이는 구석이 있어 얼른 남편을 찾았다.

"지금 요 앞 느티나무 아래에 웬 객승이 앉아 있는데 우리 집터를 보고 기장을 심을 땅에 삼을 심었다, 하며 이 집터의 주인은 혜안이 있다는 둥 알 수 없는 말을 하는 것을 들었습니다. 그게 무슨 뜻인지요?"

아내의 말을 들은 왕용은 그 말이 예사롭지 않음을 직감하고 황급히 느티나무 아래로 달려갔다.

그러나 이미 객승은 어디론가 사라지고 이제 막 푸르러 가는 느티나무 그늘만 부신 햇살 아래에 그 음영이 짙게 깔려 있었다.

왕융은 객승이 사라진 듯한 길을 잰 걸음으로 쫓아갔다.

'필시 무슨 곡절이 있을 게야. 그런 말을 할 정도라면 틀림없이 예사 스님은 아닐 것이다.'

왕융은 산길로 통하는 좁은 고갯길에서 겨우 그 객승을 따라잡을 수 있었다.

"스님! 스님!"

왕융은 큰소리로 객승을 부르며 가쁜 숨을 몰아쉬었다.

몇 번의 부름에도 뒤를 돌아보지 않던 객승이 천천히 고개를 돌린 것은 왕융과의 거리가 불과 서너 걸음도 채 안 되었을 때였다.

"무슨 일이시오?"

그렇게 묻는 객승의 얼굴은 해를 등지고 있어서인지 눈부신 햇빛이 후광처럼 드리워져 있어 더욱 신비로워 보였다.

"스님! 잠시 여쭐 말씀이 있습니다."

"……."

"스님께서는 혹 도선대사님이 아니신지요?"

객승은 길 옆 바위에 걸터앉으며 짚고 있던 석장錫杖을 그 옆에 비스듬히 세워놓았다.

"그렇소! 소승이 도선이오만……."

"대사님을 몰라뵌 무례를 용서하십시오!"

왕융은 그렇게 말하며 다짜고짜 땅에 엎드려 큰절을 올렸다.

당시 도선道詵대사는 신라 제일의 명승으로서 온 나라 안에 그 명성이 자자했다.

그는 불도가 신승의 경지에 이르렀으며 당나라에서 풍수지리를 공부하고 돌아온 후에는 그 도력이 더욱 높아져 미래를 예견하는 능력까지 두루 갖춘, 그야말로 당대 최고의 고승이자 풍수지리의 대가였다.

"어허! 일어나시오. 소승이 민망하구려."

그러나 왕융은 여전히 땅에 엎드린 채 말을 이었다.

"대사님을 누추하나마 저희 집으로 모시고자 합니다. 부디 허락하여 주십시오."

도선대사는 한바탕 호방하게 웃음을 터뜨렸다.

"뭔가 소승에게 물어볼 말이 있어 그런 것 같은데 그럴 필요 없소. 본시 중이라 함은 구름을 이불 삼고 돌을 베개 삼으니 천지 사방 집이 아닌 곳이 없소. 그러니 할말이 있으면 예서 하시오."

과연 도선대사다운 대답이었다.

왕융은 속으로 감탄하며 조심스럽게 입을 열었다.

"대사님! 좀 전에 대사님께서 저희 집터를 보시고 하신 말씀의 진의가 궁금하여 이렇게 대사님을 쫓아왔습니다."

"그 집의 주인장이시오?"

"예! 그러하옵니다, 대사님!"

도선대사는 눈을 들어 송악의 지세를 한 번 둘러보고는 천천히 입을 열었다.

"그곳을 집터로 삼은 데에는 혹 무슨 연유가 있으시오?"

"전해 듣기에 제 아버지께서 용신龍神의 도움으로 그곳에 터를 잡으셨다 들었습니다."

"음! 과연 그랬군……. 나무아미타불 관세음보살."

도선대사는 고개를 끄덕이며 잠시 눈을 감았다.

그러더니 눈을 뜨고 불법을 설하듯 엄숙한 목소리로 말했다.

"잘 들으시오! 지금 댁의 집터는 백두대간의 줄기를 따라 내려온 정기가 이곳 송악에 이르러 그 결집을 이룬 지점이니 과연 명당 중의 명당이오. 또한 댁은 용신의 기운을 지녀 물의 운명을 타고났소. 그러니 집을 짓되 물 수水자 형태로 지을 것이며 반드시 서른여섯 채를 지어야 하오."

도선대사의 말에 왕융은 숨이 멎는 것 같았다.

"또한 내년에 아들이 태어날 것이니 반드시 그 이름을 건建이라 지으시오! 그리하면 후일 대대손손 영광을 누릴 것이오!"

"예? 그게 무슨 말씀이신지……?"

"그 아이가 자라면 우린 다시 만날 수 있을 것이오."

"대사님! 그때가 언제인지……."

그러나 도선대사는 그 말을 끝으로 바위에서 일어나 석장을 짚고는 다시 갈 길을 갔다. 왕융이 미처 인사를 올릴 새도 없었다.

넋이 나간 듯 땅에 무릎을 꿇고 앉아 있던 왕융은 도선대사가 고개 너머로 사라진 뒤에야 자리에서 일어났다.

왕융은 도선대사가 그러했듯 고개를 돌려 송악을 내려다보았다.

'아들이라, 대대손손 영광을 누릴 아들이라…….'

벅차 오르는 가슴을 지그시 누르며 왕융은 고갯길을 내려왔다.

도선대사의 말이 가슴속에서 끝없이 메아리치며 왕융의 전신을 휩쓸고 지나가는 것 같았다.

맑고 청명했던 송악산 골짝마다 용의 조화인 듯 자욱한 봄 안개가 일고 있었다.

왕융은 더욱 천천히 걸었다. 도선대사가 송악으로 다시 돌아오는 날이 이 자욱한 안개의 끝이겠거니 생각하며.

후삼국과 고려의 건국

청운의 뜻을 품고 떠나는 새벽 길

견훤은 곤히 잠든 아버지를 깨웠다.

"무슨 일이냐?"

"소자, 이제 집을 떠나 제 길을 가려 하옵니다."

견훤의 아버지는 조용히 아들의 두 눈을 응시했다.

"아버지! 소자는 꿈을 이루기 전에는 절대 돌아오지 않을 것입니다."

무릎을 꿇고 앉은 견훤은 누가 보기에도 믿음직스러웠다. 떡 벌어진 어깨하며 탄탄한 근육, 거기에다 사내다운 늠름함까지 갖춘, 그야말로 대장부 중의 대장부였다.

"길은 정했느냐?"

"예! 아버지. 소자 잃어버린 백제의 영광을 되찾아 끊어진 왕업을 다시 이을까 합니다."

견훤의 아버지는 놀라움을 감추지 못했다.

"그렇다면 백제를 재건하겠다는 말이냐?"

"그러하옵니다, 아버지!"

"왜 하필 백제를 재건할 생각을 하게 되었느냐?"

견훤은 낮지만 굵은 어조로 대답했다.

"지금 신라의 국운은 쇠할 대로 쇠했습니다. 여왕은 색욕에 빠져 정사를 돌보지 않고 신하들은 사리사욕에 눈이 멀어 도탄에 빠진 백성들을 거들떠보지도 않습니다."

견훤은 아버지의 얼굴을 정면으로 바라보며 말을 이었다.

"지금은 말없이 살아가지만 백제의 유민들은 아직도 지난날을 잊지 못하고 있습니다. 이러한 때 누군가 나서 백제 중흥을 외친다면 사방에 흩어진 백제의 유민들은 너나없이 힘을 모을 것입니다. 그 힘으로 능히 백제를 재건하고도 남을 것입니다!"

"네 속에 그리 큰 뜻이 있는 줄은 몰랐구나."

견훤의 아버지는 내심 감탄하고 또 감탄했다.

견훤의 아버지 아자개는 어려서부터 맏아들인 견훤이 범상치 않은 인물임을 알고 있었다.

견훤이 아직 갓난아기였을 적 어느 날, 아자개와 그의 아내는 나무 그늘에 아기를 눕혀 놓고 밭일을 하고 있었다. 그때 어디선가 집채만한 호랑이가 나타나더니 아기에게 젖꼭지를 물려 젖을 먹이고는 다시 어슬렁거리며 사라진 것이었다.

그때부터 아자개는 아들 견훤을 하늘이 내린 인물이라 여기고 오로지 글공부와 무예를 익히는 데 전념하도록 했다.

견훤은 아버지의 뜻에 따라 글공부와 무술에 전념했는데 특히 무술에 출중한 재주를 보였다.

그런 아들이 이제 백제를 재건하겠다는 큰 뜻을 품었으니 이 얼마나 대견한 일이랴.

"가거라! 그리고 네가 품은 뜻을 이루기 전에는 돌아올 생각을 말아라. 네가 백제를 재건한다면 이 아비는 평생의 꿈을 이루는 것이다!"

"아버지!"

견훤은 자리에서 일어나 아버지에게 큰절을 올렸다.

"부디 만수무강하십시오!"

"내 걱정일랑 말아라. 집이나 식구들도 걱정하지 말아라. 장부가 뜻을 품었으면 오직 거기에만 마음을 쏟아야 하느니라."

견훤의 아버지는 집안에 돈이 될 만한 물건들을 챙겨 극구 마다하는 아들의 손에 쥐어 주었다.

"네가 백제를 재건하는 날, 그때 다시 만나자구나!"

아버지의 마지막 바람을 뒤로 한 채 견훤은 백제의 재건을 머릿속에 그리며 미명의 새벽 길에 힘찬 발걸음을 내딛었다.

출생의 비밀

마을의 촌장 앞에 불려온 아낙네는 고개를 들지 못하고 방바닥만 쳐다보았다.

방 안에는 촌장을 위시한 마을의 여러 노인들이 굳은 표정으로 앉아 있었다.

"무슨 일로 불렀는지 내 굳이 말하지 않아도 알고 있을 테지?"

"……"

아낙네는 말없이 그저 고개만 조아리고 있을 뿐이었다.

"어험! 더 이상 말할 것도 없소! 우리 마을에서 그놈을 내쫓기만 하면 만사가 다 편해질 게요."

옆에 앉아 있던 노인 한 명이 제법 언성을 높여 끼어들었다.

"촌장 어르신! 불쌍한 아이입니다. 제가 앞으로 각별히 단속하겠으니 한 번만 용서를……."

"어허, 이게 어디 한두 번이라야지!"

노인이 다시 한 번 언성을 높였다.

"그놈이 하는 짓거리를 생각해 보시오. 온 동네를 쑥대밭으로 만들고 다니잖소? 내 지금껏 살아오면서 그놈 같은 망나니는 본 적이 없소!"

다른 노인이 말참견을 하고 들었다.

"이제는 마을 사람들 모두가 그놈이 사람이나 죽이지 않을까 싶어 불안해하고 있소. 이게 어디 열 살짜리 아이를 두고 하는 소리겠소?"

아낙네는 소리 없이 흐느끼기 시작했다.

"안됐지만 이런 일은 나 혼자 결정할 일도 아니고 워낙 마을 사람들의 공론이 강경한 터라 어쩔 수 없네."

"어르신!"

촌장을 비롯한 마을 노인들은 어느 누구 하나 아낙네의 말을 귀담아들으려 하지 않았다.

아낙네는 눈물로 호소했지만 더는 어쩔 수 없었다.

집으로 돌아온 아낙네는 방으로 곧장 들어가지 않고 뒤꼍에 있는 미루나무 아래에 앉아 멍하니 먼 하늘을 바라보았다.

노을이 지고 주위가 어둑어둑해져서야 아낙네는 자리에서 일어났다. 부엌으로 들어간 아낙네는 늦은 저녁을 지어 방으로 가져갔다.

방에는 열 살짜리 아들이 불도 켜지 않은 채 엄마를 기다리고 있었다. 희미한 어둠 속에서 우두커니 앉아 있는 아들은 불쌍하게도 한쪽 눈이 없는 애꾸였다.

아낙네는 불을 밝히고 아들에게 더운 저녁밥을 먹였다. 아들은 배가 고팠던지 밥 한 공기를 단숨에 비웠다.

저녁상을 물린 후, 아낙네는 아들을 바로 앉히고 큰절을 했다.

아들이 깜짝 놀라며 아낙네의 치맛단을 붙잡고 늘어졌다.

"어머니, 잘못했습니다. 왜 이러시는 겁니까?"

그러나 아낙네는 아들을 다시 바르게 앉힌 다음 말했다.

"마마! 지금부터 소인이 하는 말을 새겨들으셔야 하옵니다."

"어머니, 마마라니 그게 무슨 말씀이십니까? 그런 말은 나랏님께나 쓰는 말이 아닙니까?"

"그러하옵니다, 마마! 지금은 비록 이렇게 비천하게 살고 있사오나 마마께서는 원래 이 나라의 왕자님이셨습니다."

아들은 왕자라는 말에 기가 질린 듯 말을 잃었다.

"마마! 소인은 마마님을 모시던 유모였답니다. 마마께서는 억울한 오해를 받으시어 죽임을 당할 뻔하였사온데……."

아낙네의 아들은 원래 헌안왕의 왕자로 태어났다. 그러나 왕자는 태어나자마자 국운을 해칠 불운을 타고났다는 일관의 모함을 받아 결국 다락 아래로 던져졌다. 다행히 유모의 손에 목숨은 건졌지만 그만 유모의 손가락에 한쪽 눈이 찔리는 바람에 애꾸가 되고 말았다.

아낙네의 말을 모두 들은 아들의 한쪽 눈에서 주르르 눈물이 흘렀다.

"그게 정말입니까? 어머니?"

"마마! 어머니라뇨? 당치 않으십니다. 그리고 소인같이 미천한 것에게는 하대를 하시는 것이 옳으시옵니다."

아낙네의 말에 아들은 한동안 말이 없었다.

"그럼 내 진짜 이름은 무엇이오?"

"궁예 왕자님이십니다."

"내 친어머니는 살아 계시오?"

"마마! 황송하옵게도 소인이 왕자님을 품에 안고 도망친 후 왕자님을 빼돌렸다는 모함을 받아 그만…… 흑흑!"

궁예는 잠자코 앉아 서럽게 흐느끼는 유모의 모습을 물끄러미 바라보았다. 지금껏 어머니라고 부르며 살아온 그녀가 애처롭게 느껴졌다.

"울지 마오. 그래도 사지에서 나를 살리고 또 지금껏 키워준 것은 모두 유모의 은혜요."

궁예의 말에 유모는 더욱 흐느껴 울었다.

잠시 후 눈물을 멈춘 유모가 조심스럽게 입을 열었다.

"마마! 소인이 마마께 이 같은 말씀을 드리는 것은 부디 행실을 바르게 하시고 덕을 쌓기를 바라는 간절한 염원에서이옵니다. 이제 이 마을에서는 더 이상 살 수 없게 되었사오니 날이 밝는 대로 짐을 꾸려 다른 마을을 찾아 떠날까 하옵니다."

"그것이 좋겠소. 나도 내 출생의 비밀을 안 이상 더는 이런 망나니로 살지는 않을 것이오."

나이답지 않게 의젓하게 말하는 궁예를 보며 유모는 적이 안심이 되었다.

다음날 아침, 아침밥을 짓기 위해 일찍 눈을 뜬 유모는 소스라치게 놀라 자리에서 벌떡 일어났다.

궁예가 없어진 것이었다. 간밤에만 해도 자신의 옆에서 곤히 잠든 것을 보았는데 어느새 어디론가 종적을 감춘 것이었다.

유모가 궁예를 찾아 온 동네를 미친 듯 헤매고 있을 무렵, 궁예는 산 속에 있는 절의 문을 두드리고 있었다.

열 살밖에 안 된 어린 궁예가 새벽 이슬을 맞으며 찾아간 절의 현판에는 세달사라는 세 글자가 희미하게 새겨져 있었다.

목숨을 걸고 오른 비장의 직위

고향을 떠난 견훤은 신라의 군사가 되었다. 자신의 뜻을 이루기 위해서는 군사들이 필요했고 그러기 위해서는 장군이 되는 길밖에 없다고 생각했던 것이다.

그는 지금은 일개 미미한 군졸에 지나지 않지만 머지않아 뜻을 이룰 날이 있을 거라고 자위하며 하루하루를 보내고 있었다.

당시 신라의 서남해 일대는 어지러운 신라의 정세를 틈타 바다를 건너온 왜구들이 부녀자를 겁탈하고 노략질을 일삼는 등 그 폐해가 극심했다.

이에 조정에서는 노당弩幢을 대장으로 임명하여 왜구들을 토벌하라고 명했다.

견훤은 그것을 하늘이 준 기회라 여기며 스스로 토벌대에 자원하고 나섰다.

"왜놈들의 목을 전부 베어라! 단 한 놈도 살려 보내서는 안 된다!"

신라군의 대장인 노당의 우렁찬 호령이 떨어지자 때를 기다렸다는 듯이 군사들이 일제히 말을 몰아 적진으로 내달렸다.

여기저기서 군사들의 요란한 함성 소리가 울려 퍼졌다. 그러나 신라군은 포악하기 이를 데 없는 왜구들에게 조금씩 뒤로 밀리기 시작했다.

신라군의 대장 노당은 큰소리로 군사들을 독려했지만 싸움은 점점 아군에게 불리해지고 있었다.

신라군이 점점 수세에 몰리자 왜구들의 공격이 더욱 거세졌다. 신라군은 어느새 하나둘 등을 보이며 도망치기 시작했다.

노당은 일단 후퇴하는 것이 좋겠다고 판단하고 군사들에게 후퇴 명령을 내리려 했다.

그때였다. 퇴각하는 군사들 속에서 젊은 군사 한 명이 장검을 휘두르며 왜구들을 향해 달려나왔다.

"이놈들! 내 칼을 받아라!"

젊은 군사는 닥치는 대로 왜구들의 목을 베었다. 처음에는 대수롭지 않게 여기던 왜구들도 젊은 군사의 기세에 눌려 점차 위축되었다.

단신으로 적진에 뛰어든 젊은 군사가 왜구들을 닥치는 대로 쓰러뜨리자 이에 고무된 신라군의 사기는 다시 하늘을 찌를 듯 높아졌다.

"공격하라! 왜구들의 목을 베어라!"

진영을 가다듬은 노당은 또다시 진군 명령을 내렸다.

"와!"

신라군들은 물밀듯이 왜구의 진지를 향해 나아갔다.

장검을 휘두르며 왜구의 목을 베던 젊은 군사는 여전히 선두에서 맹렬한 기세로 왜구들을 공격하고 있었다.

싸움의 대세는 이제 신라 쪽으로 기울어졌다. 왜구들은 서둘러 배에 올라 돛을 올리고 황급히 달아났다. 신라군은 활을 쏘며 마지막까지 왜구들을 향해 공격을 계속하여 대승을 거두었다.

이날 싸움의 일등 공신은 뭐니 뭐니 해도 장검을 휘두르며 단신으로 왜적의 진영으로 뛰어든 젊은 군사였다.

노당은 그 젊은 군사를 불렀다.

"이름이 무엇인가?"

노당 앞에 무릎을 꿇고 앉은 젊은 군사는 머리를 조아리며 대답했다.

"견훤이라 하옵니다!"

"오늘 그대가 세운 공은 만고에 길이 빛날 전공이로다. 그에 걸맞은 후한 포상이 내려질 것이다."

"포상이라니 당치않으십니다, 장군! 소인은 마땅히 소임을 다했을 뿐이옵니다!"

견훤의 말에 노당은 매우 흡족해했다.

왜구 토벌을 성공리에 마치고 서라벌로 돌아오자 견훤에게는 비장神將 벼슬이 내려졌다.

견훤은 서라벌에서 그렇게 자신의 야망을 서서히 실현해 나가고 있었다.

까마귀가 물어다 준 뼛조각

"이것이 다 무엇이냐?"

하루 일과를 끝마치고 자신의 방으로 들어서던 궁예는 스승인 큰스님의 호통 소리에 놀라 흠칫 제자리에 멈춰 섰다.

"네 이놈! 산에 사는 중놈에게 이게 다 무슨 필요가 있느냐?"

큰스님은 벽장에 있는 물건들을 방바닥에 모조리 집어던졌다. 칼과 창, 활과 화살 등 평소 무예를 연마해 오던 궁예의 병기들이 날카로운 금속성을 내며 방바닥에 쏟아졌다.

궁예는 어찌할 바를 몰라 장승처럼 우뚝 서 있기만 했다.

"말해라! 이 중놈아! 이것들을 다 어디에 쓰는 게냐? 이것들을 가져다 산짐승이라도 잡아먹는 게냐? 오호라! 그래서 네놈 얼굴에 그렇게 기름기가 잘잘 흘렀구나, 이 더러운 중놈 같으니라고!"

"스승님!"

궁예는 그 자리에 털썩 무릎을 꿇고 앉았다.

"누가 네 스승이냐? 법당에서는 불경을 외고 산 속에 들어가서는 산짐승을 잡아 포식하는 네놈의 스승이란 자는 대체 어떤 놈이냐?"

"스승님! 그것이 아니라 소승 무술을 익히고픈 마음에……."

"중놈이 무술을 익혀 어디다 쓰려고 하느냐? 가사 장삼을 벗고 산적이라도 되겠다는 게냐?"

궁예는 차마 입이 떨어지지 않았다.

세달사에 들어온 지 몇 년이 지나도록 자신의 출생의 비밀 때문에 남몰래 속을 앓아온 궁예였다.

궁예는 언젠가는 자신과 어머니의 복수를 하겠다고 다짐하고 있었다. 또한 한 나라의 왕자로서 못다 이룬 한을 풀기 위해 새로운 나라를 세워야겠다는 야망을 품고 있었다.

그래서 큰스님 몰래 틈틈이 칼과 활을 익히며 무예를 연마하고 있었던 것이다.

"말해라, 이놈! 네놈의 시커먼 속을 누가 모를 줄 아느냐?"

"스승님, 그건 말씀드릴 수가 없습니다."

궁예는 단호하게 말했다.

"저를 거두어 지금까지 보살펴 주신 스승님의 은공을 모르는 것은 아니오나 지금은 아무것도 말씀드릴 수가 없습니다."

큰스님은 궁예를 바라보며 한숨을 쉬었다. 어떻게든 궁예의 마음을 돌리려고 했으나 자신의 힘으로는 더 이상 어찌할 수 없었던 것이다.

"업보로세, 업보야."

큰스님은 다시 한 번 깊은 한숨을 쉬며 궁예를 혼자 남겨둔 채 방을 나갔다. 궁예는 참담한 표정으로 방바닥에 어지럽게 널려 있는 물건들을 바라보았다.

한참 후, 궁예는 자리에서 일어나 천천히 그 물건들을 다시 벽장 속에 하나둘 집어넣었다.

그로부터 며칠 후, 궁예가 재를 올리러 가는데 도중에 까마귀 한 마리가 날아오더니 들고 있는 바리에 뭔가를 툭 떨어뜨리고 숲속으로 사라졌다.

이상한 일도 다 있구나, 생각하며 궁예는 서둘러 바리 속에 떨어진 것을 살펴보았다. 그것은 무당들이 점을 칠 때 쓰는 젓가락처럼 생긴 뼛조각이었다. 그런데 뼛조각 한가운데에 임금 왕王자가 금빛으로 새겨져 있는 것이 아닌가.

궁예는 깜짝 놀랐다. 그는 이것을 하늘의 뜻이라 여기며 허리춤에 소중히 간직하였다.

그는 그 길로 하산하기로 마음먹고 절에 내려와 큰스님께 하직 인사를 올렸다.

"그래, 어디로 가겠다는 게냐?"

"소승 아직 갈 길을 정하지 않았습니다. 그저 세상 구경이나 하렵니다."

큰스님은 근심 어린 낯빛으로 궁예를 바라보았다.

"너무 큰 욕심은 부리지 말거라! 과욕은 결국 스스로를 해치게 하느니라!"

"명심하겠습니다, 스승님!"

궁예는 큰스님 앞에 큰절을 올리고 바랑을 꾸려 세달사를 나왔다.

그러나 궁예는 큰스님의 마지막 말을 가슴 깊이 새기지 않았다. 큰스님의 말을 가슴 깊이 간직하며 그대로 실행에 옮겼더라면 궁예의 말로가 그처럼 비참하지는 않았을 것이다.

후백제 창업의 꿈을 이룬 견훤

신라 진성여왕 6년, 신라의 국력이 쇠약해진 틈을 타 전국 각지에서는 호족들이 득세하여 자신의 세력을 키워 나가고 있었다.

각 지방의 호족들은 자체적으로 군사들을 훈련시키고 양성하여 이미 신라의 조정을 위협할 지경에까지 이르렀다.

그 중에서도 북원(원주)의 양길이나 죽주(안성)의 기훤, 국원(청주)의 청길, 중원(충주)의 원회 같은 자들은 무시할 수 없는 세력으로 자라나 차츰 자신들의 영역을 넓혀 나가고 있었다.

위협을 느낀 신라 조정에서는 견훤에게 군사 1천 명을 주어 호족들을 토벌하라는 명을 내렸다.

그때 이미 견훤은 장군으로 지위가 격상되어 있었고 그 용맹스러움이 서라벌 내에 자자했다.

이제나저제나 때가 오기만을 기다리던 견훤은 내심 쾌재를 불렀다. 지금이야말로 자신의 야망을 이룰 절호의 기회라고 생각했다.

견훤은 자신의 속내를 드러내지 않은 채 대신들과 백성들의 환송을 받으며 서라벌을 나섰다.

그러나 견훤은 도성을 벗어나자마자 자신의 계획을 하나하나 실행에 옮겼다.

일단 서라벌 근처의 여러 성을 돌며 많은 군사들을 확충한 그는 군사들의 군기를 엄정하게 확립해 민심을 얻는 데 성공했다. 그리하여 남쪽의 무진주로 향하니 그를 따르는 무리가 5천이 넘었다.

무진주에 당도한 견훤은 치열한 접전 끝에 철통 같은 방벽을 뚫고 성을 장악하였다. 성을 장악한 그는 민심을 수습하는 한편 완산주(전주)를 공략할 준비를 차근차근 진행해 나갔다.

완산주를 향해 출정하는 날, 견훤은 성안의 백성들과 군사들을 모아놓고 큰소리로 외쳤다.

"우리가 죽음을 무릅쓰고 이곳 무진주까지 온 것은 나 하나 잘살려고 하는 것이 아니다. 지금의 나라꼴이 어떠한가? 백성들은 도탄에 빠져 울부짖는데 조정의 대신들은 날마다 기름진 고깃덩어리를 앞에 두고 술이나 마시고 있지 않은가."

견훤의 말에 여기저기서 동조하는 소리가 들려왔다.

"들어라! 우리는 이제 완산주로 갈 것이다! 나는 그곳에다 비통하게 스러져 간 백제를 재건하여 나라를 잃고 헤매는 백제의 유민들을 불러모아 동고동락할 것이다!"

견훤의 말이 끝나자 성안에는 함성과 만세 소리가 울려퍼졌다.

견훤은 모든 것이 자신의 계획대로 되어 가자 마음이 흐뭇했다.

'무진주를 비롯한 완산주는 옛 백제의 영토가 아닌가? 이곳에 살고 있는 사람들은 누구보다 망국의 설움을 많이 겪었을 것이다. 그러한 서러운 감정에 불을 지피기만 하면 백제의 영화를 재건하는 일은 그렇게 어려운 일은 아닐 것이다.'

견훤은 파죽지세로 완산주를 함락하고 성을 수중에 넣었다.

892년. 마침내 견훤은 완산주에 도읍을 정하여 나라를 세우고 국호를 백제라 하였다.

궁예와 양길의 운명적 만남

세달사를 나온 궁예는 뜻을 펴기 위해서는 군사력을 갖추어야 한다고 판단하고 죽주에 있는 기훤의 밑으로 들어갔다. 그러나 곧 포악하고 무자비한 기훤에게 환멸을 느낀 그는 기훤의 심복인 신훤, 원회 등과 함께 북원에서 큰 세력을 펴고 있던 양길을 찾아갔다.

양길을 만난 궁예는 정중하게 예를 갖추어 인사를 올렸다.

"소승 세달사에서 중 노릇을 하던 궁예라고 하옵니다. 난세에 고통받는 중생들을 구제하고자 환속을 했으나 마땅한 방법을 몰라 세상을 떠돌던 중 장군의 명망이 높다는 말을 듣고 이렇게 찾아왔습니다. 부디 거두어 주십시오!"

승복 차림에다 애꾸눈인 궁예의 모습을 보고 양길은 선뜻 판단이 서지 않았다.

"중이었다니 불경은 잘 욀 것이고……, 그것 이외에 또 잘하는 것이 무엇이냐?"

양길의 물음에 궁예가 미소를 띠우며 대답했다.

"소승 칼과 활을 좀 다룰 줄 아옵니다."

"음, 칼과 활이라?"

양길은 뭔가 탐탁지 않은 듯 혼잣말로 중얼거렸다.

"좋다, 그럼 나와 팔씨름 한번 해보겠느냐?"

양길의 뜻밖의 제안에 궁예는 예의 그 미소를 잃지 않고 흔쾌히 응했다.

양길의 부하들이 다소 껄끄러운 표정으로 궁예를 쏘아보고 있었지만 궁예는 개의치 않고 팔을 걷어부치고 앞으로 나섰다.

"합!"

"얍!"

두 사람은 팽팽하게 맞섰다. 두 사람의 맞잡은 팔뚝 가득 정맥이 퍼렇게 돋아났다. 둘은 서로 지지 않으려고 손에 더욱 힘을 가했다.

몇 분이 지나자 그들의 이마에선 굵은 땀방울이 배어 나오기 시작했다.

두 사람은 미처 모르고 있었지만 그 팔씨름은 몇 년 후 있게 될 둘의 힘 겨루기와도 같이 치열한 일전이었다.

이윽고 궁예의 손목에 맥이 풀렸다. 궁예는 순순히 자기 쪽으로 팔목을 젖혔다.

"대단하십니다, 장군!"

"궁예라 했는가?"

"예, 장군!"

"오늘부터 네가 있고 싶은 날까지 예서 머물러도 좋다."

"고맙습니다, 장군!"

양길은 그 말을 남기고 자리를 떠났다. 물론 신훤과 원회 등도 궁예와 마찬가지로 양길의 부하가 되었다.

양길은 궁예를 처음 보았을 때부터 단번에 그가 보통 인물이 아님을 간파했다. 무공은 그리 뛰어나지 않았지만 궁예에게서는 사람을 끌어들이는 무언가가 느껴졌다.

싸움으로 상대방을 제압하는 것보다는 피 한 방울 흘리지 않고 상대방을 감화시켜 내 편으로 끌어들이는 것이야말로 병법 중에 으뜸이라 할 것이다.

그런 면에서 궁예는 사람을 끌어들이는 강인한 흡인력을 지니고 있었다. 게다가 환속한 승려의 신분이라고는 하지만 아직까지 승복을 벗지 않고 머리를 기르지 않은 점이 불교를 신앙하고 있는 민심을 얻는 데도 도움이 될 게 틀림없다고 양길은 생각하였다.

양길은 궁예를 일단 싸움터에 내보내기로 결정하였다.

"그대에게 군사 백 명을 줄 터이니 나가 싸워 보겠느냐?"

"분부만 내리십시오, 장군!"

궁예는 기다렸다는 듯이 힘차게 대답했다.

"좋다! 내 그대를 한번 믿어보겠노라!"

그렇게 해서 겨우 군사 백 명을 거느리고 출정한 궁예는 놀랍게도 치악산 근처를 비롯한 10여 고을을 점령하면서 점차 그 기세를 떨쳐 나가기 시작했다.

왕건을 찾아온 도선대사

송악의 호족인 왕융은 도선대사의 예언대로 아들이 태어나자 이름을 건建이라 짓고 지극 정성으로 훈육했다.

도선대사의 예언대로라면 장차 왕건은 천하를 다스릴 인물이었기에 왕융은 늘 엄하고 절도 있게 아들을 대했다.

왕건은 어릴 적부터 총명함과 슬기로움이 남달랐으며 용모도 훤칠해서 귀한 상이 보였고 목소리까지 웅장하여 장부다운 기상을 두루 갖추고 있었다

왕건이 17세 되던 해, 과연 도선대사는 왕융과 한 약속을 잊지 않고 다시 송악으로 왕융을 찾아왔다.

"대사님! 이날이 오기만을 학수고대했습니다."

왕융은 도선대사를 안으로 모신 다음 큰절을 올렸다.

도선대사는 큰소리로 웃으며 왕융의 환대에 화답했다.

왕융은 아들 왕건을 불렀다.

"어서 큰절을 올려라. 이분이 바로 너의 스승이 되실 도선대사님이시다."

왕건은 옷매무새를 가다듬고 공손하게 큰절을 했다.

"소인 건이라 하옵니다."

도선대사는 지그시 왕건의 얼굴을 살펴보았다. 자신의 짐작이 틀림없었다.

"짐을 꾸리거라. 갈 길이 멀다."

"예, 대사님!"

왕건이 물러가자 왕융이 말했다.

"대사님! 누추하나마 하룻밤이라도 저희 집에서 쉬어 가시는 게 어떻겠습니까?"

"시일이 촉박하오. 한시바삐 저 아이에게 내가 알고 있는 모든 것을 가르쳐야만 하오."

그 말에 왕융은 입을 다물었다. 대사의 깊은 의중을 한낱 범인에 불과한 자신이 어찌 알랴 싶었다.

그 길로 왕융의 집을 나선 도선대사는 왕건을 데리고 송악을 떠나 깊은 산중으로 들어갔다.

도선대사는 왕건에게 병법에서부터 풍수지리에 이르기까지 실로 방대한 지식을 전수했다.

총명하고 지혜가 출중한 왕건이었지만 대사의 가르침을 쉽게 배울 수 없었다. 그만큼 대사의 가르침은 심오하였다.

또한 도선대사는 한번 가르쳐 준 것은 두 번 다시 일러 주는 법이 없었다. 그런 까닭에 왕건은 제때에 먹지도 자지도 못하고 사력을 다해 대사의 가르침에 귀를 기울이며 온 정신을 집중해야만 했다.

가르침은 한 곳에서만 이루어지지 않았다.

때로는 동굴 속에서, 때로는 산중의 바위 위에서, 때로는 계곡을 흐르는 물가에서, 그리고 깊은 밤 불도 켜지 않은 깜깜한 어둠 속에서도 가르침이 이루어졌다.

가르침의 방법도 여러 가지였다.

말로써 설명하고 글로써 가르치는 것은 기본이었고 깨달음에 이를 때까지 좌선을 했으며 침묵 속에서 상대방의 뜻을 읽어 내야 할 때도 있었다.

마침내 왕건이 혜안을 체득하게 되었을 때 도선대사는 한마디 말도 없이 홀연히 어디론가 떠나버렸다.

왕건은 도선대사의 가르침에 감읍해하며 천지 사방을 향해 큰절을 올렸다.

며칠 후 해가 서해를 제왕의 색깔인 붉은 색으로 뒤덮는 저녁 무렵, 왕건은 앳된 소년의 티를 벗고 당당하고 늠름한 청년이 되어 송악으로 돌아왔다.

송악에 우뚝선 고려

처음에 양길의 군사 백 명을 거느리고 출정했던 궁예는 그 세력을 날로 확장하여 나중에는 무려 3천500명의 대군을 거느리는 장수가 되었다.

차츰 자신의 세력을 키워 나가던 궁예는 양길과 결별하고 독자적인 세력을 형성해 갔다.

궁예의 막강한 힘과 명성은 온 나라에 자자하였다. 그가 경기 지역의 여러 성을 거쳐 강원도 북부에 이르는 동안 궁예의 이름만 듣고도 성을 내어 주는 성주도 있었다.

그렇다고 치열한 접전이 없었던 것은 아니었다. 그때마다 김대검, 모흔, 장일, 장귀평 등 부장들의 공로로 승전고를 울릴 수 있었다.

강원 북부를 손에 넣은 궁예는 서서히 송악으로 세력을 뻗쳤다.

자신의 미력한 힘으로는 궁예를 대적할 수가 없다고 판단한 왕융은 궁예에게 순순히 송악을 내주었다.

왕융은 아들 왕건을 데리고 궁예를 찾아갔다.

"장군! 장군께서 앞으로 더 큰 나라를 세우시려거든 송악에 궁성을 축조하여 교두보로 삼으옵소서. 그리고 궁성의 축조 공사는 소인의 아들에게 맡기시면 빠른 시일 내에 차질 없이 진행할 것이옵니다."

궁예는 왕융이 자신에게 송악을 내주자 크게 기뻐하며 그의 건의를 받아들였다. 그는 곧 왕건을 송악 성주에 임명하고 궁성을 축조할 것을 명했다. 왕융은 금성 태수로 임명되었다.

왕건의 아버지 왕융은 자기의 오랜 근거지였던 송악을 떠나서인지 금성 태수로 임명된 다음해에 세상을 뜨고 말았다.

그러나 왕융은 비록 아들 왕건이 새 나라를 건국하는 것은 직접 보지 못했지만 도선대사의 예언을 굳게 믿으며 마음 편히 생을 마감할 수 있었다. 그는 훗날 세조 위무대왕으로 추대되었다.

송악의 젊은 장수 왕건은 궁예의 휘하에서 패서도와 한산주 일대의 30여 성을 함락시키는 등 개가를 올리며 궁예의 총애를 받는 인물로 부각되었다.

궁예는 이렇게 차츰 주변 지역을 아우르며 송악을 기점으로 새로운 나라를 개국하는 기틀을 마련하게 되었다.

이 소식을 들은 양길은 분통을 터뜨리며 자신의 과오를 자책했다.

"호랑이 새끼를 키우면 은공을 모르고 되레 주인을 문다더니, 궁예 이놈이 그런 꼴이로세! 허나 그렇게 얕잡아볼 만큼 만만한 양길이가 아님을 내 똑똑히 가르쳐 주마!"

양길은 청길과 신훤, 원회를 앞세우고 서둘러 북원을 출발하여 궁예가 있는 송악으로 향했다.

궁예도 그 소식을 접하고는 직접 대병력을 거느리고 양길을 기다렸다.

그리하여 궁예와 양길의 피할 수 없는 한판 승부가 시작되었다.

처음에는 양길이 우세하였으나 갈수록 궁예에게 번번이 패하였다. 분을 삭이지 못한 양길은 죽기 살기로 총공격을 감행했으나 역시 대패하여 퇴각할 수밖에 없었다.

궁예는 기회를 놓치지 않고 퇴각하는 양길을 뒤쫓아 두 번 다시 재기할 수 없을 정도로 큰 타격을 입혔다.

양길을 대파한 궁예는 의기양양해져서 1년 후 왕건을 보내 정주, 국원, 괴양을 치고 그 지방을 다스리던 청길의 항복을 받아냈다.

이어 양길을 따르던 신훤과 원회도 궁예 앞에 무릎을 꿇으니 이제 후백제의 견훤을 제외하고는 더 이상 궁예에게 대항할 자가 없었다.

901년, 마침내 궁예는 송악에 도읍을 정하고 국호를 고려라 정했다.

궁예의 광기

견훤이 옛 백제의 위업을 이어받아 후백제를 재건하고 궁예가 고려를 개국하는 동안 신라의 국력은 극도로 쇠약해졌다.

국고는 바닥을 보이고 생활고에 찌들 대로 찌든 백성들은 약탈을 일삼는 도적이 되거나 국경을 넘어 견훤이나 궁예 밑으로 정처 없이 흘러들어갔다.

이를 틈타 견훤이 신라의 대야성을 공격해 왔다. 그러나 워낙 성이 견고한 데다 방비가 철저하여 견훤은 뜻을 이루지 못하고 군사들을 후퇴시킬 수밖에 없었다.

견훤은 분한 마음으로 이를 갈며 본국으로 돌아오는 길에 갑작스레 군사들을 돌려 금성(나주)의 여러 마을을 수중에 넣어 그나마 위신을 세웠다.

그러나 이 소식을 들은 궁예는 왕건을 보내어 금성을 공격하도록 명했다.

왕건은 서둘러 수군을 진두 지휘하여 해로를 통해 금성으로 들어가 후백제 군사들을 금성에서 몰아내고 금성의 지명을 나주로 바꾸었다.

또한 궁예는 신라에 대한 적개심을 불태우며 나라 안에 남아 있는 신라의 잔존 세력에 대한 억압을 계속해 나갔다.

휘하 장수들의 활약으로 몇 번의 전쟁에서 승리하며 큰 세력을 형성하자 기고 만장해진 궁예는 차츰 잔혹성과 야만성을 드러냈다.

고려를 개국한 지 3년이 지난 후 궁예는 풍수설을 내세워 국호를 마진摩震으로 바꾸고 연호를 무태武泰로 개칭했다. 그리고 이듬해에는 송악에서 철원으로 도읍을 옮겼다.

궁예는 이전의 검소하고 겸손했던 모습을 버리고 철원에 대규모의 역사를 벌여 화려한 궁궐과 누각을 짓게 하고 도성을 새로 축조했다.

그것뿐만이 아니었다. 신하들 중 누구라도 직언을 고하면 지위 고하를 막론하고 가차없이 죽였으며 마음에 들지 않는 자가 있으면 없는 죄를 만들어서라도 사형에 처했다.

궁예는 그해 8월, 군사들을 이끌고 죽령을 넘어 상주를 포함한 경상도 북부 지역의 30여 주현을 무력으로 복속시키고, 다음해에는 평양성을 수중에 넣었다.

궁예는 더욱 기고만장해져 다시 국호를 태봉으로 바꾸고 연호를 수덕만세라고 개칭했다.

이때부터 궁예는 자신을 일러 미륵보살이라 칭하고 자신의 두 아들도 청광보살과 신광보살로 바꿔 부르도록 했다. 그리고 머리에는 금으로 만든 둥근 책을 쓰고, 몸은 화려한 방포로 감쌌다.

궐 밖으로 행차할 때면 머리와 꼬리를 금실과 비단으로 장식한 백마를 타고 일산과 향화를 받든 동남 동녀를 앞세운 다음 자신의 행차 뒤로는 2백 명의 비구승들이 염불을 하며 따르게 했다.

또한 스스로 20여 권의 경전을 지어 신하들로 하여금 봉송케 하고 자신은 그 경전을 가지고 설법을 늘어놓았다.

이를 보다 못한 당대의 고승인 석총이 궁예에게 진언하였다.

"폐하! 폐하께서 지으신 경전은 황당한 얘기와 괴담에 지나지 않으며 논하시는 설법은 근거 없는 억설에 불과하오니 이는 부처님의 법을 더럽히는 것에 지나지 않사옵니다. 하오니 이제 그만……"

궁예는 석총의 말이 채 끝나기도 전에 철퇴로 석총의 머리를 내리쳐 그 자리에서 죽여버렸다.

"괘씸한 중놈 같으니라고! 감히 살아 있는 생불을 두고 죽은 부처를 들먹이다니!"

궁예의 포악함은 갈수록 더해 광기로 변해 갔다.

때를 기다리는 왕건

궁예의 광기가 철원성을 피로 물들이고 있을 때 왕건은 주로 전장에 나가 있었다.

왕건은 영토 확장을 위해 호시탐탐 기회를 노리는 후백제의 견훤을 맞아 서로 승패를 주고받으며 치열한 접전을 벌였다. 특히 전라도 나주를 두고 벌인 싸움은 여러 해를 거듭하며 일진일퇴를 거듭했다.

나주는 지리상으로 전라도 일대의 곡창 지대와 근접해 있었기 때문에 유사시에 군량미를 조달하는 데 중요한 역할을 하는 지역이었다. 군사적으로도 수군을 이용하면 주변국들에 대한 침략이 용이했기 때문에 견훤이나 궁예는 한치의 물러섬도 없이 서로 나주를 차지하려고 했다.

909년, 궁예는 후백제 수군에 의해 차단된 송악과 나주 간의 수로를 다시 잇기 위해 왕건을 해군 대장군에 임명하여 나주에 급파했다. 이때 전남 영광까지 진입했던 왕건은 견훤이 오월국에 보낸 사신을 생포하는 등의 전과를 올렸다.

이듬해인 910년에는 후백제의 수군 기지인 진도를 선제 공격하고 고이도에 진을 쳤다.

이에 견훤이 대규모의 병력을 이끌고 반격해 왔는데 왕건은 교묘한 전술로 후백제군을 격퇴시켰다.

913년, 궁예의 부름을 받아 철원으로 입성한 왕건은 파진찬 관등에 광치나 벼슬을 제수받았다.

그러나 왕건은 조금도 기쁘지 않았다.

오히려 더욱 광기를 부리는 궁예로 인해 자신의 처지가 어느 때보다도 불안하다고 느낀 왕건은 모든 관직을 버리고 어디론가 훌쩍 떠났으면 하는 바람을 가지고 있었다.

왕건은 재상의 지위에까지 올랐으면서도 자기를 시샘하는 신하들의 눈길을 의식하며 바늘방석에 앉은 것처럼 마음이 편치 못했다.

그러나 그때마다 왕건의 뇌리를 주마등처럼 스치는 얼굴이 있었다. 아버지와 도선대사의 얼굴이었다.

두 사람은 아무 말이 없었으나 왕건은 그 표정만으로도 그들의 의중을 역력히 읽을 수 있었다.

'때를 기다려라! 도탄에 빠진 백성들을 구제하라!'

왕건은 다시금 입술을 지그시 깨물며 자신을 기다리고 있는 운명의 순간을 예비하는 데 전력을 기울이기로 다짐했다.

왕건은 우선 광기를 보이는 궁예의 시야에서 벗어나야 한다고 생각하고 다시 나주로 보내달라고 궁예에게 주청했다.

사람의 목숨을 파리 목숨보다 더 가볍게 여기던 궁예였지만 왕건에 대한 총애는 변함이 없어 그 청을 받아들여 왕건을 다시 나주로 내려보냈다.

그러나 갈수록 궁예의 광기는 극에 달했다. 심지어 자신이 독심술에 능해 상대방의 속마음을 읽을 수 있다며 조금이라도 자기의 비위에 거슬리면 가차없이 인명을 살상했다.

궁예의 이 같은 잔인한 살육을 보다 못한 왕비 강씨가 직언을 했다가 오히려 시뻘겋게 불에 달군 쇠방망이에 음부를 찔려 처참하게 죽임을 당하였다. 궁예는 그 방망이로 자신의 두 아들조차 머리를 깨뜨려 죽였다.

인두겁을 쓰고는 도저히 상상조차 할 수 없는 실로 참혹한 일을 궁예는 태연자약하게 하고 있었다.

그런 와중에 궁예는 또 무슨 생각에서인지 나주에 있는 왕건을 다시 철원으로 불러올렸다.

왕건은 점점 자신의 처지가 불안함을 느끼며 몸가짐을 더욱 조신하게 하고 조용히 때를 기다렸다.

거울에 새겨진 고려 창업의 예언

때는 918년 3월, 하루는 도성에서 장사를 하는 왕창근이란 자가 저잣거리에서 한 노인을 보았는데 꾀죄죄한 행색과는 달리 노인에게서는 알 수 없는 위엄이 느껴졌다.

노인은 한 손에는 도마를, 다른 한 손에는 오래되어 낡은 거울을 들고 있었는데 왕창근의 눈길을 사로잡은 것이 바로 그 거울이었다.

왕창근은 곧 노인에게로 가 흥정을 벌였고 결국 쌀 두 말과 거울을 맞바꿨다.

집으로 돌아온 왕창근이 자신의 방에 거울을 걸어 놓고 흡족한 마음으로 바라보는데 창문을 통해 햇빛이 거울에 비치자 거울에 적혀 있던 글귀가 나타나는 것이 아닌가?

上帝隆子於辰馬(상제융자어진마)

先操鷄後搏鴨(선조계후박압)

於巳年中二龍見(어사연중이용견)

一則藏身靑木中(일즉장신청목중)

一則顯形黑金東(일즉현형흑금동)

이를 이상하게 여긴 왕창근은 이웃에 사는 선비에게 거울 속 글 귀를 보여 주었다. 그 선비는 아마도 귀한 보물인 것 같으니 왕에게 보이면 좋아할 것이라고 일러 주었다.

그리하여 왕창근은 거울과 그 속에 적힌 글귀를 따로 종이에 적 어 궁예에게 가져갔다.

궁예는 왕창근이 바친 글귀를 보고 알 수 없다는 표정을 지었다.

"이 거울의 본래 임자가 누구더냐?"

궁예의 물음에 왕창근은 자초지종을 이야기했다

왕창근의 말을 들은 궁예는 아무래도 그 노인이 수상쩍어 왕창 근에게 노인을 데리고 다시 입궐하라는 엄명을 내렸다.

그날부터 왕창근은 노인을 처음 만난 저잣거리를 돌며 사람들에 게 노인의 행방을 수소문했지만 아무도 그 노인에 대해 아는 자가 없었다.

그러기를 보름쯤 지났을 무렵, 왕창근은 저잣거리 한 쪽에서 구 걸을 하고 있는 동냥아치에게서 노인의 행적을 듣게 되었다.

노인은 왕창근에게 받은 쌀을 동냥아치들에게 나눠주었는데 그 들이 뉘시냐고 묻자, 발삽사의 여래불이 보내서 왔다, 하는 알 수 없 는 말을 남기고 사라졌다는 것이었다.

왕창근은 그 즉시 발삽사로 찾아갔으나 그 노인을 아는 이가 아 무도 없었다. 다만 절 입구에 놓인 조각상의 형상이 한 손에 거울을 들고 있고 또 한 손엔 도마를 들고 있는 것이 틀림없는 전날의 그 노 인이었다.

왕창근은 그 즉시 궁예를 알현하고 자신이 보고 들은 것을 그대 로 아뢰었다.

궁예는 비밀리에 송사홍, 백탁, 허원 등 내로라 하는 학자들을 내전으로 불러 그 글귀를 해석하도록 명했다.

글귀를 가운데 두고 둘러앉은 세 사람은 서로 번갈아 읽어내려 가다가 난감한 표정을 지었다.

먼저 말문을 연 것은 송사홍이었다.

"큰일이구려, '상제융자어진마'라 함은 하늘의 상제께서 그 아들을 진한과 마한 땅에 내려보냈다는 뜻이고, '선조계후박압'은 먼저 닭을 잡고 나중에 오리를 친다는 뜻으로 예서 닭은 신라요, 오리는 고려를 이르는 것으로, 먼저 신라를 얻고 나중에 고려까지 차지한다는 말이 아니오?"

백탁이 이어 해석해 내려갔다.

"세 번째 글귀는 '어사연중이용견'이니 사년巳年에 두 마리의 용이 나타나니, '일즉장신청목중, 일즉현형흑금동'이라 함은 그 중 한 마리는 푸른 나무 속에 몸을 감추고, 다른 하나는 흑금의 동쪽에 형상을 나타내리라······."

백탁의 표정이 점차 굳어져 말끝을 흐리자 허원이 뒤를 이었다.

"푸른 나무는 소나무를 가리키니 이는 송악을 일컬음이요, 흑금은 검은 금金, 즉 철을 이르는 것으로 이곳 철원이 아니겠소?"

송사홍이 낮은 목소리로 속삭이듯 말했다.

"어쩔 것이오? 이 글귀대로라면 장차 이 나라의 주인은 지금의 폐하가 아닌 게 분명하오."

그 말은 바로 왕건이 왕이 될 것이라는 소리였다.

"왕 대인을 이대로 폐하의 손에 죽게 할 순 없소. 우리가 적당히 둘러대어 이 일을 무마시키고 넘어갑시다."

허원의 말에 백탁도 고개를 조용히 끄덕였다.

세 사람은 죽을 때까지 이 일에 대해서는 함구하기로 맹세하고 궁예에게는 장차 신라를 치고 압록강 전역을 차지할 것이라고만 보고했다.

궁예는 기쁨에 들떠 이 모두가 자신이 살아 있는 미륵불이기 때문이라고 자화자찬을 늘어 놓았다.

왕건을 시험하는 궁예

궁예는 왕비 강씨와 두 아들을 죽인 후 광기가 더욱 심해져 만나는 사람마다 자신의 독심술을 시험하려 들었다.

그리하여 조금이라도 자신의 말에 거스르는 답변을 하는 자는 남녀 노소, 지위 고하를 막론하고 그 자리에서 죽여버렸다.

궁예는 자신이 그토록 총애하는 왕건에게도 부쩍 의심이 늘어갔다.

하루는 왕건을 속히 입궐하라는 명을 내렸다.

명을 받은 왕건은 황급히 입궐하여 어전에 무릎을 꿇었다.

"폐하! 소신을 찾아 계시옵니까?"

그런데 입궐을 명한 궁예는 태연자약하게 결가부좌를 하고 앉아 두 눈을 지그시 감고 있었다.

한동안 불안한 침묵이 어전을 감싸고 돌았다.

"내가 공의 마음을 들여다보니 어젯밤 모반하는 자들을 집으로 불러 역모를 꾀한 것으로 보이는데 그리했는가?"

궁예의 말에 왕건은 극구 부인했다.

"폐하! 그 무슨 당치않으신 말씀이십니까?"

"당치않다니? 그럼 공은 과인의 말이 거짓이라는 것이오?"

왕건은 속으로 당황했지만 마음을 다잡고 다시 아뢰었다.

"그것이 아니오옵니다. 폐하! 신은 그저 그런 일은 죽어도 없었기에 드리는 말씀이오옵니다."

"허! 죽어도 없다?"

순간 왕건은 아차 싶었으나 이미 엎질러진 물이었다.

궁예는 한쪽 눈을 맹수처럼 번득이며 왕건을 내려다보았다.

"그렇다면 내 독심술을 한번 써보겠다."

그러면서 궁예는 외눈을 감고 주문을 외며 중얼거렸다.

꼼짝없이 걸려들었다고 판단한 왕건은 질끈 눈을 감았다. 죽음이 두려운 게 아니라 이렇게 죽기에는 너무 허망하다는 생각이 든 것이었다.

아버지 왕융과 도선대사의 모습이 희미한 영상이 되어 눈앞을 스쳐지나갔다.

그때 난데없이 붓 하나가 툭, 하고 바닥에 떨어졌다. 최응이란 신하가 일부러 붓을 떨어뜨린 후 붓을 줍기 위해 바닥에 몸을 굽히면서 왕건의 귀에다 대고 재빠르게 속삭였다.

"무조건 사죄하시오! 그것만이 살길이외다!"

그러면서 최응은 붓을 주워 들고는 다시 아무 일도 없던 것처럼 천천히 일어섰다.

'지금껏 궁예 앞에서 그 말에 반대하고 나선 이는 모두 죽임을 당했다.'

왕건은 그 사실을 깨닫고는 다급한 목소리로 소리쳤다.

"폐하! 죽여 주옵소서! 소신 폐하의 말씀처럼 어젯밤 역모를 꾀했나이다!"

그 말에 궁예의 외눈이 번쩍 뜨였다.

"오호! 확실히 공은 진실한 사람이외다! 사람은 누구나 실수하는 법이니 이제 다시는 그런 불충을 저지르지 말도록 하오!"

"폐하! 성은이 하해와 같사옵니다!"

궁예는 크게 기뻐하며 왕건에게 금과 은으로 장식한 말안장과 굴레를 하사했다.

최웅의 기지가 아니었더라면 왕건은 무참하게 죽임을 당했을 것이었다.

그러나 이미 조정의 많은 신료들은 어질고 총명한 왕건에게로 마음이 기울어져 있었다. 최웅도 그러한 마음에서 죽음을 무릅쓰고 그 같은 기지를 발휘했던 것이다.

훗날 고려를 개국한 왕건은 최웅을 늘 가까이 두고 오랜 벗처럼 대하고 아꼈다고 한다.

마침내 일어선 왕건의 의기

왕창근이 궁예에게 진상한 거울 속의 글귀를 송사홍 등이 궁예에게 거짓 보고한 일은 그리 오래가지 못하고 들통이 났다.

궁예의 심복 중 한 명이 어디서 들었는지 원문의 숨은 뜻을 그대로 궁예에게 고했기 때문이었다.

이로 인해 궁예는 왕건을 급히 대궐로 불러들였고 송사홍을 비롯한 세 학자들은 참형을 당하고 말았다.

내일이면 입궐하여 궁예에게 참담한 죽임을 당할지도 모른다는 불안감에 휩싸인 왕건은 늦도록 잠을 이루지 못하고 방에 불을 훤히 밝히고 앉아 있었다.

유씨 부인은 왕건의 곁에 다소곳하게 앉아 남편의 안색만 살피고 있었다.

'이 모든 것이 이제 허사가 되는가? 아버지의 뜻도, 도선대사님의 가르침도 모두 수포로 돌아가고 만단 말인가?'

왕건의 머릿속으로는 수만 가지의 생각들이 가을날 낙엽처럼 흩날리고 있었다.

"왕 대인! 안에 계십니까?"

밖에서 들리는 느닷없는 소리에 왕건과 유씨 부인은 동시에 자리에서 일어났다.

"왕 대인! 왕 대인!"

밖으로 나가려는 왕건의 팔을 잡으며 유씨 부인이 나지막하게 속삭였다.

"문단속을 모두 끝냈는데 집안에 어찌 들어왔을까요?"

왕건은 아내의 손을 살며시 풀며 안심하라는 눈짓을 보냈다.

"뉘신가? 들어오시게."

이어 인기척이 부산스레 들리더니 네 명의 장정이 한꺼번에 방으로 들어왔다.

"왕 대인! 저희들입니다."

왕건의 눈은 휘둥그레졌다. 방 안에 들어선 네 명의 장정은 다름 아닌 홍유, 배현경, 신숭겸, 복지겸이었다.

"어서들 오시오! 이 야심한 밤에 어인 일로……."

"왕 대인과 긴히 상의할 일이 있어 이렇게 월장을 하여 찾아왔습니다."

유씨 부인은 뭔가 짐작이 가는 바가 있는지 손님들에게 눈인사를 하고는 밖으로 나와 방문을 닫았다.

그러고는 살며시 방문에 귀를 대고 안에서 오가는 대화를 엿들고 있었다.

"왕 대인! 이제 때가 온 것 같습니다!"

홍유가 낮은 목소리로 먼저 운을 떼었다.

"때라니오? 그게 무슨 말이오?"

왕건의 물음에 배현경이 답답하다는 듯이 말했다.

"정녕 모르시겠소? 왕 대인! 작금의 나라꼴을 보시오. 미신에 미친 왕은 사람을 짐승 죽이듯 함부로 죽이고 죄 없는 왕후와 왕자들까지 차마 눈뜨고 볼 수 없을 정도로 처참하게 죽이지 않았소? 이대로 더 가다가는 우리들 모두 언제 어떻게 억울한 누명을 쓰고 죽을지 알 수 없는 노릇이오!"

"그렇소! 가난에 허덕이는 백성들을 구제하고 무너진 나라의 기강을 바로 세우기 위해서라도 지금의 왕을 저대로 둘 수는 없는 노릇이오!"

신숭겸의 말에 왕건은 놀란 표정으로 말했다.

"아니, 그럼 지금 역모를 꾀하자는 말이오?"

"그렇소, 왕 대인! 우리들은 이미 죽음을 각오하고 왕을 폐하고 왕 대인을 추대하기로 결정했소! 왕 대인, 부디 우리의 청을 받아주시오!"

복지겸이 왕건의 손을 잡고 간곡하게 말했다.

"안 될 말이오! 나는 이미 지금의 폐하께 충성을 맹세한 몸이오! 비록 폐하의 실덕이 크다고는 하나 신하된 도리로서 어찌 역모를 꾀한단 말이오?"

왕건의 강력한 반발에 부딪힌 네 사람은 잠시 말을 끊었다.

"왕 대인! 하늘이 내린 기회를 부디 저버리지 마시오. 왕 대인도 내일 입궐하면 생사를 가늠하기 어려운 형편이오! 때를 놓치면 두 번 다시 돌이킬 수 없는 노릇이오."

홍유가 다시금 왕건을 회유하고 나섰다. 그러나 왕건은 말이 없었다.

그때 방문이 소리 없이 열리더니 유씨 부인이 안으로 들어왔다. 유씨 부인은 공손하게 고개를 숙이면서 말했다.

"밖에서 엿들은 것을 용서하십시오."

"부인!"

다소 책망하는 듯한 왕건의 말투에 아랑곳하지 않고 유씨 부인이 입을 열었다.

"무얼 그리 망설이시는 것입니까? 불의를 보고도 모른 척한다면 어찌 사내 대장부라 할 것이며, 자기를 알아주는 사람들을 몰라준다면 그 역시 큰 인물은 아닐 것입니다. 일어나십시오. 이분들의 뜻에 따라 어지러운 이 나라를 구하셔야 합니다."

그러면서 유씨 부인은 왕건의 갑옷을 꺼내 직접 왕건의 몸에 입혔다.

"아버지의 뜻과 도선대사님의 가르침을 잊지 마십시오."

유씨 부인은 왕건의 속마음을 훤히 읽은 것처럼 말했다.

왕건도 더는 마다하지 않았다. 왕건이 앞장서서 집 밖으로 나오자 어둠 속에서 숨어 있던 수많은 군사들이 그 뒤를 따랐다.

왕건과 그 일행이 대궐로 향해 가는 동안 소문을 들은 백성들은 저마다 칼과 창, 심지어 낫이나 괭이를 들고 대열에 합류했다.

신숭겸은 큰소리로 백성들을 깨웠다.

"일어나시오! 왕 대인께서 궁예왕을 응징하러 대궐로 가고 있소! 뜻있는 자들은 모두 여기에 동참하시오!"

그렇게 해서 순식간에 무려 만여 명의 군사와 백성이 모였다.

한편 잠에 곯아떨어져 있던 궁예는 내관으로부터 그 소식을 듣고 옷도 제대로 챙겨 입지 못하고 비몽사몽간에 대궐을 빠져 나왔다.

궁예는 자기를 뒤쫓는 군사들의 눈을 피하기 위해 산 속에서 잠을 자고 풀뿌리와 나무 열매로 주린 배를 채웠다.

그러나 그것만으로 허기를 면할 수 없었던 궁예는 강원도 평강이라는 곳에 이르러 들판에 쌓아 둔 보리 이삭을 훔쳐 먹다가 주인에게 들켜 심한 매질을 당한 끝에 허무하게 죽었다.

나라를 세운 영웅 호걸의 말로치고는 너무 쓸쓸하고 어이없는 죽음이었다. 처자를 비롯하여 수없이 많은 무고한 사람들을 죽인 죄과에 대한 하늘의 벌이었을까?

궁예가 세달사를 떠나올 때, 스승인 큰스님의 말씀처럼 과욕을 부리지 않았더라면 궁예의 생애는 또 어떻게 달라졌을까?

고려의 개국과 견훤의 말로

918년 무인년 6월 병진일, 드디어 왕건은 포정전에서 즉위식을 거행하였다. 왕건은 국호를 고려高麗라 하고 연호를 천수天授라 하였다.

왕건은 즉위하자마자 백성들에게 다음과 같은 교지를 내렸다.

이전 임금(궁예)이 백성 보기를 초개같이 하면서 오로지 자신의 욕심만 채우려고 하였다. 그리하여 망령된 도참을 믿고 갑자기 송악을 버리고 철원으로 돌아가 궁궐을 지으니 백성들은 모두 노역에 시달리고 그로 인해 농사철을 빼앗겼다. 게다가 기근이 거듭 들고 역질이 계속 번져 집을 버리고 길거리에서 굶어 죽는 자가 허다했다.

또 곡식 값이 폭등하여 가는 마 한 필이 겨우 쌀 5승밖에 안 되어 백성들은 자기 몸과 처자를 팔아 남의 노비가 된 자가 많았다. 나는 이를 심히 긍휼히 여기노니 이들을 모두 지금 현재 있는 곳에서 등록하여 내게 보고토록 하라.

그 이듬해 왕건은 도읍을 철원에서 예전의 송악으로 다시 옮기고 백성들의 민심을 수습하는 데 주력했다.

또한 왕건은 각 지방의 호족들을 견제하고 한편으로는 그들과의 우의를 돈독하게 하기 위해 정략결혼을 맺었다.

왕건은 대내적인 융화 정책에 힘쓰는 것과 동시에 대외적으로는 신라와 후백제에 호의적인 태도를 보였다.

이에 신라와 후백제에서도 고려에 대해 예전과는 달리 우호적으로 대했다. 특히 후백제의 견훤은 고려의 개국을 축하하는 사신을 보내기도 하였다.

신라의 조정에서는 날로 쇠퇴해 가는 국력을 의식해서인지 후백제의 침공으로부터 고려가 보호해 주기를 바라는 공론이 일고 있었다.

후백제의 견훤은 나름대로의 입지를 다지기 위해 나라 안팎으로 부산한 움직임을 보였다.

920년, 견훤은 신라의 대야성을 침공하여 함락시키니 고려 건국 2년 만의 일이었다.

이로써 평화는 깨어지고 삼국은 다시 전쟁의 소용돌이에 휩싸이게 되었다. 전쟁을 두려워한 경상도 북부 지역의 호족들은 고려에 투항하였다.

925년, 고려는 조물성 전투를 시작으로 후백제와 다시 맞붙게 되어 후삼국은 격렬한 전쟁터로 변하게 된다.

그러나 쉽사리 싸움의 승패가 나지 않자 후백제와 고려는 화친을 맺고 그 징표로 왕건의 사촌동생 왕신과 견훤의 친척인 진호를 서로 인질로 교환하고 휴전했다.

그러나 고려에 인질로 갔던 진호가 병사하자 견훤은 이를 독살로 규정짓고 왕신을 죽인 뒤 곧바로 공주성을 공격했다.

후삼국은 다시 전쟁의 소용돌이에 휘말리게 되었다.

견훤은 불시에 신라를 공격해 들어갔는데 때마침 포석정에서 연회를 벌이고 있던 신하들을 모조리 죽이고 경애왕과 왕비마저도 무참하게 죽였다.

견훤은 신라가 고려에 요청한 원병이 당도하기 전에 왕족인 김부(경순왕)를 허울뿐인 임금의 자리에 앉히고 신라에서 철수했다.

이 소식을 접한 왕건은 자신이 친히 군대를 이끌고 신라를 지원하기 위해 출병하였다. 그러나 왕건은 이 전투에서 신숭겸 등 휘하의 장수들만 잃은 채 견훤에게 대패하였다.

그후 다시 힘을 비축하고 군사력을 재정비한 고려는 경상도 고창에서 벌어진 병산전투에서 견훤을 대파하여 전날의 원수를 갚았다. 이 싸움 이후 후삼국의 주도권은 고려로 넘어왔다.

화려한 재기전을 펼친 왕건은 선필 장군의 주선으로 신라를 방문하였다. 이때 주변의 많은 성주들이 왕건 앞에 무릎을 꿇고 자진하여 군사들을 이끌고 고려에 투항하는 사태가 속출하였다.

934년 9월, 왕건은 직접 군사들을 이끌고 운주성을 공격하여 또다시 백제의 견훤과 운명의 한판을 벌였다.

운주성 전투는 혁혁한 공을 세운 유금필 장군의 활약으로 고려가 대승을 거두었다.

견훤은 이 전투에서 아끼는 수하들을 한꺼번에 잃고 심한 허탈감에 빠졌다. 이후 나주까지 고려에게 내어 준 견훤은 이미 쇠퇴 일로를 걷고 있었다.

결정적으로 백제가 멸망의 길에 접어든 것은 왕위 계승 문제 때문이었다.

운주성에서의 대패로 심한 정신적인 갈등을 겪고 있던 견훤은 왕위를 평소 아끼고 총애하던 사남 금강에게 넘겨 주기로 결정하였다. 이에 불만을 품은 장남 신검은 반란을 도모하여 견훤을 금산사에 유폐시키고 태자로 지목된 금강을 죽여버렸다.

이 반란에는 장자인 신검을 비롯한 둘째 양검과 셋째 용검까지도 가담하였는데 이들은 적출이었고 죽임을 당한 금강은 서출이었다.

이로 볼 때 이 반란의 밑바닥에는 적자와 서출 간의 미묘한 감정과 알력이 깔려 있었던 셈이다.

한편 금산사에 유폐되어 감금 생활을 하던 견훤은 절을 탈출하여 고려에 귀순하였다.

왕건은 크게 환대하여 반기며 견훤을 상부尙父라는 호칭으로 존대했다.

아버지 견훤을 몰아낸 신검이 왕위에 오른 다음날 신라의 마지막 왕 경순왕 또한 고려에 귀순해 왔다.

한편 936년 2월에는 견훤의 사위인 박영규가 신검에게 불만을 품고 고려에 투항해 왔다.

이로써 왕건은 마침내 백제와의 최후의 전쟁을 준비하였다. 이때가 936년 9월이다.

견훤은 왕건에게 군사를 받아 직접 백발을 휘날리며 전장에 참가해 아들 신검을 공격하였다. 자신이 세운 나라, 자신의 자식을 치러 가는 견훤의 마음은 피를 토하고도 남음이 있었으리라!

고려군은 아이러니하게도 견훤과 그의 사위 박영규의 활약으로 후백제의 도성을 향해 파죽지세로 쳐들어갔다.

　　결국 고려군이 황산을 넘었다는 소식을 들은 신검은 항복할 의사를 전했고 왕건이 직접 완산주에 가서 신검의 항복을 받았다.

　　이로써 고려 태조 왕건은 마침내 대대손손 영광을 누릴 것이라던 도선대사의 예언대로 후삼국을 통일하여 새로운 역사의 장을 열었다.

　　그러나 백제를 재건하고 한때는 후삼국의 패권을 쥐었던 견훤은 불운하게도 자식들의 어리석은 욕심으로 인해 자신의 꿈을 접어야 했다. 자신이 이룩한 백제가 고스란히 물거품으로 사라지는 것을 두 눈을 부릅뜨고 지켜보아야 했던 견훤은 백제가 무너진 지 얼마 되지 않아 황산의 한 절에서 등창을 앓다가 고통스럽게 일생을 마감했다. 그때 그의 나이 일흔이었다.

왕후가 된 유 처녀

왕건이 아직 궁예 밑에서 장군으로 있던 때, 경기도 정주貞州에 그 마을의 재력가인 유천궁이라는 사람이 있었다.

유천궁에게는 금지옥엽으로 키워 온 딸이 하나 있었는데 그 미모와 총명함이 견줄 곳이 없었다.

그리하여 그 일대 사람들 중에는 유천궁의 딸을 탐내지 않는 사람이 없었다.

하지만 유천궁은 곱게 키운 딸을 아무에게나 줄 수 없었다. 그래서 딸에게 어울릴 만한 재목을 고르고 또 고르고 있었다.

유 처녀는 그런 아버지의 마음을 아는지 모르는지 하루하루 곱게 자라났다.

그러던 어느 날, 유 처녀는 홀로 뒷동산에 올라가 따뜻한 햇살을 즐기며 마을 정경을 정겹게 내려다보고 있었다.

그때 저 멀리서 먼지 구름을 일으키며 한 무리의 군사들이 다가오더니 근처에 있는 커다란 버드나무 밑에서 멈춰 섰다.

먼길을 달려온 군사들을 쉬게 하기 위함인 것 같았다.

유 처녀는 갑자기 가슴이 두근거려 차마 그쪽을 쳐다보지도 못하고 고개를 돌려 마을을 보는 척했다.

'혹, 언젠가 이곳을 지나가게 될 것이라던 왕건 장군의 무리가 아닐까? 앞장서서 오던 그분이 혹……'

그 무렵 왕건은 궁예 밑에서 대단한 공을 세우며 활약하고 있는 젊은 장수로 모든 처녀들의 선망의 대상이었다. 그런데 그 왕건의 모습을 이렇게 보게 될 줄 꿈에도 몰랐던 유 처녀는 도무지 마음이 진정되지 않았다.

그런 생각에 몰두하고 있는 유 처녀에게 한 병사가 다가왔다.

"저, 이보시오. 우리 왕건 장군께서 낭자를 잠시 뵙기를 청하는데 저와 같이 가주시오."

유 처녀는 뜻하지 않은 일에 얼굴을 붉히더니 이내 마음을 다잡고 병사를 따라갔다.

왕건은 버드나무 밑에서 병사가 떠다 준 물을 마시고 있다가 유 처녀가 가까이 다가오자 흡족한 미소를 지으며 일어섰다.

왕건은 이곳으로 오면서부터 먼발치에서 처녀의 모습을 보고는 눈길을 돌릴 수가 없었다.

가까이 다가온 처녀의 모습은 예상대로 아름답고 기품이 있었다. 왕건이 물었다.

"어디 사는 낭자이시오?"

"네, 소녀는 저기 내려다보이는 큰 집에 살고 있습니다."

유 처녀의 말에 왕건이 마을을 내려다보니 꽤 커다란 집이 보였다. 그 마을의 재력가의 딸임을 눈치챈 왕건이 다시 물었다.

"그래요? 그럼 성이 어떻게 되는지?"

"버들 유자 유가이옵니다."

"아버지의 함자는?"

"하늘 천天자 활 궁弓자이옵니다."

"유천궁이라……."

왕건이 되뇌이자 유 처녀가 말했다.

"하오나 마을 사람들 사이에서는 유 장자長者라고 불립니다."

"꽤 부자인 모양이군."

"그렇지도 않습니다."

왕건은 잠시 생각을 하더니 유 처녀에게 청을 했다.

"낭자께 한 가지 청할 일이 있는데……, 다른 것이 아니라 날도 늦었고 해서 군사들을 하룻밤 묵게 하고 싶은데 낭자의 집을 빌릴 수 있을까요?"

왕건의 청에 유 처녀의 눈이 반짝였다.

"저야 문제 될 것이 없습니다만 아버지께 여쭤 봐야 답해 드릴 수 있사옵니다."

"물론, 그렇게 해야지요. 내가 직접 여쭈어 보겠으니 앞장서 주시겠소?"

왕건의 말에 유 처녀는 길을 안내했다.

과연 유 처녀의 집은 마을 최고의 재력가의 집다웠다. 유천궁은 딸의 말에 황급히 나와 왕건 일행을 맞이하였다.

유천궁은 그 나라의 최고 실력가인 왕건을 자신의 딸이 직접 모시고 오자 너무 기뻐 어쩔 줄을 몰라했다.

서둘러 하인들에게 군사들이 쉴 수 있는 방을 정리하게 하고 왕건은 사랑방으로 모셨다.

그럭저럭 군사들은 여정을 풀고 유천궁이 대접한 푸짐한 저녁식사를 했다.

왕건은 저녁상을 물린 후 유천궁과 차를 마시며 담소를 나누었다. 이런저런 이야기 끝에 유천궁이 조심스럽게 왕건에게 말했다.

"저, 소인이 장군께 청이 하나 있사온데……."

"무슨 말씀인지 어려워 말고 하십시오. 이렇게 저의 군사들을 편안하게 대접해 주셨는데 제가 들어 드릴 수 있는 것이라면 무엇이든지 들어 드리지요."

유천궁은 왕건의 말에 힘을 얻어 말문을 열었다.

"장군도 보았듯 저에게 딸이 하나 있사온데, 평소 장군 같은 분을 모시는 것이 소원이었습니다. 저, 오늘 하룻밤만이라도 제 딸을 거두어 주실 수는 없는지요."

왕건은 뜻밖의 청에 다소 놀란 듯했다.

"따님을요?"

"예, 아까 장군을 모시고 온 아이 말입니다."

"아……, 올해 나이가 어떻게 됩니까?"

"열여섯입니다."

왕건은 유 처녀에게 마음이 없는 것은 아니었지만, 유천궁의 속뜻을 알 수 없어 쉽게 대답하지 못했다.

'이자가 딸을 위해 나를 사위로 삼으려는 것인가? 아니면 자신의 세력을 굳건히 하려고?'

왕건이 대답이 없자 유천궁은 왕건의 얼굴을 조심스럽게 살펴보았다. 자신의 딸이 왕건과 혼인만 할 수 있다면 그 이상 좋은 일은 없었다. 딸에게는 늠름한 남편이, 자신에게는 더욱 확고한 입지가 마련되는 것이었다.

"왜 마음에 없으십니까?"

"글쎄요."

왕건은 유 처녀의 얼굴이 떠올랐다. 눈을 뗄 수 없던 그 모습이.

"뜻이 정 그러시면 따님을 이 방으로 보내 주십시오."

"진정이십니까?"

유천궁은 반가운 목소리로 다시 확인하였다.

"진정으로 드리는 말입니다. 저도 따님을 한 번 더 보고 싶군요."

유천궁은 얼굴에 희색이 만면하여 방을 나갔다.

잠시 후, 유 처녀가 다소곳한 모습으로 방 안으로 들어왔다.

유 처녀는 아버지의 말이 뇌리에서 떠나질 않았다.

'이제 왕건 장군을 지아비로 섬기느냐 못 하느냐는 네 하기 달렸다. 정식으로 혼인도 올리지 못하고 이렇게 초야를 치르게 한 것은 애비된 도리로 미안하다만 훗날을 기약한다면 이보다 더 좋은 기회는 없다. 내 말 명심하거라.'

하지만 왕건 앞에 앉아 있는 유 처녀는 무엇을 어찌해야 할지 몰랐다. 어떻게 무슨 약조를 받아낼 수 있단 말인가.

이제 열여섯 어린 처녀가 스물이 갓 넘은 남정네와 초야를 치르는 이 마당에 무슨 말을 할 수 있을까?

왕건은 수줍어하는 유 처녀의 모습에 흡족해하며 이런저런 일상적인 이야기를 나누었다.

잠시 후 유 처녀는 떨리는 마음으로 왕건의 손길에 이끌려 침상에 누웠다. 유 처녀는 어떤 말도 할 수 없었다. 불이 꺼지고 그들의 초야는 깊어만 갔다.

다음날 아침 일찍 왕건은 유 처녀에게 그 어떤 언약의 말도 없이 군사를 이끌고 떠났다.

왕건이 사라져 가는 모습을 먼발치에서 보며 서 있던 유 처녀는 왕건과의 초야를 가슴 깊이 묻어 두었다.

'비록 어떤 말씀도 없었지만 언젠가는 나를 부르실 거야.'

유 처녀의 마음은 뿌듯함으로 가득 차 올랐다.

하지만 날이 가고 달이 가고 해가 가도 한번 가버린 왕건에게서
는 아무런 소식이 오지 않았다.

유 처녀의 마음은 하루에도 몇 번씩 갈등을 일으켰다.

'나를 잊으신 걸까? 처음부터 나 같은 것은 안중에 없었던 것
을……. 나 혼자만의 생각이었던 것일까?'

'아냐, 그분은 지금 바쁘신 몸이야. 그래서 내게 기별을 못 하고
계시는 것뿐이야. 방정맞은 생각은 지우고 기다려야지. 그것이 인간
의 도리인 것을…….'

하지만 세월은 무심하여 3년이라는 시간이 훌쩍 지나가고 말았다.

유천궁은 왕건을 사위로 맞이할 수 있다는 기쁨에 처음 얼마간
은 시간이 흐르는 것이 마냥 즐거웠다. 하지만 딸의 나이가 스물이
다 되어가도록 왕건에게서 기별이 없자 점점 초조해졌다. 자신의 욕
심 때문에 딸이 잘못되는 것은 아닌가 싶어 답답하기만 했다.

그러던 어느 날, 유천궁은 왕건을 포기하기로 마음먹었다. 자신
의 욕심 때문에 딸을 더 이상 노처녀로 남겨둘 수는 없었다.

"얘야, 이젠 너도 시집을 가야 하지 않겠느냐?"

아버지의 말에 유 처녀는 단호히 말했다.

"아버지, 소녀는 다른 곳으로 시집 갈 생각은 없사옵니다."

유천궁은 딸의 마음을 이해한다는 듯 한숨을 쉬었다.

"휴, 네 나이가 벌써 스물을 앞두고 있다. 장군에게서 기별이 올
것 같으면 벌써 왔겠지. 이젠 미련을 버리는 것이 현명할 것 같구나."

하지만 이런 아버지의 말에도 유 처녀는 자신의 고집을 꺾지 않
았다.

유천궁은 버럭 화를 냈다.

"네가 그렇게 아비의 말을 듣지 않는다면 내 이제부터 너를 내

자식으로 생각하지 않겠다!"

"아버지께서 그리한다 하셔도 저는 제 뜻을 포기할 수 없습니다. 그러하오니 제가 집을 나가겠습니다."

유 처녀는 그 길로 옷가지 몇 벌만 챙기고는 집을 나왔다. 막상 집을 나왔으나 유 처녀가 갈 만한 곳은 없었다.

무작정 걸어가다 얼마 전 황해도 해주에 있는 신광사에 갔던 일이 생각났다. 그곳은 여승들만이 모여 사는 절이었기에 자신이 기거하기에 적당할 것 같았다.

걷고 또 걸어 신광사에 도착한 유 처녀는 그날부터 부처님께 정성스럽게 불공을 드렸다.

신광사의 여승들은 유 처녀가 신념을 다해 불공을 드리는 것에 감동하여 유 처녀를 정성껏 보살펴 주었다.

한편, 유천궁은 딸이 없어졌다는 소식에 처음에는 별반 걱정을 하지 않았다. 특별히 갈 곳도 없으니 어련히 돌아오겠지 싶은 마음이었던 것이다.

하지만 며칠이 지나도 딸이 돌아오지 않자, 불안한 마음으로 사람을 시켜 딸을 찾게 했다. 수소문 끝에 유천궁은 딸이 신광사에 있다는 것을 알아냈다.

유천궁은 딸에게 바로 집으로 돌아오라고 기별했다. 하지만 유 처녀는 왕건을 위한 불공에 모든 정성을 쏟으며 집으로 돌아가지 않았다.

'왕건 장군의 앞날에 큰 복이 있게 해주십시오.'

유 처녀는 오로지 이것 하나만을 빌고 또 빌었다.

그렇게 몇 달이 지나지 않아 유 처녀의 정성에 부처님이 감동했는지 왕건에게 유 처녀의 소식이 들어갔다.

왕건은 유 처녀의 소식에 반신반의하면서도 그냥 지나칠 수 없었다. 왕건이 사람을 보내 진위를 확인한 결과 소문이 사실로 판명되었다.

왕건은 당혹스러웠다. 유 처녀의 집을 떠나온 후 한 번도 유 처녀를 생각하지 않은 것은 아니었으나 그냥 그렇게 무심히 지나쳤었다.

왕건은 자신이 너무나도 무책임한 사나이로 느껴졌다.

'어떤 언약의 말도 하지 않았는데 나만을 기다리며 절에서 불공을 드리고 있다니…….'

왕건은 당장 사람을 보내 유 처녀를 불러들여 정식으로 혼례를 치렀다.

이렇게 해서 유 처녀는 왕건의 정실이 되었다.

유 처녀는 이렇듯 아버지 유천궁이 왕건을 포기하자고 권유하였을 때 자신의 고집을 꺾지 않는 등 단호한 면이 있었는데 이는 고려의 건국에도 지대한 영향을 미쳤다.

후일 궁예의 폭정이 계속되자 여러 대신들이 왕건을 찾아와 궁예를 몰아내자고 건의했는데 이때 유 처녀는 주저하는 왕건이 행동에 나서도록 적극 권유하였다. 결국 왕건은 유 처녀의 권유를 받아들여 궁예를 몰아내고 고려를 건국하였다.

덧없는 정절의 언약

고려 초, 수덕사에서 불도에 정진하던 서정대사라는 이가 있었다.

몇십 년을 수도에 정진하던 서정대사는 어느 정도 해탈의 경지에 이르렀다고 생각되자 절을 떠나 속세로 내려와 참하고 어여쁜 여인을 아내로 맞아들여 부부의 연을 맺고 금실 좋게 살아가고 있었다.

어느 날, 서정대사가 집 근처를 산책 나갔다 들어와서는 아내에게 말했다.

"내 조금 전 해괴한 일을 보았소."

"무슨 일인데요?"

아내가 궁금하다는 듯 물었다.

"아 글쎄, 젊은 과부가 자기 남편 무덤에 열심히 부채질을 하고 있지 않겠소. 그 과부가 왜 부채질을 하는지 혹 알겠소?"

"글쎄요, 아마 남편이 화병으로 돌아가서 죽은 후에나마 그것을 위로하는 것이겠지요."

서정대사는 큰소리로 웃음을 터뜨렸다.

"허허허, 나도 처음에는 그리 생각했소만 그 과부의 말이, 남편의 무덤에 흙이 마르기 전에는 재가할 수 없다고 하니 흙을 빨리 마르게 하려고 그런답니다, 하더군. 쯧쯧, 여자의 마음이란……."

서정대사의 말에 아내는 얼굴을 붉히며 말했다.

"어머, 무슨 말을 그리하십니까. 여자라고 다 똑같은 것은 아니지 않습니까? 아마도 그 여자는 교양 없는 일자 무식인 여자일 것입니다. 저는 그런 천박한 여인네하고는 다르니 똑같이 취급하지 마시어요. 저까지 그렇게 취급하신다면 전 정말 섭합니다."

부인의 말에 서정대사는 빙그레 웃을 따름이었다.

그런 서정대사의 모습에 부인은 약이 오르는지 입을 삐죽거리며 말했다.

"맹세하건대 대사께서 설령 돌아가신다 해도 전 절대 재가 같은 것은 아니할 것입니다. 3년상을 지내는 것은 물론 평생을 대사를 기리며 혼자 살 것입니다."

"허허, 앞으로의 일은 장담하는 법이 아니라오."

"아니, 대사께서는 저를 믿지 못한다는 말씀입니까? 저는 어엿한 대사의 아내입니다. 대사께서 자기 아내를 믿지 못하다니 이런 경우가 어디 있단 말입니까?"

"알겠소, 부인. 당신이 그리도 나를 사모하는 줄은 몰랐구려. 내 사과하리다."

그런 대화가 있은 지 며칠이 지나지 않아 서정대사는 이유 없이 시름시름 앓아 누웠다.

아내는 지극 정성으로 서정대사를 보살폈지만 병세는 더욱 악화되어만 갔다.

고운 노을이 창문을 봉숭아 빛으로 물들이던 어느 저녁 무렵, 서정대사는 자신의 수명이 다했음을 느꼈는지 아내의 손을 잡으며 말했다.

"내 이제 가야 할 날이 머지않았나 보오. 부인을 두고 가려니 마음이 편치 않구려. 내가 죽거든 개의치 말고 좋은 사람을 골라 재가하도록 하시오."

아내는 서정대사의 말에 일전의 대화가 떠올랐는지 흥분하며 말했다.

"아니, 무슨 말씀을 그리하십니까? 일전에도 말씀드렸듯이 저는 재가 같은 것은 하지 않을 것입니다. 그렇게 믿지 못하신다면 제가 이 자리에서 먼저 죽겠습니다."

"아니, 그렇게 할 필요는 없소. 부인의 마음은 내 죽어서도 잊지 않으리다. 이젠 진정으로 편히 눈을 감을 수 있겠소."

서정대사는 그렇게 말하고는 편안한 모습으로 숨을 거두었다.

서정대사는 불가의 몸으로 세속에 나와 젊은 아내를 맞아 세속적인 삶을 누리다가 그렇게 세상을 떠났다.

과부가 된 부인은 남편의 시체를 좋은 관에 안치하고는 서글프게 곡을 했다.

서정대사가 급서急逝했다는 소식에 많은 조문객이 찾아왔다. 하지만 부인은 방에 칩거한 채 그 누구와도 만나려 하지 않았다.

그렇게 며칠이 지난 어느 날이었다.

한 청년이 늙은 하인을 앞장 세워 찾아왔다. 청년은 서정대사의 관이 안치된 방 안에 들어서자마자 큰소리로 통곡했다.

젊은이는 스스로를 서정대사의 제자라고 소개한 뒤 그날부터 대사의 관 곁에 머물러 꼼짝하지 않았다.

그렇게 다시 며칠이 지나도록 청년은 그 방을 벗어나지 않았다.

자신의 방에서 나오지 않던 부인에게도 이 청년의 이야기가 들려왔다.

부인은 아무리 제자라고는 하나 그토록 남편의 죽음을 애도하는 그 젊은이가 어떤 사람인지 궁금했다.

부인은 마침내 고맙다는 인사라도 해야겠다는 생각에 남편의 관이 있는 방으로 가서 그 청년을 만나 이야기를 나누었다.

"대사의 죽음을 이렇게 애도해 주시니 감사할 따름입니다."

"아닙니다, 부인. 그간 얼마나 상심이 크셨습니까?"

이렇게 대화를 시작한 부인과 청년은 이런저런 이야기를 나누었다.

그러는 동안 부인은 청년의 수려한 외모와 총명함에 조금씩 호감을 갖게 되었다.

그후 부인과 청년의 만남은 잦아졌고 두 사람의 관계는 더욱 깊어졌다. 서로를 바라보는 눈길 또한 애절하기 그지없게 되었다.

그러던 어느 날, 청년이 부인에게 말했다.

"부인, 부인의 마음이 저의 마음과 같을 것이라 믿습니다. 하지만 지고하신 대사님의 부인과 제가 합치게 되면 세상의 모든 사람들이 우리를 두고 말이 많을 것입니다. 사태가 어지러워져 부인에게 폐를 입히기 전에 저는 이만 떠날까 합니다."

부인은 깜짝 놀라 청년의 손을 잡으며 매달렸다.

"그것이 무슨 말이오. 남편은 죽고 없는데 우리가 합치지 못할 이유가 어디 있단 말입니까? 사람들의 이목 같은 것은 상관없습니다. 도련님만 괜찮다면 혼례 준비는 제가 알아서 할 터이니 걱정하지 마십시오."

그리하여 부인은 청년과 혼례를 치르기로 약조하고는 혼례 준비를 서둘렀다.

부인은 우선 하인들에게 서정대사의 관을 뒤쪽 헛간에 옮기도록 하고 자신이 쓰던 방을 신방으로 꾸미도록 했다. 그리고 자신은 그날로 소복을 벗어버리고 빛깔 고운 옷으로 갈아입었다.

기다리던 혼례일이 되었다.

곱게 몸단장을 하고 신부 옷을 입은 부인은 하늘에서 내려온 선녀 같았다. 청년은 부인의 아름다운 모습에 넋을 잃은 듯했다.

부인은 두근거리는 마음으로 혼례를 치르고 청년의 손에 이끌려 신방으로 들어갔다.

신랑이 된 청년이 함박 웃음을 지으며 호롱불을 껐다.

그때였다. 갑자기 신랑이 쓰러지면서 온 몸을 뒤틀더니 입에서 허연 거품을 뿜어냈다.

부인은 갑작스러운 변고에 깜짝 놀라 청년이 데리고 온 하인을 불렀다.

"여보게 할아범. 이것이 무슨 일이란 말이오."

늙은 하인은 송구스러운 듯 부인에게 말했다.

"마님, 실은 도련님께는 어릴 적부터 발작하는 병이 있었습니다. 요사이 발작이 없어 이젠 다 나으신 줄 알았더니……."

"아니, 그럼 나을 수 있는 약도 없단 말이오."

"용한 약이 있기는 하지만 워낙 구하기가 어려운 것이라서……."

늙은 하인이 말끝을 흐리자 부인은 다급해져서 물었다.

"그게 무엇이오? 내 어떻게든 구해 볼 터이니 어서 말해 보시오!"

늙은 하인은 우물쭈물하더니 대답했다.

"저……, 그것은 다름이 아니라 사람의 골이옵니다. 도련님의 아버님께서는 발작이 일어나면 노비들 중 한 명을 죽여 그것을 구했습니다."

부인은 눈앞이 캄캄했다.

이제 겨우 젊은 신랑을 만나 행복하게 살 수 있나 했는데, 그녀는 자신도 모르게 눈물을 흘렸다.

"아니, 어찌 그런……."

부인은 어쩔 줄을 몰라 방 안을 왔다갔다하며 고민했다.

그러던 순간 갑자기 눈물 범벅이 된 부인의 얼굴에 돌연 미소가 떠올랐다.

"할아범, 죽은 사람의 골은 쓸 수 없는 것이오?"

"제가 알기론 죽은 지 오래되지 않은 것이라면 그다지 문제 될 것은 없다고 들었습니다."

늙은 하인의 말에 부인은 결심한 듯 자못 비장한 목소리로 말했다.

"그렇다면 내 당장 구해 오리다."

부인은 서둘러 자신의 남편 서정대사의 관이 놓여 있는 헛간으로 달려갔다.

주위는 어두웠으나 부인은 두려울 것이 없었다. 초야도 못 치르고 젊은 신랑을 보낼 수는 없는 노릇이었다.

부인은 도끼를 찾아 들고는 떨리는 손으로 관을 힘껏 내리쳤다.

그런데 다음 순간 관의 뚜껑이 저절로 스르르 열렸다. 깜짝 놀란 부인은 벌어진 입을 다물지 못한 채 뒤로 나자빠졌다.

이어 관 속에 누워 있던 서정대사가 유유히 일어나는 것을 본 부인은 그만 입에 거품을 물고 기절하고 말았다.

서정대사는 한숨 잘 잤다는 듯 기지개를 켜고는 쓰러진 부인을 바라보며 빙긋 웃었다.

잠시 후 정신을 차린 부인은 방 안에 누워 있는 자신을 발견하고는 주변을 살펴보았다.

'분명 이곳은 신방을 차렸던 곳인데…….'

부인이 일어나자 서정대사가 다가와 자신의 수의를 살피며 말했다.

"부인, 이제야 정신을 차리는구려. 헌데 내가 왜 이런 옷을 입고 있는지 기억이 나지 않는구려."

부인은 놀란 가슴을 진정시키며 말했다.

"다, 당신은 한 달 전에 돌아가셨어요. 기억이 나지 않으시는 모양이군요. 제가 그 동안 얼마나 적적한 시간을 보냈는지, 얼마나 많은 눈물을 흘리며 지냈는지 모르실 거예요."

부인은 이렇게 시치미를 떼면서 방 안을 살펴보았다. 분명 신방이 맞는데 신랑과 하인은 물론 신방의 모습은 어디로 사라졌는지 감쪽같이 없어졌다.

부인은 문득 그것이 문제가 아님을 느꼈다. 그녀는 서정대사에게 아양을 떨며 말했다.

"그 동안 제가 당신의 관 곁을 떠나지 않고 있다가, 오늘 저녁 문득 관 속에서 이상한 소리가 들리기에 열어 보았지요. 그랬더니 당신이 이렇게 살아나는 것이 아닙니까? 얼마나 기쁜지 모르겠어요. 하늘이 저를 가엾게 여기신 게 틀림없어요."

서정대사는 부인의 말에 미소를 지으며 말했다.

"당신이 그렇게 생각한다니 정말 고맙구려. 그런데 당신의 옷은 어쩐지 상중인 여인네의 복장은 아닌 듯하오. 마치 갓 혼례를 치른 신부 같구려."

부인은 당황한 얼굴을 감추며 말했다.

"저…… 왠지 오늘은 당신이 살아올 것만 같아서 혹시나 하고 이 옷을 입고 있었지요. 저, 제가 이렇게 기쁜 날을 그냥 지나칠 수는 없지요. 주안상이라도 차려 올 테니 잠시 기다리십시오."

부인은 그렇게 말하고는 밖으로 나와 집안을 살폈다.

청년과 늙은 하인은 어디서도 찾을 수 없었다. 안도의 한숨을 내쉬며 아마도 대사가 살아난 것을 알고는 어디론가 숨었나 보다고 생각했다.

부인은 급히 주안상을 차려 방으로 들어가 대사에게 온갖 애교를 부리며 술 시중을 들었다.

서정대사는 취기가 돌자 흥에 겨운 듯 노래 한 자락을 뽑았다.

"봄날의 꽃과 같은 어여쁜 얼굴에 초생달 같은 두 눈썹, 겉으로 보기엔 아름답지만 부부는 안 될 말일세. 도끼로 머리를 노린다면 즐기는 낮잠도 모두 글렀다네."

서정대사가 노래를 마치자 청년과 노인이 불쑥 방 안으로 들어왔다. 부인은 너무 놀라 또 한 번 그 자리에서 기절하고 말았다.

서정대사는 술잔을 마저 비우고 호탕한 웃음을 터트리며 밖으로 나갔다.

서정대사의 웃음 소리는 쓸쓸한 가을바람 소리 같기도 했고 싸락눈이 온 세상을 덮는 날 밤 천지를 맴도는 세찬 강풍 같기도 했다.

서정대사가 밖으로 나가자 청년과 늙은 하인의 모습은 한낱 허깨비처럼 천천히 허공으로 사라졌다.

이어 서정대사의 웃음 소리도 조금씩 잦아들면서 청명한 하늘의 작은 구름처럼 흩어졌다.

돗자리 임금 혜종

순간 처녀는 놀라 잠자리에서 벌떡 일어나 앉았다. 그러고는 두려움에 잔뜩 질린 표정으로 방 안을 천천히 둘러보았다.

방금 전 꿈속에서 보았던, 붉은 여의주를 입에 문 황룡黃龍의 이글거리는 눈동자가 어둠 속에서 자신을 노려보고 있는 것만 같아 절로 몸서리가 쳐졌다.

처녀는 황급히 불을 밝혔다. 환하게 제 모습을 드러낸 방 안은 잠들기 전과 다름없었다. 윗목엔 바느질 바구니가 놓여 있었고 벽에 걸린 옷가지들도 모두 그대로였다.

처녀는 자신도 모르게 얕은 안도의 숨을 몰아쉬며 찬찬히 꿈속의 일을 떠올렸다.

꿈속에서 처녀는 푸른 바다가 끝없이 펼쳐진 이름 모를 해변을 혼자 거닐고 있었다. 바다가 얼마나 깊은지 물빛은 푸르다 못해 시퍼렇기까지 했다.

해변가엔 근심 없이 자란 아름드리 해송들이 하늘을 향해 길게 뻗어 있었고 햇빛은 옅은 안개와 더불어 은은하게 바닷물에 비치고 있었다.

처녀는 선녀들이 입는 것과 같은 화사한 날개옷을 입고 무언지 모르지만 즐거운 목소리로 콧노래를 흥얼거리며 해송 사이사이에 자라난 아름다운 꽃들을 꺾고 있었다.

처녀는 꽃으로 화관을 만들어 머리에 왕관처럼 쓰고 가느다랗게 주름져 흘러내린 윗옷 위로 형형색색의 꽃으로 만든 꽃 목걸이를 만들어 걸고서는 무작정 해변가를 걷고 있었다.

자신이 어디를 가는지, 지금 이곳이 어디인지도 처녀는 생각하지 않았다. 다만 언젠가 꼭 한 번은 와보고 싶었던 선경의 세계일 거라고만 막연히 느낄 뿐이었다.

처녀가 바다와 햇살과 꽃 향기에 취해 정신 없이 해변가를 걷고 있는데 일순 수평선 멀리 오색 무지개가 서리는 듯싶더니 작은 구름 한 점이 처녀가 있는 해변가로 천천히 흘러 왔다.

처음에는 손바닥만하게 작던 구름이 해변가 쪽으로 다가오면서 점점 거대해지더니 처녀의 머리 위에 이르자 하늘을 뒤덮을 만큼 큰 뭉게구름으로 변했다.

처녀가 의아한 눈초리로 구름을 바라보고 있는데 갑자기 구름 사이로 드문드문 섬광 같은 햇살이 강하게 내리쬐더니 광풍이 불면서 번개가 번쩍였다.

두려움을 느낀 처녀가 뒷걸음질치며 도망가려는 찰나, 구름을 헤치고 나타난 황룡이 거대한 몸을 비틀며 처녀에게 다가왔다.

처녀가 놀라 비명을 지르며 도망가려는데 발이 땅에 붙어 떨어지지지 않았다. 처녀가 사색이 되어 꼼짝도 못하고 있는 사이 두 눈을 이글거리며 다가온 황룡은 여의주를 입에 물고서 처녀의 뱃속으로 빨려드는 것처럼 들어가버렸다.

그와 동시에 처녀는 눈을 떴다. 일어나 앉은 처녀는 황급히 자신의 아랫배를 내려다보며 반사적으로 두 손을 모아 감싸 쥐었다.

처녀는 무섬증이 와락 전신을 엄습해 오는 것을 느끼면서도 자신의 꿈이 필경 예사롭지 않은 하늘의 계시일지도 모른다고 생각하며 스스로 위안을 삼았다.

며칠이 지났다. 그날은 송악의 젊은 장수 왕건이 후백제를 치러 가는 길에 처녀의 마을을 지나간다고 해서 아침부터 마을 전체가 떠들썩했다.

그러나 처녀는 집에서 한나절 내내 길쌈을 하다 저녁때가 다 되어서야 저녁을 준비할 요량으로 동네 우물에 물을 길러 갔다.

우물은 처녀가 사는 동네의 한길 쪽에 있었는데 길가엔 이미 마을 사람들이 남녀노소 할 것 없이 모두들 나와 웅성거리며 왕건의 행차를 기다리고 있었다.

처녀는 물동이를 머리에 이고 사람들 사이를 비집고 천천히 우물가로 향했다. 처녀 또한 마을 사람들과 마찬가지로 왕건의 얼굴을 멀리서나마 보고 싶었으나 별다른 기색 없이 그저 우물가에 물동이를 내려놓고 조용히 두레박을 우물 깊숙이 드리웠다.

두레박이 깊고 고요한 우물물에 닿아 둥근 파문을 일으킬 적마다 처녀의 가슴에도 알 수 없는 야릇한 울렁거림이 동심원을 그리며 전신으로 퍼져 나갔다.

왕건의 행차가 지나가는지 처녀의 귓전에 마을 사람들의 함성이 잔잔하게 메아리쳤다.

처녀는 뒤돌아보지 않고 묵묵히 두레박으로 길어 올린 물을 물동이에 담았다. 물을 한 방울이라도 흘리지 않으려고 처녀는 조심스럽게 두 손으로 두레박질을 했다.

그런데 어느 순간, 사람들의 함성이 잦아들더니 자잘한 웅성거림마저도 뚝 끊어졌다.

처녀는 왕건의 행차가 지나갔다고 생각하곤 천천히 물동이를 머리에 이고 돌아섰다.

"목이 마르니 물 한잔 얻어 마실 수 있겠소?"

어느새 다가왔는지 부드러운 음성으로 처녀에게 물을 청하는 이는 다름 아닌 왕건이었다.

처녀는 숨이 멎을 것 같이 가슴이 뛰었지만 며칠 전에 꾸었던 꿈을 떠올리고는 얼른 물동이를 내려놓고 두레박으로 물을 길어 왕건에게 내밀었다.

왕건은 처녀가 내미는 물을 시원하게 들이켜고는 처녀의 얼굴을 찬찬히 살펴보았다.

"그런데 그대의 몸에 서린 이 빛은 무엇인가?"

왕건의 말에 처녀는 놀란 눈으로 자신의 몸을 살펴보았다. 그런데 놀랍게도 오색의 무지개 같은 빛이 어느새 자신의 몸을 휘감고 있는 것이었다.

처녀는 할말을 잃고 그저 멍한 눈으로 왕건을 바라보며 자신도 모르는 일이라는 듯 가만히 고개를 가로 저었다.

왕건은 한참 동안 처녀의 얼굴에서 시선을 거두지 못하고 있다가 처녀의 집과 이름을 묻고는 우물가를 떠났다.

처녀는 두근거리는 가슴을 안고 황급히 물동이를 머리에 이고 집으로 돌아왔다.

그날 저녁, 마을 사람들에게서 우물가에서 있었던 일을 전해 들은 처녀의 아버지는 무슨 생각에선지 딸의 혼사 준비를 서둘렀다.

후백제를 치고 다시 개경으로 돌아가던 왕건은 처녀가 사는 마을 부근에 이르러 미리 마음먹었던 대로 군사들에게 진을 치게 하고 하룻밤을 묵었다.

왕건은 부하를 불러 처녀의 집에 가서 정중하게 자신의 의중을 밝히고 처녀를 데려오도록 명했다.

왕건의 뜻을 전해 들은 처녀의 아버지는 딸을 곱게 단장시킨 다음 그 동안 준비해 두었던 예물들과 함께 왕건에게 보냈다.

산자락을 휘감고 도는 바람 소리마저도 남녀의 뜨거운 숨결처럼 느껴지는 밤이었다.

왕건은 처녀를 품에 안고 한껏 부풀어오른 욕망을 주체하지 못해 가쁜 숨을 몰아쉬었다. 처녀도 왕건의 어깨를 두 팔로 껴안고 생전 처음 느끼는 희열에 몸을 떨었다.

이윽고 왕건과 처녀가 한 몸이 되어 절정의 순간에 올랐다고 느낀 순간, 웬일인지 왕건은 황급히 몸을 빼더니 돗자리가 깔린 바닥에다 대고 사정하는 것이었다.

처녀는 놀랍기도 하고 무슨 영문인지 알 수가 없어 그저 가만히 왕건의 얼굴만 바라보았다. 왕건도 머쓱했던지 헛기침을 두어 번 하고는 옆으로 돌아누워 버렸다.

돌아누운 왕건의 등을 물끄러미 바라보는 처녀의 머릿속으로 여러 가지 생각이 스쳐 지나갔다.

왕건에게는 이미 정실 부인인 유씨가 있었다. 그렇게 보면 자신의 처지로는 아들을 낳아도 제대로 인정받지 못하게 된다.

따라서 왕건이 자신의 몸 속에 사정을 하지 않고 돗자리가 깔린 바닥에다 사정을 한 것은 아마도 자식이 생길 것을 염려한 까닭이라고 짐작했다.

더군다나 처녀는 집안도 미미하여 내세울 만한 게 아무것도 없었다.

처녀는 한동안 생각에 잠겼다가 결심이 선 듯 조심스럽게 돗자리에 묻은 왕건의 정액을 손가락에 묻혀 자신의 몸 깊숙이 집어넣었다.

한 번, 두 번……. 처녀는 왕건이 잠에서 깰까 봐 숨을 죽여 몇 번이고 그 일을 반복했다. 처녀는 자신이 꾸었던 황룡의 꿈을 철석같이 믿고 있었던 것이다.

다음날에도 그 다음날에도 왕건은 처녀와 동침을 했지만 사정만은 처녀의 몸 속에 하지 않았다. 그러나 그때마다 처녀는 자신만의 은밀한 행동을 계속 되풀이했다.

처녀의 그러한 행동이 헛되지 않았던지 그로부터 열 달 후 처녀는 사내아이를 낳았다.

후일 왕건이 궁예를 몰아내고 왕위에 오르니 처녀가 낳은 아이 무武는 어엿한 왕자가 되었고, 처녀는 장화왕후에 봉해졌다.

왕자 무는 태어나면서부터 한쪽 뺨에 얽은 자국이 있었는데 그 모양이 꼭 돗자리 무늬 같았다.

사람들은 그런 무의 얼굴을 보고 옥에 티라며 애석해했다. 물론 어머니인 장화왕후의 마음이야 그 누구보다 쓰리고 아팠다.

왕자 무는 건강하고 활달한 귀공자로 자라났다. 무술도 뛰어나고 학식도 남달랐다. 왕건은 정실인 신혜왕후 유씨에게서 자식이 생기지 않자 왕자 무를 태자로 삼고 싶어했다.

그러나 무에게는 다른 왕후들의 소생과 견줄 만한 지지 세력이 미미하였다.

신혜왕후는 소생이 없다손치더라도 집안이나 배후 세력이 든든한 다른 왕후에 비해 어느 것 하나 내세울 만한 게 없는 장화왕후의 소생을 장남이라는 이유 하나만으로 태자에 책봉한다면 다른 신하들의 반대에 부딪힐 게 뻔했다.

그런 데다 세 번째 부인인 신명순성왕후가 왕자 태泰를 낳자 문제는 더욱 심각해졌다. 왕자 태의 외척 세력이 너무나 강했던 것이다.

일이 이렇게 되자 왕자 무를 바라보는 왕건의 시선은 사뭇 애처롭고 애잔하기까지 했다.

며칠을 번민하던 왕건은 어느 날 밤이 이슥해진 후 장화왕후의 침소를 찾았다.

장화왕후는 반가운 마음이 드는 한편 무슨 일인지 궁금하여 왕건의 얼굴만 바라보고 앉아 있었다.

"이리 가져오너라!"

왕건은 밖에서 기다리고 있던 나인을 방으로 불러들였다. 나인은 허름하고 군데군데 칠이 벗겨진 작은 나무 상자 하나를 들고 와서 왕건 앞에 다소곳하게 내려놓고 나갔다.

왕건은 장화왕후의 얼굴을 보며 나지막하게 말했다.

"내 마음이오. 내가 나간 뒤 열어보도록 하오."

"폐하, 무슨 말씀이신지……."

"열어 보면 알 수 있을 것이오."

왕건은 그렇게 말한 후 방에서 나갔다.

혼자 남겨진 장화왕후는 불안하고 두려운 마음이 들어 얼른 상자를 열어 보지 못했다. 칠이 벗겨지고 낡은 것으로 보아 그리 귀중한 물건은 아닌 듯싶었다.

장화왕후는 떨리는 손으로 나무 상자를 앞으로 끌어당겼다. 가슴이 방망이질치는 것이 손끝까지 전해졌다.

떨리는 손으로 조심스럽게 나무 상자를 연 장화왕후의 얼굴에 놀라는 빛이 역력했다. 이어 방울방울 흐르는 눈물이 손에 든 자황포에 떨어졌다.

'황공하옵니다, 폐하! 황공하옵니다…….'

장화왕후는 왕건의 의중을 분명히 읽을 수 있었다. 비록 겉으로 보기엔 허름한 나무 상자지만 그 속에 임금이 입는 자황포가 들어 있다면 이는 필시 자신의 소생인 무의 외가가 힘이 없고 무력하다고 해도 왕위를 잇게 할 것이라는 왕건의 약속이 아니겠는가?

그날 밤을 왕건의 성은에 복받치는 눈물로 지새운 장화왕후는 이튿날 대광 박술희를 자신의 처소로 은밀히 불러들였다.

장화왕후는 박술희에게 왕건이 준 나무 상자를 보여주었고 그 뜻을 알아차린 박술희는 곧 왕건에게 왕자 무를 태자로 책봉할 것을 주청했다.

다른 신하들은 나름대로 이유를 들어 왕자 무를 태자로 삼는 것을 반대했지만 대광 박술희가 워낙 강력하게 밀어붙이는 데다 왕건의 재가가 정식으로 이루어진 마당에는 순순히 받아들이고 따를 수밖에 없었다.

그렇게 해서 무는 태자가 되어 나중에 왕건의 뒤를 이어 왕위에 오르니 다름 아닌 고려의 제2대 임금 혜종이다.

한쪽 볼이 돗자리처럼 얽은 혜종을 두고 백성들은 '돗자리 임금'이라 불렀는데, 이는 왕위에 오른 후에도 한평생 형제들로부터 왕위 찬탈 위협에 시달리느라 얼굴에 주름살이 펴질 날이 없었던 혜종의 애타는 심사를 빗댄 것인지도 모른다.

최지몽의 점성술

"저 애는 아무래도 전생에 별이었을 게야."

"혹시 별귀신이 붙은 거 아닐까?"

"밤하늘에 떠 있는 별이 뭐가 좋다고 매일 밤 저리 쳐다볼까?"

밤하늘에 총총히 떠 있는 별을 하루도 빼놓지 않고 바라보는 소년 최총진을 두고 하는 말이었다.

전라도 영암 땅에서 태어난 최총진은 어렸을 때부터 별을 쳐다보는 것을 즐겼다. 별을 한참 동안 뚫어지게 쳐다보다 빙그레 웃기도 하고, 때로는 훌쩍훌쩍 울기도 했다.

그는 수많은 별의 아름다움을 이미 가슴 깊이 느끼고 있었다. 또한 별의 존재 가치에 대해서도 아는 듯했다.

늘 별을 가까이하며 자란 최총진은 천문학과 주역에 능통했는데 별을 보고 치는 그의 점괘는 백발백중이었다.

이런 소문은 꼬리에 꼬리를 물고 퍼져 마침내 왕건의 귀에도 들어가게 되었다.

마침 왕건은 한동안 해괴한 꿈 때문에 마음이 몹시 불편했던지라 곧 사람을 시켜 최총진을 대궐로 불러들이기로 마음먹었다.

"여봐라! 내일 당장 최총진이란 자를 데려오도록 하라."

왕건의 명에 한 신하가 나서며 아뢰었다.

"폐하! 허나 그자는 전라도 영암 땅에 사는지라 입궐하기까지는 사흘 정도가 걸릴 것으로 사료되옵니다."

"좋다! 사흘 안에 당장 그자를 내 앞으로 데려오도록 하라!"

왕건의 명령을 받든 유사라는 사람은 그 길로 말을 재촉해 영암으로 달렸다.

원래는 왕복 닷새도 넘게 걸리는 먼 곳이지만 왕건이 급하게 재촉하자 유사는 전속력으로 말을 몰았다.

마침내 최총진의 집에 도착한 유사는 다급하게 외쳤다.

"이리 오너라. 게 아무도 없느냐?"

잠시 후 늙은 하인이 대문을 열었다.

"뉘시오?"

"이 집의 주인이 최총진이라는 어른이신가?"

"예! 그러하옵니다만, 주인 어른은 지금 안 계십니다. 아침 일찍 집을 나서 아직 돌아오시지 않는뎁쇼."

"이를 어쩐담……. 혹 어디 가셨는지 모르는가?"

"본래 어디 가신다는 말씀을 안 하시고 나가시는 분이라……, 소인은 잘……."

유사는 안타까워 발을 동동 굴렀다. 지금 당장 출발해도 사흘 안에 송도에 이르기는 힘들 것이라는 생각에서였다.

그러나 유사가 낭패를 당해 어찌할 줄 몰라 할 때 최총진은 이미 송도에 도착해 대궐을 지키는 수문장을 만나고 있었다.

최총진은 서슴없이 수문장에게 말을 건넸다.

"나는 전라도 영암 땅에서 온 최총진이란 사람이오. 폐하께 해몽을 해드리기 위해 왔으니 어서 아뢰도록 하시오."

최종진의 말에 수문장은 어이가 없어 웃었으나 말하는 투나 행색으로 보아 거짓은 아닌 듯하여 상부에 보고하였다.

잠시 후, 상부에서 내려온 지시를 받은 수문장은 황급히 최종진을 대궐 안으로 들였다.

최종진은 곧 궁인들의 안내를 받아 왕건 앞에 무릎을 꿇고 앉았다.

왕건은 최종진의 얼굴을 한 번 쳐다보고는 물었다.

"내가 사흘이라는 시간을 주고 너를 불러오라 했는데, 어찌 하루만에 오게 되었느냐?"

"실은 사흘 전에 별을 보고 폐하께서 저를 부르리라는 것을 알았습니다. 그래서 바로 폐하를 배알하려고 했으나, 너무 빨리 와도 놀라실 것 같아 오늘 아침에서야 집을 떠났습니다."

그 말에 왕건의 눈이 휘둥그레졌다.

"아니, 하루에 천릿길을 오다니? 그 무슨 당치않은 망발이냐?"

최종진은 침착하게 다시 고개를 숙여 아뢰었다.

"폐하! 실은 소인이 축지법을 조금 합니다. 그래서……."

왕건은 최종진의 재주가 범상치 않음을 알고 가까이 다가오도록 명했다. 가까이서 본 최종진의 눈은 초롱초롱 빛나는 것이 정말로 밤하늘의 별빛을 닮은 듯했다.

왕건은 신중한 어조로 말했다.

"짐이 며칠 전 꿈을 꾸었는데 그 꿈이 영 흉몽인 것 같구나. 내가 어떤 산중으로 사냥을 나갔는데 어쩌다 보니 내가 사는 이 대궐보다도 더 큰 벌집에 들어가게 되었다. 그런 벌집은 생전 처음이었다. 그런데 그 벌집 속의 벌들이 일제히 과인을 향해 큰절을 하는 게 아니겠느냐?

짐이 보기에 이 꿈은 아무래도 흉몽인 듯싶은데 네 생각은 어떠하냐? 짐이 벌집을 쑤셨으니 어찌 벌들이 가만 있겠느냐. 당연히 무슨 변이 생기거나 전쟁이 날 징조가 아니겠느냐?"

왕건의 얘기를 조용히 듣고 난 뒤 최총진은 입을 열었다.

"폐하! 그 꿈은 아주 좋은 길몽이옵니다. 보통 사람이 벌집을 뒤집어쓰면 좋지 않으나 폐하께서는 이 나라의 대왕이 아니시옵니까? 그리고 벌들이 일제히 폐하께 큰절을 올렸다면 이는 필시 머지않아 폐하께옵서 이 나라를 통일하여 큰 업적을 이루실 것이라는 하늘의 계시가 분명하옵니다."

최총진의 말을 들으며 왕건의 얼굴은 점점 환하게 생기가 돌았다.

"과연 듣고 보니 그러한지고. 내 오늘부터 너를 가까이 두고 정사를 함께 의논하리라."

그런 다음 왕건은 최총진에게 지몽이라는 이름을 하사하고, 약속대로 늘 자신의 곁에 두고 조정의 모든 대소사를 함께 의논했다.

훗날 최지몽의 해몽대로 왕건은 후삼국을 통일하여 고려의 태조에 등극할 수 있었고 최총진 즉 최지몽은 금중고문이라는 높은 벼슬에 올랐다.

태조의 뒤를 이은 혜종대에도 최지몽은 역시 일관으로서 별자리와 꿈을 통해 왕실의 길흉이나 나라의 앞일을 예견하는 일을 하였다.

그날도 역시 최지몽은 밤하늘을 바라보며 별자리의 움직임을 관찰하고 있었다.

하늘에는 별들이 서로 다투어 아름다운 빛을 뿜어내고 있었다. 매일 밤 보는 별빛이었지만 그 밤 따라 유독 별들은 경쟁이라도 하듯 빛을 발하고 있었다.

별들의 간격과 위치가 마치 어떤 규칙에 의해 자리한 듯 일정했고 별빛은 마치 시퍼런 물에 반짝이는 구슬들이 콕콕 박혀 있는 듯 보여 보면 볼수록 아름답기 그지없었다.

최지몽이 별빛에 홀린 듯 넋을 놓고 있을 때 갑자기 유성 하나가 북두칠성 동쪽 끝자락에 위치한 자미성권 위를 지나가는 것이 보였다.

최지몽은 그때까지의 황홀경에서 깨어나 이내 예상치 않은 일이 조정에 일어날 것을 직감했다.

다음날 날이 밝자마자 최지몽은 혜종을 알현하고 이렇게 고했다.

"폐하! 소신이 간밤에 천체의 움직임을 읽은 바로는 장차 나라에 큰 변란이 일어날 징조가 보였습니다. 하오니 폐하께서는 어소를 틈틈이 바꾸시는 것이 그 화를 면하시는 길이옵니다. 같은 어소에만 계시면 변을 당하기 쉬우니 자주 어소를 옮기시어 역적들의 음모를 미연에 방지하소서!"

혜종은 최지몽의 말을 받아들여 그날부터 어소를 한 곳에 정하지 않고 여러 차례 옮겼다. 과연 며칠 뒤 혜종이 신덕궁에서 침소를 들던 날 평소 혜종이 잠을 자던 어소에 자객이 드는 변이 일어났는데 이로 인해 또 한 번 최지몽의 예언은 정확하게 맞아떨어졌다.

그후 혜종이 병으로 승하하고 뒤를 이어 정종이 즉위한 다음에도 최지몽의 출세 가도는 변함이 없었다.

그러나 원숭이도 나무에서 떨어지는 날이 있는 법인가?

별자리를 읽으며 평생을 별의 뜻에 따라 살아온 최지몽은 어전 연회에서 정종과 술을 마시다가 술이 얼큰하게 취해 그만 실언을 하고 말았다.

그로 인해 그간 쌓았던 공로가 한낱 물거품처럼 사라진 최지몽은 귀양살이는 물론 10년 동안이나 등용되지 못했다.

세월이 흘러 경종이 즉위한 후 다시 왕의 부름을 받은 최지몽은 성종대에 이르기까지 점성술을 바탕으로 한 예리한 예언으로 왕의 총애를 받았다.

그러나 사람은 기가 있으면 승이 있고 승이 있으면 결이 있는 법, 나이가 들어 노인이 된 최지몽은 병을 얻어 자리에 드러눕게 되었고, 급기야 영영 이 세상을 등지고 말았다.

평생을 별과 대화하며 산 최지몽은 유성이 사라지듯 조용히 천체 저편으로 사라져 갔다.

최지몽이 죽자 성종은 그의 죽음을 슬퍼하며 말 2필과 시를 써서 애도의 마음을 전하였다.

명장 서희의 가풍

거란의 장수 소손녕과의 멋진 담판으로 유명한 서희 장군의 집안은 대대로 청렴 결백한 집안이었다.

서희 장군의 할아버지 서신일徐神逸은 본시 신라의 아전이었으나, 태조 왕건이 고려를 세운 후 벼슬에 미련을 버리고 부인과 함께 서원西原골에서 농사를 지으며 지냈다.

불행하게도 서신일에게는 대를 이을 자식이 없었다. 서신일은 자신에게 덕이 없어 후사가 없다고 여기며 미안해하는 아내를 오히려 위로하고 다독거려 주는 자상한 인품의 소유자였다.

그날도 서신일이 여느 날과 마찬가지로 들에 나가 밭일을 하고 있는데 어디선가 사슴 한 마리가 피를 흘리며 뛰어왔다.

사슴의 몸에는 화살이 박혀 있었고 멀리서 사냥꾼이 사슴을 쫓아 들판으로 내려오는 것이 보였다.

서신일은 얼른 사슴을 밭 옆에 무성히 자라난 풀숲 속에 숨겼다.

잠시 후 사냥꾼이 헐떡이는 숨을 내쉬며 서신일에게 물었다.

"여보시오. 여기로 사슴 한 마리가 내려오지 않았소?"

"……."

"못 보았소?"

"보긴 보았소만…… 왜 그러시오?"

"아니, 왜 그러시오라니? 내가 잡은 사슴인데……. 어디다 감춘 거요?"

"아니! 그런 게 아니라…… 사슴이 벌벌 떠는 것이 불쌍해 서……."

서신일이 주저하자 사냥꾼은 인상을 쓰며 소리쳤다.

"여보시오! 쓸데없는 소리 하지 말고 내 사슴이나 내놓으시오!"

사냥꾼의 닦달하는 소리에 서신일은 달래듯이 말했다.

"저……, 노형은 어차피 사슴을 잡아다 팔려고 하는 것이 아니 오? 그러니 나에게 저 사슴을 팔면 안 되겠소?"

사냥꾼은 서신일의 간곡한 말에 사슴을 팔기로 하였다. 서신일은 당장 집으로 사냥꾼을 데리고 가서는 사슴 값을 후하게 치러 보냈다.

사냥꾼을 보낸 서신일은 부인과 함께 온갖 정성을 다해 사슴을 치료했다.

그렇게 여러 날이 지나자 사슴의 상처는 완전히 나았고 서신일 내외는 사슴을 산 속으로 돌려 보냈다.

그러한 일이 있은 지 얼마 되지 않아 서신일의 부인에게 태기가 있었다. 열 달 후 건장한 아들이 태어났는데 그 아이가 서희의 아버 지 서필이다.

부모의 청렴한 기질을 이어받은 서필 역시 고려의 재상의 지위 에까지 올랐지만 항상 검소하게 생활했다.

서필이 광종 임금 시절 내의령(內議令)이라는 벼슬을 지내고 있을 때였다.

광종이 서필을 비롯한 신하들의 공로를 치하하며 금술잔을 하사 했다.

그러나 서필은 금술잔을 사양하며 아뢰었다.

"소신이 지금까지 받은 은총도 황송하거늘 거기에 금으로 만든 술잔까지 받는 것은 분수에 넘치는 일이옵니다. 게다가 복용服用에는 차등差等이 있어야 하는데 신하가 금그릇을 사용한다고 하면 전하께서는 도대체 무엇을 사용하시렵니까?"

서필이 이런 말로 광종의 하사품을 받지 않자 광종은 크게 감동하여 그의 청렴함을 칭찬하였다.

이 무렵 고려에는 송나라 사람들이 귀화歸化하는 일이 잦았는데 광종은 그들을 우대하여 백성들의 집을 강제로 빼앗아 그들의 거처로 삼게 했다.

이것을 안타깝게 여긴 서필은 자신의 집을 나라에 헌납하겠다고 광종에게 아뢰었다.

이에 광종이 놀라 물었다.

"집을 주고 나면 경은 어디서 살겠다는 것이오?"

"소신은 성은으로 재상이 되어 지금까지도 편안하게 살았습니다. 하물며 어떻게 저의 자식까지 재상의 집에서 살기를 바라겠습니까? 소신은 나라에서 받는 녹봉綠峰으로 작으나마 집을 장만하겠나이다."

이렇게 해서 서필은 나라의 재상인데도 자신의 집을 내놓고 초가에 거처를 정했다. 이후 광종은 더 이상 백성들의 집을 빼앗지 않았다.

서희가 훗날 명신名臣이자 명장名將으로 이름을 남길 수 있었던 것은 모두 이러한 청렴한 가풍 덕이라 해도 과언이 아닐 것이다.

통정의 구백 리 길

전라도 나주목羅州牧에서 서기書記로 재직하고 있는 정통鄭通은 벌써 며칠째 식음을 전폐하다시피 하며 먼 북녘 하늘만 뚫어지게 바라보았다.

'구백 리나 되는 먼길을 어찌 떨어져 있는단 말인가……'

생각이 거기까지 미치자 정통은 마음속 깊이 또 다른 슬픔이 몰려드는 듯하여 숨이 찼다.

고향인 송도에서 서기라는 관직을 임명받고 나주로 부임해 온 지 벌써 삼 년째. 정통은 송도에서 이미 혼례를 치러 어엿한 정실 부인이 있었으나 이곳 나주목에서 관기인 소매향小梅香을 만나 살림을 차렸고, 얼마 전에는 예쁜 딸아이까지 낳아 오붓하게 살고 있었다.

그런데 며칠 전 조정으로부터 다시 송도로 돌아오라는 명이 내려졌다. 정통은 두고 가야 하는 소매향과 딸아이와 떨어져 있을 생각을 하니 그만 눈앞이 캄캄하였다.

비록 자신과 살림을 차리고 아이까지 낳았다고는 하지만 그래도 소매향은 엄연히 관기의 몸이었다. 그러니 정통이 제아무리 소매향을 데려가고 싶어도 자신의 지위로는 도저히 불가능한 일이었다.

정통이 처음 나주로 부임하였을 때 송도에 있는 아내에게서 여

러 번 자신도 데려가달라는 편지를 받았으나 그때마다 정통은 모른
척 외면하였다.

아내에게 별달리 미운 감정은 없었지만 소매향을 만나고 나서부
터는 도무지 아내에게 정이 가지 않았다.

더군다나 아내와의 사이에는 아직 자식도 없는 데다 소매향이
딸아이를 낳자 더더욱 마음이 멀어지는 것만 같았다.

처음엔 이런저런 정담이 섞인 편지를 보내 오던 아내도 어느 날
인가, 이번에도 답장이 없으면 친정으로 돌아가겠다는 내용의 편지
를 끝으로 소식이 끊긴 지 꽤 여러 날이 되었다.

그러나 정통은 그런 아내의 일은 전혀 염려되지 않았다. 어쩌면
소매향과 자신을 위해 잘된 일인지도 모른다고 은근히 속으로 좋아
하기까지 했다.

그런 정통에게 송도로 돌아오라는 명령은 마른 하늘의 날벼락과
도 같은 것이었다.

"왜 그러세요? 아직도 그 일 때문에 고민하고 계신 거예요?"

방문을 열고 들어오는 소매향의 목소리에 정통은 얼른 눈가에
괸 눈물을 훔쳤다.

"아, 아니오. 그냥 마음이 좀 심란하여서……."

말끝을 얼버무리는 정통을 바라보는 소매향의 얼굴에도 근심의
빛이 가득했다.

"내일은 꼭 지체하지 말고 길을 떠나시라는 목사牧使님의 분부가
계셨어요."

"내일? 내일 당장 말이오?"

"예! 좀 전에 관아에서 사람이 다녀갔어요."

소매향은 포대기에 싸인 아이를 들어올려 젖을 물리며 말했다.

소매향도 정통도 아무 말이 없었다. 해거름이 되어 방 안에 어두운 기운이 먹먹하게 짙어 오는데도 두 사람은 그저 멍하니 앉아 있기만 했다.

먼저 눈물을 터뜨린 쪽은 정통이었다. 원래 천성이 심약한 데다 정이 많아 마음이 여린 정통은 소매향을 부여안고 어린아이처럼 흐느꼈다.

그 바람에 놀란 아이가 따라 울음을 터뜨리자 소매향도 더 이상 슬픔을 감추지 못하고 왈칵 눈물을 쏟아내었다.

"나주에서 송도까지 구백 리란 말이오, 구백 리! 그 먼 거리에 당신과 이 어린 핏덩이를 외로이 남겨 두고 내 어이 살아갈 수 있단 말이오! 흑흑……!"

정통은 아예 드러내 놓고 통곡했다.

정통의 여린 심성을 잘 아는 소매향으로서는 그 어떤 위로의 말도 필요없다는 것을 알고 있었기에 한 손으로는 아이를 품에 안고 다른 한 손으로 정통의 목덜미를 가만가만 쓸어 주었다.

밤이 깊어도 방 안에 불이 켜질 기미는 보이지 않고 세 식구의 울음소리만 간간이 새어 나오는 것을 지켜보며 마당에 선 소매향의 어머니도 연신 옷고름으로 눈가를 찍어내고 있었다.

다음날 소매향이 정성껏 차려온 아침상을 앞에 두고 앉은 정통은 멀거니 소매향의 얼굴만 바라볼 뿐이었다.

부석부석해진 얼굴에 핏기라곤 하나도 없는 소매향의 얼굴을 바라보는 정통의 얼굴도 까칠하고 마른 나뭇잎처럼 바싹 메말라 있었다.

"먼길 나서는데 한술이라도 뜨고 가세요. 자요."

소매향이 숟가락을 들어 정통의 손에 쥐어 주었으나 정통은 이

내 맥없이 숟가락을 상에 내려놓았다.

"기다릴 수 있겠소? 내 무슨 수를 써서라도 당신을 꼭 데려가리다."

"그런 걱정일랑 마세요. 서방님께서 오실 때까지 무슨 일이 있어도 여기에서 한 발짝도 떠나지 않을 테니까요."

"내 꼭 돌아오리다. 약속하오, 여보!"

소매향은 대답 대신 말없이 고개를 끄덕이며 정통의 손에 다시 숟가락을 쥐어 주었다. 그리고 평소처럼 밥을 뜬 숟가락 위에 이것저것 반찬을 올려놓아 주었다.

소매향의 성화에 못 이겨 마지못해 몇 숟갈 뜨기는 하였으나 정통은 밥을 먹는 것이 아니었다. 그는 밥을 목구멍으로 꾸역꾸역 삼킬 수도 있다는 것을 생전 처음 깨달았다.

정통은 동구 밖까지 배웅을 나온 소매향과 어린 딸, 그리고 장모를 몇 번이나 뒤돌아보며 떨어지지 않는 발걸음을 돌렸다.

가기 싫은 길을 억지로 가자니 길은 멀고도 더디었다. 천근이나 되는 듯한 발걸음을 땅바닥에서 한 걸음씩 뗄 적마다 도살장에 끌려가는 소마냥 싫은 기색이 역력했다.

'구백 리……. 이 먼길을 언제 다시 올 것인가?'

정통은 송도에 가는 길을 며칠이라도 미룰 요량으로 남경南京(지금의 서울)에 있는 친구 집에 잠시 들르기로 작정했다. 송도에서 자신을 기다리고 있는 것은 정이 없는 아내뿐이라는 생각을 하며.

남경에 있는 친구는 정통을 반갑게 맞아주었다. 정통은 친구의 집에 들어서자마자 술을 청해 마셨다.

"어허, 이 친구! 왜 그리도 급히 마시는가? 술이 꽤 동했던가 보구먼. 하하!"

정통은 친구의 농담에 별 반응도 없이 연거푸 술잔을 비웠다. 술잔 저 밑바닥에 보고 싶은 소매향의 얼굴이 바다 속 해초처럼 흔들거렸다.

"나리!"

밖에서 하인의 목소리가 들렸다.

"무슨 일이냐?"

"예! 희관사 주지승께서 나리를 찾아왔사옵니다."

"알았다. 사랑채로 모시도록 하라."

"예! 나리!"

친구는 자신이 먹던 술을 입 속에 털어넣고 술잔을 정통에게 건네며 말했다.

"이보게, 나와 함께 그 스님을 만나러 가지 않겠나? 아주 명망 있는 스님이시라네. 그 스님이 타고 다니는 말이 천하에 둘도 없는 천리마라는 것만 봐도 가히 대단한 분이라는 게 짐작될걸세."

정통은 천리마라는 말에 귀가 솔깃했다.

"아닐세, 나는 술이나 좀더 마시고 있겠네. 기다릴 터이니 혼자 다녀오게."

"그런가? 그럼 잠시만 기다리게."

친구는 정통을 혼자 방 안에 남겨 두고 주지승이 기다리는 사랑채로 건너갔다.

친구가 방에서 나가자 정통은 급히 행장을 챙겨 마당으로 나왔다. 그리고 천리마를 매어 둔 뒤꼍으로 돌아가 누가 볼세라 얼른 말 위에 올라탔다.

"이랴!"

정통은 말고삐를 움켜쥐고 채찍을 휘둘렀다.

"가자! 나주로! 나주로 가자!"

정통은 쉴새없이 말을 달렸다. 걸어서 며칠이 걸리는 거리이긴 했지만 밤새 말을 달리고 또 달려 다음날 밤늦게 나주에 당도했다.

정통은 말발굽 소리에 사람들이 깰까 봐 마을 초입에 있는 주막에 말을 맡기고 혼자 소매향이 기다리는 집으로 몰래 들어갔다.

소매향은 어머니와 소곤소곤 얘기를 나누고 있었다. 정통은 그리운 마음에 얼른 방문을 열고 들어갔다.

누구보다 놀란 것은 소매향이었다. 지금쯤은 정통이 송도에 거의 당도했을 것이라고 생각했는데 난데없이 방문을 열고 들어오자 아연실색했다.

"여보! 보고 싶었소! 얼마나 당신이 그리웠는지 모르오!"

"아니, 서방님. 여길 어찌……!"

정통은 번개같이 소매향을 끌어안고 울음을 터뜨렸다. 옆에 있던 장모가 아이를 품에 안고 자리를 피해 조용히 밖으로 나갔다.

"여보. 난 이대로 혼자 갈 수가 없소. 아무래도 당신이 있어야겠소."

정통이 혼자 몸으로는 송도로 떠나지 않을 것이라고 판단한 소매향은 일단 따라나서기로 마음먹었다.

날이 채 밝지 않은 새벽의 여명을 틈타 두 사람은 아기를 품에 안고 장모와 작별 인사를 나누고 마을을 빠져 나왔다.

정통은 주막에서 말을 찾아 소매향을 태우고 자신은 아이를 등에 업은 채 말고삐를 잡고 걸었다.

"서방님, 힘드시지 않으세요?"

"무슨 소리? 당신과 함께라면 걷는 것도 즐겁지, 하하!"

정통은 호쾌하게 웃으며 가볍게 콧노래까지 흥얼거렸다.

"그러시면 아이라도 이리 주세요. 남들 보기에 민망스러워요."

"민망스럽긴. 내 아이를 내가 업고 간다는데 누가 뭐라 한단 말이오?"

"서방님도 참……."

그렇게 말하는 소매향의 두 볼이 연한 홍조를 띠었다. 세 사람은 남들이 보기에 어느 모로 보나 단란하고 행복한 가족이었다.

정통이 말을 타고 다시 나주로 되돌아온 시간을 상쇄하기 위하여 주야로 걸음을 재촉한 세 사람이 송도가 그리 멀지 않은 넓은 들판의 나무 그늘 아래에서 잠시 쉬고 있을 때였다.

흙먼지가 유난히 많은 날이었다. 말 위에 탄 소매향은 그럭저럭 괜찮았지만 아이를 등에 업고 황톳길을 가는 정통의 행색은 말이 아니었다.

며칠째 갈아입지 못한 도포는 흙먼지와 때에 절어 꾀죄죄했으며 등에는 아이가 흘린 누런 콧물 자국이 군데군데 흉물스럽게 얼룩져 있었다.

그래도 무엇이 좋은지 연신 입을 다물지 못하고 웃고 있는 정통의 모습은 어찌 보면 실성한 사람처럼 보일 정도였다.

그때 맞은편에서 근사하게 꾸며진 가마가 하인들의 호위를 받으며 오더니 정통 앞에서 멈춰 섰다.

가마 행렬 앞에서 길잡이를 하던 제일 나이 많은 노복이 정통의 얼굴을 뚫어지게 살피더니 이내 놀란 표정으로 가마 쪽으로 달려갔다. 그러고는 가마에 탄 사람과 무어라 말을 주고받는 눈치였다.

이어 가마 문이 위로 들어올려지며 안에서 한 여인이 나왔다. 여인은 다름 아닌 정통의 아내였다.

정통이 놀라 가마를 멘 하인들을 둘러보니 모두가 송도 자기 집에서 부리는 노비들이었다.

정통의 아내는 소매향과 정통을 싸늘한 눈초리로 훑어보더니 비웃는 투로 말했다.

"꼴이 어찌 그리되셨소?"

"아니, 여보, 그게……, 이렇게 심심풀이 놀이 삼아서 한번 노는 것도 재밌을 듯해서……."

정통이 말을 잇지 못하고 얼버무리는데 아내의 한마디가 정통의 뒤통수를 쳤다.

"심심풀이 노는 꼴이 그 정도면 아예 판을 벌이고 놀면 거지 중의 상거지가 되겠군요!"

"여보……, 그러니까, 그게 말이오. 저……."

"나는 그런 상거지의 아내는 될 수 없으니 이만 친정으로 돌아가겠어요."

정통의 아내는 다시 가마 안으로 들어갔다.

"가자!"

아내의 호령에 가마를 멘 하인들이 일어나 떠날 채비를 했다.

"여보! 그게 아니오. 내 말 좀 들어보오!"

"어서 가자! 무엇 하는 게냐?"

부인의 불 같은 호령에 가마를 멘 노비들은 천천히 걸음을 옮겼다. 하인들은 누구 하나 정통에게 아는 체를 하지 않았고 모두들 한심하다는 표정을 지을 뿐이었다.

가마는 점점 멀어지고 정통은 단념한 듯 고개를 돌려 소매향을 바라보았다.

소매향은 훌쩍 말 위에 오르더니 정통을 바라보지도 않고 냉랭한 목소리로 말했다.

"심심풀이 놀이가 아직 끝나지 않았으니 마저 계속해야겠지요."

그러면서 소매향은 말 엉덩이를 힘껏 채찍으로 내리쳤다. 말은 큰소리를 지르며 힘차게 앞으로 내달렸다.

그 소리에 놀라 정통이 업고 있던 딸아이가 자지러지게 울어댔다. 정통은 우는 아이를 달랠 겨를도 없이 소매향의 이름을 목놓아 부르며 달려가는 말 뒤꽁무니를 쫓아 허겁지겁 뛰어가기 시작했다.

그때 한적한 들판에서 논일을 하고 있던 마을 사람들은 그 광경을 보고 너나없이 폭소를 터뜨리거나 쯧쯧 하며 혀를 찼다.

천추태후의 인면수심

헌애왕후 황보씨는 고려 제5대 왕 경종의 세 번째 비로, 유일한 경종의 아들, 송을 낳은 왕비이다. 경종이 세상을 떠났을 때, 송의 나이가 2살이어서 왕위를 계승하지 못하고 경종의 사촌 동생이자 송의 숙부인 치가 왕위에 오르니, 그가 바로 제6대 임금 성종이다.

성종의 치세는 16년간 지속되었으나 그에게는 후세를 이을 왕자가 없었다. 그리하여 경종의 아들 송이 왕위를 계승하니 7대 임금 목종이다.

목종이 열여덟의 나이로 왕위에 오르자 목종의 생모인 헌애왕후는 목종의 나이가 어리다는 이유로 수렴청정을 자청하여 천추전에 기거하며 자신을 천추태후라 칭하였다.

그런데 천추태후에게는 경종이 세상을 뜬 후 만난 김치양이라는 정부가 있었다.

성종 재위 시절, 성종은 그들의 불륜에 진노하여 김치양을 멀리 귀양 보냈으나, 이제 자신의 세상을 만난 천추태후는 즉시 김치양을 대궐로 불러들여 자신의 곁에 두었다.

일이 이렇게 되자 모든 권세는 자연 김치양의 것이나 다름없게 되었다. 하여 김치양은 궁궐 못지않는 화려한 집을 짓고 살면서 자신에게 아첨하는 무리들과 함께 온갖 행패를 부렸다.

천추태후의 아들 목종은 김치양의 하는 짓이 눈에 거슬렸으나 자신의 모후가 관계된 일이라 어찌하지 못하고 번번이 당하기만 하였다.

그러던 중 천추태후에게 태기가 있자 김치양은 더욱 의기양양해하며 권세를 누렸고, 열 달 후 천추태후가 아들을 낳자 김치양의 야망은 더욱 커져만 갔다.

"태후께서 소신의 아들을 낳다니 믿어지지 않습니다."

김치양은 어린 아기를 바라보며 눈물까지 글썽였다.

"대감, 우리의 아들이옵니다. 장차 큰일을 할 우리의 아들이오."

천추태후는 의미심장한 눈빛으로 김치양을 바라보며 말했다. 순간 김치양의 입가에는 야릇한 미소가 떠올랐다.

김치양은 천추태후에게 태기가 있다는 소식을 들은 그 순간부터 마음속으로 꿈꾸던 야망이 서서히 현실로 다가오고 있음에 희열을 느꼈다.

목종이 자신의 혈육인데도 천추태후는 김치양과의 정분이 두터워지면서 목종을 눈엣가시 같은 존재로 여겼다.

더군다나 김치양의 아들을 낳은 후부터는 그나마 목종에게 남아 있던 일말의 정마저 끊은 것 같았다.

그후 김치양과 천추태후는 자신의 아들에게 왕위를 계승하게 하고자 계략을 꾸미기 시작했다.

"우선, 대량원군을 멀리 내쳐야겠습니다."

천추태후가 김치양에게 은밀한 목소리로 말했다. 김치양은 듣던 중 반가운 소리가 아닐 수 없었다.

지금 이대로 가다가는 만일 목종이 죽더라도 대량원군이 버티고 있어 제아무리 천추태후의 힘이 막강하다 해도 왕위는 자신의 아들에게 돌아올 리 없기 때문이었다.

목종은 그때까지 후사가 없었기 때문에 그 뒤를 이을 제일 유력한 왕위 계승자는 대량원군이었다. 경종의 비이자 천추태후의 친동생인 헌정왕후 황보씨는 경종이 죽은 후 사가에 머물면서 삼촌격인 태조의 8남 안종 욱과 불륜을 저질러 아이를 낳았는데 그가 바로 대량원군이다.

"그럼, 우선 대량원군을 출가시키면 어떻겠습니까?"

"중이 되게 한다고? 중이 된다고 왕위 계승자의 위치를 완전히 벗어나지는 못할 텐데요."

천추태후는 김치양의 말이 못마땅한 듯 눈살을 찌푸리며 말했다.

"차후의 일은 제가 알아서 하도록 하지요. 태후께서는 그저 대량원군을 절로 내치시기만 하십시오."

다음날 천추태후는 대량원군을 강제로 출가시켜 개경의 숭교사에 보냈다가 다시 몇 달 후에는 양주에 있는 삼각산 신혈사에 보냈다.

김치양은 대량원군을 신혈사에 보낸 후 수차례에 걸쳐 자객을 보냈다. 하지만 대량원군은 그때마다 신혈사 노승의 지혜로 목숨을 건졌다.

이렇게 김치양과 천추태후의 왕위를 노리는 음모가 치열하게 전개되는 가운데 목종은 모든 기력을 상실하고 병을 얻어 자리에 눕게 되었다.

목종은 자리에 누워 누구를 자신의 후계자로 결정할지 고민을 거듭했다. 아무리 자신의 어미가 낳은 동생이 있기는 하나 왕의 혈통이 아닌 김치양의 혈육이기에 결코 그 아이를 후계자로 지목할 수는 없었다.

목종이 아무리 생각해 봐도 보위를 이을 사람은 대량원군밖에 없었다. 하지만 어떻게 대량원군을 데려올 것이며, 데려온다 해도 누가 그를 보호해 줄 것인가? 대궐에 있는 대부분의 사람들은 김치양의 사람이므로 믿을 만한 사람이 필요했다.

'누구를 불러야 한단 말인가.'

목종은 머릿속으로 멀리 외각에 나가 있는 장수들을 하나하나 짚어 보았다.

'그래! 서경에 가 있는 도순검사 강조가 있었군. 그라면 믿을 만하다. 강조를 불러들이자.'

목종은 이렇게 결정하고 은밀히 사람들을 불러 일을 진행시켰다. 우선 삼각산 신혈사에 사람을 보내 대량원군을 데려올 것을 명하고, 한편으로는 서경에 사람을 보내 강조에게 밀서를 전하게 하였다.

강조는 급히 개경으로 돌아오라는 왕의 밀서를 받고 군사들과 함께 지체하지 않고 길을 나섰다.

그러나 그 무렵 목종의 칩거가 워낙 길었으므로 백성들 사이에선 임금이 죽었다는 소문이 나돌고 있었다. 강조는 동주 용천역에 도착했을 때 목종은 이미 죽었으며 천추태후와 김치양이 군사권을 장악하기 위해 왕명을 사칭하여 자신을 불러들이는 것이라는 소문을 접하게 되었다.

강조는 그 소문이 뜬소문만은 아니라고 생각하고 다시 서경으로 군사를 돌렸다.

한편 개경의 김치양과 천추태후는 강조가 군사를 몰고 개경으로 온다는 소식에 위협을 느끼고 강조를 잡으려고 따로 군사를 풀었다.

이 소식을 개경에 있던 강조의 아버지가 듣게 되었다.

강조의 아버지는 자신의 아들이 위험에 직면했음을 알고는 서둘러 강조에게 편지를 보냈다.

"불행하게도 임금께서는 이미 승하하셨다. 지금 조정은 천추태후와 김치양의 손에 놀아나고 있으며 그 폐해가 이루 말할 수 없다. 그러니 네가 군사를 몰고 와서 이 어지러운 나라 형편을 바로잡거라."

부친의 편지를 받은 강조는 나라의 운명이 자신의 손에 달려 있다고 생각하고 김치양 일파를 없애고자 다시 개경으로 진군해 들어갔다.

그러나 강조 일행이 황해도 평주에 도착하였을 때 임금이 승하했다는 것이 잘못된 소문임을 알게 되었다.

강조는 심각한 고민에 빠졌다.

'이대로 진군을 강행한다면 오히려 내가 반역자로 몰리게 될 것이다. 그렇다고 돌아가기에도 또한 늦지 않았는가?'

강조의 고민을 눈치챈 부하들이 강조에게 건의했다.

"장군! 이미 지금의 임금은 힘을 잃었습니다. 이대로 두면 고려의 사직은 김치양의 손에 놀아나게 됩니다. 김치양을 없애고 임금 또한 폐립시키고 새로운 임금을 모시도록 합시다."

"같은 의견입니다. 이미 여기까지 온 이상 되돌아갈 수는 없습니다. 이대로 개경에 들어가십시다. 장군께서 새로운 세상을 만들어 주십시오!"

강조는 부하들의 간곡한 말을 받아들여 군사들을 이끌고 개경으로 진격하여 삽시간에 대궐을 장악했다.

목종은 강조가 군사를 이끌고 들어와 대궐을 장악했다는 소식을 듣고는 자신이 폐위될 것을 짐작하고 모후인 천추태후를 모시고 궁인 몇 명과 함께 급히 법왕사로 피신하였다.

강조는 목종을 폐위하고 대량원군을 새로운 왕으로 추대했다.

그런 후 김치양과 그 아들을 처형하고 천추태후의 친척들을 비롯한 여러 신하들을 귀양 보내거나 죽였다.

법왕사로 피신해 목숨을 건진 목종은 천추태후와 함께 충주로 보내졌다.

충주로 가는 목종은 말 한 필에다 모후인 천추태후를 태우고 자신이 직접 말을 몰고 가는 처량한 신세가 되었다.

자신의 어머니로부터 모진 박해를 받은 목종이었지만 그는 생모인 천추태후를 끝까지 극진히 모셨다.

그러나 목종을 그대로 살려둘 수 없다고 판단한 강조는 부하들을 시켜 강제로 독약을 먹여 죽인 후 목종 스스로 자살한 것처럼 꾸몄다.

한편 천추태후는 목숨을 부지한 채 황주로 내쫓겨 그곳에서 21년을 더 살다가 1029년 숭덕궁에서 66세의 나이로 생을 마감했다.

명장을 길러낸 이씨 부인

　김숙흥 장군은 일찍이 아버지를 여의고 홀어머니 이씨 밑에서
자라났다.

　김숙흥의 아버지는 임종하기 전 병석에 누워 아내에게 이렇게
한탄하곤 했다.

　"훌륭한 무장이 되어 만주의 오랑캐들을 무찌르는 것이 나의 소
망이자 가업인데……, 내 이렇게 세상을 떠나려 하니 조상님들을 어
떻게 뵐지 막막하고 원통하구려. 만일 당신의 뱃속에 있는 아기가
아들이라면 내가 못다 이룬 꿈을 부디 그 아이가 이룰 수 있게 해주
시오. 그래야만 내가 지하에서 편안히 누울 수 있을 것 같소."

　어머니 이씨는 남편의 한을 잊지 않고 김숙흥을 어려서부터 남
달리 강하게 교육시켜 무사로서의 자질을 키우게 했다.

　이씨는 아들에게 겨울에는 옷을 얇게 입히고 맨발로 다니게 하
여 추위를 이기게 했고, 여름에는 겹겹이 옷을 입히고 버선까지 신
겨 더위를 물리치게 하였다.

　또한 이씨는 어린 아들을 데리고 산으로 가서 그곳에서 먹을 수
있는 것이라면 무엇이든 먹을 수 있도록 했는데 토끼나 뱀은 물론
메뚜기나 두꺼비 등도 먹었다.

가끔 김숙흥이 먹기 어려워하면 어머니는 이렇게 말했다.

"네가 장차 무장이 돼서 전쟁터에 가게 되면 어떠한 일을 겪게 될지 모른다. 사람이 먹을 수 있는 것은 무엇이든 먹어야 한다. 그래야만 어떠한 상황에서도 살아날 수 있는 것이다."

어머니 이씨의 이러한 노력이 헛되지는 않아 청년이 된 김숙흥은 무과에 장원으로 급제하여 북쪽 국경 지대에 있는 구주龜州의 별장으로 임명되었다.

한번도 어머니 곁을 떠나본 적이 없던 김숙흥은 홀로 계신 어머니 곁을 떠나 멀리 국경 지대에 있자니 마음이 편치 않았다.

"부모님께 효도도 못하는 자식이 무슨 국가에 충신이 될 수 있으리. 어머니를 찾아뵈어야겠다."

김숙흥은 마음을 굳게 먹고 잠시 말미를 얻어 개경으로 향했다. 반가워하실 어머니의 얼굴을 그리며 길을 재촉하여 드디어 집앞에 당도하였다.

뜻하지 않은 아들의 출연으로 이씨 부인은 내심 반갑고 기뻤지만 잠시 생각을 가다듬은 후 이렇게 말했다.

"애야, 너의 직무가 이리도 한가한 자리란 말이냐! 어찌 그리 생각 없이 행동할 수 있단 말이냐! 너 같은 장군이 사사로운 감정 때문에 자리를 며칠씩이나 비운다면 누가 나라를 지킨다는 것이냐!"

김숙흥은 반갑게 맞아줄 것이라 믿었던 어머니가 정색하며 훈계를 하자 할말을 잃었다.

"네가 이렇게 어리석은 짓을 저지르는 사이에 혹여 오랑캐가 쳐들어온다면 어떻게 하겠느냐! 이렇게 나랏일을 그르친다면 내가 무슨 면목으로 너의 아버지와 조상님들을 대할 수 있겠느냐! 네 비록 이 어미와 몸은 떨어져 있다 하더라도 어미의 마음만은 항상 네 곁을 떠나지 않을 터인데 쓸데없는 걸음을 했구나. 이제라도 얼른 돌아가거라. 가서 네가 할 일을 하거라."

어머니의 엄한 훈계에 잘못을 깨달은 김숙흥은 고개를 떨구었다.

현종왕 원년, 수십만 명의 거란군이 고려에 쳐들어와 온갖 만행을 일삼았다. 이때 거란군을 맞아 용감히 싸운 고려 장수들이 여럿 있었는데, 그 중 누구보다도 맹렬하게 싸운 이가 김숙흥이다.

김숙흥 장군은 거란군 2만여 명을 물리치고, 거란족에게 사로잡혀간 인질 3만여 명을 구해 내는 등 혁혁한 전과를 올렸으나 애석하게도 거란군과의 전투중에 장렬히 전사하였다.

추남 장군 강감찬

　두 어깨가 떡 벌어지고 키가 큰 풍채 좋은 한 사람이 누군가를 기다리고 있었다. 깔끔한 차림새에다 수려한 외모하며 어느 것 하나 나무랄 데 없는 미남이었다.

　그 사람 뒤에는 작달막한 천하의 추남 한 사람이 서 있었는데 키가 얼마나 작은지 소년이랑 키 재기를 해도 비슷할 정도였다.

　게다가 눈, 코, 입 어느 것 하나 내세울 것이 없었으며 몸에 걸친 옷도 남루하기 이를 데 없었다.

　두 사람이 지금 기다리고 있는 이는 송나라 사신이었다.

　이윽고 그들 앞에 도착한 송나라 사신은 두 사람을 번갈아 쳐다보더니 훤칠한 미남을 제쳐두고 뒤에 서 있는 초라하기 이를 데 없는 추남에게 큰절을 했다.

　절을 받은 추남은 당황하여 어찌할 줄 모르며 말했다.

　"아니, 저에게 절을 하시다니, 왜 이러십니까?"

　그러자 송나라 사신은 다시 한 번 큰절을 올리며 말했다.

　"아니 문곡성(하늘의 9개 별 중에서 네 번째 별로 녹존성의 다음이며 염정성 위에 있다. 즉 강감찬을 높여 부르는 말)님께서 중국 땅에서 오랫동안 보이시지 않더니 언제 고려로 돌아오셨습니까?"

추남은 송나라 사신의 말을 끝까지 귀담아듣고는 껄껄 웃었다.

"공의 안목이 보통이 아니구려. 그렇소, 내가 강감찬이오. 공의 안목을 시험해 보려 내 일부러 하인과 옷을 바꿔 입었소. 너그러이 이해하시구려, 허허!"

이 작달막하고 보잘것없는 추남이 그 유명한 삼한벽상공신인 명장 강감찬이다.

어렸을 때부터 슬기롭고 글 읽기를 좋아한 강감찬은 성종 때 갑과에 장원 급제하여 예부시랑이 되었다.

그후 벼슬이 올라 한림학사, 중추사, 이부상서, 서경유수 등의 문관직을 두루 역임하였다.

또한 무관으로서는 행영도통사 등을 지내며 고려 역사 중 가장 뛰어난 명장으로 알려져 있는데, 평생 당당한 위풍으로 나라를 지키다 84세를 일기로 세상을 떠났다.

강감찬이 한성 판관으로 있던 때였다.

부경이라는 곳에 호랑이가 많아 백성들의 피해가 이만저만이 아니었는데 부윤이 이 일을 의논하기 위해 강감찬을 찾아왔다.

"호랑이 때문에 피해를 입은 백성들이 한둘이 아닌데 이를 막지 못하니 큰일입니다."

그런데 강감찬은 그의 말에 눈썹 하나 까딱하지 않고 이렇게 대답하는 것이었다.

"그깟 호랑이를 가지고 그렇게 염려하십니까? 별 문제 아닙니다."

부윤은 대수롭지 않은 듯 말하는 강감찬의 말에 약이 올랐다.

"아니 호랑이 정도라니, 그게 무슨 말씀이오. 호랑이는 워낙 사나워 잡지도 못하는 데다 한두 마리 잡아 보았자 어디 표시가 납니까? 백성들이 호랑이 때문에 일을 못하고 벌벌 떨고 있는데 어찌 그리 말씀하십니까?"

강감찬은 다시 태연하게 말을 이었다.

"호랑이를 잡으면 되는 것 아니겠소? 내가 사흘 안으로 그 호랑이를 쫓아버릴 테니 사흘 뒤 다시 찾아오시지요."

부윤은 강감찬의 말에 혀를 끌끌 찼다.

'실없는 사람 같으니⋯⋯. 실컷 말한 내 입만 아프게 되었구나.'

부윤은 강감찬을 허풍이나 떠는 사람으로 여기며 돌아갔다.

다음날 아직 해가 뜨지 않은 이른 새벽이었다.

강감찬의 명을 받은 관리가 투덜거리며 산을 오르고 있었다. 아무리 생각해도 이해하기 힘든 일이었기 때문이다.

지난밤 부윤이 돌아간 후 강감찬은 관리를 불러 서찰 한 장을 내밀며 말했다.

"내일 날이 밝는 대로 이 서찰을 가지고⋯⋯."

강감찬의 명령은 내일 이른 새벽 바위산에 오르면 늙은 중이 바위 위에 앉아 있을 것이니 서찰을 그 노승에게 전하라는 것이었다.

날은 꽤나 쌀쌀해 그 기운이 볼에 닿기만 하여도 볼이 싸늘하게 얼었다. 밤새 내린 서리는 산과 들의 흰 들국화처럼 하얗게 피어 있었다.

관리는 계속 투덜거리며 바위산을 올라갔다.

'도대체 이 새벽에 누가 있다는 말인가?'

그런데 관리가 바위산의 중턱에 이르렀을 무렵 주위의 다른 암석들보다 훨씬 크고 높은 바위 위에 누더기를 걸치고 흰 수건을 둘러쓴 한 노승이 앉아 있었다.

노승은 깊은 생각에 잠긴 듯 두 눈을 지그시 감고 있었다.

관리는 자신의 눈을 의심하면서도 천천히 노승에게 다가가 강감찬이 써준 서찰을 내밀었다.

노승은 말없이 서찰을 읽어내려 가더니 자리에서 일어나 관리의 뒤를 따라 바위산을 내려왔다.

그나마 조금씩 따스한 온기가 느껴지는 아침 햇살이 부챗살처럼 동쪽 하늘에 퍼지기 시작할 즈음 관가에 도착한 관리는 노승을 강감찬의 방으로 인도했다.

그 자리에는 어제 혀를 차며 돌아갔던 부윤도 함께 있었다.

늙은 중은 강감찬에게 공손히 절을 올렸고, 절이 끝나자마자 강감찬은 호되게 노승을 꾸짖었다.

"너는 짐승 중에서도 영특한 짐승이라 알고 있다. 그런데 그 영특함을 올바로 쓰지 못하고 왜 사람을 해치느냐? 당장 무리를 이끌고 이곳에서 멀리 떠나도록 하라. 만일 그렇지 않을 시에는 내 가만있지 않을 것이다! 오늘부터 닷새의 시간을 주겠다. 알겠느냐?"

그 말을 듣고 있던 부윤은 기가 찼다.

"판관이 말씀하시는 말투는 마치 호랑이에게 하시는 것 같습니다. 이 사람은 호랑이가 아니고 늙은 중이잖습니까? 자꾸 이상한 말씀만 하시니 이해가 안 갑니다."

그러자 강감찬은 빙그레 웃었다. 그러고는 늙은 중을 향해 이렇게 호령했다.

"네 본색을 드러내거라. 어서!"

그 말이 떨어지기가 무섭게 늙은 중은 어흥, 소리를 내며 큰 호랑이로 변했다. 호랑이는 마루로 뛰어나가 계속 울어댔는데 그 소리가 어찌나 큰지 천둥소리와 맞먹을 정도였다.

부윤은 그만 정신이 나가 방바닥에 얼굴을 쳐박고 와들와들 떨었다.

"이제 그만하거라."

강감찬이 점잖게 타이르자 호랑이는 이내 늙은 중의 모습으로 되돌아왔고, 강감찬에게 큰절을 하더니 어디론가 홀연히 사라졌다.

그날로부터 닷새가 채 되지 않아 사람들은 한 마리의 늙은 호랑이가 수십 마리의 작은 호랑이들을 이끌고 한성의 동쪽 산길에 있는 냇가를 건너 어디론가 사라지는 것을 놀란 눈으로 지켜보았다.

강감찬이 행영 도통사로 있을 때였다.

거란족의 소손녕이 수십만 군대를 이끌고 쳐들어왔다. 강감찬은 부원수 강민첨과 더불어 군사 20만 8천여 명을 앞세워 맞서 싸우게 되었다.

강감찬은 홍화진에 군대가 당도했을 때 행군을 멈추고 부장들에게 명령하였다.

"군사들 중에서 말을 잘 타는 자들만 선출해 보아라."

그리하여 각 부대에서 뽑힌 군사는 1만 2천여 명이 되었다.

강감찬은 그 군사들에게 명령을 내렸다.

"너희는 내 명령이 있을 때까지 건너편 숲에 숨어 있어라. 단 말 울음소리 하나라도 새어 나와서는 안 된다. 알겠느냐?"

"예!"

그런 다음 강감찬은 또 다른 명령을 내렸다.

"지금부터 진지에 있는 쇠가죽을 몽땅 한 곳에 모아라!"

군사들은 그 명령에 어안이 벙벙했다. 아무리 생각해도 쇠가죽은 전쟁에 필요가 없을 듯싶었다.

군사들은 영문을 몰라 속으로 투덜거렸지만 명령을 거역할 수 없어 쇠가죽을 모아들였는데 그 양이 엄청나게 많았다.

강감찬은 다시 군사들에게 명령했다.

"이 쇠가죽을 단단한 밧줄로 길게 엮도록 하라!"

이 또한 의아한 명령이었지만 군사들은 강감찬의 명령에 따랐다.

군사들이 쇠가죽을 길게 엮었을 때 강감찬은 또다시 명령을 내렸는데 이 명령 또한 그 뜻을 헤아릴 수가 없었다.

"엮은 쇠가죽으로 강물을 막아라! 허술하게 막았다가는 내 용서치 않으리라!"

군사들은 강감찬의 명령대로 엮은 쇠가죽으로 강물을 막았다. 도도하게 흐르던 강물은 금세 시냇물처럼 바닥이 얕게 드러났다.

얼마 지나지 않아 적군이 강 건너편에서 벌떼처럼 몰려왔다. 적들은 강바닥이 얕은 것을 보고는 아무런 생각 없이 물밀듯이 강을 가로질러 말을 달렸다.

적들이 강 한가운데 이르렀을 때 강감찬은 군사들을 향해 추상 같은 명령을 내렸다.

"쇠가죽을 묶은 밧줄을 끊어라!"

강감찬의 명령이 떨어지자마자 쇠가죽을 엮어 묶은 밧줄을 자르니 막혀 있던 강물이 한꺼번에 강 하류로 쏟아져 내렸다.

그제야 강감찬의 계략을 눈치챈 적들은 말을 돌리려 하였으나 소용돌이치며 쏟아져 내려오는 물살을 피할 길이 없었다.

군사들은 강감찬의 계략에 감탄하며 큰소리로 강감찬의 이름을 부르며 환성을 올렸다.

적군은 제대로 싸워 보지도 못하고 거대한 강물에 휩쓸려 물귀신 신세가 되었다.

그나마 살아남은 적들이 주춤거리며 퇴각할 즈음 강감찬의 호령이 다시 한 번 우렁차게 천지를 울렸다.

"골짜기의 군사들은 적의 목을 한칼에 베어라!"

그 말이 떨어지기가 무섭게 산골짜기에 숨어 있던 복병들이 뛰어 나와 적군의 목을 닥치는 대로 베었다.

싸움은 고려군의 대승리로 끝났다.

성종은 친히 영파역까지 나와 장막을 치고는 강감찬을 환대했다.

강감찬을 맞이하는 음악이 우렁차게 울릴 때 성종은 강감찬에게 다가가 그의 손을 잡았다.

"장군, 참으로 대단하오. 장하오, 장군!"

성종은 황금으로 만든 8가지 종류의 꽃을 강감찬의 투구에 꽂아 주었다. 그러고는 강감찬의 술잔에 친히 술을 따라 주었다.

그때 강감찬의 투구에 피어난 황금꽃들은 햇살에 비쳐 더욱 눈부시게 빛나 살아 있는 그 어느 꽃보다도 아름답고 화려했다. 그 순간 작은 키의 추남은 보이지 않았다. 오직 나라를 위해 공을 세우고 임금과 함께 술잔을 비우는 명장 강감찬의 늠름한 모습만이 있을 뿐이었다.

승려가 된 왕자

대각국사 의천은 고려 제11대 임금인 문종의 넷째아들로 어려서부터 불심이 깊고 총명함이 남달랐다.

의천이 11살이 되었을 때 부왕인 문종이 아들들을 불러 앉혀 놓고 다음과 같이 물었다.

"너희들 중에 누가 출가하여 부처님을 공양하고 복을 빌겠느냐?"

그러자 의천이 선뜻 앞으로 나서며 대답했다.

"폐하! 소자가 그 뜻을 받들겠습니다."

이에 문종은 크게 기뻐하며 영통사의 경덕국사를 경령전으로 불러 의천의 삭발 의식을 거행하였다.

그날부터 의천은 스승인 경덕국사를 따라 영통사로 들어갔다. 밤낮으로 불법을 익히고 공부하는 데 온 정신을 쏟은 의천은 단시일 내에 화엄경을 통달하는 등 실로 그 정진 속도가 남달랐다.

의천은 스승인 경덕국사가 입적한 후에는 당대의 내로라 하는 고승들과 계율종을 비롯한 법상종, 선적종의 법을 논하니 아무도 그를 따를 자가 없었다.

의천은 스승의 뒤를 이어 불법을 강론하고 설파했는데 의천의 법문을 들으러 오는 사람들로 인해 언제나 사찰 주위가 문전성시를 이루었다고 한다.

그때 의천은 15살밖에 되지 않았지만 문종은 그에게 승통僧統의 직함을 친히 하사하였으니 이는 실로 유례 없는 일이었다.

세월은 흘러 문종이 승하하고 그의 대를 이은 순종도 왕위에 오른 지 불과 석 달 만에 병사하는 불상사가 겹쳐 일어났다.

순종에게는 후사가 없었기에 다시 문종의 둘째아들이 대를 이어 즉위하니 이가 바로 고려 13대 임금 선종이다. 그때 의천의 나이 스물아홉이었다.

선종 2년, 의천은 선종을 알현하고 송나라로 유학 갈 것을 아뢰었다. 그러나 선종은 동생이 비록 출가한 몸이기는 하나 그 안위를 걱정하여 허락하지 않았다.

그러나 한번 뜻을 세운 의천은 방도를 강구하다가 모후를 찾아가 도움을 청했다.

선대왕의 유지를 받들어 불심이 지극한 의천의 모후는 송나라로 갈 수 있도록 후일 숙종이 되는 의천의 셋째형으로 하여금 도움을 주도록 조처했다.

의천은 수제자 몇 명만을 대동하고 송나라로 향하니 뒤늦게 이 일을 안 선종이 급히 신하들을 보내어 의천을 보좌하도록 했다.

송나라에 도착한 의천은 송의 황제 철종을 배알하고 성대한 환대를 받았음은 물론 화엄법사 유성을 소개받아 화엄사상과 천태사상에 대해 법을 논했다.

그리고 상국사의 원소종본, 천길상, 불인요원, 항주의 정원선사, 자변대사 등 송의 고승들과 교류하며 가르침을 주고받았다.

의천은 계속하여 천태산의 지자대사의 탑에 참례하고 명주의 대각혜련에 참여한 후 여러 쟁쟁한 고승 대덕들과 법을 논하며 가르침을 주고받았다.

그리하여 마침내 선종 3년 6월, 송나라에 간 지 1년 2개월 만에 진기한 불서 1천여 권을 배에 싣고 고려로 돌아오니 선종과 모후는 친히 봉은사에까지 나와 의천의 무사 귀국을 기뻐하였다.

의천은 귀국하자마자 흥왕사의 주지가 되어 교장도감을 설치하고 송나라에서 가져온 불서 이외에 일본이나 요나라 등지에서도 불서를 모으는 일에 전념하였다.

또한 국내의 남도 지방을 돌아다니며 오래된 불서와 고서들을 수집하여 간행하니 그 수가 무려 4,740부에 이르렀다.

불행하게도 지금 전해 내려오는 책은 얼마 되지 않지만 이 불서들이 바로『고려속장경』이다.

의천의 나이 42세 되던 해 즉위한 숙종은 해인사에 있던 의천을 불러 올려 흥왕사의 주지로 머물게 하다가 이듬해 낙성사가 완공되자 다시 그곳의 주지로 자리를 옮기도록 했다.

낙성사의 주지가 된 의천은 비로소 천태교를 강론하기 시작했고 마침내 천태종을 개창하니 전국 각지에서 의천의 강론을 듣기 위해 몰려든 승려의 수가 천여 명을 넘었다.

또한 의천은 숙종의 셋째아들이 출가할 뜻을 내비치자 손수 머리를 깎아 주니 그가 후일 의천의 뒤를 이어 승통이 된 원명국사이다.

숙종 즉위 6년 10월에 의천이 병들어 자리에 눕자 그 소식을 들은 임금은 몸소 병문안을 와 의천을 국사國師에 봉했다.

그러나 의천은 끝내 자리에서 일어나지 못하고 입적하니 그의 나이 47세에 불과했다.

숙종은 슬픔을 감추지 못하고 대각이란 시호를 내려 그 높은 공덕을 기렸다.

대각국사 의천은 고려 불교 사상 그 불법의 경지를 따를 승려가 없을 정도로 가히 고승高僧 중의 고승이라 할 것이다.

이자겸의 헛된 야망

고려 제17대 왕인 인종의 외할아버지이자 장인인 이자겸에게는 네 딸이 있었는데 인종은 바로 그 이자겸의 네 딸 중 둘째딸의 소생이다.

14세의 어린 나이에 왕위에 오른 인종은 장인이자 외할아버지인 이자겸이 권력을 장악하고 있어 유명무실한 왕에 불과하였다.

이자겸은 허수아비일 뿐인 인종을 내세워 세도를 부리기 시작하여 모든 권력을 한 손에 쥐고 흔들었다.

이자겸의 눈밖에 났다 하면 그가 누구이든지 간에 목이 잘리거나 귀양살이를 면할 수 없었는데 당시 신하들 중 처형을 당한 자가 줄잡아 50여 명이 넘었으니 그 권세가 가히 하늘을 찔렀다.

또한 이자겸에게 잘 보여 출세의 야망을 채우려는 자들이 이자겸의 집을 수시로 들락거리기도 했는데 어찌나 많은 사람이 몰려오는지 집은 시장처럼 늘 북적거렸다. 곳간에는 이자겸에게 바친 곡식과 고기가 산더미처럼 쌓여 있었다.

사람의 욕심이란 끝이 없는 법인지, 이자겸 역시 욕심이 하늘을 찔러 급기야 병권마저 넘보게 되었고 이 같은 자신의 뜻을 인종에게 넌지시 강요했다.

마음이 순한 인종도 일이 여기까지 이르자 뻔뻔스러운 외조부 이자겸에게 화를 내지 않을 수 없었다.

인종의 이런 마음을 읽은 김찬, 안보린 등은 이자겸을 제거할 계획을 세웠다.

그 동안은 이자겸이 왕의 장인이자 외조부이며, 모든 권력을 쥐고 있어 이자겸의 행실이 과해도 감히 엄두를 못 내고 있었는데, 왕이 이자겸을 미워하니 이제는 두려워할 하등의 이유가 없었다.

그들은 인종에게 아뢰었다.

"대왕 폐하! 이자겸을 그냥 두었다가는 머지않아 큰 화를 입을 것입니다. 그러니 지금 당장이라도 나쁜 싹은 아예 잘라버리는 것이 어떨까 싶습니다."

인종 또한 이자겸의 일로 고심하던 터라 그 말이 몹시 반가웠다.

인종은 곧 이수, 김인존에게 김찬을 보내어 그와 같은 자신의 생각을 전하고 의견을 물었다.

그러나 이수와 김인존은 펄쩍 뛰었다.

"경솔하게 일을 추진했다간 오히려 이자겸에게 화를 입을 것입니다."

인종은 이 말에 굽히지 않고 최탁, 오탁, 권수, 고석 등의 무신을 불러 이자겸을 치기 위한 계획을 서둘러 진행했다.

인종 4년, 겨울이 끝자락에 걸쳐 마지막 꽃샘 추위를 뿜어낼 때였다.

인종의 뜻을 받든 무신들은 보란 듯이 이자겸과 한패인 척준신과 척준경의 아들 내시 척순 등을 죽여 그 시체를 대궐 밖으로 던져버렸다.

그 다음으로는 척준경과 이자겸을 기습할 작정이었다.

그런데 아뿔싸, 이 일은 이자겸의 심복들에 의해 이자겸의 귀에 들어가고 말았다. 이자겸은 놀라 자빠질 지경이었으나 정신을 가다듬은 후 군졸 230여 명을 거느리고 대궐로 향했다.

군졸은 적었으나 이자겸은 죽기를 작정하고 쳐들어가는 셈이라, 대궐 문전에 당도해서 목이 터져라 함성을 질러댔다.

그때의 소리가 어찌나 컸던지 대궐 안에 있는 무신들은 우왕좌왕하기만 할 뿐 어느 누구 하나 나가 대적하지 못하고 허둥거렸다.

이 틈을 타고 대궐에 난입한 이자겸, 척준경 일당은 나무를 쌓고 불을 질렀다. 대궐은 삽시간에 불바다가 되었고, 시뻘겋게 타오르는 불길 앞에서 신하들은 갈팡질팡했다.

활활 타오르던 불길은 인종이 머물고 있는 내전에까지 미쳐 인종은 열 명 남짓 되는 신하들의 호위만을 받으며 겨우 삼호정으로 피신했다.

화가 난 이자겸은 칼을 빼들고 궁녀든 신하든 보이는 대로 목을 잘라버렸다.

거기에다 이자겸의 아들 의장이 승병 300여 명을 거느리고 합세하여 대궐을 전쟁터로 만들어버렸다. 그들은 온갖 만행을 저지르며 인종의 기세를 무참히 짓밟아버렸다.

결국 이자겸을 치려던 계획은 완전히 수포로 돌아가고, 대궐은 불에 타 삼호정과 정자 등 제석원의 골마루 수십 칸만이 남게 되는 실로 어처구니없는 결과를 낳았다.

인종은 이자겸의 사택에 연금되어 일거일동을 감시받게 되었다. 인종은 모든 것을 이자겸과 척준경에게 빼앗겼다.

인종은 자신의 계획이 수포로 돌아가자 차라리 이자겸에게 왕위를 내놓는 것이 자신에게 화가 미치지 않는 일이다 싶어 이자겸에게 그 뜻을 전했다.

그런데 이수라는 사람이 이자겸과 다른 신하들이 있는 자리에서 이렇게 말했다.

"임금께서 어떤 말씀을 하셔도 이공께서는 왕위를 물려받을 사람이 아니오. 이공은 그런 욕심을 부릴 분이 아니지요."

이자겸은 자나깨나 왕위가 탐났지만 그렇다고 면전에 대놓고 말하는 이수 앞에서 속을 내보이듯 말할 수는 없는 노릇이었다.

"그럼요. 물론 그렇지요. 저도 왕위를 물려받을 생각은 없소이다."

인종이 왕위를 운운하자 속으로는 미치도록 왕위를 넘겨받고 싶었지만 사양할 수밖에 없었다.

이자겸의 집에 두 달여 동안 갇혀 있던 인종은 그해 5월에 연경궁으로 옮겨졌지만 마찬가지로 이자겸 일파에게 감시당하며 왕의 권리나 자유를 찾지 못했다.

그러던 어느 날 척준경의 하인과 이자겸의 하인 사이에 싸움이 벌어졌는데 급기야는 그 일로 인해 이자겸과 척준경 사이가 알게 모르게 벌어졌다.

인종은 이 기회를 놓치지 않았다.

인종은 척준경을 대궐로 불러들여 말했다.

"경은 들으시오. 내 지난일을 깨끗하게 잊은 지 오래요. 앞으로 왕실을 위해서 그대가 힘써 주기만을 바랄 뿐이오."

척준경은 인종의 말에 감복해 입을 떡 벌리고 다물지 못했다.

"황송하옵니다, 폐하! 부디 소신이 지난날 저지른 잘못을 용서하시고 굽어살펴 주옵소서! 소신 이제부터라도 왕실을 굳건히 지키는 데 심신을 바칠 것이옵니다."

한편 이자겸은 왕위를 사양하긴 했지만 그 자리에 대한 야망을 버릴 수 없어 밤낮으로 마음이 편치 못해 긴 한숨을 내쉬었다. 그 한숨이 얼마나 깊던지 마당 앞 소나무 잎이 흔들릴 정도였다.

이자겸의 마음은 급기야 부풀고 부풀어 왕의 목숨을 노리기로 작정하였다. 왕위 앞에서는 왕의 외조부라는 혈연도 온데간데없었다.

왕을 제거할 생각에 궁리에 궁리를 거듭하던 이자겸은 만두를 푸짐하게 빚어 자신의 딸인 왕비를 찾아갔다.

방금 솥에서 쪄낸 만두는 노르스름하고 먹음직스럽게 익어 김이 모락모락 피어올라 보기만 해도 얼른 입에 넣고 싶을 정도였다.

"이것은 소신이 특별히 정성을 들여 만든 것이니, 폐하께 드시도록 하옵소서."

이자겸은 낮은 목소리로 왕비를 재촉했다.

그러나 왕비는 이 말을 믿지 않고 의혹을 품었다. 자신의 아버지가 평소 눈엣가시같이 여기던 왕에게 그와 같은 음식을 진상할 리가 만무한 까닭이었다.

그래서 이자겸이 돌아간 후 왕비는 궐에서 기르는 사냥개에게 만두를 던져 주었다.

사냥개는 기다렸다는 듯 만두를 날름 받아먹었다. 그러나 몇 초도 지나지 않아 사냥개는 쓰러져 죽고 말았다. 그 만두 속에는 왕비의 짐작대로 독이 들어 있었던 것이다.

그러나 이자겸의 악행은 여기서 끝나지 않고 또 다른 음모로 이어졌다.

며칠 후 이자겸은 소고기로 우려낸 육수로 탕을 끓여 다시 왕비를 찾아 갔다. 물론 그 속에 독약이 든 것은 말할 필요도 없었다.

왕비는 이번에도 의혹을 품었지만 아버지인 이자겸이 지켜보고 있었기에 어쩔 수 없이 탕을 왕의 수라상에 올렸다.

이자겸은 왕비가 수라상에 탕을 올리는 것을 보고 야릇한 웃음
을 지었다.

그런데 왕비는 수라상에 탕을 놓고 왕에게 가지고 가다가 일부
러 발을 헛디딘 척하며 넘어졌다. 탕은 당연히 바닥에 다 쏟아지고
말았다.

"이를 어쩌나? 마마 황송하옵니다."

왕비는 그렇게 호들갑을 떨었지만 이미 이자겸의 음모를 눈치채
고 있던 인종은 짐짓 모른 척하며 눈을 돌렸다.

인종은 이자겸이 자신을 죽이려고 한다는 것을 확신한 마당에
더는 이자겸을 그대로 둘 수 없다고 생각했다.

그러나 모든 권력이 이자겸에게 몰려 있는 이상 따로 어찌할 방
도가 없어 그저 자신의 무력함을 한탄하며 지낼 뿐이었다.

그러던 어느 날이었다.

마침내 자신의 욕심을 더는 억제하지 못한 이자겸은 궁궐의 무
기를 자신의 집으로 몰래 빼내어 반란을 획책했다.

이러한 사실을 미리 알아챈 인종은 척준경에게 편지를 써서 밀
사를 보냈다.

"척준경 보시오. 이자겸이 지금 대궐 안의 무기를 자신의 집으로
빼내어 연경궁을 습격하려는 음모를 꾸미고 있소. 시간이 급하니 경
의 도움을 바랄 뿐이오. 과인의 목숨은 두렵지 않으나, 왕통이 깨어
진다면 이는 나만의 죄가 아니라 대신들에게도 크나큰 치욕으로 남
을 것이오."

척준경은 인종의 편지를 받고는 마침 함께 있던 김향이라는 신
하와 함께 부하들을 거느리고 연경궁으로 달려갔다.

척준경은 인종을 군기감軍器監(병기 만드는 일을 맡은 관아)으로 모

셔 놓고는 곧 휘하의 군사들을 지휘하여 이자겸을 비롯한 그 무리들의 목을 단칼에 베었다.

인간의 욕망은 얼마나 허망하고 헛된 것인가?

한 나라의 임금까지 능멸하며 제멋대로 권세를 탐하던 이자겸은 결국 자신의 과욕으로 인해 스스로 제 무덤을 팠던 것이다.

승려 묘청과 김부식

묘청은 고려의 제17대 임금인 인종 때의 승려로, 풍수에 능통하여 서경을 거점으로 그 세력을 조금씩 키워 나갔다. 그는 이자겸의 난으로 조정이 어수선한 틈을 타 자신의 풍수설을 내세워 도읍을 개경(개성)에서 서경(평양)으로 옮겨야 한다는 서경천도론을 주장했다.

묘청은 우선 일관인 백수한을 자신의 제자로 삼은 뒤 이른바 서경 출신인 정지상을 비롯하여 홍이서와 김안, 이중부 등 조정의 여러 대신들을 자신의 세력으로 끌어들였다. 그들은 서경천도론이 현실화될 경우, 자신들이 조정의 중심부를 장악할 수 있다는 강한 권력욕에 이끌려 묘청과 뜻을 같이한 것이다.

정지상은 우선 조정의 여러 대신들을 설득하여 묘청을 천거하는 상소문을 인종에게 올린 후 묘청을 입궐시켜 인종을 알현토록 했다.

인종을 알현한 묘청은 스스럼없이 자신의 풍수설을 설파하며 서경천도론을 거론하고 나섰다.

"폐하! 소승이 보고 느낀 바에 의하면 지세로 볼 때 이미 개경에서의 국운은 다하였다고 사료됩니다. 그러나 서경의 지세는 바야흐로 크게 일어날 기운을 품고 있사옵니다. 하오니 폐하께서 국도를 서경으로 옮기시면 천하를 호령하게 되어 금金을 비롯한 여러 주변 국들이 폐하께 예를 갖추고 공물을 바칠 것이옵니다."

묘청의 말에 현혹된 인종은 서경으로 행차하여 묘청이 지명한 땅에다 궁궐을 지으라는 하명을 내렸다.

때는 추운 날씨가 기세를 부리기 시작하는 11월(인종 6년, 1128)이었기에 궁궐을 신축하는 공사에 부역을 나선 백성들의 고충은 이만저만이 아니었다.

그러나 인종은 그 같은 백성들의 고충에는 아랑곳없이 궁궐을 빨리 완성하라고 독촉만 거듭했다.

이듬해 2월, 마침내 궁궐은 완성되었고 인종은 성대한 낙성식을 치르고 궁궐의 이름을 대화궁이라 칭했다.

인종은 대화궁에 한참 동안 머물렀다. 묘청은 매일같이 인종을 알현하고 서경으로 천도할 것을 주청했다.

그러나 궁궐이 완성된 뒤에도 천도는 쉽게 이뤄지지 못했다. 김부식을 비롯한 개경 세력의 반대가 의외로 거셌기 때문이다.

얼마 후 인종은 다시 개경으로 돌아갔고 묘청 일파의 실망은 이만저만이 아니었다.

인종은 묘청을 처음 만났을 때처럼 서경천도론에 그렇게 크게 마음이 동요되지는 않았으나 여전히 묘청을 가까이 두고 이것저것 의논하며 총애를 아끼지 않았다.

인종이 쉽사리 서경으로 천도하지 않을 것이라고 판단한 묘청은 갖가지 계책을 부리기 시작했다.

어느 날 묘청이 서경으로 행차한 인종을 모시고 강물에서 뱃놀이를 즐길 때였다.

한창 연회가 무르익어 가는데 난데없이 뱃전 주위로 색색의 기름이 영롱한 색채를 띠며 뭉게구름처럼 번지기 시작했다.

묘청은 이를 의아하게 여기는 인종 앞에 무릎을 꿇고 아뢰었다.

"폐하! 보옵소서! 이 강에 살고 있는 용이 폐하를 환영하는 뜻에서 부리는 신비한 조화이옵니다! 이것 또한 하늘의 뜻이 아니고 무엇이겠습니까? 하오니 한시바삐 도읍을 서경으로 옮기셔야 합니다."

묘청의 말에 인종은 그 참 신기한 조화라며 놀란 기색이었다.

뱃놀이가 끝난 후, 이를 이상히 여긴 한 신하가 심복을 시켜 조사해 본 결과 강물 밑바닥에는 여러 색깔의 기름이 발린 떡 바구니가 숨겨져 있었다.

그런데 그 다음해, 서경에 있는 중흥사 탑이 화재로 인해 소실되는 일이 생기자 개경 세력은 묘청의 말이 한낱 거짓에 불과하다며 들고 일어났다.

묘청은 이에 아랑곳하지 않고 오히려 더 기세 등등하게 인종에게 주청하여 대화궁 주변에 임원궁성을 쌓고 그 안에 여덟 보살을 모신 팔성당을 만들었다.

그후 개경에 머물던 인종이 다시 서경으로 행차하게 되었는데 갑자기 비바람이 불기 시작하여 왕을 호위하던 장군이 낙마하여 부상을 입는 사고를 당했다.

뿐만 아니라 대동강을 건너 대화궁으로 향하는 길에 자욱한 모래 바람이 불고 벼락이 내리쳐 모두들 혼비백산하며 한 걸음도 제대로 앞으로 나아가지 못하였다.

겨우겨우 대화궁에 도착한 그날 밤에는 눈보라가 휘날리고 우박이 내려 하늘의 재앙을 만난 듯했다.

그와 같은 일로 인해 더 이상 김부식을 비롯한 개경 세력은 묘청을 위시한 서경 세력을 두고볼 수만은 없다고 판단하고 인종에게 상소문을 올리는 등 강력하게 대처했다.

더 이상 자신의 입지가 약해지기 전에 인종의 마음을 붙잡아야 한다고 판단한 묘청은 몇 차례의 상소문을 통해 인종의 서경 행차를 강력하게 권유했다.

그렇지만 워낙 개경 세력의 반대가 심한 터라 인종은 번번이 묘청의 말을 무시할 수밖에 없었다.

마침내 인종 13년(1135) 정월에 들어 묘청은 인종의 마음을 돌이킬 수 없다고 판단하고 조광, 조창언, 유참 등과 합세하여 난을 일으켰다.

우선 개경으로 향하는 모든 도로를 폐쇄하고 서경에 와 있는 개경 사람들을 감금했으며 왕명을 날조하여 각 성의 지휘관들을 모두 창고에 가두었다.

묘청은 개경에 있는 부하 백수한에게 이 일을 통보하였고 백수한은 곧바로 인종에게 이 같은 사실을 아뢰었다.

처음에 인종은 그 말을 믿으려 하지 않았는데 도로가 폐쇄되었다는 소식을 접하고는 급히 신하들을 불러들였다.

묘청이 난을 일으키자 조정의 중론은 군사를 파견하여 난을 평정해야 한다는 쪽으로 기울어졌다.

인종은 곧 김부식을 선봉장으로 한 토벌군을 조직하라 명한 뒤 따로 서경으로 신하를 보내어 묘청에게 군사를 거두어들일 것을 명했다.

그러나 묘청은 최경을 개경으로 보내 다시 한 번 서경으로 천도할 것을 주청하는 상소문을 올렸다.

김부식을 비롯한 개경 세력은 묘청의 그와 같은 행동에 강하게 반발하며 묘청의 무리를 제거할 토벌군의 출병을 인종에게 종용했다.

인종은 하는 수 없이 김부식에게 서경으로 출병할 것을 명했다.

김부식은 서경으로 출병하기에 앞서 묘청과 뜻을 같이하여 서경 천도론을 주장했던 정지상, 백수한, 김안 등의 목을 베고 토벌군을 이끌고 서경으로 향했다.

김부식이 이끄는 토벌군은 성천成川에 당도하여 일단 얼마 동안 군사를 주둔시킨 다음, 주변의 성주들에게 협력할 것을 엄히 명했다.

그리고 다시 토벌대를 인솔하여 안주安州에 닿아 반란군의 후미를 차단하고 반란군의 우두머리인 조광에게 사람을 보내 항복을 권유했다.

전세가 점차 불리해지고 있다는 것을 눈치챈 조광은 심각한 갈등에 빠졌다. 그렇지만 조정의 처분이 두려워 갈피를 잡지 못하고 있었다.

김부식은 그러한 조광의 심중을 간파하고 인종에게 조광의 후일을 약속해 달라는 글을 올렸다.

인종은 평주 판관 김순부를 소윤少尹으로 서경에 보내어 조광에게 후일을 약속해 줄 터이니 항복하라는 명을 전했다.

조광은 더 이상 망설일 필요가 없다고 판단하고 그 즉시 묘청, 유호, 유담을 비롯한 반란 주모자들의 목을 베어 부하 윤첨을 시켜 개경으로 보냈다.

그러나 조정 중신들 중 일부는 반란군의 우두머리들이 제거된 것이 토벌군의 선봉장으로 나선 김부식의 공로로 돌아갈까 봐 일부러 언성을 높였다.

중신들은 김부식이 시간만 끌 뿐 별다른 성과 없이 지내다가 조정에서 보낸 소윤의 공로로 반란군의 우두머리들이 제거되었다고 김부식을 폄하하며 조광이 보낸 윤첨을 그대로 하옥시켜 버렸다.

그 소식을 전해 들은 조광은 항복할 결심을 바꿔 죽기를 각오하고 싸울 것을 다짐했다.

'어차피 잡혀 죽으나 싸우다 죽으나 매한가지다! 살아서 역적이라는 오명을 쓰고 죽느니 이대로 버틸 때까지 버텨 보는 거다!'

김부식 역시 조정의 처사에 안타까움을 금치 못했지만 조광이 항복할 태세가 아니라면 전쟁은 이제부터 시작이라고 생각했다.

조광은 성안의 경계 태세를 늦추지 않는 한편 성을 위시한 대동강 주위로 1,700간이나 되는 새로운 성을 축조하고 토벌군의 수륙 양면 공격에 대비했다.

김부식은 여러 가지 전술을 써서 수차례 성을 공격했으나 워낙 지형이 험한 데다 반란군의 세력도 만만치 않아 고전을 면치 못했다.

한편 대동강에서는 조정에서 급파한 이녹천이 병선 40여 척을 거느리고 강물을 거슬러 올라가 성을 공격하려 했다.

그러나 이를 알아차린 반란군이 강 상류에서 작은 배에 불을 붙여 하류로 흘려 보내는 바람에 불씨가 병선에 옮겨 붙어 병선이 불탄 것은 물론 강물에 뛰어든 군사들은 비오듯 쏟아지는 화살에 맞아 수많은 사상자를 내고 참패를 당했다.

그러자 조정에서는 김부식을 탄핵하라는 목소리가 높아졌으나 인종은 그것만은 듣지 않았다.

전세가 그렇게 되자 김부식은 장기전에 돌입하기로 결정하고 군사들로 하여금 성을 빙 둘러싸고 철통 같은 수비를 하도록 명했다.

그로부터 1년이 지났다.

성안에 먹을 것이 떨어지자 굶어죽는 백성들이 허다했고 반란군도 차차 그 기세가 누그러졌다.

마침내 총공격을 감행하여 성안으로 진입한 토벌군은 반란군을 완전히 진압하는 데 성공했고, 조광을 비롯한 다른 우두머리들은 자결했다.

이로써 묘청의 난은 끝이 났지만 그 여파로 고려 조정의 판도가 바뀌게 되었다.

암암리에 서로를 견제하던 서경 세력과 개경 세력의 힘 겨루기는 결국 김부식을 위시한 개경 세력의 승리로 끝났다. 이후 개경 세력은 강력한 권력의 핵심을 차지하게 되었다.

이녕의 그림

고려에 온 송나라 사신이 인종에게 그림 한 폭을 선물로 바쳤다.

"임금께 드리려고 우리 송나라에서도 일품으로 여기는 명화를 한 폭 구해 왔습니다. 마음에 드시옵니까?"

"허허허, 이렇게 훌륭한 그림을 주시니 고맙구려."

사신이 물러간 뒤 인종은 그 그림을 유심히 바라보았다. 송나라 사신이 바친 그림은 강의 풍경을 그린 것으로 인종이 한눈에 보기에도 훌륭한 그림인 듯했다.

인종은 문득 당대의 유명한 화공인 이녕에게 이 그림을 보여 주어야겠다는 생각이 들었다.

송나라에서도 명품임을 자랑하는 것이기에 고려 최고의 화공인 이녕의 솜씨와 비교해 보고 싶었던 것이다.

"여봐라! 화공 이녕을 들라 하라!"

그 당시 이녕은 인종이 가장 아끼는 화공으로 당대 최고라는 평가를 받고 있었다. 그의 그림 솜씨는 가히 신의 경지에 올라 있었다.

이녕의 그림 솜씨를 짐작할 수 있는 다음과 같은 유명한 일화가 있다.

이녕의 스승 이준은 화공으로서의 그림 솜씨는 뛰어났는지 모르지만 남을 배려하는 마음이 없는 사람인지라 자신보다 그림을 잘 그리는 사람을 시기하였다.

하여 다른 사람의 그림을 평가할 때는 절대로 칭찬하지 않았으며 이것 저것 흠을 잡아 면박을 주고 헐뜯기에 바빴다. 또한 자신의 제자들에게도 그림의 기술을 제대로 전수해 주지 않았다.

그러던 중 이준이 인종의 명을 받아 어떤 그림을 평가하게 되었다.

인종이 보여준 그림은 이준이 보기에도 진정 천하 제일의 명화였다.

"폐하, 이 그림을 어디서 얻으셨는지 모르겠사오나 소신이 보건대 지금까지 보아 온 어떤 그림보다도 뛰어난 작품이옵니다. 그림 속의 풍경은 진실로 살아 있는 듯하여 생동감이 넘치는 것이……. 황공하오나 소신도 이 같은 그림은 그리지 못하였사옵니다. 폐하께서 이처럼 귀한 그림을 얻으신 것은 모두 폐하의 은공이 넓으신 덕인 줄 아뢰옵니다."

모처럼 이준이 극찬을 하자 인종은 흐뭇해했다.

"허허, 자네같이 야박한 비평가가 그리 높게 평가하는 것을 보니 과연 이 그림이 명품은 명품인가 보구려. 이렇게 되면 자넨 대단한 제자를 키운 훌륭한 스승으로 평가받게 되겠는걸!"

"예?"

인종의 뜻 모를 말에 이준은 어리둥절했다.

"자네가 극찬한 이 그림은 자네가 결함이 많다고 하던 자네의 제자 이녕의 그림일세. 아마도 자네 곁을 떠난 뒤에 그림 솜씨가 많이 는 모양일세그려. 하하하."

그후부터 이녕은 인종의 총애를 받으며 궁궐에서 그림을 그리게 되었다.

"폐하, 화공 이녕 대령하였사옵니다."

"오, 어서 오시오. 내가 방금 송나라 사신에게 그림 한 폭을 선물 받았는데 그대에게 보이고 싶어 불렀소. 내가 보기엔 지금껏 이런 솜씨를 본 적이 없는 것 같소. 역시 송나라에는 인재가 많은 듯하오."

인종이 극찬을 하며 그림을 이녕에게 보여 주었다.

이녕이 그림을 유심히 살펴보더니 조용히 말했다.

"폐하, 황공한 말씀이오나 이 그림은 소신의 그림이옵니다."

"뭐라! 자네의 그림이라니? 이 그림은 조금 전 송나라 사신에게 받은 것인데, 그게 무슨 말인가?"

인종은 이녕의 말에 놀라 물었다.

"몇 해 전 소신이 송나라에 사신으로 간 적이 있사옵니다."

"그렇지, 그건 과인도 알고 있소."

"그때 송나라 황제께서 소인을 부르시더니 고려의 예성강 포구가 무척 번화한 곳으로 들었다며 직접 가진 못하니 그림으로나마 보시고 싶다 하셨습니다. 하여 소인이 미진한 솜씨를 부려 그곳의 풍경을 그려 주었사옵니다. 그런데 그 그림이 여기에 있어 소인도 잠시 놀랐습니다."

이녕이 차분하게 말했으나 인종은 믿어지지 않았다.

"그렇다면 자네의 낙관이 찍혀 있어야 하지 않은가? 그런데 여기 이 그림에는 낙관이 보이지 않는구면."

"아마 표구를 하면서 낙관 찍힌 부분이 가려진 모양입니다. 황공하오나 그 그림을 가린 천을 뜯어 보시면 제 말이 진실임을 아실 수 있을 것입니다."

인종은 끝내 이녕의 말이 믿어지지 않았는지 그림의 족자를 뜯게 하였다.

그런데 과연 천으로 가려진 그림의 끝 부분에 이녕의 낙관과 이름이 적혀 있었다.

"허허허, 내 그대의 말을 믿지 못해 미안하구려. 하지만 송나라에서도 이 그림을 굉장한 보배인 양 여긴다 하여 그 나라 사람이 그린 것으로만 생각한 것이오. 그대가 이처럼 송나라에까지 가서 그 솜씨를 인정받았다 하니 기쁘기 그지없구려."

인종은 이녕을 믿지 못한 것에 대해 미안해하며 더욱 그를 가까이에 두고 아꼈다.

유응규의 청렴한 아내

"이것이 무엇이냐?"

남경(지금의 서울)의 태수로 부임해 온 유응규에게 관가의 한 관리가 묵직한 주머니 하나를 건네주었다. 이에 유응규는 짐작이 가는 것이 있는데 모른 척하며 다시 한 번 물었다.

"이것이 대체 무어냐고 묻지 않았소!"

관가의 관리는 유응규의 비위를 최대한 맞추려고 애를 쓰며 대답했다.

"약소합니다만 진상품입니다."

"무엇이라! 진상품?"

유응규의 언짢아하는 모습에 관리는 눈치를 살피며 말했다.

"예. 아마 곧 여러 진상품이 더 들어올 것입니다."

"진상품이라니! 내 알기로 백성들의 생활이 어렵다고 들었거늘, 그들에게 도움은 주지 못할망정 백성들로부터 착취한단 말이냐!"

처음에는 '진상품이 적어 언짢은가. 괜히 제일 먼저 가지고 와 화를 입는 게 아닌가'라는 생각에 차차 많은 진상품을 받게 될 것이라는 말을 했던 관리는 오히려 유응규의 화를 더욱 돋우고 말았다.

유응규의 호령에 관리는 어쩔 줄 몰라했다.

으레 해온 일로 새삼스러울 것도 없는 일인데 이를 따지는 유응규의 반응에 어찌 대처해야 할지 도무지 판단이 서지 않았다.

당황하는 관리의 모습을 보며 유응규는 엄하게 말했다.

"차후 또 한 번 이런 진상품을 가지고 백성들을 괴롭히는 이가 있으면 내 엄히 다스릴 것이니 명심하도록 하시오!"

관리는 유응규의 이 같은 처사에 당혹스러웠다.

그 무렵은 의종의 문란한 정치로 인해 관리들이 관례처럼 부정과 부패를 일삼던 때였다.

그러므로 대개 한자리한다 싶은 사람들은 물을 만난 물고기처럼 재물을 긁어모으는 일에 혈안이 되어 있었다. 자신의 잇속을 채우는 일에 급급하여 백성들이야 굶어 죽든 말든 전혀 관심을 두지 않았던 것이다.

하지만 지금 남경의 새로운 태수로 부임해 온 유응규는 사람들이 지극히 당연한 것으로 여기는 일에 대해 크게 호통을 치고 있었다.

관리는 반신반의하며 얼떨떨한 표정으로 물러나왔다. 하지만 시간이 지나면서 유응규라는 인물이 다시없는 훌륭한 태수라는 것을 알게 되었다.

유응규는 태수로서 받는 녹봉 외에는 일절 어떤것도 받지를 않으면서 오로지 백성들의 안락한 생활을 위해 전념하였다.

그리하여 유응규라는 인물은 역사의 한 페이지에 청렴한 인물로 기록되어 후세에 이름을 남기고 있다.

하지만 유응규가 이렇게 청렴한 인물로 평가되기까지는 부인의 내조도 적지 않은 영향을 끼쳤다.

유응규의 아내는 남편 못지않게 청렴했다.

아내가 한동안 병치레를 하고는 기력이 회복되지 않아 병상에 누워 있을 때의 일이다.

오랫동안 병으로 누워 있었던지라 아내는 입맛이 없어져 한 끼 식사하는 것조차 힘들어했다.

그런 마님을 옆에서 지켜보아야 하는 몸종은 자신이 더 애가 탔다. 도대체 남편이 태수면 뭐하나 싶은 생각까지 들 지경이었다.

환자에게는 밥이 보약이거늘 맛있는 반찬 하나 만들어 주지 못하는 형편이었다. 반찬이라고는 고작해야 나물뿐이니 몸종은 속이 상해 어쩔 줄 몰랐다.

그때 대문 밖에서 누군가 작은 목소리로 사람을 찾는 소리가 들려 왔다.

몸종은 급히 나가 보았다. 청렴한 주인들 덕에 태수의 집이라도 찾아오는 사람이 거의 없었기에 의아한 얼굴로 문을 열었다.

문 앞에는 관가의 관리가 서 있었다. 그는 목소리를 낮추어 말했다.

"마님은 어떠하시냐?"

관리의 물음에 몸종은 한숨을 쉬며 답했다.

"그저 그렇습니다."

관리는 혀를 차며 안쓰럽다는 표정으로 말을 이었다.

"필경 드시는 것이 변변치 못해서 그런 것일 게야. 내 그럴 것 같아 여기 꿩 한 마리를 가져왔으니 아무 말 말고 네가 알아서 마님이 드시게 해야 한다."

몸종은 관리의 배려에 자신도 모르게 큰소리로 감사의 말을 했다.

"감사합니다, 나리."

"쉿! 조용! 내가 준 것이 들통나지 않게 조심해야 할 게야. 그리 되었다가는 내 이렇게 가져온 보람도 없어지는 것이니, 네가 적당히 알아서 말씀드리고 마님이 잡수실 수 있도록 해야 한다. 그럼 난 이만 갈 터이니 아무쪼록 마님을 보살펴 드리는 데 온갖 정성을 쏟도록 하거라."

유응규 부부의 성격을 잘 알고 있는 그는 조심스럽게 주위를 살피고는 돌아갔다.

몸종은 모처럼 얻은 꿩을 보며 신이 났다.

'이것을 어찌 요리해야 마님께서 드시려나? 가만, 마님께 아무 말도 않고 요리를 했다가는 필경 드시지도 않고 나만 경을 칠 텐데. 어찌한다?'

몸종은 이리저리 궁리 끝에 빙그레 웃으며 마님께 아뢰었다.

"마님, 쇤네가 잠시 저잣거리에 갔다가 우연히 아는 친척을 만나 꿩 한 마리를 얻어 왔습니다."

몸종의 말에 유응규의 부인은 천천히 자리에서 일어나 앉았다.

"그래, 그 친척이 꿩을 줬단 말이냐?"

"예, 마님"

"친척이 네가 언제 저잣거리에 나올 줄 알고 꿩을 갖고 나왔더라는 말이냐?"

거짓을 말하는 몸종은 가슴이 철렁 내려앉아 말을 더듬거렸다.

"아아…… 예, 저…… 먼저부터 저에게 꿩을 주겠다고 하더니 마침 오늘 주려고 마님댁으로 찾아오다가 저를 만난 겁니다."

유응규의 부인은 몸종의 얼굴을 가만히 바라보았다.

"그 꿩은 임자에게 돌려주거라."

마님의 말에 몸종은 얼굴이 하얗게 변했다.

"마님, 제가 잘못했사옵니다. 이 꿩을 관리가 주었다고 하면, 마님께서 안 드실 것 같아 제가 거짓을 아뢰었습니다. 하지만 마님, 이

왕 이렇게 받았사오니 드시고 몸을 추스르심이 어떻겠습니까?"

유응규의 부인은 미소를 지으며 말했다.

"네가 이렇게 나를 생각하는 것은 내 고맙게 생각하느니라. 또한 병중인 나를 생각해서 그것을 보내준 이의 정성도 고맙구나. 하지만 잠시 내 몸을 추스르고자 그것을 받는다면 지금까지 지켜온 태수 나리의 청렴 결백은 어떻게 되겠느냐? 아내 된 도리로 남편을 극진히 받들지는 못할망정 남편의 이름에 오점을 남기게 할 수는 없다. 어서 돌려주거라."

마님이 이렇게 단호히 말했는데도 몸종은 그래도 아쉬운지 한마디했다.

"마님, 이까짓 꿩이 무슨 뇌물도 아닌데, 이웃간에 음식을 나눠 먹는 것으로 생각하시면 안 되겠사옵니까?"

"그건 아니 될 말이다. 물론 이웃끼리 돈독한 정을 키우기 위해 음식을 나눠 먹는 것은 좋은 일이다. 하지만 우리는 지금 한 고을을 다스리는 태수의 자리에 있는 집안이다. 아무리 사소한 것이라 할지라도 태수께서 지금까지 쌓아온 청렴 결백을 무너뜨리는 일을 삼가야 하느니라. 어서 돌려주거라."

몸종은 더 이상 말을 하지 못하고 꿩을 들고 나와 그 길로 관리의 집으로 가서 돌려주었다.

관리는 꿩을 받으며 혀를 찼다.

"아니, 어쨌기에 이것을 다시 가져왔느냐? 네가 잘 알아서 마님이 드시도록 하라고 내 그토록 일렀거늘……"

몸종은 마님의 뜻을 이야기해 주었다.

관리는 고개를 설레설레 흔들었다.

"거참, 대단하신 분들일세. 요즘 세상에 다들 자기 이익만 챙기

거늘……, 우리 나리 같은 분이 몇 명만 더 있었다면 이 나라가 이
꼴은 안 되었을 터인데……."

관리는 이렇게 말하고는 꿩을 들고 집안으로 들어갔다.

흔히 하는 말로 그 남편에 그 아내가 아닐 수 없다. 그러나 그렇
게 꿩 한 마리조차도 쉽게 받지 않았던 부인의 철저한 내조가 있었
기에 유응규의 청렴 결백이 빛을 발할 수 있었던 것이다.

경대승과 정중부

마당에서는 곡식을 추수하느라 일꾼들의 손길이 바빴다. 이름하여 추수의 계절. 마당 가득 콩, 팥, 수수 등이 가을 햇볕에 잘도 마르고, 그 위로 빨간 고추잠자리가 날아다니고 있었다.

또한 누런 벼를 털어 내는 일꾼들의 손은 쉴새없이 움직였고, 그럴 때마다 벼 이삭들이 알알이 떨어져 쌓이고 있었다.

추수가 한창인 마당 한쪽에서 우두커니 그 모습을 쳐다보는 한 소년이 있었다.

소년은 가끔 곡식들을 만져 보기도 하고, 고추잠자리를 잡으려 위로 껑충 몸을 솟구쳐 보기도 했다. 누가 보기에도 소년은 그저 추수하는 것을 구경하는 평범한 동네 아이 같았다.

오늘 곡식을 추수하는 집은 인근에서도 알아주는 부잣집으로서 워낙 추수한 곡식의 양이 많은 데다 다른 해와는 달리 감시하는 사람도 없어 일꾼들은 추수를 하는 척하며 슬쩍 곡식을 훔치고 있었다.

아낙네들은 치맛자락에 곡식을 숨겨 대문 밖으로 눈치를 보며 슬금슬금 나갔다가는 빈손으로 돌아왔고, 남정네들은 아예 곡식을 담은 가마니를 통째로 빼가는 이도 적지 않았다.

그러면서 일꾼들은 뭐라 자기들끼리 작은 목소리로 속삭이며 주인이 있는 안채의 동정을 살피는 눈치였다.

어느덧 해가 지고 붉은 노을이 서서히 서쪽 하늘을 물들이기 시작했다. 그때까지도 일꾼들은 제대로 일은 하지 않고 눈치껏 곡식을 훔치는 일에만 열중이었다.

이윽고 하루 일이 끝나고 일꾼들이 각자의 집으로 돌아가려고 할 때였다.

아침나절부터 그때까지 마당에 있으면서 일꾼들이 추수하는 것을 신기한 듯 쳐다보며 혼자 놀고 있던 소년이 처음으로 입을 열었다.

"이보시오. 도둑질도 적당히 해야 되지 않겠소? 어찌하여 추수하는 것보다 훔쳐 가는 것이 더 많은 겁니까?"

일꾼들은 깜짝 놀라 눈이 휘둥그레져 한마디씩 수군댔다.

"누구지? 아침부터 마당에서 혼자 놀고 있기에 우리들 중 누군가가 데려온 아이인 줄 알았는데?"

"그러게. 대체 누구지?"

"큰일 났소! 내 알아봤더니 저 도련님이 바로 이 주인댁 아드님이라는구먼. 주인이 감시하라고 시킨 게 틀림없을 텐데, 이제 우린 꼼짝없이 관가로 끌려가게 생겼소."

"아무리 그래도 그렇지. 어떻게 하루 종일 우리가 하는 짓을 꾹 참고 보고 있었을까? 보통 도련님이 아닌 게 틀림없어."

이 소년이 바로 고려 명종 때의 장군 경대승이다. 그는 15세에 교위가 되어, 이후 장군에까지 올랐다.

경대승은 어려서부터 성격이 곧고 강직하여 많은 사람들이 그를 보고 칭찬하기를 주저하지 않았다.

또한 경대승은 불의를 보면 참지 못했는데 그럴 때면 남보다 앞장서서 싸워 이겨야만 직성이 풀렸다.

경대승이 벼슬에 오른 시대는 정중부, 이의방, 이고 등의 무신들이 득세한 이른바 무신정권 시절이었다.

무신들은 오로지 힘 하나만을 믿고 권세를 뒤흔들었는데, 그 중에서 정중부의 세도는 나는 새도 떨어뜨린다는 말을 절로 떠올릴 수 있을 정도였다.

임금은 힘을 잃고 백성들의 생활은 궁핍하기 이를 데 없어 민심은 날로 흉흉해졌다.

정중부의 세도가 이쯤 되자 사람들은 오로지 아첨과 편법으로 정중부의 심기를 건드리지 않으려 노심초사했다.

그러나 경대승만은 오히려 꼿꼿한 자세로 정중부를 대하며 어떻게 하면 그의 오만 방자함을 누르고 미력한 조정의 위신을 바로 세울 수 있을까 고민하고 있었다.

그런데 정중부의 사위인 송유인이라는 자가 문극겸과 한문준을 배척하여 민심을 잃게 되는 일이 벌어졌고 경대승은 이 기회를 하늘이 주신 것이라 여겼다.

'그래, 때가 왔구나. 지금 미친 말처럼 날뛰는 저 정중부 일당을 없애야지!'

그의 눈은 이글이글 불타고 있었다.

경대승은 먼저 친한 친구 허승을 찾아가 도움을 요청했다.

"이보게, 자네도 알다시피 정중부 일당이 하는 짓이 갈수록 심해져 가네. 이대로 두면 나라가 휘청거릴지도 모르겠네. 정중부 일당을 지금 소탕해야 되지 않겠는가? 우리 힘을 모으세."

친구 허승은 흔쾌히 승낙하였다.

"대궐에서 장경회를 마치는 날 저녁 자네가 먼저 잠입해 있다가 정중부의 아들 정균을 죽이게나. 그런 다음 자네의 휘파람 소리에 따라 내가 사병들을 지휘해 기습하겠네."

그날 둘은 단단히 약속을 하고 헤어졌다.

그 어느 때보다도 경대승의 눈에는 힘이 넘쳤고, 가슴은 불의를 제거해야 한다는 생각에 요동치고 있었다.

드디어 약속한 날이 왔다.

경대승은 먼저 사병들을 거느리고 대궐 담을 넘어가 기습 공격을 위해 사병들을 곳곳에 은밀하게 배치시켰다.

그러는 동안 장검을 든 검은 그림자 하나가 서서히 정중부의 아들인 정중에게로 다가갔다. 장검을 든 사람은 허승이었다.

뭔가 스쳐 지나갔다는 느낌뿐이었는데 정적을 울리는 외마디 비명 소리가 허공을 갈랐다. 뒤이어 휘파람 소리가 밤의 적막을 타고 경대승의 귀로 전해졌다.

경대승은 휘파람 소리를 듣자마자 숨어서 명령만을 기다렸던 사병들과 함께 일제히 습격을 단행했다.

먼저 대장인 이경백을 죽이고 그 일당을 닥치는 대로 죽였다.

사태가 이쯤 되자 대궐 안은 삽시간에 아수라장으로 변했다. 번뜩이는 칼날이 휙휙 소리를 내며 번쩍거렸고, 여기저기서 비명 소리가 진동했다.

명종 또한 무슨 일인지 갈피를 잡지 못하고 어찌할 바를 몰라 허둥지둥 몸을 피하기에만 바빴다.

어느 정도 승세를 잡은 경대승은 명종 앞에 무릎을 꿇고 이렇게 아뢰었다.

"폐하! 이는 사직의 안전을 위함이니 너무 두려워하지 마시옵소서."

경대승은 이에 그치지 않고 정중부와 송유인 부자 등을 잡아 거리에 세우고는 백성들이 지켜보는 가운데 칼로 목을 동강냈다.

하지만 경대승이 정중부 일당을 소탕했어도 아직 불씨가 남아 있었다. 그것은 바로 이의방과 이고 등이었다.

경대승에게 불만을 품은 자가 아직 도사리고 있었기에 경대승은 신변을 보호하기 위해 사병을 두었는데 이들 집단을 도방이라 불렀다.

경대승은 집 밖을 나갈 때마다 신변을 보호하기 위해 도방의 사병들을 거느리고 다녔다.

당시 무신들은 경대승과 비슷한 형태의 사병을 비밀리에 키우고 있었는데, 가끔씩 경대승의 사병과 충돌하는 일이 벌어졌다.

이런 일이 벌어질 때마다 피해를 입는 쪽은 백성들이었기에 사병들에 대한 평이 그리 좋을 리가 없었다.

한편 무신들은 호시탐탐 경대승을 없애려 계략을 짰다. 그들은 우선 사병에 대한 좋지 않은 여론을 이용해 경대승 휘하에 있는 도방을 와해시키고자 이들에게 자주 시비를 걸었다. 그러나 도방의 사병들 또한 경대승처럼 청렴 결백한 자들이라 뜻대로 되지 않았다.

결국 무신들은 장안에서 내로라 하는 깡패들을 모아들였다. 그리고 이러한 깡패들을 밤마다 경대승이 이끄는 도방의 사병 복장으로 변장시킨 뒤 강도질을 시켰다.

주막에 들어가 실컷 먹고 마시고는 돈 한푼 내기는커녕 주막의 주인까지 죽여버리는 일이 비일비재했고 말리는 사람들에게까지도 주먹질을 해댔다.

아무것도 모르는 백성들은 감쪽같이 속아넘어가 이 일을 경대승의 사병들이 한 짓이라고 여겼다.

급기야 이러한 일은 명종의 귀에까지 들어가 명종도 경대승을 대하는 태도가 예전과는 사뭇 달라졌다.

자신이 이끄는 도방의 사병들이 도둑질은 물론 강도질이며 살인까지도 밥먹듯이 한다는 얘기를 듣게 된 경대승은 기절초풍할 노릇이었다.

"아니, 내 도방의 사병들이 그런 짓을?"

경대승은 도저히 믿어지지 않아 고개를 절레절레 흔들었다.

"아냐, 그럴 리 없다. 이건 틀림없이 누군가의 모략이다."

경대승은 도방의 사병들을 마당에 모아 놓고 큰소리로 말했다.

"들거라. 내 오늘 참으로 해괴한 소문을 들었다! 여기 모여 있는 너희가 밤마다 강도나 살인 등 온갖 못된 짓을 하고 돌아다닌다던데 그게 사실이냐? 만약 그러한 악행을 저지른 자가 있다면 지금 당장 앞으로 나오너라. 어서!"

그러나 단 한 사람도 나오지 않자, 경대승은 다시 말을 이었다.

"내 짐작한 대로 우리 도방에는 그런 못된 자가 없는 것으로 알겠다. 그러나 우리는 지금 모함을 받고 있다. 어느 놈의 계략인지 알아내야 한다. 그리고 그런 계략을 꾸민 자를 잡아들여 세상에 알려야 우리의 입지가 바로 설 것이다. 그러니 너희는 지금부터 그놈들을 잡아들여 이 더러운 오명을 씻도록 하라!"

그날부터 밤이면 밤마다 장안에는 도방에서 파견된 사병들의 예리한 눈빛이 여기저기서 번뜩였다.

그 결과 도방의 사병을 사칭하여 폭행을 일삼던 깡패들의 수가 눈에 띄게 줄어 들었는데 이는 깡패들을 시켜 그 같은 일을 시킨 무신들이 기미를 알아채고 깡패들을 단속한 까닭이었다.

무신들은 그 배후가 드러나면 목이 달아남을 알고 있었기에 꼬리를 감춘 것이었다.

어느 날 밤, 경대승은 온 몸이 식은땀으로 범벅된 채 잠자리에서 벌떡 일어났다.

"참으로 기분 나쁜 꿈이다. 벌써 이 꿈이 몇 번째이던가?"

그날 역시 경대승은 똑같은 꿈을 꾸다 깬 것이었다. 그것은 바로 경대승이 죽인 정중부가 칼을 들고 덤벼드는 꿈이었다.

정중부는 시퍼런 칼을 들고 경대승을 향해 달려왔다.

"네 이놈, 내 목을 친 놈. 너도 내 칼에 죽어라!"

정중부는 눈에 쌍심지를 켜고 경대승을 향해 다가왔다.

어찌나 빨리 달리는지 경대승이 있는 힘을 다해 달려도 정중부는 이내 경대승의 뒷덜미를 잡고야 말았다.

"경대승, 네 이놈! 내 기필코 네놈의 목을 치고 말리라!"

경대승이 온 몸을 바르르 떨다 벌떡 일어나 보면 베개며, 옷이 흥건하게 젖어 있고, 얼굴에는 식은땀이 송골송골 맺혀 있었다.

이런 일이 계속되다 보니 경대승은 밤이면 제대로 잠을 이룰 수가 없었고, 나날이 수척해졌다.

경대승은 가끔씩 이렇게 한탄했다.

"내 사나이 대장부로서 나라의 기강을 위해 정중부를 쳤거늘 그 일이 잘못된 것이 아닌데, 왜 이다지 꿈에까지 나타나는가! 아! 이제 내 마음이 흔들리고 있는 것은 아닌가?"

그뒤부터 경대승은 시름시름 앓기 시작했다.

오로지 나라의 기강을 바로잡기 위해서 청렴 결백하게 살았던 사나이 중의 사나이 경대승은 30세의 젊은 나이에 안타깝게도 영원히 눈을 감고 말았다.

그의 죽음이 얼마나 아쉬웠는지 그의 업적을 추모하여 통곡하는 백성들의 행렬이 그의 상여 뒤로 길게 늘어섰다.

그러나 그의 죽음은 또 하나의 안타까운 결과를 낳고 말았다. 경대승이 죽자 도방의 사병들은 부모 없이 떠도는 고아 신세가 되어버린 것이다.

배운 것이 도둑질이라고, 도방의 사병들은 싸우는 일 외에 다른 일은 할 줄 몰랐다. 그러다 보니 자연 주먹과 칼을 휘두르게 되었고 마침내 진짜 도적이 되고 말았다.

나라에서는 도적이 된 도방의 사병들에 대한 문제로 한동안 골머리를 앓았다.

최씨 형제의 권력 다툼

고려 제19대 임금이었던 명종은 무신 정중부의 난으로 즉위하게 되었으나 의지가 나약하고 성격이 소심하여 재위 기간 동안 왕으로서의 위엄을 세우지 못하고 언제나 신하들에게 이끌려 다니기만 하는 한낱 허수아비 왕에 불과했다.

그 당시 고려는 바야흐로 무신정권 시대로 접어들고 있었기 때문에 문신보다는 무신들이 나라의 정사를 좌지우지했다.

무력한 임금은 권력을 잡고 있는 무신들의 눈치를 살피느라 제대로 말 한마디 하지 못했고, 무신들은 힘없는 임금과 조정을 농락하며 자신들의 세력을 키우고 과시하는 데 혈안이 되어 있었다.

그런 무신들 중에서도 이의민 일가의 횡포가 가장 심했는데 이의민을 비롯하여 그의 세 아들인 지순, 지영, 지광의 극악무도함은 이루 말할 수가 없을 지경이었다.

부당한 방법으로 재물을 축적하는 것은 물론 출중한 미색이라면 처녀든 여염집 아낙네든 가리지 않고 제 욕심을 채웠는데, 둘째아들인 이지영은 명종의 후궁까지 겁탈했다.

그런데도 나약하기 그지없는 명종은 그 일을 알고서도 모른 척 그냥 넘어갈 수밖에 없었다.

이렇게 임금의 힘이 무력하다 보니 백성들의 생활은 피폐하기 이를 데 없었고 그로 인해 곳곳에서 민란이 발생하고 민심이 흉흉해졌다.

그러던 중 녹사 벼슬에 있던 최충수와 이의민의 아들 이지영이 사소한 일로 싸움을 벌이게 되었다. 분을 참지 못한 최충수는 형인 최충헌을 찾아가 이의민 일가를 칠 계략을 세웠다.

마침내 최충헌과 최충수 형제는 이의민 일가를 제거하는 데 성공했다. 그리고 무력한 명종을 보위에서 몰아내고 평량공을 왕위에 앉혔는데, 이가 바로 신종이다.

이로부터 세상의 판도는 최씨 일가의 세도 아래 놓이게 되었다. 그러나 최씨 무신정권 또한 순탄치만은 않았다.

흔히 그렇듯이 권력은 마약처럼 사람을 중독시킨다. 최충헌의 동생 최충수는 권력의 맛을 느끼기 시작하면서부터 순식간에 권력의 포로가 되었다.

최충수는 이미 혼인을 한 태자비를 폐하고 자신의 딸을 태자비로 올려 훗날 태자가 보위를 이어받을 때 자신이 권력을 완전히 장악하려는 음모를 획책했다.

최충수는 신종을 알현하고 자신의 딸을 태자비로 거론하며 은근히 압력을 가했다.

신종은 최충수의 음모를 눈치챘지만 막강한 그의 힘을 당할 방도가 없어 어쩔 수 없이 태자비를 폐하고 대궐 밖으로 내보냈다.

최충수는 모든 일이 뜻대로 되자 회심의 미소를 지으며 자신의 딸을 태자와 혼인시키기 위한 준비를 서둘렀다.

일이 이쯤 되자 최충헌의 귀에도 최충수의 음모가 들어가지 않을 수 없었다.

소식을 들은 최충헌은 크게 놀라 부랴부랴 동생 최충수의 집으로 찾아갔다.

최충수는 형이 올 것을 미리 예견하고 있었던 터였기에 침착하게 형님을 맞아들이고 술상을 차려 오라고 명했다.

두 형제는 아무런 말 없이 술잔을 주거니 받거니 하면서 거나하게 취했다.

술 기운이 어느 정도 올랐을 무렵 최충헌이 동생에게 먼저 말문을 열었다.

"네 딸을 태자비로 들여보낸다는 말이 사실이냐?"

기다렸다는 듯이 최충수가 말을 받았다.

"형님께서 어떻게 들으셨는지는 모르지만 폐하의 명이 워낙 지엄한 까닭에……."

말을 다 잇지 못하고 말끝을 흐리는 동생을 향해 최충헌이 눈을 부릅뜨고 언성을 높여 말했다.

"그게 무슨 말이냐? 폐하의 명이라니! 나는 폐하께서 그런 명을 내렸다는 소릴 들은 적이 없다! 우리 형제가 지금 이만한 위치에까지 오르게 된 연유를 잊은 것이냐? 극악무도한 이의민 일가로부터 왕실을 지키고 땅바닥까지 추락한 왕실의 위신을 바로 세우기 위함이었다!"

형의 말에 최충수는 잠자코 말이 없었다.

"그런데 지금의 폐하께옵서 보위에 오르신 지 얼마나 되었다고 벌써부터 사사로운 욕심에 눈이 멀어 왕실의 일에 참견하려 드느냐? 그러고도 네 목숨이 온전할 줄 알았더냐?"

추상 같은 최충헌의 꾸지람에 최충수는 고개를 떨군 채 말이 없었다.

"네가 형의 말을 듣지 않고 계속해서 네 뜻대로 하겠다면 나도 더는 너를 동생으로 여기지 않을 것이다!"

최충헌의 말이 이어지는 동안 최충수는 점차 자신의 행동이 무례한 일이었다는 것을 깨닫기 시작했다.

"죄송합니다, 형님! 제 생각이 짧았습니다. 부디 용서하여 주십시오!"

동생의 참회의 말에 최충헌은 기세를 누그러뜨리고 달래는 음성으로 말했다.

"네가 너의 잘못을 알았다니 이제 됐다. 내일 날이 밝는 대로 폐하를 알현하고 용서를 빌어라! 알겠느냐?"

"예! 형님!"

최충헌은 동생의 잔에 술을 가득 따라 주며 안도의 한숨을 쉬었다.

밤이 이슥하도록 술잔을 주고받던 최충헌이 돌아간 후, 최충수는 깊은 생각에 잠겼다. 사람의 마음은 얼마나 간사한 것인지 최충헌이 돌아가고 나서 다시 혼자 곰곰이 생각해 잠긴 최충수에게 또다시 권력의 달콤한 유혹이 밀려들었다. 어느새 조금 전 자신의 행동을 반성하던 마음은 온데간데없이 사라지고 없었다.

'엄밀히 따지면 형님 또한 나와는 경쟁자인 셈이다. 권좌의 주인은 오직 한 사람일 뿐, 내가 동생이라고 해서 형님에게 그 자리를 내줄 필요는 없지 않은가?'

최충수의 마음은 영욕에 대한 갈망으로 교만과 방자함이 불꽃처럼 이글거렸다.

다음날 최충수는 형과의 약속을 까맣게 잊고 오히려 딸의 혼수 준비가 늦다고 하인들을 닦달했다.

동생인 최충수가 여전히 딸을 태자비로 들여보내기 위한 준비에 여념이 없다는 말을 들은 최충헌은 심각한 고민에 빠졌다. 동생의 행동을 방관했다가는 나중에 무슨 일을 당할지 모르며 그 화가 자신을 비롯한 집안 전체에 미칠지도 모른다는 판단이 섰다.

최충헌은 외조카인 박진재를 비롯한 심복들을 은밀히 자신의 집으로 불렀다.

"나는 충수의 방약무인한 짓거리를 더는 두고볼 수가 없소. 그래서 질녀가 태자비가 되는 것을 막으려 하오. 어찌 생각하시오?"

최충헌의 말에 부하들은 모두 인상만 쓰고 있을 뿐 별반 말이 없었다. 그들 역시 최충수의 힘이 최충헌에 버금간다는 것을 알고 있었던 것이다.

잠시 후 외조카인 박진재가 조심스레 입을 열었다.

"뜻을 따르겠습니다."

그 말에 다른 부하들도 조용히 고개를 끄덕였다.

최충헌은 질녀가 태자비로 입궐하기로 한 전날을 거사일로 삼고 부하들을 시켜 군사를 모았다.

그렇게 해서 모인 군사 천여 명을 이끌고 최충헌은 직접 선두에 나서 대궐로 향했다.

삼경이 넘어 군사들을 이끌고 온 최충헌을 보고 신종은 깜짝 놀랐다.

최충헌은 신종을 알현하고 동생인 최충수가 역모를 꾀한다고 아뢴 뒤 군사들로 하여금 대궐을 철통같이 수비할 것을 지시했다.

최충헌이 군사들을 이끌고 대궐로 간 사실은 최충수에게도 알려졌다.

내일이면 딸을 태자비에 앉힐 수 있다는 기대감에 들떠 있던 최충수는 무릎을 치며 탄식했다.

"내가 정녕 잘못 생각했단 말인가? 이렇게 있다가는 역모를 꾸몄다는 죄명으로 죽을 것이요, 칼을 들고 대항한다면 형제지간에 피를 흘릴 것이 아닌가?"

최충수는 어떻게 해서든지 형제지간에 골육 상쟁만은 막아야겠다는 일념으로 대궐에 입궐하여 형 앞에 무릎을 꿇고 사죄하기로 마음먹었다.

그러나 심복인 박정부와 오숙을 비롯한 여러 부하들이 최충수의 앞을 가로막으며 끝까지 싸우자고 고집을 부렸다.

최충수는 다시 제자리에 주저앉을 수밖에 없었다. 부하들의 만류가 완곡하기도 했지만 자신이 생각하기에도 이미 모든 사태는 돌이킬 수 없는 지경에 와 있었다.

최충수는 부하들을 시켜 군사들을 모았지만 재빠르게 사태를 파악한 군사들 중 태반이 어디론가 도망치고 난 후였다.

새벽녘이 되자 최충수는 남아 있는 군사들을 이끌고 대궐로 향했다. 그러나 대궐에 이르기도 전에 수적으로 우위에 있던 최충헌의 부하들에 의해 대열은 산산이 흩어졌다.

최충수는 훗날을 기약하며 심복들을 이끌고 송도를 벗어나 도망길에 올랐지만 얼마 가지 못하고 추격해 온 최충헌의 군사들에 의해 무참하게 목이 잘렸다.

최충헌은 잘려진 동생의 목을 보고 비탄에 잠겼다.

"죽이지 않아도 되었을 것을……. 어찌 이렇게 비참하게 죽였단 말이냐?"

최충헌은 동생의 주검 앞에서 비통한 눈물을 흘렸다.

그러나 말과는 달리 최충헌 역시 권력에 집착하여 나중에 외조카인 박진재의 세력이 커지자 그를 양 다리의 힘줄을 잘라낸 채 멀리 귀양 보냈으며, 심복들 중에서도 조금이라도 세력을 키우려는 자가 있으면 가차없이 죽이거나 귀양을 보냈다.

최충헌이 죽은 후에도 그의 아들들에 의해 고려의 최씨 무신정권의 세도는 60년 동안이나 지속되었다.

왕후 장상의 씨

"어머니, 아버지, 저는 종이 싫어요. 저는 세상을 돌아보며 살고 싶어요. 이곳에서 평생 종 노릇을 하다 죽는 것은 아무 의미가 없어요."

그렇게 말하며 울음을 터뜨리는 만적을 바라보며 만적의 부모 또한 소리 없이 가슴속 설움을 쏟어내렸다.

만적의 부모는 더 이상 아들의 뜻을 꺾기 어렵다는 것을 깨닫고 몰래 모아 두었던 엽전 몇 닢을 어린 만적의 손에 꼭 쥐어 주었다.

"가거라! 더 이상 이 못난 어미 아비처럼 살지 말고 네 하고 싶은 대로 자유롭게 살거라."

만적은 밤새 부모와 부둥켜안고 소리 없이 울음을 삼키다가 새벽이 되기 전에 몰래 괴나리봇짐을 싸들고 주인집을 빠져 나왔다.

만적의 부모는 어린 만적의 앞길을 마음속으로 부처님께 빌고 또 빌었다.

만적은 최씨 무신정권의 우두머리 격인 최충헌의 종이었는데 어려서부터 다른 노비들과는 달리 영특하고 총명했다.

그래서인지 그는 틈만 나면 어디론가 도망을 쳐 노비 신세를 벗어나고 싶어했다.

처음에는 그저 철없는 아들의 투정으로만 여겼던 만적의 부모들은 나이가 들수록 만적의 결심이 더욱 굳어지는 것을 보고는 더는 말릴 수 없었다.

며칠을 문전걸식 해가며 정처 없는 방랑의 길에 오른 만적은 비록 양반은 될 수 없을지언정 아전이라도 되어 종의 신세를 면하고자 마음먹었다.

그렇게 해서 내린 결론이 우선 글을 깨쳐야 한다는 것이었다. 그때부터 만적은 서당만 찾아다니며 머슴을 살았다.

머슴을 사는 틈틈이 만적은 서당에 다니러 온 아이들의 어깨 너머로 글공부를 했는데 워낙 영특하고 결의가 남달라 나중에는 웬만한 시골 선비들 못지않은 실력을 쌓게 되었다.

그러나 아무리 글을 배운다 해도 만적은 과거도 볼 수 없었고, 노비가 아닌 중인의 신분이라고 내세울 만한 그 무엇도 없었다.

더군다나 어느 때고 노비란 것이 탄로나면 여지없이 관가로 끌려가 죽음을 면치 못할 신세였다. 그런 생각 때문에 만적은 글을 배우러 여기저기 떠돌면서도 늘 마음이 무거웠다.

그럭저럭 10여 년의 세월이 흘렀다.

만적은 부당한 신분 제도를 개혁하는 길만이 자신이 자유로워지는 길이라고 생각하였다.

'아무리 글공부를 잘한다 해도 노비인 이상 어쩔 수 없다. 같은 사람인데 종이라고 개, 돼지 취급을 당하는 신분 제도는 없어져야 한다. 이는 나 혼자만을 위해서가 아니라 나와 같은 노비의 처지에 있는 모든 이들을 위해서이다. 나는 이를 위해 목숨까지도 내놓을 것이다!'

만적의 두 눈은 인생의 단 한 가지 목표를 향해 뜨거운 집념으로 불타 올랐다.

만적은 고향인 송도로 돌아와 장사꾼의 머슴이 되었는데 짬이 나는 대로 다른 머슴들과 함께 나무를 하러 산에 올랐다.

그것은 남들의 눈을 피해서 같은 노비 신분인 머슴들과 호젓한 산에서 이런저런 이야기를 거리낌없이 나누기 위해서였다.

만적은 머슴들을 모아 놓고 조금씩 자신의 생각을 말하며 그들을 설득해 나갔고 이어 하나둘씩 다른 집 머슴들까지도 동지로 끌어들이는 데 성공했다.

만적은 자신의 품은 뜻을 성사시키기 위해 누구보다 열심히 일하여 주인이나 주위 사람들이 눈치채지 못하도록 안심을 시켰다.

그리고 산 위에 있는 커다란 폭포 아래를 그들이 모이는 비밀 장소로 정하고 정기적으로 모임을 가졌다.

드디어 만적을 비롯한 일단의 동네 머슴들은 날을 잡아 폭포 아래에서 비밀 결사대를 조직하기로 약속했다.

약속한 그날, 시간이 되자 폭포 아래로 나뭇단을 짊어진 머슴들이 모이기 시작했다. 그들은 흥얼흥얼 콧노래를 부르며 하나둘씩 폭포 아래로 모여들었다.

그 모습은 누가 보아도 산에서 나무 하던 동네 머슴들이 잠시 땀을 식히며 얘기를 나누고 있는 모양이었다.

주위는 인적이 드물고 폭포 소리밖에 들리지 않았다.

거대한 폭포의 물줄기는 아래로 떨어지며 하얀 물안개가 피듯 방울방울 물방울을 사방으로 튀기고 있었다.

"반갑소, 잘들 모이셨소."

만적이 먼저 도착해 있다가 손을 내밀었다.

"지금 이 자리에는 우리 여섯뿐이지만, 앞으로 여섯이 육십으로,

육십이 육백으로 늘어난다면 기필코 양반놈들을 해치울 수 있을 것이오."

"그렇소! 임금이나 양반이나 종이나 씨가 따로 있는 게 아닙니다. 보시오. 우리도 양반 옷을 입으면 양반같이 보이지 않소. 그런데 왜 양반이니 종이니 하는 신분 제도를 만들어 놓았겠소? 그것은 모두 양반 자신들의 이득을 위해서요. 또한 이러한 신분 제도는 나라에도 도움이 되지 않소. 우리들 중에는 영특한 자가 한둘이 아닌데 그 인재를 종으로만 쓴다는 것은 나라의 큰 손실이 아닐 수 없소. 또한 조정에서 녹을 먹는 자라고 다 훌륭한 사람이겠소? 그들은 오로지 자신의 안위만을 생각하여 제 잇속만 챙기려 드는 짐승만도 못한 자들이오. 그러니 지금 우리가 하려는 일은 나라를 위한 일이라 할수도 있소."

"생각만 해도 비통하오. 겉으로 보나 속으로 보나 우리네 사람이 다를 게 뭐가 있소. 양반들이 불알 두 쪽 더 찬 것도 아닌데, 양반이랍시고 우리를 평생 소나 말처럼 부려먹으니……"

"우리 어머니, 아버지 고생하시는 것을 보면 난 늘 가슴이 저립니다. 그리고 내 새끼도 그렇게 살아야 한다는 것을 생각하면 목이 메어 때론 밥도 안 먹힌다오."

"어찌 그 설움과 억울함을 지금 다 털어놓겠소."

폭포 아래 모인 사람들은 제각기 울분을 토했다. 그들의 울분이 폭포 속으로 사라지고 있었다.

만적은 이야기를 듣고 있다가 입을 열었다.

"우리는 앞으로 이 표식으로 서로 연락합시다."

"그게 뭐요? 정자 모양의 철판이잖소?"

"그렇소. 비록 얇은 철판에 불과하지만 이것이 우리의 거사를 이루는 표식이 될 것이오. 조직이 커지면 얼굴 모르는 동지도 있을 게요. 이것은 우리들의 명예의 표식이자, 목숨의 표시이오. 이것을 지닌 동지들은 서로 믿고 의지해도 될 것이오."

만적은 실로 꼼꼼하게 계획을 진행하고 있었다.

회의를 마친 그들은 다시 콧노래를 흥얼거리며 하나둘 흩어져 나뭇단을 메고 산을 내려갔다.

만적이 만든 이 비밀 조직은 노비들 사이에 깊은 공감을 얻어 순식간에 퍼져 나갔다.

비밀 조직이 곳곳으로 퍼져 나가는 가운데 어느새 한 달이 지났다.

만적이 만든 비밀 조직은 동지들을 규합하여 그달 초하룻날 흥국사에서 대대적으로 집결하여 대궐을 기습한다는 어마어마한 계획을 세워놓고 있었다.

만적을 비롯한 많은 동지들은 조직원의 수가 적어도 수천 명에 이를 것이라 계산하고 있었던 것이다.

그런데 이게 웬일인가?

약속한 날짜에 흥국사에 모인 동지들은 겨우 5백여 명에 불과했다. 그 숫자로 대궐을 기습한다는 것은 달걀로 바위를 치는 격이었다.

만적은 몹시 실망했다.

'아, 이게 어찌 된 일인가? 동지들이 모여 수천의 병력이 되면 그들을 이끌어 일부는 대궐을 기습하고, 일부는 대궐 밖을 점령하려 했는데…… . 그런 다음 최충헌을 잡아 죽이고 최종적으로 임금을 위협해 노예 해방의 칙서를 쓰게 하여 전국 방방곡곡의 노비들을 자유로운 신분으로 해방시키려 했는데…… . 아아, 하늘도 무심하시지.'

만적은 실망하여 한동안 말을 잃었지만 다시 정신을 가다듬었다.

"다음 무오일에 보제사에서 다시 만납시다. 그때는 불참한 자와 새로운 동지를 전부 동원합시다. 적어도 천 명 이상은 돼야 우리의 뜻을 이룰 수 있소. 그리고 비밀이 새어 나가지 않도록 서로 각별히 주의해야 할 것이오."

"그렇소. 이 일이 실패하면 죽도 밥도 안 되오. 자 뭉칩시다."

그날 만적은 동지들과 맹세하며 그들에게 용기를 불어넣어 주고 흩어졌다.

그런데 이 같은 약속은 동지 중의 한 사람인 순정이란 자의 배신으로 한 순간의 물거품이 되고 말았다.

순정은 같은 주인집에 있는 예쁜 계집종을 아내로 얻어 장가를 가게 되었는데 비록 천한 신분이기는 했으나 신혼 생활은 정말로 깨가 쏟아질 정도로 달콤하였다.

총각 때는 경험해 보지 못한 꿀맛 같은 행복이 순정을 들뜨게 만들었다. 순정은 밤마다 교태를 부리는 아내를 끌어안고 뒹굴며 정신을 못 차렸다.

홍국사에서 비밀 집회가 있던 날 밤 잠자리에 든 아내가 뭔가 생각난 듯이 순정에게 물었다.

"홍국사에 사람들이 많이 모였나요?"

"그럼. 사람들이 얼마나 많은지 마치 구름이 이는 듯했어."

"대감댁 제사인데 패물 장사도 많이 모였지요?"

"그런 모양이었어."

"그런데 나한테 아무것도 사오지 않았어요? 치……."

그렇게 말하며 순정의 아내는 샐쭉하게 토라져 돌아누워버렸다.

그런 아내를 보고 순정은 안타까운 나머지 자신도 모르게 동지들의 비밀 표시인 정자판을 내밀며 말했다.

"그렇게 화내지 마. 여기 있어."

순정의 아내는 얼른 다시 돌아눕더니 정자판을 받으려 손을 내밀었다.

순간 순정은 퍼뜩 아차, 하는 생각이 들어 어물어물 말을 돌렸다.

"아, 아니, 이것은 길에서 주운 거지. 애들 장난감이야. 내 다음에는 꼭 사서……."

"그만둬요. 그 패물을 다른 계집에게 주려 했군요. 그 계집을 여태 마음에 두고 있었군요."

아내는 일부러 투정을 부렸지만, 순정은 덜컥 행여 아내가 자신에게 냉정하게 대할까 봐 걱정이 되었다.

순정은 그날 밤은 물론 며칠 밤 동안 아내가 자신의 손길을 거부하며 속을 태우게 할지도 모른다는 조바심이 들었던 것이다.

순정은 아내에게 말했다.

"이건 당신에게만 말하는 것인데, 아주 비밀이야. 그러니 절대로 누설하면 안 돼. 알았지?"

순정의 말에 아내는 얼굴을 바싹 갖다대고 침을 꿀꺽 삼켰다.

순정은 어쩔 수 없이 아내에게 그간의 모든 일들을 얘기하고 다음번에 거사하기로 한 날짜까지도 모두 털어놓았다.

순정의 말을 듣고 있던 아내의 얼굴이 점점 어두워지기 시작했다.

"실패하면 어쩌려구요? 무서워 죽겠네."

"무슨 실패? 그런 방정맞은 소리는 아예 하지도 마."

"만일이라는 것이 있잖아요. 그러니 당신은 빠지세요. 만약 당신이 붙잡히는 날에는 난 과부가 되고 우리는 이제 영영 생이별을 할 거예요."

그 말에 순정의 얼굴은 굳어졌다.

이를 놓칠세라 아내는 순정을 바싹 조였다.

"당신은 빠지세요. 그건 아주 위험해요. 만약 잘못되는 날이면 당신도 죽거니와 당신만 믿고 사는 나는 어떡해요?"

아내는 조금씩 울먹이기까지 했다. 그런 아내 앞에서 순정의 마음은 갈팡질팡했다.

'동지들과 굳게 맹세했는데……, 어떡하면 좋단 말인가?'

순정은 정자판을 두 손으로 만지작거렸다. 참으로 어떡해야 할지 판단이 서지 않았다.

또다시 아내의 목소리가 순정의 귓전으로 파고들었다.

"서방님, 이 일이 실패할 것은 뻔해요. 어떻게 그 많은 양반들을 물리친단 말이에요. 당신이 정말로 나를 사랑하신다면 청상과부가 되게 하지는 않을 거예요."

"……."

순정은 밤새 고민했지만 끈질기게 유혹도 하고 화도 내면서 자신의 마음을 돌리려는 아내에게 그만 설득당하고 말았다. 동지들을 배반하기로 한 것이다.

다음날 날이 밝기 무섭게 순정의 아내는 주인인 한충유에게 순정이 말한 모든 사실을 일러바쳤고, 이에 놀란 한충유는 그 즉시 최충헌에게 모든 것을 보고하였다.

그러나 아무것도 모르고 있는 만적을 비롯한 동지들은 약속한 날에 하나둘씩 보제사로 가고 있었다. 그들의 발걸음은 씩씩하고도 힘찼다.

그러나 그들 중 어느 누구도 순정이 그들을 배신하였고 자신들이 지금 호랑이 굴 속으로 들어가고 있다는 것을 알지 못했다.

마침내 모든 동지들이 보제사 마당에 다 모였다. 그런데 만적이 동지들에게 뭐라 말을 하기도 전에 최충헌의 목소리가 뒤통수를 쳤다.

"네 이놈들! 감히 종놈인 주제에 반역을 꾀하다니! 네놈들은 모두 독 안에 든 쥐다! 그러니 어서 항복하라!"

그 말이 끝남과 동시에 미리 매복해 있던 군사들이 보제사를 빙둘러쌌다.

삽시간에 포위당한 만적을 비롯한 동지들은 놀란 낯빛으로 서로의 얼굴을 쳐다보았다.

"아니, 이게 어찌 된 일인가?"

"모르겠습니다. 아무래도 비밀이 새어 나갔나 봅니다."

"기왕지사 이렇게 된 바에는 목숨을 바쳐 용감히 싸우는 수밖에 없다. 자, 모두들 나가자!"

"와! ……와!"

만적은 앞장서서 동지들을 이끌었다. 그러나 무기도 없이 맨손으로 대항하기에는 창칼의 위력은 너무도 강했다.

"경비를 철통같이 하라. 한 놈도 빠져 나가게 해선 안 된다!"

최충헌은 군사들을 향해 큰소리로 명령했다.

만약 한 명이라도 빠져 나가 다시 또 이런 조직을 비밀리에 만든다면 그땐 문제가 더 커질 듯싶었기 때문이다.

만적과 동지들은 죽을힘을 다해 군사들과 맞서 싸웠으나 이내 허무하게 사로잡혀 최충헌 앞에 무릎을 꿇게 되었다.

"흉측한 무리들을 모아 반역을 꾀한 이놈들을 참형에 처하라!"

최충헌의 명령에 따라 만적과 동지들은 그 자리에서 처참하게 목이 잘려 죽임을 당했고 시체들은 모두 강물에 수장되는 비참한 운명을 맞았다.

신분 타파의 꿈을 이루지 못하고 한 많은 노비의 생을 살다 장렬하게 죽어간 만적과 동지들의 시체가 강물에 던져질 때 강은 조용한 몸짓으로 그들을 끌어안는 것처럼 보였다. 그리고 강물은 그 애절한 사연을 가슴속에 한으로 묻고 간 시체들을 껴안고 말없이 바다로, 바다로 굽이굽이 흘렀다.

그러나 역사적으로 볼 때 이 사건은 매우 뜻깊다.

사회적으로 가장 비천한 자들이 스스로 자신의 신분을 바꾸려는 꿈틀거림의 시작이었고, 비록 최하층 계급인 노비의 신분이지만 그들은 잘못된 제도를 바꾸고 개혁하려는 굳은 의지가 있었던 것이다.

김취려 장군의 오덕과 십과

때는 고종 3년, 새로이 일어난 몽고에 의해 동쪽으로 쫓겨나던 거란이 더 이상 도피처를 찾지 못하고 아얼과 걸노라는 장수를 앞세워 고려를 침략해 왔다.

아얼과 걸노의 군대는 압록강을 건너 급속도로 고려를 침략해 왔다. 이 급보를 받은 고종은 상장군 노원순을 중군병마사로, 상장군 오응부를 우군병마사로, 그리고 대장군 김취려를 후군병마사로 임명하여 거란의 침략을 저지하게 했다.

후군병마사 김취려 장군은 고려를 침략한 거란의 장수가 아얼과 걸노라는 말에 짐짓 놀라며 그 옛날 운도산인을 만났을 때를 떠올렸다.

김취려 장군이 소년 시절 송악산에 들어가 열심히 무술을 연마하고 있을 때의 일이었다.

취려가 말을 타고 달리며 소나무들을 베고 찌르는 연습을 하고 있는데 난데없이 힐책하는 소리가 들렸다.

"이보시오. 나무들이 무슨 잘못을 했다고 그렇게 함부로 생채기를 내는 것이오?"

취려가 깜짝 놀라 소리나는 곳을 쳐다보니 그곳에는 자신보다 어려 보이는 소년이 서 있었다.

"지금 나에게 뭐라 했느냐?"

"나무들을 함부로 대하지 말라고 했소."

취려는 기가 막혔다.

"허, 어린놈이 무얼 안다고……. 나는 지금 무술을 연마하고 있다. 무술을 연마하는데 그깟 나무에 생채기쯤 내는 것이 뭐가 어떻다는 게냐?"

그러나 소년은 취려를 조롱하듯 말했다.

"당신 하는 모양을 보니 한낱 초동의 장난 같거늘, 그 정도가 무엇이 대단하다고 나무까지 다치게 한단 말이오."

"무엇이라? 이 녀석이 보자보자 하니까 아니 되겠구나!"

취려는 더 이상 참을 수 없어 말에서 내려 어린 소년을 혼내 주어야겠다고 생각했다.

그러나 취려가 다가가 소년을 잡으려 했으나 소년은 그런 취려를 비웃듯 미소를 지으며 순식간에 나무 뒤로 숨었다.

취려가 다시 재빠르게 쫓아갔지만 소년은 금방 다른 나무 뒤로 숨어버렸다.

취려는 점점 약이 올랐다.

"이 괘씸한 녀석 같으니! 어딜 도망가는 게냐?"

화내는 취려와 달리 어린 소년은 장난스럽게 웃어댔다.

"하하하, 어서 잡아 보시오!"

취려는 소년의 조롱에 참지 못하고 손에 들고 있던 창을 소년에게 던졌다. 하지만 소년은 가볍게 몸을 날려 창을 피하며 되레 솔방울을 던졌다.

순간 솔방울들 사이에서 연기가 뿜어 나오더니 소년과 똑같은 아이들이 여럿 나타나 취려 주위를 빙 에워싸는 것이었다.

취려는 그제야 그 소년이 범상한 소년이 아님을 깨달았다.

"소인이 우매하여 도사님을 알아보지 못했습니다. 어찌하면 이 죄를 용서받을 수 있을는지요?"

취려는 무릎을 꿇고 엎드려 빌었다. 그러나 어린 소년은 아무 말이 없었다. 취려는 감히 얼굴을 들 수 없어 그렇게 엎드려 꼼짝하지 않았다.

"나를 보시게나."

얼마의 시간이 더 지난 후 소년이 말했다.

취려가 고개를 들자 소년은 취려의 창을 들더니 옆에 있는 바위에 꽂았다.

"이 창을 뽑아 보시게."

취려는 자리에서 일어나 창을 잡아당겼다. 그다지 깊이 박혀 있지 않을 것이라 생각했는데 창은 꿈쩍도 하지 않았다.

취려는 바위에 박힌 창을 두 손으로 꽉 잡고 발에 힘을 주며 사력을 다해 잡아당겼다. 한 번, 두 번…… 끙끙거리며 애를 쓴 후에야 겨우 창을 뽑았다.

소년은 그 모양을 가만히 바라보다 혀를 찼다.

"쯧쯧, 겨우 그것도 쉽게 빼지 못하는 위인이 산 속의 나무들을 그렇게 못 살게 굴며 다녔다는 것인가."

취려는 무안하여 어찌할 바를 모르고 가만히 서 있었다.

"내 몇 마디 일러 주지. 자고로 병법에는 행하지 말아야 할 것이 있지. 그 첫째는 적敵을 쉽게 여기는 것이요, 둘째는 전장에 여인을 끌어들이는 것이요, 셋째는 전장의 승패를 미리 점쳐 보는 것이요, 넷째는 주변 사람들의 마음을 흔들리게 하는 것이요, 마지막 다섯째는 거짓을 말하는 것이다."

취려는 소년의 말을 가슴에 깊이 새겼다.

"이 다섯 가지 중에서도 제일 명심하여야 할 것이 첫번째인 상대를 얕잡아 보면 안 된다는 것이다. 그런데 너는 나를 쉽게 생각하는 실수를 범했으니 이 어찌 어리석다 아니 하겠는가? 아무리 상대가 만만하게 보일지라도 겉으로 보이는 대로 쉽게 생각하면 나중에 당황하고 어지러워 오히려 자신이 패하고 마는 것이지."

소년의 음성은 자못 근엄하였다.

취려는 이 말에 더더욱 고개를 들지 못하고 자신의 행동을 반성했다.

"도사님, 소신이 어리석고 또 어리석었습니다. 부디 어리석은 소인에게 가르침을 주옵소서."

소년은 가만히 취려를 바라보더니 계속해서 말을 이었다.

"옛 병서에 보면 장군이 되기 위해 지켜야 할 것과 버려야 할 것이 나와 있다. 우선 지켜야 할 것으로는 충성, 용맹, 지혜, 관용, 믿음이고, 버려야 할 것은 게으른 마음, 방자한 마음, 욱하는 마음, 급한 마음, 남의 것을 탐하는 마음, 인고하지 못하는 마음, 두려워하는 마음, 사람을 믿지 못하는 마음, 사람을 사랑하지 않는 마음, 남에게 의지하는 마음이니, 이것을 각각 오덕과 십과라 한다."

취려는 묵묵히 소년의 말을 경청했다.

"자네가 만일 장군이 되려 한다면 이것들을 항상 명심하고 행하도록 하라. 그리만 한다면 자네는 머지않아 이 나라 최고의 장수가 될 수 있을 것이네. 고려는 앞으로 혼란의 시기를 겪게 될 것이야. 그때가 되면 자네는 용맹한 장수 아얼과 지혜로운 장수 합진을 만나게 될 것이니 지금의 이 말을 명심하여 그들을 대하도록 하게. 그들은 결코 만만한 적수가 아니야……."

소년의 이야기가 끝나자 취려가 물었다.

"도사님의 말씀 명심 또 명심하겠사옵니다. 바라옵건대 부디 도사님의 존함을 알려 주십시오."

"나를 가리켜 사람들이 이르기를 운도산인이라 하더군. 그러니 자네도 그렇게만 알게나."

소년은 그렇게 말하고는 홀연히 어디론가 사라져 버렸다. 취려는 놀라 사방을 둘러보았으나 어디에도 소년의 모습은 보이지 않았다.

그뒤 취려는 운도산인의 말을 명심하며 무예를 갈고 닦아 고려 최고의 장군이 될 수 있었다.

생각에 잠겨 있는 김취려 장군에게 상장군 노원순이 물었다.

"김 장군, 자네는 아얼과 걸노를 어떻게 대적해야 한다고 생각하는가?"

"소신이 듣기로 아얼과 걸노는 용맹하기로는 누구보다 으뜸이지만 지혜가 부족하다 들었습니다. 그러니 교묘한 지략으로써 그들을 대적함이 옳을 듯합니다."

"허허, 그래 장군에게 어떤 지략이 있소?"

김취려 장군은 노원순에게 자신이 세운 계략을 설명했다. 김취려의 설명이 끝나자 노원순은 호탕하게 웃으며 칭찬을 아끼지 않았다.

김취려 장군은 다음날 군사 몇 명을 적진 근처에 보내 일부러 포로가 되게 했다.

그리고 그들로 하여금 김취려 장군을 비롯한 고려군의 수뇌부들이 병에 걸려 내사자 골짜기에서 치료를 받고 있으며, 그로 인해 군사들이 우왕좌왕하고 있다는 거짓 정보를 흘리게 했다.

아얼과 걸노는 이 말을 조금도 의심하지 않고 고려군을 칠 기회로만 여겼다. 하여 그 즉시 아얼이 군사들을 이끌고 내사자 골짜기를 공격해 왔다.

하지만 내사자 골짜기에는 김취려 장군의 명령에 따라 화공이 기다리고 있었다. 또한 김취려 장군은 적의 퇴로에 궁수들을 잠복시켜 놓았다.

드디어 아얼이 이끄는 거란의 대군이 골짜기에 모습을 드러냈고 고려군은 화공 작전을 감행했다. 놀란 거란군은 퇴각하려 했으나 이번에는 퇴로에 잠복해 있던 궁수들이 일제히 활을 쏘아댔다.

김취려 장군의 작전은 대성공이었다. 수많은 거란의 군사들이 그 자리에서 죽고 겨우 아얼만이 휘하의 군사들을 이끌고 살아 도망쳤다.

이후 거란군은 몇 번에 걸친 싸움에서 김취려 장군에게 크게 패했으나 수적으로 우세에 있던 거란군은 더욱 포악해져 남하를 계속했다.

비록 내사자 골짜기 전투를 비롯한 여러 번의 전투에서 승리를 거두기는 했어도 고려군은 파죽지세로 쳐내려오는 거란의 군사를 막아내기에는 역부족이었다.

거란군은 강동성을 본거지로 하여 원주와 예천까지 그 기세를 뻗쳤다.

이 같은 전쟁이 2년여에 걸쳐 계속되자 고려는 몽고와 동진, 금과 연합하여 거란을 치기로 결정했다.

그리하여 마침내 합진이 이끄는 몽고군과 동진의 군사, 그리고 김취려 장군과 조충이 이끄는 고려의 연합군은 거란군의 주둔지인 강동성을 에워싸고 한 달 만에 함락했다.

그러나 몽고는 이번 기회에 고려를 속국으로 만들 속셈을 품고 있었기에 거란군을 물리친 이후에도 몽고로 돌아가지 않고 고종에게 사람을 보내 은근히 위협해 왔다.

2년여에 걸친 거란군과의 전쟁에 쇠할 대로 쇠한 고려는 또다시 몽고군을 맞아 싸울 힘이 없었다. 고종은 김취려 장군을 불러 방도를 논의했다.

김취려 장군은 단신으로 몽고군의 우두머리인 합진을 만나 담판을 짓겠다고 자청하고 일단 고종을 안심시켰다.

김취려 장군은 다시 한 번 운도산인의 뛰어난 예지에 감탄했다.

'합진은 지혜가 뛰어난 장수이니 함부로 계략을 썼다간 오히려 낭패를 볼 수도 있다. 모든 것을 조심하고 또 조심하여 행동해야 할 것이야.'

이튿날 김취려 장군은 마음을 다잡고 몽고군의 진지로 들어가 합진을 만났다.

합진은 처음에는 다소 거드름을 피우며 김취려 장군을 맞았으나 장군의 늠름한 풍채에 다소 놀라는 눈치였다.

김취려 장군과 마주앉은 합진은 평소의 버릇처럼 상대방의 지혜를 시험해 보고 싶었다.

'어디, 얼마나 지혜로운 자인지 시험해 보자.'

합진은 아무 말 없이 손가락으로 하늘을 가리켰다. 그러자 김취려 장군은 미소를 지으며 자신의 수염을 잡고 빙글빙글 돌렸다.

합진이 손가락 세 개를 펴서 내밀었다. 이에 김취려 장군은 손가락 다섯 개를 다 펴 보였다.

합진은 또다시 손가락 세 개를 펴서 내밀었다. 뒤질세라 김취려 장군이 다시 한 번 손가락 다섯 개를 펴 보였다.

이윽고 합진은 호탕하게 웃으며 김취려 장군의 손을 굳게 잡았다.

"허허, 장군! 내 손짓이 무엇을 뜻하는지 아시고 응대한 것이오?"

"물론이지요. 장군이 하늘을 가리킨 것은 하늘의 형상을 물은 것이 아닙니까. 이에 제가 하늘이 둥글다고 답한 것이오. 그리고 처음에 손가락 세 개를 편 것은 삼강三綱의 대의를 묻는 것이라 여기고 소장은 삼강의 대의가 오륜五倫이라 한 것이지요. 장군이 두 번째로 손가락 세 개를 펴 천지인의 대의를 묻기에 제가 천지인의 대의는 오행이라고 답한 것이오."

김취려 장군은 막힘 없이 대답하였다.

"하하하, 대단하십니다. 내 지금껏 장군처럼 지혜로운 사람을 보지 못했소이다. 실은 지금 내가 아직 몽고로 돌아가지 않은 것은 고려를 속국으로 삼으려는 생각 때문이었소. 하지만 장군 같은 대인이 계시는 이 나라를 내 어찌 탐하겠소. 보아하니, 장군의 연세가 나보다 위인 것 같으니 내 오늘부터 장군을 형님으로 모시겠습니다."

이렇게 김취려 장군의 지혜로 인해 고려는 일시적으로 전쟁을 피할 수 있었고 몽고와 형제지국의 동맹을 맺게 되었다.

그러나 이후에도 고려는 몽고의 끊임없는 침략을 받게 되었는데 이는 모두 힘없는 나라의 설움이 아니고 또 무엇이겠는가.

공녀의 비운

"세상에 이런 법도가 어디 있단 말인가?"

"목소리를 낮추게. 누가 들으면 어쩌려고 이러는가?"

"아비의 노리개가 될 여인을 그 딸이 상납한다니, 이런 해괴한 일이 세상에 또 있단 말인가? 예의범절도 모르는 오랑캐들 같으니라고!"

"여보게, 제발 목소리 좀 낮추라니까!"

한사기가 만류하는데도 홍규는 분을 참지 못해 한참을 더 씩씩 거렸다.

고려 25대 충렬왕의 왕후인 장목왕후가 자신의 아버지인 원나라의 쿠빌라이에게 다니러가면서 미색이 뛰어난 고려의 여인들을 뽑아 데려간다는 소문이 온 도성 안을 분노에 휩싸이게 했다.

좌부승지 홍규도 자기 딸이 그 가운데 들어 있다는 말을 듣고 분함을 감추지 못하고 친구인 한사기를 찾아가 이렇게 울분을 터뜨리고 있었다.

당시 고려는 원의 속국이었기 때문에 해마다 수많은 고려 여인들이 원에 상납되었고, 그 중에는 일반 평민뿐만 아니라 더러 신분이 높은 신하들의 딸도 끼여 있었다.

그러나 미약한 국력을 탓할 뿐 별다른 방도가 없었던 터라 딸자식을 둔 부모들은 한시도 발을 편히 뻗고 잠들 수가 없었다.

홍규는 한사기와 헤어져 집으로 돌아오면서 끓어오르는 화를 삭이지 못해 계속 헛기침만 해댔다.

'원나라가 얼마나 먼 땅인가? 거기에다 그곳에서 고려인이라고 얼마나 천대받고 학대받을 것이며, 자칫 잘못하여 어디론가 노비로 팔려 가기라도 한다면…….'

그 생각만으로도 홍규는 제정신이 아니었다.

집으로 돌아온 홍규는 안절부절못하고 방 안을 서성거렸다. 저녁을 뜨는 둥 마는 둥 수저를 놓고 빈속이다시피 한 뱃속에 부은 술로 배가 아리기만 했다.

촛불이 홍규의 어지러운 심사를 그대로 그려내듯 긴 그림자를 방문에 환처럼 일렁이게 했다.

이미 시각은 삼경을 넘고 있었다.

홍규는 골똘히 머리를 싸매고 있다가 한순간 어떤 중대한 결단을 내린 사람처럼 방에서 나와 마당으로 내려섰다.

서두르는 기색 없이 홍규의 발걸음은 딸의 방문 앞에 멈춰 섰다. 딸 또한 어디서 무슨 소리를 들었는지 그 시각까지 잠을 이루지 못하고 방에 환하게 불을 밝히고 있었다.

"흠! 어험!"

홍규의 기척에 딸이 조용히 방문을 열고 나와 마당에 내려서서 머리를 숙였다.

"아직 자지 않았느냐?"

"예, 아버지!"

딸은 공손히 머리를 숙이며 대답했다. 목덜미를 타고 곱게 땋아

내린 긴 머리카락이 탐스러웠다.

홍규는 한두 번 더 헛기침을 한 다음 목소리를 낮춰 말했다.

"이리 따라오너라."

딸은 대답 대신 고개를 숙이고는 잠자코 홍규의 뒤를 따랐다. 밤이 깊어서인지 딸의 치맛단 스치는 소리가 서걱서걱 들렸다.

안방에 들어선 홍규는 딸을 앞에 앉히고 한동안 말이 없었다. 그저 묵묵히 딸의 얼굴을 뚫어지게 쳐다보며 간간이 긴 한숨을 내쉴 뿐이었다.

"너도 들어서 알고 있을지 모르겠다만……. 허, 참!"

홍규는 기가 차서 말이 나오지 않았다.

"아버지. 소녀 아버지의 뜻에 따르기로 이미 마음을 굳혔습니다. 그러니 주저하지 마시고 말씀하소서."

딸이 오히려 홍규를 위로했다.

홍규는 딸의 말을 들으며 생각한 바를 실행하기로 마음속으로 결심했다. 그래서 미리 준비해 두었던 가위를 꺼내 딸 앞에 놓았다.

가위를 본 딸은 전혀 놀란 기색 없이 조용히 돌아앉아 머리를 풀었다. 그 모습이 애처로워 홍규의 가슴은 더욱 미어졌다.

풀어 늘어뜨린 딸의 머리카락은 삼단처럼 고왔다. 검은 윤기가 흐르는 것이 꼭 깊은 바다에서 무리 지어 자라는 미역숲처럼 싱싱하고 아름다웠다.

홍규는 떨리는 손으로 가위를 들었다. 그러고는 다른 한 손으로 딸의 머리채를 잡고 한 움큼씩 잘라 나갔다. 딸은 고개를 약간 숙이고 있을 뿐 아버지가 하는 대로 가만히 앉아 있었다.

머리카락이 다 잘리는 동안 딸은 아무런 미동도 하지 않았다. 반면 지나치다 싶을 정도로 홍규의 두 손이 심하게 떨리고 있었다.

삭발이 다 끝난 후, 딸은 홍규를 향해 큰절을 올리고 제 방으로 조용히 물러갔다. 홍규의 두 눈에서 굵은 눈물 방울이 떨어진 것은 그 다음이었다.

제국대장공주 장목왕후는 원으로 데려갈 여인들의 명부를 발표하고 여인들을 차례로 대궐로 불러들였다.

홍규의 딸 이외에도 여러 신하의 딸들이 그 명부에 올라 있었다.

명부가 발표된 이튿날 원나라 군사 한 무리가 고려 관원을 앞세우고 홍규의 집으로 들이닥쳤다.

홍규는 하인을 시켜 딸을 마당으로 불렀다. 그러나 홍규의 딸을 본 원나라 군사들은 물론 고려 관원도 깜짝 놀라지 않을 수 없었다.

삭발한 여인이라니……. 사문에 출가한 비구승이 아니고서야 있을 수 없는 일이었다.

"이 무슨 괴이한 짓거리냐?"

원나라 군사의 우두머리인 듯한 자가 앞으로 나서며 호통쳤다.

"소신의 딸이 곧 사문에 출가를 앞두고 있습니다."

홍규가 그렇게 말하자 그 우두머리는 창칼을 들이대며 윽박질렀다.

"왕후님이 명령했는데도 이 같은 짓을 하다니? 네 목숨이 몇 개나 되는 줄 아느냐?"

"딸을 달라기에 내놨으면 됐지, 머리 모양이 무슨 상관이란 말이오?"

그러는 사이 고려 관원이 황급히 끼여 들어 만류하고 나섰다.

"자자, 그만 화를 가라앉히고 어서 대궐로 돌아갑시다. 어찌 되었든 처녀를 데리고 가면 되잖소?"

원나라 군사들은 자기들끼리 뭐라고 쑥덕거리더니 홍규의 딸을 데리고 대궐로 돌아갔다.

그러나 그로부터 얼마 지나지 않아 홍규는 다시 들이닥친 원나라 군사들에게 포박당해 대궐로 끌려갔다.

전신이 포승으로 묶인 채 홍규가 끌려간 곳은 장목왕후의 처소 앞마당이었다. 무장한 원나라 군사들이 겹겹이 왕후의 처소를 에워싸고 엄중히 경계하고 있었다.

홍규를 본 장목왕후는 노기 띤 목소리로 말했다.

"평소 공이 얼마나 나를 업신여겼으면 딸의 머리를 그 모양으로 해서 내게 보내오?"

"……"

"공은 나뿐만 아니라 황제이신 내 아버지까지 모욕하였소!"

"……"

홍규가 묵묵부답으로 일관하자 장목왕후는 더욱 화를 내며 언성을 높였다.

"왜 대답이 없는 것이오? 내 말이 말 같지 않단 말이오?"

장목왕후의 말에 홍규는 아예 고개를 돌려 외면해 버렸다.

그 모습을 본 장목왕후는 노발대발하며 욕설을 퍼붓기 시작했다.

"저런 무엄한 놈이 있나? 여기가 어느 안전이라고 감히 고개를 돌려?"

장목왕후는 주먹 쥔 두 손을 부르르 떨었다.

"여봐라! 당장 저놈을 형틀에 묶어라! 그리고 저놈의 딸년을 당장 내 앞에 데려오라! 내 오늘 아비와 딸년을 한꺼번에 죽일 것이다!"

딸을 데려오라는 말에 홍규는 덜컹 가슴이 내려앉았다. 가여운 딸까지 잘못될지도 모른다는 생각에 지금이라도 장목왕후 앞에 무릎을 꿇고 빌고만 싶었다.

그러나 사태는 이미 엎질러진 물과 같았다.

원나라 군사들의 손에 끌려 온 딸은 어린 짐승처럼 얼굴이 새파래져 부들부들 떨고 있었다.

"저놈의 입에 재갈을 물리고 매우 쳐라!"

홍규의 입에 재갈을 물린 원나라 군사들은 있는 힘을 다해 몽둥이를 내리쳤다. 살점이 터지고 선혈이 낭자하게 바닥을 적셨다.

그래도 원나라 군사들의 몽둥이질은 멈추지 않았다. 홍규의 딸은 장목왕후 앞에 무릎을 꿇고 애원했다.

"왕후마마! 제발 소녀의 아비를 살려 주소서! 아비는 죄가 없나이다! 저 혼자서 한 일이옵니다!"

장목왕후의 눈에 독기가 서렸다.

"그래? 네년이 혼자 한 일이란 말이지?"

"예, 마마! 그러니 제발 소녀의 아비를…… 아악!"

처절한 비명 소리와 함께 홍규의 딸은 땅바닥을 굴렀다.

어느새 장목왕후의 손에는 가죽으로 만든 채찍이 쥐어져 있었다.

"정녕 네년의 짓이렷다?"

"예, 마마……. 아악! 악!"

채찍이 허공을 가를 때마다 홍규의 딸은 짐승처럼 바닥을 뒹굴며 비명을 내질렀다.

"이년! 네가 그러고도 살아남길 바라느냐? 에잇! 죽어라! 죽어!"

한쪽에선 매질을 견디다 못한 홍규가 입에서 피를 토하며 널브러져 있었고, 다른 한쪽에선 장목왕후의 채찍에 맞은 홍규의 딸이 서서히 죽어가고 있었다.

"아버지! 아버지! 아악!"

듣기에도 애절한 목소리가 비명 소리와 번갈아가며 휑한 대궐 마당을 울렸다.

주위에서 보고 있던 궁인들은 하나같이 끔찍한 광경에 고개를 바로 들지 못하였지만 원나라 군사들은 시종 히죽거리며 그 모습을 지켜보고 있었다.

결국 홍규의 딸도 모진 매질을 견디지 못하고 붉은 피를 토하며 그 자리에 기절하고 말았다.

장목왕후는 원나라 군사들을 시켜 기절한 홍규의 딸에게 찬물을 끼얹고는 깨어나자 다시 심한 매질을 가했다.

그렇게 하기를 몇 번, 또다시 기절해 바닥에 쓰러져 있는 홍규의 딸을 가리키며 장목왕후가 원나라 군사들을 향해 말했다.

"너희들 중 누구든지 저 계집을 데려가고 싶거든 그렇게 하라!"

장목왕후의 말에 몇 명의 군사들이 앞다투어 나와 홍규의 딸을 질질 끌고 갔다.

홍규의 딸을 끌고 가는 군사들을 향해 장목왕후는 마지막으로 싸늘하게 내뱉었다.

"죽이든지 살리든지 그것도 너희의 뜻이다!"

원나라 군사들에게 심하게 매질을 당한 홍규는 다행히 다른 신하들의 상소와 탄원 덕분에 목숨은 건졌으나 귀양살이 신세가 되었다.

그리고 홍규의 딸은 그후 아무도 보았다는 이도 없었고 어떤 소식을 들었다는 이도 없이 행방이 묘연했다.

이 일을 두고 사람들은 저마다 비통해했지만 원나라의 속국으로 살아갈 수밖에 없었던 그 당시 고려인들의 서글픈 현실에서는 누구도 장목왕후의 비인간적인 처사에 대해 이의를 제기할 수 없었다.

신현의 선견지명

"흐흐흐……."

암흑같이 어두운 절간에서 으시시한 소리가 들리기 시작했다.

그날 따라 승려들이 모두 마을에 내려가고, 절간에는 신현, 신즙 형제만이 글을 읽고 있었다.

신현, 신즙 형제는 고려 충숙왕 때의 인물로, 형 신현은 역학자이자 물리학자로, 동생 신즙은 의학자로 명성이 높았다.

특히 역술에 능통한 신현은 그 재주가 비상하여 어릴 때부터 주위 사람들을 놀라게 하였다.

"형님? 방금 저 소리 들었습니까?"

동생 신즙이 놀라며 형 신현에게 물었다.

"그래, 나도 들었다. 하지만 사나이 대장부가 그깟 괴상한 소리 때문에 글 읽는 것을 멈춘단 말이냐. 모름지기 대인大人은 사소한 것에 신경 쓰지 않는 법이다. 어서 글을 읽자구나."

신현이 형답게 동생을 나무라며 말했다. 그리하여 형제는 다시 글을 읽기 시작했다.

"흐흐흐……."

하지만 괴상한 소리는 계속해서 들려 왔고 조금 후에는 뚜벅뚜벅 걸음 소리까지 들렸다.

일이 이쯤 되자 아무리 담력이 좋은 형제라 해도 더 이상 글만 읽고 있을 수는 없었다.

"형님, 아무래도 밖에 누가 있는 모양입니다."

"그런 것 같구나. 스님들은 아침에나 돌아오신다고 했으니 그분들은 아닐 텐데……."

"소리가 괴상한 것을 보면 혹, 도깨비나 귀신이 아닐까요?"

"글쎄……. 한번 나가봐야겠구나."

형제는 함께 소리가 나는 곳을 향해 조심스럽게 걸음을 옮겼다. 소리는 절 마당에 있는 탑 쪽에서 들려 왔다.

형제가 탑 근처에 다가갔을 때였다.

싸늘한 기운이 느껴지더니 갑자기 흉물스러운 물체가 눈앞에 나타났다.

형제는 어둠 속에서 나타난 물체가 무엇인지 자세히 살펴보았다. 그것은 다름 아닌 죽은 지 얼마 안 되어 보이는 시신이었다.

시신은 온전한 상태가 아니고 얼굴과 신체 여기저기가 찢어지고, 팔다리가 뒤틀린 채로 몸을 흔들거리며 서 있었다.

"흐흐흐……."

시체의 뒤틀어진 입에서는 여전히 괴상한 소리가 나오고 있었으나 더 이상 그들 형제에게 다가오지는 않았다.

형제는 너무 놀라 정신을 차릴 수가 없었으나 잠시 후 놀란 가슴을 가다듬고 방으로 돌아왔다.

신현이 잠시 생각에 잠기더니 아직까지 무서운 듯 떨고 있는 신즙에게 말했다.

"즙아, 네가 잠시 저 시체를 지키고 있겠니?"

"예? 제가요? 형님은 어디를 가시게요?"

신현의 말에 신즙이 더욱 놀라 물었다.

"우리 둘 중 하나는 마을로 내려가서 이 시체의 주인을 찾아야 겠다."

"시체의 주인을 찾다니 그게 무슨 말씀이세요?"

"마을에 가면 분명 시체를 잃어버린 초상집이 있을 것이다. 그 집에 가서 시체가 여기 있다고 알려 줘야겠구나."

"형님, 날이 밝은 다음에 알리면 안 됩니까?"

"날이 밝으면 저 시체가 없어질 것이니 지체할 수가 없구나. 어 떻게 하련? 네가 남아 있겠느냐, 아니면 마을에 가겠느냐?"

신현의 말에 신즙은 아무래도 시체와 있기보다는 마을로 가는 것이 나을 듯하여 밤길을 나서기로 했다.

신즙을 마을로 보낸 신현은 계속해서 들리는 괴상한 소리에 신 경을 쓰지 않으려고 글 읽는 데 더욱 몰두했다. 괴상한 소리가 크게 들리면 들릴수록 신현의 책 읽는 소리 또한 커졌다.

그러기를 두어 시간, 괴상한 소리가 점점 작아지더니 갑자기 털 썩, 하고 쓰러지는 소리가 들렸다. 절간은 곧 신현의 글 읽는 소리만 이 울려 퍼졌다.

잠시 후, 동생 신즙이 마을 사람들과 함께 횃불을 밝혀 들고 나타 났다.

마을 사람들 중 몇 명이 쓰러져 있는 시체를 살펴보더니 크게 놀 라며 말했다.

"분명 우리 할아버지가 맞습니다. 그런데 어째서 이런 곳에 와 있는 것일까요?"

"요즘 다른 집에서도 시체가 없어졌다는 소리를 들었는데 그 시체들도 이곳에 와 있는 게 아닐까요?"

"도련님들이 이렇게 제 할아버지의 시체를 찾게 해주셔서 뭐라고 감사를 드려야 할지 모르겠습니다. 혹시 도련님들은 이 해괴한 사건에 대해 무언가 짐작되는 것이 있으십니까?"

마을 사람들은 신현, 신즙 형제가 범상한 소년들이 아니라는 소리를 익히 들어 알고 있었기에 혹시나 하는 마음으로 물어 보았다.

"제가 짐작이 가는 것이 있사오니, 여러분은 제 말을 믿고 따라 주십시오. 그리하면 이런 일은 두 번 다시 일어나지 않을 것입니다."

신현이 그렇게 말하고는 마을 사람들을 먼저 돌려보냈다.

"즙아, 마을에 내려가면 분명 오랫동안 방치해 둔 사당이 있을 것이다. 그것을 서둘러 찾아내야 한다."

"사당이오?"

"그래. 분명 어딘가 있을 것이야. 함께 내려가서 찾아보자구나."

신즙은 형이 이렇게 말하는 데에는 그럴 만한 이유가 있을 것이라 생각하고 서둘러 마을로 내려와 이곳 저곳을 살펴보았다.

날은 이미 밝아 해가 중천에 떠 있었다.

한동안 여기저기 살피고 다니던 신즙은 마을 뒤쪽에서 동산 모양의 작은 돌무더기를 발견했다.

신즙은 곧 형을 불러 돌무더기를 보여 주었다. 신현은 그것을 보자마자 마을 사람들에게 마른 장작을 가져다 돌무더기 위에 쌓으라고 말했다.

마을 사람들이 돌무더기 위에 장작을 다 쌓자 신현은 거기에 불을 질렀다.

불길은 순식간에 돌무더기를 에워쌌다. 마을 사람들은 다소 겁먹은 표정으로 타들어가는 돌무더기 주위에 빙 둘러섰다.

매캐한 연기가 시뻘건 불길을 뚫고 뭉게뭉게 피어올랐다. 불길은 맹렬한 기세로 돌무더기를 뜨겁게 달구었다.

팽팽한 긴장감으로 마을 사람들의 이마에 굵은 땀방울이 얼룩져 갈 무렵, 갑자기 돌무더기 속에서 외마디 비명이 들렸다.

"깽!"

이어 번쩍이는 한 줄기 벌건 빛줄기가 돌무더기 사이에서 뻗어 나와 하늘 저편으로 순식간에 사라졌다.

그러자 신현이 탄식하며 말했다.

"이런, 새끼가 있었음을 미처 몰랐구나."

마을 사람들이 의아해하며 신현에게 그 빛줄기가 무엇인지 물었다.

"이 오래된 돌무더기 속에는 천년 묵은 여우 두 마리가 살고 있었는데 지금까지 마을에 생긴 해괴한 일들은 모두 이 여우의 짓이었지요. 늙은 여우들은 힘을 못 쓰고 불에 타 죽었으나 그 새끼가 살아서 도망을 쳤으니……. 그러나 여우가 죽었으니 이제는 해괴한 일이 일어나지 않을 것입니다."

그러면서도 신현은 마음 한편으론 꺼림칙함을 지우지 못했다.

그후 세월이 흘러 신현, 신즙 형제는 나라의 녹을 받는 관리가 되었다.

그러던 어느 날, 동생 신즙은 사신으로 중국 원나라에 가게 되었다. 신즙이 원나라에 당도해 객사에서 짐을 풀고 고단한 여정에 지친 몸을 쉬려고 하는데, 갑자기 원나라의 내관이 찾아와 병에 걸려 있는 자국의 공주를 치료해 줄 것을 청하였다.

원나라에는 홀로 된 지 5~6년이 된 나이 많은 과부 공주가 한 명 있었다. 그 공주는 어느 때부터인가 시름시름 앓기 시작하더니 급기야 몇 년 전부터는 정신이 오락가락하여 시녀들에게 욕을 퍼붓기도 하고 괴상한 소리를 지르며 방 안을 서성이는 등 괴상한 짓을 일삼았다. 원나라 황제는 나라의 용한 의원들을 모두 불러들여 공주를 치료하게 했으나 공주의 병은 차도를 보이기는커녕 점점 심해져 갔다. 최근에는 사람의 간을 달라고 소리를 지르며 난동을 부리기도 하였다.

아무리 황제라 할지라도 사람의 간을 함부로 먹일 수는 없었다. 만약 그 같은 일이 백성들 사이에 알려지게 되면 그 어떤 명분으로도 황제의 체통이나 왕실의 위엄이 바로 설 리가 없었기 때문이었다.

그때 마침 의술이 뛰어난 신줍이 고려의 사신으로 원나라에 들어온 것이다. 이 소식을 접한 약삭빠른 대신 한 명이 황제에게 아뢰었다.

"고려의 사신 중에 의술에 능통한 신줍이란 자가 있다 하오니 그에게 치료를 맡기어 보심이 어떠하십니까? 만일 그자가 공주마마의 환후를 고치면 다행이고, 행여 고치지 못한다면 그 죄를 물어 그의 간을 얻어내면 되지 않겠사옵니까?"

황제는 그 말에 솔깃했다. 자국민이 아니라 고려인이라면 백성들의 동요도 크지 않을 것 같았다. 당시 원나라 조정에서는 그만큼 고려를 얕잡아보고 있었던 것이다.

이렇게 되어 신줍은 원나라의 공주를 치료하라는 명을 받게 되었다. 다행히 원나라 내관이 황제의 명을 받고 찾아온 시각이 늦은 밤인지라 신줍은 다음날 아침 일찍 궁궐에 들어갈 것을 약속하고 내관을 돌려보냈다.

신줍은 쉽사리 잠이 들지 못하고 객사 뜰에 나와 밤하늘을 바라보았다.

'이곳에 오기 전 형님이 말씀하신 액운이 바로 이것이로구나.'

신즙은 문득 사신 행차를 떠나오기 전날 밤에 형 신현이 집으로 찾아온 일이 생각났다.

그날 따라 신현의 안색은 몹시 어두웠다.

"원나라에 들어가면 아우에게 혹시라도 액운이 생길지 모르니, 내가 일러 주는 이 글을 한 수 외워 가거라."

신즙은 그날 밤 형 신현이 일러 준 시를 천천히 되뇌었다.

"눈송이의 노래는 입술에 흩날리니, 선율이 얼려 하나,

매화꽃의 노래는 부채에 흩날리니, 선율에 향기 난다."

역술을 하는 형의 말이기에 신즙은 열심히 그 시를 외며 객사 마당을 돌아다녔다. 하지만 이것이 공주의 병을 고치는 것과 무슨 관련이 있다는 말인가!

"고려에서 오신 분인가 보군요. 글을 들어 보니 마치 신선의 시상인 듯 아름다운데……. 혹 그 글을 나에게 파시지 않겠소?"

신즙은 갑작스러운 목소리에 고개를 돌려 보았다.

언제부터인지는 모르지만 신즙의 뒤에 백발 노인이 강아지 한 마리를 품에 안고 빙그레 웃으며 서 있었다.

"소인이 지은 것도 아니니 팔고 말고 할 것도 없지요. 마음에 드시면 노인께서도 읊으시지요."

"어허, 큰일날 소리! 신선이 지은 시를 마음대로 읊으라니. 내 그 글값으로 이놈을 드리겠소."

노인은 그러면서 자신이 안고 있던 강아지를 신즙에게 주었다.

신즙이 몇 번이고 거절하였으나 노인은 굳이 강아지를 신즙의 품에 안겨 주며 말했다.

"비록 보잘것없는 강아지로 보일지 모르나 이 글의 값어치는 될

만한 영특한 놈이오. 어디를 가든지 꼭 소매 속에 넣고 다니시오. 이 말을 꼭 명심하시오! 오래간만에 좋은 시를 얻으니 기분이 좋구려. 그럼 난 이만 가보겠소이다."

신즙은 시를 읊으며 사라지는 노인의 뒷모습을 지켜보다 문득 자신이 안고 있는 강아지를 보았다. 강아지는 왠지 사자를 닮은 듯 하였고 눈빛엔 광채가 흐르는 것이 신즙이 보기에도 보통 강아지는 아닌 듯했다.

형 신현이 일러준 글로 인해 얻은 강아지이니 뭔가 쓰일 데가 있 을 거라고 생각하며 신즙은 강아지를 더욱 소중하게 안았다.

다음날 원나라 궁궐에 들어간 신즙은 황제가 지켜보는 가운데 공주를 진맥하게 되었다. 이미 수척해질 대로 수척해진 공주는 지쳐 잠이 들어 있었다.

공주의 맥은 기운이 다 소진한 병자의 그것이었다.

그러나 신즙이 아무리 진맥을 해봐도 공주의 병세가 무엇인지 도무지 짐작이 가지 않았다. 신즙이 고개를 갸우뚱거리며 공주의 손 목에서 손을 떼지 못하고 있을 때, 갑자기 잠들었던 공주가 두 눈을 부릅뜨고 신즙을 쏘아보았다.

공주는 그 약한 몸 어디에서 그런 괴력이 나오는지 난데없이 신 즙의 어깨를 붙잡고 정신없이 흔들어댔다.

당황한 신즙이 어쩔 줄 몰라하자 내관들은 별수 없다는 표정으 로 신즙을 밖으로 끌어내려 했다.

그런데 바로 그 순간, 신즙의 소맷자락에서 붉은 기운이 솟아나 오더니 강아지가 나와 공주의 침대 밑으로 뛰어들었다.

갑자기 공주의 침대 밑에서 으르렁거리는 소리와 함께 깨갱대는 소리가 동시에 터져 나왔다.

황제를 비롯한 내관들이 당혹함을 감추지 못하고 있는데 침대 밑에서 두 눈에 살기를 가득 띤 여우 한 마리가 뛰쳐나왔다.

그 뒤를 놓칠세라 신즙의 소맷자락에서 뛰쳐나왔던 강아지가 쫓아 나와 여우를 향해 날카로운 이빨을 드러내며 사정없이 달려들었다.

순식간에 공주의 방은 아수라장이 되었다. 그 모습을 본 공주는 침대 위에서 혼절하였다.

"아니? 저것은 공주가 애지중지 키우는 동물이 아니냐? 뭣들 하느냐? 어서 저 강아지를 붙잡아라!"

황제의 명에 강아지를 잡으려고 달려드는 내관들을 제지하며 신즙이 큰소리로 외쳤다.

"저건 평범한 동물이 아니라 요망한 여우입니다! 저놈이 공주의 몸에서 기를 빼앗아 공주가 병이 들었습니다! 저놈을 죽여야 공주가 살 것이옵니다!"

신즙의 말에 황제는 할말을 잃고 자리에 주저앉았다.

강아지는 작은 몸뚱이 어디서 그런 기운이 솟아나는지 한치도 물러나지 않고 여우를 공격하여 마침내 여우의 목을 물어 죽였다.

숨이 끊어진 여우는 본래의 흉측한 모습을 드러냈는데 그 크기가 살아 있을 때와는 다르게 엄청나게 크고 징그러웠다.

황제는 내관들을 시켜 여우를 밖으로 끌어내어 불에 태우도록 명했다.

잠시 후, 혼절했던 공주가 깊은 숨을 몰아쉬며 깨어났다. 공주의 얼굴에는 예전처럼 생기가 돌았다.

황제는 공주를 치료한 신즙에게 큰 상을 내리고 공주는 병의 근원이 여우였음을 알고는 경악을 금치 못했다.

    고려로 돌아온 신즙이 형 신현에게 모든 일의 전말을 얘기하자 신현은 그 여우가 바로 지난날 자기가 불태워 죽였던 늙은 여우의 새끼라고 알려 주었다.

    신즙은 믿어지지 않는 표정으로 신현의 선견지명에 놀라워하며 거듭 고개를 숙일 뿐이었다.

충혜왕과 오지옹주

충혜왕忠惠王은 고려 제28대 왕으로서 충숙왕과 공원왕후 홍씨 사이에서 장남으로 태어났다.

어려서부터 놀기를 좋아하고 음탕한 기질이 있던 충혜왕은 왕위에 오른 후 정사는 뒷전으로 미룬 채 허구한 날 사냥을 나가거나 지위 고하를 막론하고 여색을 탐했다.

여염집 아낙네는 물론 신하들의 부인이나 딸, 심지어는 부왕의 후비인 수비 권씨와 숙공휘령공주까지 강간하는 악행을 일삼았다.

미색이 있다는 말만 들리면 직접 말을 타고 나가 기어이 욕을 보이고 마는 성질이라 신하들은 충혜왕 앞에서 아예 그런 얘기를 꺼내지 않았다. 그러나 구천우丘天祐와 강윤충康允忠만은 왕의 비위를 맞추느라 어디에 예쁜 여자가 있다는 말만 들리면 왕에게 고해 바쳐 그 여자를 범하도록 했다.

그날도 내시 유성劉成의 아내 인印씨가 미색이라는 말을 들은 충혜왕은 구천우와 강윤충을 거느리고 유성의 집에서 하룻밤을 묵으며 밤새 유성의 아내 인씨를 겁탈하고 대궐로 돌아오는 길이었다.

노부鹵簿(임금이 거동할 때의 의장) 차림으로 말을 타고 도성 거리를 지나가던 충혜왕이 길모퉁이를 막 돌아갈 때였다.

오지 그릇이 가득 담긴 광주리를 머리에 이고 가던 여인이 몹시 힘이 드는지 충혜왕이 탄 말 앞쪽으로 비틀거리며 걸어왔다.

그 모습을 본 강윤충이 얼른 앞으로 내달아 여인을 향해 큰소리로 호령했다.

"썩 비켜라! 감히 여기가 어느 안전이라고 길을 가로막고 있는 것이냐?"

강윤충의 호령에 놀란 여인은 급히 몸을 피하려 했으나 머리에 인 광주리의 무게를 못 이겨 오히려 충혜왕 쪽으로 몇 발짝 더 비틀거리며 다가갔다.

"이런 미천한 것이 감히!"

강윤충은 손에 쥔 채찍을 여인에게 휘둘렀고 그 바람에 놀란 여인은 비명을 지르며 옆으로 쓰러졌다. 비명 소리와 함께 광주리에 담겨 있던 오지 그릇이 바닥에 굴러 떨어져 와장창 요란한 소리를 내며 깨어졌다.

그 소리에 무심코 고개를 돌리던 충혜왕의 시선이 바닥에 쓰러져 있는 여인에게로 가 꽂혔다.

땅바닥에 쓰러진 여인은 아직도 정신을 수습하지 못하고 두 다리를 버둥거리고 있었는데 무릎 위로 반쯤 말려 올라간 치마 사이로 매끈한 허벅지가 그대로 드러났다.

일순 충혜왕의 눈이 번득이며 음탕한 욕망으로 이글거렸다. 충혜왕은 찬찬히 여인의 얼굴을 훑어보았다.

그다지 뛰어난 미색은 아니었지만 천민처럼 보이는 행색과는 달리 여인의 얼굴은 묘한 매력을 지니고 있었다.

충혜왕은 아랫도리가 뻐근해지는 것을 느끼며 강윤충에게 일렀다.

"오늘 밤 경의 집으로 갈 것이니 저 계집을 데려다 두오."

"분부대로 시행하겠사옵니다, 마마!"

강윤충은 허리를 숙이고 공손히 아뢰었다.

충혜왕은 만족한 표정으로 대궐로 돌아갔고 강윤충은 그 여인을 집으로 데려가 깨끗하게 몸단장을 시켜 왕이 기거할 침소에 들여보냈다.

처음에는 깨어진 오지 그릇 값을 물어 준다는 말에 강윤충을 따라나섰던 여인은 으리으리한 대갓집에서 하녀들의 시중을 받으며 목욕을 하고 비단옷까지 몸에 걸치자 영문을 몰라 어리둥절해하기만 했다.

더군다나 하녀의 안내로 들어간 방에는 비단 금침이 깔려 있었고 방 한가운데에 놓인 밥상 위에는 상다리가 부러질 정도로 온갖 산해진미가 잔뜩 차려져 있었다

하루 종일 먹은 것이라곤 죽 한 그릇이 전부였던 여인은 밥상 위의 음식들을 보자 허기를 참을 수 없었다.

뱃속에서는 지금 당장 먹을 것을 달라고 아우성이었지만 함부로 음식에 손을 댔다가는 무슨 일을 당할지 몰라 주린 배를 움켜쥐고 방구석에 가만히 앉아 있었다.

여인이 눈앞에 놓인 음식을 보며 주체하기 힘든 식욕을 간신히 참고 있는데 방문이 열리며 낮에 보았던 남자가 방으로 들어섰다.

여인은 얼결에 자리에서 일어나 고개를 숙였다. 누구인지는 알 수 없지만 상당히 지체 높은 양반일 것이라는 느낌이 본능적으로 들었다.

"이리 가까이 오라!"

거리낌없이 상석에 자리를 잡고 앉은 남자는 떨리는 가슴을 애

써 억제하고 있는 여인을 보더니 귀엽다는 듯이 말했다.

"어서 가까이 와서 술을 따르라!"

남자의 채근하는 듯한 말투가 두어 번 더 이어지자 여인은 어쩔 줄 몰라하며 떨리는 손으로 남자가 쥐고 있는 술잔에 술을 따랐다.

"어디 사는 누구냐?"

"예……, 소녀는 단양대군 왕유 어른 댁에서 오지 그릇을 파는 일을 하는 미천한 임녀林女라고 하옵니다."

"오지 그릇을 판다? 허허허! 그런 계집치고는 제법 얼굴이 반반 하구나."

술을 연거푸 몇 잔 들이켠 남자는 은근한 눈길을 보내며 말했다.

"내가 누군 줄 알고 있느냐?"

"……."

"이리 오너라, 내 그럼 가르쳐 줄 테니……."

남자는 순간적으로 여인의 허리를 끌어당겼다. 훅, 하니 끼쳐 오는 술내와 더불어 여인의 귓전에 뜨거운 입김이 아련히 파고들었다.

남자의 손길이 짐승처럼 젖가슴으로 헤치고 들어오자 여인은 자신도 모르게 남자의 어깨를 꽉 잡고 더운 숨결을 가느다랗게 흘렸다.

남자의 몸이 여인의 상체를 지그시 누르며 자리에 드러눕히는 동안 여인의 숨결은 더욱 거칠어졌고, 그에 따라 남자의 손놀림도 더욱 부산스러워졌다.

"잘 들어라! 내가 이 나라의 주인이니라! 내가 이 나라의 임금이 란 말이다!"

여인은 남자의 그 말을 꿈결에서 전해지는 목소리처럼 희미하게 들으며 온 몸으로 남자를 받아들였다. 남자의 몸놀림은 광적으로 변했고 그럴수록 여인의 몸짓 또한 과감하게 보조를 맞추어갔다.

복숭아꽃 향기가 이러했을까? 전신이 땀으로 범벅된 채 자리에 누워 가쁜 숨을 몰아쉬는 남자의 곁에서 죽은 듯이 전라의 몸을 웅크리고 있던 여인은 어디선가 설핏 복숭아꽃 향기가 나는 듯해서 가만히 몸을 뒤척였다.

그러던 어느 순간 자신을 품에 안고 신음소리처럼 내뱉던 남자의 말이 생생하게 떠올라 눈이 번쩍 뜨였다.

'꿈속에서 들은 말이 아니라면 지금 내 곁에 누워 계신 분은 상감마마가 분명하다. 그렇다면 나는 앞으로 어찌 되는가?'

여인이 한쪽 손으로 지그시 가슴을 누르며 흥분을 가라앉히려는데 남자의 손이 조용히 여인의 어깨를 비단 이불처럼 감아들었다.

"임녀라 했느냐?"

"예……, 마마."

여인의 목소리는 마마 소리가 부끄러운 듯 조그맣게 들렸다.

"허, 고것 참! 보통 계집이 아니로구나!"

여인은 아이처럼 몸을 둥글게 말며 남자의 품에 폭 안겼다.

그도 그럴 것이 지금껏 충혜왕이 안은 여자들은 하나같이 수동적이기만 했다. 임금을 모신다는 두려움과 조심성도 있었지만 그보다는 여자가 색을 밝히면 음탕하다는 생각이 더 지배적이던 시절이었다.

그랬기에 충혜왕은 임녀의 적극적이고 능동적인 태도가 마음에 들었다. 신음 소리 한 번 제대로 내지 못하는 여인들에 비해 임녀는 오히려 자신을 이끌어간다는 느낌마저 들었다.

충혜왕은 그날 밤 몇 번이고 임녀를 품에 안고 환락의 시간을 보냈다. 임녀 또한 처음 느끼는 육체의 쾌락에 마음껏 자신을 내던지고 불살랐다.

얼마 후, 충혜왕은 임녀를 대궐로 불러들였다. 임녀와의 잠자리 이후 다른 여인들과의 관계에서는 그다지 큰 만족감을 느끼지 못했기 때문이었다.

임녀는 하룻밤 사이에 오지 그릇을 팔러 다니는 일개 비천한 종의 신분에서 임금을 모시는 후궁의 반열에 드는 행운을 붙잡았다.

당시 충혜왕에게는 정실인 정순숙의공주(덕령공주)를 비롯하여 희비 윤씨 외에도 여러 후궁들이 있었으나 충혜왕은 개중 임녀의 처소에 출입 하는 일이 잦았다.

그렇다고 해서 충혜왕의 음욕이 전과 달라진 것은 아니었다. 왕은 여전히 여색을 찾아 궐 밖 출입이 잦았으며 그렇게 한번 나가면 며칠씩 궐을 비우는 경우도 허다했다.

충혜왕은 희대의 패륜아로도 역사에 오점을 남겼는데 1339년 5월에는 연회를 핑계 삼아 마련한 술자리가 끝나자 술에 취한 척하며 부왕의 후비인 수비 권씨의 처소로 뛰어들었다. 수비 권씨가 반항하자 신하들로 하여금 사지를 붙잡게 하고 한 손으로 입을 틀어막은 뒤 강간하는 악행을 저질렀다.

또한 같은 해 8월에는 역시 부왕의 후비인 숙공휘령공주를 강간했는데 그 수법이 수비 권씨를 강간할 때와 비슷했다고 전한다.

그 일이 있은 후 수비 권씨는 시름시름 앓다가 이듬해에 죽었는데 일견에서는 자살한 것으로 보기도 했다.

원나라 귀족 출신인 숙공휘령공주를 강간한 일은 나중에 원 왕실에 알려져 충혜왕이 폐위되는 결정적인 원인으로 작용했다.

임녀는 충혜왕의 그러한 악행에도 아랑곳하지 않고 오로지 충혜왕의 음욕을 채우는 데 갖은 열의를 다했고 마침내 아들 석기를 낳았다.

임녀는 아들 석기의 복을 비는 잔치를 열 때마다 시장 상인들의 물건을 돈도 치르지 않고 강제로 빼앗아 썼는데 그 원성이 온 나라 안에 자자했다.

1342년, 충혜왕이 경상도 진변사로 있는 홍탁의 딸이 미색 중의 미색이란 말을 듣고 화비라는 칭호를 내려 대궐로 데려오려 하자 임녀는 샐쭉해진 표정으로 왕을 책망하듯 말했다.

"마마, 마마께서는 어찌 그리도 무정하십니까?"

임녀의 말에 충혜왕이 능글맞은 웃음을 지으며 대답했다.

"무슨 소리냐? 과인이 무정하다니?"

"무정하시지 않다면 소녀에게 이러실 수는 없사옵니다, 마마."

"거 무슨 말인지 과인이 알아듣게 말해 보라!"

말투는 다소 엄한 듯해도 충혜왕은 여전히 웃음을 잃지 않고 말했다.

"소인, 마마를 모시고 어엿한 왕손까지 낳았습니다. 그런데 아직도 이렇다 할 이름이 없으니 아랫것들 보기에 민망할 따름입니다."

충혜왕은 임녀가 무슨 말을 하는지 그제야 알아차렸다. 아직 입궐도 하지 않은 홍탁의 딸에게는 화비라는 칭호가 내려졌는데 대궐에 먼저 들어온 자신에게는 아무런 칭호가 없으니, 자기에게도 합당한 명칭을 내려달라는 뜻이었다.

충혜왕은 슬그머니 비어져 나오는 웃음을 참으며 말했다.

"알았다, 알았어! 과인이 아직 네 속마음까지 헤아리지 못하였구나. 허허허!"

그러면서 충혜왕은 토라진 모양새로 앉아 있는 임녀를 살며시 끌어안았다. 임녀는 어린아이처럼 앙탈을 부리다가 이내 왕의 품에 안겨 그의 숨결을 뜨겁게 달구었다.

며칠 후 충혜왕은 정식으로 임녀에게 은천옹주라는 칭호를 내렸다. 신하들은 임녀의 태생이 천한 노비인데도 옹주와 같은 칭호가 내려진 것에 대해 부당하다고 생각했으나 어느 누구도 그 일을 지적하고 나서지 못했다.

은천옹주라는 칭호까지 하사받은 임녀는 더욱 기고만장해졌으나 세간의 백성들은 그녀를 일러 한낱 오지 그릇이나 팔고 다니던 여자라 하여 '오지옹주'라고 낮춰 불렀다.

그후 은천옹주는 화비 홍씨가 대궐에 들어오는 것을 막기 위해 재상 윤침의 집에 기거토록 왕을 꼬드겼고, 충혜왕 역시 화비 홍씨를 몇 번 찾다가 발길을 뚝 끊어버렸다.

처녀의 몸으로 화비에 봉해졌던 비운의 여인 홍씨는 결국 슬하에 소생 하나 두지 못하고 언제 사망했는지조차 제대로 알려지지 않은 채 음탕한 육욕의 제물로 쓸쓸히 사라졌다.

충혜왕은 은천옹주의 성화에 못 이겨 대궐 밖에다 삼현궁三峴宮이라는 궁궐을 새로 지으니 사역에 동원된 백성들의 원성이 날로 높아만 갔다.

충혜왕의 악행을 보다 못한 원나라에서는 1343년 충혜왕을 원으로 압송하였고, 은천옹주를 비롯한 왕의 후궁들은 모두 궐에서 추방되었다.

충혜왕은 이듬해인 1344년 정월, 원나라 연경에서 게양으로 귀양을 가던 도중 악양현이라는 곳에서 운명을 달리했다.

궐에서 쫓겨난 뒤 은천옹주의 생애에 대해서는 그 어떤 기록도 남아 있지 않다.

원 왕후가 된 고려 여인

시골에서 아버지를 모시고 농사를 지으며 지내 온 기 처녀는 개경으로 급히 올라오라는 오빠의 기별을 받고 서둘러 상경했다.

"올라오느라 수고했다. 실은 이번에 원나라 황실의 궁녀로 고려 여자를 뽑는다 하여 우리들이 너를 천거했다. 그러니 너는 속히 원나라에 갈 준비를 하도록 하거라."

오빠 기철이 오랜만에 만나는 누이에게 별다른 말도 없이 이렇게 말하니, 기 처녀는 당황할 수밖에 없었다.

"오라버니, 이렇게 갑자기 원나라에 가라 하시면 아버지는 어찌합니까?"

"아버지는 우리가 알아서 모실 터이니 걱정하지 말거라. 그러니 혹여 원나라에 가지 않겠다는 말은 하지도 말아라. 우리들이 이미 너를 천거해 놓았으니 이제 와서 아니 갈 수도 없는 노릇이다. 만일 네가 가지 않으면 우리 기씨 문중이 위태로워진다. 만약 그렇게 되면 아버지나 우리들은 목숨을 부지하기 어려울 것이야."

기 처녀는 오빠 기철이 이렇게까지 말하니 어쩔 도리가 없었다. 그녀는 아버지께 인사도 못 하고 그 길로 원나라로 가게 되었다.

멀고 먼 여정 끝에 기 처녀는 원나라에 도착했다. 그녀는 원의 궁

정인 휘정원의 궁녀로 있다가 황제의 눈에 띄어 신분이 급상승하게 되었다.

황제는 기 처녀의 아름다움에 흠뻑 빠져 그녀를 총애하여 귀비의 자리에 앉혔다.

이렇게 고국에서도 누려 보지 못한 호강을 하며 살게 되었지만 기 처녀의 가슴 한 구석엔 언제나 고향 생각이 떠날 날이 없었다. 비록 원나라에 와서 황제의 총애를 받으며 풍족한 생활을 하고는 있지만 기 처녀에게 이곳은 여전히 타향이었던 것이다.

더욱이 황제의 총애가 깊어지면 깊어질수록 왕후의 질시도 깊어져 갔으니 기 처녀는 한시도 마음 편할 날이 없었다

'아! 아버지는 잘 지내시고 계신지……. 아! 그 사람은 또 어떻게 지내는지……. 내가 이곳에서 이렇게 지내는 것을 불화 그 사람은 알고 있을까?'

기 처녀는 고향 땅에서 함께 지냈던 불화가 생각났다.

이곳으로 온 후 처음에는 불화 생각에 잠도 못 이루고 눈물로 지새던 때가 많았다. 이젠 잊을 때도 되었건만 아직도 지워지지 않는 얼굴이었다.

'그 사람은 지금쯤 어여쁜 규수와 혼인하여 잘 지내고 있겠지.'

불화는 기 처녀가 어려서 아버지와 함께 시골로 내려갔을 때 이웃집에 살고 있던 소년이었다.

기 처녀의 아버지는 퇴직한 관리였던지라 불화는 기 처녀의 아버지에게 글을 배우기 위해 매일 그녀의 집을 드나들었다.

그리하여 둘은 어려서부터 자연스럽게 어울렸고 나이가 들어 제법 어른스러워진 후에는 서로를 사랑하는 감정을 가지게 되었다.

'휴……, 이제 그를 생각하면 무엇하리. 이젠 두 번 다시 볼 수

없는 사람인 것을…….'

기 처녀는 그때 한 번이라도 그에게 자신의 마음을 고백했더라면 어떻게 되었을까 하고 뒤늦게 후회했다.

만일 그리했다면 혹 지금쯤 그와 정혼하여 아이를 옆에 두고 다정하게 담소를 나누고 있을지도 모를 일이었다.

이러한 후회와 옛날 생각으로 기 처녀는 하루하루가 적막하기만 했다. 주위 사람들 또한 자신을 고려 여자라고 적대시했기 때문에 궁궐 생활은 갈수록 힘들었다.

기 처녀는 답답한 마음을 달래려 홍성궁 건너편 뜰을 거닐었다. 그나마 그곳이 이 궁궐에서 유일하게 자신의 마음을 편안하게 해주는 곳이었다.

'저쪽이 고려의 하늘일 터인데…….'

기 처녀의 눈길은 푸른 동쪽 하늘을 바라보다 화원을 손질하고 있는 궁노들에게로 옮겨졌다.

순간 기 처녀의 눈이 휘둥그레졌다. 궁노들을 지휘하고 있는 한 관리의 모습이 불화의 모습과 너무도 흡사했기 때문이었다.

'내가 불화 생각을 너무 많이 했나 보구나. 이젠 사람을 잘못 보기까지 하다니…….'

기 처녀가 자신을 책망하고 있을 때 관리의 시선이 기 처녀에게로 향했다.

다음 순간 기 처녀는 정신이 아뜩해지는 것을 느꼈다.

분명 그 관리는 불화가 틀림없었던 것이다.

'이것이 꿈인가 생시인가, 어떻게 그가 이곳에 있단 말인가!'

불화가 천천히 기 처녀에게로 걸어오더니 공손하게 인사했다.

"전중감 불화, 마마께 문안드리옵니다."

기 처녀는 벅차 오르는 가슴을 주체할 수 없었으나 주변 사람들의 이목 때문에 함부로 감정을 표출할 수 없었다.

"전중감? 그래 당신은 고려에서 지내는 것으로 알고 있었는데, 이곳에 온 지는 얼마나 되었소?"

"예, 마마. 한 삼사 년 되었사옵니다."

불화는 기 처녀에게 또박또박 존대어를 썼다.

"내 오랜만에 고려국 사람을 보니 반갑구려. 그간의 고려 소식도 알고 싶으니 언제 시간을 내어 내게 들려주시오."

"예, 마마"

불화는 기 처녀에게 연신 허리를 굽히며 대답하고는 물러갔다.

가슴이 벅차기는 불화도 마찬가지였다. 그가 이곳으로 온 것은 오로지 기 처녀를 만나기 위해서였다. 3, 4년을 벼르고 별러 만난 기 처녀는 여전히 예전의 아름다움을 간직하고 있었다. 더욱이 화려한 의상과 보석들은 그녀를 더욱 돋보이게 하였다.

오래 전, 기 처녀가 원나라 궁녀로 천거되어 갔다는 소식을 들은 불화는 그대로 가만히 있을 수가 없었다. 어떻게든 그녀를 고향으로 데려오고 싶었다.

그래서 무작정 원나라에 들어온 것이었다. 아무 연고도 없었기에 처음 1, 2년은 고생이 이만저만이 아니었다.

하지만 2, 3년 세월이 지나자 원의 관리를 지내는 고려인들을 알게 되었고, 그들에게 부탁하여 홍성궁 전중감의 자리를 얻을 수 있었다.

이곳에서 기 처녀가 귀비가 되었다는 소식을 접했을 때 불화는 절망감에 휩싸였으나 이젠 그런 감정 같은 것은 없어진 지 오래였다. 오히려 황제의 총애를 받고 있는 기 처녀가 다른 사람들의 질시를 받을까 봐 걱정이었다.

원나라 황실에서 기 처녀를 지켜줄 사람은 자신뿐이라고 생각한 불화는 수단과 방법을 가리지 않고 기 처녀가 있는 홍성궁에 들어왔다.

불화는 그렇게 보고 싶던 기 처녀를 다시 만나자 어린 시절 고향에서 함께했던 추억들이 생각나 그때의 감정들이 가슴에 새록새록 피어났다.

'그녀도 이런 마음일까? 안타까웠던 지난날의 감정을 이제라도 확인해 볼 수 있을까?'

불화는 씁쓸한 미소를 지었다.

'내가 지금 무슨 생각을 하는 것인가. 이미 모든 걸 포기하기로 한 것을……. 여기가 어디라고, 이제 와서 우리들의 사랑을 확인한다 하여 좋을 것이 무엇인가? 괜한 감정만 내세워 봤자 그녀만 위험에 빠지게 돼.'

불화는 이런저런 생각으로 마음을 다잡지 못하고 뜬눈으로 밤을 지새웠다.

다음날 불화는 당장이라도 홍성궁에 들어가 그녀를 만나 보고 싶었으나 기회를 잡지 못해 전전긍긍하며 다시 이틀을 보냈다.

사흘째 되는 날, 불화는 겨우 궁노들을 이끌고 홍성궁에 들어갈 기회를 잡았다. 그는 고려의 소식을 전한다는 핑계로 기 처녀를 만날 수 있었다.

불화는 주위의 눈치를 살피며 기 처녀의 방으로 들어갔다.

"어서 오세요. 여기 차를 준비하였으니 천천히 드시고 고려 이야기나 해주시어요."

기 처녀는 궁녀들을 의식하여 이렇게 말하였으나 궁녀들이 방에서 물러나자 참았던 눈물을 쏟고 말았다.

"이렇게 만나다니……. 죄송해요, 불화 도련님. 소녀 이곳으로 오지 말았어야 하는 것을. 용서하세요. 소녀 어찌하다 이렇게…… 흑흑……."

기 처녀는 차마 큰소리로 울지도 못하고 소리 죽여 흐느꼈다.

"마마, 이것이 어찌 마마께서 용서를 빌 일이옵니까? 그저 나라의 힘이 미약한 탓이지요. 그만 고정하십시오."

"……."

불화는 기 처녀의 우는 모습에 마음이 안타까웠다. 가까이 다가가 안아 주고 싶었으나 이젠 그 옛날의 그녀가 아니었다. 그는 한숨을 내쉬며 마음을 다잡았다.

"마마, 저는 이렇게 마마를 옆에서 바라볼 수 있는 것만으로도 족합니다. 부디 마마의 옥체를 보존하옵소서. 미약하나마 소인이 최대한 보필해 드리겠사옵니다."

"도련님, 제가 무슨 낙으로 이곳에서 살 수 있으리까? 이곳은 너무도 무섭습니다."

그간 기 처녀는 왕후와 다른 후비들의 시기에 몇 번이고 죽을 고비를 넘긴 터였다.

"마마, 그리 생각하지 마옵소서. 마마는 황제의 어엿한 귀비이시옵니다. 위엄을 갖추십시오. 그리하면 다른 이들도 마마를 업신여기지 못할 것이옵니다."

"시골에서 자란 제게 위엄이 있을 것이 무엇입니까?"

"마마, 소신이 도와 드리겠사옵니다."

이날 이후 불화는 틈나는 대로 기 처녀에게 여러 가지 책을 가져다주었다. 그 책들은『효경』을 비롯하여 사서삼경,『열녀문』,『궁중 행실록』 등으로 기 처녀에게 많은 도움이 되었다.

기 처녀는 처음에는 불화가 갖다주는 책에 별 관심이 없었으나 차츰 불화의 정성에 감복하여 그 책들을 탐독하기 시작했다.

한 권 두 권 읽기 시작한 책들이 몇 년 후 기 처녀의 학식을 웬만한 학자 못지않을 정도로까지 고양시켰다.

이렇게 되자 기 처녀는 황실의 모든 이로부터 인정을 받게 되었고 특히 황제의 총애는 더욱 깊어져 제2왕후로 승격되었다. 그녀는 차후 정궁왕후에 봉해져 고려의 여인으로는 처음이자 유일하게 중국의 왕후가 되었다. 또한 그녀는 원나라 역사상 가장 뛰어난 왕후의 한 사람으로 기록에 남게 되었다.

한편 기 처녀의 오빠 기철은 동생이 원나라의 왕후가 되자 그 권세를 등에 업고 활개를 치다 배원정책과 국토회복 운동을 전개하던 공민왕에게 죽임을 당하였다.

이에 기 왕후가 고려인 최유에게 군사 1만을 주어 공민왕을 폐위시키고 원나라에 와 있던 26대 충선왕의 셋째아들 덕흥군을 왕으로 옹립할 것을 명하였다.

기 왕후의 이 계획은 최유가 압록강에서 대패하고, 원나라의 국력 또한 쇠퇴일로에 있었기 때문에 실패로 돌아갔으나 이것만으로도 당시 그녀의 세도가 어느 정도였는지를 잘 알 수 있다.

하지만 기 왕후가 이 정도의 권세를 누리며 후세에 길이 이름을 남길 수 있었던 것은 그녀 옆에서 사사로운 감정을 죽이고 성심껏 그녀를 보살펴 준 불화의 덕분이라 해도 과언은 아닐 것이다.

승려의 야욕과 전횡

　고려 제31대 임금인 공민왕은 재위 초기에는 참으로 어질고도 기품 있는 왕이었다.

　늘 기세 등등하던 원나라에 굽실거리지 않고 국위를 높이는 데 적지 않은 힘을 기울였으며, 백성들에게는 어진 정치를 베푸는, 그야말로 성군이었다.

　그러나 공민왕은 왕비인 노국공주가 죽은 후로는 점점 백성을 다스리는 일이나 정사에 싫증을 느껴 만사를 외면하고 술로 세월을 보냈다.

　공민왕은 신하들이 정사를 논할 때마다 누군가 나타나서 자신의 일을 대신해 주었으면 하는 바람을 은근히 마음속에 두고 있었다. 그럴수록 그는 승려 신돈에게 의지하는 마음이 강해졌다.

　공민왕이 신돈을 굳게 신뢰하게 된 데에는 남다른 연유가 있었다.

　공민왕이 아직 신돈을 알기 전 어느 날 공민왕이 꿈을 꾸었는데, 꿈속에 힘 센 장사가 시퍼런 칼을 들고 공민왕을 죽이겠다고 달려들었다. 공민왕은 고래고래 소리를 지르며 도움을 청했지만 아무도 오지 않고, 그 시퍼런 칼을 든 장사만이 자기를 따라오고 있었다.

　이윽고 장사가 공민왕을 칼로 치려고 하자 공민왕은 두 눈을 감았다. 이제 죽었구나 싶어 꼼짝달싹 못 하고 있는데 주위가 갑자기 조용해졌다.

이에 공민왕이 슬며시 눈을 떠보니 장사의 머리는 바가지 깨지 듯 산산조각이 나 있고, 온 몸에서 피를 토해 내고 있었다. 그리고 자기 앞에는 장삼을 입은 스님 한 명이 서 있었다.

꿈에서 본 그 스님의 얼굴은 오래도록 공민왕의 뇌리에 남아 선명한 지문처럼 박혀 있었다.

그러던 어느 날 김원명이란 신하가 공민왕에게 아뢰었다.

"마마! 덕망과 슬기가 아주 출중한 신돈이라는 승려가 있는데 그 명성이 자자하여 많은 사람의 존경을 한 몸에 받고 있다고 합니다. 마마께서도 한 번 만나 그 설법을 들어보시면 심신이 편안해질 것이 옵니다."

"그래? 그럼 어서 데려오너라. 그렇지 않아도 명승을 만나 좋은 설법을 들으며 마음을 다스리고 싶었는데……."

며칠 뒤 김원명이 신돈이라는 승려를 데리고 왔는데, 공민왕은 자기 눈을 의심하지 않을 수 없었다. 그는 다름 아닌 꿈속에서 자신을 구해 준 바로 그 스님이었던 것이다.

공민왕은 하도 신기하고 희한해 눈을 비비고 다시 신돈을 바라보았다.

"아, 이날이 오길 얼마나 바라고 있었는데……, 실로 이런 날이 오다니……."

공민왕은 조심스레 입을 열었다.

"내가 생시에는 스님을 만나 본 적이 없지만 꿈에서는 몇 번 뵌 적이 있다오."

그러면서 공민왕은 자신의 꿈 얘기를 들려주었다.

공민왕의 얘기를 모두 들은 신돈이 말했다.

"아무래도 전생에 인연이 깊지 않았나 생각됩니다."

그날부터 공민왕은 신돈을 전부터 알고 지내던 가까운 사람인 양 늘 곁에 두었다.

어느 날 공민왕이 신돈에게 자신의 신세를 한탄했다.

"나는 이제 지쳤소. 임금이니 정치니 하는 것이 딱 싫어졌소. 아무리 머리를 쓰고 온갖 정성을 다해도 북으로는 대국이 밤낮 없이 괴롭히고, 남으로는 호시탐탐 왜적들이 행패를 부리니 더 이상 어찌해야 할지 모르겠소. 차라리 혈혈단신으로 절경을 찾아다니며 그림이나 그리며 살고 싶소."

신돈은 기다렸다는 듯이 말문을 열었다.

"맞습니다. 아무리 한 나라의 임금이라도 자신의 행복도 생각하셔야 합니다. 하찮은 백성들도 자신의 행복을 찾는데 나라의 주인인 임금께서 행복을 찾지 못하신다면 어찌 안타깝지 않겠습니까? 임금께서 마음이 편하셔야 나라 정치도 잘 되는 법입니다."

공민왕은 조용히 신돈의 말을 귀담아들었다.

"난 이제 임금 자리가 싫소. 세력 다툼에 급급한 신하들에게 질려버렸고, 아무리 이 나라의 주인인 임금이라 해도 외적의 침입에 이리저리 쫓겨다니는 신세는 초라하기 그지없는 일일 뿐이오."

"그러나 왕위를 내놓으시면 안 됩니다. 뒤를 이을 후사도 없으신데, 만약 그렇게 된다면 이 나라가 온통 쑥대밭이 될 것은 불을 보듯 뻔합니다."

신돈은 공민왕을 아기 다루듯 살살 구슬렸다. 그 구슬림에 마음의 안정을 되찾은 공민왕은 자신의 처지를 알아주는 신돈에게로 점점 마음이 쏠렸다.

그러던 어느 날, 그날도 어김없이 신돈과 마주앉아 이런저런 신세 한탄을 해대던 공민왕은 신돈을 향해 문득 이런 말을 했다.

"신돈, 그대가 이 나라를 맡아 주면 어떨까?"

그러나 신돈은 한마디로 딱 잘라 거절했고, 그 자리에서 황급히 물러났다. 그러나 말끝을 흐리며 여운을 남기는 것이 여간 심상치 않았다.

신돈의 이런 태도는 모두 계략에 불과했으나, 공민왕은 이 사실을 전혀 눈치채지 못하고 오히려 그러한 신돈의 태도에 더욱 호감을 가졌다.

그로부터 얼마나 지났을까?

자신을 못마땅하게 여겼던 신하 이승경과 정지운이 죽었다는 말을 듣고 신돈은 다시 공민왕 가까이 접근했다.

머리가 비상한 신돈은 자신을 시기하고 두려워하는 다른 신하들의 눈을 속이기 위해 일부러 한동안 공민왕을 찾지 않았던 것이다.

공민왕은 반가움에 신돈의 손을 꼭 잡았다.

"잘 왔소! 그간 내가 얼마나 찾은 줄 아오. 내 옆에서 예전처럼 나를 지켜 주시오."

공민왕은 신돈에게 사부라는 칭호를 내리고 언제나 그를 가까이 두었다.

그 때문에 신돈의 지위는 신하들 사이에서 뇌물을 갖다 바칠 만큼 급부상했고 백성들 사이에서는 신비화되기에 이르렀다.

"그분의 설법이 바로 극락 가는 길이라오."

"신돈은 부처가 사람의 몸을 빌려 환생한 승려라오."

임금의 총애와 아첨하는 무리가 날로 늘어나자 마침내 신돈은 자신의 본색을 드러내기 시작했다.

그 본색은 권세욕, 음욕, 부에 대한 욕심 등이었는데 특히 가장 심한 것은 부처님을 모시는 스님으로서는 절대 삼가야 하는 음욕이었다. 그리하여 신돈은 불공을 드리러 오는 부녀자들을 아무렇지 않게 겁탈하고 희롱했다.

하루는 신돈이 기현이란 사람의 집에 들렀는데 나라의 실권을 한 손에 쥐고 있는 신돈인지라 기현은 어여쁘기로 소문난 계집들을 불러 그의 시중을 들게 하였다.

그런데 술자리가 무르익을 무렵 기현의 아내가 나와 인사를 했는데 신돈의 눈은 그 자리에서 뒤집어졌다.

기현의 아내는 그리 미인은 아니었지만 살결이 뽀얀 것이 잘 익은 배와 같았고, 몸매가 애호박처럼 오동통해서 만지기만 해도 금방 애간장이 녹을 듯했다.

욕정이 갑자기 부풀 대로 부푼 신돈은 기현의 아내를 힐끔힐끔 쳐다보며 욕정의 눈길을 보냈다. 그리고 슬며시 손목을 잡아 보기도 하였다.

이러한 신돈의 마음을 알아차린 기현은 이것을 두 번 다시 없는 출세의 기회로 생각했다.

'신돈이 내 아내에게 홀딱 빠졌다, 이거지? 저자의 마음만 잡으면 나는 얼마든지 출세할 수 있어. 지금이 기회야.'

기현은 아내를 불러 무언가 속삭였고, 아내는 다시 신돈의 옆에 앉았다.

기현의 아내는 몸을 신돈에게 바싹 붙이고 앉아 은근히 추파를 보내기 시작했다.

신돈의 눈을 빨아들이듯 빤히 쳐다보다가 신돈이 쳐다볼라치면 얼른 고개를 돌리고, 곁눈질로 은근 슬쩍 보고 있다가 눈이라도 마주칠라치면 눈을 가늘게 뜨며 고개를 떨구었다.

그리고 괜히 몸을 좌우로 흔들며 더욱 신돈에게 자신의 살을 비벼댔다. 건드리기라도 하면 금방이라도 색욕의 물이 좌르르 터져 나올 것만 같았다.

억지로라도 어떻게 해보고 싶은 신돈에게 기현의 아내가 먼저 꼬리를 치니 신돈은 미칠 것만 같았다.

신돈은 기현이 잠시 자리를 비운 사이 더는 참지 못하고 기현의 아내의 허리를 휙 감싸 안았다. 기현의 아내는 잠깐 놀란 듯한 표정을 짓더니 금세 신돈의 품에 자신의 몸을 던져버렸다.

그날 이후 기현과 그의 아내는 신돈을 신처럼 떠받들었고, 온갖 시중을 다 들었다. 이로써 기현은 신돈의 심복지인이 되었고, 신돈은 기현의 아내를 취하는 대가로 기현을 극진히 돌봐 주었다.

신돈의 권세와 음욕은 계속 이어졌다.

기현을 비롯한 심복들이 무언가 귀띔을 하면 어여쁜 아내를 둔 사대부들을 괜한 트집으로 잡아들이고, 그 트집을 기회로 삼아 그의 아내들과 몸을 섞었다.

아내들은 벌벌 떨며 신돈에게 빌었다.

"제 남편이 풀려 나올 수만 있다면 뭐든지 하겠습니다."

이때마다 신돈은 눈을 지그시 감고 실눈으로 아내들의 몸 여기저기를 훑으며 이렇게 말하는 것이었다.

"남편이 풀려 날 길은 딱 하나 있지."

"어떤 일이라도 하겠습니다."

"흐음. 남편이 풀려 나오려면 꽤나 어려울 텐데. 자네 남편이 하도 중죄를 지어서……."

신돈이 이렇게 한마디 건네기라도 하면 대부분의 아내들은 눈물로 호소했다.

"무엇이든 할 수 있습니다. 풀려 날 길이 있는데 어찌 마다하겠습니까? 그 길을 가르쳐 주십시오."

아내들은 오들오들 떨며 간청했지만 이런 말을 건네기가 무섭게 이미 마련된 금침에 벌러덩 강제로 눕혀져 신돈에게 농락당해야만 했다.

사근사근 말을 잘 들으면 며칠간 데리고 놀다 남편과 함께 석방해 주었고, 말을 듣지 않고 앙탈을 부리거나 신돈의 색욕을 충분히 채워 주지 못하면 남편을 벌하거나 귀양을 보냈고, 심지어 죽이기까지 하였다.

일이 이쯤 되자 온갖 행패와 욕심만을 일삼는 신돈을 죽이려는 사람들이 하나둘 늘어갔다.

그들 중 엄부홍, 이존오 등은 은밀하게 만나 회의를 열었다.

"신돈은 지금껏 듣도 보도 못한, 참으로 해괴망측한 자요."

"그것뿐이겠소. 그자의 수작은 짐승이나 다름없소. 사람을 죽이기를 밥먹듯 하고, 남의 계집이나 딸들을 보는 대로 겁탈하는데 어찌 사람이라 하겠소."

그들은 입을 모아 신돈을 욕했다.

그때 이존오의 입에서 또 다른 말이 흘러나왔다.

"요즈음엔 이상한 짓이 한 가지 더 늘었다고 하더구려."

"무슨 짓이오? 어서 말해 보오."

"신돈은 색욕을 더 맘껏 즐기기 위해 백마白馬만 보면 그걸 잡아서 신장을 먹는답니다. 그것도 날것을 그대로 회쳐서 먹는답니다.

"저, 저, 저……. 죽일 놈!"

"그뿐이 아니라오. 꿈틀대는 지렁이도 정력에 좋다고 한입에 집어넣는답니다."

"윽……."

이 말에 그 자리에 모인 사람들은 먹은 음식을 죄다 토할 것만 같은 것을 간신히 참았다.

이존오는 은밀한 회의 끝에 상소문을 올리기로 결정했다. 그는 더 이상 신돈의 행패를 간과할 수 없어 죽음을 각오하고 상소문을 올렸다.

"방약무인한 신돈은 전하와 더불어 한자리에 앉아 전하를 욕보이고 능멸했습니다. 또한 재상이 그의 집이라도 찾아가면 거만하게 버티고 앉아 뜰 아래에서 절하게 만듭니다. 전하께서는 늙은 여우와 같은 요물인 신돈을 속히 물리쳐 이 나라의 사직과 정권을 바로잡으십시오. 엎드려 간곡히 바라나이다."

그러나 공민왕은 상소문을 보고 대노大怒하였다.

그는 상소문을 불태우도록 하고, 즉시 이존오를 잡아들이라고 명했다.

"이 간사한 놈, 나라의 기둥인 신돈을 모함하다니. 네가 무서움을 모르고 방자하구나."

이존오는 공민왕의 노여움을 샀지만 이에 위축되지 않고 공민왕과 한자리에 앉아 있는 신돈을 향해 소리쳤다.

"늙은 요물 같은 중놈이 감히 전하와 같은 자리에 앉다니. 어찌 무례함이 이리도 하늘을 찌르는가!"

청천벽력 같은 이존오의 호통에 신돈이 깜짝 놀라 허둥지둥 아랫자리로 내려앉았다.

그러나 공민왕은 더욱 화가 치밀었는지 이존오를 옥에 가두고 말았다.

공민왕은 그만큼 신돈에게 빠져 있어 그의 음탕함을 전혀 알아
채지 못했다. 자신을 능가하는 권력을 휘두르는 것도 모르고 있었던
것이다.

공민왕은 결국 발톱을 숨긴 무서운 호랑이 새끼를 키우고 있는
셈이었다.

한 번은 이런 일이 있었다.

신돈이 자기 집으로 심복들을 초대해 음담패설을 안주 삼아 술
을 마시고 있었다. 그들은 음담패설에 히죽거리기도 하고, 술잔을
비우기도 하며 시간 가는 줄 모르고 노닥거렸다.

그때 황급하게 문지기가 뛰어들어오면서 말했다.

"상감마마께서 행차하셨습니다."

신돈은 갑작스런 공민왕의 행차에 난감함을 감출 수 없었다.

"상감마마는 나를 고결한 중으로 알고 있는데 이를 어쩌나? 이
런 꼴을 보여선 안 되는데……."

신돈은 얼른 술상을 급히 치우게 하고는 대문으로 뛰어나가 공
민왕을 맞아들였다.

공민왕이 신돈의 방에 들어가자 상에는 과일 한두 개가 놓여 있
을 뿐이었다. 신돈은 조리 있는 말로 예의를 깍듯하게 차리며 공민
왕을 모셨다.

이에 속아넘어간 공민왕이 다시 한 번 신돈을 칭찬하니 참으로
어처구니없는 일이었다.

"역시 하늘이 내린 스님이라는 말을 들을 만하오. 상에 겨우 과
일 두 개라니, 역시 참으로 청빈하구려."

신돈의 위세는 하늘을 찌를 듯 점점 드세졌지만 그는 자신을 미
워하는 자가 늘어날수록 은근히 겁이 나기 시작했다.

특히 누군가가 자신의 행적을 공민왕에게 낱낱이 고하기라도 하면 그의 꿈은 한 순간 산산조각 깨지고 마는 터라 가슴이 자꾸만 조여 왔다.

신돈은 한 가지 계책을 생각해 냈다.

그날도 공민왕이 신돈을 불러 나라일을 의논하는데 신돈은 평소와는 달리 아무 말도 하지 않았다.

이를 이상하게 생각한 공민왕이 물었다.

"아니 오늘은 무슨 일이라도 있소? 한마디도 하지 않으니…….혹 무슨 근심이라도 있는 것이오?"

그제야 신돈은 천천히 입을 열기 시작했다.

"상감마마께서는 다른 사람들의 말을 더 많이 들으시는데 제가 무슨 할말이 있겠습니까?"

이 말에 공민왕은 펄쩍 뛰었다.

"말도 안 되는 소리 마오. 난 언제나 다른 신하의 말을 제쳐놓고 선사의 말을 들었소."

신돈은 때를 놓칠세라 거짓말을 술술 늘어놓았다.

"그래도 소문은 그렇지 않사옵니다."

"그건 모두 선사를 질투하는 자들이 만들어 낸 것이지요. 그 말을 믿는 거요?"

신돈은 공민왕이 자기의 계책에 술술 넘어오자 속으로는 우스워 견딜 수가 없었다. 마치 파놓은 굴에 빠진 짐승 같았다.

그러나 신돈은 눈물까지 또르르 흘리며 말을 이었다.

"지금은 헛소문인지 몰라도 이런 헛소문이 자꾸 커지면 저를 모함하는 자가 점점 늘 것입니다. 그렇게 되면 자연적으로 상감마마께서는 그들의 말에 솔깃하실 테고, 그렇게 된다면 이 늙은이의 신세는……."

신돈은 말을 잇지 못하고 훌쩍거렸다.

이에 공민왕은 어린애 달래듯 신돈을 달랬다. 손수 글을 써서 맹세까지 하는 것이었다. 정말로 눈뜨고 보지 못할 어처구니없는 노승의 음모였다.

신돈은 승려인데도 공민왕을 배경 삼아 첩을 거느리고 자식까지 낳았다.

더군다나 기현, 최사원, 이춘부, 김란 등과 합세하여 세력을 만방에 뻗치자 신돈을 아끼던 공민왕도 차차 불안해지기 시작했다.

이에 공민왕은 슬슬 신돈을 꺼리게 되었으나, 눈치 빠른 이 요승은 곧 그 사실을 알아챘다.

신돈은 으슥한 밤 심복들을 한데 모아 놓고 거사를 모의했다. 그는 공민왕이 자신을 내치기 전에 먼저 선수를 쳐야겠다고 마음먹고 있었던 것이다.

이때 이인이라는 문객이 우연하게도 그 사실을 듣게 되고, 아무도 모르게 투서를 써 재상 김속명의 집 마당으로 던졌다.

새벽에 일찍 일어난 하인이 마당에 떨어져 있는 투서를 발견하고는 이를 이상히 여겨 주인에게 전해 주었다. 투서를 손에 쥔 김속명은 곧 그것을 공민왕에게 바쳤다

공민왕은 벼르고 있었던 터라 곧 신돈 일당을 잡아들여 고문을 하였다.

고문이 어찌나 가혹했는지 기현과 최사원 등은 자신의 죄를 이실직고하였다. 그러나 신돈만은 끝까지 버티며 이렇게 말하는 것이었다.

"마마께서는 어떠한 일이 있어도 이 노승을 버리지 않겠다고 하

시지 않았습니까? 그런데 그 약속을 어기시고 저를 버리십니까? 한 나라의 가장 큰 어른이 어찌 이렇게……."

공민왕은 입가에 쓴웃음을 가득 머금은 채 이렇게 말했다.

"신돈은 잘 들거라. 맹세는 네가 먼저 어겼다. 부녀자들을 가까이하는 것은 부처의 설법을 전하여 부처의 길로 인도하기 위함이라고 했느니라. 그런데 너는 지금 자식을 둘씩이나 두고 있으니 어찌 된 일이냐? 그리고 갑옷을 만드는 곳을 일곱 곳이나 지었으니 이것은 평생을 같이하자던 우리의 맹세를 어기고 나를 치려고 한 것이 아니었더냐?"

결국 신돈은 공민왕에 의해 죽임을 당했는데, 이는 공민왕 20년의 일이었다.

공민왕을 배경으로 하여 승려라는 지위를 악용해 온갖 만행을 저지른 요승 신돈은 결국 솟구치는 욕심을 자제하지 못하여 비참한 최후를 맞이하였다.

익비 한씨는 더 이상 공민왕의 명을 거절할 수 없었다. 눈앞의 시퍼런 칼도 두려웠고, 마치 미치광이가 된 듯 소리를 지르는 공민왕도 두려웠다.

"마마, 명대로 하겠사옵니다. 하오니 그 칼만은……."

익비 한씨는 떨리는 목소리로 겨우 말했다.

"내가 나간 후 마음이 변할지 모르니, 여기서 확인을 해야겠다! 홍륜아, 어서 시키는 대로 행하라!"

홍륜은 공민왕이 지켜보는 가운데 익비의 옷을 거칠게 벗겼다.

익비 한씨는 더 이상 반항하지 못하고 홍륜이 이끄는 대로 몸을 더럽히는 능욕을 당했다.

참으로 괴이한 일이었다. 왕이 지켜보는 가운데 신하가 왕의 후궁과 정을 통하다니…….

공민왕은 노국공주가 산고로 죽은 후 더 이상 여인을 가까이하지 않았다. 대소 신하들이 후사를 잇기 위해 후궁을 맞게 하였으나 공민왕이 가까이하지 않았기 때문에 후사가 있을 리 만무했다.

게다가 공민왕의 여인 거부증은 더욱 심해져 주변의 꽃 같은 여인들에게는 눈길 한 번 주지 않고 귀족의 자제들로 구성된 자제위를 만들어 가까이 두었다.

이때부터 공민왕의 수발은 자제위가 맡게 되었고, 공민왕은 그들과 공공연하게 동성애를 즐겼다.

상황이 이렇게 되었지만 공민왕도 왕통을 이을 후사가 없는 것이 걱정되었던 모양이었다. 후사는 필요한데 자신은 후궁들을 가까이하기 싫고, 그래서 생각해 낸 방법이 측근으로 있는 자제위 청년들을 자신의 후궁과 정을 통하게 하여 후사를 도모하는 것이었다.

공민왕은 자신의 생각이지만 기가 막힌 방법이라 여기고는 당장 자신이 총애하는 홍륜과 한안, 권진 등을 불러 이 계획을 말했다.

자제위 청년들은 어이가 없었으나 임금의 후궁을 품을 수 있다는 음욕에 눈이 멀어 거기에 따르기로 동의했다.

공민왕은 몇 번이고 이 일을 비밀에 부칠 것을 당부하고는 그들을 후궁들의 방으로 차례로 들여보냈다.

그 당시 공민왕의 후궁으로는 혜비, 익비, 정비, 신비 등이 있었다. 공민왕이 그들의 방을 차례로 찾아갔으나 익비를 제외한 다른 후궁들은 목숨을 걸고 정조를 지켰다.

공민왕도 죽음을 각오하고 자신을 지키는 후궁들에게 더 이상 강요할 수 없었다. 그러다 마지막으로 익비를 찾은 것이었다.

마침내 익비가 자신의 뜻을 따르자 공민왕은 호탕하게 웃었다. 익비는 홍륜뿐 아니라 한안, 권진 등에게 여러 날에 걸쳐 능욕을 당했다.

그렇게 몇 달이 지나갔다.

공민왕이 여느 때와 같이 술잔을 기울이며 거나하게 취해 있는데 최만생이 가까이 다가오더니 조용히 아뢰었다.

"마마, 잠시 여쭐 말씀이 있사옵니다."

"무슨 일이냐?"

"익비께서 태기가 있으시다 하옵니다."

"태기라? 지금 태기라 하였느냐?"

"예, 마마."

공민왕은 만족스러운 듯 희색이 만면하여 은밀하게 물었다.

"그래, 누구의 씨라더냐?"

공민왕의 말에 최만생이 음흉한 미소를 지으며 대답했다.

"홍륜이라고 하옵니다."

"으흠, 홍륜이라……? 이젠 이 일을 아는 자들의 입만 막으면 그 아이는 내 아이가 되겠구나."

공민왕의 미소가 섬뜩한 표정으로 바뀌는 것을 본 최만생은 순간 심장이 철렁 내려앉았다.

'아뿔사, 모르는 척해야 할 일에 공연히 끼여들었구나. 괜히 아는 척했다가 나까지…….'

공민왕은 이미 보통 사람의 얼굴이 아니었다. 노국공주가 산고로 죽은 이후 광기와 변태적인 성향이 어우러져 더 이상 옛날의 온화한 성품은 온데간데없었다.

그날 밤 최만생은 아무도 모르게 홍륜을 찾아갔다.

"아니, 이 시각에 어인 일이시오?"

홍륜은 사색이 되어 있는 최만생의 얼굴을 보며 물었다.

"큰일났소, 홍공. 임금께서 우리를 죽이려 하고 있소."

최만생은 홍륜에게 다급하게 말했다.

"그게 무슨 말이오? 임금께서 우리를 죽이려 하다니……?"

"임금께서 익비의 아이를 자신의 아이로 만들고자 이 일을 아는 자들을 모두 죽이려 하고 있단 말이오."

"무엇이라! 익비에게 잉태를 시키라고 하여 따랐거늘, 이제 와서 우리를 죽여?"

홍륜은 자신도 모르게 큰소리로 외쳤다.

"목소리를 낮추시오. 지금 흥분하고 있을 때가 아니오. 장차 이 일을 어찌해야 할지 앞일을 모색해야만 하오."

최만생은 문 밖에서 누가 듣고 있을까 봐 조바심이 났다.

"음……. 우선 다른 사람들을 불러 의논해 봅시다."

홍륜은 조용히 나가 익비를 함께 범했던 자제위 청년들을 불러 모았다.

모두가 공민왕의 총애를 받고 있던 이들이었지만 이제 와서 왕이 자신들을 해치려 한다는 말을 듣고는 모두 분을 삭이지 못했다.

홍륜의 눈빛에는 살기가 돌았다.

"이보게, 내 말 잘 듣게. 일이 이렇게 된 이상 우리도 가만히 앉아 죽음을 기다릴 수만은 없네. 우리가 먼저 임금을 치도록 하세."

함께 모인 자제위 청년들은 두말할 것 없이 홍륜의 말에 동의했고 최만생 역시 바짝 긴장하며 조용히 고개를 끄덕였다.

밤이 깊어 고요해지자 그들은 소리 없이 공민왕이 잠든 침소로 숨어 들어갔다. 평소 한밤중에도 자주 공민왕의 침소를 드나들던 이들이라 아무런 제약을 받지 않았다.

공민왕은 익비의 잉태 소식을 듣고 혼자 자축이라도 한 듯 만취해 쓰러져 있었다.

자제위 청년들이 주변을 살피는 동안 홍륜과 최만생이 비수를 들었다. 잠시 후 비수는 왕의 가슴을 파고들었다.

한 번, 두 번…….

이렇게 하여 공민왕은 자신이 총애하던 이들에 의해 비참한 최후를 맞이했다.

"이보시게, 서두르게!"

밖에서 망을 보는 이의 목소리가 급박하게 들려 왔다.

홍륜과 최만생은 그대로 왕의 침소를 뛰쳐나와 도망을 치다 때마침 순시를 도는 군졸들과 마주쳤다.

군졸들은 평소 같지 않게 허둥대는 그들의 모습에 놀라 물었다.

"무슨 일이십니까?"

"도적일세, 도적이야!"

최만생이 당황하여 엉겁결에 소리쳤다.

"도적이라뇨! 도적이 어디 있단 말입니까?"

"저기, 마마의 침소에서 이쪽으로 뛰어나오는 것을 보았네!"

최만생의 거짓말에 홍륜까지 가세하여 말했다. 잘 하면 왕의 침소에 도적이 들어 왕을 죽인 것으로 사건을 꾸밀 수 있을 것이라고 판단한 것이다.

군졸들은 재빨리 왕의 침소로 달려갔다. 그러나 이미 공민왕은 비참하게 살해되어 있었다.

대궐은 순식간에 거센 소용돌이에 휘말렸다.

경부흥과 이인임 등이 왕후의 명을 받고 왕을 죽인 도적을 잡기 위해 모였다.

"사건이 일어난 즉시 대궐을 지키고 있었으니 아무리 재빠른 놈이라 해도 궐 밖으로 나가지는 못했을 것입니다."

이인임이 자신 있게 말하며 사람들을 둘러보았다. 그 중에는 최만생과 홍륜을 비롯한 자제위 청년들도 끼여 있었다.

그들을 천천히 둘러보던 이인임의 눈길이 한순간 최만생에게서 멈추었다. 이인임은 최만생에게 말했다.

"잠시 나 좀 봅시다."

최만생은 오금이 저려오는 것을 참을 수가 없었다.

"무……무, 무슨 일이오?"

"잠시 여쭐 말이 있소."

이인임은 최만생의 눈초리가 미덥지 않아 아까부터 눈치를 살피고 있었던 차였다. 최만생의 얼굴은 백짓장처럼 하얗게 변해 있었다.

이인임은 심증은 가나 물증이 없어 말을 돌리며 계속해서 최만생의 몸을 아래위로 살펴보았다. 그러다가 최만생의 옷소매 끝에 묻은 작고 붉은 점을 발견했다.

'이거다!'

이인임의 얼굴에 회심의 미소가 떠올랐다.

"이것이 뭐요?"

최만생은 이인임이 가리키는 대로 자신의 옷소매를 보았다. 그것은 작긴 하지만 분명 핏자국이었다.

"내가 보기엔 이건 분명 핏자국 같은데……. 이 핏자국이 왜 여기 묻어 있소?"

"그, 글쎄요, 이것이 왜, 왜 여기에 묻어 있는 건지……."

최만생이 말을 더듬자 이인임이 소리쳤다.

"분명 이것은 왕을 시해했을 때, 그 핏방울이 튀어서 묻은 것이 아니오!"

최만생은 더 이상 버틸 수 없어, 그냥 그 자리에 주저앉고 말았다.

"여봐라! 당장 이놈을 문초하여 사건의 진상을 캐내도록 하라!"

최만생은 일이 이렇게 된 이상 혼자서만 죄를 뒤집어쓸 수는 없다고 생각했다.

"나 혼자 한 것이 아니오! 저기, 저자들이……!"

결국 최만생과 홍륜 일당은 그 자리에서 모두 잡혀 극형에 처해 졌다.

훗날 익비는 대궐에서 쫓겨나 사가에서 딸을 낳았으나 아들이라 오인한 대신들에 의해 죽임을 당하고 말았다.

한 나라의 임금으로서의 직분을 망각하고 스스로 자멸의 길을 걸은 공민왕의 행동은 결국 자신을 죽음으로 몰고 갔을 뿐만 아니라 후세에 두고두고 불명예를 남기게 되었다.

김문현의 바람기

공민왕 때 성균관의 제주 벼슬을 지낸 김문현金文鉉은 바람기가 다분하여 주위 사람들 사이에서 호색한으로 통했다.

그는 얼굴이 반반한 여자만 보면 오금을 저릴 정도로 사족을 못 쓰고 좋아했는데 그 모습이 옆에서 보기 민망할 정도였다고 한다.

하루는 김문현이 볼일이 있어 형 김군정金君鼎의 집을 찾아갔다가 우연히 방문 앞에서 형이 친구와 함께 술을 마시며 자신의 얘기를 하는 것을 엿듣게 되었다.

"자네 동생은 참으로 소문난 바람둥이 일세그려."

동생의 소문을 익히 들어 알고 있던 김군정이 다소 마뜩찮은 표정으로 물었다.

"어험! 그게 무슨 소린가?"

"자네도 알다시피 얼마 전에 서령 벼슬을 지낸 박우朴瑀가 열병으로 병사하지 않았는가?"

"그 얘긴 나도 들어 알고 있네."

김군정은 친구의 입에서 무슨 험악한 말이 나올까 싶어 침을 꿀꺽 삼켰다.

"박우는 자네 동생과 어려서부터 절친한 친구 사이이니 상을 치른 후에도 친구의 가세를 돌본다는 이유로 몇 번이나 그 집을 다녀 갔던 모양일세."

"그야 친구된 도리로서 당연하지 않은가?"

"겉으로 보자면 그렇지."

"……."

김군정은 얼른 술을 들이켰다.

"그런 와중에 자네 동생이 박우의 아내를 건드린 모양이야……. 그 참! 재주도 용하지."

김군정의 친구는 그렇게 말하며 입맛을 쩝쩝 다셨다.

김군정은 말없이 술잔을 기울이다가 농담처럼 한마디 건넸다.

"박우의 아내가 미색이 뛰어난 것은 아는 사람은 다 알고 있는 일이 아닌가. 사내라면 누구든지 한 번쯤 탐하고픈 욕심이 있을 테지. 더군다나 이제 남편도 없는 과부이니 어느 사낸들 넘보려 하지 않겠는가?"

김군정의 말에는 동생 김문현의 허물을 덮어 주려는 뜻도 있었지만 자신의 속마음이 암암리에 드러나 있었다.

밖에서 이런 얘기를 모두 듣고 있던 김문현은 형의 말뜻을 간파하고 살며시 미소를 지으며 소리 없이 그 자리를 물러나왔다.

다음날 김문현은 다시 형의 집으로 찾아갔다.

김문현은 어제 자신이 찾아왔던 일을 숨기고 김군정에게 말했다.

"형님! 실은 긴히 상의드릴 일이 있어서 이렇게 찾아왔습니다."

동생의 말에 김군정이 긴장한 표정으로 물었다.

"무슨 일인가?"

"형님께서도 아시겠지만 얼마 전에 죽마고우인 박우가 애석하게도 세상을 버렸습니다."

"그 얘긴 나도 들어서……."

김군정의 말을 자르며 김문현이 이어 말했다.

"그 친구가 세상을 버린 후 집안 살림살이가 걱정이 되어 몇 번 그 집을 드나들었더니 해괴한 소문이 돌지 뭡니까?"

김문현은 그러면서 작게 한숨을 내쉬었다.

친구에게서 사정 이야기를 들어 이미 모든 사실을 알고 있는 김군정은 아무것도 모르는 척 시치미를 떼며 물었다.

"음……, 그래?"

"그래서 드리는 말씀입니다만 저를 대신해서 형님이 그 친구 집의 살림살이를 좀 돌봐 주십시오."

"내가?"

동생의 뜻밖의 말에 김군정은 그렇게 되물었다.

"그렇습니다, 형님! 형님께서도 박우를 모르는 것도 아니고 또 연세가 있으시니 아무래도 저보다는 주위에서 보기에도 좋을 것 아니겠습니까?"

"하긴, 그렇기야 하겠다만…… 그래도 좀……."

"그러니까 제가 이렇게 형님께 부탁드리는 것 아닙니까? 형님! 부디 거절하지 마시고 불편한 제 처지를 십분 이해해 주십시오!"

김문현은 그렇게 말하며 고개를 숙였지만 자신의 말을 듣고 있던 형의 입가에 보일 듯 말 듯 스쳐 지나가는 미소를 놓치지 않고 보았다.

김문현이 그렇게 형 김군정을 찾아가 스스로 박우의 아내를 떠넘긴 것은 나름대로의 속셈이 있어서였다.

김군정은 본처 외에도 첩을 여럿 두었는데, 근래에 들어온 선월仙月이란 애첩은 나이도 어릴 뿐더러 어여쁘기가 이루 말로 표현할 수가 없었다.

천하의 바람둥이인 김문현은 그런 선월에게 눈독을 들이고 있었다. 김문현은 선월을 처음 본 순간부터 은근히 속을 끓였지만 그래도 명색이 형의 첩이라 대놓고 접근하기가 힘들었던 것이다.

그런데 어제 김군정이 친구와 나누는 얘기를 엿듣고 나름대로 계책을 세운 것이 바로 박우의 아내를 형에게 떠넘겨 형이 박우의 아내에게 눈독을 들이는 틈을 타서 선월을 차지하려는 속셈이었던 것이다.

그것을 알 까닭이 없는 김군정은 동생의 말에 벌어진 입을 다물 줄 모르고 박우의 아내를 차지할 욕심에 싱글벙글 좋아했다.

며칠 후 김군정은 대궐에서 번番을 서게 되었는데 그날 따라 공연스레 선월의 모습이 눈앞에 아른거렸다.

몇 번이고 잠자리에서 몸을 뒤척이던 김군정은 도저히 끓어오르는 욕정을 참을 수가 없어 집에 급한 일이 생겼다는 핑계를 대고 대궐을 나와 선월의 집으로 향했다.

김군정은 선월을 품에 안을 생각에 재게 놀리는 걸음도 더딘 것만 같아 조급증이 일었다. 선월의 집에 당도한 김군정은 대문을 여는 하인에게 조용히 하라고 이른 뒤 살금살금 선월의 방으로 향했다.

김군정은 자신이 대궐에서 번을 서느라 집에 들어오지 못할 줄 알고 있을 선월을 깜짝 놀래 줄 심산이었던 것이다.

선월의 방 앞에 선 김군정은 조용히 마루 위로 걸음을 옮겼다. 선월의 방은 이미 불이 꺼져 있었다.

흥분되는 가슴을 억누르고 살며시 방문을 열려던 김군정은 방 안에서 희미하게 새어 나오는 남녀의 신음 소리에 그만 딱 멈춰 섰다.

남녀의 신음 소리는 희미했지만 격렬했고, 둘 중 여인네의 소리는 분명 선월의 목소리임에 틀림없었다.

부들부들 떨리는 온 몸의 중심을 잡고 김군정은 기다란 심호흡을 했다. 그리고 천천히 선월의 이름을 불렀다.

"선월아!"

그 소리와 함께 방 안에서 흘러나오던 신음 소리가 뚝 끊어지더니 이어 옷가지를 챙기는지 부산스러운 움직임이 느껴졌다.

"선월아! 내가 왔다! 뭘 하는 게냐?"

전신을 휘감는 살의를 간신히 제지하며 김군정은 낮은 목소리로 선월을 재차 불렀다. 그러나 방 안에서는 이제 아무런 인기척도 느껴지지 않았다.

김군정이 헛기침을 두어 번 하고 방 안으로 들어가려는 찰나 갑자기 방문이 세차게 열리며 시커먼 그림자가 튀어나왔다.

김군정은 어둠 속에서 두 눈을 부릅뜨고 그림자의 생김새를 재빠르게 살폈다. 그림자는 뒤도 돌아보지 않고 냅다 마당을 가로질러 대문 쪽으로 달려갔다.

'아니, 저놈은……!'

김군정은 하인들을 부르지 않은 것을 다행이라고 생각했다. 어둠 속을 꽁지 빠지게 달려가는 그림자는 자신의 동생인 김문현이 분명했던 것이다.

김군정은 동생이 박우의 아내를 자신에게 넘긴 속셈을 알아차리고 마루에 털썩 주저앉았다.

'기가 찰 노릇이구나! 저놈이 박우의 아내를 내게 넘긴 것이 선월이를 차지하려는 흑심에서였구나!'

김군정은 동생의 속임수에 멋지게 속아넘어간 자신이 한심스러운 듯 한참을 넋 나간 사람처럼 자리에 주저앉아 있었다.

뜨거운 차 한잔 마실 시간쯤 지났을까.

전신을 휘감던 살의가 가시고 분노로 들끓던 가슴속에 조금씩 허탈감이 자리잡았다. 이어 김군정의 입가로 스멀스멀 웃음소리가 스며 나왔다.

웃음소리는 이내 어둠 속에 잠긴 집안의 정적을 깨며 허공으로 퍼져나갔다. 그 웃음소리는 마치 김군정 자신을 비웃는 것 같기도 했고 인간의 원초적인 욕정에 대한 허망함을 비웃는 것 같기도 했다.

승려 신수의 기행

경기도 파주坡州 낙수落水 남쪽에 작은 암자가 하나 있었는데, 그 암자에는 신수라 불리는 중이 있었다.

신수는 파주에서 태어나고 자란 이로 원래 풍족한 전답과 재물로 걱정 없는 삶을 살았다. 그러나 신수는 그 많은 전답을 가난하고 어려운 이웃에게 다 주더니 남아 있는 재물 또한 일가 친척에게 주어버렸다.

모든 가산을 털어버린 후 신수는 절에 들어가 불자의 삶을 시작하였다.

신수의 이런 행동은 모든 사람들의 칭송을 받을 만했으나 중이 된 후의 괴팍한 행실로 인해 사람들의 손가락질을 받기도 했다.

머리를 깎고 중이 된 신수의 행실은 망나니보다 나을 것이 없었다.

중이면서도 육식은 물론 술을 즐겼고 게다가 계집까지 가리지 않고 탐하였으니 사람들로부터 괴팍한 중이라는 소리를 들을 만하였다.

하지만 신수는 사람들의 이런 말에는 신경쓰지 않고 매번 태연 자약하게 이렇게 말했다.

"세상 사람들은 모두 사리사욕에 서로 얽히고 설켜 좋은 것을 보면 욕심을 내고 고운 계집을 보면 음심淫心을 품으나, 겉으로는 안 그런 척 참으며 번뇌를 일으킵니다. 허나 나는 그렇지 아니하여 먹고 싶은 것은 바로 먹고, 탐하고 싶은 계집은 바로 취하여 마음의 번뇌를 없애버리니 더 이상 좋은 방법이 어디 있소?"

이렇게 호탕한 신수였기에 사람들은 그를 미워할 수만은 없었다.

오늘도 중 신수는 시주 바랑을 가득 채우고 마을을 돌아 나오고 있었다. 그런데 그의 눈에 젊은 여인이 물동이를 이고 걸어오는 것이 보였다.

그냥 지나칠 신수가 아니었다. 더욱이 그 여인의 자태는 고혹하기 그지없었다. 신수는 아무 생각 없이 무작정 그 여인의 뒤를 밟았다.

여인은 신수가 쫓아오는 것을 알아챘는지, 살며시 뒤를 돌아보는 듯하더니 걸음이 빨라졌다.

신수는 여인의 뒤를 쫓아가며 마냥 마음이 설레었다.

여인은 마침내 자신의 집인 듯한 곳으로 들어갔다. 신수가 멈춰서서 살펴보니 그 집은 늙은 성옹成翁의 집이었다.

성옹의 집은 워낙에 가난한지라 신수는 시주를 다녀도 그곳엔 들르지 않았었다.

"저런, 성옹에게 저리 젊은 부인이 있었다니……."

웬만한 마을 사정을 꿰고 있는 신수였지만 성옹의 부인에 대해서만은 여직껏 몰랐던 것이다.

"아이 참, 이 영감은 또 어디를 간 거야."

사립문 너머로 젊은 여인의 목소리가 들려 왔다.

신수는 그 소리에 성옹이 없음을 알고는 자신 있게 집안으로 들어갔다.

"시주 좀 하시오."

여인은 방에 들어갔는지 보이지 않았다. 신수는 방이 들여다보이는 쪽마루에 걸터앉으며 다시 한 번 소리쳤다.

"시주를 하시어 극락왕생 하소서!"

여인은 방 안에서 신수를 바라보았다. 신수 또한 방 안을 살펴보고는 여인을 바라보았다.

"시주 좀 하시지요."

"무엇이 있어야 시주를 하지요."

"허허, 성옹은 어디 갔소?"

신수는 슬그머니 여인 앞으로 다가서며 물었다.

"아마, 나무하러 갔나 봐요."

"나무하러? 허, 그 늙은이가 얼마나 고될꼬?"

신수는 한 발 한 발 옮기더니 어느덧 방 안으로 들어갔다.

여인은 신수의 눈치를 보며 잠시 뒤로 물러나는 듯하였으나 더이상 물러서지 않았다.

신수는 속으로 쾌재를 불렀다.

"다 그놈의 가난 때문이지요."

"내, 그 가난을 면할 방도를 알려 줄 터이니, 내 말을 듣겠소?"

신수는 여인에게 가까이 다가가며 은밀히 말했다.

"진짜로 그런 방도가 있습니까?"

여인의 물음에 신수는 덥석 여인의 손을 잡았다.

"에구머니!"

여인은 갑작스러운 신수의 행동에 손을 빼려고 했다.

"어허, 이렇게 젊은 여인을 고생시키다니⋯⋯. 내가 그대의 가난을 면하게 해주겠네."

신수는 이렇게 말하고는 여인을 끌어 자신의 품에 안았다. 여인은 신수의 품에서 벗어나려 몸부림을 쳤으나, 이미 작정을 하고 덤비는 사내의 힘을 당할 수 없었다.

신수와 여인이 집안에서 한참 은밀한 정분을 쌓고 있을 무렵 성옹은 산에서 나뭇가지를 가득 이고 집으로 돌아오고 있었다.

허기진 배를 참으며 겨우겨우 집에 돌아와 보니 못 보던 남정네의 신발과 함께 마루에 아무렇게나 놓여진 시주 자루가 보였다.

필경 신수였다. 여색을 밝히기로 소문이 자자한 신수임을 직감한 성옹의 눈은 서릿발같이 날카로워졌다. 성옹은 분노로 온 몸이 부들부들 떨렸다.

'이것들이!'

성옹은 당장이라도 문을 부수고 들어가 둘을 죽이고 싶었다. 하지만 성옹은 마음을 돌렸다.

'오죽하면 그랬을까. 젊은 것이 오죽하면. 다 내 잘못이지, 내 탓이야.'

성옹은 무거운 나뭇짐을 지고 온 데다 마음까지 무거워져 그 자리에 털썩 주저앉았다.

방 안에서도 인기척을 들었는지 허둥대는 듯하더니 잠시 후 신수와 아내가 함께 나와 집 밖으로 도망쳤다.

성옹은 한숨을 쉬며 방으로 들어갔다. 답답했다. 다시 치밀어오는 화를 어떻게 풀어야 할지 몰라 한숨만 내쉬었다.

잠시 후, 성옹의 아내가 돌아왔는지 부엌에서 달그락거리는 소리가 들리더니 아내가 밥상을 들고 들어왔다. 상에는 하얀 쌀밥에 고깃국이 김을 모락모락 내고 있었다.

"진지 드세요."

성옹의 아내가 말했다. 성옹은 울컥 화가 났다.

"진지 안 드세요?"

성옹은 재차 말하는 아내를 보았다. 아내의 눈에 눈물이 맺혀 있었다.

'불쌍한 것, 내 탓이지, 내가 못난 탓이야. 아내를 팔아 밥을 구걸해야 하는 이 가난이 죄지.'

성옹은 체념하며 숟가락을 들었다. 며칠을 굶은 탓에 성옹은 밥상 위의 밥을 마파람에 게눈 감추듯 먹어치웠다.

성옹은 그런 자신이 민망스러운 듯 살며시 아내를 바라보았다. 성옹이 밥먹는 것을 지켜보고 있던 아내 또한 남편과 눈이 마주치자 서로 피식 웃고 말았다.

성옹의 화는 어느새 웃음 속으로 사라지고 말았다.

다음 날 성옹은 나무를 하러 간다는 핑계로 집을 비웠다. 신수는 그 사이 성옹의 집을 찾아와 그의 아내와 실컷 즐기고는 또 시주 자루를 놓고 갔다. 성옹은 이제 화도 나지 않았다.

오히려 늙은 남편을 먹여살리려는 아내의 몸부림이 애처롭기만 했다.

이렇게 하루하루가 가면서 신수는 성옹의 아내에게 쏟는 정이 날로 깊어만 갔다. 매일 찾아가는 신수였지만 혹, 자신이 못 가는 날이면 다른 사람을 시켜 먹을 것을 전해 주었다.

그리하여 성옹의 집 굴뚝에도 매일 연기를 뿜어낼 수 있게 되었다.

일이 이쯤 되자 성옹과 신수의 일이 언제나 마을 사람들의 화제가 되었다. 성옹은 사람들의 수군거림에 내가 못난 탓이라고 자책하며 무시했지만 신경이 전혀 안 쓰일 수는 없었다.

더욱이 요사이 아내의 몸이 나날이 달라지자 성옹으로서는 결단을 내리지 않을 수 없었다. 차마 그대로 마을에서 아이를 낳게 할 수 없었기 때문이었다.

이른 아침 성옹은 신수가 있는 절을 찾아갔다.

마침 신수가 성옹이 들어서는 것을 보았다.

"아니, 이 새벽에 여기는 어인 일이오?"

신수는 성옹을 따뜻하게 맞이하였다.

"다른 것이 아니라……, 요사이 집사람의 모습이 나날이 달라지니 이를 상의하고 싶어서……."

성옹은 이제 신수를 자신들을 돌봐 주는 존재로까지 여기게 되었다. 물론 신수에 대한 미운 감정 같은 것은 사라진 지 오래였다.

"이리로 와서 살게나."

신수는 생각하고 말고도 없이 이렇게 대답했다.

"이곳으로 들어오라고?"

신수의 태연한 답에 놀란 듯 성옹이 말했다.

"그래, 이곳에서 같이 살면 되지."

성옹은 잠시 할말을 잃었다.

'안 그래도 말들이 많은데 여기에 들어와 살라니…….'

"번뇌에 헤매는 사람들의 말은 들을 필요 없네."

성옹의 생각을 간파한 신수가 말했다.

"하지만 이곳에는 우리가 묵을 방이 없지 않은가."

"내 방에서 함께 살면 되지."

신수의 태연한 대답에 성옹은 어리둥절하였으나 잠시 후 그런 신수가 든든하게 생각되었다.

"내 곧 옮겨 오도록 하겠네."

그날로 그들은 한 방에서 지내게 되었다. 처음에는 성옹이나 성옹의 아내도 절의 행자에게 눈치가 보였으나 행자가 전혀 개의치 아니하며 그들에게 정성을 다해 주니 마을에서의 생활보다 절에서의 생활이 더 편해졌다.

마을 사람들이 이를 보고 처음에는 손가락질을 하더니 점차 신수의 태연한 태도를 지켜보며 그의 특이한 사상, 즉 '원하는 것을 바로 취하여 번뇌를 없앤다' 라는 사상에 동의하는 사람들도 생겨나고 오히려 존경하는 사람도 있었다.

그러는 사이 세월은 잘도 흘러 그들 사이에 아이가 둘이나 생겼다. 이젠 그들에겐 가족 같고, 친구 같은 친밀한 감정이 생겨 아이를 놓고 서로의 아이라고 농까지 하며 지내게 되었다.

한 방에서 다섯 식구가 도란도란 살더니 돌연 제일 젊은 아내가 병이 들어 몸져눕게 되었다. 이에 신수는 지극 정성으로 간호하며, 날이면 날마다 좋은 음식과 좋은 옷으로 성옹의 아내를 위로했다.

하지만 인생이란 알 수 없는 것이어서 그런 지극 정성 속에서도 성옹의 아내는 세상을 떠나고 말았다.

"이 늙은 것에게 와 온갖 고생만 하더니, 이리도 무심하게 먼저 간단 말인가."

성옹은 눈물로 탄식하더니 경을 외고 있는 신수에게 말했다.

"그래도 자네 덕에 얼마간은 호강하였으니 그나마 다행이지."

"참으로 덧없는 인생이지."

"자네 덕에 이만큼 살고, 자네 덕에 이만큼이나마 번뇌라는 것에 초월할 수 있었으니 더 이상 여한은 없을 걸세."

성옹과 신수는 그렇게 아내를 애도하며 장례를 지냈다.

아내의 장례를 치른 며칠 후 성옹이 신수에게 불쑥 절을 떠나겠다고 말했다.

"집사람도 없는 이 마당에 내 더 이상 이곳에 있을 면목이 없네."

"아니, 무슨 말을 그리하나? 우리가 이제껏 형과 아우같이 여기며 수년을 살았거늘 이제 와서 새삼스럽게 나를 버리고 간단 말인가?"

성옹의 말에 신수가 정색을 하며 말했다.

"아니, 내가 어찌 자네를 버린단 말인가. 다만 이젠 더 이상 염치가 없으니⋯⋯"

"어허, 무슨 쓸데없는 소리, 그럼 내가 자네의 부인을 취하는 대가로 자네를 돌봐 주었단 말인가!"

"아니, 그렇게 생각하지는 않네."

"그럼, 문제없지 않은가. 내가 싫어진 것이 아니라면 쓸데없는 소릴랑 입에 담지도 말게."

신수는 이렇게 말하고는 더 이상 대꾸하지 않았다. 그뒤 둘 사이는 더욱 돈독해져서 피를 나눈 형제보다 더 가까웠다.

세월이 흘러 성옹이 점점 기력을 상실하니 신수는 성옹을 더욱 정성껏 돌보았다. 그러다가 결국 성옹이 세상을 뜨니 신수의 애절한 곡에 감동하지 않은 사람이 없었다.

그후 신수 또한 노쇠해지는지 예전처럼 색을 밝히거나 술을 즐기는 일이 없어졌다.

사람들이 물으면 신수가 웃으며 답하였다.

"내 오늘날까지 색과 먹는 것을 실컷 즐기고 나니 이제 내 마음은 아무런 사심이 없고 아무런 소원이 없소. 그러하니 이 마음이 여래의 마음과 같다 하지 않으리. 세상 사람들이 미련하여, 한번 죽으면 그만인 것을 그저 손 안에만 취하려고 하니 평생을 번뇌에서 벗어나지 못하는 것이오."

신수는 후에 크게 득도하여 극락왕생하였다. 성옹의 아내에게서 얻은 두 아이는 그런 신수의 생을 끝까지 지켜 주었다.

고려청자와 인신공양

구월산 깊은 곳.

일흔이 넘은 노인이 비지땀을 흘리며 가마에 불을 지피고 있었다. 노인은 청자의 비밀을 간직하고 있는 당대 최고의 도공이었다.

때는 고려 말, 어지러운 시국으로 나라가 혼란한지라 도공들은 최고의 예술품인 고려청자를 빚어내면서도 사람 대접은커녕 원나라에 바치는 조공의 일환으로 끌려가곤 했다.

노인도 원나라에 끌려갈 뻔한 것을 스스로 두 눈을 멀게 하고 딸자식과 아내, 그리고 자신의 대를 이어갈 제자 둘을 데리고 이곳 구월산으로 피신해 온 것이었다.

구월산에서 노인은 가문 대대로 내려오는 청자 비법을 제자들에게 가르치고자 가마를 만들고 도자기를 만드는 데 온 정신을 쏟았다.

스승의 뜻을 따라 어린 나이에 이곳 구월산에 들어와 10여 년의 세월 동안 도자기 기술을 배워 온 노인의 제자 귀남과 수남도 이제는 어엿한 스무 살 청년이 되어 있었다.

노인의 아내가 가마 앞에 있는 노인에게 말했다.

"우리 지은이도 이젠 시집을 보낼 때가 되었는데, 당신은 아직도 사윗감을 정하지 못하였소?"

노인은 아들이 없었기에 귀남과 수남 중 자질이 더 뛰어난 제자를 사위로 삼아 자신의 가업을 잇게 할 생각이었다.

노인이 쏟은 정성에 힘입어 귀남과 수남은 나날이 도예 기술이 발전하였다. 때문에 누가 더 낫다고 말하기가 어려웠다.

"흠, 정하기는 정해야 할 텐데……."

아내의 말이 아니더라도 노인도 이젠 때가 되었다고 생각하던 차였다. 노인은 그날 저녁을 먹은 후 온 가족을 불러 앉혔다.

"내 이제 지은이의 신랑감이자 내 대를 이을 아들을 정하고자 한다."

노인의 말에 모두들 긴장하였다. 귀남과 수남은 지은과 친남매처럼 자랐지만 서서히 이성에 눈을 뜨면서 더 이상 지은을 여동생으로만 여기지 않았다.

지은 또한 오빠들에게 느끼는 감정이 예전과 달랐다. 그녀는 도전적인 귀남보다는 도량이 넓은 수남에게 마음이 더 끌렸다.

"지금 당장 정한다는 것은 아니다. 내 지금껏 너희를 아들처럼 생각해 왔고, 너희들도 십년을 넘게 나를 믿고 따라 주었다. 하여 둘 중 누구를 선택한다는 것이 내게는 힘든 일이구나. 이제부터는 본격적으로 청자에 대한 수업을 하겠다. 지금부터 삼 년 후 더 훌륭한 청자를 만들어 내는 사람을 지은이의 신랑감으로 정하기로 하겠다."

귀남과 수남의 가슴은 새로운 열의로 가득 찼다. 스승의 가업을 이으면서 지은을 신부로 얻을 수 있으니 이보다 더 좋은 동기 부여는 없었다.

다음날부터 노인의 가르침이 시작되었다. 귀남과 수남은 서로에게 뒤지지 않기 위해 정성을 다해 기술을 익혔다.

"청자의 관건은 가마에 굽는 것에 있다. 가마의 불을 최고로 유지하는 데 온 정성을 다하여야 한다. 그리고……."

그렇게 시작한 도예 가르침도 세월이 흘러 어느덧 약속한 3년이 지났다.

그 사이 불행하게도 지은의 아버지이자 두 청년의 스승은 운명을 달리했다. 워낙에 나이가 많았던지라 늘그막에 본 딸자식 혼례도 보지 못하고, 또한 제자들의 실력도 지켜보지 못한 채 세상을 떠나고 만 것이다.

기약한 3년이 지나자 지은의 어머니는 두 청년을 불러 그간 갈고 닦은 기술을 겨루게 했다. 두 사람은 절에 가서 불공을 드리고 깨끗한 마음으로 그날 자정부터 가마에 불을 넣기로 했다.

귀남과 수남은 모든 준비를 마치고 각자의 가마 앞에 서서 시작 신호를 기다렸다. 지은의 어머니는 천천히 손을 흔들었다. 둘의 시합이 시작된 것을 알리는 수신호였다.

도자기를 가마에 구울 때 도공은 가마의 불이 꺼질 때까지 2, 3일 간을 가마 곁을 지키고 있는 것이 상례이다. 가마 곁에서 그렇게 꼬박 밤을 지새우는 것이 당연한 일이었다.

귀남과 수남은 3일이라는 날을 정해 놓고, 똑같이 가마에 불을 당기고 똑같은 시각에 도자기를 꺼내기로 했다.

어둠으로 가득 찼던 구월산의 밤은 두 사람의 가마에서 활활 타오르는 불빛으로 환해지는 것만 같았다.

시합이 시작되자 조급해진 것은 지은이었다.

'수남 오라버니가 이겨야 하는데…….'

지은은 오로지 수남이 이기기를 용왕담을 향해 빌고 또 빌었다.

귀남과 수남의 보이지 않는 치열한 사투는 계속되었다. 약속한 3일 중 벌써 이틀이 지나가고 있었다.

자신만만하던 귀남은 시간이 지나갈수록 처음의 그 기세가 줄어들고 있었다.

'수남이 나보다 더 좋은 청자를 구워 내면……. 아냐, 절대 그럴 수는 없어, 내 것이 최고여야 해.'

귀남은 이런 생각에 수단과 방법을 가리지 않기로 했다.

귀남이 그런 생각에 빠져 있을 때, 지은이 빨래를 하려고 개울가로 가고 있는 것이 보였다.

귀남은 곧 지은에게 달려갔다.

"빨래하러 가는 거야?"

"으응."

지은은 갑자기 나타난 귀남 때문에 조금 놀랐다. 수남에게 신경을 쓰느라 귀남에겐 신경을 못 쓰고 있는 것이 괜히 미안하였다.

"내 가마는 궁금하지 않아? 어제 보니까 수남이 가마 곁에 있던데, 내 가마는 안 보러 오는 거야?"

"어, 그거, 잠깐 지나가는 길에 들렀어. 안 그래도 귀남 오라버니 가마도 보러 갈 참이었어."

"그래? 그럼 나 지금 몹시 갈증이 나는데, 집에 가서 물 한 바가지만 떠다 줄래?"

"알았어, 귀남 오빠."

"빨래하러 가는 길에 미안해. 무거운데 그 짐은 놓고 갔다와."

지은은 왠지 미안한 마음에 종종 걸음으로 물을 떠다가 귀남에게 갖다주었다. 귀남은 지은이 주는 물을 마시고는 가마로 되돌아갔다.

지은도 개울가로 가서 빨래를 했다. 그런데 이상했다. 분명 어머니의 속옷을 가져왔는데 안 보이는 것이었다.

'오다가 흘린 것일까?'

순간, 지은은 아차 싶었다.

'혹시 귀남 오라버니가?'

도자기를 굽는 사람들 사이에 속설로 여인의 속옷을 가마에 넣고 구우면, 신비한 효험이 있다는 말이 있다. 지은의 얼굴이 달아올랐다.

'아! 그런 것이 효험이 있는지 없는지는 몰라도 혹시라도 효험이 있다면 수남 오라버니에게 불리한 거잖아. 이를 어쩐다. 내가 이러고 있을 때가 아니지.'

지은은 그 길로 자신의 속옷을 벗어들고 살그머니 수남에게 갔다.

"수남 오라버니, 잘 되어가요?"

"응, 그럭저럭 괜찮아. 그런데 어쩐 일이야?"

"저, 실은……, 귀남 오라버니가……."

지은은 우물쭈물하다가 귀남과 있었던 일을 이야기했다.

"그래서 저, 이거……."

지은은 자신의 속옷을 수남에게 주고는 얼른 뒤돌아 왔다. 수남은 지은의 이야기에 놀람과 동시에 그 정성에 감격했다.

'지은이가 이렇게까지 나를 생각해 주는 줄은 몰랐다.'

수남은 지은의 정성을 생각해서라도 꼭 훌륭한 청자를 만들고 싶었다.

해는 점점 서쪽 산으로 기울고 있었다. 이제 오늘 자정이면 시합은 끝이 난다.

귀남은 자신의 가마 아궁이를 바라보며 초조해지기 시작했다. 낮에 얻은 여인의 속옷이 얼마나 효험을 발휘할지 의구심이 들기 시작했다.

'수남이 녀석이 시합에서 이겨 지은이와 혼인을 한다면? 아니,

안 될 말이지. 어떻게 해서라도 내가 이겨야 해.'

귀남의 승부욕은 점점 치졸한 지경에까지 이르러, 마침내 인신공양人身供養이라는 비방까지 생각하게 되었다.

'찾아보면 마마로 죽은 아이들의 시체가 산 속 어딘가에 있을 거야. 그것을 쓰도록 하자. 그러면 진정 효험이 있을 거야.'

그 무렵엔 마마로 죽은 아이들을 거적에 싸서 산 속 소나무 가지에 걸어 두는 풍장이 유행하고 있었다. 귀남은 그 송장을 구해 인신공양을 해야겠다고 생각한 것이다.

귀남은 한시라도 빨리 송장을 찾아야겠다는 생각에 어두워져 가는 산 속으로 길을 나섰다.

한편, 수남은 마지막 밤을 보내며 더욱 정성을 다하여 가마의 불꽃을 지키고 있었다. 장작 하나하나를 넣으면서도 기도하는 마음으로 정성을 다하고 새벽마다 신령님께 비는 것도 잊지 않았다.

'이제 몇 시간 남지 않았다. 이제 곧 모든 것이 결정된다. 부디⋯⋯.'

"오라버니, 잘 되어 가요?"

지은은 시합이 끝나 가자 초조하여 그저 집에서 기다릴 수만은 없었다.

"응, 저 불꽃을 보렴. 내 정성을 다했으니 걱정하지 않아도 될 거야."

수남이 자신 있게 말했다. 그런 모습을 바라보는 지은도 마음이 한결 놓이는 것 같았다.

"어? 귀남이 가마에 불꽃이 안 보이네."

수남의 말에 지은이 뒤돌아보았다. 정말로 귀남의 가마에 불빛이 보이질 않았다.

"무슨 일이지? 귀남이도 보이지 않는 것 같은데……."

"글쎄요. 귀남 오라버니가 어딜 가셨나 보네요."

"지금 불꽃이 꺼지면 낭패인데……. 안 되겠다. 지은이 네가 가서 가마에 장작을 좀 넣어 주거라. 이제 와서 불이 꺼지면 큰일이다!"

"제가요? 그러다 귀남 오라버니에게 지면 어쩔려구요?"

지은은 수남의 말에 입을 삐죽거리며 말했다.

"나를 못 믿는 거냐. 난 이길 수 있어. 그러니 걱정하지 말고 가서 불을 지펴 주어라. 이왕 이기는 것 정정당당하게 이겨야지 비겁하게 이기는 것은 명공名工의 도리가 아니다."

"좋아요, 나중에 후회하지 마셔요."

지은은 수남의 당당함이 믿음직스러웠으나 겉으로는 여전히 입을 삐쭉거리며 귀남의 가마로 갔다.

귀남의 가마는 불이 거의 꺼져 밑불만 겨우 남아 있었다. 지은은 얼른 장작을 넣어 다시 불길을 살려 내었다.

때마침 귀남이 아기 송장을 둘러메고 산에서 내려왔다.

인기척에 지은이 돌아보며 말했다.

"불이 다 꺼질 뻔했잖아요. 도대체 어딜 다녀오는 거예요?"

그 순간 지은은 귀남의 손에 축 늘어져 있는 아기 송장을 보았다.

"아악! 그게 뭐야?"

"쉿! 조용히!"

귀남은 얼른 아기 송장을 가마 아궁이에 집어넣었다. 불꽃이 다소 기울더니 바로 확 일어났다.

"어떻게 이럴 수가……."

"절대 아무한테도 말하면 안 돼!"

귀남은 지은의 두 팔을 부여잡고 힘을 주며 말했다.

지은은 자신도 모르게 고개를 끄덕이고는 떨리는 마음으로 집까지 달려왔다.

'어쩐다지? 귀남 오라버니가 이럴 줄은……. 인신 공양이 영험하다는 소리는 들었는데, 만일 그것이 진짜 효험이 있다면…….'

시간이 없었다. 지은은 도저히 가만히 있을 수가 없어 수남에게 알려야겠다고 결심을 하고는 방을 나왔다.

수남은 마지막 장작을 넣고 있었다.

"저, 오라버니……."

수남이 뒤돌아보았다.

"어서, 들어가 있어. 이제 다 끝나가."

"저, 이를 어쩌면 좋아요. 귀남 오라버니가……, 귀남 오라버니가……."

지은은 차마 말을 못하고 떨고만 있었다.

"무슨 일이야? 귀남이에게 무슨 일이라도 난 거야?"

"저, 그게……. 귀남 오라버니가 인신 공양을 했어요. 아기 송장을 가마에 넣었다고요."

지은은 말을 마치고 그 자리에서 털썩 주저앉았다.

수남의 가슴이 철렁 내려앉았다.

'인신 공양! 귀남이가 인신 공양을!'

수남은 잠시 생각에 잠기는 듯하더니 바닥에 주저앉아 흐느끼는 지은을 일으켜 세웠다.

"괜찮다. 너는 집으로 돌아가 있거라."

"오라버니……."

"어서 돌아가!"

지은은 수남의 얼굴을 바라보다가 집으로 돌아왔다. 더 이상 아무엇도 생각할 수가 없었다.

시합은 끝이 나고 이글이글 타오르던 가마의 불도 서서히 꺼져 갔다. 새벽이 되어 어머니가 방을 나서는 소리가 들려 왔으나 지은 은 도저히 방을 나설 수 없었다.

'수남 오라버니…….'

문고리를 잡았다 놓기를 수십 번 하고 있을 때 어머니의 떨리는 목소리가 들려 왔다.

"애, 지은아……."

지은은 떨리는 손으로 방문을 열었다. 문 밖에는 눈이 부시도록 아름다운 청자를 들고 있는 어머니와 고개를 숙이고 서 있는 귀남이 보였다. 수남의 청자임을 직감한 지은은 얼굴에 함박 웃음을 띤 채 방에서 뛰어나왔다.

"어머니, 이거 수남 오라버니의 청자지요, 그렇지요?"

어머니는 말없이 눈물을 흘리며 지은에게 청자와 함께 서찰 하 나를 전했다.

"어머니, 웬 서찰이어요? 수남 오라버니는 왜……."

어머니의 표정이 심상치 않음을 느낀 지은이 물었다.

"불쌍한 것, 흑흑, 어째 이런 시합을 했을꼬……."

어머니의 흐느낌에 지은은 청자를 내려놓고 서찰을 펴 읽어 보 았다.

수남이 청자에 대한 마지막 염원으로 자신의 몸을 던지기 전 지 은에게 쓴 편지이자 유서였다. 귀남의 인신 공양 소식에 수남은 자 신의 몸을 바친 것이었다. 오로지 뛰어난 청자를 만들고자 자신의 목숨을 버린 것이었다.

수남의 인신 공양으로 만들어진 청자는 과연 귀남의 것과는 비교할 수 없었다. 그것은 누가 보아도 명백하게 구분이 되었다.

지은은 시체도 없는 수남의 장례를 정성껏 치러 주었다. 그리고 장례가 끝나는 날 매일 새벽 기도를 하던 용왕담으로 가서 미련 없이 수남이 남긴 청자와 함께 몸을 던졌다. 부디 극락에서나마 수남을 만날 수 있기를 빌며…….

목화 씨에 담긴 애민

희미한 달빛 아래 하얗게 피어난 목화 꽃송이는 낮보다 더욱 탐스럽게 보였다.

'이것만 가져가면 헐벗은 백성들이 조금은 따뜻하게 겨울을 보낼 수 있을 것이다!'

문익점은 주위를 한 번 더 둘러보고 황급히 꽃송이를 털어 목화 씨 몇 알을 손바닥에 꼭 쥐었다.

그러고는 서둘러 방으로 돌아와 방문을 걸어 잠그고 미리 생각해 두었던 대로 붓 뚜껑을 열어 그 속에 목화 씨를 조심스럽게 집어넣었다.

목화 씨는 정확히 열 개였다. 희미한 불빛 아래 드러난 문익점의 얼굴은 흥분과 설렘으로 홍조를 띠고 있었다.

"나리! 그러다 혹 발각이라도 되는 날에는……."

"그만두어라! 그까짓 형벌이 두려워서 헐벗은 백성들의 고충을 외면한다는 말이냐?"

"그래도 혹시……."

"어허! 이 목화 씨를 잘만 키우면 많은 백성들이 따뜻하게 겨울을 날 수 있을 것이다."

문익점은 곁에서 걱정스러운 말을 늘어놓는 하인의 말문을 그렇게 막아버렸다. 그래도 하인은 안심이 안 되는 듯 불안한 눈초리로 문익점의 행동을 가만히 지켜보았다.

그도 그럴 것이 당시 원나라에서는 목화를 비싼 값으로 고려에 수출하고 있었기 때문에 목화 씨의 반출을 철저하게 금하고 있었다.

문익점은 원나라에 사신으로 왔다가 억울하게 귀양살이를 하고 있는 처지였다.

내일이면 고려로 돌아간다고 해서 무작정 기뻐하기만 하던 하인은 문익점이 목화 씨를 가져가겠다는 말을 할 때부터 영 죽을 맛이었다.

잘못했다간 지난 3년간 타국에서 귀양살이를 한 것도 애통한데 다시 또 붙잡히는 신세가 될지도 모른다는 두려움이 앞섰던 것이다.

그런 하인의 마음을 아는지 모르는지 문익점은 지난 3년간 이곳 사람들한테 틈틈이 배운 목화 재배 기술을 하나하나 복습하느라 여념이 없었다.

그런 문익점의 모습을 보다 못한 하인은 슬그머니 제 방으로 돌아가 한숨만 내쉬었다.

다음날 아침 일찍 문익점은 하인을 데리고 고국으로 돌아가는 여정에 올랐다.

마을을 하나씩 지날 때마다 성문을 지키는 군졸들에게 검문을 당했지만 안절부절못하고 불안해하는 하인과는 달리 문익점은 태연하게 자신의 행장을 보여 주었다.

성문을 지키는 군졸들도 어느 누구 하나 붓 뚜껑 속에 목화 씨가 들었으리라고는 상상하지 못했다.

그리하여 문익점과 하인은 무사히 고려로 돌아올 수 있었다.

문익점은 우선 대궐에 입궐하여 공민왕을 알현하고 큰 환대를 받았다.

　며칠이 지난 후 문익점은 원나라에서 가져온 목화 씨 중 다섯 개를 고이 품속에 넣고 처가로 향했다.

　멀리 원나라에 사신으로 갔다가 억울하게 귀양살이를 하고 돌아온 문익점을 맞은 처가에서는 큰 잔치가 벌어졌다.

　잔치가 거의 파할 무렵, 문익점은 조용히 장인을 찾아뵙고 품속에 넣어온 목화 씨를 꺼냈다.

　"장인 어른! 이것은 제가 원나라에서 올 때 몰래 숨겨 온 목화 씨입니다."

　"목화 씨라……?"

　"예."

　문익점의 장인은 생전 처음 보는 목화 씨를 신기한 듯 살펴보았다.

　"이 씨를 땅에 심어 잘 키우면 꽃이 피고 열매가 열리는데 그 열매가 나중에 저절로 터지면서 하얀 보푸라기 같은 게 나옵니다. 원나라 사람들은 그 하얀 보푸라기로 실을 꼬아 천을 짜서 옷이며 이불을 만듭니다."

　문익점의 설명을 들은 장인은 더욱 신기해진 듯 목화 씨를 손가락으로 매만졌다.

　"나도 들은 적이 있네. 원나라에서 들여오는 목면은 우리 나라에서 짜는 옷감보다 훨씬 부드럽고 포근하다고 말일세."

　"그렇습니다, 장인 어른. 이 목화 씨를 전국에 널리 퍼뜨려 대량으로 재배하고 천을 짜는 기술 또한 널리 보급한다면 더 이상 이 나라 백성들이 헐벗지는 않을 것입니다."

　문익점의 말에 장인은 감동받은 표정을 지었다.

　"그런데 그렇게 귀중한 씨앗이라면 원나라에서 쉽게 내주지 않았을 텐데 어찌 가지고 왔는가?"

"그렇지 않아도 그로 인해 고민을 하다가 붓 뚜껑 속이라면 아무도 눈치채지 못할 것 같아 그 속에 몰래 숨겨 왔습니다."

장인은 탁, 하고 자신의 무릎을 치며 호탕하게 웃었다.

"과연 자네는 예사 인물이 아니구먼!"

문익점은 겸연쩍은 듯 미소를 짓다가 신중한 어조로 말했다.

"장인 어른, 제가 원나라에서 가져온 목화 씨 중에 다섯 개를 가지고 왔습니다. 혹시 저 혼자 열 개를 모두 땅에 심었다가 잘못되기라도 하면 모든 일이 허사가 될 것 같아서 말입니다."

문익점의 말에 수긍하듯 장인이 고개를 끄덕이며 말했다.

"그렇지, 그럴 수도 있지! 잘 생각했네! 어쨌든 우리 정성 들여 키워 보세."

문익점은 장인에게 씨를 심는 법과 싹이 튼 후 주의할 점 몇 가지를 일러 주고 집으로 돌아갔다.

집으로 돌아온 문익점은 목화 씨를 땅에 심고 정성껏 싹이 트기를 기다렸다. 그러나 불행하게도 문익점이 심은 씨에서는 싹이 돋지 않았다.

대신 장인에게 주었던 목화 씨 다섯 개 중 한 씨앗에서 싹이 돋았다는 반가운 소식이 들려 왔다.

문익점은 그렇게 해서 씨를 심고 열매를 다시 거두는 데까지 성공했다. 한 개의 목화 씨가 싹을 틔워 나중에는 전국적으로 재배할 수 있는 기틀을 마련한 것이다.

그러던 어느 날 원나라에서 불법을 전하러 온 홍원이라는 승려가 고려 각지를 돌아다니다가 우연히 문익점의 처가에서 하룻밤 묵게 되었다.

문익점의 장인은 홍원을 후히 대접하고 마주앉아 차를 마시며 이런저런 환담을 나누게 되었는데 얘기 도중 홍원이 마을 곳곳에 재배되고 있는 목화에 대한 이야기를 먼저 꺼냈다.

"아까 낮에 마을을 둘러보다 곳곳에 자라고 있는 목화를 보고 소승은 깜짝 놀랐습니다."

"워낙 귀한 씨앗이라 어디서 좀 구해다 심었습니다. 그런데 목화를 수확해도 실을 뽑는 방법을 잘 몰라서 애를 먹고 있습니다."

"소승이 미진하나마 그 방법을 좀 알고 있기는 한데……."

홍원의 말에 문익점의 장인은 얼굴 가득 희색을 띠며 말을 받았다.

"그렇다면 부디 좀 가르쳐 주시기 바랍니다."

"미력한 기술이나마 도움이 된다면 소승도 큰 보람이겠습니다."

그렇게 하여 홍원은 마을 사람들을 상대로 목화를 재배하는 기술에서부터 목화에서 실을 뽑는 방법에 이르기까지 자신이 알고 있는 모든 것을 전수했다.

문익점 또한 홍원에게서 목화에 대한 여러 가지 지식들을 교육받았으며, 목화 씨에서 뽑은 실로 목면을 짜는 도구를 만드는 기술까지 배웠다.

이후 문익점은 백성들에게 목화 재배에 대한 기술을 널리 알리고 보급하는 데 온갖 심혈을 기울였다.

자신의 안위를 돌보지 않고 오로지 헐벗은 백성들을 구제하는 데 혼신의 노력을 다한 문익점은 일흔 살의 나이로 생을 마감했다.

그가 보여준 헌신적인 박애 정신과 신기술 도입에 앞장선 노력으로 이 땅에는 목면을 이용한 새로운 의복 문화가 꽃필 수 있었다. 물론 가난한 백성들은 추운 겨울을 더 따뜻하게 날 수 있었다.

이 처녀의 무예

"어허, 오늘도 남정네들이나 하는 무술 연습을 하고 있는 것이
냐?"

이방실 장군은 눈살을 찌푸리며 마당에서 칼을 휘두르고 있는
누이동생을 바라보았다.

"저는 수놓는 것보다 이것이 더 재미있습니다. 오라버니."

누이동생의 말에 이방실 장군은 연신 혀를 찼다. 누이동생이라
고 하나 있는 것이 매일 사내들이나 하는 무술을 연마하고 있으니
오라버니 된 자로서 영 눈에 거슬렸다.

인물로 보나 예의범절로 보나 손색이 없는 누이동생이었지만 한
가지 흠이라면 사내들처럼 무술을 좋아한다는 것이었다.

이방실 장군은 고려 공민왕 때 홍건적을 물리친 유명한 장군으
로 어릴 적부터 힘이 세고 몸이 날래 궁술, 검술 등 무예가 상당한
수준에 도달해 있었다.

그런 이방실 장군의 눈에는 누이동생이 매일 무술을 연마하는
것이 아이들 장난 같기만 했다. 아무리 누이동생이 무술에 자질이
있다 해도 여인네는 여인네로서의 본분이 따로 있지 아니한가!

여자들은 그저 다소곳하게 집안일이나 잘하는 것을 최고의 덕으

로 생각했던 그 시절에 이방실 장군이 무술에 심취해 있는 누이동생을 곱게 볼 리 만무했다.

그래서 이방실 장군은 종종 누이동생에게 핀잔을 주곤 했고 그날도 마찬가지였다.

"남자들이나 연마하는 무술을 무엇에 쓰려고 여자의 몸으로 그리 애를 쓴단 말이냐? 네가 그 무술을 쓸 때가 있기나 하겠느냐?"

오라버니의 핀잔에 누이동생은 당당하게 말했다.

"남정네들이 이 나라를 든든하게 지키고 있다면 제가 뭣 하러 이런 짓을 하겠어요?"

이방실은 누이동생의 질책에 할말을 잃고 말았다.

그 무렵 고려는 안팎으로 시련을 겪고 있었다. 안으로는 난이 끊이지 않았고, 밖으로는 홍건적과 왜구들의 침범이 잦았다. 나라에서도 이들을 물리치기 위해 고심하고 있지만 하루아침에 해결할 수 있는 일이 아니었다.

이방실의 누이동생은 이런 시국을 꼬집어 오라버니를 비꼰 것이다.

이방실은 누이동생의 말에 기분이 상했다.

"그렇다고, 네가 그 실력으로 나라를 위해 쓸 수나 있겠느냐?"

"기회만 온다면……."

"너 같은 여자가 무술을 한다고 해서 건장한 남정네 하나를 당해낼 수나 있겠느냐? 쯧쯧."

누이동생의 기를 죽이고자 이방실 장군 또한 비꼬며 말했다.

"한 명뿐인가요? 두서넛이 와도 문제없지요."

"어허, 괜히 큰소리만 치는 것 아니냐?"

"직접 보시겠어요?"

누이동생은 상기된 표정으로 마당에 쌓아 놓은 나뭇가지들 중에서 마른 가지 몇 개를 꺾어 담벼락에 꽂았다.

"무술의 기본이야 날램에 있다 해도 과언은 아니지요. 오라버니께서는 이 나라 최고의 무술을 자랑하는 분이오니 저 나뭇가지를 딛고 담벼락 위로 올라갈 수 있겠지요?"

누이동생의 말에 이방실은 호탕하게 웃었다.

"하하하, 그 정도야 어렵지 않지."

이방실은 대답과 함께 '얏' 하고 외치며 순식간에 담벼락 위로 올라섰다.

"어떠냐. 이 오라버니의 실력이?"

"역시 오라버니의 무술은 대단하시네요. 하지만 완벽한 것은 아닌 걸요?"

누이동생의 찬사를 기대했던 이방실은 자신의 무술 실력이 무시당하자 얼굴을 붉히며 버럭 소리쳤다.

"뭐야? 못하는 말이 없구나."

"오라버니의 무술이 완벽하다면 담벼락에 꽂아 둔 나뭇가지가 흔들림이 없어야 하지 않습니까? 하지만 보시어요. 이 나뭇가지는 아직도 흔들림이 남아 있지 않습니까?"

누이동생의 말에 기가 막힌 듯 이방실 장군이 말했다.

"어허 참, 새가 앉아도 흔들릴 나뭇가지이거늘, 나 같은 사람이 딛고 올랐으니 조금은 흔들리는 것이 당연하지 않느냐?"

이방실 장군의 말에 누이동생은 미소를 지었다.

"그럼 제가 한번 보여드리지요."

누이동생은 기합 소리와 함께 몸을 날려 담벼락 위에 올라섰다. 과연 누이동생의 말대로 나뭇가지는 조금도 흔들림이 없었다.

이방실 장군은 눈으로 확인하면서도 믿어지지 않았으나 분명 눈 앞에서 일어난 일이라 누이동생의 무술 실력을 인정하지 않을 수 없었다.

"어허, 너의 실력이 이 정도인 줄은 몰랐구나."

그뒤로 이방실 장군은 누이동생의 무술 연마에 대해 일절 간섭하지 않았다.

그러나 밤낮으로 열심히 쌓은 누이동생의 무술은 안타깝게도 나라를 위해 쓸 수 있는 기회를 갖지 못했다.

하지만 자신에게 치근덕거리는 건달 같은 녀석들을 물리치는 데는 여간 좋은 것이 아니었다.

한번은 이방실 장군이 억울하게 누명을 쓰고 나라의 죄인이 되어 피신하게 되었을 때였다.

이방실 장군은 중한 환자로 변장하고 누이동생이 간호하는 척하며 함께 길을 떠났다.

"오라버니, 좀더 제게 기대는 척하시어요. 저쪽의 나루터에 사람들이 많이 있사오니 조심해야겠어요."

누이동생의 말에 이방실 장군은 죽어 가는 병자 행세를 하느라 발까지 절며 걸었다. 두 사람은 드디어 무사히 배를 탔다.

하지만 아까부터 누이동생을 유심히 바라보던 몇 명의 사내들이 시비를 걸기 시작했다. 누이동생의 미모에 사나이들은 자신들끼리 히죽히죽 웃더니 곁에 있는 병자를 무시하고 수작을 거는 것이었다.

"거, 그런 병든 노인네랑 무슨 재미로 동행하시나. 우리 젊은 사람들은 젊은 사람들끼리 어울리는 것이 좋지."

그러더니 한 사나이가 누이동생의 손을 잡으려 했다.

이방실 장군은 울컥 치미는 화를 참느라 몸이 떨렸다. 지금의 처지로는 나설 수 없는 것이 분했다.

누이동생 또한 자신의 처지를 인식한 듯 사나이들의 수작에도 함부로 나서지 못하고 고개만 숙이고 이리저리 피하였다.

그렇게 실랑이를 하던 중 한 사나이가 덥석 누이동생을 껴안으려 했다. 그녀는 도저히 참을 수 없어 몸을 날렸다.

그러자 곧바로 한 사나이가 물 속에 빠졌다. 옆에 있던 사나이들이 놀라 어리둥절해하는 사이에 누이동생은 그들도 가차없이 강물 속으로 던져버렸다.

배 안에 있던 모든 사람들은 갑작스러운 상황에 놀라면서도 평소에 워낙 건달 짓을 많이 하던 사내들이라 누이동생에게 박수를 보냈다.

그리하여 이방실 장군과 누이동생은 무사히 강을 건너갔다.

이방실 장군이 누이동생의 무술 실력에 다시 한 번 감탄한 것은 물론이었다.

이달충의 선견지명

"공께서 먼길을 가신다 하니 섭하기 이를 데가 없습니다."

이자춘은 동북면 도순문사로 와 있던 이달충이 다시 개성으로 떠나게 되자 못내 아쉬웠다. 그래서 이별주라도 한잔 나누고자 아들을 데리고 이달충을 찾아온 것이다.

이달충과 이자춘은 각각 문신과 무신으로 맡은 바 직분은 서로 달랐지만 마음이 잘 통하여 상대방을 생각하는 마음이 늘 각별하였다.

그런 까닭에 재회를 짐작할 수 없는 이별을 애석해하기는 둘 다 마찬가지였다.

"앞날을 기약할 수 없는 세상인지라 이제 가시면 언제 볼 수 있을는지……. 제가 술 한 병을 가져왔으니 이별주나 한잔 하십시다."

이자춘이 쓸쓸한 얼굴로 아들이 들고 온 술병을 내밀었다.

"허허, 만나고 헤어지는 일은 인간사의 흔한 일임을 모를 나이도 아닌데, 공과 헤어진다고 생각하니 저도 마음이 허전합니다 그려."

이달충 역시 이자춘과의 이별이 애틋하기는 마찬가지인 모양이었다.

이달충은 본래 학식이 뛰어나고 성품이 강직하여 벼슬길에 오른 이후 여러 임금을 모시는 동안 나라의 중직을 두루 역임하였다. 또

한 그는 앞일을 내다보는 선견지명이 뛰어난 사람이었다.

"자, 한잔 받으시오. 먼길 조심해서 가시기 바랍니다."

이자춘이 이달충에게 술잔을 건네며 말했다.

"이 장군도 내 잔을 받으십시오. 부디 이곳에서 편안히 지내시길 바라오."

이달충은 이자춘의 잔을 마시고는 다시 그 잔에 술을 채워 이자춘에게 권했다.

이자춘도 그 잔을 받아 기꺼이 들이켰다.

이자춘은 술잔을 비운 뒤 옆에 앉은 아들에게 말했다.

"뭐 하는 게냐? 너도 어서 어르신께 술을 올려라."

"예! 아버지!"

이자춘의 아들은 두 손으로 공손하게 이달충의 술잔에 술을 따랐다.

"어르신의 무병장수를 비옵니다."

그런데 술잔을 따르는 이자춘의 아들을 유심히 지켜보던 이달충이 갑자기 자리에서 일어서더니 이자춘의 아들에게 큰절을 하였다.

이자춘은 물론이거니와 그 아들 또한 그의 갑작스런 행동에 당황하여 어찌할 줄 몰라 얼른 맞절을 하였다.

"아니, 이공! 이 무슨 해괴한 짓입니까? 벗의 자식에게 절을 하다니요!"

이자춘이 놀라며 재빨리 이달충의 몸을 일으켰다.

"허허, 저는 당연히 해야 할 일을 했을 뿐입니다."

"아니, 대체 이게 무슨 말씀입니까? 세상 어느 천지에 이런 얼토당토아니한 법도가 또 있단 말이오. 허허, 이런 황망한 일이 있나."

이자춘이 연신 당황하며 말했다.

"허허, 이보시게나, 이 장군! 이 장군의 아드님은 귀한 상을 지니셨네. 앞으로 큰일을 하실 것이야. 그것은 지금 장군이나 내가 이루어 놓은 업적과는 비교도 안 될 일이지. 이 아드님으로 인해 장군의 집안은 대대로 그 영광이 빛날 것이네. 이처럼 귀하신 분이 술을 따라주시는데 내 어찌 감히 앉아서 받을 수 있겠는가!"

이달충이 미소를 지으며 이렇게 말하자 평소 그의 선견지명이 예사롭지 않다는 것을 알고 있는 이자춘은 말없이 그의 손을 꼭 잡았다.

그러고는 서로 은밀한 눈빛을 주고받았다.

그 모습을 바라보는 이자춘의 아들은 그 기상이 더욱 늠름하고 패기 있어 보였다.

이달충은 이번에는 이자춘의 아들의 손을 꼭 잡더니 부탁을 하듯 간곡히 말했다.

"이보시게, 나는 늙었으니 아마도 자네의 좋은 날을 보기는 어려울 것이네. 하지만 부디 지금 내가 한 말을 잊지 말고 후일 그날이 오면 내 후손들이나마 잘 보살펴 주시게나. 그리하면 내 비록 지하에 있어도 그 은혜는 잊지 않으리다."

이렇게 말하는 이달충의 눈빛은 온화하고 맑았다.

이별주를 나눈 이달충과 이자춘은 서로의 안녕을 당부하며 석별의 정을 나누었다.

집으로 돌아오는 길에 이자춘은 아들에게 다시 한 번 다짐하듯 말했다.

"부디, 저 어른의 말씀을 깊이 새겨 명심하거라!"

"예! 아버지!"

그렇게 대답하는 이자춘의 아들은 그로부터 20여 년 후 위화도 회군을 감행하고 조선을 개국한 태조 이성계였다.

왜구의 천신제

하늘은 더없이 맑고 날씨는 그지없이 청명하여 그야말로 쾌청하기만 한 가을날이 며칠째 계속 이어지고 있었다.

그러나 그렇게 청명한 날씨와는 달리 나라 안은 왜적의 침입으로 어수선하기 짝이 없었다.

바야흐로 고려의 왕조가 기울어 가는 무렵이라 민심은 평안할 날이 없었고, 거기에다 왜구의 노략질이 끊일 날이 없어 백성들의 삶은 하루하루가 매서운 겨울날의 살얼음판 위를 걷고 있는 것처럼 위태로웠다.

호시탐탐 쳐들어와 노략질을 일삼던 왜구는 이제 노략질에서 끝나지 않고 온 나라를 쑥대밭으로 만들고 있었다.

왜구는 5백 척이나 되는 배를 앞세워 진포 항구에 상륙하여 전국 각지로 흩어져 온 나라 안을 그야말로 제집처럼 드나들며 무참하게 살육을 일삼고 약탈과 방화를 즐기고 있었다.

마을 여기저기에 불을 지르기 바빴고, 재물을 약탈하고 인명을 함부로 죽이니 이 나라의 가을은 더 이상 예전 같은 천고마비의 계절이 아니었다.

더군다나 왜구들은 섬나라 특유의 해양성 기질을 타고난지라 무식하고 충동적일 때가 많아 사람들은 물론 가축들까지 마구 죽여 그 시체가 산을 이룰 듯했다.

"아, 이제는 어쩌란 말이냐. 더 이상 대처할 힘도 없구나."

힘없는 백성들은 그야말로 속수무책이었다.

왜구는 약탈한 곡식을 밤낮으로 운반하여 배에 실었는데 그 양이 어마어마했다.

그 모습을 본 농부들은 땅을 치며 탄식했다.

"몹쓸 놈들, 일년 내내 고생하여 거둔 곡식을 땀 한 방울 흘리지 않고 빼앗아가다니. 천벌을 받을 놈들이야."

"나라꼴이 도대체 어찌 되려고 이런 험한 일만 자꾸 생기는지, 원……!"

"도대체 한 나라의 임금을 비롯한 조정 대신들의 의무가 뭔가? 백성들을 보호하고 편안하게 살도록 하는 거 아냐? 그런데도 저런 짐승 같은 왜놈조차 막지 못하니……."

"이런 억울할 데가……! 흑흑……."

백성들은 더 이상 분함을 참지 못하고 나라와 군대의 약세를 원망하며, 깊은 산중으로 몸을 피했다.

노략질을 일삼던 왜구들이 마침내 선주(전주)를 함락하고 상주까지 점령했을 때였다.

전라도 도원수인 지용기 밑에 배검이라는 젊은 장수가 있었는데 무술 실력이 뛰어났을 뿐 아니라 용맹하여 윗사람들에게나 부리는 군졸들에게나 신임이 두터운 사람이었다.

그런 배검이 하루는 도원수 지용기를 찾아와 말했다.

"원수님, 왜구의 동정을 제가 염탐하고 오겠습니다. 그러기 위해서는 적진에 들어가야만 하니 저를 보내 주십시오."

그러나 지용기는 왜구의 실력과 군력을 익히 알고 있는 터라 머리를 저었다.

"너 혼자 적진에 들어간다니 안 될 말이다."

"아닙니다. 적의 정세를 살피려면 사령부에 직접 들어가야만 합니다."

지용기는 아무래도 석연치 않은 듯 고개를 저었다.

"도원수님! 그들이 무도한 짓을 한다 해도, 그 길만이 적을 알 수 있는 최선의 방법입니다. 허락해 주십시오!"

지용기는 마지못해 허락하고 배검을 보냈으나 배검은 이내 왜구들에게 붙잡혀 포로 신세가 되고 말았다.

왜구들은 아무리 좋은 말로 배검을 회유해도 그가 듣지 않자 마침내 목을 쳐서 죽이기로 결정하고 배검을 진지 중앙에 있는 넓은 마당으로 끌고 나왔다.

마당에는 무슨 제祭라도 올릴 모양인지 커다란 상에 과일을 비롯한 여러 가지 음식과 술이 차려져 있었다.

배검은 순간적으로 자신의 목을 쳐서 제물로 쓸 것이라 짐작을 하곤 고래고래 악을 썼다.

"천벌을 받을 놈들 같으니! 어찌 사람의 목숨을 함부로 제물로 바친다는 말이더냐? 나는 죽어서도 네놈들을 저주하고 또 저주할 테다!"

이와 같은 배검의 말은 하늘에라도 닿을 듯 우렁차고 힘찼지만 웬일인지 왜구들은 두어 번 배검의 가슴팍을 발길질했을 뿐 이내 숙연해졌다.

땅바닥에 고꾸라진 배검이 통증을 참으며 왜구들의 행태를 지켜보고 있을 때, 기괴한 옷차림을 한 무당을 앞세운 무리들이 상 앞으로 나섰다. 무당을 따르는 왜구들 손에 두세 살도 안 돼 보이는 사내 아이 하나가 사지가 묶인 채 버둥거리며 끌려 왔다.

왜구들은 무당의 지시에 따라 곧 사내아이를 상 앞에 놓고 뒤로 물러났다.

무당은 이상한 주문을 왼 뒤 밧줄에 묶여 꼼짝도 못하고 버둥거리는 사내아이의 머리카락을 가위로 자르더니 이내 날카로운 칼날로 머리를 동자승처럼 밀어버렸다.

사내아이는 놀람과 두려움으로 자지러질 듯 울어댔고 그 모습을 무력하게 쳐다보고 있는 배검의 속은 화차처럼 끓었다.

이어 무당은 사내아이의 옷을 전부 벗기고는 제단 앞에 반듯하게 눕혔다.

사내아이는 겁에 질려 더는 울지도 않았다. 어쩌면 두려움에 기절을 한 것인지도 몰랐다.

두 눈을 꼭 감고 죽은 듯이 누워 있는 사내아이의 얼굴에 범벅이 된 눈물 자국은 멀리 떨어진 배검의 가슴속으로 메마른 강줄기처럼 패어 들었다.

아무리 어린아이라고는 하지만 자신의 목숨이 위태롭다는 것을 느낀 모양이었다. 사내아이는 아무런 저항도 하지 못하고 자신의 처지를 벗어나려고 안간힘을 쓰다 그만 제풀에 지쳐 정신을 잃고 말았던 것이다.

잠시 왜구들 사이에 혀끝이 타들어 가는 듯한 침묵이 흘렀다.

왜구들은 무당의 행동에 넋을 잃은 듯 모두들 눈을 가느다랗게 뜨고 그 광경을 지켜보고 있었다.

무당은 뭐라 입 속으로 알 수 없는 말들을 중얼거리더니 허리춤에 꽂았던 단도를 빼내 들었다. 시퍼렇게 날이 선 칼날이 햇빛에 반사되어 예리하게 빛나고 있었다.

햇빛도, 바람도, 풀도, 나무도……, 삼라만상이 일순간 숨을 멈춘 것 같았다.

무당은 칼을 사정없이 내리쳐 사내아이의 배를 갈랐다.

그러더니 뱃속에서 아직도 뜨거운 온기가 남아 있을 아이의 창자를 두 손 가득 꺼내 들었다.

왜구들의 함성 소리가 뒤끓듯 천지 사방으로 흩어졌다. 그 함성 소리는 사내아이의 뱃속에서 뿜어져 나온 핏자국처럼 선명했다.

배검은 눈을 감았다.

'이건 꿈이야! 꿈 중에서도 평생 한 번 꿀까 말까 한 흉몽이지! 어서 깨어라, 빨리 이 꿈에서 깨어라, 어서!'

그러나 잠시 후 꿈에서 깨어나듯 눈을 뜬 배검의 눈앞에 펼쳐진 광경은 훨씬 더 참혹했다.

왜구들은 무당이 사내아이의 뱃속에서 꺼낸 창자를 깨끗하게 씻더니 차려진 제상 위에 올려놓고는 너나없이 번갈아 가며 절을 했다.

배검은 이를 갈며 있는 힘을 다해 외쳤다.

"죽여라! 죽여! 이놈들아, 이 짐승만도 못한 놈들아. 어서 나도 죽여다오!"

배검을 끌고 왔던 왜구들 중 한 놈이 칼을 빼들고는 천천히 배검에게로 걸어왔다.

배검은 지그시 눈을 감았다. 그의 눈에서도 더는 눈물이 흐르지 않았다.

그 찰나였다. 뭔가 허공을 가르는 듯싶더니 배검의 목이 땅에 굴러 떨어졌다.

하늘도 무심하지는 않은 것일까?

이내 세찬 광풍이 온 천지를 뒤덮을 듯한 기세로 불어왔다.

무당은 점괘가 심상치 않다고 여겼는지 왜장에게 진지를 옮길 것을 청했고, 왜구들은 배검과 사내아이를 버려 둔 채 모두들 군장을 꾸려 다른 곳으로 이동했다.

황토색 자욱한 바람에 실려 온 먼지가 덮여 배검과 사내아이의 시체 위에 무덤처럼 쌓이고 있었다.

권금 부인의 정절

"허허, 사내는 보잘것없는데 부인 하나는 기가 막히단 말이야!"

"글쎄 말일세, 권금 녀석이 뭐 볼 것 있다고 그런 부인이 붙어 있나 몰라. 녀석, 부인 복 하나는 타고난 모양이야."

오늘도 마을 사람들은 권금 부부가 지나가자 뒷말을 하기 시작했다.

권금은 말단 직위의 관리로 나라의 녹을 받고는 있었지만 워낙에 주변머리가 없는 사람이라 그럭저럭 살고 있는, 약간은 부족한 사내였다.

하지만 그런 그에게도 자랑할 만한 것이 있었으니 바로 누구나 부러워하는 아내였다.

권금의 아내는 천하의 미색인 데다 마음도 고왔고 누구에게나 친절했다. 특히 지아비인 권금을 하늘처럼 떠받들었다.

때문에 사람들은 부족한 권금이 어떻게 그런 아내를 얻었는지에 대해 말들이 많았다. 하지만 권금은 이런 것을 아는지 모르는지 그저 사람들이 자신의 아내를 칭찬하는 것이 듣기 좋았다.

그래서 은근히 자랑하고 싶은 마음에 괜히 하릴없이 아내를 대동하고 마을을 돌아다니곤 하였다.

권금의 집은 그의 아내의 얼굴을 보려고 찾아오는 사람들로 붐비기도 하였다. 하지만 권금은 자신과 대화를 하기 위해 오는 것이라 생각하고 찾아오는 사람들을 반가이 맞이했다.

　　그날도 권금은 여느 날과 같이 사람들과 함께 더위를 잊기 위해 서늘한 대청마루에서 이야기를 나누고 있었다.

　　그때 갑자기 무시무시한 소리가 나더니 커다란 호랑이 한 마리가 담을 넘어 마당으로 뛰어들어왔다.

　　방 안에서 조용히 수를 놓고 있던 권금의 아내도 그 소리에 놀라 밖으로 뛰쳐나왔다.

　　그런데 이것이 무슨 일인가? 그 호랑이는 어슬렁어슬렁 사람들에게 다가가더니 하필이면 권금의 목덜미를 덥석 무는 것이 아닌가.

　　권금은 그대로 기절하고 말았다.

　　권금의 아내는 깜짝 놀라 버선발로 뛰며 연신 사람 살려, 하고 소리쳤지만, 그곳에 있던 어느 누구도 호랑이의 위세에 눌려 손 하나 까딱하지 못했다.

　　권금을 입에 문 호랑이는 사람들에게서 물러나더니 자신이 왔던 곳으로 다시 뛰어가려 했다.

　　남편을 그대로 보낼 수가 없었던 권금의 아내는 무작정 호랑이에게 물려 있는 남편에게 달려들어 그의 허리춤을 꽉 잡았다.

　　"이놈의 호랑이야! 내 남편은 두고 가거라!"

　　권금의 아내가 소리를 쳤지만 호랑이는 연약한 아낙네의 소리임을 아는지 대수롭지 않게 여기는 듯 입에 물고 있는 권금을 더욱 세차게 끌어당겼다.

　　그 바람에 권금과 함께 권금의 아내도 마당을 이리저리 데굴데굴 끌려다녔다. 하지만 그 순간에도 권금의 아내는 결코 남편의 허리춤을 놓지 않았다.

호랑이는 권금 부부를 질질 땅에 끌면서 담벼락 밑까지 갔다.

권금의 아내는 호랑이에게 끌려가며 전신이 상처투성이가 되었지만 그런 것은 전혀 신경 쓰지 않았다.

권금의 아내는 담벼락 앞에 서 있는 대추나무를 있는 힘껏 한 쪽 팔로 감고, 다른 팔은 여전히 남편의 허리춤을 부여잡았다.

어디서 그런 힘이 나오는 것일까? 부인은 그야말로 필사적이었다.

권금의 아내는 그런 상태로 호랑이와 한동안 승강이를 벌였다. 아무리 힘센 호랑이지만 한꺼번에 두 사람을 물고는 담벼락을 뛰어넘을 수 없었던 모양이었다.

더욱이 권금의 아내가 대추나무를 붙잡고 버티는 통에 호랑이도 지쳐 가는 듯했다.

결국 한동안의 승강이 끝에 호랑이는 어훙, 하며 울부짖더니 입에 물었던 권금의 목덜미를 뱉고는 담벼락 너머로 한달음에 가버렸다.

권금은 아내의 필사의 노력으로 호랑이한테 잡혀가는 신세는 면했다.

권금의 아내는 호랑이가 달아나자 안도의 한숨을 쉬며 자리에서 일어났다.

마당 한구석에서 겁에 질려 벌벌 떨고만 있던 마을 사람들은 그제야 가까이 다가와 권금과 그 아내를 부축했다.

권금은 여전히 정신을 못 차리고 있었다. 호랑이에게 물린 목에서는 선혈이 낭자하게 흘러나오고 있었다.

권금의 아내는 지친 몸을 이끌고 남편을 밤새도록 간호했다. 그러나 호랑이에게 한번 물린 목덜미의 상처는 온전하질 못했다.

결국 권금은 새벽녘에 세상을 떠나고 말았다.

권금의 아내는 너무도 슬피 통곡하였다. 그 슬픔 속에서도 정성스럽게 남편의 마지막 가는 길을 정성껏 돌보았다.

장례식이 끝나고 며칠 지나지도 않았는데 몇몇 사내가 홀로 된 권금의 아내에게 집적대기 시작했다. 남편이 죽었으니 다음으로 누가 권금의 아내를 차지할 것인가가 마을 사람들의 최대의 관심사가 되었다.

그리하여 많은 남자들이 수작을 부렸으나 권금의 아내는 태도를 한결같이 함은 물론 죽은 남편을 위해 소복을 입고 오로지 남편의 극락 왕생을 위해 매일 불공을 드렸다.

그러던 중 권금의 아내는 어디론가 홀연히 사라졌다. 있는 가산을 모두 정리하고 깊은 산중에 자리한 암자에 들어간 것이다.

마을 사람들은 권금의 아내가 산으로 들어가자 그 정절을 칭찬하면서도 한편으로는 그 미모를 안타까워했다.

소년 왜장과 이성계

고려 말, 왜구들이 남해안 여러 지방에 출몰하여 온갖 만행을 저지르자 조정에서는 이성계를 전라도, 경상도, 양광도 삼도 관찰사에 임명하고 왜구를 토벌하라는 명을 내렸다.

휘하의 여러 장수들을 이끌고 왜구 토벌에 나선 이성계는 왜구들의 수가 의외로 많은 데다 죽기를 각오하고 결사적으로 덤벼드는 왜구들의 항전에 번번이 패전에 패전만을 거듭했다.

그러다 결국 배극렴, 김용휘, 지용기 등 9명의 뛰어난 장수들이 이끄는 선봉 부대마저 왜구와의 싸움에 패해, 함양과 남원산성을 점령당하게 되었다.

실로 왜구는 우리 군대가 대응하기에는 군사력이나 그 기세가 이루 말할 수 없이 드셌다. 목숨을 부지하기 위해 피난길에 오른 힘없는 백성들은 나라의 안위에는 관심도 없이 제 잇속만 챙기기 위해 권력 다툼에만 몰두하다 나라꼴을 이 지경으로 만든 조정 대신들이 한심하고 원망스럽기만 했다.

이성계는 군사들을 이끌고 황산 서북을 돌아서 정산봉에 올라 그곳의 지형을 꼼꼼하게 살폈다.

이성계의 짐작대로라면 왜구들은 지금까지 승리한 여파를 몰아

북진을 계속 강행할 것이고 그렇다면 이 길을 지나갈 것이 분명했다.

이곳의 지형은 깊게 패인 골짜기로서 골짜기 요소요소에 군사들을 매복시켜 두었다가 왜구들이 이 길을 지나갈 때 순간적으로 기습하는 전술이 제일이었다.

휘하의 장수들과 작전 회의를 마친 이성계는 곧바로 장수들에게 군사들을 이끌고 출병할 것을 명했다.

때는 이미 서쪽으로 해가 뉘엿뉘엿 넘어가는 저녁이었다. 이성계는 대낮에 대규모의 병력이 이동하는 것보다는 야음을 틈타 이동하여 미리 왜구들을 기다리는 것이 상책이라고 생각하였다.

출병하기 전 이성계는 군사들을 모아 놓고 큰소리로 말했다.

"우리가 지금까지 왜구들에게 패한 것은 참으로 비통한 일이 아닐 수 없다! 대병력을 거느리고도 일개 섬나라에 불과한 왜구들을 물리치지 못하다니 정말 어처구니없는 일이다! 그러나……."

이성계는 잠시 숨을 고르고는 다시 말을 이었다.

"지금 맹세하건대 결단코 왜구들을 단 한 놈도 살려 돌려보내지 않을 것이다! 그리하여 무참하게 죽어간 무고한 백성들의 원수를 갚을 것이다! 들어라, 우리가 죽기를 각오하고 왜구들과 싸운다면 이제 우리의 앞길엔 승리만이 있을 것이다!"

"와!"

이성계의 용맹스런 말에 군사들은 함성을 질렀다. 조금씩 기울어 가는 저녁 햇살에 비친 군사들의 얼굴에는 죽음 같은 단단한 결의가 엿보였다.

땅거미가 조금씩 깔리는 희미한 길을 따라 이성계를 비롯한 여러 장수들이 군사들을 이끌고 각자 배치받은 곳을 향해 행군하기 시작했다.

그로부터 이틀이 지난 깊은 밤이었다.

밝은 달빛은 온 산하를 평화롭게 비추는데 적진을 응시하는 이성계의 눈빛은 맹수의 그것처럼 날카롭게 이글거렸다.

이성계는 골짜기 요소요소에 휘하 장수들을 매복시켜 놓고 자신은 골짜기 맨 뒤쪽에서 배수진을 치고 최후의 결전을 기다리고 있었다.

그러나 그날 저녁에 들려 온 소식은 참담하기 그지없었다. 휘하 장수들이 이끄는 군사들이 제대로 싸워 보지도 못하고 전멸했다는 것이었다.

바로 눈앞에까지 몰려온 왜구들의 진지는 적막했지만 그러한 적막감이 오히려 피비린내를 풍기며 금방이라도 공격을 감행할 듯 위태롭게 느껴졌다.

한동안 말없이 적진을 응시하던 이성계는 등에 멘 활을 두 손에 들고 천천히 화살을 시위에 겨누었다.

이성계는 있는 힘을 다해 시위를 당긴 다음, 오른손에 잡은 화살을 놓았다. 화살은 어둠을 뚫고 날아가 잠복해 있던 왜구를 하나하나 쓰러뜨렸다.

그와 동시에 왜구의 진지에서 횃불이 타올랐다.

이성계는 쩌렁쩌렁 울리는 목소리로 공격 명령을 내리고 힘차게 칼을 휘두르며 선두에 나섰다.

"한 놈도 놓치지 말고 죽여라!"

어둠 속에서 일대 격전이 벌어졌다. 이성계는 선두에서 말을 달리며 왜구들의 목을 무참히 베었다.

이성계가 정신없이 왜구들을 베고 있을 때 왜장 한 명이 긴 창을 들고 이성계의 등뒤로 달려들었다. 그러나 이성계는 싸움에 몰두하느라 미처 등뒤까지 신경 쓸 겨를이 없었다.

왜장이 이성계의 등에 창을 내리꽂으려는 순간 부장 이두란이 쏜 화살이 왜장의 가슴을 정통으로 명중시켰다. 실로 아슬아슬한 위기 일발의 순간이었다.

그러나 다음 순간, 어디선가 날아온 화살이 이성계의 왼쪽 다리를 사정없이 꿰뚫었다.

"어느 녀석인지 활 솜씨 한번 대단하구나!"

이성계는 다리에 박힌 화살을 뽑아 들고 그렇게 크게 소리를 질렀다.

왜구들은 이성계의 용맹스러움에 잠시 전의를 상실한 듯했다. 그러나 왜장은 이성계를 집중 공격하라는 명령을 내렸고 왜구들은 이성계를 향해 노도같이 밀려들었다.

"오냐, 오너라 이놈들! 내 네놈들의 목을 베어 훗날 애깃거리로 삼으리라!"

이성계는 큰 칼을 휘두르며 밀려드는 왜구들을 향해 말을 몰았다. 그러더니 한꺼번에 여덟이나 되는 왜구의 목을 차례로 베어버렸다.

기가 질린 왜구들은 뒷걸음질을 치기 시작했고 그 뒤를 쫓는 이성계의 목소리는 천둥처럼 울렸다.

"어딜 가느냐 이놈들! 벌써 목숨이 아까운 게냐? 어서 덤벼라! 이리 와서 나와 담판을 내자!"

이성계의 당당한 호령에 왜구들은 너나없이 도망치기에 바빴다.

그때였다.

퇴각하는 왜구들을 헤치고 힘찬 말발굽 소리와 함께 한 용사가 달려오고 있었다. 모두들 의아해하는 가운데 말발굽 소리의 주인이 모습을 드러냈다.

열다섯이나 열여섯쯤 되었을까?

어둠 속에서 보기에도 어린 소년 하나가 긴 창을 휘두르며 퇴각하는 왜구들을 뒤로 한 채 아군을 향해 달려오고 있었다.

소년은 말을 달리면서 창으로 사정없이 아군을 찔러댔는데, 날렵한 창 솜씨는 보기에도 신기에 가까울 정도였다.

이성계가 부장 이두란에게 물었다.

"왜구들 중에서 저런 용맹스런 아이가 있었단 말이냐? 대체 저 아이는 누구냐?"

"소문으로만 듣던 소년 장수 아지발도일 것으로 생각됩니다."

"아지발도? 아니 저런 어린 나이에 장수가 되었다니……. 참으로 장한 아이구나."

이성계는 감탄하고 또 감탄했다. 비록 왜구의 용사였지만 그 도도함과 기세가 참으로 칭찬할 만했기 때문이다.

이성계는 비록 왜구이긴 하나 죽이기는 아까운 생각이 들어 이두란과 상의했다.

"저 아이를 죽이지 말고 생포하도록 하라."

"장군, 생포하긴 어렵습니다. 날렵하고 번개처럼 빠른 창을 당하기도 힘들 뿐더러 설령 생포한다 해도 저 아이는 왜장입니다. 아군의 사기도 헤아려 주셔야 합니다."

이성계는 애석한 마음이 들었지만 이두란의 말에도 일리가 있었다. 어차피 사로잡는다 해도 왜장은 왜장일 따름이었다.

이성계는 아군의 피해를 막기 위해 자기가 나서야 할 때라고 판단했다.

"내가 활로 저 아이의 투구를 쏘아 땅에 떨어뜨릴 것이니 그 틈을 타 두란이 자네가 화살로 머리를 명중시키게. 자신 있나?"

"여부가 있겠습니까? 장군!"

이성계는 말이 끝나자마자 소년 왜장을 향해 말을 달렸다. 잠시후 이성계는 쉴새없이 창을 휘두르는 소년 왜장의 투구를 향해 활을 겨누었다.

시위를 벗어난 화살은 정확하게 투구를 맞혀 바닥에 떨어뜨렸다. 이어 이두란의 화살이 정통으로 소년 왜장의 머리를 관통했다.

백마를 타고 용감하게 창을 휘두르던 소년 왜장은 힘없이 말 위에서 고꾸라졌다. 선혈이 낭자하게 뿜어 나왔다. 용감무쌍했던 소년 왜장의 죽음에 왜구의 사기는 벼락을 맞은 나무와 같았다.

이성계는 소년 왜장의 죽음을 못내 애석해하면서도 그 틈을 놓치지 않고 아군에게 총공격의 명령을 내렸다.

새벽이 밝아올 때까지 치열한 싸움은 계속되었고, 결국 이성계가 이끄는 아군의 승리로 끝났다.

새벽빛이 점차 선명해지자 싸움터는 그야말로 시체들이 산을 이루고도 남을 지경이었다.

이성계는 잠시 아득해졌다.

비록 승리는 했지만 죽일 수밖에 없었던 소년 왜장의 모습이 아직도 머릿속에 남아 있는 까닭이었다.

이성계는 승리의 짜릿한 쾌감보다는 점차 기울어만 가는 국운을 한탄하며 먼 하늘을 바라보았다.

'비록 왜구였지만 그런 용맹스런 후세들이 이땅에도 자라나고 있다면 이 나라의 운명이 지금처럼 어둡지만은 않을 것을……'

멀리, 아주 먼 새벽빛 사이로 백마를 탄 소년 왜장이 긴 창을 휘두르며 들판을 달려가고 있는 환영이 이성계의 애타는 마음을 더욱 쓰라리게 했다.

우왕과 영비 최씨의 최후

　이제야 진실로 자유를 만끽하는 듯하였다. 할머니이신 태후 홍씨의 잔소리를 이제 더 이상 들을 일이 없어진 것이다.
　물론 태후가 세상을 떠나자 슬프게 곡을 하긴 했다. 어릴 적부터 어미 없이 커 온 우왕에게는 할머니의 빈자리가 작지만은 않았다.
　하지만 틀에 박힌 궁궐 생활에 권태를 느끼고 있던 우왕은 할머니가 죽자 드디어 자신의 세상을 만난 양 해방감을 느꼈다.
　우왕이 겨우 10세에 왕위에 올라 5년이 지난 지금까지 자신이 하고 싶은 대로 한 것이라고는 간혹 할머니 몰래 궁녀들을 희롱한 것이 전부였다. 그것도 작년 근비 이씨를 맞이한 후 새로운 희열에 재미를 붙인 후부터였다.
　국상이 끝나자마자 우왕은 국사를 신하들 손에 맡기고 궐 밖으로 사냥을 나갔다.
　때는 한창 더위가 기승을 부리던 한여름이었다.
　그날도 이른 아침부터 사냥에 나선 우왕이 한낮의 더위를 피해 어소에서 잠시 쉬고 있는데 어디선가 첨벙이는 물소리가 들렸다.
　우왕이 어소에서 나와 주변을 살펴보니 저쪽 아래 계곡에서 들리는 소리였다.

마침 무료하던 터라 계곡에 내려가 물에 발이라도 담가야겠다고 생각한 우왕은 천천히 계곡으로 내려갔는데 뜻밖에도 그곳에는 젊은 여인이 혼자 목욕을 하고 있었다.

우왕은 사냥감이 나타난 것보다 더 흥분되었다. 함께 온 신하들은 차마 민망하여 고개를 돌렸다.

"저 계곡 물이 꽤나 시원해 보이는구나. 내 가서 발이라도 담가야겠다."

우왕은 이렇게 말하고는 성큼성큼 계곡을 향해 걸어갔다. 계곡에 다가갈수록 여인의 자태는 고혹하기 그지없었다.

잠시 수풀 사이에 숨어 여인의 자태를 살피던 우왕은 헛기침을 하며 다가갔다.

"어험!"

갑작스러운 인기척에 놀란 여인이 뒤돌아보았다.

"에그머니나!"

목욕을 하던 여인은 젊은 남정네가 자신을 내려다보고 있음을 알고는 순간적으로 물 속으로 몸을 감추었다.

그러나 그뿐, 여인은 더 이상 어찌할 바를 몰랐다. 깊은 산중이라 안심을 한 것이 잘못이었다. 여인은 수치심에 고개를 들지 못했다.

"내가 너를 놀라게 한 것 같구나. 지나가는 길에 우연히 네 모습을 보고 그냥 지나칠 수 없어 왔느니라. 난 이 나라의 임금이니라. 너무 두려워 말고 이리 올라오너라."

여인은 입이 다물어지지 않았다. 알몸을 들킨 것도 수치스러운데 더욱이 상대가 임금이라니. 여인은 황망하여 어찌할 바를 몰랐다.

"어허, 괜찮다 하지 않았느냐, 어서 올라오너라!"

그래도 여인이 고개를 숙이고 물 속에 앉아 있자 우왕은 슬며시 여인에게 다가가 어깨를 다독이며 일으켜 세웠다. 신록을 배경으로 햇살에 젖은 여인의 몸은 더욱 신비롭게 빛나는 듯하였다.

우왕은 치밀어오르는 욕정을 참지 않았다. 여인을 와락 안고는 수풀로 들어가 힘껏 자신의 색정을 탐닉하였다.

여인은 상대가 임금이라는 소리에 제대로 반항 한 번 못하고 순순히 따르기만 했다.

따가운 여름 햇볕이 더욱 열기를 더하였다.

잠시 후, 우왕은 만족스러운 미소를 지으며 여인을 쳐다보았다. 여인의 얼굴은 홍조를 띠고 있었다.

"이름이 무엇이더냐?"

"저……. 소녀는 기방의 기생이옵니다."

여인은 작은 목소리로 겨우 대답했다.

"기생?"

"마마, 죽을죄를 지었사옵니다. 저같이 천한 계집이 감히 마마의 수청을 들었으니……."

여인은 우왕의 놀라는 목소리에 흐느끼며 말했다.

"하하하, 기생이란 말이지! 어쩐지 안는 품새가 다르다 했더니……."

호탕하게 웃는 우왕의 모습을 바라보는 여인의 입에서 안도의 한숨이 흘러나왔다.

"네가 나를 기쁘게 하였으니, 내 너를 데려가마."

"예? 소녀를 데려가신다 함은?"

여인은 화들짝 놀라 물었다.

"무엇을 그리 놀라느냐. 과인과 함께 대궐에 가자는 말이다."

우왕은 이렇게 해서 그 기생을 데리고 궁궐로 돌아왔다. 이 기생의 이름은 연쌍비로 후에 명순옹주에 봉해졌다.

우왕의 여성 편력은 점점 심해졌다. 궁녀들을 겁탈하는 것은 다반사였으며, 민가에서 미모가 뛰어난 여인이 있다는 말만 들리면 혼례를 앞둔 여인이라도 강제로 입궁시켜 자신의 여인으로 만들어 버렸다.

이렇게 임금이 여색에 눈이 어두워지자 아첨을 일삼는 이들은 장안의 미색이라는 여인들을 모두 알아내 임금에게 아뢰었다.

그러던 중 최영 장군의 딸이 미색이라는 소리가 우왕의 귀에 들어갔다.

'최영 장군의 딸이 미색이라……'

그 무렵 최영 장군은 권력의 중심에 있었다. 우왕은 마침 자신을 든든하게 보필해 줄 사람으로 내심 최영 장군을 지목하고 있던 터였기에 그것은 더할 나위 없이 기쁜 소식이었다.

우왕은 당장에 최영 장군을 불러들였다.

"마마! 불러 계시옵니까?"

"오, 어서 들어오시오."

우왕은 반갑게 최영을 맞이했다. 최영은 우왕의 느닷없는 친밀한 태도에 다소 당황하였다.

"장군, 내 장군을 부른 것은 다름이 아니라 긴히 의논할 것이 있어서요."

"……"

"장군도 알다시피 과인에게 혈육이라고는 창 하나밖에 없소. 어디 이래서야 왕실의 위엄이 제대로 갖춰지겠소? 그래서 왕비를 다시 간택하여 후사를 더 도모하려 하오. 듣자 하니 장군에게 딸이 있다고 하던데……. 어떻소? 장군의 딸을 과인에게 주지 않겠소?"

최영은 갑작스러운 우왕의 말에 놀라지 않을 수 없었다. 평소 우왕의 행동을 익히 알고 있던 터라 그 속셈이 너무 빤히 들여다보여 왕이지만 괘씸한 마음까지 들었다.

"황공하옵니다만 마마, 소인의 딸자식은 국모의 자격이 없사옵니다."

최영의 딸은 측실의 몸에서 났기에 엄밀히 따진다면 왕비로서의 자격 미달인 셈이었다. 하지만 우왕이 그런 것을 따질 위인이 아니었다.

최영은 그날 간신히 이런저런 핑계를 대며 혼사를 정중히 거절하고 그 자리를 물러나왔다. 그러나 우왕과 최영의 줄다리기는 그후에도 계속되었다.

그렇게 몇 달이 지나자 우왕은 더 이상 참을 수가 없었다.

"여봐라. 밖으로 나갈 것이니 준비를 하여라!"

그날 저녁 우왕은 최영의 집으로 무작정 행차했다.

최영은 갑작스러운 우왕의 행차에 긴장하였다. 우왕이 이곳까지 온 목적이 너무도 뻔했기 때문이다.

"허허허, 내 늦은 저녁에 실례를 범하는구려."

우왕이 능글맞게 웃으며 말했다.

"황공하옵니다 마마. 어인 일로 미천한 소신의 집에까지 친히 행차를 하셨사옵니까?"

"미행微行을 나왔다가 이곳에 장군의 집이 있다 하기에 왔소이다. 내 이왕 여기까지 왔으니 장군의 딸을 한 번만 만나보게 해주시구려."

최영은 아찔했다. 그 동안 열심히 피해 왔건만, 집에까지 쳐들어와 딸을 달라고 할 줄은 미처 생각하지 못했다.

"마마……!"

"허허, 내가 장군의 딸을 얼마나 보고 싶어했는지 아시오?"

우왕의 말에 최영은 더 이상 거절하지 못하고 딸을 불러오게 했다. 과연 최영의 딸은 아름다웠다. 우왕은 이렇게 쳐들어오기를 잘했다고 생각했다.

"역시 들은 대로구려. 이렇게 참한 딸을 두고 어찌 내게 그리도 숨겼단 말이오! 자, 이리로 와서 한잔 따라 주시겠는가? 하하하, 장군도 한잔 하시오. 이렇게 즐거운 날 그냥 지나가서는 아니 되지요. 하하하!"

우왕의 웃음 소리에 최영의 가슴은 타들어갔다. 최영의 딸은 아비의 눈치를 한 번 보더니 단아한 자태로 우왕의 술 시중을 들었다.

술잔이 오고가며 어느덧 우왕도 최영도 취기가 오르기 시작했다. "부원군, 서서히 잠이 오는 것이 이제는 쉬어야겠소. 아무래도 과인은 오늘 밤을 여기서 보내야겠소. 부원군께서도 피곤하실 터이니 어서 들어가 쉬도록 하시오."

부원군이라는 칭호에 최영은 술이 깨는 듯했다.

"예, 마마. 그럼 따로 침소를 마련하도록 하겠습니다."

"아니, 아니, 괜찮소! 번거롭게 굳이 그럴 것까지야……. 그냥 여기 있는 따님께 부탁하면 되지 않소. 부원군은 그만 나가 보시오. 여기는 따님께 맡기시고……."

그러나 최영은 차마 그냥 일어설 수 없었다. 아무리 그래도 대례도 치르지 않고 밤을 보내게 할 순 없었던 것이다.

"어허! 부원군. 내 말이 들리지 않소!"

우왕의 성화에 최영은 차마 떨어지지 않는 발을 떼어 그 방을 나왔다.

최영의 딸은 그렇게 우왕의 비가 되어 대궐로 들어가 영비에 봉해졌다.

하지만 영비 최씨가 대궐에 들어간 지 3개월 만에 이성계가 위화도에서 회군을 단행했고 최영은 억울한 죽임을 당했다.

결국 이성계는 우왕을 폐위하여 영비 최씨와 함께 강화도로 유폐시켰다. 다음해 11월 유배지를 강릉으로 옮긴 우왕은 그해 12월 살해되었다.

일생을 호색한으로 숱한 여인들의 치맛자락을 풍미하며 살다간 우왕의 임종을 지킨 여인은 영비 최씨였다. 영비 최씨는 슬퍼하며 10여 일을 먹지 않고 곡만 하였고, 밤이면 우왕의 시체를 안고 잤다고 한다.

불행한 여인 영비 최씨의 이후 행적은 전해지지 않는다.

목은 이색의 충절

목은 이색은 뱃전을 찰랑거리고 지나가는 잔잔한 강물을 바라보며 인생의 무상함이 그와 같을 것이라고 생각하며 씁쓸한 미소를 지었다.

헤아려 보면 흘러가는 강물보다 더 덧없는 지난날이었는지도 몰랐다.

사나이 대장부로서 청운의 꿈을 품고 벼슬길에 올라 오직 나라를 위해 한 생을 바쳤었다. 그러나 지금 국운은 기울었고 미련 없이 모든 것을 버리고 나뭇잎처럼 표표히 떠나온 이색의 가슴엔 지울 수 없는 망국의 한만이 멍울이 되어 남았다.

푸른 강물 속으로 희미하게 드리운 산의 풍경을 깨트리며 물새 한 마리가 날아올랐다.

'저 새는 돌아갈 둥지라도 있겠지만 이 몸은 더 이상 돌아갈 곳이 없구나.'

이색의 마음을 아는지 모르는지 노를 젓는 사공의 한숨 소리 또한 깊었다.

이성계가 위화도 회군을 감행한 후 고려의 국운은 풍전등화와 같았다.

이성계는 우선 우왕을 폐하여 강화로 유폐시키고 최영 장군을 귀양 보냈다가 그곳에서 죽였다.

우왕의 뒤를 이을 후계자를 정해야 하는데도 조정의 신하들은 이성계를 두려워한 나머지 한마디 말도 못하고 그의 눈치만 살피고 있었다.

그때 대장군 조민수가 나서 우왕의 아들인 창을 왕으로 세우니 이가 바로 고려 제33대 임금인 창왕이다. 그때 창왕의 나이는 9세에 불과하였다.

한창 부모의 슬하에서 재롱이나 피우고 있을 나이에 일국의 왕이 된 어린 창왕을 바라보는 이색의 가슴은 쓰라릴 듯 아팠다.

그러나 이성계를 견제하기 위해서는 달리 방도가 없었다.

뿐만 아니라 나이 어린 왕을 지켜야 한다는 생각에 이색은 언제나 노심 초사했다.

이색은 여러 모로 방법을 강구했다. 제일 급한 것은 일단 이성계를 어떻게든 제거하는 것이었다. 그러기 위해서는 이성계와 그를 추종하는 일파들을 떨어뜨려 놓는 게 급선무였다.

이색은 이성계로 하여금 창왕을 호위하여 명나라에 입조入朝토록 하는 계획을 추진했다.

전왕의 선례를 보자면 왕이 명나라에 머무는 동안에는 호위병들도 같이 머물러야 하기 때문에 이색은 그 기회를 이용하여 국내에 있는 이성계 일파를 제거할 작정이었던 것이다.

이색은 자신이 직접 명나라로 들어가 황제를 알현하고 그와 같은 자신의 뜻을 설명하고 창왕을 입조토록 하라는 명 황제의 명령을 받아올 작정이었다.

지금으로서는 그것만이 유일한 방법이었다.

이색은 왕을 알현하고 자신을 명나라의 사신으로 보내달라고 주청했고 왕은 순순히 허락했다.

　이색은 자신이 사신으로 명나라에 가 있는 동안 이성계가 무슨 일을 꾸밀지 모른다고 여겨 이성계에게 함께 동행할 것을 요구했으나 이성계는 병을 핑계로 일언지하에 거절했다.

　속으로는 통탄할 노릇이었지만 왕을 호위하여 가지 않는 이상 이색도 더는 강요할 수 없었다.

　이색은 최후의 수단으로 이성계의 아들들이라도 같이 명나라에 동행할 것을 요구했다. 이성계는 하는 수 없이 다섯째 아들 방원의 대동을 승낙하였다.

　이색은 노구의 몸을 이끌고 명나라로 향했다.

　나이 어린 왕을 사지에 두고 가는 것 같아 차마 발길이 떨어지지 않았지만 한 걸음이라도 지체할 수 없다는 조바심에 이색은 일행을 재촉하고 또 재촉했다.

　그리하여 명나라에 도착한 이색은 황제를 알현하였다. 그는 명나라 황제에게 본국의 사정을 자세히 설명하고 창왕의 입조를 서둘러 달라고 주청했다.

　그러나 당시 명나라의 사정도 여의치 못하여 결국 이색의 청은 받아들여지지 않았다.

　이색은 모든 계획이 수포로 돌아가자 허탈감에 사로잡혀 명나라에서 돌아오는 즉시 벼슬을 내놓고 조정을 떠났다.

　명나라의 도움을 받을 수 없는 상황에서는 이제 이성계를 막을 방도가 없었던 것이다.

　지는 달보다 허망한 것이 기우는 국운이었다.

　이성계는 마침내 역성혁명을 통해 1392년 왕위에 오르게 되고 이듬해 국명을 조선으로 정하고 새로운 왕조를 열었다. 고려는 역사 속으로 나뭇잎처럼 표표히 사라졌다. 태조 왕건이 고려를 개국한 지 474년 만의 일이었다.

고향인 한산에 낙향해 있던 이색은 세상사에 흥미를 잃고 깊은 산 속에나 들어가 여생을 마감할 생각이었다.

이미 나이 예순을 훌쩍 넘긴 이색과 늙은 사공이 탄 배가 잠시 나루에 머물렀을 때 일단의 관복을 입은 이들이 나룻배로 다가왔다.

경기 감찰사의 명으로 이색을 찾은 그들은 대궐에서 하사한 술 한 병과 푸성귀 두세 가지를 안주거리로 차린 개다리소반을 받쳐들고 있었다.

이색은 정작 담담히 술상을 받는데 그것을 지켜보는 늙은 사공의 눈시울이 촉촉하게 젖었다.

술상을 앞에 두고 이색은 말이 없었다. 술상을 받쳐들고 온 자들도 먼산 바라기들처럼 얼굴을 옆으로 돌리고 섰을 뿐 이렇다 말이 없었다.

이색은 천천히 술병을 막았던 마개를 열다 말고 물끄러미 그것을 바라보았다. 술병의 마개는 아직도 푸른 빛을 잃지 않은 댓줄기였다.

이색은 술잔 가득 술을 따랐다. 그러고는 다시 한 번 흐르는 강물을 그윽한 눈길로 바라보았다.

이색은 술잔을 한 손에 들어 눈을 감고는 단숨에 벌컥 들이켰다. 술잔을 상 위에 소리 없이 내려놓은 이색은 남은 한 손에 들고 있던 댓줄기를 힘주어 꼭 쥐며 또렷한 목소리로 말했다.

"내가 지금껏 고려를 위해 충절을 다했다면 이 댓줄기가 살아나 무성한 잎을 피울 것이나, 만약 내가 고려를 배반하고 신하된 도리를 다하지 못했다면 이 댓줄기는 썩어 없어질 것이로다!"

이색은 손에 든 댓줄기를 힘껏 강기슭을 향해 집어던졌다. 그리고 꼿꼿한 모습으로 앉아 하늘을 응시했다.

하지만 그것도 잠시, 이색은 몸의 균형을 잃고 앞으로 꼬꾸라졌다. 늙고 쇠한 몸이라 소리조차 나지 않았다.

고려의 충신 이색은 이렇게 나룻배 위에서 비통한 일생을 마쳤다.

그러나 충신의 절의는 하늘도 아는 것일까? 이색이 댓줄기를 던진 강기슭에는 그로부터 해마다 대나무가 무성히 자라더니 나중에는 온 기슭을 덮고도 남을 만큼 넓은 대숲을 이루었다.

정읍현의 안씨 부인

고려 제32대 왕인 우왕이 왕좌를 물려받았을 때, 신하들은 왕위 계승의 정통성을 놓고 서로 언성을 높여 싸우느라 조정이 한시도 조용할 날이 없었다.

그러니 자연 국정에는 관심이 없어 백성들의 고초가 이만저만이 아니었다. 거기에다 호시탐탐 기회만 엿보던 왜구들이 이때를 그냥 지나칠 리가 없었다.

왜구들의 침략은 날로 심해져 나중에는 해안 지방을 훨씬 거슬러 올라와 내륙 지방인 부여와 공주, 논산까지 쳐들어왔다. 나라에서는 군사를 파견하여 왜구를 물리치는 데 힘을 기울였으나 이미 기울어진 국운을 회복하기는 쉬운 일이 아니었다.

정읍현이라는 마을도 예외는 아니어서 왜구는 그곳에까지 침략해 왔다.

정읍현에는 경덕의라는 사람이 살고 있었는데 경덕의의 집안은 조상 대대로 그 마을의 유지였을 뿐만 아니라 재산도 꽤 있는 편이어서 언제나 마을 사람들의 부러움을 한 몸에 받았다.

하지만 그 어느 것보다도 가장 큰 부러움의 대상은 그의 부인 안씨였다.

그 마을은 물론이거니와 그 일대의 어느 마을에서도 안씨 부인을 따라갈 만한 인물이 없었으며 행실 또한 착실하여 남편을 공양하고 집안 살림을 꾸려 나가는 데 그 정성이 너무도 지극하였다. 그러니 마을 사람들이 경덕의를 부러워하는 것은 당연지사였다.

하루는 경덕의가 나라의 명을 받아 오랫동안 집을 비워야 했다.

경덕의는 바쁘게 행장을 꾸렸다.

'하필이면 왜구들이 아랫마을까지 침범했다고 하는 이때에 나를 부를 것이 뭐란 말인가?'

경덕의는 왜구들의 침입 소식에 재산보다도 부인이 더 걱정되었다.

출중한 미모의 부인을 왜구들이 그냥 지나칠 리 없을 것이었다. 이런 걱정에 발길이 쉽게 떨어지질 않았다.

"여보, 내 속히 다녀오리다만 극악무도한 왜구들이 자꾸 쳐들어온다 하니 마음이 놓이질 않는구려. 만일, 만일 말이요…… 그 못된 놈들이 이곳까지 온다면 부인은 너무 반항하지 말고 목숨만은 지키도록 하시오. 난 그 무엇보다도 부인의 안전이 중하오. 내 말 알겠소?"

경덕의는 차마 정절을 요구하지는 못하고 말을 돌려 전했다.

이런 남편의 뜻을 눈치챈 안씨 부인은 조용히 말했다.

"너무 걱정하지 마시어요. 이 한 몸 제가 지키지 못하면 누가 지키겠습니까? 이곳은 염려 마시고 하시는 일 마치고 무사히 돌아오십시오."

경덕의는 안씨 부인의 말에 조금은 안심이 되었다.

"그럼, 내 속히 다녀오리다."

경덕의는 서둘러 길을 떠났다.

그가 길을 떠난 지 며칠이 지나지 않아 왜구들이 정읍현에 쳐들어왔다. 너무나 갑작스러운 일이라 마을 사람들은 속수무책으로 당하고 말았다.

안씨 부인 또한 두 아들과 하인 몇을 데리고 피신을 하려 했으나 왜구들이 너무나 갑작스레 물밀듯이 침범해 왔기 때문에 집 밖으로 탈출하는 데 실패하고 말았다.

왜구들은 경덕의의 집이 그 마을에서 가장 컸으므로 제일 먼저 쳐들어가 노략질을 시작했다.

왜구들이 쳐들어오는 것을 보고 안씨 부인과 아들들은 급한 대로 후원의 작은 숲에 숨어 왜구들의 동태를 살폈다.

그야말로 왜구들은 난폭하기 그지없었다. 살림살이며 재물이며 모든 것을 함부로 던지고 부수었다. 실컷 자신들의 실속을 차린 왜구들은 집 마당에 진을 치고 술판을 벌였다.

술 기운이 얼큰하게 오르자 왜구들 중 우두머리인 듯한 사내가 소리쳤다.

"내 듣기로 이 집 여자가 천하의 미색이라고 들었다! 그 계집을 찾아내라!"

안씨 부인은 섬뜩했다.

왜구들은 닥치는 대로 하인들을 잡아 온갖 고문을 하며 안주인의 행적을 캐물었다.

하인들은 충실하게도 그저 당하고만 있을 뿐 안주인의 행방을 가르쳐 주지 않았다. 하지만 하인들이 가르쳐 주지 않는다고 집안에 숨어 있는 안씨 부인을 못 찾아낼 왜구들이 아니었다.

잠시 후 왜구들은 안씨 부인과 아이들을 숲에서 찾아냈다.

왜구의 우두머리는 안씨 부인의 모습을 보며 침을 꿀꺽 삼켰다.

"과연 소문대로 천하 일색이로군."

안씨 부인은 고개를 꼿꼿이 세우고 왜구를 노려봤다.

"허허, 앙큼한 것이 제법 매섭구나. 아주 마음에 든다. 어떠냐, 내 말만 잘 들으면 목숨뿐 아니라 호강시켜 줄 수도 있다. 어떠냐?"

"내 이제껏 너 아니어도 호강하며 살았거늘 무엇을 더 바라겠냐!"

안씨 부인은 매서운 목소리로 대꾸하고는 고개를 돌려버렸다. 순간 왜구의 우두머리는 벌떡 일어서며 소리쳤다.

"네가 끝까지 내 말을 듣지 않으면 네 목숨은 없는 줄 알아라!"

우락부락한 얼굴에 칼까지 휘두르는 모습이 마치 지옥에서나 만날 법한 염라대왕 같았다.

"네 아무리 도적이라 해도 사람의 도리는 알 터인데, 어찌 여염집의 아낙을 범하려 드느냐! 잇속을 챙겼으면 이만 돌아감이 옳지 않은가?"

안씨 부인의 말에 우두머리는 비열한 웃음을 지었다.

"오호, 꽤 도도하게 나오시는군. 어디 끝까지 그렇게 나올 수 있나 내 두고보지. 얘들아!"

우두머리의 호령에 왜구들은 안씨의 아들들 목에 칼을 대었다. 아이들은 사색이 되어 어머니를 외치며 울음을 터뜨렸다.

"네가 그렇게 도도하니 자기 목숨 없애는 것이야 걱정하지 않겠지만 너 때문에 이 아이들이 죽는다면……, 하하하?"

안씨 부인은 입술을 깨물었다. 도무지 이 상황이 믿어지질 않았다. 아이들이 품안에서 웃던 때가 바로 오늘 아침이었거늘…….

"너 때문에 아이가 죽는다 하지 않느냐!"

우두머리는 안씨 부인의 대답을 재촉했다.

"네 이놈, 네가 그러고도 사람이더냐! 차라리 나를 죽여라!"

안씨 부인의 목소리는 분에 못 이겨 떨려 나왔다.

"어허, 내 그럴 수 있나. 얘들아!"

우두머리의 호령이 끝나자마자 왜구들 중 하나가 안씨 부인의 아들을 향해 칼을 휘둘렀다.

"어머니!"

어린 아들은 비명을 지르며 쓰러졌다.

"어떠냐? 이래도 네가 도도하게 굴 테냐? 네 결정에 의해 나머지 아이와 하인들의 목숨이 달려 있다."

안씨 부인의 눈엔 쓰러진 아들의 모습만 보였다. 또한 그 아이가 마지막 외치던 '어머니'라는 소리밖에 들리지 않았다.

'내 어찌 이 한 몸 정절을 위해 저 아이를 희생시켰단 말인가. 이 한 목숨 부지하려고 저 아이를……. 나의 정절이 아들의 목숨보다 중하단 말인가? 남은 아이는 살려야 한다. 억울한 하인들의 목숨 역시 소홀히할 수는 없다.'

"아직도 네가 결정을 하지 못한단 말이냐! 얘……."

왜구의 우두머리가 답답한 듯 소리치려 할 때, 안씨 부인이 황급히 말했다.

"잠시 기다리시오!"

안씨 부인은 우두머리의 얼굴을 노려보며 들릴 듯 말 듯한 목소리로 말을 이었다.

"내 진작 이 목숨을 버려야 했거늘……."

안씨 부인은 그 말을 끝으로 그 자리에서 쓰러졌다. 스스로 혀를 깨문 것이다.

왜구의 우두머리는 자결한 안씨 부인의 모습에 놀라더니, 혀를 차며 기분이 상했는지 마을에서 퇴각할 것을 명했다.

왜구들이 돌아간 후 사람들은 안씨 부인과 그 어린 아들의 장례를 정성껏 치러 주었다.

나중에 집으로 돌아온 경덕의는 부인과 아들의 얘기를 듣고 하염없이 통곡했다. 경덕의는 안씨 부인을 그리는 마음으로 평생 남은 아들을 키우며 혼자 살았다고 한다.

정몽주의 어머니

　야트막하지만 뛰어놀기에 그만인 마을 언덕 자락에는 들꽃들이
여기저기 가을바람에 몸을 맡긴 채 향기를 날리고 있었다.

　구절초, 쑥부쟁이, 쑥방망이 등의 희고 노란 들국화 꽃잎들이 완
연한 가을임을 말해 주고 있었다.

　노비 춘월은 이마에 송골송골 맺힌 땀을 닦으며 언덕을 오르고
있었다. 그것은 몽주 도령을 찾기 위해서였다.

　몽주 도령에게 개경으로 간 남편에게 보내는 편지를 써달라고
부탁하기 위해서였다. 마음이 다급한지라 춘월은 숨이 가쁘고 다리
가 후들거렸지만 쉬지 않고 언덕을 올라갔다. 얼마나 다급했던지 춘
월은 집에서 멀리 떨어진 이 언덕자락을 단숨에 달려왔다.

　마침 몽주 도령은 친구들과 정신없이 놀고 있었다. 가을꽃을 두
손으로 휘감아 만지기도 하고, 꽃들과 한판 몸 씨름을 하며 신명나
게 놀고 있었다. 뽀얗고 매끄러운 몽주 도령의 얼굴은 멀리서 봐도
눈부셨다.

　몽주 도령을 찾은 춘월은 이제껏 달려왔던 걸음을 멈추고 한 손
으로 허리를 다독이며 한숨을 쉬었다.

　'도령님이 내 부탁을 들어주시지 않으면 어쩌나? 혹시 벌컥 화

를 내시면······.'

춘월은 편지 대필로 여기까지 쫓아온 자신이 주책없어 보이기도
하였다.

은근히 걱정이 된 춘월은 잠시 그 자리에 서서 머뭇거렸다. 그러
나 이내 고개를 저었다.

'도련님은 인정이 많으시니 비록 내가 부리는 사람일지라도 내
부탁을 들어줄 거야.'

남편에게 보낼 편지 하나 직접 쓰지 못하고, 부탁할 사람 또한 마
땅히 없는 자신의 처지가 그지없이 딱하게만 느껴졌다.

춘월은 다시 용기를 내어 몽주 도령을 힘차게 불러 보았다.

"몽주 도련님."

그러나 몽주는 뒤돌아보지 않았다. 같이 놀던 아이들이 힐끔힐
끔 쳐다볼 뿐이었다. 춘월은 자기 목소리 하나 듣지 못하고 노는 것
에 정신이 팔린 몽주 도령이 영 야속했다.

춘월이는 가슴이 허전해 왔다.

'아, 야속한 도련님.'

춘월이는 용기를 내어 또 한 번 소리를 질렀다.

"도련님! 제발 여기 좀 보세요."

그제야 힐끔힐끔 쳐다보던 몽주의 친구들이 춘월이를 향해 눈길
을 주었고, 몽주의 귀에 무엇인가를 속삭였다.

몽주도 춘월에게 눈길을 돌렸다. 잠시 후 몽주가 손에 노란 들국
화를 한 움큼 쥐고는 달려왔다.

'휴, 도련님이 이제야 들으셨구나.'

춘월은 안도의 한숨을 길게 내쉬었다.

그러나 몽주는 달려오다가 터벅터벅 걸어왔다. 그 모습이 심상

치가 않았다. 아무래도 화가 난 모양이었다.

들국화를 휙 집어던지더니 대뜸 퉁명스럽게 한마디 던졌다.

"그래 무슨 일이냐? 여기까지 나를 찾으러 온 이유가 무엇이냐?"

몽주는 한참 놀고 있는 자신을 방해한 춘월이 참으로 미워서 퉁명스럽게 말했다.

춘월은 조심스럽게 입을 열었다.

"저 도련님……."

"무엇 하러 여기까지 왔느냐? 급한 일이라도 생긴 것이냐?"

다급하게 따지는 몽주의 목소리는 영락없이 춘월이 못마땅한 눈치였다.

그 순간 춘월은 또 한 번 머뭇거렸다.

"저 도련님, 제가 부탁드릴 것이……."

부탁이라는 말까지 겨우 꺼낸 춘월은 이제까지 참았던 울음을 터뜨리고 말았다. 개경으로 간 남편이 소식 한 장 주지 않아 가슴 저미는 그리움과 절망, 편지 하나 쓰지 못하는 자신의 부끄러움이 한데 뭉쳐 울음으로 쏟아지고 있었다.

"도련님, 흑흑."

몽주는 자신의 놀이까지 방해한 춘월이가 미웠지만 갑자기 그녀가 울음을 터뜨리자 가엾기도 하고, 혹시 집에 무슨 일이 있나 궁금하기도 했다.

"울기는 왜 우느냐? 무슨 일이라도 있는 게냐? 어서 빨리 말하잖구."

춘월이는 자신의 딱한 처지가 더욱 서러워 이제는 대놓고 울어댔다.

"얼른 말해라. 답답해서 어디 견디겠느냐?"

춘월은 몽주의 재촉에 간신히 입을 열었다.

"도련님도 알다시피 제 서방이 개경으로 간 지 두 해가 지났건만 아직까지 소식이 없습니다. 지금 잘 지내고 있는지, 일은 잘 되는지 궁금하기 짝이 없습니다."

몽주는 춘월이 한걸음에 달려온 뜻을 짐작할 수 있었다.

"그러니까 나더러 편지를 써달라 이거지?"

춘월은 몽주가 그제야 자기 마음을 헤아려준다는 생각에 환한 미소를 머금었다.

잠시 후 작은 사랑에 춘월과 함께 앉은 몽주는 붓을 들었다.

"뭐라 쓰면 되겠느냐?"

춘월은 부끄러운 듯 입을 열었다.

"제가 무엇을 압니까? 그냥 도련님이 아시는 대로 써주십시오."

"그래? 정말이냐?"

몽주는 턱을 괴고 잠시 생각에 잠기더니 글씨를 써내려 갔다.

서방님
저 하늘의 구름은 한데 뭉쳤다가도
금세 흩어지지요.
또한 달도 꽉 차 올랐다가
텅 비어지기도 하지요.
그러나 서방님
첩의 마음은 늘 서방님으로 가득합니다.

그러나 춘월은 몽주가 쓴 글을 보고는 적지 않게 실망했다. 글이 너무 짧아서였다.

두 해 동안이나 가슴에 담았던 그 많은 생각과 사랑을 이렇게 짧게 써버린 몽주가 야속하게만 느껴졌다.

"도련님 이게 답니까? 너무 짧……."

몽주는 춘월의 마음을 헤아리고는 다시 붓을 들었다.

"그래? 너무 짧다 이거지?"

서방님
한 자 더 올립니다.
세상에 가장 큰 병은
그리움이 뼈 마디마디에 들어가
그 세월 동안 온 몸을 쑤시는 것이지요.

단심가로 인해 더욱 친숙한 충절의 대명사인 정몽주.

그는 1337년 경상북도 영월 땅에서 태어났으며 호는 포은, 초명은 몽란 또는 몽룡이다. 성인이 된 뒤 몽주로 개칭하였다.

정몽주의 어머니는 그를 가지기 전에 한 노인으로부터 난초 화분을 받는 태몽을 꾸었다고 한다.

"비나이다 비나이다. 부디 박복한 이 여인에게 아이 하나만 점지해 주옵소서, 비나이다 비나이다……."

정운관鄭云瓘의 부인 이씨는 오늘도 정화수를 떠다 놓고 정성을 다해 빌었다. 그녀는 혼인한 지 벌써 여러 해가 지났건만 아직까지 태기가 없어 애를 태우고 있었다.

이렇게 정성을 쏟은 지 천 일이 다 되어갈 무렵, 이씨는 꿈속에서 한 노인으로부터 하얗고 고운 꽃이 피어 있는 난초 화분을 하나 받았다.

"어르신, 어찌하여 이 귀한 난을 저에게 주시옵니까?"

이씨 부인은 난초 화분을 받으며 노인의 얼굴을 보려고 고개를 갸웃거리며 물었다.

하지만 노인의 얼굴은 커다란 삿갓에 가려 도무지 보이질 않았다.

"귀한 것이니 잘 보관하시게나."

노인은 퉁명스럽게 말했다.

이씨 부인은 화분을 더욱 꼬옥 안으며 노인의 얼굴을 보려고 하였다. 하지만 끝내 노인은 얼굴을 보이지 않고 뒤돌아서 재빠른 걸음으로 가버리는 것이었다.

"어르신! 어르신!……."

이씨 부인이 다급한 마음에 노인을 쫓아가려 하였다.

그때였다. 난초 화분이 이씨 부인의 손에서 미끄러지듯 떨어지는 것이었다.

"아악!"

이씨 부인은 놀라 벌떡 일어났다. 꿈이었다.

'괴이한 꿈도 다 있구나.'

그후 부인은 태기가 있자 난초 화분을 받은 꿈이 태몽인 듯하여 남편 정운관에게 꿈 얘기를 해주었다.

열 달 후 이씨 부인은 아들을 낳았는데 이들 부부는 아들의 이름을 꿈속에서 난蘭을 받아 태어난 아이란 뜻으로 몽란夢蘭이라 지었다.

어렵고 귀하게 얻은 아들이었기에 부모가 몽란에게 쏟는 정성이 남달랐다.

정운관은 항시 자신이 나라를 위해 큰일을 하지 못했음을 한탄하며 자신이 못다 한 일을 몽란이 해주기를 바랐다.

몽란은 아버지의 뜻을 받들어 장차 큰일을 하겠다고 결심하며 열심히 학문을 닦았다.

어머니 이씨 또한 아들 몽란을 위해 정성을 다하였다. 이씨는 몽란이 어릴 적부터 옷을 하나 지어 입히더라도 옷 속감을 언제나 붉은 색으로 지어 입혔다.

그것을 궁금히 여긴 사람들이 그 까닭을 물으면 이씨 부인은 이렇게 대답했다.

"별다른 뜻이 있겠습니까? 그저 어찌하다 보니 그리된 것이지요."

그러나 부인이 붉은 색 속감으로 몽란의 옷을 짓는 데는 깊은 뜻이 있었다.

몽란이 어느 정도 크자 이씨 부인은 숨겨온 속마음을 말해 주었다.

"몽란아, 이 어미가 항시 네 옷의 속감으로 붉은 색 천을 쓰는 이유를 알고 있느냐?"

"소자 어찌 어머니의 깊으신 뜻을 알 수 있겠사옵니까?"

어린 몽란의 대답에 이씨 부인은 대견스러운 듯 아들을 바라보며 말했다.

"사람들은 살면서 각자 마음속에 자신만의 열망을 갖게 되는데 그것은 태양처럼 붉은 빛을 띤단다. 그리고 그 열망을 이루기 위해 혼신의 열정을 모두 바치게 되지. 하지만 사람에 따라서는 그 열망을 어느 순간 포기하기도 하는데 그렇게 되면 그 사람의 삶은 시든 꽃처럼 금방 허무해지고 만단다."

이씨 부인의 말을 듣고 있는 몽란의 눈빛은 별처럼 반짝였다.

"그러나 너만은 항상 가슴속에 붉은 열망을 간직하고 살기를 바라는 것이 이 어미의 마음이다. 그래서 늘 네게 붉은 속감을 덧댄 옷을 지어 입힌 것이다. 너는 이것을 명심, 또 명심하여야 한다. 알겠느냐?"

이씨 부인의 근엄한 말에 몽란의 또랑또랑한 눈망울이 빛났다.

이렇게 정씨 부부는 비록 가난한 살림살이였지만 아들 교육에 정성을 다하였다.

그러던 어느 하루 정운관이 낮잠을 자다 꿈을 꾸었는데 꿈속에 커다란 용이 하늘에서 내려오더니 뒤뜰에 있는 배나무에 똬리를 트는 것이었다.

놀라 꿈에서 깨어난 정운관이 황급히 신발을 신고 뒤뜰로 달려가 보니 아들 몽란이 배나무 위에 앉아 천진스럽게 놀고 있었다.

이를 본 정운관은 아들 몽란을 나무에서 내려 품에 안으며 넋 나간 듯이 중얼거렸다.

"너야말로 하늘이 내린 우리 가문의 보배 중의 보배로다!"

그후 정운관은 몽란의 이름을 몽룡夢龍이라고 바꿔 불렀다.

어렸을 때부터 인정이 많고 심지가 곧았던 정몽주는 과거에 응시하여 장원 급제한 후에는 스러져 가는 고려를 재건하기 위해 각고의 노력을 하다 선죽교에서 이방원에게 살해되었다.

유교적 왕도정치의 실현을 꿈꾸던 정몽주가 기울어가는 고려와 함께 허무하게 생을 마감한 것은 난초 화분이 깨어진 태몽처럼 하늘이 정해준 운명이었던지 허망하기만 했다.

그러나 그는 조선시대 선비들로부터 추앙을 받았으며 오늘날까지도 충절의 대명사로 기억되고 있다.

장수산에 서린 애화

고려 말 이성계가 권력을 잡고 왕씨들의 반란을 미연에 방지하기 위한 일환으로 왕씨 일가를 무참하게 몰살시키던 때였다.

왕강은 자신의 딸 보화라도 살려야겠다는 생각으로 보화와 그녀와 정혼한 사이인 김정을 늦은 밤 아무도 몰래 안방으로 불러들였다.

"어서 떠나거라. 날이 밝기 전에 빨리 가야 한다. 여보게, 그래도 자네가 보화 곁에 있어 난 안심하고 세상을 뜰 수 있네. 어디를 가든 잘 살아주게나."

보화의 아버지 왕강은 딸에게 서두를 것을 명하며 보화의 정혼자 김정에게 덧붙여 말했다.

"세상이 험하여 이 나라에서는 왕씨 성을 지닌 채 살 수가 없게 되었으니, 저 아이가 무슨 죄란 말인가. 어서 이곳을 떠나 안전한 곳으로 가게나."

"아버님, 저의 불효를……"

김정 또한 복받치는 감정에 차마 말을 맺지 못하였다.

"아닐세. 난 자네가 우리 보화를 보살펴 주는 것만으로도 족하네. 나에게 더 이상 큰 효도는 없네. 이젠 정말 떠나게나. 어서!"

"아버님……, 흑흑……!"

김정은 보화의 마음을 이해하지 못하는 것은 아니지만 병든 아버지를 모시고 산 속 깊이 피신하기는 어려운 일이었다.

김정은 더 이상 지체할 수 없음을 알고는 아버지께 하직 인사를 올리고 차마 떨어지지 못하는 보화를 이끌고 어둠 속으로 길을 떠났다.

보화와 김정은 어렵사리 송도를 빠져 나와 황해도 장수산으로 향했다.

겨우 장수산으로 들어간 그들은 인적이 없는 곳에 서툴게나마 작은 보금자리를 만들었다. 한때는 세상을 호령하던 왕씨 일족이 하루아침에 몰락하여 직접 집을 짓고, 먹을 것을 구하며, 밭을 일구는 신세가 된 것이다.

김정이야 이성계가 정권을 잡은들 목숨과는 상관이 없었으나 차마 사랑하는 보화를 그대로 죽게 할 수가 없었다. 죽어도 함께 죽고 살아도 함께 살리라는 마음으로 보화와 함께 피신한 것이다.

보화는 그런 김정이 감사하고 또 감사하여 어려운 산 속 생활이지만 기쁜 마음으로 하루하루를 보냈다.

그렇게 한 달쯤 지났을 때 정식으로 혼례를 치르지 못한 그들은 둘만의 혼례를 치르기로 하였다. 물 한 사발 떠놓고 그들만의 혼례를 치렀다.

보화는 아버지 생각에 울컥 눈물이 나오려는 것을 간신히 참으며 이제 신랑이 된 김정을 바라보았다.

김정은 그런 보화의 마음을 이해하는 듯 살며시 그녀를 감싸안았다. 보화는 설렘 반 두려움 반으로 김정의 품에 안겨 기대었다. 그렇게 산 속의 밤은 깊어 갔다.

진정한 부부가 된 그들은 산 속 생활에 더할 나위 없이 행복하게 지냈다. 함께 식사하고 함께 밭일을 하고 함께 잠자리에 누웠다. 모든 것이 꿈만 같았다.

그러던 어느 날, 김정은 토끼라도 잡을 요량으로 산 속 깊이 들어
갔다. 살며시 발소리를 죽이며 가던 김정은 갑자기 부스럭대는 소리
에 고개를 들었다.

"하하하."

김정의 앞에 한 사나이가 웃으면서 나타났다. 이중업이었다.

한때 김정과 동문수학했던 그는 고려를 배신하고 방원의 밑에
들어가 왕씨 멸족에 앞장서고 있었다.

이중업은 김정의 약혼녀였던 보화에게 반하여 보화의 아버지 왕
강에게 자신과 혼인하면 모든 것을 잘 처리해 주겠다고 했다가 거절
당했었는데 그후에도 계속 주변을 맴돌며 호시탐탐 보화를 뺏을 기
회만 노리고 있었다.

그러던 중 김정과 보화가 어디론가 사라졌고 이중업은 보화를
기필코 자신의 것으로 만들어야겠다는 일념으로 눈이 벌겋도록 그
들을 찾아다니고 있던 중이었다.

"아니, 자네가 어떻게 여길……."

김정은 너무 놀라 사색이 되었다.

"내가 못 찾을 줄 알았나? 하긴 이런 곳에서 이러고 있을 것이라
곤 생각도 못했네만, 그간 보화 낭자가 고생 많았겠군."

이중업은 거만한 미소를 띠우며 말했다.

"그거야……."

김정은 말을 잇지 못했다.

"지금 나라에선 중죄인으로 자네를 쫓고 있네. 아마 지금 이렇게
잡혀가면 한 목숨 부지하기도 어려울 걸세. 내 자네와의 옛정을 생
각하여 보화 낭자만 내게 넘기면 자네의 앞길은 손써 주겠네. 어떤

가, 생각이 있는가?"

이중업은 야비한 미소를 지으며 물었다.

"내가 죽는다 해도 그럴 수는 없네. 설령 내가 그리한다 해도 보화가 그렇게 하지 않을 것일세."

김정이 단호한 모습으로 흔들림 없이 말했다.

"과연 그럴까? 사람의 마음이란 변하게 마련이지. 더욱이 이런 산 속에서 고생하는 것이 익숙하지 못한 사람은 두말할 필요도 없겠지. 여봐라, 이놈을 쳐라!"

이중업의 말에 군사 하나가 달려들어 가차없이 김정의 목을 쳤다. 김정은 말 한마디 못하고 그렇게 무참하게 살해되고 말았다.

한편, 남편을 기다리던 보화는 갑자기 초조해지는 기분을 감출 수가 없었다.

'오늘 따라 왜 이리 늦으시는 걸까? 설마 맹수가……'

생각이 여기까지 이르자 보화는 머리를 저으며 자신을 책망했다.

"지아비가 오지 않는다고 이렇게 경망스러운 생각을 하다니, 아무래도 내가 한참 부족한 여인넨가 보다. 어련히 오실까. 휴!"

자신도 모르게 한숨을 내쉬며 저녁 밥상을 다시 쳐다보았다.

그때였다. 어둠 속에서 한 사나이가 불쑥 다가왔다.

남편의 모습이 아닌 듯하여 보화는 잔뜩 긴장된 목소리로 물었다.

"뉘시오?"

"보화 낭자! 이제야 찾아뵙는구려."

보화는 아찔했다. 틀림없이 이중업의 목소리였다.

'이 사람이 여기를 어찌 알고 왔단 말인가?'

이중업의 뒤에는 군사들이 여럿 서 있었다. 그 중 한 사람에게 보화의 눈길이 멈추었다.

온 몸이 떨려왔다. 군사의 손에 목이 잘린 남편의 얼굴이 들려 있었다. 순간 보화는 정신을 잃고 끝이 없는 암흑 속으로 빠져들었다.

김정은 슬픈 얼굴을 돌리며 보화의 곁을 떠나가고 있었다. 보화는 열심히 따라가며 남편을 불렀다. 그러나 남편은 도무지 자신의 얼굴을 보아 주지 않았다.

사라져 가는 남편을 부르다가 보화는 눈을 떴다. 꿈이었다.

정신을 차린 보화의 눈에 능글맞은 표정으로 자신을 바라보고 있는 이중업이 들어왔다.

"보화 낭자, 이런 산 속에서 얼마나 고생이 많았소. 나와 함께 갑시다. 내 평생 낭자를 고생시키지 않을 것이오."

"……."

이중업은 보화가 아무 말이 없자 그녀의 손을 잡으며 말을 이었다.

"내가 낭자를 얼마나 찾아다닌 줄 아시오. 혹여, 다른 곳에서 몰살이라도 당한 것은 아닌지 걱정했다오. 아무 걱정 말고 이제 나와 함께 편히 여생을 즐깁시다."

이중업은 보화가 이런 산 속 생활을 싫어했으리라는 생각에 쉽게 말했다.

보화는 그런 이중업의 얼굴을 보며 굳은 결심을 했다.

"알겠습니다. 저도 더 이상 이곳에서 살고 싶지 않았습니다."

이중업은 보화의 대답에 기뻐하며 군사들에게 갈 길을 재촉했다.

"잠시만 기다려 주시오. 아무리 없는 생활이지만 내 몇 가지 챙겨야 할 것이 있으니 방에 들어가 채비를 하리다."

보화는 이렇게 말하고는 방으로 들어갔다. 방 안에서 마음을 가다듬은 보화는 우선 비수를 찾았다. 어느 때고 쓸 날이 올지도 모른다는 생각에 항상 지녀온 비수였다.

"낭자, 어서 나오시오. 내 개경에 가면 낭자가 원하는 것은 무엇이든지 사주리다. 웬만한 것은 버리고 가시오."

밖에서 이중업이 재촉하였다.

'서방님 기다리십시오. 힘없는 소녀이지만 이렇게 허무하게 서방님을 보내지는 않겠습니다.'

보화는 다시 한 번 다짐하며 비수를 품속에 감추었다.

이중업은 밤이 꽤 깊었지만 보화를 한시라도 빨리 자신의 품에 안고 싶은 마음에 군사들을 재촉해 길을 떠났다.

험한 산중인 데다 밤이 깊어서 길을 가기가 수월하지 않았다. 다행히 달빛이 밝아 그럭저럭 길을 가는데, 그들 앞에 언뜻 보기에도 깎아지른 듯한 벼랑길이 구불구불 펼쳐졌다.

벼랑길의 초입에 이르러 이중업이 보화에게 말했다.

"위험하니 군사들을 먼저 보내야겠소. 내 손을 놓지 말고 꼭 붙어 따라오시오!"

그러고는 뒤따라오던 군사들에게 명령했다.

"너희들이 먼저 길을 살펴거라. 나는 낭자를 모시고 뒤에 가겠다."

순간 보화는 긴장감이 팽팽한 연줄처럼 전신을 휘감는 듯했다. 드디어 둘만 뒤처져서 가게 된 것이다. 보화는 벼랑길이 무서운 듯 천천히 걸어갔다.

군사들과 어느 정도 거리가 멀어졌다고 느낀 보화는 이중업에게 물었다.

"진정 저를 사랑하시나요?"

이중업은 아무 말도 없이 걷던 보화가 말을 걸어 주니 기뻤다.

"그러기에 내가 이곳까지 찾아온 것이 아니겠소?"

"……."

"날 믿어 주시오. 낭자만이 내 사람이오."

"난 이미 낭자가 아니라 엄연한 김정의 부인이다. 네가 아직 그것을 깨닫지 못한 것 같구나!"

보화의 갑작스러운 격한 목소리에 이중업은 깜짝 놀라 걸음을 멈추었다.

"내 남편의 원수를 갚지 아니하면 어찌 사람이라 하겠는가!"

보화는 말을 끝내자마자 품속에서 비수를 꺼내 이중업의 가슴팍을 찔렀다. 보화는 원수를 갚는다는 생각뿐 아무런 양심의 가책을 느끼지 않았다. 한 번, 두 번……. 정신없이 칼을 휘둘렀다. 결국 이중업은 단말마의 비명을 지르며 한없는 벼랑 끝으로 떨어졌다.

보화는 비수를 든 채 정신없이 오던 길을 되돌아 달렸다. 집에 도착한 보화는 남편의 목을 찾아들고 어딘가 있을 남편의 몸뚱이를 찾아 산 속을 헤맸다.

남편의 시신은 숲속 외진 곳에 아무렇게나 버려져 있었다. 보화는 참았던 울음을 터뜨리며 남편의 시체를 반듯이 땅에 눕혔다.

"서방님, 곧 뒤따르오리다."

보화는 남편의 목과 얼굴을 맞추고는 아버지가 계신 곳을 향해 세 번 절한 다음 조용히 자신의 가슴에 비수를 꽂고 남편의 곁에 쓰러졌다.

먼 산 끝으로 하나둘 새벽별이 지고 있었다. 한 줄기 유성이 포물선을 그리듯 서편 하늘로 눈물처럼 떨어져 내렸다.

끊어졌던 밤새의 울음 소리가 다시 들리기 시작하면서 유난히 길었던 장수산의 밤이 두 사람의 슬픈 사랑처럼 끝나 가고 있었다.

동비의 보은

한참을 달렸다. 가능하다면 최대한 재상의 집에서 멀리 가야 한다. 동비는 이러한 일념으로 밤길을 처녀의 몸으로 혼자서 달리고 또 달렸다.

정신없이 달려가다 숨이 차올라 더 이상 발을 뗄 수 없어 잠시 길가에 주저앉았다.

문득 노마님의 얼굴이 떠올랐다.

"어디를 가든 잘살거라. 이것이면 어렵지 않게 자리를 잡을 수 있을 것이다."

노마님의 손에는 갖가지 패물과 옷가지를 담은 보따리가 들려 있었다. 노마님의 눈가엔 눈물이 그렁하였다.

동비가 어려서 조실부모한 뒤부터 친딸처럼 여기면서 키워준 노마님이었다. 노마님의 배려에 어려움 모르고 그 집에서 컸다. 어려서부터 용모가 단정하더니 차차 자라나서 어엿한 처녀의 모습이 되자 동비는 여느 처녀들 못지않게 어여쁘기 이를 데 없었다.

한편 재상을 지내는 최 대감은 어여쁜 처녀로 자라나는 동비를 바라보며 야릇한 미소를 짓곤 했다.

그러던 어느 날이었다.

최 대감이 은근한 목소리로 동비를 불렀다. 동비는 최 대감의 부름에 생긋생긋 웃으며 방으로 들어갔다.

동비가 최 대감의 앞에 다가가 앉았다. 그 순간 최 대감의 손이 뻗쳐 오는가 싶더니 동비의 몸을 덮쳤다. 갑작스럽게 당한 일이라 동비는 어찌할 바를 몰랐다. 감히 소리도 지르지 못한 채 다만 있는 힘을 다해 몸부림쳤다.

최 대감이 비록 남정네이기는 했지만 나이는 어쩔 수 없었던 모양이었다. 동비의 필사적인 몸부림에 최 대감은 그녀를 놓치고 말았다.

동비는 문을 박차고 나가 자신도 모르게 곧장 노마님이 계시는 안방으로 갔다. 방으로 들어가자마자 동비는 노마님 앞에 엎드려 울음을 터뜨렸다.

노마님은 당황한 얼굴로 동비를 보며 물었다.

"무슨 일이냐? 네 꼴이 어쩌다 이렇게 된 것이냐?"

동비는 울먹이는 목소리로 대답했다.

"마님, 소녀는 이제 죽는 길밖에 남지 않았습니다."

"아니, 얘야, 그게 무슨 해괴한 소리냐? 알아들을 수 있게 말해 보거라."

동비는 울먹이며 조금 전의 일을 말했다. 노마님은 묵묵히 듣고는 이렇게 말했다.

"그렇다고 네가 죽을 필요는 없다."

"아닙니다, 마님. 만일 제가 대감의 분부를 듣지 않으면 틀림없이 고초를 치르게 될 것입니다. 하지만 그렇다고 분부대로 이행한다면 저를 어려서부터 키워 주신 마님의 은혜를 저버리는 것이 되오니 제가 어찌 살 수 있겠습니까. 차라리 죽느니만 못하옵니다."

노마님은 이 같은 동비의 마음 씀씀이가 기특하였다. 그러고는 한참을 생각에 잠겨 있더니 장欌에서 적지 않은 패물과 옷가지를 꺼내 주며 말했다.

"아무래도 네가 이 집에 있기는 힘들겠구나. 이 물건을 가지고 다른 곳으로 가서 살길을 마련해 보도록 하거라. 이것을 밑천으로 삼으면 먹고 지내기엔 어렵지 않을 게다."

그날 밤 노마님은 모두가 잠든 시각에 살며시 동비를 이끌고 대문 밖으로 나왔다.

동비가 노마님에게 수십 번도 더 하직 인사를 올리고는 눈물을 흘리며 정신없이 뛰쳐나온 것이 불과 몇 시간 전의 일이었다.

하룻밤 사이에 처량해진 자신의 신세에 기가 막힌 동비는 한숨을 내쉬었다. 동비는 이 세상에 아는 사람도 아는 집도 없었다.

다시 일어서서 무작정 길을 가다 보니 날은 벌써 새벽을 향하고 있었다. 동비의 눈앞으로 강이 보였다.

흐르는 강물을 보며 어디로 가야 할지 막막하기만 했다.

문득 뒤에서 말발굽 소리가 들려 왔다. 조심스럽게 고개를 돌려 보니 말을 탄 한 사나이가 다가왔다.

그 사나이는 처녀가 이른 새벽에 홀로 강가를 헤매는 것이 아무래도 수상하여 의심스런 목소리로 말을 건넸다.

"무슨 일로 젊은 처녀가 이렇게 이른 새벽에 길을 가는 것이오?"

동비는 겁먹은 목소리로 울먹이며 대답했다.

"앞으로 살길이 막막하여 강물에 빠져 죽을까 하옵니다."

사나이는 가련한 동비의 모습에 자신도 모르게 마음이 끌렸다.

"젊고 어여쁜 처녀가 세상을 버리다니……. 무슨 일인지는 모르겠으나 죽는 것보다는 차라리 나와 함께 가는 것이 어떻소? 내 아직 장가를 가지 못했으니……."

동비는 살며시 사나이를 바라보았다.

그가 어디 사는 누구인지는 모르겠으나 이것도 인연일지 모른다는 생각에 사나이를 따라가기로 했다.

그렇게 사나이와 동비는 새벽 길 속으로 조용히 사라져 갔다.

세월은 흐르는 강물같이 흘러갔다.

동비를 그렇게 떠나보낸 최 대감 댁의 노마님은 가슴속에 시름을 묻어 둔 채 세상을 떠났다.

노마님이 세상을 떠난 후 최 대감의 집은 그 기운이 다했는지 가세가 기울기 시작하더니 최 대감이 죽자 연이어 그의 아들들도 세상을 버리고 말았다.

결국 최 대감의 손자 운룡만이 혼자 남게 되었다. 그러나 가세가 이미 기운 지 오래라 사는 모습이 비참하기 그지없었다.

하루하루 먹고살기가 힘들어진 운룡은 곰곰이 생각해 보았다.

'선조 때부터 집에서 부리던 노비가 많이 있었다고 들었는데……. 그들의 호적이 어딘가 있을 거야. 그것을 가지고 그들을 찾아가면 먹고사는 것은 해결될 것이 아닌가!'

그 당시 종은 상전의 소유물이었으므로 종의 호적 또한 상전이 갖고 있었다. 그 호적이 없어지지 않는 한 종은 상전의 그늘을 벗어날 수 없었다.

때문에 운 좋게 상전의 집을 나와서 살게 되었다 하더라도 해마다 얼마의 공물貢物을 상전에게 바치는 것이 상례였다. 만일 종들이 공물을 바치지 않을 경우엔 상전이 마음대로 돈을 받고 그 종을 딴 사람에게 팔아버려도 그만이었다.

생각이 여기에 이르자 운룡은 빙그레 웃으며 종들의 호적을 찾앗다. 그러고는 기세 등등하게 그들이 모여 사는 마을을 찾아갔다.

운룡은 그곳에서 종들의 호적戶籍을 내보이며 거만하게 말했다.

"너희들은 모두 우리 선조의 은혜를 입은 하인들이다. 나의 조모께서 너그러운 마음으로 그 동안 너희들을 이렇게 편히 살게 해주었으나, 내 이제 생계가 막막해졌으니 너희들은 이제부터 나에게 공물을 바치도록 하여라."

갑자기 나타난 상전이었지만 종들은 마지못해 대답했다.

하지만 그 동안 자신들도 겨우겨우 살아가고 있는 처지에 갑자기 나타난 운룡이 밉기만 했다.

종들은 일단 운룡을 방으로 모신 뒤 자기들끼리 의논을 했다.

"우리도 먹고살기 어려운 형편에 그자에게 줄 것이 어디 있어?"

"글쎄 말이야."

"그렇다고 공물을 주지 않으면 우릴 딴 사람에게 팔아넘길지도 모르니 이것 참……."

그렇게 고민하던 차에 한 사내가 조심스럽게 목소리를 낮추며 말했다.

"이렇게 고민한다고 무슨 뾰족한 수가 나오겠어. 아예 근본 문제를 해결해야지."

"그게 무슨 소린가?"

"오늘 밤 그자를 없애버리세. 이곳에서 우리들끼리 처리하면 탄로 날 염려도 없지 않은가?"

그러자 종들은 잠시 술렁거리더니 이내 다짐했다.

"아무래도 그 길밖에 없겠네."

한편 운룡은 저녁상을 물리고는 고된 여행길에 쌓인 피곤함으로 금방 잠이 들고 말았다. 한참을 정신없이 자던 운룡은 밖에서 들리는 인기척에 살며시 눈을 떴다.

운룡은 살며시 문틈으로 밖을 내다보았다. 밖에는 종들이 손에 칼과 도끼를 들고 숨을 죽이며 다가오고 있었다.

운룡은 가슴이 철렁했다. 달아나야 했다. 그는 작은 들창 문을 열고 방에서 빠져 나와 있는 힘을 다해 담을 뛰어넘었다.

그러고는 무작정 뛰었다. 한참을 뛰다 뒤를 돌아보니 종들이 쫓아오고 있었다.

운룡은 사력을 다해 도망쳤다. 정신없이 가다 보니 날이 어느덧 밝아오고 있었다.

기력을 잃은 운룡은 종들이 더 이상 쫓아오지 않음을 확인하자 그 자리에 쓰러지고 말았다.

때마침 이른 새벽에 불공을 드리러 가던 부잣집 마님과 하인이 지나가다 쓰러져 있는 그를 발견했다. 마님은 그 사나이를 집으로 데려가 보살펴 주라고 하인에게 명했다.

운룡이 정신을 차리고 눈을 떠보니 낯선 방 안의 모습이 들어왔다. 그는 자신에게 무슨 일이 일어났는지 알 수가 없었다.

그때 옆에서 지켜보던 하인이 말을 걸었다.

"이제 정신이 드시오?"

운룡은 그 하인이 자신을 헤치려던 종들이 아님을 확인하고는 한숨을 쉬며 지난 이야기를 들려주었다.

"그거 참 고생이 많았겠소. 잠시 기다리시오. 마님께 알려야겠소."

하인은 마님께 가서 운룡의 이야기를 들려주었다.

가만히 하인의 이야기를 듣던 마님은 잠시 얼굴빛이 달라지더니 운룡을 안방으로 들게 했다.

운룡이 방 안으로 들어서자 마님은 벌떡 일어나 그를 상석으로 인도했다.

"운룡 도련님, 이리 앉으십시오."

운룡이 깜짝 놀라 물었다.

"어떻게 제가 감히 상석에 앉을 수 있습니까? 이렇게 살려 주신 것만도 고맙습니다."

마님은 운룡의 얼굴을 바라보더니 눈물을 흘리며 이야기했다.

"도련님은 기억하지 못하시겠지만 이 노인네는 어렸을 때 도련님댁에서 자랐습니다. 바로 도련님의 할머니께서 저를 거두어 주시고 어여삐 여기시며 키워 주셨지요. 제 나이 올해 일흔입니다. 지금까지 이렇게 편안하게 살 수 있었던 것은 오로지 마님의 은덕이지요. 제가 개경을 떠나온 지 오래여서 궁금해도 어쩔 도리가 없던 차에 이렇게 도련님을 만나뵙게 되었으니, 하늘이 저에게 늦게나마 옛 상전의 은혜를 갚으라고 주신 기회가 아니고 뭐겠습니까?"

이 집의 안주인은 바로 예전에 최 대감의 집에서 도망 나온 동비였다.

나이가 들어 이젠 호호백발의 노인이 되었으나, 지금까지도 그 옛날 자신에게 베풀어 준 노마님의 은혜를 잊지 못하고 있었다.

동비는 기쁜 마음으로 아들과 손자를 불렀다.

"이분은 옛날 내가 모시던 마님의 손자이시다. 너희들도 나와 같이 이분을 잘 받들어 모셔야 하느니라."

동비는 그렇게 말하고는 운룡에게 매일 진수성찬을 차려 대접하고, 갖은 정성을 다해 모셨다.

동비의 아들들은 모두가 준수한 용모에 기개와 재력까지 갖추어 그 마을의 유지 노릇을 톡톡히 하고 있었다.

그런데 뜻하지 않게 한낱 떠돌아다니는 걸인 같은 사내를 어머니께서 상전으로 받들며 자신들에게도 정성을 다해 모시라고 하니, 그들에게는 운룡이 눈엣가시 같은 존재가 아닐 수 없었다.

그러나 지엄하신 어머니의 말씀이 있는 터라 거역할 수 없어 속으로만 불만을 삭이고 있었다.

그러던 어느 날 손자 운룡이 동비에게 말했다.

"덕분에 편안히 잘 쉬었습니다. 이제 고향으로 돌아가야겠는데⋯⋯."

동비는 운룡의 말을 잘랐다.

"며칠 더 묵고 가신들 상관 있겠습니까? 좀더 계시지요."

마침 주변에 아들들이 듣고 있는지라 동비는 이렇게 말하고는 그날 밤 운룡에게 조용히 말을 건넸다.

"도련님 저의 아들들이 도련님을 불편해하는 것을 눈치채지 못했습니까? 지금이야 늙은 어미가 명하는 일이라 따르고 있기는 하지만 그 속은 알 수 없는 것입니다. 만일 도련님 혼자 길을 떠나신다면 지난번 같은 일을 또 당할지 모르는 일입니다."

동비의 말에 운룡이 놀라며 물었다.

"그럼, 어찌하면 좋단 말입니까?"

"제가 한 가지 방법을 일러드리겠습니다."

"⋯⋯?"

"저에게 혼기가 꽉 찬 손녀딸이 하나 있는데 아직 혼처를 정하지 않았습니다. 도련님께서 그 아이를 소실로 삼으십시오."

운룡은 동비의 말에 눈살을 찌푸리며 선뜻 대답하지 못했다.

자신의 처지가 이렇게 초라해졌다 하지만 선조가 부리던 종의 손녀와 혼인을 하는 것은 영 내키지 않았던 것이다.

운룡이 망설이는 것을 본 동비는 단호하게 말했다.

"도련님, 저는 제 손녀딸을 양반집에 시집 보낼 속셈은 추호도 없습니다. 다만 그 옛날 마님의 은혜에 조금이나마 보답하고자 도련님을 안전하게 모시려 할 뿐입니다. 그런데 도련님께서는 어찌하여 제 뜻을 알아주지 않는 것입니까?"

동비가 이렇게까지 말하니 운룡은 마지못해 그녀의 말을 따랐다.

다음날 동비는 아들과 손자들에게 손녀딸을 운룡에게 시집 보낼 것을 명하고 준비를 서두르게 했다.

어머니의 엄한 분부에 아들들은 두말없이 신방을 꾸미고 혼수를 준비했다.

그날 밤 운룡은 의복을 정제하고 동비의 손녀와 혼례를 치렀다.

혼례를 치른 다음날 동비는 아들들에게 당부했다.

"상전께서 고향으로 돌아가시겠다고 하시니 손녀딸과 함께 편안히 가실 수 있게 차비를 하도록 하여라. 준비해 둔 혼수는 물론 여행에 차질이 없게 단단히 준비하거라. 그리고 아비는 상전을 모시고 상경했다가 돌아오되 상전의 서찰을 받아와서 무사히 도착하셨음을 내게 알려 주도록 해라."

동비의 말에 손녀딸의 아비 되는 이가 모든 책임을 지고 준비를 서둘러 길을 떠났다.

그리하여 운룡은 무사히 개경에 당도했고, 그후에도 해마다 동비의 집에서 재물과 곡식을 올려 보내 큰 어려움 없이 살게 되었다.

홍건적 괴수와 홍상유

　오늘도 한바탕 술잔치가 벌어졌다. 몹시 추운 정월이었지만 홍건적들은 금주산성 이곳 저곳에서 환하게 불을 밝히고 마음껏 술과 고려 여인을 농락하며 즐겼다.

　홍건적의 괴수魁首 장해림 역시 고려 여인인 강씨 부인을 옆에 끼고는 즐거워했다. 강씨 부인은 얼마 전 자신들이 개성까지 쳐들어갔다 얻은 절세가인이었다.

　장 괴수는 술이나 잡기보다도 여인네를 더 밝히는 인물인지라 개성에서 건진 금은 보화보다도 강씨 부인을 얻은 것이 제일 흡족했다. 그래서 개성에서 금주산성까지 밀려나왔지만 마음은 즐거웠다.

　사실 자신들은 영토를 넓히려는 것도 아니고, 혹은 그 어떤 명분이 있는 것도 아니었기에 개성에 있든 금주산성에 있든 혹은 다시 자신들의 나라로 돌아가든 상관이 없었다.

　그저 어디서든 마음대로 먹고 마시고 범할 수 있는 여인들만 있으면 되었다.

　"어서, 드시어요. 장군"

　강씨 부인의 간드러진 목소리는 언제나 장 괴수의 마음을 사로잡았다.

"허허허, 부인이 주는 술은 언제나 달콤하기만 하군. 부인의 손이 조화를 부리는 모양이오."

"장군도 참, 호호……!"

강씨 부인은 애교 넘치게 웃으며 장 괴수의 품에 안겼다.

"하하하, 부인은 다른 계집처럼 고고한 척하지 않아서 좋단 말이야."

지금은 장 괴수 옆에서 온갖 아양을 떨며 기세 등등하게 지내는 강씨 부인은 개경開京에서 이조吏曹 고직庫直으로 있는 하상유河相裕라는 사람의 아내였다.

강씨 부인의 인물이 하도 뛰어나 주변 사람들은 하상유를 부러워했다. 하지만 강씨 부인은 사내들이 자신을 탐하는 것에 은근히 교만하여 사내들만 보면 교태를 보이곤 했다.

이런 강씨 부인의 행동을 아는지 모르는지 남편 하상유는 그저 부인이라면 목숨이라도 내놓을 듯 행동하였다.

하여, 하상유는 홍건적이 개성에 들어와 여염집 아낙네들과 함께 자신의 부인을 끌고 갔을 때도 어떻게 해서든 부인을 빼내고자 상관이며, 친구들을 찾아다니며 눈물로 애원하였다.

하지만 시기가 그러한지라 아무도 하상유에게 힘이 되어 주지 못했다. 결국 하상유는 부인을 그리워하며 매일 눈물로 세월을 보내고 있었다.

한편 강씨 부인은 홍건적에게 끌려가게 되자 처음에는 두려움이 앞섰다. 홍건적들은 여인네들을 범하고는 아무렇지도 않게 죽이기도 했기 때문이었다.

꽃다운 고려 여인들 앞에 홍건적의 장 괴수가 다가왔다. 장 괴수는 한눈에 강씨 부인을 발견하고는 그날로 자신의 수청을 들게 했다.

강씨 부인은 홍건적의 괴수라 하면 모두가 흉악하게 생겼을 것이라는 자신의 생각이 틀렸음을 장 괴수를 보고 알았다. 장 괴수는 잘난 얼굴은 아니었지만 사내답고 힘이 넘쳤다.

강씨 부인은 장 괴수의 수청을 들면서 그의 호탕함과 세도에 빠져들고 말았다. 더욱이 그 동안 꿈도 못 꾸던 금은 보화에 고운 비단, 그리고 괴수의 옆자리를 차지함으로써 받는 아랫것들의 대우가 부인을 즐겁게 했다.

장 괴수는 품안에 파고드는 강씨 부인을 보며 불쑥 물었다.

"부인, 고향 생각 나지 않소?"

"고향이오? 제게 고향이 따로 있나요? 장군의 품안이 제 고향이지요."

"허허허, 그래도 지난 시절이 그리울 때가 있지 않소?"

장 괴수는 강씨 부인의 답에 흡족해하면서 다시 물었다.

"지난 시절이래 봐야 지긋지긋한 가난밖에 더 있나요. 하온데 갑자기 그런 것은 왜 물으십니까? 이제 저에게 싫증이 난 것입니까?"

강씨 부인은 몸을 일으키더니 새침하게 말했다.

"허허허, 내 그럴 리가 있나, 이 고려국에 와서 제일 값나가는 것은 부인뿐이오."

장 괴수는 호탕한 웃음을 지으며, 부하들과 함께 즐거이 잔치를 계속했다.

그렇게 금주산성의 나날은 흥청망청 지나가고 있었다

그러던 어느 날 밤이었다. 산성을 지키는 군졸들은 모닥불 앞에 모여 여전히 술을 마시며 흥얼흥얼 노래를 부르고 있었다.

그때였다. 군졸 하나가 어둠 속에서 움직이는 물체를 발견했다. 군졸은 술에 취한 눈을 부스스 비벼댔다. 어둠 속에 숨어 있던 그림자가 자신들에게 다가오고 있었다. 순간 눈이 번쩍 뜨이며 소리를 질렀다.

"누구냐?"

갑작스러운 큰소리에 옆에 있던 군졸들도 벌떡 일어나 소리쳤다.

"누구냐?"

"예, 저는 수상한 사람이 아닙니다. 그저 금주산성을 찾아온 사람입니다."

그림자가 다가오더니 허연 달빛에 모습을 드러냈다. 고려 사람이었다.

군졸들은 별일이 아닌 것에 안도의 한숨을 내쉬었다.

"거, 누구를 찾아왔소? 우리 장군님을 뵈려는 것이오?"

"저, 아닙니다. 저는 장 장군님이 데리고 온 강씨 부인을 찾아뵈려고 왔습니다."

사나이는 조심스럽게 말했다.

"강씨 부인을? 무슨 일로 그러는지 몰라도 강씨 부인이라면 함부로 만나게 해줄 수는 없네."

"저, 저는 강씨 부인의 사촌 오라버니입니다. 급히 전할 것이 있어서……. 저 이것을 전해 주면 알 것입니다."

사나이는 자신의 품에서 서찰을 꺼내더니 군졸에게 건네주었다.

군졸들은 서찰을 들고 서로 상의하는 듯하더니 강씨 부인에게로 달려갔다.

"부인! 부인께 반가운 소식이 있습니다."

밖에서 나는 군졸의 소리에 강씨 부인의 몸종이 나와 물었다.

"무슨 일이오?"

"이것을 받으시오. 밖에서 부인의 사촌 오라버니라는 사람이 준 것이오."

군졸의 서찰을 받아든 몸종은 방으로 들어와 강씨 부인에게 전했다.

강씨 부인은 의아한 표정을 지으며 서찰을 펼쳤다. 서찰에는 간단하게 몇 자 적혀 있었으나 그것을 본 강씨 부인의 얼굴은 파래지더니 입술까지 파르르 떨었다.

몸종은 부인의 반응에 가슴이 섬뜩해졌다.

"이 서찰을 준 사람이 문 밖에 있다더냐?"

강씨 부인의 목소리에 서슬이 묻어났다.

"예, 그렇다고 합니다."

"그렇다면 군졸들에게 그놈을 어서 포박하여 옥에 가두라고 하거라! 어서!"

몸종은 부인의 다그침에 놀라며 서둘러 밖에 대기하고 있던 군졸에게 부인의 말을 전했다.

"하옥하라고? 부인의 사촌이라고 하던데……. 그거 참, 뭔 일인지."

"사촌이 아닌가 봐요. 무슨 일인지 부인께서 화가 단단히 나신 것 같으니 어서 서두르시어요."

군졸은 성문으로 달려갔다. 그러고는 기다리고 있던 동료에게 부인의 말을 전하고는 사나이를 포박하였다.

사나이는 갑자기 포박당하자 놀라며 소리쳤다.

"아니, 이것이 무슨 일이오? 내가 무슨 죄를 지었다고……."

"우린 위에서 분부받은 대로 할 뿐이오! 당신이 죄가 있는지 없는지는 우리가 알 바 아니오."

"그럼, 장 괴수가? 이놈의 장 괴수! 남의 부인을 빼앗아가더니 나까지 잡으려고!"

"아니, 그럼, 당신이 강씨 부인의 남편이오? 어쩐지 이상타 했다."

사나이는 강씨의 남편 하상유였다. 그는 부인이 홍건적에게 끌려간 뒤로 부인을 잊지 못했다. 자신이 아내를 애타게 그리워하는 것처럼 아내도 자신을 그리워하며 슬퍼하고 있을 것이라 생각했다.

더욱이 아내가 끝내 자살할지 모른다는 생각에 죽기 전에 한 번 만나야겠다고 결심하고 금주산성까지 온 것이다.

"여보시오, 난 그저 아내의 얼굴만 보면 되오. 잘 있는지 그것만 확인하면 돌아갈 것이오."

하상유는 절규하듯 소리쳤다.

"어허, 이 양반 세상 돌아가는 것을 모르는 모양이구먼. 자네 부인은 이곳에서 호의호식하며 잘살고 있으니 걱정하지 말게. 내 보기엔 자네만 혼자 애태우고 있는 모양이군."

"자네도 참, 불쌍하군. 자네를 포박하라고 한 사람이 바로 자네가 그리도 애태우는 자네의 부인일세."

"허 참, 정신 차리게! 자네의 부인은 이미 자네를 잊은 지 오래네."

군졸들은 한심하다는 듯 하상유에게 한마디씩 했다.

하상유는 믿을 수가 없었다.

'아내가? 그토록 사랑하는 아내가……? 그럴 리 없다! 암, 그럴 리가 없어!'

하상유는 군졸들에게 이끌려 장 괴수 앞으로 끌려갔다.

한편, 강씨 부인은 하상유를 옥에 가두라 명하고는 바로 장 괴수에게로 달려와 이 사실을 알렸다.

"이를 어쩌면 좋아요. 그 인간이 실성을 했나. 여기가 어디라고 찾아온담."

"음, 몇 년을 살았더냐?"

"한 십 년 되었지요."

"허, 그 정도면 꽤 정이 깊었겠구먼. 예까지 왔는데 그 정성을 봐서라도 한번 만나 보시게."

장 괴수도 멀리까지 찾아온 하상유가 측은했던 모양이었다.

"어머, 싫어요. 내가 왜 그 사람을 만나요? 전 이제 장군님뿐이에요."

장 괴수의 말에 강씨 부인은 펄쩍 뛰며 말했다.

"허허, 이런 일이 있나. 그럼 그자를 어찌하면 좋으냐? 그냥 되돌려 보내랴?"

"죽여 주세요."

강씨 부인은 아무렇지도 않게 말했다.

"뭐, 죽여달라고?"

장 괴수는 부인의 말에 기가 막힌 듯했다.

"죽여버려야지 살려 두었다가는 두고두고 골치 아플 거예요."

장 괴수는 강씨 부인의 말을 곰곰이 생각해 본 뒤 호탕하게 웃었다.

"무엇이 그리 재미있으시어요. 전 속상해 죽겠는데."

"허허허, 그래, 당장 죽여버리도록 하지. 그자를 당장 이리로 끌고 오라!"

장 괴수의 말에 군졸들이 하상유를 데리고 왔다. 하상유는 장 괴수의 옆에 서 있는 아내를 보고는 군졸들의 말이 사실임을 직감했다.

하상유는 치가 떨렸다.

"네가 어찌 날 찾아왔는가?"

장 괴수가 짐짓 근엄한 목소리로 말했다.

"난 당신을 찾아온 것이 아니오. 단지 내 아내를 만나러 왔을 뿐이오."

"흠."

"이제 와서 내가 아내를 찾겠다고 온 것은 아니오. 다만 내가 죽기 전에 그 동안 쌓은 정이 있어 아내의 얼굴만이라도 보려고 왔소이다."

하상유는 아내의 얼굴을 보며 당당하게 말했다.

"흠, 자네가 이곳까지 아내를 그리며 찾아온 정성은 가상하나 자네의 아내는 이미 예전의 아내가 아니로다."

"알고 있소! 내 이제 와서야 저 여자의 변심을 알았소."

하상유의 단호한 말에도 강씨 부인은 마음에 걸리는 바가 없었다.

하상유는 아내를 향해 한껏 소리쳤다.

"네 이년! 아무리 오랑캐에게 몸을 버렸다 하거늘 마음만은 지키고 있는 줄 알았더니…… 이 어찌 함께 살아온 부부라고 할 수 있겠는가! 이 짐승만도 못한 것 때문에 내 여지까지 정신을 못 차렸다니……"

강씨 부인은 하상유의 서릿발 같은 소리에 분해하며 장 괴수에게 간청했다.

"장군, 어서 저놈을 죽여 주시어요."

장 괴수는 강씨 부인의 말에 자리에서 일어났다.

"그래, 부인의 간청이니 내 친히 처리하겠소."

"그래, 어서 죽여라! 내 지금까지 어리석게 살아온 삶에 대해 더 이상 미련이 없다. 어서 죽여라!"

"어허, 호탕한 사내인지고……"

장 괴수는 칼을 번쩍 들었다.

하상유는 순간 눈을 질끈 감았다.

"아악!"

하상유는 비명 소리에 깜짝 놀라 눈을 떴다. 그의 눈에 피를 흘리며 쓰러져 있는 아내의 처참한 몰골이 보였다.

장 괴수가 하상유가 아닌 강씨 부인을 내리친 것이었다.

"놀라지 마시오. 당신의 정성에 감동하여 내 이 표독한 년을 쳤소. 이년이 당신의 죽음을 바랄진대 훗날 나의 죽음 또한 바랄 것이 아니오."

장 괴수는 이렇게 말하며 하상유를 일으켜 주었다. 그리고 그를 후하게 대접해 주고는 약간의 재물을 들려 개성으로 돌려보냈다.

안찰사의 감사

"나리, 안찰사께서 이번 순시는 저희 마을부터 돈다고 합니다. 안찰사 일행을 맞이할 준비를 어떻게 하오리까?"

백천白川 고을의 수리首吏를 비롯한 여러 관원들이 안찰사의 순시 소식에 불안한 마음을 감추지 못하고 수령 박필원朴必遠에게 황급히 물었다.

당시 안찰사의 주요 업무는 자신이 관할하고 있는 여러 마을을 돌며 그 마을의 관아를 감사하고 수령의 동정을 살피는 일이었다.

그런데 개중에는 감사 업무를 빌미로 공공연히 뇌물을 바라는 경우가 많았기 때문에 안찰사의 순시를 반기는 이는 아무도 없었다.

백천 고을에 오기로 되어 있는 안찰사 조운흘趙云仡은 개인적으로는 풍치를 즐기는 호탕한 사람이었으나 업무에 있어서는 한치의 오차도 없는 냉철하고 반듯한 관리였다.

그는 뇌물을 바라는 관리는 아니었지만 관아의 여러 업무를 일일이 조목조목 살펴보기 때문에 각 마을의 수령들은 '자라 보고 놀란 가슴, 솥뚜껑 보고 놀라는' 심정으로 매번 긴장하게 마련이었다. 또, 혹시나 하는 마음으로 안찰사의 비위를 맞추기 위해서 그 일행을 대접하는 데에도 각별히 신경 썼다.

하지만 박필원은 안찰사가 나올 때마다 수십 명이나 되는 감사 일행을 대접한답시고 마을 전체가 떠들썩해지는 것이 매우 못마땅하였다.

이번에도 수리를 비롯한 여러 관원들이 벌써부터 그들의 접대 준비에 호들갑을 떠는 것을 보자 절로 인상이 찌푸려졌다.

'안찰사로 조운흘이 온단 말이지…….'

박필원의 얼굴에 돌연 희미한 미소가 지나갔다.

조운흘과 박필원은 죽마고우竹馬故友로서 둘도 없는 친구였다. 비록 공식적인 자리에서는 지위가 낮은 박필원이 그에게 예우를 갖 췄으나 사석에서는 서로 거리낌없이 대하며 때로 짓궂은 농담도 서 슴지 않았다.

"나리, 아무래도 마을 호족들에게 공물을 준비하라 일러 두어야 겠지요?"

"수청을 들 만한 기생은……."

관원들은 이런저런 방안을 내놓으며 안찰사를 접대할 방도를 궁 리하느라 여념이 없었다.

그 말을 가만히 듣고 있던 박필원이 갑자기 큰소리로 말했다.

"아무것도 필요 없다. 평소 직분을 다했으면 그걸로 족하지, 다 른 준비는 할 것 없다. 내 알아서 할 터이니 자네들은 아무 염려 말 고 각자 맡은 바 소임에나 충실하도록 하라."

"예? 그게 무슨 말씀이신지……."

관원들이 모두 놀라 이구동성으로 물었다.

"안찰사 일행은 매번 말로는 민폐民弊가 없도록 하라고 하지만 실상은 그들을 대접하느라 매번 백성들의 귀한 세금이 축나지 않소. 내 이번만은 그들을 달리 접대하겠소. 그러니 그렇게 알고 다들 물러가시오."

박필원은 이렇게 말하고 더 이상 관원들에게 왈가왈부하지 말라고 명했다.

관원들은 수령의 엄한 명령에 겉으로는 내색하지 않았지만 저마다 불안한 마음에 각자 은밀하게 공물을 준비하였다.

다음날 박필원은 마을을 돌아다니며 일일이 주막과 가겟집에 들러 안찰사 일행이 고을을 방문하더라도 신경 쓰지 말고 평소와 다름없이 지낼 것을 당부했다. 또한 마을의 노인들을 찾아다니며 자신의 뜻을 전했다.

마침내 안찰사 일행이 고을에 당도하였다.

박필원은 마을의 경계에서 안찰사 일행을 맞이하였다.

"먼 길 오시느라 고생하셨습니다. 송구스러운 말씀이오나 금년 저희 마을에는 흉년이 들어 백성들의 고생이 이만저만이 아닙니다. 모두 하루 세 끼를 죽으로 겨우 연명하고 있으며, 벌써 몇 달째 기름진 음식이라곤 돼지 비계 한 점도 구경하지 못했습니다. 하여 지금 저희는 안찰사 나리께 대접할 술 한잔, 고기 한 점이 없사오니, 이 점 양해하시기 바라옵니다. 백성들의 생활이 어려운 마당에 어찌 관원들만 배불리 먹을 수 있겠사옵니까? 부디 이러한 상황을 이해하여 주시고 대접이 소홀함을 너그러이 이해해 주시기 바랍니다."

안찰사 조운흘은 박필원의 말에 고개를 끄덕이며 고을 안으로 들어갔다. 고을 사람들은 동구 밖에까지 나와 안찰사 일행을 맞이하였다.

조운흘은 말에서 내려 환영 나온 인파 중에서 가장 나이가 많아 보이는 노인에게 다가가 물었다.

"그래, 생활이 어떠하시오? 듣자니 흉년이라 매우 어렵다던데요."

"황공하옵니다, 나리! 그래도 우리 수령께서 백성을 아끼시는 분이라 이만큼이나마 견디고 있사옵니다. 지난 명절에는 조상님의 제사상에 올릴 음식이 없어 걱정이었는데 다행히 수령께서 떡과 술을 내리시어 그나마 체면치레는 하였습니다. 먹을 것이 많지는 않지만 그래도 겨울 지낼 일은 걱정하지 않습니다. 이렇게나마 굶어 죽지 않고 살아갈 수 있는 것은 모두가 수령님 덕분이지요."

노인의 말에 조운흘은 흐뭇한 미소를 지었다. 자신의 친구이기도 한 박필원이 고을 사람들에게 이렇게 칭송을 듣고 있으니 기쁘기 그지없었던 것이다.

안찰사 일행을 맞이하는 객사도 초라하기는 마찬가지였다.

"올해는 사치와 낭비를 일절 금하였습니다. 초라하지만 저희의 사정을 이해해 주시리라 믿사옵니다."

박필원은 이렇게 말하고 저녁상을 들여오라 명했다.

그날의 저녁상은 조운흘이 지금껏 받아 본 밥상 중 가장 초라하고 볼품없었다. 보리밥 한 사발에 시래기를 넣어 끓인 멀건 국에다 찬이라곤 나물 두세 가지가 고작이었다.

조운흘은 기가 막혔다. 아무리 형편이 어렵다지만 대접이 너무 소홀하다는 생각이 들었다. 그러나 그는 아무런 내색도 하지 않고 묵묵히 밥을 먹었다.

밥을 먹는 둥 마는 둥 안찰사 일행이 저녁상을 물리고 나니 이미 해가 기울어 감사는 다음날로 미루고 잠자리에 들었다.

독실한 불교 신자인 조운흘은 어려서부터 새벽마다 목탁을 두드리며 염불을 외는 것으로 하루를 시작하곤 했다. 절친한 친구 사이인 박필원이 이 사실을 모를 리 없었다.

다음날 이른 새벽, 여느 때와 같이 조운흘이 잠자리에서 일어나 목탁을 들고 염불을 외려고 하는데 문득 밖에서 목탁 소리와 함께 염불 소리가 나지막이 들려왔다.

"나무아미 조운흘, 대자대비 조운흘……."

염불 소리가 괴이하다고 생각한 조운흘이 문을 열고 밖을 내다 보니 박필원이 의관을 정제하고 방문 앞에 앉아 목탁을 두드리며 염불을 외고 있었다.

이에 조운흘이 웃으며 말했다.

"어허, 이 사람아. 이게 무슨 해괴한 짓인가? 어서 방으로 들어오게나."

"아니옵니다. 소신의 일과는 원래 이렇게 시작하옵니다."

박필원이 능청스럽게 대답했다.

"어허, 그러한가? 그렇다면 염불을 제대로 외워야지 조운흘이라는 이름은 왜 붙이는가? 조운흘이 부처라도 되는가?"

"안찰사께서는 부처가 되고 싶어 매일 새벽마다 염불을 외시는 것이 아니옵니까?"

"그야 그렇지."

"하오나 소인같이 어리석은 인간이 감히 부처를 탐할 수나 있사옵니까? 그저 안찰사님의 발끝이나마 따라가려는 마음에 이리 염불을 외우는 것입니다."

"어허, 이 친구가 오래간만에 만났거늘 조롱이 심하구먼."

조운흘은 웃으며 밖으로 나가 박필원의 손을 잡고 방으로 들어왔다. 두 사람은 날이 훤히 밝도록 정담을 나누며 그 동안의 회포를 풀었다.

박필원의 깊은 속뜻을 알아차린 조운흘은 아침상을 물리자마자 일행들을 인솔하여 백천 고을을 떠났다.

감사도 하지 않고 서둘러 길을 떠나게 된 것이 겸연쩍었던지 조운흘이 일행들에게 웃으며 말했다.

"아무래도 이 고을에 오래 있다가는 굶어 죽을 것 같으이. 박 수령 같은 인물이 다스리는 곳은 감사도 필요 없으니 두말할 것 없이 다음 고을로 떠나세."

해랑도

용수는 사슴을 쫓아 열심히 산 속으로 말을 달렸다.

하지만 사슴은 잡힐 듯 잡힐 듯 하다가도 또다시 저만큼 멀어지고 있었다. 이렇게 쫓고 쫓기는 추격전은 어느새 반나절을 넘기고 있었다.

그러나 조금만 더 가면 사슴은 지쳐 쓰러질 게 뻔했다. 이미 달리는 속력이 눈에 띄게 줄어 있었다.

작은 시내를 훌쩍 뛰어 건넌 사슴이 오른편 숲으로 막 꺾어 들어가는 게 보였다. 분명 숲 어딘가에 몸을 숨기려는 게 분명했다.

용수는 이제야말로 사슴을 잡았다고 생각하고 말 엉덩이에 채찍을 휘둘렀다. 놀란 말이 가쁜 숨을 몰아쉬며 속력을 내었다.

용수가 사슴이 사라진 오른편 숲으로 전속력으로 꺾어 들자 눈앞에 넓은 밭이 펼쳐져 있었다. 용수는 다급하게 말을 세웠다.

사슴은 온데간데없고 넓은 밭 한가운데에서 젊은 처녀 한 명이 콧노래를 흥얼거리며 열심히 밭을 매고 있었다.

주변을 두리번거리던 용수는 말에서 내려 처녀에게 다가갔다.

"이보시오, 혹시 이쪽으로 사슴 한 마리가 달려오지 않았소?"

"사슴이라뇨?"

자신의 물음에 반문하는 처녀의 얼굴을 본 용수는 봄 밤에 아련하게 풍겨오는 풀꽃 향기를 맡은 것처럼 절로 두 눈이 감겨 왔다.

"사슴이라뇨? 그게 무슨 말씀인가요?"

또 한 번 되묻는 처녀의 말에 용수는 그제서야 정신을 차리고 재차 물었다.

"좀 전에 이리로 사슴 한 마리가 지나가지 않았소?"

"못 보았는데요."

처녀는 차갑게 대답했다.

"분명 이곳으로 왔을 터인데……. 음, 정녕 못 보았습니까?"

"글쎄요? 소녀는 밭일을 하느라 아무것도 보지 못했사옵니다."

처녀는 당황해하는 용수의 모습을 보고 애써 참았던 웃음을 터뜨렸다.

용수는 처녀의 미소가 무엇을 뜻하는지 짐작하고는 따라 웃으며 말했다.

"사슴을 보았으면 봤다고 할 일이지 왜 장난을 하시오?"

용수가 웃으며 말하자 처녀도 숨김없이 사실대로 말했다.

"사실, 사슴은 제가 감추었습니다."

"감추다뇨?"

"사슴이 불쌍하여 제가 숨겨 주었습니다."

"낭자의 심정이 이해되지 않는 것은 아니지만 사냥꾼은 짐승을 사냥해야만 살아갈 수 있는 것이오. 또한 설령 지금 내가 그 사슴을 잡지 않는다 하더라도 다른 사냥꾼들이 그 사슴을 그냥 두지는 않을 것이오."

용수는 별일 아니라는 듯 말했다.

"그렇다 하더라도 이 사슴만은 부디 놓아주세요. 차마 제 눈앞에서 사슴이 죽는 모습을 보고 싶지 않습니다."

"……."

용수는 곤란한 표정을 지었다. 반나절 넘게 그 사슴을 잡기 위해 쏟아부은 시간과 노력이 아까웠다.

"약조해 주세요."

"……."

"그럼, 약조하신 걸로 알고……."

처녀는 용수가 미처 뭐라 대답하기도 전에 밭둑으로 가 그곳에 쌓여 있는 나뭇단을 치웠다.

그러자 그 속에 숨어 있던 사슴이 놀랐는지 갑자기 밖으로 뛰쳐나왔다. 용수는 순간적으로 사냥감을 발견한 맹수처럼 자신도 모르게 사슴을 향해 창을 날리고 말았다.

창은 정확히 사슴의 목에 꽂혔다.

"아악!"

처녀는 비명을 지르며 사슴에게 달려갔다.

"어쩌면, 이럴 수가! 미안하구나. 나 때문에 네가 죽고 말았어. 나 때문에……."

비통하게 우는 처녀의 모습을 보고 용수는 미안한 마음이 들었다.

처녀의 부탁도 부탁이지만 아름다운 처녀의 환심을 사고픈 마음에 사슴을 죽일 생각은 없었는데, 사슴이 뛰자 그만 본능적으로 창을 던지고 말았던 것이다.

"미안하오. 그럴 생각은 아니었는데……."

처녀는 천천히 일어서더니 아무 말도 하지 않고 짐을 챙겨 산 아래로 내려갔다. 용수가 뒤쫓아가며 사과를 했으나 처녀는 얼음장같이 냉랭하기만 했다.

용수는 할 수 없이 자신의 말이 있는 곳으로 돌아와 사슴을 챙겨 집으로 돌아왔다.

그날 밤 용수는 처녀의 모습이 뇌리를 떠나지 않아 쉽게 잠을 이루지 못했다. 처녀의 웃는 얼굴과 사슴을 껴안고 울부짖는 모습이 교차하며 용수를 괴롭혔다.

'어디 사는 누구인지 알아내어 정식으로 사과하고 내가 그리 잔인한 사람이 아님을 보여 주어야겠다.'

다음날 그 처녀가 살고 있는 마을을 찾아 나선 용수는 여기저기 수소문한 끝에 처녀의 이름이 선인인 것과 가난한 농가의 무남독녀임을 알아냈다.

용수는 그날부터 하루가 멀다 하고 마을을 찾아가 선인을 만나기 위해 애를 썼다. 하지만 선인은 못 본 척 차가운 얼굴로 용수를 외면했다.

용수의 마음은 갈수록 초조해졌다.

'그녀는 나를 잔인한 사냥꾼쯤으로 여기고 있어. 그러나 내가 최정승의 아들인 것을 알면 마음이 변할 거야. 그러면 나와 혼인할 마음이 생길지도 몰라.'

용수는 아버지께 간곡하게 선인의 이야기를 하여 어렵게 허락을 받아냈다.

선인의 집에서는 난데없는 정승댁의 청혼에 황송해 마지않았으나 상대가 용수임을 안 선인은 그런 몰인정한 사람과는 혼인할 수 없다며 단호히 거절하였다.

이에 용수는 직접 선인을 만나 설득하기로 마음먹었다.

"낭자, 지난번 일은 내가 진심으로 사과하리다."

"아무리 그리하셔도 저는 도련님같이 무서운 사람과는 혼인하고 싶지 않습니다."

"이보시오, 낭자. 내 이제부터 다시는 사냥을 하지 않으리다. 그리고 집에서 짚신도 삼고 자리도 짜며 나의 객기客氣를 없애도록 하겠소. 약속하리다."

"예로부터 짚신을 잘 만드는 남정네가 장가를 잘 간다 하니 그리해 보시지요. 그럼 안녕히 돌아가옵소서."

선인은 용수가 짚신과 자리를 짜보겠다고 하자 일순 마음이 흔들렸다. 하지만 우선은 좀더 두고보기로 했다.

한편 용수는 집으로 돌아와 일절 사냥을 금하고 하인들에게 짚신과 자리 짜는 법을 열심히 배웠다.

한 달 두 달, 세월이 흘러 어느덧 일 년이 지났다.

어느 날, 선인의 집으로 최 정승 집의 하인이 찾아왔다.

"이보시오, 우리 도련님께서 낭자께 이것을 전하라 하셨습니다."

"그것이 무엇입니까?"

하인은 대답 대신 짚신 한 켤레와 자리 한 장을 선인의 손에 쥐어주었다.

"이건 짚신과 자리 아닙니까?"

"그러하옵니다. 도련님께서 직접 만드신 것이지요."

"이것을 직접 만들었단 말입니까?"

선인은 놀라 하인을 쳐다보았다.

'짚신이야 그렇다 하더라도, 자리는 쉽지 않았을 터인데……'

선인은 방으로 들어와 얼른 자리를 펴보았다.

자리 한 가운데에 사슴 한 마리가 노니는 무늬가 있었는데 그 솜씨가 매우 훌륭했다. 자유롭게 풀밭을 뛰노는 사슴은 지난날 죽은 사슴을 연상케 했다.

선인은 감동하였다.

'글과 사냥밖에 모르는 귀한 도령이었을 터인데 이처럼 나를 위해 정성을 다하다니……'

마침내 선인과 용수는 혼인을 하게 되었다.

용수는 선인과 함께 행복한 나날을 보냈다. 글을 읽으며 자신을 연마하는 것은 물론 틈틈이 선인과 함께 논일과 밭일을 하였고 자리 만드는 일 또한 손에서 놓지 않았다.

세월이 흘러 용수는 나라의 여러 중직을 거쳐 벼슬이 개성부 부사에까지 이르렀다.

그 무렵 고려는 왜구의 노략질과 도적의 분탕질로 인해 백성들의 고초가 이만저만이 아니었다.

용수는 도적들을 소탕하는 임무를 띠고 군졸 몇 명과 함께 장사꾼으로 변장하여 산 속에 있는 도적들의 은신처를 염탐하러 나섰다.

그러나 불행히도 도적들에게 붙잡히는 신세가 되었고, 이후 용수의 행방은 묘연해지고 말았다.

관가에서는 물론이고 최 정승의 집에서도 사람을 풀어 용수의 행방을 수소문했으나 모두가 허사였다.

선인은 자리에 몸져누웠다.

그러나 그렇게 자리보전만 하고 있다고 해서 해결될 일이 아니었다.

'이렇게 누워 있기만 한다면 서방님을 어떻게 찾을 수 있겠는가? 내가 이러고 있을 때가 아니다.'

선인은 하인들이 만류하는데도 자리를 털고 일어나 용수의 행방을 찾아 나섰다.

그러던 어느 날 시장에서 이리저리 사람들에게 수소문하며 다니던 선인이 한 가게 앞에서 우뚝 걸음을 멈추었다.

그곳에 걸어놓은 자리가 예전에 남편 용수가 자신에게 짜주었던 사슴 문양 자리와 똑같았던 것이다.

'아! 이것이 어떻게 이곳에……'

그것은 남편이 짠 자리가 분명하였다.

"이보시오, 이 자리를 어디서 구했소?"

"이거 말입니까? 이것은 이쪽의 자리와 함께 어떤 뱃사공에게서 산 것입니다."

가게 주인이 가리키는 곳에는 자리가 하나 더 걸려 있었다. 바다 한가운데 섬이 있고 섬 주위에는 잔잔한 물결이 일고 있었는데 그 물결 위로 용이 머리를 내미는 모습이 짜여진 자리였다.

"뱃사공이라 하셨소?"

"예, 마님. 강화도에 갔다가 그쪽 포구에 정박해 있던 배에서 눈에 띄기에 사왔습니다. 참으로 솜씨가 훌륭한 자리지요?"

"혹, 그 배가 어디서 왔는지는 듣지 못했소?"

"글쎄요, 그 근방 사람들의 말로는 어느 섬에서 왔다는 것 같은데 잘은 모르겠습니다."

선인은 더 이상 주인에게서 알아낼 것이 없음을 깨닫고 그 자리 두 개를 사서 집으로 돌아왔다.

자신의 방으로 들어온 선인은 자리를 바닥에 펴놓고 유심히 살펴보았다. 분명 사슴이 짜여진 것과 섬이 짜여진 것 모두 남편 용수의 솜씨임에 틀림없었다.

'서방님이 어디서 이것을 짰단 말인가?'

선인은 자리에 새겨진 그림을 보며 골똘히 생각에 잠겼다.

'바다, 물결, 섬, 용……. 이것은 무언가를 뜻하는 것은 아닐까?'

선인은 그 자리들을 보며 밤을 꼬박 새웠다. 날이 밝고 아침이 되었지만 선인은 끼니도 거른 채 자리에 새겨진 그림만 바라보았다.

중천에 뜬 해가 조금씩 서편으로 기울 즈음, 선인은 드디어 한 가닥 실마리를 잡았다.

선인은 지체하지 않고 자리를 들고 시아버지인 최 정승에게 가서 아뢰었다.

"아버님, 우리 나라에 해랑도라는 섬이 있사옵니까?"

"해랑도라 하면, 저쪽 서해 바다에 있는 섬인데……. 그런데 무슨 일로 그러느냐?"

"아버님! 서방님은 지금 해랑도에 갇혀 있는 것이 틀림없사옵니다."

"용수가 해랑도에?"

"그러하옵니다. 아버님 이 자리를 보십시오."

선인은 갖고 온 자리 두 개를 방바닥에 폈다.

"이 자리는 제가 어제 시장에서 구해 왔사온데 이 자리에 새겨진 그림은 틀림없이 서방님의 솜씨이옵니다. 하나는 일전에 저에게 주었던 사슴 문양이고 다른 하나는 바다와 물결, 섬, 용이 새겨져 있사옵니다."

선인의 말에 최 정승은 자리에 새겨진 그림을 자세히 들여다보았다.

선인은 쉬지 않고 말을 이었다.

"바다는 바다 해海를, 물결은 물결 랑浪을, 섬은 섬 도島를 뜻하니 해랑도海浪島가 되옵고, 용은 용 용龍을, 용의 머리는 머리 수首를 나타내는 것이오니, 용수龍首라는 서방님의 이름이 되옵니다. 이는 분명 서방님이 해랑도에서 자리를 짜 내보낸 것이 틀림없사옵니다."

며느리의 말에 최 정승은 그 같은 사실을 관가에 알려 관군들로 하여금 해랑도를 수색하게 했다.

관군들이 해랑도를 수색해 보니, 과연 그 섬은 도적들의 본거지였다. 용수는 거기에서 동굴에 갇혀 자리 짜는 일을 하고 있었다.

관군들은 곧 도적들을 소탕하고 용수를 비롯한 많은 양민들을 무사히 구출했다.

한편 도적들에게 잡힌 용수는 신분이 탄로나면 목숨을 연명하기 어렵다고 판단하여 자신은 자리를 짜서 연명하는 촌민이라고 속였다.

처음에 도적들은 그 말을 믿으려 하지 않았으나 용수가 그 자리에서 직접 자리를 짜 보이자 용수의 말을 믿게 되었다.

그리하여 도적들은 용수가 짠 자리를 팔아먹을 요량으로 용수의 목숨을 살려주었다. 이렇게 목숨을 부지한 용수는 자리에다 자신이 갇힌 섬 이름을 그림으로 형상화하여 짜넣으며 누군가 자신의 뜻을 알아차려 주기만을 기다렸던 것이다.

선인과 용수는 눈물 어린 재회를 했고 사람들은 그 모든 것이 용수의 지혜와 선인의 영특함이 한데 어우러졌기에 가능한 일이었다고 입을 모았다.

'어허, 이런 낭패를 보았나. 이놈의 사슴이 어디로 사라졌담.'

정신없이 사슴을 쫓던 젊은 사냥꾼은 그만 묘향산 깊은 골짜기에서 길을 잃고 말았다.

'더 어두워지기 전에 길을 찾아야 할 터인데……'

그러나 사냥꾼의 바람과는 달리 묘향산은 어느덧 칠흑 같은 어둠에 잠겼다.

날이 저물자 사냥꾼은 우선 산 속의 맹수들로부터 안전하게 하룻밤 묵을 곳을 찾기 시작했다.

무작정 이곳 저곳을 헤매던 사냥꾼의 눈에 멀리서 반딧불만한 작은 불빛이 보였다. 사냥꾼은 반가운 마음에 불빛을 향해 걸음을 재촉했다.

사냥꾼이 작은 암자겠거니 하고 찾아든 곳은 뜻밖에도 작은 오두막집이었다.

'이렇게 깊은 산중에 사람이 살고 있다니……'

한편으로는 의아하게 생각하면서도 사냥꾼은 지푸라기라도 잡는 심정으로 인기척을 냈다.

"여보시오! 아무도 안 계시오?"

사냥꾼의 소리에 잠시 후 방문이 열리더니 한 처녀가 밖으로 나왔다. 처녀는 조금은 놀란 표정을 짓더니 이내 침착한 어조로 말했다.

"무슨 일이신지요?"

그렇게 말하는 처녀의 모습은 흡사 지상의 사람이라고는 믿어지지 않을 만큼 고운 자태를 띠고 있었다.

처녀의 아름다운 모습에 잠시 넋을 놓고 있던 사냥꾼은 곧 자신의 사정을 말하고 하룻밤 묵어가기를 청했다.

처음에는 망설이던 처녀도 사냥꾼이 간곡히 부탁하자 순순히 승낙하고는 방으로 안내했다.

그런 다음 처녀는 사냥꾼에게 저녁을 대접하고 잠자리를 봐주는 등 극진히 대접했다.

사냥꾼은 그저 고마울 따름이었다.

"덕분에 식사도 하고 이젠 살 것 같습니다. 그런데 이 깊은 산 속에 혼자 사시는지요?"

사냥꾼은 아까부터 궁금하던 것을 조심스럽게 물었다.

"……."

처녀는 아무런 대답을 하지 않고 빙그레 미소만 지었다.

그때였다. 밖에서 인기척이 들리더니 이어 굵직한 남자의 음성이 쩌렁쩌렁 울렸다.

"애야, 내가 돌아왔다."

사냥꾼은 처녀의 아버지가 돌아온 것으로 생각하고 황급히 인사를 하려고 밖으로 나갔다. 사냥꾼이 정신없이 머리를 조아리고 인사를 올린 다음 처녀의 아버지를 쳐다보았을 때, 사냥꾼은 놀라 입을 딱 벌리고 말았다.

처녀의 아버지는 지금까지 자신이 본 사람 중 덩치가 제일 컸다.

몸집이 보통 사람의 서너 배는 족히 돼 보였다.

처녀의 아버지는 사냥감인 듯한 짐승들을 땅에 내려놓고는 몸을 웅크리고 겨우 방 안으로 들어갔다.

"시장하구나. 손님께서는 식사를 하셨는지요?"

처녀 아버지의 목소리에 방 안 전체가 울리는 듯했다.

"예? 예……!"

사냥꾼은 떨리는 목소리로 겨우 대답했다.

저녁 내내 산 속을 헤매다가 겨우 인가를 찾아 이제는 살았는가 싶었는데 괴물 같은 사람을 만나고 보니 잔뜩 주눅이 들었다. 게다가 사냥꾼이 보기에 이들 부녀는 보통 사람이 아닌 것만 같아 두려운 마음이 들기까지 했다.

이렇게 되자 더 이상 아름다운 처녀의 모습도 눈에 들어오지 않았고, 어떻게든 상황을 살피다 도망쳐야겠다는 생각을 하며 부녀를 곁눈질로 지켜보았다.

얼마 후 사냥꾼은 처녀가 차려온 밥상을 보고는 당장 숨이 멎을 것처럼 놀랐다. 밥상 위에는 방금 잡아온 듯한 멧돼지 한 마리가 통째로 삶아져 놓여 있었다.

사냥꾼이 두려움에 바들바들 몸을 떠는 동안 처녀의 아버지는 그것을 순식간에 먹어치우고는 처녀에게 말했다.

"애야, 저 손님을 극진히 모시도록 해라. 손님께서는 마음 편히 쉬십시오."

말을 마친 처녀의 아버지는 자리에 드러눕더니 곧바로 드르렁거리며 코를 곯았다. 사냥꾼은 두려운 마음을 애써 감추며 방 한 구석에서 뜬눈으로 밤을 지샜다.

다음날 아침이 되자 처녀의 아버지는 또 멧돼지 한 마리를 먹어

치우더니 집 앞뜰에 누워 무언가를 골똘히 생각하는 눈치였다.

사냥꾼은 얼른 이곳을 떠나야겠다는 생각에 아침상에 수저를 놓자마자 얼른 방을 나섰다.

"저, 이젠 날도 밝았으니 길을 떠날까 합니다. 지난밤 신세진 것은 결코 잊지 않겠습니다."

사냥꾼이 처녀의 아버지에게 꾸벅 인사를 하며 말하자, 처녀의 아버지는 감았던 눈을 뜨며 공손한 태도로 말했다.

"잠시 저와 이야기를 나누시지요. 그리 놀랄 것은 없습니다. 사실은 손님을 이곳까지 오게 한 것도 제가 술법을 쓴 탓이지요."

"예? 그게 무슨 말씀이십니까?"

사냥꾼은 그 말을 이해할 수 없어 고개를 갸우뚱하며 물었다.

"손님께서도 보았듯이 제게는 과년한 딸자식이 있습니다. 부족하나마 손님께서 그 아이를 거둬 주신다면 내가 가진 재산 전부를 드리겠습니다. 물론 그래 봤자 말린 짐승 가죽이 전부이지만 말입니다."

처녀의 아버지는 놀라 어찌할 바를 모르고 있는 사냥꾼 앞에 각종 산짐승 가죽과 그 살을 포를 떠서 말린 육포, 그리고 시중에서는 쉽게 구할 수 없는 진기한 약재들을 내놓았다.

"손님께서 나의 부탁을 들어주는 것으로 알고, 내 이것들을 산 아래까지 들어다 드리리다. 이것들을 장에 내다 팔면 꽤 많은 돈을 모을 수 있을 것이오. 그리고 내 부탁 한 가지만 더 들어주시오. 별다른 것이 아니고 나에게 소 두 마리와 소금 백 석만 사다 주시오. 지금부터 오 일 후 산 아래에서 다시 만나 그것들을 내게 전해 주면 고맙겠소."

"예, 그렇게 하겠습니다."

사냥꾼은 자신이 살아 돌아가는 것은 물론이요, 아름다운 처녀를 아내로 맞이할 수 있게 되자 기뻐 어찌할 줄 몰랐다. 게다가 처녀의 아버지가 내놓은 물건들은 그 값을 따지면 갑부가 되고도 남을 만한 것이었다.

그렇게 해서 집으로 돌아온 사냥꾼은 곧바로 처녀와 혼례를 치르고 처녀의 아버지로부터 받은 것들을 시장에 내다 팔아 순식간에 갑부가 되었다.

그는 처녀의 아버지와 한 약속을 잊지 않고 5일 후 소 두 마리와 소금 백 석을 구하여 약속한 장소로 나갔다.

그곳에는 처녀의 아버지가 먼저 나와 사냥꾼을 기다리고 있었다.

"고맙소. 이것들은 내가 그 동안 모은 것들이오. 내게는 더 이상 필요 없는 것들이니 부디 내 딸과 행복하게 살아 주시오! 그리고 또 한 번 부탁하건대 오 일 후 소금 백 석만 더 갖다주시오."

처녀의 아버지는 지난번처럼 짐승의 가죽과 육포, 약초들을 땅에 잔뜩 부려 놓고는 다시 산으로 올라갔다.

사냥꾼은 그것들을 다시 시장에 내다 팔아 많은 돈을 거머쥘 수 있었다.

약속한 오 일 후, 사냥꾼은 자신에게 엄청난 부를 가져다주었는데 달랑 소금 백 석만을 가져가기가 민망하여 전과 같이 소 두 필도 같이 가지고 갔다.

이번에도 역시 처녀의 아버지가 먼저 와 기다리고 있었는데 웬일인지 사냥꾼이 가져온 물건들을 보고는 쓸쓸한 표정을 지었다.

"일전에 소금만 부탁하였거늘 어찌하여 소까지 가지고 오시었소?"

처녀의 아버지가 책망하는 듯한 목소리로 말하자 사냥꾼은 당황해하며 얼버무렸다.

"물론 이번에는 소를 부탁하시지는 않았으나 어르신께 받은 재물로 인해 부자가 되었으니 지난번과 같이 소 두 마리를 더 마련하여 가져온 것입니다. 별다른 뜻은 없사오니 받아 주십시오."

사냥꾼의 말에 처녀의 아버지는 표정이 점점 굳어졌다.

"사람의 일이란 어찌할 수 없는가 보오. 소는 더 이상 필요치 않아 그렇게 말한 것을……. 이제부터 우리의 인연은 다하였으니 더 이상 만날 일이 없을 것이오. 부디 여생을 평안하게 사시길 바라겠소."

처녀의 아버지는 뜻 모를 소리만 하더니 뒤도 돌아보지 않고 산으로 올라가는 것이었다.

"어르신! 도대체 무슨 말인지 알 수가 없습니다! 어르신이 뉘신지 존함이라도 알려 주십시오! 아내에게 물어도 아무 말도 하지 않으니 도무지 답답하기만 합니다!"

사냥꾼은 다급해져서 큰소리로 물었다.

"지금은 아무런 할말이 없소! 명년 오월 단오에 임진강에 가면 한 귀공자를 만날 수 있을 것이오. 그에게 가서 물어 보시오!"

처녀의 아버지는 그 말을 남기고 산 속으로 사라져버렸다.

집으로 돌아온 사냥꾼은 그날부터 오월 단오가 되기만을 학수고대했다.

마침내 기다리던 오월 단오일이 되자 사냥꾼은 단숨에 임진강으로 달려가 처녀의 아버지가 말한 귀공자를 찾아보았다.

무수히 많은 인파들 중에서 과연 유독 눈에 띄는 귀공자가 있었다. 한눈에 보기에도 그는 온 몸에 귀티가 흘렀다.

사냥꾼은 그 귀공자에게 자신이 겪었던 일을 자세히 말하고 그가 누구인지를 물었다.

사냥꾼의 말을 가만히 듣고 있던 귀공자는 긴 한숨을 내쉬며 말했다.

"그분은 하늘과 땅의 정기精氣가 한데 뭉쳐 생성된 기운입니다. 이름은 우禹라고 하는데, 우가 성하면 국가가 태평하고 우가 쇠하면 그 기가 흩어져 장차 나라에 액운을 초래하는 자가 나타나게 되는 것입니다. 우가 오랜 기간 동안 소금만을 먹으면 그 기운이 사람으로 변할 수 있어 사람들 세상에서 함께 태평성대를 누릴 수 있지만, 그 기간 동안의 고통이 심히 말하기 어려울 정도로 크지요. 다만 소를 생육하면 그 고통이 잠시 줄기는 하나 사람으로 변하는 기간이 더디니 우께서는 자신의 고통을 감수하면서 당신에게 소금만을 원한 것이었소. 허나 이젠 일이 그리되었으니 우는 사라지게 될 것이오. 그것은 곧 이 나라 고려의 운명과 직결되는 것이니 머지않아 나라를 멸망시키는 자가 나타날 것이오."

말을 마친 귀공자는 다시 한 번 한숨을 쉬었다.

사냥꾼은 귀공자의 말에 놀라며 자신이 어찌하면 되는지 물었다. 그러나 귀공자는 먼 하늘을 바라보다 처녀의 아버지처럼 알 수 없는 몇 마디만 중얼거렸다.

"당신의 잘못이 아니오. 지금의 나라꼴을 보면 그 또한 이 나라를 버리고 싶을 것이오……."

말을 마친 귀공자가 떠나려 할 때 사냥꾼은 황급하게 귀공자의 이름을 물었다.

처음에는 대답하기를 머뭇거리던 그 귀공자는 자신을 정몽주라고 소개하고 인파 속으로 사라졌다.

고려 말, 세상의 판도를 바꿔 나가던 신흥 세력들이 고려의 멸망과 새로운 나라의 건국을 기정 사실화함으로써 민심의 동요를 막기 위해 은연중에 이런 얘기를 꾸며내 민간에 퍼뜨리지 않았나 생각된다.

풍문으로 역사 자체를 모두 함몰시킬 수는 없다.
또한 이미 토대 지어진 역사의 기록을 왜곡된 시선으로만 바라봐서도 안 된다.
그러나 뒷이야기로 전해지는 야사의 존재 자체도 역사의 한 모습이다.

마지막 왕조사, 그 이면에 숨쉬는 진실과 만난다

조선은 한편으로 왕위를 둘러싼 반정과 붕당정치로 인한 관료들의 분쟁이 끊이지 않았으나, 또 다른 한편으론 지금까지 우리의 삶의 근저에 남아 숨쉬는 학문과 문화, 풍습 등을 꽃피운 우리 역사의 마지막 왕조시대이다.

격동의 시대를 산 영광과 오욕의 주인공들, 청빈한 삶을 살며 정사를 올곧게 이끌어 국가를 부흥시킨 명재상과 유교사상을 확립한 학자들의 삶의 면면을 통해 그들의 시대정신을 엿보고자 한다.

아울러 엄격한 사회제도 속에서도 풍자와 해학을 잃지 않았던 선비들과 민초들의 삶을 통해 그 시대 진실에 접근해 보는 색다른 기회가 될 것이다.

한 권으로
읽는 조선
야사

스승의 깊은 뜻

'세상이 어찌 되려고 이러는 것인가?'

고려 말 젊고 패기에 찬 이성계가 나라를 세우겠다는 야망을 가슴에 품고 그 뜻을 이루려 조정의 중신들을 비롯한 노장군 최영과 은근히 세력 다툼을 벌이고 있을 때였다.

국운은 서서히 기울어져 가고 민심은 흉흉해져 백성들의 고초가 이만저만이 아니었는데도 소위 나라의 녹을 먹는 벼슬아치라고 하는 이들은 제 밥그릇 챙기는 데만 혈안이 되어 있었다.

운곡耘谷 원천석元天錫은 이런 세태에 자신이 할 수 있는 일이 아무것도 없음이 안타까워 가슴을 치며 탄식했다.

'어허, 내가 이곳에서 무엇을 할 수 있으리. 나라의 녹을 먹는 관리가 백성들의 안위를 바로 헤아리지 못한다면 차라리 백성들과 함께 농사를 짓는 편이 훨씬 더 나을 것이 아니겠는가?'

그리하여 원천석은 미련 없이 벼슬을 버리고 치악산 자락으로 내려와 농사를 지으며 학문에 몰두했다.

원천석은 학문이 워낙 뛰어났던지라 내로라 하는 집안의 자제들이 그에게 학문을 배우기 위해 찾아왔는데 그 중에는 이성계의 아들인 이방원도 있었다.

원천석은 이방원을 제자로 받아들이기가 그리 썩 내키지는 않았으나 이방원의 사람 됨됨이가 반듯하고 또 학문에 조예가 깊음을 알고 허락했다.

'아비는 비록 권력에 빠져 있다 하나 방원이는 그렇지 않을 게야.'

원천석은 그렇게 생각하며 이방원을 열심히 가르쳤다.

그러나 훗날 원천석의 기대와는 달리 방원은 아버지 이성계가 고려의 충신들을 제거하고 조선을 개국할 때 공로가 제일 크고 높았다.

이 소식을 접한 원천석은 씁쓰레한 마음을 숨길 수가 없었다.

'내 방원이만큼은 그렇지 않으리라 믿었거늘……'

세상은 하루가 다르게 무섭게 변해 갔다.

이방원은 왕자의 난을 두 번이나 일으키고 왕위에 올랐다.

'내가 잘못 가르쳤구나. 내가 잘못 가르친 게야……'

이런 소식을 접할 때마다 원천석은 이방원을 제자로 받아들였던 자신을 책망하며 더욱더 세상을 등지고 살았다.

한편 왕위에 오른 태종 이방원은 그 옛날 스승이었던 원천석을 잊지 않고 있었다. 스승의 고매한 인품과 높은 학문의 경지를 잘 알고 있는 그는 이제라도 스승을 모시고 정사를 의논하고 싶었다.

태종은 스승이 칩거하고 있는 치악산으로 신하를 보냈다.

"운곡 선생, 전하께서 지금 당장 선생을 모셔 오라는 명을 내렸사옵니다. 하오니 어서 채비를 하시어 어명을 받드옵소서."

한양에서 내려온 신하들은 원천석에게 허리를 굽히며 말했다.

그러나 원천석의 입에서 나온 말은 뜻밖이었다.

"여기까지 오시느라 고생이 많으셨소. 하지만 고려 왕조를 모시던 몸이 어찌 새 나라의 임금을 모실 수 있겠소? 돌아가서 나는 갈 수 없노라 아뢰시오."

신하들은 어명을 받들기를 두 번 세 번 권하였으나 원천석은 이를 거절하고는 방으로 들어가 문을 닫아버렸다.

신하들은 하는 수 없이 돌아가 태종에게 원천석의 말을 그대로 아뢸 수밖에 없었다.

태종은 스승의 뜻을 이해하지 못하는 것은 아니었다. 그러나 그대로 두기에는 너무나 아까운 인물이었다.

태종은 계속해서 신하들을 보냈으나 매번 거절당하고 말았다.

"스승님께서는 어찌하여 이다지도 제자의 마음을 몰라주신단 말인가!"

조바심이 난 태종은 자신이 직접 스승을 모시러 가야겠다고 생각하고 미복 차림으로 사령 몇 명을 데리고 길을 나섰다.

하지만 태종이 치악산에 도착했을 때는 원천석이 그 소식을 듣고 먼저 자리를 피한 뒤였다.

텅 빈 집안에 앉아 잠시 생각에 잠겨 있던 태종은 밖으로 나와 주변을 살펴보았다.

스승의 흔적을 찾아 이리저리 두리번거리던 태종의 눈에 시냇가에서 빨래를 하고 있는 노파가 보였다.

태종은 노파에게 다가가 물었다.

"혹 여기 사시는 운곡 선생이 어디로 가셨는지 아는가?"

"운곡 선생을 찾으시옵니까?"

"그렇소."

"선생 말씀이 오늘 태백산으로 나들이 가신다 하더이다."

노파는 원천석이 미리 알려준 대로 태종에게 거짓을 고했다.

그제서야 스승이 자신을 피해 어디론가 숨은 것을 눈치 챈 태종은 탄식하며 말했다.

"그렇게도 이 미련한 제자를 받아줄 수 없단 말씀이신가?"

태종은 그래도 그냥 돌아가기가 아쉬워 근처 바위에 걸터앉아 스승이 나타나기를 기다렸다. 하지만 원천석의 모습은 끝내 보이지 않았다.

뉘엿뉘엿 해가 지고 산자락에 어스름이 내릴 무렵에서야 태종은 스승의 뜻을 깊이 새기며 산속 어디쯤 계실 스승을 향해 큰절을 올리고는 한양으로 돌아왔다.

태종이 앉아서 원천석을 기다리던 바위를 일러 사람들은 주필대라 하였고 후에 이름을 바꿔 태종대라 했다.

훗날 상왕의 자리로 물러난 태종은 다시 한번 스승인 운곡을 청했다.

더 이상 거절하기 어려웠던 원천석은 태종을 알현하기 위해 입궐했는데 의관이 아닌 하얀 상복 차림이었다. 그것은 태종이 형제들과 벌인 살육에 대한 말없는 항의였다.

더 이상 원천석을 설득할 수 없다고 여긴 태종은 그 자식에게 벼슬을 주어 스승에 대한 감사의 예를 대신했다.

선비의 길

저녁 해가 조금씩 산등성이 너머로 사라지고 어둠이 엷은 안개처럼 산길 위에 퍼지자 성삼문은 말고삐를 잡고 가는 하인을 재촉했다.

천지 사방에 꽃들이 만발한 봄이라 해도 산중에서 맞는 밤바람은 목덜미에 좁쌀 같은 소름을 돋게 할 만큼 으스스했다.

'이러다 영락없이 산중에서 밤을 보내게 생겼구나.'

조바심이 난 성삼문은 어서 빨리 산을 내려가 하룻밤 묵을 집을 찾아야겠다고 생각하며 하인에게 발길을 재촉했다.

성삼문의 명도 명이지만 하인 역시 산중에서 밤을 보낼 생각을 하니 아득한 심정이어서 저절로 걸음이 빨라졌다. 이런 산중에서 밤을 보내다가는 잠자리는 고사하고 십중팔구 호랑이의 밥이 되거나 무서운 맹수의 공격을 받아 목숨을 보존하기 어려울 것이기 때문이었다.

말고삐를 손에 쥐고 거의 뛰다시피 발걸음을 옮기는 하인을 바라보니 성삼문은 무작정 길을 나선 자신이 한심스러웠다.

며칠 전, 혼기가 찬 딸의 혼인날을 받아놓고 혼수를 마련하지 못해 속을 끓이던 성삼문의 아버지는 한 가지 방도를 생각해 내고 성삼문을 방으로 불렀다.

"거기 앉거라."

성삼문은 다소곳하게 무릎을 꿇고 아버지 앞에 앉았다.

"음……, 너도 이제 다 컸으니 이 아버지의 마음을 이해할 게다."

"예, 아버지."

성삼문의 아버지는 그렇게 말해 놓고 한참을 더 뜸을 들인 뒤 조심스럽게 말문을 열었다.

"얼마 안 있으면 네 누이가 혼인을 하게 된다는 것을 알고 있을 테지?"

"예, 아버지."

"또한 우리 집안의 형편이 어렵다는 것도 누구보다 네가 더 잘 알고 있을 게다."

"……."

"그래서 말이다……, 아무리 궁리해 봐도 네 누이의 혼수를 마련할 길이 막막하구나. 하루하루 먹고살기도 빠듯한데 그 많은 혼수를 무슨 돈으로 마련하겠느냐?"

성삼문의 아버지는 일단 거기서 말을 멈췄다가 조심스레 입을 열었다.

"너는 모르겠지만 예전에 우리 집안에 막새라는 노비가 있었는데 네 할아버지께서 그자를 불쌍히 여겨 면천시켜 준 일이 있었느니라. 그자는 그후 장사치가 되었는데 다행히 돈을 많이 벌어 지금은 살림살이가 제법 넉넉하다고 한다."

성삼문은 지그시 이에 힘을 주었다. 아버지의 다음 말이 두려웠던 것이다.

"그러니 네가 가서 그자에게 누이의 혼수에 쓸 비용을 좀 꾸어 오너라. 우리 집안의 큰 은혜를 입은 사람이니 나 몰라라 박대하지는 않을 것이다."

성삼문의 아버지는 그런 말을 하는 자신이 부끄러웠던지 몇 번이고 밭은 기침을 내뱉었다.

성삼문은 아무 대답도 없이 그저 묵묵히 방바닥만 쳐다보고 앉아 있었다.

'양반 체면은 고사하고라도 글을 읽는 선비가 돈을 꾸러 간다니……'

그러나 집안 형편이 워낙 곤궁한 데다 다른 일도 아니고 누이의 혼수를 마련하기 위한 일이다 보니 자신이 나서지 않을 도리가 없었다.

"알겠습니다, 아버지! 소자 내일 길을 떠나도록 하겠습니다."

성삼문이 조용히 고개를 숙이고 방을 나서는 동안 아버지는 아들 볼 면목이 없는지 얼굴을 한쪽으로 돌린 채 아무 말이 없었다.

그렇게 해서 행장을 꾸리고 하인에게 말고삐를 들려 길을 떠난 지 오늘이 꼭 닷새째 되는 날이었다.

여비를 아끼느라 변변한 잠자리에서 자지도 못하고 끼니도 조석으로 하루 두 끼만 먹으며 길을 재촉했는데 오늘은 험한 산중에서 밤을 보내게 될 모양이었다.

어느새 달은 둥실 떠올라 산중의 밤은 더욱 괴괴하기만 했다.

가끔 산짐승의 울음 소리가 골짝을 메아리 칠 때마다 성삼문과 하인은 흠칫 놀라 서로의 얼굴을 쳐다보았다.

달빛에 희미하게 드러난 산길을 따라 성삼문과 하인은 한마디 말도 없이 계속 앞으로만 나아갔다.

가도가도 불빛이라곤 보이지 않는 어둔 산길을 걸어 야트막한 언덕에 올랐을 때였다. 언덕 아래로 불빛이 환하게 밝혀져 있는 커다란 기와집 한 채가 보였다.

성삼문과 하인은 자신들의 눈을 의심하며 끌리듯 언덕 아래로 달려 내려갔다.

'이런 깊은 산중에 이토록 큰 집이 있다니……'

기와집 앞에 다다른 성삼문은 대문의 크기에 놀라 중얼거렸다.

큰 솟을대문은 희미한 달빛 아래에서도 으리으리하게 보일 만큼 웅장함과 위엄을 갖추고 있었다.

하인이 대문을 두드리자 마치 기다렸다는 듯이 문이 열리며 덩치가 큰 사내 하나가 나와 성삼문에게 고개를 조아렸다.

"어둔 밤길 오시느라 고생이 많으셨습니다. 어서 들어오십시오!"

성삼문이 뭐라 대답할 겨를도 없이 사내는 하인에게서 말고삐를 뺏듯이 낚아채더니 성큼성큼 집안으로 말을 몰았다.

대문 안에 들어선 성삼문은 또 한번 놀랐다.

마당에는 오색 비단잉어가 뛰노는 커다란 연못이 있었고 그 주위로 피어 있는 온갖 꽃들이 뿜어내는 향기는 가벼운 현기증을 일으킬 정도였다.

게다가 못물 위로 희뿌연 물안개가 엷게 피어 올라 마치 선경에라도 온 것 같은 착각이 들었다.

사내는 주저하지 않고 성삼문이 탄 말을 연못 한쪽에 세워진 정자로 이끌었다.

정자에는 백발이 성성한 노인이 앉아 있었는데 흰 수염이 길게 자라 무릎에까지 닿을 정도였다.

정자 앞에 이른 사내는 노인을 향해 고개를 숙이며 말했다.

"어르신! 분부대로 손님을 모셔 왔습니다."

노인은 손짓으로 성삼문을 정자 안으로 불렀다.

성삼문은 자기가 지금 꿈을 꾸고 있는지도 모른다는 생각이 들었지만 일단 말에서 내려 정자에 올라가 노인에게 정중히 큰절을 올렸다.

"어서 오시게나. 내 며칠 전부터 자네를 기다리고 있었네."

노인은 그렇게 말하며 지긋한 눈길로 성삼문을 바라보았다.

"아니……, 그게 무슨 말씀이신지……."

성삼문은 자신이 지금 꿈을 꾸고 있는 게 분명하다고 생각했다. 그렇지 않고서야 깊은 산중에 이렇게 훌륭한 기와집이 있을 리 만무하며 생전 처음 보는 노인이 자신을 기다리고 있었다는 게 어디 말이나 될 법한 소린가?

성삼문이 꿈인지 생시인지 분간을 못해 얼떨떨해하고 있는 동안 좀 전에 성삼문을 정자로 안내했던 사내가 커다란 상을 두 사람 사이에 놓고 나갔다.

노인은 성삼문의 심중을 알고 있는 듯 빙그레 웃으며 술병을 들어 술을 권했다.

"고단한 여정에 힘들었을 터이니 맘껏 먹고 마시도록 하게나."

노인이 내미는 술잔을 들어 얼결에 술을 받은 성삼문의 눈은 절로 휘둥그레졌다.

상에는 산중에서 구하기 힘든 생선에서부터 갓은 산채와 떡, 보기에도 먹음직스런 전과 고기 요리들이 말 그대로 상다리가 부러질 정도로 많이 차려져 있었다.

"어르신……!"

얼결에 말을 꺼내 놓고 다음 말을 찾지 못한 성삼문은 그저 노인의 얼굴만 쳐다보았다.

"우선 허기진 뱃속부터 채우고 얘길 나누세."

노인은 성삼문에게 여러 가지 음식을 골고루 권했다.

'필경, 이 노인은 이 세상 사람이 아닐 것이다. 그리고 이곳은 말로만 듣던 선계仙界가 아닐까……'

성삼문은 음식과 술을 먹으며 속으로 수없이 되뇌었다.

어느 정도 허기가 가시자 노인은 기다렸다는 듯 말을 이었다.

"나는 지금 자네가 어딜 가는지, 또 왜 가는지 다 알고 있네."

"다 알고 계시다니……, 그걸 어찌……?"

성삼문이 말끝을 흐리자 노인은 큰소리로 웃으며 성삼문의 잔에 다시 술을 따라 주었다.

"잘 듣게! 글을 깨우쳐 선비가 되려는 자는 그 마음이 명경과 같이 맑아야 하고 심산 유곡의 물처럼 거침이 없어야 하는 법……!"

"……."

"그런데 지금 자네가 가는 길은 선비의 길이 아닐세. 비록 집안이 가난하여 그렇다고는 하나 옛말에 이르기를 길이 아니면 가지 말라고 했네. 그러니 오늘 밤은 예서 자고 날이 밝거든 그만 집으로 돌아가게!"

노인의 말에 성삼문은 심히 부끄러움을 느꼈으나 누이의 혼수를 걱정하지 않을 수 없었다.

성삼문은 노인의 얼굴을 차마 쳐다보지 못하고 혼잣말을 중얼거리듯 말했다.

"그러면 누이의 혼례는 무엇으로 치르라는 말씀이십니까?"

노인은 성삼문을 향해 꾸짖듯 말했다.

"그래도 내 말을 모르겠는가? 내가 사람을 잘못 보았는가? 기어이 선비의 길을 마다하고 속되게 살려거든 마음대로 하시게……!"

성삼문은 고개를 떨구고 앉아 수치심에 얼굴이 벌겋게 달아오름을 느꼈다.

그런 성삼문의 심사를 아는지 모르는지 노인은 술잔을 기울이며 낭랑한 목소리로 노랫가락을 늘어놓았다.

세상사 모든 것이 허무하고 허무하다.
금은 보화 온갖 재물 죽으면 빈손이요,
부모 자식 형제 간도 한번 가면 영영 못 보리.
꽃과 같은 내 님 얼굴 늙어지면 시들어지고
운우지정 깊은 정도 하룻밤 꿈이로다.
인생살이 이럴진대 무엇을 더 논할꼬.

노인의 구성진 노랫가락은 성삼문의 마음속으로 파고들었다.

싸락눈 같은 흰 달빛이 정자 안으로 기어 들어와 벌겋게 달아오른 성삼문의 얼굴을 서늘하게 식혀 주었다.

'돌아가자! 어르신의 말씀처럼 내가 지금 가는 길은 선비로서 가야 할 길이 아니다! 돌아가자……!'

성삼문은 결심을 굳히고 노인을 향해 다시 한번 큰절을 올렸다.

"어르신, 어르신의 말씀을 따르겠습니다. 몽매한 소인을 깨우쳐 주셔서 고맙습니다."

노인은 빙그레 웃으며 말했다.

"내 뜻을 알아주었다니 고맙구먼. 부디 학문에 더욱 정진하여 훌륭한 동량지재가 되게나."

"명심하겠습니다, 어르신!"

성삼문은 새벽녘까지 노인과 이런저런 얘기를 나누며 술잔을 기울였다.

노인은 깊은 산중에 묻혀 산다고 생각하기 힘들만큼 박학 다식하고 지혜로웠다.

성삼문은 마치 제자가 스승을 대하듯 공경하는 마음으로 노인의 말 한마디 한마디에 성심껏 귀를 기울였다.

휘영청 밝은 달이 서편 하늘에 구름처럼 걸렸을 무렵에야 노인은 자리에서 일어나며 성삼문에게 작별을 고했다.

"날이 밝으면 인사치레 같은 것은 생략하고 그냥 떠나게. 자네와 나의 인연은 오늘 밤으로 족하네. 나중 일은 나중에 생각하게나. 세상사 모든 이치는 다 그 뜻이 있는 법이라네."

노인은 그 말을 남기고 정자를 벗어나 성큼성큼 어디론가 사라졌다.

잠시 후 하인인 듯한 사내가 정자에 있는 성삼문을 사랑채로 안내했다. 사랑채에는 고운 비단 이불이 깔려 있었다.

"편히 쉬십시오. 날이 밝으면 뵙겠습니다."

사내는 공손하게 허리를 굽힌 뒤 돌아갔다.

성삼문은 집으로 돌아가 아버지께 어떠한 책망과 꾸지람을 들을지라도 노인을 만난 것을 후회하지 않을 것이라 다짐하며 곤한 잠 속으로 빠져들었다.

다음날 성삼문은 발길을 돌려 집으로 향했다.

누이의 혼례가 걱정되었지만 그때마다 나중 일은 나중에 생각하라던 노인의 말을 떠올렸다.

성삼문은 집에 도착하여 아버지 앞에 무릎을 꿇고 앉아 자신이 빈손으로 돌아올 수밖에 없었던 까닭을 소상하게 말했다.

"그게 무슨 소리냐? 며칠 전에 어떤 사람이 찾아와 네가 보냈다고 하며 돈 천냥을 주기에 그 돈으로 이미 네 누이의 혼례 준비를 다

마쳤느니라."

아버지의 말을 들은 성삼문의 입이 절로 벌어졌다.

성삼문은 집으로 찾아온 사람의 생김새가 노인의 집에 있던 사내와 흡사하고 날짜를 따져 보았을 때 자신이 그 집을 떠나 온 날과 거의 일치한 것을 알고 또 한번 놀랐다.

성삼문은 자신이 만난 노인이 이 세상 사람이 아님을 확신했다. 성삼문의 아버지 또한 이 모든 것이 하늘의 도우심이라며 감격했다.

그뒤 성삼문은 다시 한번 그 노인을 만나기 위해 일전에 갔던 길을 되짚어 갔지만 노인의 집을 찾을 수가 없었다.

노인의 기이한 행적은 다만 성삼문과 그 아버지의 추억담 속에서만 살아 있을 뿐이었다.

매정한 정인지

밤이 늦도록 정인지의 방에서는 글 읽는 소리가 끊이지 않았다. 가끔 소쩍새 울음 소리가 그 소리에 장단을 맞추려는 듯 산중에서 마을로 메아리 칠 뿐 주위는 칠흑 같은 어둠만이 자욱한 안개처럼 깔려 있었다.

'오늘 밤에는 내 기어이 도련님을 만나 뵙고 애절한 내 마음을 전해야지……'

처녀는 정인지의 집 쪽 담벼락에 붙어 서서 창호지에 뚜렷하게 어린 정인지의 모습을 바라보며 결심을 굳혔다.

그녀는 정인지가 옆집으로 이사온 후 밤마다 남몰래 정인지가 글 읽는 소리를 들으며 혼자만의 사랑을 키워 왔다.

그러다 잠을 쫓으려 마당으로 나와 뜰을 거니는 정인지의 모습을 볼 때면 완전히 넋을 잃곤 했다.

처녀는 그렇게 애를 끓인 지가 벌써 며칠째인지 몰랐다.

그러다 오늘 밤엔 기어이 자신의 속마음을 전하고, 허락한다면 정인지와 부부의 연을 맺을 결심까지 하게 되었다.

달빛이 희미하게 담장의 기와를 비췄다. 검은 기와에 긴 푸르스름한 이끼를 타고 흐르는 달빛에 처녀의 마음은 더욱 애절해졌다.

주위를 다시 한번 둘러본 처녀는 조심스럽게 담을 넘었다.

가슴이 천둥 치듯 쿵쾅거렸지만 정념에 불탄 처녀의 마음에 비하면 하찮은 밤새 소리만도 못했다.

정인지의 방에서 아직도 글 읽는 소리가 그치지 않는 것으로 보아 아무런 기척을 못 느낀 것 같았다.

처녀는 숨을 죽이고 조심스럽게 발을 내딛으며 정인지의 방문 앞으로 다가갔다.

발을 뗄 때마다 심장의 고동 소리가 멎는 듯했지만 그때마다 처녀는 두 손으로 저고리의 앞섶을 지그시 누르며 가슴을 진정시켰다.

방문 앞에 다다른 처녀는 누가 볼세라 황급히 문을 열고 무작정 안으로 들어갔다.

"뉘, 뉘시오?"

글을 읽던 정인지는 갑자기 들어서는 처녀를 보고 놀라 말을 더듬거렸다.

한순간 정인지의 눈이 가느다랗게 떨렸다. 한밤중에 난데없이 나타난 처녀가 귀신인지 사람인지 분간하기가 어려웠던 것이다.

처녀는 방안으로 들어서기는 했으나 막상 어찌할 바를 몰라 주춤거리고만 있었다.

"보아하니 집에서 부리는 하인도 아닌 것 같은데 대체 뉘시오?"

정인지는 정신을 차리고 다시 물었다.

"소녀, 옆집에서 왔사옵니다."

처녀는 떨리는 목소리로 간신히 대답했다.

"옆집이라구요? 그런데 무슨 일로 이 야심한 밤에……"

처녀는 다소곳이 자리에 앉았다.

"저의 행동이 무례하다는 것은 알고 있으나 소녀 더는 제 마음을 숨길 수가 없어 이렇게 부끄러움을 무릅쓰고 도련님을 찾아왔습니다."

처녀는 얼굴을 붉히며 조심스럽게 말을 꺼냈다.

정인지는 처녀의 얼굴을 자세히 보았다. 둥근 눈매에 가느다란 눈썹, 연지를 찍은 듯 붉은 입술과 적당한 곡선을 그리며 흘러내린 얼굴의 윤곽은 보기 드문 미색이었다.

그런 처녀가 무슨 이유로 자기를 찾아왔는지 짐작할 수 없어 정인지는 고개를 갸웃거렸다.

'대체 나에게 무슨 볼일이 있어 이런 밤중에 찾아온 것일까?'

처녀는 얕은 한숨을 한 번 내뱉더니 이내 담담한 목소리로 속마음을 털어놓았다.

"소녀, 도련님이 이곳으로 이사 온 날부터 도련님을 가슴에 품고 있었사옵니다. 그리고 밤마다 도련님의 글 읽는 소리를 들으며 흠모하는 마음을 조금씩 키워 왔습니다. 더욱이……"

처녀는 잠시 말을 멈추고 다시 한번 호흡을 가다듬었다.

"글 읽는 틈틈이 마당을 거니시는 도련님의 모습을 뵌 뒤로는…… 그러한 마음이 더욱 사무치게 되었사옵니다."

처녀는 차마 정인지의 얼굴을 볼 수 없어 고개를 숙이고 있었다.

그러나 정인지는 처녀의 고백에 달리 할말이 없었다.

"도련님, 소녀의 무례함을 용서하십시오! 하지만 도련님을 향한 제 마음이 너무도 사무치어 그만 이렇게 담을 넘고 말았습니다."

처녀는 간절한 눈빛으로 정인지를 바라보았다.

'어허, 이제 보니 요망한 처자로구먼……!'

정인지는 이맛살을 찌푸리며 고개를 한쪽으로 돌렸다.

"도련님, 부디 소녀를 거절하지 마시고 받아 주옵소서."

처녀는 마치 당장이라도 정인지의 품에 달려들 것처럼 그의 곁으로 바짝 붙어 앉았다.

당황한 정인지는 얼른 몸을 뒤로 빼고는 호통을 쳤다.

"자고로 남녀가 유별하거늘 처녀의 몸으로 이 무슨 해괴한 짓이오!"

그러나 처녀는 정인지의 호통은 개의치 않고 그의 품속으로 덥석 달려들었다.

"그 점 소녀도 모르는 것은 아니옵니다. 하지만 도련님을 너무도 사모하여 그러는 것이니 부디 소녀를 불쌍히 여기시고……."

"그만하시오!"

정인지는 버럭 소리를 지르며 엉겁결에 처녀를 밀쳐버렸다.

"정녕 도련님께서 저를 받아주지 않는다면 소녀 차라리 여기서 목숨을 끊겠사옵니다."

처녀는 저고리 앞섶을 헤치고 은장도를 꺼내 들었다.

당황한 정인지는 우선 처녀의 마음을 달래는 것이 상책이라고 생각했다.

"이러지 말고 부디 그냥 돌아가시오. 내 오늘 일은 없었던 것으로 하겠소."

정인지는 부탁하다시피 말했다. 그의 머릿속에는 그저 이 처녀를 빨리 돌려보내야겠다는 생각뿐이었다.

혹여 어머니께서 밤참이라도 들고 오시다 이 광경을 보게 되면 어쩌나 하는 생각에 정인지는 정신이 아뜩하기만 했다.

그러나 처녀는 마음을 돌리기는커녕 정인지의 손을 잡고 말했다.

"도련님이 정히 그렇게 말씀하신다면 소녀 겁탈당했다고 소리치겠습니다."

처녀는 이를 악물고 말했다.

"뭐요?"

정인지는 머릿속이 어지러웠다.

"소녀, 사람들이 모두 잠에서 깨도록 그렇게 소리칠 것이옵니다."

정인지는 눈앞이 깜깜해졌다. 처녀가 그렇게 외치기라도 하는 날에는 모든 것이 끝나고 마는 것이다. 사람들은 처녀의 유혹에 자신이 봉변을 당한 것이라고 믿어 주지 않을 것이었다. 으레 참한 규수를 겁탈했다고 여길 터였다.

그렇게 되면 자신의 앞날은 더 이상 기약할 수 없게 되는 것이다. 과거도 벼슬도 아무 소용없게 되고 양반 자식이 규중 처녀를 농락했다는 오명만 남을지도 모를 일이었다.

정인지는 모든 꿈이 다 허물어지는 듯하여 몸이 부르르 떨려 왔다. 무슨 방법을 써서라도 이 자리를 모면해야 했다.

"잠시만 기다리시오. 내 어찌 처자의 마음을 모르겠소."

정인지는 다소 정감 어린 목소리로 말했다.

"처녀의 몸으로 여기까지 왔다면 그 사무친 정이 얼마나 크겠소."

독기로 가득 찼던 처녀의 눈빛이 조금은 풀렸다.

"목석이 아닌 바에야 내 어찌 처자의 마음을 모른 척할 수 있겠소. 다만 남의 집 귀한 자식을 이렇게 맞는다는 것은 안 될 말이오. 부모님께 고하지 않고 정을 통한다면 사람들의 이목이 좋지 않을 것이오. 마침 나도 아직 장가를 들지 않았으니 내일 어머니께 말씀드려 처자의 집으로 매파를 보내겠소이다. 그리하면 나는 정식으로 아내를 맞이하는 것이고 처자 또한 스스로 배우자를 구했다는 허물을 쓰지 않을 수 있지 않겠소."

처녀는 갑작스럽게 태도가 변한 정인지의 말이 쉬이 믿어지지 않았다.

"그 말씀…… 정말이시옵니까?"

정인지는 처녀의 마음을 안심시키기 위해 입가에 미소를 띄우며 말했다.

"남아 일언 중천금이라 했소. 그러니 오늘은 이만 돌아가시오. 그러면 내일 당장 사람을 보내겠소."

처녀는 그제야 안심이 되는 듯 잡았던 손을 놓고 바로 앉았다.

"소녀의 불경스러운 짓을 용서하십시오. 도련님을 그리는 마음이 너무도 애절하여 이런 무례를 범하였사옵니다. 소녀 돌아가 도련님께서 부르시기만을 학수 고대하겠습니다."

처녀는 어느새 다소곳이 머리를 숙이고 있었다.

"내 비록 가진 건 없으나 필히 육례六禮를 갖추어 처자를 맞이하도록 하겠소."

"소녀 도련님만 믿겠사옵니다."

처녀는 이제야 부끄러움을 느꼈는지 고개를 떨구고 낮게 흐느꼈다.

"자, 어서 돌아가시오. 혹 누구에게라도 들키면 일을 그르치게 되고 마오."

"예. 그럼 소녀는 이만……."

처녀는 정인지에게 인사한 뒤 뒷걸음질을 쳐 방문을 열고 나갔다.

정인지는 몇 번이고 뒤돌아보는 처녀를 보며 가슴을 졸였다. 처녀가 담을 넘는 것을 보고서야 정인지는 겨우 마음이 놓였다.

정인지는 길게 안도의 한숨을 내쉬었다. 등골에서 식은땀이 흐르고 한껏 긴장했던 팔다리가 노곤해졌다.

그날 밤 정인지는 잠을 이루지 못하고 뜬눈으로 밤을 새운 뒤 날이 밝자마자 어머니를 찾아 뵙고 간밤에 있었던 일을 전부 이야기 했다.

"어머니, 처녀의 몸으로 어찌 그런 행동을 할 수 있사옵니까? 이는 삼강 오륜도 모르는 부덕하고 난잡한 행실이옵니다. 소자 두 번 다시 그런 일을 당할까 염려되오니 부디 이사를 서둘러 주십시오."

아들의 이야기에 놀란 어머니는 그날 당장 이사할 집을 알아보았다.

정인지는 처자의 집에 매파를 보내지 않은 것은 물론이고 사랑채 근처에는 얼씬도 하지 않았다. 그리고 이틀 후 그는 옆집 처녀가 눈치 채지 못하도록 몰래 그 집을 떠났다.

이사를 한 후 정인지는 처녀의 집 근처에는 얼씬도 하지 않고 혹지나칠 일이 있어도 멀리 돌아 다녔다.

여러 날이 지난 뒤 정인지는 지필묵을 사기 위해 장터에 나갔다가 우연히 장사치들이 나누는 얘기를 듣게 되었다.

"아, 소문 들었나? 상사병으로 죽은 처녀 말이야!"

"들었네. 가엾기도 하지. 다른 병도 아니고 상사병으로 죽다니……. 어떤 놈이 그런 몹쓸 짓을……, 쯧쯧."

"누가 아니래나. 그렇게 죽을 바에야 그놈이 누군지 이름이나 얘기하고 죽을 것이지. 정말 안됐네그려……."

옆에서 듣고 있던 정인지는 가슴이 철렁 내려앉았다.

장사치들이 말하는 처녀는 그날 밤 자신의 방을 찾아온 처녀가 분명했던 것이다.

'그 처녀가 죽다니. 그것도 나 때문에……. 요망한 처자인 줄 알았는데 어찌 상사병으로 죽었단 말인가…….'

정인지는 마음이 떨려 왔다.

'내가 사람을 잘못 본 것일까? 아냐, 그날 밤 내가 본 처녀는 분명 요망한 계집이었어······.'

정인지는 그렇게 자신을 위로했으나 그 처녀에게 미안한 마음은 사그라들지 않았다.

'그렇게 매정하게 물리치지 말았어야 했는데······.'

그제서야 정인지는 담을 넘어와 수치심을 무릅쓰고 자신에게 사랑을 고백했던 처녀의 마음을 조금은 이해할 것 같았다.

세월이 흐른 뒤 정인지는 양가의 규수와 혼인을 하고 그 옛날 꿈꾸었던 일들이 하나둘씩 실현되어 점차 높은 지위에 오르게 되었으나 죽은 처녀에 대한 생각을 완전히 지울 수는 없었다.

그는 문득 그 처녀가 떠오를 때면 이렇게 중얼거리곤 했다.

"가엾은 여인······, 내가 어리석었지······."

명재상 황희

1

"네 이년! 네가 먼저 시비를 걸어 놓고 뭐가 어쩌고 어째?"

"아니 이년이? 누가 할 소리를 누가 하는지 모르겠네!"

하녀 둘이 마당 한가운데서 서로 머리채를 붙잡고 악다구니하고 있는데 막 퇴궐하여 집안으로 들어서던 황희 정승이 그 모습을 보게 되었다.

하지만 주인 어른이 나타났는데도 하녀들은 싸움을 그칠 생각은 않고 오히려 더 큰소리를 냈다.

평소 황희 정승이 하인들을 가족처럼 친밀하게 대해 주었기에 하인들은 그를 그다지 어려워하지 않았던 까닭이었다.

황희는 하녀들의 싸움을 잠시 지켜보고 섰다가 가까이 다가가 물었다.

"무엇 때문에 그리 싸우느냐?"

"아이고, 대감마님! 마침 잘 오셨사옵니다. 세상에 이렇게 억울한 일이 어디 있습니까? 제가 실은……."

한 하녀가 황희에게 억울하다는 듯이 울며 자초지종을 이야기했다.

"그래? 듣고 보니 네 말이 맞구나."

하녀의 말을 다 들은 황희는 미소를 지으면서 말했다.

그러자 옆에 있던 하녀가 하소연을 하기 시작했다.

"대감마님, 너무 억울합니다. 쉰네의 말을 좀 들어 보십시오……."

그녀의 말을 모두 들은 황희는 이번에도 고개를 끄덕이며 말했다.

"그러고 보니 네 말도 맞구나."

하녀들은 서로의 말이 다 맞다고 얘기하는 황희에게 다시 자신들의 푸념 섞인 말을 늘어 놓았다.

그런데 이번에도 역시 황희는 두 사람의 이야기를 말없이 듣고는 둘 다 맞는 말이라며 고개를 끄덕였다.

이 광경을 처음부터 지켜보고 있던 황희의 조카딸이 다가와 말 참견을 했다.

"큰아버님, 큰아버님께서는 어찌하여 이 두 사람의 이야기를 다 옳다고만 하십니까? 분명 어느 한쪽이 잘했으면 다른 한쪽은 잘못하였을 터인데 옳고 그름을 밝혀 주셔야지 그저 둘 다 옳다고만 하시면 어찌하옵니까?"

조카딸은 답답하다는 듯이 황희를 쳐다보았다.

"음……. 그러고 보니 네 말도 옳구나!"

황희는 심각한 얼굴로 고개를 끄덕이며 말했다.

이 말을 들은 하녀들과 조카딸은 모두 한바탕 웃음을 터뜨리고 말았다.

금방이라도 서로를 죽일 것처럼 싸우던 하녀들은 한참을 웃고 난 뒤 겸연쩍은 듯 황희에게 허리를 숙여 인사하고는 부엌으로 들어갔다.

이렇듯 황희는 넓은 아량과 관용으로 집안 사람들을 대했다고 한다. 황희가 밥을 먹을 때 하인의 자식들이 그 밥상머리에 둘러앉아 밥과 반찬을 집어 먹어도 그저 웃어 넘겼다는 일화를 보면 황희의 그릇이 얼마나 크고 넓은지 짐작이 간다.

황희의 집에는 큰 배나무가 있었는데 가을이 되면 주먹만한 배가 주렁주렁 열렸다.

하루는 이웃집 아이가 장대를 가지고 와 황희의 집 배나무 가지를 마구 쳐서 많은 배가 땅에 떨어졌다.

그것을 본 황희는 마당으로 나가 그 아이에게 호통을 쳤다.

"이 녀석! 어찌하여 남의 집 배를 다 망가지게 하느냐?"

황희의 호통 소리에 놀란 이웃집 아이는 깜짝 놀라 대문 밖으로 도망쳤다. 달아나던 아이의 뒷모습을 한참 바라보던 황희는 하인을 불러 떨어진 배를 모두 주워 그 아이에게 갖다 주라고 일렀다.

"어린것이 얼마나 배가 먹고 싶었으면 그리했겠느냐? 어서 갖다 주어라."

황희는 어른이든 아이든, 집안 사람이든 모르는 남이든 한결같이 대했다.

언제나 따뜻한 마음으로 상대방의 입장과 눈 높이에서 그들을 이해하려고 애썼던 것이다.

2

한양 강변의 작은 나루터에서 줄을 서 있던 낡은 가마 한 대가 나룻배에 오르려 할 때였다.

갑자기 웬 사내가 술에 취해 비틀거리며 나타나더니 가마를 거칠게 한쪽으로 밀어내고는 자신이 먼저 배에 오르려 했다.

그 바람에 가마가 한쪽으로 기우뚱거려 하마터면 물에 빠질 뻔한 것을 주위 사람들의 도움으로 간신히 중심을 잡을 수 있었다.

가마의 주인인 듯한 선비가 놀란 가슴을 진정시키고는 말했다.

"이보시오. 여기 있는 사람들은 다 순번을 기다려 배에 오르고 있소. 그런데 늦게 온 사람이 먼저 타는 경우가 어디 있소?"

강경한 어조였지만 선비의 태도는 아주 정중했다.

"뭐라고? 내가 누군 줄 알고 이래라저래라 하는 거요! 난 이래봬도 황희 정승의 심복이란 말이요, 알아듣겠소?"

사내는 혀 꼬부라진 소리로 대뜸 소리쳤다.

이 나라 제일 가는 영의정이신 황희 정승의 심복이라는 말에 선비는 움찔했다.

선비는 더 이상 아무 말도 하지 못하고 가마를 뒤로 물려 사내를 먼저 배에 오르게 했다.

그렇지만 사내는 그것으로도 분풀이가 되지 않은 듯 계속해서 선비를 향해 욕지거리를 해대더니 배가 강 건너편에 도착하여 선비 일행이 배에서 내리자마자 다짜고짜 가마를 향해 오줌을 싸는 것이었다.

일이 이렇게 되자 선비는 더 이상 참을 수가 없었다.

'그래도 내가 양반이거늘 하찮은 아랫것에게 이런 치욕을 당하다니······.'

분한 생각에 더는 참을 수가 없었던 선비는 가마와 하인들을 주막에 기다리게 하고 황희의 집을 찾아갔다.

황희의 집은 한 나라의 정승이 사는 집이라고 하기에는 너무 작고 초라했다.

하인의 안내를 받아 사랑방에서 잠시 기다리자 곧 황희가 나타났다.

"무슨 일로 이렇게 우리 집을 찾아오셨는가?"

선비는 황희가 그처럼 정중하게 말하자 가슴속의 울화를 삭이고 차분하게 나루터에서 있었던 일을 말했다.

"허 그것 참, 뭐라 할말이 없구려. 이는 모두 내가 부족한 탓이오. 부디 노여움을 거두고 잠시나마 편히 쉬다 가도록 하오."

황희가 그토록 정중히 사과를 하니 선비는 마음이 흐뭇했다.

'이제 곧 그놈을 단단히 경치겠지. 내 기어이 그 꼴을 보고 가리라.'

선비가 속으로 벼르며 기다리고 있는데 하녀가 와서 황희에게 점심 식사를 어찌할 것인지 여쭈었다.

"이곳에서 손님과 함께 들 것이니라."

잠시 후 좁쌀 미음 한 그릇에 간장 한 종지가 차려진 상 두 개가 들어왔다. 선비는 정승의 점심상이 초라한 것에 놀랐으나 내색하지는 않고 남김없이 다 들었다.

황희는 점심상을 물리러 온 하녀를 불러 귀엣말을 몇 마디 속삭이더니 선비에게 이런저런 세상사 얘기를 늘어놓기 시작했다.

이제나저제나 사내가 벌받기만을 기다리던 선비는 하루 해가 저물도록 황희가 딴청만 부리자 부아가 나서 자리에서 일어났다.

"이제 그만 물러가겠습니다."

"벌써 돌아가려오? 그럼 아쉽지만 안녕히 가시오!"

황희는 여전히 별다른 말 없이 인사만 했다.

'거 참! 천하의 명상이라더니 자신의 하인 하나 처리 못 하는 사

람이 어찌 한 나라의 정승이란 말인가!'

선비가 씩씩거리며 마당을 가로질러 가고 있는데 어디선가 곤장을 치는지 퍽, 하는 소리에 연이어 신음 소리가 들려 왔다.

이를 이상히 여긴 선비가 소리 나는 곳으로 살며시 가보니 아침에 자신을 욕보인 그 사내가 하인들에게 둘러싸여 멍석말이를 당하고 있었다.

하인들 중 한 명이 선비를 알아보고 말했다.

"선비님! 나리의 분부대로 선비님을 욕보인 이 녀석에게 벌을 주고 있습니다. 이제 다시는 그런 짓을 못할 것이옵니다."

선비는 깜짝 놀랐다.

"아니, 대감께서 언제 그런 분부를 내리셨소? 이제껏 함께 있었어도 아무 얘기를 듣지 못했는데⋯⋯."

"아 예, 아까 점심상을 물리러 갔던 하녀에게 분부하셨습니다."

선비는 그제야 고개를 끄덕이며 자신의 좁은 소견을 부끄러워했다.

다른 사람들 같으면 위엄을 과시하려 그 자리에서 큰소리를 쳤을 텐데 황희는 소리 없이 자신의 일을 처리하고 있었던 것이다.

3

청렴 결백하기로 소문난 황희는 평생 초가집 신세를 면하지 못한 것은 물론 쌀밥 한 번 제대로 먹어 본 적이 없었다.

그런데 어찌된 일인지 황희가 세상을 떠난 후 치러진 막내딸의 혼사만은 공주님 혼례 못지않았다고 한다.

허나 이도 알고 보면 황희가 생전에 쌓아 놓은 음덕의 결과였다.

황희가 병석에 누워 일어날 기미가 보이지 않자 그의 부인은 아직 출가를 못 시킨 막내딸의 혼사가 은근히 걱정되었다.

지금까지도 딸들에게 혼수를 제대로 못해 보냈는데 그나마 남편마저 죽고 나면 하나 남은 딸의 혼례를 어찌 치러야 하는가 싶어 부인은 한숨이 절로 나왔다.

"대감께서 기력을 회복하셔서 그나마 살아 생전에 막내를 출가시켜 주셔야죠. 이대로 가시면 제가 어찌하오리까?"

하루는 부인이 황희의 머리맡에 앉아 눈물 섞인 넋두리를 했다.

"부인, 너무 걱정하지 마시오. 바우라는 광대가 알아서 다 해줄 것이오."

황희는 기운 없는 목소리로 대답했다.

부인은 황희의 엉뚱한 소리에 이러다 정신마저 잃게 될지도 모른다는 생각이 들어 더 이상 그런 이야기는 입밖에 내지 않았다.

황희는 그로부터 얼마 지나지 않아 세상을 떠났다.

그후 몇 해가 흐른 뒤 황희의 부인은 겨우 막내딸의 혼인 날짜를 잡게 되었다. 하지만 혼수를 마련할 돈이 없어 걱정으로 하루하루를 보내고 있었다.

그 무렵 나라에서는 경사가 겹쳐 하루는 임금이 큰 연회를 열었다.

연회에서는 전국 각지에서 모인 유명한 광대들이 임금을 위시한 문무 백관들 앞에서 한바탕 신나게 놀이판을 벌이게 되었는데, 줄타기 재주가 뛰어난 바우라는 광대도 참석하게 되었다.

놀이판이 신명 나게 벌어지는 가운데 드디어 바우의 차례가 되었다. 그런데 한참 신나게 줄을 타며 흥을 돋우던 바우가 갑자기 해괴한 짓을 벌이기 시작했다.

그는 허리춤에 찼던 수건을 들고 양쪽 엉덩이에 번갈아 갖다 대며 큰소리로 사설을 늘어놓는 것이었다.

"이것은 돌아가신 황희 정승 댁 정경마님과 막내따님이 서로 속옷을 번갈아 입는 모습으로……."

이를 본 임금은 진노하여 신하들에게 즉시 바우를 잡아 무릎을 꿇리라 명했다.

한 신하가 호통을 쳤다.

"네 이놈! 네가 감히 한 나라의 정승이셨던 분의 가실들을 욕보인단 말이냐?"

"천부당만부당하신 말씀이십니다. 어찌 소인처럼 미천한 것이 그리 할 수 있겠사옵니까? 다만 소인은 황희 정승께서 세상을 뜨신 후 그 식솔들의 생계가 어려워 이번 막내따님의 혼사에 혼수도 변변히 준비하지 못한다 하기에 이를 상감 마마께 알려드리고자 주제넘은 짓을 하였사옵니다. 소인을 죽여 주옵소서."

이 말을 들은 임금은 바우의 뜻이 장하다 이른 후 황희의 막내딸의 혼수를 공주의 것 못지않게 준비해 보내라 명했다.

혼수를 가져온 신하에게서 모든 사정을 전해들은 황희의 부인은 감읍해 마지않았다.

황희의 부인은 그때서야 죽기 전 병석에서 했던 남편의 말이 생각났다.

"어찌 이런 일이 있을 줄을 미리 아셨단 말입니까, 대감!"

황희의 부인은 이 모든 일이 지하에 계신 황희 정승이 일생 동안 쌓아온 음덕 때문이라고 생각하며 남편의 명복을 빌고 또 빌었다.

안평대군의 풍류

세조 재위 시절, 평양에 명옥이라는 유명한 기생이 있었다.

미색이 많기로 유명한 평양에서도 둘째 가라면 서러워할 만큼 아름다운 데다 가무는 물론이고 시문 서화에도 뛰어나 그녀를 한번 본 남자들은 하나같이 넋을 잃고 말았다.

소문을 듣고 온 남자들이 명옥을 한번 취해 보고자 안달이었으나, 명옥은 그 명성에 걸맞게 아무나 만나 주지 않았다. 그녀는 최소한 자신과 시문 서화를 겨룰 만한 실력을 갖춘 양반 정도는 되어야 겨우 자리를 같이하였다.

이런 명옥의 소문은 멀리 한양에까지 퍼져 당대 제일의 풍류 남아 안평대군의 귀에까지 들어갔다.

'평양에 그런 기생이 있단 말이지! 그렇다면 내가 안 볼 수 없지.'

안평대군이 한참 평양 갈 생각에 잠겨 있던 어느 날 문밖에서 최성달이라는 사람이 뵙기를 청한다는 전갈이 왔다.

"들라 하게."

잠시 후 문을 열고 들어온 사내는 갓 스물이 넘은 듯 보이는 젊은 이였다.

"처음 뵙겠사옵니다. 소인 최성달이라 하옵니다."

최성달은 안평대군에게 공손히 절을 하였다.

"소인 익히 대감의 필명을 듣고 한번 뵙고자 찾아왔습니다."

"그런가? 잘 왔네. 우리 글이나 지으며 사귀어 보세."

안평대군은 문갑에서 지필묵을 꺼내 먼저 글을 썼다.

"자, 자네도 한번 써보시게."

"소인은 그다지 잘 쓰지 못하옵니다."

이렇게 말하며 최성달은 붓을 받아 글을 써내려갔다.

안평대군은 최성달의 글을 유심히 살펴보았다.

'으흠, 그다지 신통하지 못하군.'

최성달의 글씨는 정갈하기는 했으나 별다른 느낌이 없었다. 실망한 안평대군은 그와 몇 마디 더 나누고는 작별을 고하였다.

"내 급히 갈 곳이 있어 더 이상 지체할 수가 없구려. 아쉽지만 다음에 또 오시겠소?"

"예, 그럼 오늘은 이만 물러가겠습니다."

최성달은 인사를 한 후 방을 나갔다.

안평대군은 최성달이 나가자 다시 붓을 들었다. 이왕 간 먹이라 한 자 더 써보고 싶었던 것이다.

'이 정도야 누구나 쓸 수 있지.'

안평대군은 최성달이 글을 써놓은 종이를 걷어내며 생각했다.

"아니! 이게 뭐지?"

기묘하게도 그 밑에 깔린 종이에 최성달의 글씨가 또렷이 박혀 있었다.

'거 참, 먹이 배인 모양이군.'

안평대군은 다시 종이를 걷었다. 그런데 그 밑에 있는 종이도 마찬가지였다. 그렇게 너덧 장에 최성달의 글씨가 한 판에 박은 듯 또렷이 박혀 있었다.

"이런 내가 사람을 잘못 보았군. 여봐라! 지금 나가신 손님을 어서 다시 뫼셔 오너라!"

하지만 최성달은 이미 멀리 떠나고 없었다.

그러던 며칠 후 최성달이 다시 찾아왔다. 안평대군은 그를 보자 마루까지 나가 반갑게 맞이했다.

"자네야말로 진정 명필일세그려. 내 전날은 자네를 몰라보고 그만 결례를 범했네. 미안허이."

"아닙니다 나리. 소인이 어찌⋯⋯."

이렇게 해서 안평대군은 최성달을 가까이 두게 되었다. 그리고 그렇게 벼르던 평양 유람에도 그를 데리고 갔다.

안평대군의 일행이 평양에 도착하자 그의 행차를 미리 알고 있었는지 평양감사까지 마중을 나왔다.

안평대군은 평양을 두루 둘러보았다. 그러나 안평대군이 그 무엇보다 보고 싶었던 것은 조선 제일을 자랑하는 평양의 경치가 아니라 바로 기생 명옥이었다.

'알아서 연회를 준비하겠지.'

안평대군이 기대했던 대로 평양감사는 그들을 연광정으로 안내했다. 그곳에는 이미 많은 음식과 기생들이 대기하고 있었다.

'그럼, 그렇지. 어디 누가 명옥인고⋯⋯.'

안평대군은 연광정에 오르며 기생들을 죽 살폈다.

'오호! 저 아이로구나!'

안평대군의 눈길은 단번에 한 기생에게 멈추었다.

'역시 듣던 대로다. 내 여기까지 온 보람이 있구나.'

안평대군은 흡족한 마음에 저절로 입이 벌어졌다.

기분이 좋아진 안평대군이 마음껏 풍류를 즐기니 연회는 점점 재미를 더해 갔다.

기생들은 모두 그런 안평대군을 흠모의 눈길로 바라보았다. 하지만 정작 안평대군이 마음을 두고 있는 명옥이만은 웃는 듯 마는 듯한 표정을 지으며 가만히 앉아 있었다.

안평대군은 명옥이 자신에게 눈길 한번 주지 않자 초조해졌다. 그 때 최성달이 연광정에 올랐다.

안평대군은 최성달을 이끌어 자신의 옆자리에 앉혔다.

"자, 여기 최공의 글씨가 범상치 아니하니 우리 같이 즐겨 봅시다."

안평대군은 최성달 앞에 지필묵을 대령케 했다.

최성달은 먹을 간 뒤 연광정에 모인 사람들을 한번 둘러보더니 단번에 글을 써내려갔다.

안평대군은 살며시 명옥을 바라보았다. 과연 명옥은 최성달의 글씨에 관심이 있는 듯했다. 최성달이 글을 다 쓰고 나자 명옥은 미소를 지으며 아예 그 옆으로 자리를 옮겨 앉았다.

"서방님의 글을 보아하니 악기에도 능숙하실 것 같사옵니다."

명옥이 밝은 목소리로 최성달에게 말을 걸었다.

"글쎄, 잘하지는 못하오만……."

최성달이 말끝을 흐리자 명옥은 안평대군에게 말했다.

"대군 나리, 나리께서 허락해 주신다면, 소녀 최 서방님의 거문고 장단에 맞춰 노래 한 곡 하고자 하옵니다."

명옥이 생긋 한 번 웃어 보이자 안평대군은 넋이 나간 듯 흔쾌히 허락했다.

"그거 좋은 생각이구나. 그리해 보겠소, 최공?"

"그럼, 미련한 솜씨나마 해보겠습니다."

이에 명옥이 먼저 소리를 시작하자 뒤이어 최성달이 거문고 줄을 당겼다.

명옥의 노랫소리는 애원하는 듯했고 최성달의 거문고 소리는 그것을 청아하게 반기는 듯했다.

두 사람의 소리는 절묘한 조화를 이루며 연광정을 가득 채웠다. 지나는 구름도 그 소리에 멈추는 듯했다. 안평대군을 비롯하여 그곳에 둘러앉은 사람들은 한동안 넋을 잃고 듣고 있었다.

마침내 그들의 연주가 끝났다.

"대군 나리, 제가 이렇게 절경을 자랑하는 평양을 구경하고 연광정까지 와서 실컷 놀아 보았으니 제가 원하는 바를 다 이루었습니다. 모두 나리의 은혜 덕임을 평생 잊지 않겠사옵니다. 다만 제 갈 길이 바빠 한양으로 돌아가실 때는 모시고 갈 수 없으니 예서 먼저 물러남을 용서해 주시옵소서."

최성달은 안평대군에게 절하더니 돌연 연광정을 내려가 뒤도 안 돌아보고 저만치 사라지는 것이었다.

최성달의 뒷모습을 보는 명옥의 기색이 좋지 않더니 그녀는 황급히 안평대군에게 말했다.

"소녀 일전에 앓았던 병이 아직 낫지 않았는지라 지금 다시 통증이 오니 더 이상 참을 수 없어 아뢰옵니다. 황공하오나 소녀 먼저 물러남을 용서하옵소서."

명옥은 안평대군이 뭐라 말하기도 전에 일어나 연광정을 내려가 치맛자락을 쥐고 최성달의 뒤를 쫓아갔다.

이에 안평대군은 기가 막혔지만 어쩌지 못하고 그저 명옥의 뒷모습만 노려볼 뿐이었다.

명옥을 한번 안아 보고자 한양에서 여기까지 왔는데 정작 명옥이 조선 제일의 명필이자 호방한 풍류를 자랑하는 자신은 거들떠 보지도 않고 자기가 데려온 최성달에게 빠져 그를 따라가니 안평대군의 체면이 말이 아니었다.

안평대군은 노기로 얼굴을 붉힌 채 앉아 있었다.

"아니! 저 아이가⋯⋯."

갑자기 사람들이 소리쳤다. 사람들이 가리키는 곳을 보니 부벽루 아래 절벽으로 꽃 같은 것이 떨어지고 있었다.

사연인즉 명옥이 정신없이 최성달을 쫓아갔으나 부벽루에 이르러 최성달이 홀연히 사라진 것이다. 명옥은 최성달을 찾아 헤맸으나 결국 발자국조차 찾지 못하자 그만 절벽 아래로 뛰어내려 세상을 버린 것이다.

안평대군은 명옥과 최성달의 인연을 괴이하게 생각하며 고개를 흔들었다.

"어찌 이런 일이⋯⋯. 괴이하도다. 괴이해."

안평대군의 귓가에는 아직도 명옥과 최성달이 어우러 낸 가락이 울려 퍼지고 있었다.

기백의 무인 유응부

조선 제5대 임금인 문종이 승하한 후 불과 12세의 나이 어린 단종이 보위를 계승하자 숙부인 수양대군은 왕위를 찬탈하고 어린 조카(단종)를 강제로 영월로 유배보냈다.

이에 성삼문, 박팽년, 유성원, 하위지, 이개 등 집현전 학사들과 무관 유응부 등은 새로이 등극한 세조를 폐하고 단종을 복위시킬 계획을 세웠다. 그러나 같이 거사를 공모한 김질의 밀고로 뜻을 이루지 못하고 처참한 말로를 맞게 되는데 후세 사람들은 이들을 일컬어 사육신이라 하여 추모하였다.

그 중 유응부는 어려서부터 기골이 장대하고 무술이 뛰어나 일찍이 무과에 급제하여 벼슬길에 올랐다.

불의를 보면 참지 못하고 청렴 결백을 제일로 여긴 그는 과연 무관 출신답게 기백이 있었다.

명나라에서 온 사신을 위한 연회가 대궐에서 성대하게 베풀어지던 날이었다. 유응부는 이날 밤을 거사를 도모할 절호의 기회라고 여겼다.

세조를 비롯하여 여러 문무 백관들이 거나하게 술에 취해 흥이 오를 무렵, 유응부는 박팽년과 성삼문 곁으로 은근히 자리를 옮겨 앉았다.

"오늘 밤이오! 오늘 밤이 하늘이 내린 기회가 아니겠소?"

낮지만 힘이 들어간 유응부의 말에 박팽년과 성삼문은 적이 놀라는 표정이었다.

"모두들 술에 취해 있는 데다 밤늦도록 연회가 열릴 테니 대궐 경비가 허술할 것이오. 그러니 오늘 밤 당장 해치웁시다! 이대로 오래 끌다가는 언제 또 이런 기회가 올지 모르오!"

그러나 성삼문은 내키지 않는 투로 말했다.

"아무래도 오늘 밤은 아니 될 것 같소. 명나라 사신까지 와 있는데 괜히 일을 벌였다간 거사가 성공한다 해도 명나라의 미움을 사게 될지 모르지 않소?"

박팽년도 거들고 나섰다.

"그렇소, 나도 같은 생각이오. 자칫 잘못해서 일을 그르쳤다가는 삼족이 멸하게 될 것이오."

그러나 유응부는 물러서지 않았다.

"무슨 말이오? 아니 그럼 공들은 그만한 결심도 없이 거사를 도모한단 말이오?"

"그건 절대 아니오! 이미 목숨을 바치기로 한 몸 죽음인들 두렵겠소. 다만 좀더 신중을 기하자는 것이오."

"나 역시 박공의 말에 동감이오. 굳이 오늘 밤이 아니더라도 기회는 머지않아 다시 올 것이오. 그만 흥분을 가라앉히시오."

유응부는 앞에 놓인 술잔을 연거푸 들이켰다.

"듣기 싫소! 기회란 아무 때나 찾아오는 게 아니오."

"이보시오……!"

박팽년이 더 뭐라고 말하려 하자 유응부는 자리를 박차고 일어나며 비장하게 말했다.

"우리 무인들에게는 싸움에서 터득한 직감이라는 게 있소이다. 한 번 놓치면 필시 두 번 다시 기회는 오지 않는 법이오!"

유응부는 짐짓 큰소리로 호탕하게 웃으며 자신의 자리로 돌아갔다. 그러고는 계속해서 술만 마셨다.

유응부의 직감이 적중했던 것일까?

며칠 후 그들은 다시 만나 거사일을 정하였으나 그날이 오기도 전에 발각되고 말았다. 거사를 모의한 이들 중 한 명인 김질이 동지들을 배반하고 밀고한 것이었다.

유응부를 비롯한 집현전의 다섯 학사들도 모두 잡혀 엄한 문초를 받았다.

그러나 모두들 의연한 태도로 끝까지 자신들의 뜻을 굽히지 않고 왕실의 정통성을 주장하며 세조의 폐위와 단종의 복위를 부르짖었다.

유응부도 모진 고문을 당했으나 끝내 굴하지 않았다. 그는 벌겋게 달아오른 인두가 살갗을 파고들 때도 남아다운 기상으로 호방하게 웃으며 큰소리를 질렀다.

"이놈들아! 인두가 식었구나! 뭣하는 게냐? 어서 더 달구지 않고! 하하하……!"

군사들이 시뻘건 불 속에서 금방 꺼낸 인두로 다시 살을 지지면 유응부의 목소리도 더욱 커졌다.

"이놈들! 그것도 인두질이라고 하는 게냐? 그 정도로는 돼지 비계 한 점도 못 굽겠구나. 하하하……!"

주위는 살이 타들어 가는 냄새와 매캐한 연기가 코를 찔러 구역질이 날 정도였으나 고문은 조금도 멈출 기미가 보이지 않았다.

결국 혹독한 고문을 견디다 못한 유응부는 죽어도 씻지 못할 한을 가슴에 품은 채 불귀의 객이 되고 말았다. 집현전의 다섯 학사들도 모두 형장의 이슬로 사라졌다.

유응부가 얼마나 청렴 결백했는지는 생전의 일화를 보면 어렴풋하게나마 짐작할 수 있다.

유응부는 벼슬이 2품 재상의 반열에 올랐는데도 밥상에 고기 한점 없이 늘 채소와 나물 몇 가지로 반찬을 삼았으며 방문 대신 언제나 멍석을 발처럼 치고 살았다고 한다.

이를 보다못한 아우가 하루는 유응부를 찾아와 탄식하듯 말했다.

"형님께서 벼슬길에 올라 이제 재상까지 되셨는데 어찌하여 밥상에 기름진 고기 반찬 한 점 없고, 방문도 없이 사시사철 멍석을 치고 사십니까?"

그러자 유응부는 이렇게 말했다.

"지금의 내 녹봉으로 고기 반찬을 먹는다면 이는 필시 녹봉 외에 헐벗는 백성의 고혈을 짜낸 것이고, 호화로운 발을 치고 산다면 그역시 아첨하는 무리들에게 부당한 뒷돈을 받은 것이라네."

아우가 말을 잃고 앉아 있는데 유응부의 마지막 말이 사육신으로 청사에 길이 기록될 앞날을 예견하듯 뒤를 이었다.

"나는 예전에도 그래 왔지만 앞으로도 신하된 자의 도리를 지키고 불의와 야합하느니 차라리 명예롭게 죽는 길을 택할 것이다!"

홍계관의 예언

방안에서 잠시 자신의 신수를 점쳐 보던 홍계관은 얼굴빛이 어두워졌다.

'어허, 이런 억울한 일이……!'

한숨을 쉬던 홍계관은 또 한 번 신중하게 점을 쳤다.

'옳거니, 나를 살려 줄 사람은 황씨 성을 가진 사람이구나!'

홍계관은 사람의 앞날을 예측하는 신통한 능력으로 종종 사람의 화를 면하게 해주어 그 이름이 널리 알려져 있었다.

그날은 홍계관 스스로 자신의 신수를 점쳐 보았는데 훗날 자신이 사형당할 운세라는 점괘가 나왔던 것이다.

'황씨 중에 형조판서에 오를 만한 인물을 찾아봐야겠구나.'

홍계관은 다음날부터 황씨 성을 가진 사람을 유심히 살피며 다녔다. 하지만 그가 만나는 황씨들 중에는 형조판서에 오를 만한 인물이 없어 매번 실망에 실망만 거듭했다.

그러던 어느 날 황희 정승에게 아들이 여럿 있다는 소식을 듣게 되었다. 홍계관은 그 길로 황 정승 댁을 찾아갔다.

홍계관은 황 정승을 찾아뵙고 아드님들의 신수를 봐주러 왔노라 공손하게 아뢰었다.

홍계관의 명성을 익히 들어 알고 있던 황 정승은 곧 아들들을 불러모았다.

황 정승의 큰아들부터 차례로 신수를 살피던 홍계관은 셋째 아들 황수신黃守身을 보고서야 적이 안도의 한숨을 쉬었다.

홍계관은 황수신 앞에 무릎을 꿇고 앉아 절을 하며 말했다.

"도련님, 도련님께서는 앞으로 형조판서의 자리에 오르시게 될 것이옵니다. 그런데 그때 분명 소인이 사형당할 처지에 놓여 도련님 앞에 나타날 것입니다. 하오니 지금 이 자리에서 저를 살려 주시겠다는 각서 한 장만 써주십시오."

황수신과 다른 형제들은 홍계관의 엉뚱한 말에 한바탕 웃음을 터뜨렸다.

"자네가 이 나라 제일 가는 명복이라 들었거늘 그것이 헛소리인가 보이. 우리는 학문에 둔하여 아버지께서 과거를 보지 말라 하셨으니, 우리들 중 그 누가 벼슬을 한단 말인가?"

"아니옵니다. 분명 벼슬길에 나가실 것이옵니다. 하오니 소인의 청을 거절하지 말아 주십시오."

홍계관은 형제들의 비웃음에도 아랑곳하지 않고 각서를 써줄 것을 청했다. 그러나 황수신은 그런 일은 없을 것이라며 홍계관의 말을 들어주려고 하지 않았다.

보다못한 황 정승이 아들을 꾸짖었다.

"홍계관의 점이 맞고 틀리고가 중요한 것이 아니다. 다만 자신의 목숨을 놓고 그리 간청하는데 너는 어찌하여 그렇게 냉정하게 대한단 말이냐! 그것이 선비의 도리란 말이냐?"

이리하여 홍계관은 황 정승의 도움으로 황수신에게 각서 한 장을 받았다.

그로부터 몇 년의 세월이 흐른 후 홍계관의 소문은 대궐에까지 알려졌고, 마침내 세조의 귀에까지 들어갔다.

세조는 원래 미신을 믿지 않을 뿐더러 무당이나 점쟁이를 혹세무 민하는 자들이라 하여 경계했다. 그런 세조에게 홍계관의 존재가 달 가울 리 없었다. 세조는 마침내 홍계관을 잡아들이라는 명을 내렸다.

임금 앞에 끌려온 홍계관은 무릎을 꿇고 엎드렸다.

"그래, 네가 점을 잘 친다는 홍계관이냐?"

세조가 근엄하게 물었다.

"소인의 점이 잘 맞는지는 모르겠사오나 이름이 홍계관인 것은 맞사옵니다."

홍계관은 조심스럽게 대답했다.

세조는 내관들에게 미리 준비해 둔 헝겊 주머니를 가져와 홍계 관 앞에 내놓으라고 명했다.

"그렇다면 이 주머니에 무엇이 몇 개나 들어 있는지 맞춰 보아라."

"……."

홍계관은 잠시 중얼거리더니 아뢰었다.

"집안 구석구석을 기어 다니며 때때로 도둑질을 하고, 목숨을 보 전하기 위해 구멍을 찾아 다니는 것으로 보아 쥐가 분명합니다. 그 리고 그 수는 셋이옵니다."

홍계관이 쥐라는 것을 맞추자 세조는 내심 놀랐으나 그 수가 틀 리자 홍계관을 다그쳤다.

"분명, 이 속에 쥐가 세 마리 있단 말이냐? 만일 틀릴 경우 네 목 숨이 온전치 못할 것이니라!"

"소인의 말이 맞지 않다면 전하께 거짓을 아뢴 죄로 어찌 목숨이 아깝다 하겠사옵니까?"

홍계관이 자신 있게 말하자 세조는 내관에게 헝겊 주머니를 열게 했다. 그러나 주머니 속에는 쥐가 한 마리밖에 들어 있지 않았다.

"이런 사악한 놈 같으니! 네놈이 무슨 명복이라고 백성들을 현혹시키고 과인을 속인단 말이냐! 당장 능지처참하여도 시원치 않을 놈이로다!"

세조는 홍계관을 즉시 형조로 넘겨 참형에 처하라고 명했다. 홍계관은 졸지에 죽은 목숨이 되었다.

옥에 갇힌 홍계관은 조용히 자신의 앞날을 점쳐 보더니 안도의 한숨을 쉬며 빙그레 미소를 지었다.

이윽고 형조판서가 홍계관을 문초하기 위해 왔다.

홍계관은 주머니 속에 고이 간직해 온 각서 한 장을 꺼냈다.

"나리, 전날의 약조를 기억하시겠는지요?"

형조판서는 느닷없는 각서에 의아해했으나 곧 그것이 지난날 자신이 홍계관에게 써준 것임을 기억하고는 놀라지 않을 수 없었다.

홍계관을 문초하러 온 형조판서는 다름 아닌 황수신이었던 것이다.

"허허, 놀랍구려. 까마득히 잊고 있었거늘. 과연 명복은 명복이구려!"

황수신은 그 길로 세조를 알현하고 지난날의 일을 아뢰었다.

"허허, 과연 놀랍기는 하오만 오늘은 분명 홍계관의 점괘가 틀리지 않았소?"

"전하, 혹 쥐가 암컷일지 모르니 뱃속을 확인하여 보옵소서."

황수신의 말에 세조 또한 일리가 있다고 여겨 내관에게 쥐의 배를 갈라 보라고 명했다. 그랬더니 과연 쥐의 뱃속에는 새끼 두 마리가 들어 있었다.

세조는 홍계관의 점괘에 감탄하며 즉시 그를 방면하였고, 자신의 과오를 막아 준 황수신을 신임하여 더 높은 벼슬을 제수했다.

이렇듯 홍계관의 점괘는 정확하기로 유명하였으나 틀리는 점괘도 있었으니 그것은 바로 사람의 수명이었다.

하루는 상진 상 정승尙震 尙 政丞이 홍계관을 찾아와 물었다.

"지난날 자네가 내 수명을 말해 주기를 모년 모월이라 하지 않았는가? 헌데 그날이 한참 지나도록 이렇게 멀쩡하게 살아 있으니 자네의 점이 틀리지 않았는가?"

"나리, 인명이라는 것은 자신이 하기에 따라 달라질 수 있는 것이옵니다. 혹 나리께서 덕을 베푸신 일은 없으신지요?"

홍계관이 웃으며 말했다.

"글쎄, 내가 무슨 덕을……. 지난날 길을 가다 순금으로 만들어진 금잔을 주워서 주인을 찾아준 적이 있었지. 그 주인 말이 자신은 대전수라간별감大殿水喇間別監인데 자식의 혼사가 있어 어배御盃 한 쌍을 몰래 갖다 쓰고는 돌려놓으러 가던 중 잃어버려 노심초사하고 있던 중이라 하면서 나에게 생명의 은인이라고 감사하다고 한 적이 있었지."

"나리, 다른 사람의 목숨을 살리신 일이니 그 정도면 충분히 수명을 연장하고도 남음이 있습니다."

신숙주를 살린 한명회

　세조의 부름을 받고 어전으로 들어간 신숙주는 이미 자리를 하고 있는 한명회와 구치관 옆에 정좌했다.

　어전에는 주안상이 차려져 있었는데 세조의 얼굴이 불그스레한 걸로 보아 이미 몇 잔의 대작이 있은 모양이었다.

　"과인이 경들을 부른 것은 다름이 아니라 날씨도 좋고 해서 그간 정사에 바빴을 경들의 노고도 치하할 겸 부른 것이니 마음 편히 즐기도록 하시구려."

　"성은이 망극하옵니다, 전하!"

　세 사람은 한 목소리로 고개를 숙였다.

　"또한 이 자리는 이번에 새로 임명된 영상과 우상을 축하하기 위한 자리이기도 하니 두 분은 특히 많이 들도록 하오!"

　"황공하옵니다, 전하!"

　세조는 얼마 전 영의정에 우의정에 있던 신숙주를, 우의정에 이조판서였던 구치관을 임명했다. 그리고 좌의정은 한명회를 유임시켰다.

　"과인은 이제부터 경들과 함께 놀이를 할 것이오. 지금부터 과인이 한 사람씩 호명할 터인즉 잘못 대답하는 사람은 큰잔으로 벌주

한 잔을 내릴 것이오."

얼굴에 웃음을 잔뜩 머금은 세조가 장난기 어린 표정으로 말했다.

"자, 그럼 먼저, 신 정승!"

"예, 전하!"

신숙주가 즉시 대답했다.

"저런! 과인은 이번에 새로 임명된 신新 정승을 부른 것이오. 그러니 영상이 아니라 우상이 답했어야지. 자, 벌주 한 잔 드시오. 하하하!"

세조는 벌주를 내리며 몹시 즐거워했다. 신숙주는 단번에 벌주를 들이켰다.

"구 정승!"

신숙주가 술잔을 비우자 세조가 다시 호명했다.

"예, 전하!"

이번에는 신숙주와 구치관이 동시에 대답했다.

"허허허! 이번에는 옛 구舊자를 쓴 구 정승을 부른 것인데 구 정승이 답하였으니 우상이 벌주 한 잔 드셔야겠소."

구치관이 벌주를 마셨다.

"신 정승!"

세조가 부르자 이번에는 두 사람 다 대답을 하지 않았다.

"이보시오, 신 정승."

세조가 다시 한번 호명했으나 신숙주와 구치관은 서로의 얼굴만 쳐다보며 어찌할 바를 몰라했다.

"어허, 그럼 구 정승!"

역시 누가 대답해야 할지 몰라 서로 눈치만 보고 있는데 세조는 호탕하게 웃으며 말했다.

"하하하! 과인이 부르는데 아무도 답하지 않다니 이 무슨 무례한 짓이오? 두 사람 다 벌주를 들도록 하시오!"

세조의 호명은 계속되었고 어느 누가 대답을 하든 세조는 트집을 잡아 벌주를 주니 나중에는 두 정승 모두 거나하게 취하고 말았다.

"아무래도 경들 가운데 누가 성姓을 바꾸지 않고는 계속해서 벌주를 드셔야겠소. 이렇게 경들만 벌주를 먹으니 과인에게는 술잔이 돌아오지 않는구려. 자, 경들 중 누가 과인에게 벌주를 주시겠소?"

신숙주와 구치관이 많이 취한 것을 알고 세조는 스스로 벌주를 자청하고 나섰다.

"전하, 어찌 신하된 몸으로 전하께 벌주를 올릴 수 있겠사옵니까? 또한 지금 소신들로서는 아무리 생각해도 전하의 벌주를 피할 방도가 없는 듯하옵니다. 다만 소신이 전하와 팔씨름을 한다면 혹 이길 승산이 있는 듯하옵니다만……."

신숙주가 취기 어린 목소리로 아뢰었다.

"그렇소? 그럼 어디 경의 팔 힘이 얼마나 센지 한번 볼까?"

원래 팔 힘이 센지라 팔씨름이라면 자신이 있었던 세조는 자신만만하게 말하며 신숙주의 손을 맞잡았다.

세조와 신숙주는 그렇게 일곱 번을 겨루었으나 모두 세조가 승리하였다.

세조는 더욱 흥에 겨워 호탕한 웃음을 터뜨렸다.

"하하하! 영상이 호언장담하여 혹시나 했더니 역시 글만 읽을 줄 알았지 힘은 안 되겠소이다."

"전하, 소신이 지금까지는 감히 전하와 대적하기 어려워 일부러 져드린 것이옵니다. 한 번만 더 기회를 주신다면 이번에는 절대 양보하지 않을 것이옵니다."

신숙주는 다시 한번 대적할 것을 청하고 나섰다.

"허허 그렇게 지고도……. 좋소이다, 한 번 더 해봅시다. 이번엔 과인도 봐주지 않을 것이니 손목이 다치지 않도록 조심하시오."

세조는 다시 손을 내밀어 신숙주의 손을 잡았는데 세조가 미처 손에 힘을 주기도 전에 신숙주가 재빨리 세조의 팔을 한쪽으로 넘겨 버렸다.

"이런! 영상……."

세조가 몹시 분한 듯 소리치자 한명회와 구치관이 놀라 신숙주의 옆구리를 찔렀다.

세조의 안색은 점차 굳어졌다.

"전하, 영상이 아무래도 술이 과한 모양입니다. 이제 밤도 깊었사오니 그만 침소에 드시는 것이 좋을 듯하옵니다."

한명회가 급히 사태를 마무리했다.

"알았소. 경들도 그만 물러가 쉬도록 하시오. 음……."

어전을 물러 나온 세 사람은 각자의 집으로 향했는데 다른 날과는 달리 한명회가 신숙주를 집에까지 데려다주었다.

술에 취한 신숙주를 하인들이 부축하여 방으로 들어가자 한명회는 집사에게 한 가지 당부를 했다.

"이보게. 내 말 잘 듣고 그대로 행해야 하네."

"예, 나리."

"지금 자네 대감의 방에 있는 초와 촛대를 모두 치우도록 하게나. 자네도 알겠지만 자네 대감은 새벽에 일어나 책을 읽는 버릇이 있으니 내일 새벽에도 술이 깨면 그리할 것이네. 하지만 그리했다간 큰일이 날 것이야. 그러니 무슨 일이 있어도 새벽에 일어나 글을 읽지 못하도록 초와 촛대를 모두 치워 놓아야 하네."

세조의 안색이 굳어진 것이 영 께름칙했던 한명회는 나름대로 생각이 있어 집사에게 그리 이른 것이었다.

한편 세조는 생각하면 생각할수록 신숙주가 괘씸하였다.

'아무리 술에 취했기로서니······. 영상이 평소 내게 안 좋은 감정을 갖고 있지 않고서야 어찌 그리 무엄하게 행동한단 말인가! 혹시, 술 핑계를 대고 일부러 나를 시험한 것은 아닐까?'

한번 시작된 세조의 의심은 꼬리에 꼬리를 물기 시작했다.

'아니 되겠군. 영상이 진짜 술에 취해 그런 것인지 알아봐야겠어.'

세조는 동이 틀 무렵 내관을 불러 즉시 신숙주의 집으로 가서 신숙주의 동태를 살피고 오라 일렀다.

그 시각, 잠에서 깨어난 신숙주는 머리가 조금 아팠으나 평소 습관대로 책을 읽고자 불을 밝히려 하였다.

그런데 늘 촛대가 있던 자리에는 자리끼만 놓여 있을 뿐 아무리 더듬어도 촛대를 찾을 수가 없었다.

그렇다고 이 시각에 하인을 깨울 수도 없는 노릇이고 해서 하는 수 없이 신숙주는 도로 자리에 누워 억지로 잠을 청했다.

한편, 신숙주의 집에 도착한 내관은 집안이 어둠에 쌓여 조용한 것과 신숙주의 방에 불이 꺼져 있는 것을 확인하고는 대궐로 돌아갔다.

내관은 자신이 본 바를 소상히 세조에게 아뢰었다.

"과연 영상이 몹시 취하긴 취했나 보구먼. 평소 같으면 이 시각에 책을 읽고 있을 터인데······. 그러면 그렇지! 영상이 내게 일부러 그럴 리가 없지."

세조는 잠시나마 신숙주를 의심한 자신을 책망하며 흐뭇한 미소를 짓고는 깊은 잠에 빠졌다.

평소 아무리 가까운 사람이라도 늘 경계하고 의심의 눈초리로 바라보는 세조의 성격을 익히 알고 있던 한명회로서는 비록 취중이라 해도 신숙주의 실수는 세조에게 용납되기 어려울 것이라는 점을 미리 간파했던 것이다.

　　그래서 그와 같은 기지를 부려 자칫 잘못했다가는 어려움에 처할 수도 있었던 신숙주를 위험에서 구한 것이다.

세조와 원각사

세조는 온 몸에 든 피부병이 점점 심해지자 금강산 진주담으로 치료를 하러 가게 되었다.

진주담의 물은 여름에는 시원하고 가을, 겨울에는 따뜻하여 그 물에 목욕을 하면 피부병이 완치된다는 소문이 있었다.

그날도 세조는 진주담에 조용히 앉아 사색에 잠겨 있는데 한 소년이 계곡을 따라 올라오는 것이 보였다.

이윽고 진주담까지 올라온 소년은 명상에 잠겨 있는 세조 앞에 멈춰 섰다.

"웬 소년인고?"

세조가 묻자 소년이 빙그레 웃었다.

"난 문수보살이오."

그렇게 말하는 소년의 뒤로 둥근 후광이 무지개처럼 드리워 있었다.

세조는 깜짝 놀라 일어나 큰절을 올렸다.

"내 그대가 참회하는 소리를 여러 번 들었소. 그대가 죽인 억울한 원혼들을 위해 불경도 많이 외더군. 허나 이런 곳에서 목욕을 한다고 나을 병이 아니지. 쯧쯧."

문수보살은 세조를 딱하다는 듯 바라보았다.

"이 병이 나을 수 있는 일이라면 무엇이든 하겠소이다. 방법을 가르쳐 주시오."

"……."

문수보살이 말이 없자 세조는 마음이 다급해졌다.

"그리 서 계시지만 말고 방법을 알려주시오."

"큰 사찰을 하나 지으시오. 큰 사찰을……."

문수보살은 그 한마디를 남기고는 어디론가 사라졌다.

세조는 멍하니 앉아 있다가 이내 정신을 차렸다.

'문수보살의 말처럼 큰 사찰을 지어야겠구나. 그것만이 내가 살 수 있는 길이다. 왜 진작 그 생각을 못 했을꼬?'

조선의 이념은 유교에 바탕을 두고 있었기에 당시만 해도 불교가 그리 흥하지 못했다.

비록 세조가 천수경을 외우며 불교에 의존하고 있었으나 그것은 한 나라의 임금으로서 불교를 신봉한다기보다 어디까지나 한 개인의 일에 불과했다.

그런 까닭에 신하들도 세조가 불교를 가까이하는 것을 그다지 큰 문젯거리로 삼지 않았다.

진주담에서 내려와 숙소로 돌아온 세조의 귀에 또다시 문수보살의 목소리가 들렸다.

"임금이 되어 보니 그리 좋은가?"

깜짝 놀란 세조가 주위를 살펴보니 아무도 없었다.

"조카를 죽이면서까지 얻은 임금의 자리가 어떠한가 말이다!"

문수보살의 목소리가 여전히 들려 왔다.

"이 몸이 어리석고 어리석어 그 같은 천륜을 범하는 큰 죄를 지었사옵니다. 잘못하였소이다! 내가 잘못하였소이다!"

세조는 자리에 엎드려 흐느꼈다.

"쯧쯧, 그것이 어찌 그대 혼자만의 잘못이겠소. 그대를 보필하는 신하들이 자신들의 욕심을 앞세워 그리 된 것이지. 허나 그렇다고 그대에게 죄가 없는 것은 아니네. 어찌 되었든 그들과 동조를 하였으니 그 죄과는 치러야 하지 않겠는가? 한시바삐 큰 사찰을 지어 참회하도록 하시게."

문수보살의 목소리는 그뒤에도 여러 번 세조의 귓전을 울렸다.

'그래, 당장 궐로 돌아가 큰 사찰을 지어야겠다.'

세조는 그 길로 금강산에서 돌아와 전국에 포고령을 내렸다.

"지금부터 전국에 수많은 사찰을 신축토록 하라. 또한 백성들은 있는 정성을 다해 스님들을 대하고 존경해야 할 것이다. 그리고 한양에도 큰 사찰을 지을 것이니 그리 알고 준비토록 하라."

세조의 포고령이 내려지자 불교를 신봉하는 이들은 크게 기뻐하고 환영했지만 유생들은 그와 같은 포고령을 거두어 달라고 연일 상소문을 올렸다.

하지만 세조의 결심은 흔들리지 않았다. 오히려 상소를 자주 올리는 이들을 멀리 귀양 보내어 더 이상 그러한 상소를 올리지 못하도록 일침을 놓았다.

그런데 사찰 신축이 본 궤도에 오르면서부터 세조의 피부병이 점차 회복되어 갔다. 병이 조금씩 나아가자 세조는 사찰 신축에 더욱 심혈을 기울였다.

한양 한복판에서는 날마다 사찰을 신축하는 데 쓰이는 돌과 목재를 다듬는 소리가 끊이지 않았고 불심에 가득 찬 백성들은 신명이 나서 너나할것없이 사찰 신축을 한 마음으로 도왔다.

'원각사'라 이름 지어진 그 사찰은 그렇게 수년의 세월이 지나서 야 비로소 그 웅장한 모습을 드러냈다. 그 절에는 특히 탑 구석구석 에 부처님의 여러 모습이 새겨져 있는 거대한 13층 석탑이 있었는데 흡사 사람의 솜씨 같지 않았다.

원각사가 완공된 후 세조는 여러 고명한 대사들을 모시고 매일 같이 법회를 열었다.

세조를 두고 어린 조카를 죽이고 왕위를 빼앗은 왕이라고 비난하 던 백성들은 점점 불심이 깊은 어진 임금이라고 칭송하기 시작했다.

원각사를 지음으로 해서 세조는 백성들과 한마음이 될 수 있었 고 불안하던 정국은 점차 안정되어 갔다.

의숙공주와 김 총각의 인연

"공주 마마, 송구하지만 조금만 쉬어 가면 안 될는지요?"

앞서 걸어가는 공주를 붙들고 유모가 숨을 몰아쉬며 말했다.

"미안하구려. 유모, 많이 힘들지? 내가 급한 마음에……."

"아니옵니다. 마마, 이 늙은 것이 기력이 다해 괜히 마마께 폐를 끼쳐 드려서 그저 송구할 따름입니다."

공주는 그렇게 말하는 유모의 손을 잡고 근처 바위에 기대어 앉았다.

"그러나저러나 이렇게 행선지도 없이 마냥 걸어갈 수는 없는 노릇인데……."

"마마, 잠시만 기다리시면 제가 어디 묵을 곳을 찾아보겠습니다."

공주와 유모는 서로의 얼굴을 측은하게 쳐다보며 잠시 말을 잊었다.

하늘은 바야흐로 진달래 빛 고운 색깔로 물들어 가고 있었지만 두 사람의 마음속에선 처연하고 쓸쓸한 생각이 진달래 꽃잎처럼 하염없이 지고 있었다.

그때 마침 지게를 지고 산에서 내려오던 젊은이가 두 사람을 발견하고는 잠시 머뭇거리다가 가까이 다가왔다.

"제가 참견할 일은 아닐지 모르나 이곳 사람이 아닌 듯한데……, 혹 누구를 찾아오셨습니까?"

갈 곳이 없어 고민하던 유모는 젊은이가 내심 반가웠다.

"어쩌다 길을 잃어 이곳까지 왔소이다. 이제 날도 저물어 가는데…… 이 근처에 어디 하룻밤 묵을 곳이 없겠소?"

유모는 젊은이를 유심히 살펴보며 물었다.

"저런, 여기서 마을까지 가려면 한참을 더 가야 하는데……. 괜찮으시다면 저희 집에서라도 하룻밤 묵어 가시지요."

말하는 품이나 행동거지가 산에서 나무나 하고 사는 여느 나무꾼과는 다른 젊은이였다. 유모는 곧장 공주를 모시고 젊은이를 따라 나섰다.

젊은이의 집은 산기슭에 있었는데 방안에는 서책들이 한쪽 벽면을 가득 메우고 있었다.

젊은이는 두 사람을 방으로 안내한 후 서둘러 밥을 지어 상을 차려 내왔다.

"혼자 살고 있어 그다지 먹을 만한 것이 없소이다. 부족하지만 한 끼 허기를 면하는 데는 도움이 될 것입니다."

공주와 유모는 새벽부터 제대로 먹지도 못하고 사람들의 눈을 피해 한양에서 이곳 속리산까지 종일 걸어왔는지라 밥 한 그릇을 맛있게 먹어치웠다.

"고맙습니다, 도련님. 보아하니 이런 산골에 사실 분은 아닌 듯한데 어찌 이런 산중에 혼자 살고 계신지요?"

"허허, 그리 보이십니까? 실은 제 조부님의 함자가 김자 종자 서자 이십니다. 지금의 임금에게 억울하게 죽임을 당하셨지요."

그는 어린 임금 단종을 보호하려다 아들과 함께 세조에게 무참히 죽임을 당한 김종서 대감의 친손자였다.

"그로 인해 집안은 풍비박산이 나고 저 혼자서만 이곳까지 피신해 온 것입니다."

젊은이의 말에 공주는 입술을 꼭 깨물며 눈물을 흘렸다.

'아버지, 이 많은 업보를 어찌하시렵니까?'

그 모습을 본 젊은이는 의아한 듯 물었다.

"제가 무슨 잘못이라도……? 갑자기 왜 눈물을 흘리시는지……."

공주의 눈물을 닦아 주던 유모는 그제야 속사정을 말했다.

"실은 이분은 공주 마마이십니다. 그런데 그만 전하의 노여움을 사서……."

공주는 천성적으로 품성이 착하고 마음씨가 고왔다. 그녀는 아버지 세조가 무자비하게 왕위를 찬탈하고 그것도 모자라 나이 어린 단종을 죽이려 하자 그냥 지켜볼 수가 없었다.

"아바마마, 어찌 어린 조카를 죽이려 하십니까? 이는 혈육간에 있을 수 없는 일이옵니다. 부디 통촉하옵소서, 마마!"

공주가 피눈물을 토하며 간청했지만 세조는 오히려 공주를 나무랐다.

"네가 관여할 일이 아니니 썩 물러가거라!"

"아바마마! 자식된 도리로서 그릇된 일을 하시는 아버지를 어찌 그냥 두고 볼 수 있단 말입니까? 제발 소녀의 말을 저버리지 말아 주소서!"

매일같이 공주의 간언은 계속되었고 진노한 세조는 마침내 공주에게 무거운 벌을 내릴 생각까지 하게 되었다.

일이 이렇게 되자 불안한 사람은 정희왕후였다.

세조와 공주 사이에서 어찌할 바를 모르고 있던 차에 공주가 목숨까지 잃을지 모른다고 판단한 정희왕후는 조용히 공주의 유모를 불렀다.

"지금은 공주의 앞날을 누구도 장담할 수 없으니 당분간 네가 공주를 데리고 멀리 피신해 있도록 하라."

정희왕후는 약간의 패물을 챙겨 공주와 유모를 몰래 대궐 밖으로 내보내고 세조에게는 공주가 급작스레 죽었다고 말했다.

그렇게 해서 공주와 유모는 대궐을 떠나 무작정 이곳 속리산까지 오게 된 것이었다.

유모의 말을 들은 젊은이는 사뭇 비탄에 잠긴 어조로 말했다.

"어쩐지 처음 뵙기에도 예사 분이 아니라고 느꼈는데 그런 사연이 있었군요. 허 참! 이 무슨 기이한 인연인지 알 수 없으나 갈 데를 정하실 때까지 저희 집에서 편히 지내십시오. 세인들의 눈을 피하기엔 여기가 그만일 겝니다."

공주는 아무 말 없이 그저 고개만 숙이고 앉아 있었다.

유모는 젊은이에게 감사의 뜻으로 가지고 있던 패물을 내밀었다.

"고맙습니다. 이것으로 보답이 될지 모르나 부디 사양치 말고 받아 주십시오."

"이런 귀한 패물을 내놓았다간 금방 신분이 들통날지 모릅니다. 나중에 세상이 잠잠해지면 그때 받도록 하겠습니다."

젊은이는 조용히 방을 나갔다.

그날부터 젊은이의 집에서 살게 된 공주와 유모는 부족한 생활이었지만 평화로운 나날을 보냈다.

공주는 무엇보다 젊은이가 학문에 조예가 깊고 인품 또한 훌륭하여 점차 마음이 끌렸다. 젊은이 역시 공주의 심성에 끌려 그녀를 마음에 두고 있었다. 이를 눈치 챈 유모의 주선으로 어느 날 두 사람은 정화수 한 사발을 떠놓고 조촐하게나마 혼례를 치렀다.

세월이 지나 슬하에 자식도 생겨나고 세상도 조금씩 평화로워짐에 따라 젊은이는 유모가 갖고 있던 패물을 팔아 집과 땅을 장만하여 농사를 지으며 그럭저럭 편하게 지낼 수 있게 되었다.

그러던 어느 날이었다.

"마님! 마님!"

유모가 성급히 대문 안으로 뛰어 들어오며 소리쳤다.

"무슨 일이오? 어찌 그리 급하게 뛰어오오?"

유모의 다급한 목소리를 들은 공주가 방문을 열고 내다보았다.

"내일 전하께서 이곳을 지나가신다 합니다!"

공주는 가슴이 철렁 내려앉았다.

몇 년을 죽은 목숨으로 살아왔지만 부모에 대한 그리움은 날이 갈수록 가슴에 사무치고 또 사무쳤던 것이다.

그 무렵 세조는 몹쓸 병을 얻어 전국의 유명한 사찰을 돌아다니며 자신이 저지른 죄과를 부처님께 참회하고 있었는데 때마침 속리산에 있는 법주사를 찾아가는 길에 공주가 사는 마을을 지나치게 된 것이었다.

다음날 공주는 먼발치에서나마 아버지의 모습을 보려고 대문 안에 몸을 숨기고 문틈으로 밖을 내다보고 있었다.

이윽고 저 멀리서 천천히 어가의 행렬이 다가왔다. 그런데 웬일인지 공주의 집앞에 이르러서 그 행렬이 멈추더니 세조를 수행하던 한 신하가 집앞에서 놀고 있는 공주의 아이들을 세조에게 데리고 가는 것이었다.

멀리서 보기에도 자신을 닮았다고 생각하여 데려오라고 명했던 세조는 아이들을 가까이에서 보고는 더욱 기이하다는 듯이 말했다.

"허허, 참으로 나를 많이 닮았구나. 내 눈이 잘못되었는가?"

"아니옵니다, 전하! 정말 신기한 일이옵니다."

세조가 아이들의 얼굴을 이리저리 살피며 매만지는 모습을 본 공주는 차마 터져 나오는 울음을 참을 수 없었다.

"흑흑……!"

갑작스러운 울음 소리에 세조는 두리번거리며 신하에게 물었다.

"이게 웬 울음 소리인고?"

신하도 영문을 몰라 주위를 살피는데 공주의 아이들 중 큰아이가 대답했다.

"우리 어머니의 울음 소리입니다."

"네 어머니의 울음 소리?"

문득 이상한 생각이 든 세조가 아이들의 집으로 들어갔다.

"무슨 연유로 그리 우느냐?"

세조는 마당에 엎드려 서럽게 우는 공주에게 물었다.

한동안 말을 잇지 못하고 눈물만 흘리던 공주가 천천히 고개를 들어 세조를 바라보았다.

"아니, 넌?"

"아바마마! 소녀 지난날 아바마마의 노여움을 피해 이곳으로 도망을 와 이렇게 살고 있사옵니다. 이 불효 자식을 용서하옵소서, 아바마마! 흑흑……."

세조는 얼른 다가가 바닥에 엎드려 흐느끼는 공주를 품에 안았다.

"난 이제껏 네가 죽은 줄로만 알았다. 모든 것이 다 이 죄 많은 아비의 허물이니라. 이 아비가 잘못했느니라……."

세조는 방으로 들어가 못다한 이야기를 나누었다.

"그래……, 이 아이들의 아비는 누구이냐?"

공주는 잠시 망설였으나 아이들의 아버지를 속일 수는 없는 노릇이었다.

"옛날 정승을 지냈던 김종서 대감의 손자이옵니다. 지금은 잠시 집을 비웠습니다."

세조는 뜻밖에도 담담하게 말했다.

"그 정도 재목이면 훌륭한 부마를 얻은 셈이다. 내 한양으로 올라가서 너희를 부를 터이니 이제부터 나와 함께 지내렴."

세조는 공주의 손을 부여잡고 따뜻하게 말했다.

밤늦게 집으로 돌아와 공주에게서 낮에 있었던 일을 전해 들은 김종서의 손자는 잠시 생각에 잠겼다가 자리에서 벌떡 일어났다.

"부인, 이제 와서 한양에 가본들 누가 나를 반겨 주겠소? 조정은 여전히 지난날의 반정 공신들이 세력을 잡고 있소. 지금 내가 나선다면 공연히 문제만 일으킬 뿐이오."

"……."

"내일이라도 대궐에서 사람들이 온다면 아니 갈 수도 없을 터, 그 전에 우리가 먼저 이곳을 떠납시다."

세상의 일이란 어느 누구도 앞날을 장담할 수 없다는 것을 잘 알고 있는 공주였기에 조용히 남편을 따라 짐을 꾸리기 시작했다.

다음날 이른 새벽, 공주는 남편을 따라 아이들과 함께 먼길을 떠났다.

홍윤성의 벼슬길

오늘도 여전히 홍윤성을 꾸짖는 숙부의 목소리가 온 집안을 들썩거리게 했다.

홍윤성의 숙부는 어려서부터 계속되어 온 그의 망나니짓에 더는 참을 수가 없었다.

비록 지금은 가세가 기울었다고는 하나 조상 대대로 학문을 숭상하고 고고한 선비의 가풍을 이어온 명문이라면 명문인 집안이었다.

그런데 홍윤성이 학문에는 조금도 뜻을 두지 않고 나이가 들면서 점점 엉뚱한 짓만 일삼자 숙부는 그대로 보고 있을 수만은 없었던 것이다.

"네 이놈! 네가 그러고도 우리 홍씨 가문의 후손이라 할 수 있겠느냐?"

하지만 홍윤성의 귀에는 숙부의 그 같은 꾸짖음이 들어오지 않았다.

'제기랄! 조금만 더 있었더라면 그 계집을 품을 수 있었는데⋯⋯'

홍윤성은 손에 넣을 뻔한 계집을 놓친 것이 그저 안타까울 뿐이었다. 더구나 그 계집은 기생도 아닌 이제 갓 스물을 넘긴 청상과부였다.

"내 이제껏 너의 행실을 보고도 가만 있었다만 이번만은 그냥 지나칠 수 없느니라. 당장 이 집을 나가거라, 이놈!"

숙부는 홍윤성이 뉘우치는 기색이 전혀 없는 것이 더욱 화가 나서 소리쳤다.

홍윤성은 숙부의 말이 채 끝나기도 전에 자리에서 일어났다.

'그럼 그렇지! 자기 자식도 아닌데 무슨 상관이 있으랴. 이제 이곳의 계집들도 싫증이 날 만큼 났으니 넓은 한양 땅에 가서 한껏 놀아 보리라!'

홍윤성은 자신의 방으로 돌아와 대충 짐을 꾸렸다. 짐이라고 해 봤자 괴나리봇짐 하나면 족했다.

뒤도 돌아보지 않고 대문을 나서는 홍윤성을 숙모가 달려 나와 붙들었다.

"얘야, 어디를 가려고 이러는 게냐? 지금은 네 숙부가 노여워 그런 것이니 개의치 말고 조금만 기다리거라. 지금이야 사람들이 쑥덕거리지만 소문은 금방 사라지는 것이란다. 며칠만 참고 기다리면 될 게야."

숙모는 어려서부터 자기 손으로 키운 조카가 못내 안쓰러워 다독거려 주었다.

"아닙니다. 저도 이제 제 갈 길을 가야지요. 숙모님, 그럼 안녕히 계십시오."

홍윤성은 숙모의 말을 들은 척도 않고 집을 떠났다.

그러나 한양에 도착한 홍윤성의 생활은 그야말로 비참하기 이를 데 없었다.

수중에 돈 한 푼 없는 건달을 누가 좋아하겠으며 거기에다 아는 사람조차 하나 없으니 날마다 품팔이로 먹고사는 일상은 배고픔을 겨우 면할 정도로 빠듯하기만 했다.

홍윤성이 한양에 온 지 몇 달이 지난 어느 날, 하루 품을 끝내고 돌아가던 홍윤성의 귓전에 지나가는 선비들의 얘깃소리가 들렸다.

"자네, 홍계관에게 가보았는가?"

"아, 장안에 소문이 파다한 족집게 복사卜師말인가?"

"가보았는가?"

"아직 가보지는 못했지만 언제 한번 가봐야지."

"그럼 내일 나와 함께 가세나. 홍계관에게 내게도 벼슬길에 나갈 운이 있는지 물어 보고 만약 없다면 난 그 길로 고향으로 내려갈 생각이네."

"나도 동감이네. 홍계관이 그리 말한다면 어느 누가 억지를 부릴 수 있겠는가?"

선비들의 말을 들은 홍윤성은 불현듯 호기심이 생겼다.

'홍계관이라는 자가 그리도 용한 점쟁이란 말인가? 그렇다면 나도 한번 내 앞날을 물어 봐야겠는걸.'

다음날 홍윤성은 낡은 옷이나마 깨끗이 빨아 입고 홍계관의 집을 찾아갔다.

유명한 점쟁이라 돈을 많이 벌어서인지 홍계관의 집은 다른 집보다 화려했다.

"이리 오너라! 이리 오너라!"

홍윤성은 목소리를 가다듬고 호기롭게 외쳤다.

"뉘시오?"

대문을 연 하인은 홍윤성의 아래위를 훑어보더니 인상을 찌푸리며 도로 문을 닫으려 했다.

그러나 홍윤성은 완력으로 자신을 막는 하인들을 뿌리치고 집안으로 들어가 무턱대고 홍계관을 찾았다.

아들과 함께 사랑방에서 얘기를 나누고 있던 홍계관은 뜻밖의 소란에 문을 열고 밖을 내다봤다. 그러더니 홍윤성을 보자마자 갑자기 버선발로 뛰어나와 하인들을 꾸짖으며 그를 정중하게 사랑방으로 모셨다.

홍윤성은 생각지도 못했던 환대에 어리둥절해져 연거푸 헛기침만 하고 있었다.

"귀하신 어르신께서 누추한 저희 집을 찾아 주시니 황망하여 어찌할 바를 모르겠습니다."

홍계관의 말을 들은 홍윤성은 놀라 되물었다.

"귀하신 분이라니, 누굴 말하시는 겁니까? 혹여 사람을 잘못 본 게 아닙니까?"

"아닙니다. 나리께서는 장차 높은 벼슬에 오르실 분이십니다. 그러니 어찌 귀하지 않다고 하겠습니까?"

"그 말 참말이오?"

홍윤성은 홍계관의 말이 믿어지지 않았다.

"저는 지금까지 허튼 소리를 한 적이 없으니 믿으셔도 됩니다."

홍계관은 연신 허리를 굽히며 말했다.

"그렇다면 언제쯤 내게 그와 같은 벼슬길이 열린단 말이오?"

"이제 며칠 후면 그리 될 것입니다."

"며칠 후라? 그럼 내가 어찌하면 되겠소?"

홍윤성은 며칠 후라는 말에 가슴이 뛰었다.

"먼저 저와 약조하실 것이 있습니다."

홍계관의 목소리가 긴장되었다.

"약조라니? 무슨 약조를 하라는 것이오?"

"다름이 아니라 지금부터 십 년 후면 나리께서는 형조판서에 오르실 것입니다."

"형조판서?"

홍윤성이 눈을 크게 떴다.

"예. 그때 제 아들이 죄를 지어 극형을 당할 위기에 놓일 것이니 부디 저를 생각하시어 나리께서 제 아들을 살려 주십시오."

홍계관은 눈물까지 흘리며 부탁했다.

"걱정 마시오. 훗날 내가 진정 그리 된다면 오늘의 이 약조를 꼭 지키겠소!"

다급한 마음에 홍윤성은 그러마고 얼른 약조를 했다.

"그럼, 이젠 내가 어떻게 해야 하는지 알려 주시오."

"음……. 모월 모일 정오경에 한강으로 가십시오."

"한강?"

"예. 그곳에 가시면 나리께서는 벼슬을 얻으실 수 있을 것입니다. 다만 한 가지 너무 과한 욕심은 삼가십시오. 그보다 덕을 널리 베푸는 데 힘쓰십시오. 그러면 나리의 앞날은 창창할 것입니다."

"벼슬길에 오른다는데 그런 일쯤 뭐가 어렵겠는가?"

홍윤성은 기분이 좋아져 홍계관의 집을 나왔다.

며칠이 지나 홍계관이 일러 준 날이 되자 홍윤성은 일찌감치 한강으로 나갔다. 마침 한강에서는 수양대군이 배를 띄워 놓고 뱃놀이를 하고 있었다.

수양대군은 측근인 권람과 한명회 등과 더불어 기생의 노랫가락에 맞춰 흥겹게 술을 마시고 있었다.

당시 수양대군의 권력은 임금인 단종을 능가하고 있었던 만큼 뱃놀이의 규모도 장대하고 화려했다.

'거 참, 부럽구면. 난 언제나 저렇게 놀 수 있으려나?'

홍윤성이 부러운 눈길로 수양대군의 뱃놀이를 바라보고 있는데 난데없이 어디선가 십여 명의 괴한들이 창과 칼을 들고 배 위로 뛰어올랐다.

배 안은 순식간에 아수라장이 되었고 모두들 몸을 피하느라 정신이 없었다.

"수양대군을 죽여라!"

괴한들의 두목인 듯한 자가 큰소리로 외쳤다. 그때 홍윤성은 재빨리 강물로 뛰어들어 배를 향해 헤엄을 쳤다.

홍윤성이 배에 오른 순간 괴한들 중 한 명이 막 수양대군을 칼로 내리치려 하고 있었다. 홍윤성은 몸을 날려 괴한의 가슴을 발로 차 강물 속으로 떨어뜨렸다.

이를 본 괴한들은 일제히 창칼을 들고 홍윤성에게로 달려들었다.

그러나 어려서부터 힘이라면 누구에게도 지지 않았던 홍윤성은 단번에 괴한들을 들어 차례로 강바닥에 처넣어버렸다.

괴한들을 모두 물리친 홍윤성은 수양대군에게 달려갔다.

"나리! 괜찮으십니까?"

수양대군은 홍윤성의 부축을 받으며 천천히 자리에서 일어났다.

"괜찮네, 자네 덕에 내가 목숨을 건졌구면."

홍윤성은 미소 짓는 수양대군을 바라보며 홍계관의 말을 떠올렸다.

'이것이었구나, 이것이야! 과연 홍계관이로군!'

그날 이후 홍윤성은 수양대군을 호위하는 임무를 맡게 되었다.

그리고 몇 년 후 마침내 수양대군이 왕위에 오르자 홍윤성의 벼슬길은 탄탄대로를 달려 마침내 홍계관의 예언대로 형조판서에까지 오르게 되었다.

그런 어느 날, 홍윤성이 직접 죄인들을 문초하고 있었는데 죄수 한 명이 그를 보더니 큰소리로 외치는 것이었다.

"소인을 몰라보시겠습니까? 소인의 부친이 바로 홍계관이옵니다!"

그 소리에 놀란 홍윤성이 가만히 돌이켜보니 그 옛날 홍계관과 했던 약조가 생각났다.

"오, 그래? 자네 아버지는 지금 어찌 지내느냐?"

"아버지는 몇 해 전 돌아가셨습니다. 돌아가시기 전 하시는 말씀이 제가 옥사를 치르게 될 때가 올 터이니 그때 꼭 대감마님께 제가 홍계관의 아들이라는 것을 말씀드리라 하셨습니다."

"홍계관이 죽었다?"

홍윤성은 홍계관이 죽었다는 말에 가차없이 그 아들을 처형시켜 버렸다.

홍윤성은 자신의 권세만 믿고 날로 포악하고 거만해져 자신의 비위를 거슬리는 자가 있으면 그자리에서 죽이기 일쑤였고 욕심이 많아 재물을 치부하는 데 수단과 방법을 가리지 않았다.

어릴 적 자신이 돌봐 준 조카가 높은 벼슬아치가 되었다는 소식을 들은 홍윤성의 숙부는 지난날의 정을 생각해서라도 박대하지는 않을 것이라 여기고 한양으로 그를 찾아왔다.

"너도 알다시피 집안 사정이 워낙 어렵구나. 네게 못할 말이지만 우리 아이에게 벼슬 자리 하나 마련해 줄 수 없겠느냐?"

숙부의 말에 홍윤성은 눈살을 찌푸렸다.

"숙부님께서 갖고 계신 논을 주면 한번 생각해 보지요."

"너란 놈은 여전하구나! 내 너를 어찌 길렀는데……. 식솔들이 겨우 논 몇 마지기로 그나마 목숨을 연명하고 있거늘 그것마저 빼앗으려 든단 말이냐!"

숙부는 매정한 홍윤성의 태도에 화가 나 그만 돌아가려 했다.

"아니 숙부님, 그냥 가시렵니까?"

홍윤성은 아무렇지도 않은 듯이 말했다.

"네놈의 성질이 고약한 것은 익히 알고 있었다만 예나 지금이나 하나도 변한 것이 없구나! 에잇, 천하에 못된 놈 같으니! 빼앗을 것이 없어 숙부의 것까지 넘보려 하느냐!"

"이 늙은이가 노망이 들었나. 이 자리가 어디라고 함부로 망발이야! 아직도 내가 누군지 모르는 모양인데 내 가르쳐 주지!"

홍윤성은 차고 있던 칼을 뽑아 그대로 숙부를 찔러 죽였다. 홍윤성은 주변을 한 번 살펴보고는 아무도 없는 것을 확인하자 숙부의 시체를 뒷산에 끌고 가 내팽개쳐 버렸다.

그러나 세상에 비밀은 없는 법이다.

홍윤성의 숙부가 온 것을 알고 차를 내가던 계집종이 문틈으로 이 광경을 목도했던 것이다. 그 일은 입소문을 타고 장안에 쫙 퍼지고 말았다.

한편 시골에서 남편이 오기만을 기다리던 홍윤성의 숙모는 한 달이 넘도록 소식이 감감하자 직접 남편을 찾아 한양으로 올라왔다.

한양에 당도한 그녀는 지나가는 한 노인을 붙잡고 홍윤성의 집을 물었다.

"저, 홍윤성 대감의 집을 가려면 어디로 가야 하는지요?"

노인은 계집종도 동반하지 않은 허름한 차림의 여인이 홍윤성의 집을 묻자 눈살을 찌푸렸다.

"지금 그 차림으로 홍 대감을 찾아가려는 게요?"

"집이 어딘지만 가르쳐 주십시오."

"홍 대감 집에 가려면 손에 뭐라도 하나 들고 가야지 그렇게 빈손으로 갔다간 문전 박대를 당하고 말 것이오."

노인의 말에 홍윤성의 숙모는 미소를 지었다.

"걱정해 주셔서 고맙습니다만 전 홍 대감의 숙모 되는 사람이니 그런 걱정은 안 하셔도 됩니다. 그러니 집이나 가르쳐 주십시오."

노인은 그 말이 믿어지지 않는 듯 되물었다.

"아니, 댁이 홍 대감의 숙모란 말이오?"

"예, 그렇습니다."

"저런 쯧쯧, 아직 모르나 보구먼……."

노인은 안됐다는 듯이 그녀를 바라보았다.

"무슨 말씀인지……."

노인은 차마 말하기가 어려웠지만 잘못했다간 숙모 되는 이도 죽을지 모른다는 생각이 들어 세간에 떠도는 소문을 들려주었다.

홍윤성의 숙모는 그 자리에 맥없이 주저앉고 말았다.

"세상에 이런 일이…… 조카가 어찌 숙부를……."

그녀는 오가는 행인들의 시선에도 아랑곳없이 실성한 여자처럼 대성 통곡을 했다.

며칠을 앓아 누워 있다 가까스로 정신을 수습한 그녀는 사방 팔방으로 뛰어다니며 임금에게 상소를 올릴 방도를 찾았으나 홍윤성의 세도 앞에서는 그 어떤 방도도 소용이 없었다.

홍윤성의 숙모는 임금을 직접 알현하고 고할 방법밖에 없다고 판단하고 죽기를 결심하고 대궐 문 앞에서 임금이 궐밖으로 행차하기만을 기다렸다.

처음에는 미친 여자라고 멀리 내쫓던 대궐 문지기들도 사정을 전해 듣고는 가엾게 여겨 끼니때마다 먹을 것을 챙겨다 주었다.

그녀는 밤이면 거적을 덮고 잠을 청하고 낮이면 대궐 문 앞을 서성이며 한시바삐 임금의 얼굴을 보기를 기원했다.

지성이면 감천이라더니 어느 날 궐문이 열리며 마침내 임금을 태운 어가가 나타났다.

홍윤성의 숙모는 큰소리로 곡을 하며 다짜고짜 어가를 향해 내달렸다.

너무나 섧게 들리는 곡소리에 세조는 어가를 멈추게 하고 여인을 가까이 불렀다.

"무슨 일로 그리 슬피 우느냐?"

"전하! 소인의 원한을 풀어 주옵소서!"

홍윤성의 숙모는 세조 앞에 무릎을 꿇고 앉아 과거에 있었던 일부터 남편이 죽은 얘기까지 낱낱이 아뢰었다.

"홍윤성이 그리도 간악한 자였단 말이더냐? 더군다나 인륜을 저버린 죄는 결코 용서할 수 없는 일이로다!"

세조는 어가를 돌려 대궐로 다시 들어가 홍윤성을 불러 그 죄를 숨김없이 문초한 후에 극형을 내렸다.

이로써 지난날 홍계관과의 약조를 헌신짝처럼 버리고 권세를 빌미로 사리사욕을 탐하였으며, 자신을 키워 준 숙부마저 죽인 패륜아 홍윤성은 처참한 죽음을 맞았다.

신숙주와 청의 동자

신숙주는 고요한 눈길로 천장을 올려다보았다. 그러고는 잠시 눈을 감고 깊은 숨을 몰아쉬었다. 모든 일들이 마치 어제의 일처럼 아련하면서도 생생하게 되살아났다.

기억 속의 일들은 황당한 것이었고 또 아무에게도 말하지 않은 비밀이었다. 신숙주는 그 모든 것을 하늘이 자신을 도우려 한 뜻이었다고 생각하니 마음이 한결 편안해졌다.

'이젠 말해도 되지 않을까……? 어쩌면…… 자식들은 내 말을 믿어 줄지도 몰라.'

신숙주는 가만히 눈을 떴다. 그리고 자신의 임종을 지키기 위해 모인 자식들을 찬찬히 둘러보았다. 거기에는 아직도 처음 만났던 그날의 모습 그대로 자신을 응시하고 있는 어린 동자도 함께 있었다.

청색 옷을 입은 동자는 누구보다 숙연하고 슬픈 표정으로 신숙주의 머리맡에 다소곳이 자리를 잡고 앉아 있었다.

날이 희끄무레하게 밝아오기도 전에 과장科場이 마련된 경복궁 앞은 전국 각지에서 올라온 선비들로 북새통을 이루었다.

신숙주도 다급히 과장을 향해 발걸음을 재촉했다. 아직도 주위는 어둑어둑했지만 어느 누구 하나 입을 여는 이가 없었다. 그만큼 모두들 긴장하고 있었다. 그들 모두 신숙주와 마찬가지로 잠자리에서 이리저리 뒤척였을 뿐 제대로 잠을 이룬 이는 아무도 없었다.

마침내 궐문이 열리자 선비들이 앞다퉈 안으로 들어가기 시작했다.

선비들 무리에 휩쓸려 경복궁 안으로 들어가려던 신숙주는 일순 전신을 덮쳐 오는 공포 때문에 그 자리에 우뚝 멈춰 서고 말았다.

그는 자신의 눈을 의심했다. 선비들이 들어가는 곳은 경복궁이 아니라 커다랗고 흉측하게 생긴 괴물의 아가리 속이었다. 괴물은 능청스럽게도 큰 아가리를 벌리고 선비들을 하나둘씩 한 입 가득 삼키고 있었다.

신숙주는 몇 번이고 두 눈을 비비며 그 참혹한 광경을 지켜보고 있었다. 너무 놀란 나머지 비명조차 나오지 않았다. 그런데 이상하게도 어느 누구 하나 비명을 지르거나 도망치지 않았다. 오히려 한자리에 우뚝 서서 갈 길을 방해하는 신숙주를 이상한 눈초리로 힐끔거릴 뿐이었다.

신숙주가 거의 기절할 지경이 되어 뒷걸음질을 치려는데 누군가 뒤에서 그의 옷소매를 잡아당겼다.

깜짝 놀란 신숙주가 고개를 돌리니 거기에는 아래위로 청색 옷을 입은 동자가 천진한 표정으로 그를 바라보고 있었다.

동자는 신숙주에게 뭐라 말할 겨를도 주지 않고 손가락으로 괴물을 가리키며 말했다.

"너무 놀라지 마십시오. 저기 보이는 저 괴물은 제가 선생님을 만나 뵙기 위해서 만든 환영입니다."

"나를 만나기 위해서 네가 거짓으로 꾸민 환영이라고?"

동자는 대답 대신 고개를 끄덕였다. 신숙주는 두려운 마음으로 다시 고개를 돌려 괴물이 있는 쪽을 바라보았다. 그러자 과연 거기에는 흉측한 괴물의 모습은 온데간데없이 사라지고, 그제야 막 떠오르기 시작하는 태양 빛을 받아 청명하게 빛나는 경복궁의 현판이 울긋불긋한 단청을 배경으로 아름답게 걸려 있었다.

신숙주는 자신의 눈을 의심하며 한동안 그 모습을 바라보다가 정신을 차리고 꾸짖는 듯한 목소리로 동자에게 물었다.

"너는 누구냐? 그리고 무슨 일로 그런 해괴한 짓을 벌였단 말이냐?"

동자는 천연덕스럽게 대답했다.

"저는 그저 선생님께서 후일 큰 인물이 될 것을 미리 알고 있는 터라 평생 선생님을 곁에서 모시고자 온 것이옵니다."

신숙주는 할말을 잃고서 잠시 생각에 잠겼다.

비록 나이 어린 동자라고는 하지만 좀 전에 자신이 보았던 그런 환영을 만들어 낼 수 있는 것으로 보아 평범한 소년 같지는 않았다. 더구나 말하는 투로 보나 청색 옷을 입은 기이한 차림새로 보나 비상한 동자임이 분명했다.

그런데 무엇보다 신숙주를 놀라게 한 건 동자의 다음 말이었다.

"선생님, 저를 받아 주십시오. 선생님께서도 제가 범상치 않은 아이라는 걸 아셨을 것입니다. 보십시오. 이렇게 제가 선생님과 말을 주고받은 지 한참이 됐는데도 주위 사람들은 저를 전혀 알아보지 못하고 있지 않습니까?"

번뜩 정신을 차린 신숙주가 주위를 둘러보니 과장으로 향하는 선비들 중 어느 누구 하나 동자를 알아보지 못하는 듯했다. 그들은 아까부터 허공에다 대고 혼자 중얼거리고 있는 신숙주를 마치 몇 번 과거에 낙방해서 미쳐버린 사람쯤으로 생각하는 듯 그저 힐끔거리며 피해 가고 있었다.

신숙주는 당황해하면서도 잠시 생각에 잠겼다.

'사람의 눈에 보이지 않는다면 이는 귀신이 분명할 텐데……. 혹시 귀신을 잘못 건드려 해나 입지 않을까?'

신숙주의 생각을 알고 있다는 듯이 동자가 빙긋 웃으며 공손하게 말했다.

"선생님, 그런 걱정일랑 마십시오. 저는 선생님을 도우려고 하는 것이지 해를 끼치려는 게 아닙니다. 그것만은 제가 약속할 수 있습니다."

신숙주는 하는 수 없이 고개를 끄덕일 수밖에 없었다. 일단 과거를 치른 다음에 생각해도 될 문제라는 판단이 들었기 때문이다. 또 과장에 들어가야 할 시간이 다가오고 있었고 이대로 계속 동자와 말을 나누었다간 정말로 주위 사람들에게 미친 사람 취급을 당할 게 뻔했다.

"이만 과장으로 들어가십시오, 선생님. 그리고 오늘 꼭 좋은 일이 있을 것입니다."

동자는 그렇게 말하며 신숙주를 돌려 세웠다. 그리고 꼭 두세 걸음 뒤처져 그림자처럼 소리 없이 뒤를 따랐다. 동자의 걸음걸이에선 발소리조차 나지 않았다.

그때부터였다. 동자는 평생 신숙주를 따라다니며 좋은 일과 궂은 일을 미리 가려 주었다. 집안의 대소사는 물론이고 조정의 일도 동자의 말을 따르면 모든 것이 순조로웠고 평탄했다.

심지어 신숙주가 일본에 사신으로 가게 되었을 때에도 동자가 미리 안전한 뱃길을 일러 주어 고생을 하지 않았고 또 일본에서의 일도 무사히 끝마치고 귀국할 수 있었다.

주위 사람들이 신숙주를 일러 앞일을 미리 예견하는 범상치 않은 인물이라고 말하는 것도 실상은 동자의 뜻에 따라 행동한 덕분이었다.

동자는 언제나 다른 사람 앞에는 모습을 드러내지 않았고 먹는 것도 신숙주가 먹다 남긴 것들만 조금씩 먹었다. 그러나 이상하게도 그 음식들의 양은 조금도 줄어들지 않았다.

그래서 신숙주는 동자에 대해 어느 누구에게도 말할 수 없었다. 그는 설령 말한다 해도 어느 누가 그 말을 믿어 줄까, 하는 심정에 때로 속이 답답하기도 했다.

그렇지만 동자는 신숙주와 처음 만나 약속한 것을 지금껏 단 한 번도 어기지 않았다. 언제나 신숙주에게 힘이 되어 주었고 안팎의 바람을 든든하게 막아 주었다.

신숙주는 다시 한번 깊은 숨을 몰아쉬었다. 그는 자식들이 애타게 자신을 부르는 소리에 눈을 뜨고 유언 끝에 이런 말을 남겼다.

"나중에 내 제삿상을 차릴 때는 반드시 그 옆에 따로 작은 상을 하나 더 보도록 해라. 그것만이 내가 그 아이에게 해줄 수 있는 유일한 보답이 될 것이야……."

신숙주는 이 말을 마지막으로 눈을 감았다. 그와 동시에 청색 옷을 입은 동자의 모습도 홀연히 사라졌다.

그후 신숙주의 제삿날이 되면 자식들은 아버지의 유언에 따라 아버지의 제삿상 옆에 작은 상을 하나 더 마련했다.

비운의 영웅 남이 장군

    남이 장군은 세조 재위 시절에 이시애의 난을 평정하고 야인을 정벌한 공로를 인정받아 27세의 나이에 병조판서에까지 오른 당대의 호걸이었다.

    태종의 넷째 따님인 정선공주의 아들이기도 한 그는 기골이 장대하고 기상이 높아 일찍부터 세조의 총애를 한 몸에 받았다.

    그러나 동서고금의 역사를 돌이켜보더라도 영웅이 있으면 그 주변에는 반드시 그를 시기하고 질투하는 사람이 있게 마련이다. 마찬가지로 남이 장군의 옆에는 유자광이라는 자가 있었다.

    유자광은 남이 장군과 함께 북방의 야인들을 정벌하여 공을 세웠으나 남이 장군이 병조판서에 오를 때 그는 고작 병조참지에 제수되었다. 이는 유자광이 서자라는 이유도 있었지만 근본적으로 그의 공이 남이 장군의 공에 미치지 못했기 때문인데, 그는 이에 불만을 품고 있었다.

    유자광은 이 일을 늘 마음에 두고 항시 남이 장군을 시기하며 모해할 기회만 노리고 있었다.

    세조가 죽고 예종이 즉위하자 왕족인 남이 장군의 권세에 위기를 느낀 훈구 대신들의 직접적인 견제가 시작되었는데 유자광이 이 기회를 놓칠 리가 없었다.

하루는 남이 장군이 대궐에서 숙직을 하다가 바람도 쏘일 겸 대궐 마당에 나갔는데 밤하늘에 갑자기 혜성이 꼬리를 물고 나타났다 사라졌다.

"아니, 세상에 무슨 일이 일어나려고 이런 해괴한 일이……."

"글쎄, 혜성이 나타나는 것은 드문 일인데, 뭔가 일이 있어도 크게 있을 모양인가 보구려."

혜성을 본 사람들은 이를 불길한 징조라며 저마다 한마디씩 수군거렸다.

그러나 남이 장군은 오히려 호탕하게 웃으며 말했다.

"허허! 혜성이 나타난 것을 어찌 불길한 징조로만 생각하는 것이오! 내가 보기엔 저 혜성이야말로 오래된 것이 사라지고 새로운 것이 나타나 나라를 이롭게 할 징조 같소이다."

남이 장군이 그렇게 말하자 사람들은 더 이상 말을 잃고 헛기침만 해댔다.

허나 사람들 틈에 끼여서 이 말을 듣고 있던 유자광은 사악한 웃음을 띠웠다.

다음날 유자광은 입궐하자마자 예종을 알현하고 아뢰었다.

"전하, 입에 담기 어려운 말이오나 역모의 기미가 있기에 아뢰옵니다."

"무엇이라! 그것이 대체 무슨 말이오?"

예종이 크게 놀라 물었다.

"소신이 보기에 남이 장군이 역모를 꾀하는 것 같사옵니다."

유자광이 굽실거리며 말했다.

"아니! 남이 장군이 말이오?"

"예. 어젯밤 하늘에 혜성이 나타난 것을 보고 모두들 나라일을 걱정하고 있었는데 남이 장군만은 태연하게 혜성이 나타난 것은 옛 것이 사라지고 새것이 날 징조라 하니, 이는 곧 이 나라를 뒤엎고 새로운 나라를 세우려는 뜻이 아니고 무엇이겠습니까?"

"음……!"

예종이 심상치 않은 표정으로 생각에 잠기자 유자광은 더욱 간교한 어조로 아뢰었다.

"그것뿐만이 아닙니다."

"그것뿐만이 아니라니?"

예종의 눈이 휘둥그레졌다.

"예전에 남이 장군이 야인을 정벌하고 돌아오면서 시조를 한 수 지었었는데 그때부터 사악한 뜻이 있었던 것 같사옵니다."

"시조를?"

"예, 전하."

유자광은 품에서 종이 한 장을 꺼내 예종에게 바쳤다.

백두산 돌은 칼을 갈아 없애고〔白頭山石磨刀盡〕
두만강 물은 말을 먹여 없애리라〔豆滿江水飮馬無〕
사나이가 스물에 나라를 얻지 못하면〔男兒二十未得國〕
훗날 누가 그를 대장부라 하겠는가〔後世誰稱大丈夫〕

그러나 여기에는 유자광의 무서운 계략이 숨어 있었다.

남이 장군은 원래 남아이십미평국男兒二十未平國이라 했는데 유자광이 평국平國을 득국得國으로 바꿔버린 것이었다.

시조를 읽은 예종은 두 손을 떨며 소리를 질렀다.

"무엇이라? 스무 살에 나라를 얻지 못하면 대장부가 아니라! 어허, 이는 그냥 넘어갈 일이 아니로다!"

예종은 남이 장군이 역모를 꾸미고 있다고 확신하게 되었다.

그 순간 유자광의 얼굴에는 회심의 미소가 스쳐 지나갔다.

"선왕께서 남이 장군을 총애하셨기에 과인 역시 철석같이 믿고 또 믿었거늘 내가 호랑이 한 마리를 키운 꼴이 되었구나! 어허……, 공이 나를 살렸구려."

"황공하옵니다."

예종은 당장 남이 장군을 잡아들이라 명했다.

결국 남이 장군은 물론이고 영의정 강순을 위시한 그의 측근까지 모두 참수를 당했다.

일국의 명장으로 나라를 위해 충성을 다했던 남이 장군은 유자광의 사악한 혓바닥이 부린 계교로 인해 결국 스물 여덟이라는 젊은 나이에 억울한 죽임을 당하게 되었던 것이다.

손순효의 재치

　조선 제9대 임금인 성종은 훌륭한 인재를 고루 등용한 것은 물론 그들을 아끼고 사랑하는 마음이 각별한 왕이었다.

　성종은 인재들 한 사람 한 사람을 모두 아끼고 소중히 여겼는데 그 중에서도 손순효를 가장 가까이하고 그 재주를 아꼈다.

　손순효는 당대의 문장가로서 그 명성이 자자했지만 한 가지 흠이라면 술을 너무 좋아하는 것이었다.

　평소에는 말도 없는 사람이 술만 들어가면 가슴속에 품었던 광기가 되살아나는 듯 그야말로 말술을 마시며 사람이 돌변했다.

　주사가 심한 손순효를 다른 신하들은 가까이하려 하지 않았으나 성종은 언제나 변함없이 자애롭게 대했다.

　한번은 성종이 명나라에 급히 국서를 보낼 일이 있어 손순효를 찾았다.

　왕명을 받은 신하는 다급하게 손순효의 집으로 달려갔으나 손순효는 집에 없었다. 게다가 집안 사람들 중에도 그 행방을 아는 이가 없었다.

　촌음을 다투는 어명인지라 신하는 물론 집안 사람들이 모두 손순효를 찾아나섰다.

한참을 수소문하고 다닌 끝에야 마침내 손순효를 찾아낸 그들은 아연 실색하지 않을 수 없었다.

그는 평소 잘 들르던 주막집에서 만취한 채 널브러져 있었다. 술을 얼마나 많이 먹었던지 얼굴은 주독이 올라 시뻘겠으며 아무리 몸을 잡아 흔들어도 깨어날 기미조차 보이지 않았다.

한참 뒤에야 겨우 정신을 차리고 자리에서 일어난 손순효의 몰골은 나라의 녹을 먹는 벼슬아치라고는 믿어지지 않을 만큼 초라했다.

"나리, 황급히 입궐하시라는 어명이옵니다."

"……?"

손순효는 술이 덜 깬 몽롱한 표정으로 그저 멍하니 어명을 전하는 신하의 얼굴만 바라보고 있었다.

"나리! 어명이 내리신 지 한참이 지났습니다! 한시바삐 입궐하셔야 할 줄로 압니다! 서두르십시오, 나리!"

신하가 당황한 나머지 소맷자락을 잡아 끌자 손순효는 그제서야 겨우 정신을 수습하고 대궐로 향했다.

'이를 어쩐단 말인가? 어명을 받고도 술에 취해 한참을 지체했으니 아무리 성은이 크시다 한들 이번에는 그냥 넘어가기 힘들 것 같은데…….'

대궐에 당도하여 내전으로 들어가는 손순효의 마음은 애가 닳아 금방이라도 숨이 멎을 것 같았다.

"전하! 찾아계시옵니까?"

손순효는 내전에 들어가 이마가 땅에 닿도록 엎드렸다. 금방이라도 성종의 불호령이 떨어질 것 같아 차마 얼굴을 들어 용안을 쳐다볼 용기가 나지 않았다.

"어디서 오는 길이기에 이리 늦었소?"

성종은 전후 사정을 다 알면서도 넌지시 물어 보았다.

"그것이……, 저…… 소신이 그만……."

"또 술을 드신 게요?"

성종의 목소리에는 조금씩 노기가 서리기 시작했다.

"전하! 소신의 불충을 용서하여 주옵소서."

손순효는 고개를 들지 못하고 잘못을 빌었다.

"지금껏 술이 덜 깬 걸 보니 어지간히 많이 마셨나 보구려."

"……."

"과인이 그토록 과음하지 말라고 일렀거늘, 경은 과인의 말이 귀에 들어오지 않는 모양이구려!"

"전하! 그것이 아니라……."

성종은 소리나게 무릎을 쳤다.

"변명은 그만두시오!"

"황공하옵니다, 전하!"

"지금 중요한 국서를 명나라에 보내야 하는데, 그래 가지고 어디 붓이나 제대로 잡을 수 있겠소?"

"전하! 하명만 하옵소서. 소신이 미련한 글재주나마 성심을 다해 써 올리겠나이다."

성종은 반신반의하면서도 붓과 먹을 가져오라고 명했다.

손순효가 종이를 펼치고 붓을 잡자 성종은 천천히 국서의 내용을 읊었다.

얼마 후 손순효는 국서를 적은 종이를 성종에게 올렸다. 성종은 국서를 받아 들고 조용히 읽어 내려갔다.

'음……, 과연 손순효로구나! 명필에 명문이로다.'

성종은 마음속으로 감탄했다. 손순효가 비록 술이 과한 것이 흠이긴 하나 이만한 문장은 신하들 중에서 찾아보기 힘들었다.

국서를 다 읽은 성종은 손순효를 바라보며 노기가 누그러진 어투로 말했다.

"과인이 또 한 번 당부를 하오. 부디 술을 줄이도록 하시오."

"망극하옵니다, 전하!"

며칠이 지났다. 손순효는 다시 성종의 부름을 받고 어전으로 나갔다.

성종은 한껏 부드러운 표정으로 손순효에게 은으로 만든 잔을 하사했다.

"과인의 성의니 받도록 하오."

"황공하옵니다, 전하!"

손순효는 성종이 직접 건네주는 은잔을 받았다.

"앞으로는 그 잔으로 하루에 술을 석 잔씩만 마시도록 하오."

"명심하겠사옵니다."

은잔을 받아 들고 집으로 돌아온 손순효는 한마디로 기가 찰 노릇이었다. 성종이 하사한 은잔이 겨우 간장 종지만했기 때문이다. 말술을 먹는 손순효가 그 잔으로 그것도 하루에 석 잔만 먹어서는 간에 기별도 가지 않을 게 뻔한 일이었다.

그러나 어명을 어길 수도 없는 일이라 무슨 좋은 방법이 없을까 궁리에 궁리를 거듭하던 손순효는 마침내 은세공 하는 곳을 찾아가 성종이 하사한 은잔을 최대한 얇게 펴서 큰 대접으로 만들었다.

그러고는 집으로 돌아와 날마다 그 잔에 술을 넘치도록 따라 석 잔씩 마셨다.

결국 어명을 어기지 않고도 술을 먹고 싶을 만큼 먹을 수 있었던 것이다.

얼마 후 성종이 국사를 의논할 일이 있어 손순효를 따로 불렀는데 손순효의 얼굴에는 예전과 같이 발갛게 주독이 올라 있었다.

성종은 손순효가 자신의 명을 어겼다고 생각하니 조금씩 부아가 났다.

"경은 과인의 말이 허튼소리로 들리나 보오?"

성종의 말에 손순효는 깜짝 놀라 아뢰었다.

"전하! 어인 말씀이시옵니까?"

성종은 불쾌한 심기를 숨기지 않고 말했다.

"과인이 며칠 전 은잔을 주며 그 잔으로 하루에 석 잔만 마시라고 일렀거늘 얼굴을 보아하니 그렇지가 않은 것 같기에 하는 소리요!"

"아니옵니다, 전하! 소신은 전하의 어명을 받들어 그 잔으로 하루에 꼭 석 잔만 마셨습니다."

성종은 더욱 노기 띤 얼굴로 말했다.

"그런데도 얼굴이 그 모양이란 말이오?"

"전하! 그게 실은…… 잔의 크기가 좀 커져서……."

성종은 더욱 화가 났다. 자신이 하사한 잔은 술고래인 손순효가 서른 잔을 마셔도 끄덕 없을 만큼 작지 않은가?

"그래요? 그렇다면 그 잔 한번 다시 봅시다! 여봐라!"

성종은 내관으로 하여금 손순효의 집에 가서 자신이 하사한 은잔을 가져오라고 명했다.

그런데 잠시 후 내관이 가져온 잔은 대접만한 은잔이었다.

"아니……, 이 잔이 과인이 하사한 잔이란 말이오?"

성종은 기가 막혀 말이 나오지 않았다.

"전하! 소신, 죽을죄를 지었사옵니다. 전하께서 하사하신 잔으로 술을 먹자니 양에 차지 않고 그렇다고 어명을 어기는 불충을 저지를 수도 없는 일이라 소신이 은세공 하는 곳을 찾아가 잔의 크기를 조금 늘였습니다."

몸둘 바를 몰라하는 손순효의 말을 들은 성종은 그저 어이가 없어 큰소리로 웃음을 터뜨렸다.

손순효의 말대로라면 어명은 어명대로 지키고 술은 술대로 맘껏 마신 것이니 가히 틀린 말이 아니었던 것이다.

"허허허! 경은 문장에만 능한 줄 알았더니 재치 또한 뛰어나구려, 허허허……!"

"송구스럽사옵니다, 전하!"

손순효는 머리를 조아렸다.

한바탕 호탕하게 웃음을 터뜨린 성종은 다정한 목소리로 손순효에게 말했다.

"잘 들으시오. 혹 앞으로 국정을 돌보는 과인의 눈이 흐려지거든 경이 이 은잔을 닦듯 맑게 해주고 또 백성들의 소리를 듣는 귀가 좁아지거든 경이 이 은잔을 크게 늘렸듯 부디 과인의 귀를 크게 열어주기 바라오."

"성은이 망극하옵니다, 전하!"

곧 이어 성종은 큰소리로 명을 내렸다.

"여봐라! 술상을 들여라! 과인도 오늘은 이 은잔으로 술 한잔 마셔야겠다. 허허허……!"

성종과 문지기 귀원

멀리 인왕산에서 불어오는 바람은 올해도 구중궁궐 깊은 심처에 어김없이 찾아와 대궐 마당 곳곳에 노란 민들레를 점점이 수놓듯 뿌려 놓았다.

한가로이 유영하는 연못의 잉어들은 은빛 햇살에 반짝이는 몸빛이 예년보다 곱절은 아름답고 화사하게 빛나 보였다.

비원 근처에서 날아온 것일까?

날개에 꽃가루를 잔뜩 묻힌 노랑나비 한 마리가 성종의 시야에 들어 왔다.

'어느새 이렇게 천지간에 봄이 찾아왔던고!'

성종은 정자에 앉아 읽던 책을 덮고는 하명을 내렸다.

"과인이 비원으로 가려 하니 채비를 하라."

성종은 어가를 마다하고 천천히 대궐 마당을 거닐었다. 참으로 오랜만에 느껴보는 감흥이었다.

"참으로 보기 좋구나. 지금쯤이면 비원에도 꽃들이 만발했을 것이로다."

성종은 비원에 다다라 한가로이 꽃구경을 하다가 작은 정자에 올라 잠시 쉬었다.

"여봐라! 지필묵을 대령하라."

봄기운을 타고 파릇파릇 잎새를 틔우는 나무를 바라보는 성종의 마음에 한 줄기 시상詩想이 실바람처럼 흘렀다.

내관들이 준비한 지필묵을 옆에 두고 성종은 조심스레 글을 써 나갔다.

푸른 옷감으로 봄 버들을 만드니〔綠羅剪作三春柳〕
붉은 옷감은 이월의 꽃을 만드네〔紅錦裁成二月花〕

거기까지 붓을 놀린 성종은 시상이 막히는지 잠시 고개를 들어 먼 하늘을 우러렀다.

'음……. 다음은 어찌 이어가야 한다?'

성종은 벼루 위에 조용히 붓을 내려놓았다.

"오늘의 봄 흥취는 예서 끝나는가 보구나. 과인이 다음에 와서 계속 이을 것이니 이 종이를 정자 기둥에 붙여 놓도록 하라."

성종은 두어 번 헛기침을 하고는 봄빛이 완연한 비원을 떠났다.

농익은 꽃들의 향기가 대궐을 온통 노곤하게 만드는 어느 오후, 성종은 며칠 전 정자에서 못다 쓴 글을 생각해 내고는 비원을 다시 찾았다.

시든 꽃을 대신하여 물오른 나무들이 한껏 푸른 나뭇잎으로 그늘을 드리우는 모습을 보며 성종은 아련한 추억에 잠기는 사람처럼 가슴이 먹먹해졌다.

무언가 뭉클한 감성이 이번에는 시를 끝낼 수 있으리라는 느낌을 주었다.

성종은 정자에 올라 나무 기둥에 붙여 놓았던 종이를 찾았다.

그런데 어찌 된 일인지 자신이 짓다 만 글이 완성되어 있었다.

대신들을 시켜 봄빛을 다투게 한다면〔若使公侯爭此色〕
평민의 집에는 채 봄이 가지도 못하리〔韻光不到野人家〕

시구를 읽는 성종의 표정이 점차 놀라움으로 변해 갔다.
"일찍이 보지 못한 명필에 명문이로구나!"
성종의 입에서는 절로 감탄사가 흘러나왔다.
"여봐라! 이곳을 지키는 문지기를 들라 하라!"
성종은 그 글이 누구의 솜씨인지 알고 싶었다.
잠시 후 내관을 따라 문지기가 들어왔다.
"근자에 이곳을 다녀간 사람이 있었더냐?"
성종이 물었다.
"아무도 없었사옵니다."
문지기가 공손하게 아뢰었다.
"그렇다면 저 글은 누구의 솜씨란 말이냐?"
성종이 답답하다는 듯이 문지기를 채근했다.
"황공하옵니다만 그 글은 소인이 쓴 것이옵니다. 순찰을 돌다 채
완성되지 않은 글이 있기에 전하의 글인지도 모르고 아무 생각 없이
써놓았습니다. 전하, 죽을죄를 지었나이다."
"뭐라, 네가 쓴 것이라고?"
문지기의 대답에 성종은 깜짝 놀랐다.
"그래, 정녕 저 글을 네가 지었단 말이냐?"
성종은 믿을 수 없어 다시 물었다. 한낱 문지기의 재주로 보기에
는 너무나 뛰어난 솜씨였다.

"전하, 소인의 죄를 용서하여 주옵소서!"

문지기는 땅에 머리를 조아리며 애원했다.

"과인이 이렇게 묻는 것은 너를 책망하기 위함이 아니니라. 명필에 명문장이라 이를 칭찬하고자 함이니라. 이름이 무엇이냐?"

성종은 부드러운 목소리로 문지기를 안심시켰다.

"예, 소인 귀원이라 하옵니다."

"귀원이라? 어디에서 왔느냐?"

"영월에서 왔사옵니다."

"이만한 실력이면 이런 곳에서 문지기나 하며 지낼 인물은 아닌 것 같은데 무슨 연유라도 있는 게냐?"

그제서야 마음이 놓인 문지기는 차분한 목소리로 아뢰었다.

"소인은 고향인 영월에서 과거를 보기 위해 한양으로 왔으나 그만 낙방하고 말았습니다. 그러나 이대로는 도저히 가족들 볼 면목이 없어 내년을 기약하며 이곳에 머물기로 했습니다. 그런데 과거 시험을 준비하는 동안 밥벌이를 해야겠기에 이 일을 자청하고 나선 것입니다."

문지기의 얘기를 들은 성종은 안타까운 표정을 지었다.

"어허! 그냥 문지기로 두기에는 아까운 실력이로다. 과인이 적당한 자리를 마련해 줄 터이니 이 일은 그만두고 학문에만 정진하도록 하라. 알겠느냐?"

성종은 흐뭇한 미소를 지었다.

"성은이 망극하옵니다, 전하!"

문지기 귀원은 꿈인지 생시인지 분간할 수 없었다. 오로지 성은에 감읍하여 눈물만 흘릴 뿐이었다.

이후 성종은 마음속에 감흥이 일어 시상이 떠오를 때면 귀원을 불러다 놓고 글 짓는 것을 즐겼다.

　　문지기 귀원은 타고난 재주를 바탕으로 열심히 학문에 정진하였기에 비록 우연한 기회였을망정 자신의 운명을 바꿀 수 있었던 것이었다.

월산대군의 부인 박씨

　세조의 뒤를 이은 예종이 몸이 약하여 왕위에 오른 지 오래지 않아 병석에 누우니 나라의 대신들 사이에 대통을 이을 왕손에 대한 의견이 분분하였다.

　물론 예종에게도 아들은 있었지만 너무 어렸기 때문에 누가 왕위를 잇게 될지 아무도 예측하지 못하였다.

　게다가 예종은 세조의 둘째 아들이었으나 형 의경세자가 일찍 죽고, 그의 아들인 월산대군과 자을산군의 나이가 어려 대신 왕위에 오른 것이었다. 그런데 예종이 임종을 눈앞에 두고 있는 지금 그의 아들은 너무 어렸기 때문에 죽은 의경세자의 아들들이 왕위의 물망에 오르고 있었다.

　"내가 이 나라의 국모가 될 수 있단 말인가?"

　월산대군의 부인 박씨는 기대에 부풀어 있었다. 동생인 자을산군보다는 형인 월산대군이 왕위를 물려받는 것이 당연한 것처럼 여겨졌기 때문이다.

　박씨 부인은 가슴이 설레었다. 예종이 병으로 누워 있으므로 그런 생각을 한다는 것이 황공하기는 했지만 그래도 쉽게 떨칠 수는 없었다.

그러나 궐내 사정은 그녀의 뜻을 이루기에는 여의치 않았다. 우선 시할머니 정희왕후의 마음이 자을산군에게로 가 있었다.

그러던 어느 날 대신들이 모여 누워 있는 예종을 알현하였다.

"전하! 부디 종사를 이을 분을 하루 속히 정하셔야 하옵니다."

대신들은 간곡히 여쭈었으나 예종의 입은 열리지 않았다.

"전하……!"

그때 정희왕후가 들어왔다.

"전하께서는 이미 제게 하명하시기를 자을산군에게 보위를 물리겠다 하셨소. 이것은 선왕께서도 말씀하셨던 바이니 우리 왕실은 그대로 따르기로 하였소. 그러니 대신들은 그렇게 아시고 준비하도록 하시오."

죽은 의경세자의 둘째 아들 자을산군은 나이는 월산대군보다 어리나 총명하기로 치자면 형을 능가하고도 남았다. 하여 어려서부터 할아버지 세조는 물론 할머니 정희왕후도 자을산군을 누구보다 총애하였다.

일이 이렇게 되자 서운한 것은 월산대군의 부인 박씨였다. 물론 왕실의 어른들이 자신의 지아비보다 시동생을 더욱 총애했다는 것을 모르는 바 아니었으나 그래도 일말의 희망을 버리지 못했던 것이다.

하지만 이제는 어찌할 도리가 없었다. 그저 왕위를 대신하여 경운궁(덕수궁의 옛이름)을 얻은 것으로 그나마 위안을 삼을 수밖에 없었다.

박씨 부인은 덧없는 꿈을 모두 접고 그저 지아비를 모시며 여염집 아낙처럼 지냈다.

처음에는 간혹 대궐에 들어가 성종 내외를 볼 때마다 느껴지는 쓸쓸함을 지울 수 없었다.

'내가 어찌 이런 망측한 생각을 한단 말인가? 천벌을 받을 일이야. 천벌을……'

박씨는 스스로 마음을 다스리려 애를 썼다. 성종 또한 자신이 형의 자리를 빼앗은 것만 같아 마음이 편치 않은지라 수시로 월산대군을 불러들여 잔치도 하고 시문도 나누며 형제애를 돈독히 하였다.

이런 성종의 정성으로 월산대군이나 그의 부인 박씨는 불편한 마음을 없애고 대궐에 일이 있을 때마다 들어가 정성으로 도와 주기까지 하였다.

그러던 어느 날 월산대군이 시름시름 앓더니 갑작스럽게 세상을 떠나고 말았다.

박씨에게는 청천벽력 같은 일이었다. 더욱이 그때까지 자식 하나 없었으니 박씨 부인은 더욱 쓸쓸한 나날을 보내게 되었다.

"어찌도 그리 무정하게 가시는 게요. 이 몸은 어찌하라고……, 흐흐흑."

부인은 며칠을 앓아 누웠다. 하지만 사람의 일이란 어찌할 수 없는 일, 그녀는 자리를 털고 일어나 그저 궐에 계시는 시어머니 소혜왕후를 찾아뵙고 이야기 나누며 하루하루를 보냈다.

그 당시 소혜왕후는 투기가 심한 왕비 윤씨와의 사이가 극도로 좋지 않아 심기가 불편하였다. 이에 큰며느리인 박씨 부인을 자주 불러 의논을 하기도 하였다.

박씨 부인은 중간에서 좋은 말로 고부간의 화해를 도모했으나 결국 윤씨는 폐비된 후 죽음을 당하고 말았다.

그후 성종에 이어 연산군이 왕위에 오르니 그는 폐비 윤씨의 아들이었다.

연산군은 우연히 자신의 친모 윤씨 이야기를 듣고는 분함을 참지 못했다.

그는 폐비 논의에 찬성한 이들을 일일이 찾아내 모두 죽이는 한편 이미 죽은 이들은 부관 참시를 하는 등 한바탕 칼바람을 일으켰다.

그뒤 연산군의 성격은 괴팍해지고 더욱 난폭해졌다.

이런 연산군을 보며 제일 안타까운 것은 박씨 부인이었다. 어려서 친어머니도 없이 남의 집에서 자라는 것이 안타까워 연산군을 볼 때마다 다정하게 대해 주었다.

그런 연산군이 지금 왕위에 올라 기댈 사람 하나 없이 번민하는 것이 너무도 안타까웠던 것이다.

그러던 어느 날 연산군이 박씨 부인을 불러들였다.

"큰어머니, 아무래도 세자를 큰어머니께서 돌봐 주셔야겠습니다. 지금은 그 누구도 믿을 수 없어요. 제가 믿는 사람은 큰어머니뿐입니다."

연산군의 말에 박씨 부인은 기꺼이 세자의 보육을 맡았다.

그날부터 그녀는 세자를 보육하기 위해 궐내에 기거하였다. 세자는 박씨의 손에서 무럭무럭 자라났다.

부인은 자신에게 자식이 없는지라 세자를 키우게 된 것이 더없이 행복하였다.

"세자께서 잠이 드셨느니라. 어서 자리에 눕혀드려라."

세자는 그날도 박씨 부인과 노닐다 잠이 들었다. 박씨 부인은 세자를 침소에 눕히게 하고는 자신의 방으로 돌아왔다.

부인은 고단하여 잠시 자리에 누웠는데 깜박 잠이 들고 말았다. 얼마나 잤을까. 갑자기 가슴이 답답해진 그녀가 몸을 뒤척이며 잠이 깼는데 뭔가 무거운 것이 자신을 누르고 있는 것이었다.

"아악!"

소스라치게 놀라 눈을 떠보니 웬 남정네가 술 냄새를 풍기며 자신을 덮치고 있는 것이 아닌가! 힘껏 밀쳐 보았지만 도저히 힘으로는 당할 수 없었다.

"누, 누구냐!"

박씨 부인은 겨우 소리쳤다.

"납니다. 나요."

남정네의 목소리를 알아들은 박씨 부인은 싸늘하게 굳어져 더 이상 움직일 수 없었다.

연산군이었다. 박씨 부인은 연산군의 행실을 익히 들었었지만 이런 일을 저지를 줄은 몰랐다. 어찌 조카가 큰어머니를 범할 수 있단 말인가!

해는 여전히 떠올라 새아침을 고하였다.

하지만 궐밖을 헤매고 있는 박씨 부인에게 있어 새로운 것은 아무 의미가 없었다. 그녀의 발길은 자신도 모르게 월산대군의 묘지로 향하였다.

박씨 부인의 눈앞에 지아비의 비석이 보였다.

'어찌 더러운 몸으로 이곳을 찾아왔단 말인가! 흐흐흑……'

월산대군의 묘지를 뒤로 한 박씨 부인은 무작정 헤매었다.

'내 어찌 이 몸으로 더 살기를 바랄꼬! 서방님, 부디 이 소녀를 용서하소서.'

며칠 후 박씨 부인은 싸늘한 주검으로 발견되었다.

장순손의 운명

연산군은 종묘에서 제사를 지낸 뒤 대궐로 들어오자마자 곧바로 큰 잔치를 벌였다.

종묘에서 제사를 지내는 날이면 사약을 받아 죽은 어머니 윤씨 생각이 더욱 간절했었기에 연산군은 술과 여자로써 그 생각을 떨쳐 버리려 했던 것이다.

한껏 멋을 부린 기생들이 자리를 잡고 앉아 풍악 소리에 맞춰 여흥을 돋우며 연산군의 술잔에 술을 따랐다.

상에는 과일을 비롯한 온갖 산해진미가 가득 차려져 있었는데 그 한가운데는 제사 때 쓰였던 돼지 머리도 올려져 있었다.

술판이 무르익어 감에 따라 연산군은 흥에 겨워 어깨춤을 추며 마냥 즐거워하고 있는데 갑자기 연산군 옆에서 술을 따르던 나이 어린 기생이 난데없는 웃음보를 터뜨렸다.

"호호호……"

"이게 무슨 소리냐?"

연산군이 정색을 하며 소리치자 기생은 금방 입을 다물고 고개를 숙였다.

"갑작스레 무엇을 보고 웃는고?"

연산군이 기생을 보고 말했다.

"황공하옵니다, 전하!"

기생은 겁에 질려 몸을 덜덜 떨고 있었다.

"무엇 때문에 웃느냐고 내 묻지 않았느냐?"

연산군은 기생이 대답을 하지 못하고 머뭇거리고만 있자 버럭 화를 내며 소리쳤다.

"화…… 황공하옵니다, 전하! 어릴 적 소녀가 살던 상주에 장순손이라는 사람이 있었사온데 그 인물이 꼭 돼지 머리를 닮아 사람들이 모두 그를 '돼지 머리'라며 놀렸었지요. 지금 상 위에 있는 돼지 머리를 보니 그때 일이 생각 나 웃음을 참지 못하였나이다. 부디 용서하옵소서."

기생은 벌벌 떨며 겨우 아뢰었다.

"무엇이라! 네년이 이 자리에서 감히 딴 사내를 생각했다는 게냐? 이는 분명 네가 그놈을 사모했다는 증거가 아니냐? 그렇다면 내 그놈을 그냥 둘 순 없지!"

연산군은 당장 장순손을 잡아 한양으로 끌고 오라 명했다.

특별한 죄명도 없이 마른하늘에 날벼락 격으로 하루아침에 당한 일이라 장순손은 당황하고 억울하였으나 임금의 어명이라 하니 어찌할 수가 없었다.

장순손은 울고불며 매달리는 가족들과 어이없어하는 친구들을 뒤로하고 전신이 오랏줄에 묶인 채 포졸들에 둘러싸여 한양으로 압송되었다.

장순손은 한양에 당도하면 곧 죽을 목숨인 것을 짐작하고 아들에게 후사를 신신당부하고 집을 나섰다. 비록 지방의 한직에 나와 있을지언정 연산군의 포악 무도함은 익히 들어 알고 있었던 것이다.

어느덧 장순손과 포졸들이 상주 땅을 벗어나 한양으로 가는 분기점에 이르렀는데 가는 길이 두 갈래로 나뉘어져 있었다.

이 길을 누구보다 잘 알고 있는 장순손이기에 그 갈림길에 서자 잠시 옛 생각이 아련히 떠올랐다.

옛날 과거를 보러 갈 때였다. 그때 그는 이 두 갈래 길에서 망설이다가 크고 편한 길을 제쳐두고 험하지만 지름길을 택했고 결국 그해 과거에서 장원 급제를 하는 영예를 안았다.

그후 그는 늘 이 두 갈래 길에 설 때면 편한 큰길보다 험한 지름길이 자기에게 행운을 안겨 준다고 믿어 왔었다.

그러나 지금은 지름길을 택하는 것이 자신의 명을 단축하는 길이라는 것을 장순손은 잘 알고 있었다.

포졸들이 어느 길로 가야 할지 정하지 못하고 두리번거리는 사이 장순손에게 들고양이 한 마리가 지름길 쪽으로 잽싸게 달려가는 게 보였다.

그 순간 장순손은 불현듯 그 길이 자신의 운명의 길이라는 예감이 들었다.

"보시오. 저쪽 길이 지름길이니 그리로 가는 것이 어떻겠소?"

장순손의 말에 포졸들은 연산군의 명령이 하도 성화 같으니 한시바삐 서두르는 것이 좋을 듯하여 그 말을 따르기로 하고 험하기는 하지만 지름길로 접어들었다.

한편 한양에서는 연산군의 분노가 극에 달해 있었다. 그는 장순손을 한양까지 끌고 올 필요 없이 올라오는 길에 목을 베어 그 머리만 가져오라고 명했다.

연산군의 어명을 받은 신하는 급히 상주로 말을 달렸다.

그러나 장순손과 그를 압송하는 포졸들이 지름길을 택하였으니 대로를 따라 말을 달리는 그 신하와 맞닥뜨릴 일이 없었다.

그렇게 장순손과 압송하는 포졸들이 아무것도 모르고 한양을 향해 길을 재촉하고 있을 무렵, 한양에서는 연산군의 폭정을 견디다 못한 신하들이 반정을 일으켜 연산군을 폐위시키고 중종을 새로운 왕으로 옹립하였다.

당연히 장순손에게 내려졌던 어명도 연산군의 폐위와 함께 거둬졌다.

나이 어린 기생의 철없는 웃음으로 하마터면 목숨을 잃을 뻔한 장순손은 중종 반정으로 인해 극적으로 기사 회생했다.

임사홍과 갑자사화

"저것은 누구의 글씨요?"

술에 취해 흥청망청하던 연산군이 돌연 눈을 가느다랗게 뜨고 병풍에 씌어진 글을 가리키며 물었다.

그 순간 여흥에 취해 있던 임사홍의 표정이 굳어졌다.

'아뿔싸! 내 진작 저 병풍을 치웠어야 했는데⋯⋯!'

임사홍이 당황하여 미처 대답을 못 하는 사이 연산군은 천천히 병풍에 쓰인 글씨를 읽어 내려갔다.

요순 임금과 같이 나라를 다스리면 천하는 절로 태평해지는 것을 어찌하여 진시황제는 백성을 괴롭히는가〔祖舜宗堯自太平 泰皇何事苦蒼生〕

나라 안에 일어나는 화는 모르고 공연히 오랑캐만 막으려 만리장성을 쌓았네〔不知禍起蕭墻內 處築防胡萬里城〕

병풍의 글은 다름 아닌 임사홍의 아들 임희재가 지은 것이었다.

임사홍에게는 아들이 네 명 있었는데 이들 중 둘은 임사홍 자신의 입지를 확고히 하기 위한 수단으로 왕실의 공주나 옹주와 혼인을 시켰다.

희재를 제외한 아들 셋은 부전자전이라는 말처럼 아비를 닮아 갖은 악행을 서슴지 않고 저지르는 패륜아들이었다. 특히 넷째 아들 숭재는 어느 대감의 첩을 빼앗아 연산군에게 바치기도 하였다.

그러나 희재만은 자신의 아비와 달리 소신 있는 선비의 길을 가며 연산군의 횡포를 가차없이 비판하곤 해서 일찍이 귀양살이를 한 적도 있었다.

희재는 특히 문장이 탁월하고 글씨 또한 잘 썼는데 지금 연산군이 보고 있는 병풍의 글씨도 희재가 직접 쓴 것이었다.

임사홍은 머릿속이 아뜩해졌다. 그 동안 자신이 쌓아 온 입지가 한 순간에 무너질 위기에 처한 것이다.

"어허, 어찌 대답이 없는 것이오? 대감이 쓴 것이오?"

연산군은 심기가 뒤틀린 듯 임사홍을 노려보며 언성을 높였다.

"아······, 아니옵니다. 실은 소신의 자식 희재가 쓴 것이옵니다."

"대감의 아들이? 어허, 대감에게 그런 아들이 있었소? 쯧쯧, 글 솜씨는 둘째 치더라도 내용이 영 거슬리는구려! 이는 분명 과인을 두고 하는 말이 아니오?"

연산군은 한 손으로 술상을 내리치며 소리쳤다.

"황공하옵니다, 전하!"

"어찌 그런 불경스러운 자식을 그대로 두었단 말이오!"

"송구하옵니다, 전하! 그렇지 않아도 소신 역시 그놈이 탐탁치 않아 조만간 불러다 경을 칠 작정이었사옵니다."

임사홍은 떨리는 목소리로 아뢰었다.

"공의 생각이 그러하다면 더 이상 미룰 일이 아니지. 내 친히 그놈의 목을 베어 주리다. 어서 당장 그놈을 잡아오시오!"

"예, 전하!"

임사홍은 연산군이 자신의 아들을 죽인다는 소리에도 개의치 않고 즉시 희재를 잡아 대령했다.

연산군은 입가에 냉소를 머금으며 임희재를 단칼에 베어 죽였다.

그러나 눈앞에서 자식의 목이 떨어지는 것을 보고서도 이미 출세욕에 눈이 먼 임사홍은 모른 척 고개를 돌릴 뿐이었다.

그후 점점 세도가 높아진 임사홍은 그간 눈엣가시처럼 여겨 왔던 조정의 중신들과 선왕의 후궁들을 제거하고 정권을 장악할 계략을 세웠다.

그날도 연산군은 어김없이 임사홍의 집에서 계집을 끼고 흥청망청술을 마시고 있었다.

"전하! 오늘은 유난히도 모후母后 생각이 간절하옵니다. 아마도 전하께서 모후를 많이 닮아 그러한 모양이옵니다."

임사홍은 연산군의 기색을 살피며 조심스럽게 말문을 열었다.

"그러하오? 과인이 어마마마를 그리 많이 닮았소? 하지만 듣자하니 어마마마는 방자하고 교만한 데다 투기까지 심했다고 하더이다. 그래서 그런 일까지 당한 것이 아니오?"

연산군은 씁쓸하게 말했다.

"아니옵니다, 전하! 어찌 그런 말씀을……. 모후께서는 정숙하고 온화한 분이셨습니다. 일이 그리 된 것은 다 모함을 받아서이옵니다."

임사홍은 눈물까지 흘리며 말했다.

"모함이라니? 과인이 모르는 일이 있단 말이오?"

"아뢰옵기 황공하오나……, 모후께서 사사賜死를 받게 되신 것은……."

"어서 말해 보시오, 어서!"

임사홍이 일부러 망설이는 척하자 연산군은 다급하게 재촉했다.

"실은……, 선왕의 총애를 받던 엄 귀인과 정 귀인 때문이옵니다."

"무엇이라, 엄 귀인과 정 귀인? 그럼 그들이 내 어머니를 모함했단 말이오!"

"황공하옵니다만 그러한 줄 아옵니다. 그리고 그 당시 폐비廢妃를 적극 주청한 자들이 아직도 조정에서 활개를 치고 있으니 이 어찌 황망한 일이 아니겠사옵니까?"

술잔을 쥐고 있던 연산군의 손아귀가 부르르 떨렸다.

"내 어찌 그것들을 살려두겠소! 당장 그것들부터 쳐죽이리다. 대감은 모후의 폐비를 찬성한 놈들의 이름을 한 놈도 빼지 말고 적어 올리시오!"

임사홍의 얼굴에는 회심의 미소가 떠올랐다.

임사홍은 미리 작성해 두었던 살생부를 연산군에게 바쳤고, 조정에는 한 차례 피바람이 불었는데 이것이 바로 갑자사화甲子士禍이다.

연산군은 우선 엄 귀인과 정 귀인을 자신이 직접 잔인하게 때려죽이고 정 귀인의 소출들마저 귀양을 보낸 후 사사하였다.

또한 폐비를 찬성한 중신들을 모조리 죽이고, 이미 세상을 떠난 자들은 부관 참시하였으며, 그 가족들도 죽이거나 멀리 유배를 보냈다.

연산군과 임사홍의 횡포가 날로 심해지자 마침내 반정의 불길이 치솟아 올랐다.

연산군 12년, 전 이조참판 성희안과 전 경기 관찰사 박원종, 이조판서 유순정 등이 주축이 된 반정 세력은 대궐을 장악하고 성종의 둘째 부인인 정현왕후의 아들 진성대군을 옹립하였으니 이것이 중종반정이다. 이로써 연산군의 12년 폭정은 막을 내리게 되었다. 이후 연산군은 강화도 교동으로 유배당한 뒤 쓸쓸한 최후를 맞이하였다.

또한 자신의 아들과 수많은 인명을 일시에 죽음으로 몰아넣은 임사홍도 결국 비참한 종말을 맞았다.

허물어진 개혁의 꿈

"주초위왕走肖爲王이라?"

"보옵소서, 전하. 이 나뭇잎에 새겨진 글자가 너무도 선명하지 않사옵니까?"

중종은 다시 한번 유심히 나뭇잎을 들여다보았다.

벌레들이 잎을 갉아먹은 자리가 자세히 보면 볼수록 글자 모양을 하고 있었다.

"전하! 주초위왕이라 함은 무슨 뜻이옵니까? '조씨가 왕이 된다'는 말이 아니옵니까?"

경빈 박씨는 중종 앞에 얼굴을 바짝 들이대고 목소리를 낮춰 속삭였다.

"음……!"

중종은 여전히 믿을 수 없다는 표정으로 손바닥에 놓인 나뭇잎을 뚫어지게 쳐다보았다.

"전하! 이 무슨 해괴한 변괴란 말입니까?"

"조씨가 왕이 된다……, 주초위왕이라……."

경빈 박씨는 중종의 눈치를 살피다가 조심스럽게 말했다.

"소첩의 미련한 소견인지는 모르오나 이는 필시 하늘이 내린 계시가 아닌가 하옵니다."

"하면, 조씨라 함은 누구를 말함일꼬……?"

"……."

경빈 박씨는 잠시 말을 끊었다. 이 시점에서 자기가 나선다면 오히려 의심을 살지 모르기 때문이었다.

중종은 깊은 생각에 잠겼다.

'주초위왕이라? 조씨가 왕이 된다?'

나뭇잎에 패인 자국처럼 중종의 이마에도 어두운 골이 패였다.

다음날 중종은 경빈 박씨가 나뭇잎을 주웠다는 비원을 찾았다.

과연 비원의 나뭇잎 여기저기에 희미하나마 눈으로 확연히 식별할 수 있을 만한 글자 모양의 흔적들이 있었다.

중종은 직접 손으로 그 흔적들을 매만지며 글자를 한 자 한 자 읽어 내려갔다.

'주초위왕.'

분명 곤충들이 갉아먹은 자리였다. 인위적으로는 도저히 그렇게 만들 수 없었다.

'조씨가 왕이 된다면 과연 누구를 말하는 것일까?'

중종은 어젯밤부터 뇌리 속에서 떠나지 않는 조씨 성을 가진 신하 한 사람을 애써 외면하며 지우려 하였다. 그러나 그럴수록 그 신하의 이름이 더욱 또렷하게 되살아났다.

조광조. 자신이 가장 신임하고 총애하는 명석한 두뇌를 가진 젊은 인재 조광조의 이름이 뇌리를 스칠 때마다 중종은 그런 생각을 하는 자신이 싫어져서 더욱 괴로웠다.

중종은 비원을 한 바퀴 돌아 느릿느릿 어전으로 돌아왔다.

나뭇가지 사이로 불어오는 바람은 시원했지만 바람에 흔들리는 무수한 나뭇잎들은 모두가 하나같이 조광조의 이름을 소리쳐 부르는 듯 해서 중종의 마음은 한없이 무거웠다.

한편 중종이 비원에서 조광조를 떠올리며 번민하고 있는 동안, 경빈 박씨의 처소에는 심정과 남곤이 들어와 있었다.

"마마, 전하께서는 뭐라 하셨사옵니까?"

"혹 의심하거나 미심쩍어 하시지는 않으셨는지요?"

심정과 남곤이 앞다투어 아뢰었다.

"그러신 것 같지는 않았소이다."

"하오면……."

경빈 박씨의 입가에 보일 듯 말 듯 희미한 미소가 엿보였다.

"아마도 전하께오선 꿈에도 생각지 못하실 것이옵니다. 쥐도 새도 모르게 한 일입니다. 나뭇잎에 새겨 넣은 것도 아니고 벌레들이 갉아먹은 자국이 아닙니까?"

심정은 여전히 불안했다.

"아직 안심하기에는 이릅니다, 마마."

"그렇사옵니다. 조광조 그자를 죽이기 전까지는 한시도 마음을 놓을 수 없는 일이옵니다."

남곤도 한마디 거들고 나섰다.

"그렇게도 불안하십니까? 두고보십시오. 조광조의 목숨은 이제 경각에 달렸습니다."

경빈 박씨가 확신에 찬 목소리로 심정과 남곤의 불안한 마음에 쐐기를 박았다.

중종이 폭군 연산군을 몰아내고 보위에 오른 지 10년.

29세에 문과에 급제하여 벼슬길에 나선 조광조는 대사헌이라는 막중한 책무를 맡아 위로는 임금을 보필하고 아래로는 백성들의 안위를 위해 헌신했다.

조광조는 중국의 요순 임금 시대의 태평성대를 꿈꾸며 그것을 재현해 보려 했던 것이다.

조광조의 정치 성향은 다분히 개혁적이었다. 그는 부당하고 불합리하다고 판단되면 즉시 중종에게 직언하여 고칠 것은 고치고 폐할 것은 폐하도록 했다.

중종은 조광조를 신임하고 아꼈기에 그의 말이라면 될 수 있는 한 받아들이고 수용하려고 했다.

조광조가 고려 말기의 정몽주는 충신이니 공자묘에 종사從祀해야 한다고 아뢰었을 때나, 사육신의 정당함을 아뢰고 그 충절을 높이 기려야 한다고 했을 때나, 선왕 때부터 있었던 소격서昭格署를 미신의 본거지라 하여 폐해야 한다고 주청했을 때에도 중종은 이 모든 것을 조정 원로 대신들의 반대를 무릅쓰고 받아들였다.

조광조는 개혁의 강도를 더욱 강화하여 탐관오리를 가려 파직시키고 부정 부패를 저지르는 관리들을 발본색원하여 낱낱이 그 죄를 중종에게 아뢰었다.

중종은 그런 조광조의 개혁 정치에 든든한 배후 역할을 할 만큼 그를 절대적으로 신임했다.

그러나 조광조는 비록 유림의 탄탄한 기반을 바탕으로 열렬한 지지를 받았지만 조정의 원로 대신들에게는 눈엣가시 같은 존재였다.

그런 조광조가 중종에게 원로 대신들 중 공적이 없는 대신의 훈작을 없애야 한다고 주청하자 대신들의 반발은 극에 달했다.

중종도 그 점에 대해서는 쉽사리 조광조의 청을 받아들일 수 없었다.

원로 대신들은 연산군을 폐위시키고 중종을 옹립한, 이른바 반정 공신들인 데다 이미 십 년 전에 내린 훈작이었기 때문에 이제 와서 그 일을 재론한다는 것은 여간 걸끄럽지가 않았던 것이다.

중종이 원로 대신과 조광조 사이에서 갈등하고 있을 때 조광조를 없앨 기회만을 엿보고 있던 원로 대신들은 조광조를 제거할 흉계를 꾸미고 있었다.

심정과 남곤, 홍경주 등은 경빈 박씨와 희빈 홍씨를 사주하여 궁녀들에게 비원 뜰에 있는 나뭇잎에 과일즙으로 주초위왕이라는 글자를 쓰게 했다.

며칠이 지나자 과일즙이 묻은 자리를 벌레들이 갉아먹어 나뭇잎에 는 주초위왕이라는 글자가 새겨지게 되었고 이것을 경빈 박씨가 중종에게 보였던 것이다.

그런 줄은 꿈에도 모르는 중종은 조광조를 의심하는 자신의 마음과 힘든 싸움을 벌이다 결국 조광조를 유배 보냈다.

조정의 원로 대신들은 여기에 만족하지 않고 날마다 중종을 알현하여 조광조에게 사약을 내릴 것을 간언했고 다른 신하들도 조광조가 젊은 세력들을 규합하여 역모를 꾸미고 있다고 입을 모았다.

그러나 조광조를 아끼던 중종은 쉽게 결단을 내리지 못하고 있었다.

이렇게 조정의 공론이 들끓는 사이 조광조를 살리기 위해 전국의 유생들이 일제히 상경해 도성 앞에 모여 매일같이 상소를 올렸다.

조광조를 지지하는 세력에 위기감을 느낀 중종은 결국 그에게 사약을 내렸다.

중종을 잘 보필하여 중국의 요순 시절과 같은 태평성대를 이루려 했던 조광조의 꿈은 한낱 물거품으로 사라졌다.

이 땅에 진정한 개혁 정치를 이루어 부정과 부패를 척결하고 권력을 등에 업고 부당한 세도를 부리는 자들을 권좌에서 몰아내려 했던 조광조의 야심에 찬 계획도 허망하게 사라져버렸다.

조광조의 죽음과 더불어 그를 따르던 신진 세력들도 모두 죽거나 화를 입었으니 이것이 바로 기묘사화이다.

퇴계의 잠자리

1

퇴계 이황과 마주앉아 차를 나누던 선비는 무슨 말을 할 듯 말 듯 하며 연신 입술을 달싹거리고만 있었다.

퇴계는 그 모습이 적잖이 신경 쓰여 차 맛을 제대로 음미할 수가 없었다.

두 사람은 한참을 멀뚱히 앉아 창호지를 은은하게 비춰 들어오는 햇살만 바라보고 있었다. 그러다 문득 입술만 달싹거리며 머뭇거리던 선비가 속에 있는 말을 털어놓았다.

"허허, 이제 선생도 새로 부인을 들이셔야 하지 않겠습니다. 겨울이 지난 지가 언제인데 아직까지 겨울옷을 입고 계신단 말입니까? 챙겨 드릴 사람이 없어 그런 것 아니겠습니까?"

"글쎄요, 허허. 나 같은 사람에게 누가 오려고 하겠습니까?"

퇴계는 삼십 중반에 아내와 사별한 뒤 몇 해가 흐른 지금까지도 아직 혼자 몸이었다. 때문에 근래에 그를 찾아오는 손님들은 하나같이 퇴계에게 새 장가 들기를 권유했다.

몇십 명의 제자를 거느리고 있어 접객이 빈번한 터라 손님을 접대할 때나 제사를 치를 때면 퇴계 역시 안주인의 손길이 필요하다는 것을 절감하고 있던 차였다.

　그러나 자신이 직접 아내감을 구하기도 민망하여 속으로 걱정만 하고 있던 터에 제자가 다니러 왔다가 불쑥 말을 꺼냈다.

　"사모님이 돌아가신 지도 몇 해나 지났으니 이제 스승님도 새로 사모님을 들이셔야 될 텐데 걱정입니다."

　"글쎄, 자네가 참한 규수를 중매하면 내 새 장가를 들지."

　퇴계는 웃으며 농담처럼 말했다.

　"정말이십니까? 스승님. 진정 제가 중매를 하오리까?"

　제자는 뜻밖의 대답에 조금 놀라며 되물었다.

　"허허 그렇다니까? 말로만 그러지 말고 어디 참한 규수가 있으면 중매를 서게나."

　"그렇다면……, 아랫마을에 사는 최 진사 어른을 아시옵니까?"

　"최 진사? 알다마다."

　"그분에게 나이가 들었긴 하나 시집 안 간 딸이 하나 있다고 합니다."

　"그래? 올해 몇이라고 하더냐?"

　퇴계는 선뜻 내키는 듯 물었다.

　"스물여덟이라고 합니다."

　"음, 나이가 꽤 들었군. 그런데 어째서 아직까지 시집을 못 갔다 하더냐?"

　"흠이 조금 있다고 합니다."

　"흠이 있다고?"

　퇴계는 조금 긴장하며 물었다.

　"좀 모자라고 주책스런 면이 있다고 하더이다."

제자는 조심스럽게 말했다.

"허허, 그래? 하지만 좀 모자라는 게 잘났다고 건방 떠는 것보다야 훨씬 낫지 않겠는가?"

퇴계는 웃으며 말했다.

"그렇게 생각하신다면 제가 당장 중신을 서겠습니다, 스승님."

퇴계가 별 대답 없이 입가에 미소만 짓고 있자 제자는 그 모습을 승낙의 표시로 받아들였다. 그리고 그 길로 최 진사를 찾아가 의중을 물어 보았다.

최 진사는 그렇지 않아도 딸자식이 나이가 차도록 시집을 못 가는 것이 못내 걱정스럽던 터에 퇴계 같은 고명한 학자가 자신의 딸을 거두어 준다고 하자 두말 없이 흔쾌히 승낙했다.

그렇게 해서 퇴계는 제자의 중신으로 최 진사의 딸을 부인으로 맞아들였다.

서툰 솜씨나마 부지런히 집안을 꾸려 나가던 최씨 부인은 어느 날 남편 퇴계의 두루마기를 손수 지어 내놓았다.

"아니 이것을 부인이 직접 지었단 말이오."

"그렇습니다, 서방님."

퇴계는 혼례를 올리기 전부터 아내가 조금 모자란다는 것을 익히 알고 있었기에 별다른 기대를 하지 않은 데다 새 장가를 들고 처음이자 참으로 오랜만에 새옷을 받고 보니 여간 기쁘지 않았다.

"수고했소. 정말 고맙구려."

퇴계는 부인이 기특한 마음까지 들었다.

"어서 입어 보십시오."

최씨 부인은 부끄러운 듯 얼굴을 붉히며 고개를 한쪽으로 돌렸다.

퇴계는 흐뭇한 미소를 띄우며 개진 두루마기를 펼쳐 들었다.

그 순간 퇴계는 한동안 입을 다물지 못했다. 최씨 부인이 지은 두루마기의 소매가 한쪽은 길고 한쪽은 짧을 뿐 아니라 앞깃도 짧고 또 엉뚱한 자리에 붙어 있어 도저히 입을 수가 없었다. 게다가 풀을 먹인다고 먹인 것이 여기저기 밥풀이 그대로 붙어 있었다.

퇴계는 어이가 없어 껄껄껄 웃음을 터뜨렸다.

"그리도 좋으십니까, 서방님?"

최씨 부인은 퇴계의 속은 알지 못하고 그렇게 말하며 따라 웃었다.

퇴계는 아무 말 않고 그 두루마기를 입으며 또 한번 껄껄 웃음을 터트렸다.

2

"스승님들은 아무래도 뭐가 달라도 다르시겠지?"

"글쎄, 그런 것이야 사람 본능인데 우리 같은 사람들과 별반 다를 것이 있겠나?"

"그래도 우리 스승님들 같은 유명하신 도학자들께서는 보통 사람과는 생각하는 것이나 행동하시는 것이 다르지 않나."

퇴계의 제자와 율곡의 제자들이 한자리에 모여 세상 돌아가는 이야기를 하던 끝에 어느새 스승의 잠자리 이야기까지 하게 되었다.

호기심 많은 한 제자가 퇴계와 율곡 선생은 도학자이니 잠자리도 보통 사람들과 다른 점이 있지 않을까 하고 먼저 말을 꺼낸 것이다.

"그럼 우리 이러면 어떻겠나? 직접 확인해 보는 걸세."

"확인을 한다고? 어떻게 말인가?"

"사람 참, 척하면 모르겠나. 밤에 몰래 훔쳐보면 되잖은가."

장난기 심한 한 제자가 이렇게 제안하자 다른 제자들도 모두 박수까지 치며 찬성했다.

그들은 몇 사람씩 정해서 각자의 스승이 부인과 방사하는 날 밤 몰래 안방을 엿본 후 다시 이야기하자고 의견을 모았다.

율곡의 제자들은 며칠 동안 스승의 거동을 살피다가 어느 날 밤, 율곡이 안방으로 들어가자 재빨리 행동을 개시했다.

밤도 제법 깊어 주위에 인기척이라곤 제자들의 숨죽인 발걸음 소리뿐이었다.

제자들은 다시 한번 주변을 살핀 후, 얼른 안방 창가에 매달려 침 묻힌 손가락을 창호지에 살짝 찔러 구멍을 뚫었다.

과연 율곡은 도학자답게 잠자리에서도 품위를 잃지 않고 점잖게 부인을 상대하며 신음 소리 한 번 내지 않았다.

한참 동안 그 광경을 훔쳐보던 제자들은 율곡이 일을 끝내고 자기 자리에 돌아와 눕자 그제서야 자신들의 거처로 되돌아왔다.

"역시 도학자는 다르시구먼."

제자들은 하나같이 스승의 행동에 탄복했다.

한편 퇴계의 제자들 역시 기회를 노리다 마침내 어느 밤, 스승의 안방을 엿보게 되었는데, 제자들은 모두 놀라 벌린 입을 다물지 못했다.

평소 그처럼 근엄하고 학자다운 풍모를 잃지 않던 스승이 잠자리에서는 너무나 과감하고 일면 난잡하기까지 했다. 지금 방에 있는 사람이 도학자 퇴계라고는 도저히 생각되지 않았다.

퇴계의 제자들은 더 이상 그 광경을 보기 민망하여 얼굴만 붉힌 채 그곳을 떠났다.

다음날 퇴계와 율곡의 제자들은 다시 한자리에 모여 서로가 본 것을 이야기했다.

"두 분 모두 이 나라를 대표하는 도학자로서 명망이 높으시거늘 어째서 잠자리에서만은 그리도 다르단 말인가?"

한 제자가 이해할 수 없다는 듯이 말했다.

"아무래도 나이는 더 적으시나 우리 율곡 선생님이 진정한 도학자이신 것 같으이. 안 그런가?"

"맞는 말일세. 언제 어디서나 언행이 일치하신 분은 오로지 율곡 선생뿐인 것 같네."

율곡의 제자들은 자신들의 스승을 자랑스러워하며 말했다.

그러나 퇴계의 제자들은 할말이 없었다.

"거 참, 퇴계 선생님께서는 밤과 낮이 어찌 그리도 다르단 말인가?"

"나도 어이가 없네그려."

"아무래도 난 그냥 있을 수가 없네. 선생님께 가서 직접 여쭤 봐야겠네."

퇴계의 제자 중 한 사람이 벌떡 일어나며 말했다.

"자네 제정신인가? 이 일을 어찌 묻는단 말인가?"

"아닐세. 내가 모른다면 모를까 알게 된 이상 도저히 가만히 있을 수 없네. 도학자로서 두 분이 추구하시는 학문은 같은데 밤에는 왜 그리도 행동이 다른지 내 꼭 알아야겠네."

제자들은 의견이 분분했으나 그것도 지식의 한 부분이라는 데 생각을 같이하고 모두 퇴계를 찾아갔다.

"스승님, 말씀드리기 매우 송구스럽습니다만 한 가지 여쭙고 싶은 것이 있사옵니다."

퇴계에게 직접 물어 보겠노라고 먼저 나섰던 제자가 공손히 말했다.

"그래, 무엇을 알고 싶으냐?"

"참으로 불경한 말씀인 줄은 아오나 스승님과 율곡 선생께서는 같은 도학자이신데도 남녀의 성교에 있어서는 두 분의 행동이 어찌 그리 다른지 그 이유를 알고 싶습니다."

"다르다고? 그래 어떻게 다르단 말이냐?"

퇴계는 뜻밖의 질문에 조금 당황하며 자세히 물어 보았다.

제자들은 먼저 용서를 구한 뒤 그간 있었던 일을 전부 고했다.

"아니, 그런 것까지 엿보았단 말이냐? 허허허!"

퇴계 선생은 어이가 없었으나 이내 웃음을 터뜨렸다.

"송구하옵니다. 하지만 두 분의 행동이 다른 이유가 궁금하여 그냥 있을 수 없었습니다."

"그래……, 율곡은 뒤가 적적하기 이를 데 없겠군."

퇴계는 웃음을 멈추고 혼잣말처럼 말했다.

"적적하다니 그것은 무슨 뜻이옵니까?"

"남자와 여자가 교합하는 것은 음양이 서로 통하는 것을 말하느니라. 자네들은 구름도 바람도 없는 맑은 하늘에서 비가 오는 것을 본 적이 있는가? 먹구름이 몰려오고 천둥과 번개 그리고 바람이 불어야 비로소 비가 내리느니라. 자네들은 조용한 하늘에서 비가 내릴 수 있다고 생각하는 겐가?"

제자들은 퇴계의 말에 잠자코 귀를 기울였다.

"내가 부부간의 잠자리에 있어 난잡하다고 할지 모르나 음양이 교합하는 데 어찌 조용할 수 있겠느냐. 오히려 율곡이 그리 점잖게 교합을 한다는 것이야말로 음양 상생의 이치에 맞지 않는 것이니라.

모든 만물은 음양이 합하여 생성되거늘 혹여 율곡에게 후사가 없을까 걱정이 되는구나……."

퇴계는 음양 상생의 이치를 들어 남녀의 성교에 대해 차근차근 설명해 주었다.

그제서야 제자들은 잠시나마 스승을 불경스럽게 여긴 잘못을 뉘우쳤다.

퇴계 선생의 이러한 이론이 옳은지 틀린지는 알 수 없으나 퇴계의 말대로 그에게는 자식이 있었으나 율곡은 평생 자식이 생겨나지 않았다.

임백령의 연적

"아씨는 어디 간 게냐?"

"저…… 그게……."

"오늘도 윤 판서 댁에 간 게냐?"

임백령이 다그치자 여종은 우물쭈물하며 대답을 얼버무렸다. 그런 걸로 보아 옥매는 오늘도 분명 윤 판서가 벌이는 술판에 불려간 게 확실했다.

임백령은 댓돌 위에 아무렇게나 신발을 벗어 던지고 거칠게 방문을 닫고 방으로 들어갔다.

'괘씸한 윤 판서 놈 같으니……!'

임백령의 가슴 저 밑바닥에서부터 참을 수 없는 욕지기가 치밀어올랐다.

비록 옥매가 장락원掌樂院의 기생이라고는 하나 자신과 옥매가 서로 은애하는 사이라는 것은 이제 알 만한 이는 다 아는 사실인데도 번번이 제 집의 술판에 옥매를 불러들이는 이유는 대체 뭐란 말인가?

임백령이 가슴속 분을 삭이지 못하고 끙끙대고 있는데 방문을 열고 여종이 주안상을 마련해 들어왔다.

"나리, 아씨께서 지난번처럼 그리 늦지는 않을 것이라 말씀하셨습니다."

"내게 신경 쓰지 말고 가서 네 일이나 보거라."

술병을 소리나게 상에 내려놓으며 임백령은 여종에게 화풀이를 했다.

여종이 나가자 임백령은 생각에 잠겼다.

'어찌하면 윤 판서가 옥매를 제집 종 부리듯 멋대로 오라 가라 하지 못할까?'

그러나 아무리 임백령이 궁리에 궁리를 거듭해도 별 뾰족한 수가 떠오르지 않았다.

윤 판서는 지금은 승하하셨지만 장경왕후章敬王后 윤씨의 남동생으로 장차 이 나라 보위를 이어갈 세자마마의 외삼촌인 윤임이었다. 더군다나 윤임의 권세는 현재 최고의 세력가인 김안로와도 그 끈이 닿아 있어 감히 어느 누구도 건드릴 엄두를 못 내었다.

그런 윤 판서에 비한다면 이제 겨우 말단 관리에 불과한 임백령은 윤 판서가 부리는 세도 앞에서는 바람 앞의 등불과도 같이 언제 꺼질지 모르는 미미한 존재에 불과했다.

임백령은 자신의 신세를 한탄하며 내리 술잔을 비웠다. 그러다 문밖에서 기척이 들리면 옥매가 돌아왔나 싶어 얼른 방문을 열어 보기도 했다.

그러나 매번 마당을 쓸고 가는 밤바람에 뜰에 선 물푸레나무 가지들이 서로를 애무하듯 가볍게 부딪치는 소리였다.

임백령은 처음 옥매를 만났던 밤을 자연스레 떠올렸다.

임백령은 자신의 장원 급제를 축하해 주는 술자리에서 처음 옥매를 보았다. 그 순간 전신을 휩쓸고 지나간 짜릿한 전율은 평생 두 번 다시 경험하기 어려울 만큼 강렬하여 아직도 뇌리에 생생하게 남아 있었다.

옥매 역시 임백령의 수려한 용모와 글을 읽는 선비다운 학식과 성품에 반하여 둘은 동석한 다른 이들은 안중에도 없이 서로 다정한 속삭임을 주고받았다.

이윽고 자리가 파하여 사람들이 모두 돌아간 후 둘은 자연스레 옥매의 처소로 함께 들었다.

그리고 나란히 한 베개를 베고 누워 평생 부부의 연으로 살아갈 것을 맹세했었다.

임백령으로서는 옥매가 장락원의 기생인 것도 문제되지 않을 만큼 깊은 사랑에 빠진 것이었다.

그날부터 임백령은 아예 옥매의 집에서 숙식을 하며 지냈다. 옥매도 이런저런 핑계를 대며 되도록 바깥 출입을 삼갔다.

그런데 윤 판서는 자신의 집에서 술판이 벌어지는 날이면 어떤 억지를 갖다 붙여서라도 기어이 옥매를 불렀고 옥매도 장락원의 기생인 이상 그의 명을 거역하기는 어려웠다.

임백령은 벌써 술을 두 병이나 비우고 있었다.

'권력만 있으면 나는 새도 떨어뜨리는 더러운 세상!'

임백령은 또 한 번 가슴 저 밑바닥에서 끓어오르는 욕지기를 간신히 도로 삼켰다. 그러고는 맥없이 앉아 금방 비운 잔에 술을 따르고 있는데 방문을 열고 옥매가 들어왔다. 얼마나 시달렸던지 한눈에 보기에도 지친 기색이 역력했다.

"이렇게 늦게 오는 걸 보니 꽤 재미가 좋았나 보구먼!"

마음과는 다른 말이 불쑥 임백령의 입에서 튀어나왔다.

옥매는 자리에 앉더니 대답 대신 임백령의 손에서 술병을 뺏어

잔에 술을 따랐다.

"약주가 과하신 것 같습니다."

"무슨 상관이오? 나는 새도 떨어뜨린다는 세도가들에 비하면 나 같은 말단 관직에 있는 놈은 길가의 버러지보다 못한걸."

그러면서 임백령은 술을 냅다 들이켰다.

옥매가 잠자코 앉아 있자 임백령이 소리치듯 말했다.

"왜 아무 말이 없는 게냐? 명문 세도가들과 어울리다 보니 이제 나 같은 건 안중에도 없더란 말이냐?"

그러나 임백령은 그런 말을 한 것을 후회했다.

옥매가 울고 있었던 것이다. 소리 없이 옷고름으로 눈물을 닦아 내지도 못하고서 그저 머루같이 굵은 눈물 방울을 고운 치마폭으로 받고 있었다.

"아니, 옥매……."

임백령은 애간장이 끊어지는 듯해서 더는 말을 잇지 못하고 가만히 있었다.

옥매는 살포시 임백령의 품속으로 안겨들었다. 그러고는 임백령의 가슴에 머리를 기대었다.

"서방님, 잊으셨습니까? 서방님과 제가 처음 만나 운우의 정을 나누던 밤, 서방님과 제가 평생토록 부부의 연을 맺기로 한 맹세를 이젠 잊으셨다는 말씀이십니까?"

"……."

"서방님께서는 소녀가 윤 판서 댁에 좋아서 간다고 생각하십니까? 정녕 그리 생각하십니까?"

속으로 울음소리를 삼키던 옥매는 가느다랗게 흐느끼기 시작했다.

"잘못했소! 정말 미안하구려. 못난 나를 용서해 주시오!"

임백령의 눈가에도 안개의 입자처럼 습한 기운이 서렸다.

임백령은 품에 안긴 옥매의 등을 칭얼거리는 아기를 잠재우는 어미처럼 다독여 주었다.

두 사람의 애잔한 흐느낌 소리는 밤이 깊어 가자 조금씩 열에 들뜬 신음 소리로 변해 갔고 뜰에서는 여전히 물푸레나무 가지들이 서로를 가볍게 애무하듯 흔들리고 있었다.

그러나 채 며칠이 지나지 않아 두 사람은 이 밤보다 더 처절한 피눈물을 흘리며 생이별을 하였다. 윤임이 강제로 옥매를 끌고 가 첩으로 삼아버린 것이다.

옥매가 윤임의 첩으로 끌려간 후 임백령은 날마다 술에 취해 살았다. 그는 언젠가는 꼭 윤임에게서 옥매를 다시 데려올 것이라고 맹세했다.

그리고 어떻게 해서든지 윤임에게 복수하여 옥매와 자신의 가슴에 맺힌 한을 풀리라 절치 부심하고 있었다.

임백령이 그렇게 옥매에 대한 그리움과 윤임에 대한 원한으로 괴로워하며 하루하루를 보내던 어느 날, 윤원형이 비밀리에 한 통의 서찰을 보내 왔다. 내용인즉 의논할 일이 있으니 일간 만나자는 것이었다.

임백령은 생각에 잠겼다.

'그가 무엇 때문에 나를 만나자는 것일까.'

윤원형은 지금의 중전이신 문정왕후文定王后 윤씨의 오라버니로서 지금은 윤임 일파와 남곤 일파의 세력에 밀려 기를 펴지 못하고 있지만 일만 잘 풀린다면 승승장구할 인물이었다.

임백령은 이런저런 상념으로 밤늦도록 쉬이 잠을 이루지 못했다.

그러다 임백령은 사랑하는 옥매를 떠올리고는 일단은 어떻게 해서든지 신분 상승을 해야 한다는 결론을 내렸다. 잘만 하면 윤원형이 그 교두보 역할을 해줄지도 모른다는 일말의 기대감마저 가졌다.

다음날 퇴궐을 한 임백령은 밤이 이슥해지자 윤원형의 집으로 향했다.

청지기의 안내를 받아 안채로 들어가니 윤원형이 흡족한 미소를 띠고 앉아 있었다.

"어서 오시게. 기다리고 있었네. 허허허!"

"미관 말직에 있는 소생을 친히 불러 주셔서 몸둘 바를 모르겠습니다."

"아니라네. 내 일찍이 눈여겨본 바가 있어 이리 먼저 청한 것이네."

"……."

임백령이 대답을 못하고 머뭇거리는 것을 보고 윤원형이 밖을 향해 소리쳤다.

"뭣들 하는 게냐? 어서 주안상을 들이지 않고!"

"예, 미리 대령하여 기다리고 있었사옵니다."

문밖에서 여인의 다소곳한 음성이 들리더니 이어 문이 열리고 주안상을 받든 여종을 앞세우고 가녀린 여인이 사뿐히 걸어와 상 옆에 앉으며 말했다.

"난정이라 하옵니다. 변변치 않지만 많이 드십시오."

여인이 인사하자 임백령도 얼결에 따라 고개를 숙였다.

난정은 윤원형이 아끼는 애첩으로 자색이 출중한 데다 계교도 뛰어나 윤원형뿐만 아니라 중전인 문정왕후에게도 총애를 받는 여인이었다.

임백령이 보기에도 난정의 미모는 가히 출중했다.

"나가 있거라! 버릇없이……."

윤원형은 꾸짖듯 말했으나 눈빛은 귀여워 죽겠다고 말하고 있었다.

난정은 다소곳하게 자리에서 일어나 임백령에게 가볍게 목례하고 밖으로 나갔다.

먼저 윤원형이 임백령에게 술을 권하며 말했다.

"자, 받게나. 오늘은 자네가 내 집 손님이니 주인인 내가 먼저 권하겠네."

"예, 그럼."

임백령은 다소 당황한 몸짓으로 윤원형의 술잔을 받은 다음 공손하게 두 손으로 술을 따라 올렸다.

"자, 들게나! 오늘 맘껏 취해 보세그려!"

윤원형은 술잔을 들고 임백령에게 권했다.

그렇게 해서 술잔이 몇 차례 오고간 후 윤원형이 말했다.

"내 얘긴 들었네. 지금 자네 심정이 어떠할지 짐작이 가네."

"송구하옵니다, 대감."

"아닐세. 윤임이 제 세도를 내세워 사람으로서 못할 짓을 한 것이 어디 한두 번인가? 이는 이 나라 온 백성들이 다 알고 있는 일이야."

술잔을 다시 입술로 가져가는 윤원형의 얼굴에는 분노의 기색이 뚜렷했다.

"내가 자네를 긴히 만나자고 한 건 바로 윤임 같은 자를 그대로 두고 볼 수만은 없어서라네."

"하오면……."

임백령의 입술이 잠깐 떨렸다.

"윤임뿐만 아니라 같은 일파인 김안로를 비롯하여 경빈 박씨를 등에 업고 세도가 행세를 하고 있는 남곤과 심정 일파도 모두 차례로 쓸어버려야지."

그제야 지난 며칠간 임백령의 머릿속을 혼란스럽게 했던 상념들이 깔끔하게 정돈되는 느낌이었다.

'윤원형 대감의 야심 또한 만만치가 않구나. 지금 조정에서 윤원형 대감의 존재는 미약할 따름이지만, 경빈 박씨를 등에 업고 날뛰는 남곤, 심정 일파와 세자마마를 든든한 방패막이로 내세운 윤임, 김안로 일파의 세력 다툼은 어느 한 쪽이 이기든 지든 머지않아 결판이 날 것이고……, 그 다음 화살은 당연히 중전의 오라버니인 윤원형 대감에게로 쏠릴 것이다. 그렇다면 그때 윤원형 대감은 자신과 힘을 합쳐 저들에게 대항할 세력이 있어야 할 것이다. 윤원형 대감이 비밀리에 나를 불러 이런 말을 하는 이유는 바로 자신의 세력을 규합하기 위한…….'

임백령은 윤원형 대감의 철저한 대비책에 놀라움과 함께 두려움마저 들었다. 결코 만만하게 볼 인물이 아니었던 것이다.

"왜 말이 없는 겐가? 내 말이 너무 심했는가? 허허허!"

"아닙니다, 대감! 소생이 대감을 도와 그와 같은 큰일을 할 수 있을지……."

윤원형이 다시 술을 권하며 말했다.

"그 말은 내가 사람을 잘못 보았다는 뜻인가?"

임백령은 술잔을 단숨에 들이켜고 대답했다.

"대감께서 미천한 소생을 그리 잘 보아 주셨으니 그 은혜에 보답하기 위해서라도 사력을 다하겠습니다."

윤원형이 임백령의 손을 덥석 잡으며 말했다.

"고마우이! 고마워!"

"대감! 소생 그저 대감만을 믿고 따르겠으니 부디 잘 이끌어 주십시오!"

두 사람의 밀담이 이 같은 결론에 이르자 처음부터 그때까지 방문 앞에 서서 조용히 듣고 있던 그림자 하나가 안심한 듯 소리 없이 방문 앞을 떠났다. 댓돌에 내려 신발을 꿰차고 마당을 가로질러 가는 그림자는 미풍에 치맛자락이 가볍게 땅에 끌리고 있었다.

"중전마마 문안 드리옵니다."

"어서 오시게나. 참으로 오랜만에 보는구먼."

난정은 큰절을 올리고 난 후 다소곳하게 앉았다.

"마마, 그간 별고 없으셨는지요."

"그렇게 궁금한 사람이 이제야 오시는가?"

중전인 문정왕후는 다소 화난 기색으로 말을 받았다.

"용서하옵소서, 마마. 죽을죄를 지었나이다."

"이 사람아 죽을죄라니, 그 무슨 당치 않은 소린가? 자네 앞에선 내 무슨 말을 못하겠네그려. 호호……."

중전인 문정왕후는 오라버니 되는 윤원형의 애첩인 난정을 이처럼 허물없이 농담을 주고받을 만큼 아끼고 예뻐했다.

천성적으로 타고난 미색에다 총명하고 밉지 않을 만큼의 애교까지 적당히 부릴 줄 아는 난정은 여러 사람들과 함께한 자리에서 언제나 분위기를 주도하여 화기애애하게 만들었다.

"그래, 오라버니는 잘 계신가?"

"예, 마마! 평안하시옵니다."

"암, 그럴 테지. 자네가 오라버니 곁에 있는데 내가 괜한 걱정을 했네."

"당치 않사옵니다, 마마."

난정은 머리를 조아렸다.

윤원형이 임백령과 밀담을 성사시킨 다음에도 윤원형의 집에는 야음을 틈타 행보를 옮기는 이들이 적지 않았다.

그들은 하나같이 윤원형의 말에 통탄도 하고 공감도 표하면서 술자리가 파할 무렵이면 어김없이 윤원형이 내미는 손을 굳게 잡았다.

그렇게 윤원형이 자신의 세력을 조금씩 규합해 가는 동안 난정은 주안상만을 준비하지는 않았다.

난정도 그에 못지않은 역할을 하고 있었다.

윤원형은 사람들의 이목 때문에 자신이 직접 중궁전을 찾지 못하는 대신에 난정을 보내 연락을 주고받고 있었던 것이다.

난정은 좀 전보다 표정을 더욱 밝게 하여 중전에게 아뢰었다.

"마마! 실은 마마께 드릴 말씀이 있어서 이리 찾아뵈었나이다."

"무슨 말인지 주저 말고 하게나."

"저, 그게 대감께서 긴히 마마께만 이 말씀을 드리라고 해서……."

난정은 말끝을 흐리며 난처한 표정을 지었다.

난정의 언행에서 뭔가를 눈치 챈 문정왕후는 안에 있는 궁녀들을 밖으로 내보냈다.

"무슨 말인가?"

난정은 다시 한번 주위를 살핀 후 문정왕후 앞으로 바짝 달라붙어 뭔가를 나직하게 속삭였다.

잠시 후 문정왕후의 얼굴에는 가벼운 경련이 일었다.

"우리가 살아남으려면 그 수밖에 없지."

문정왕후는 난정을 향해 엄중하게 말했다.

"이 일이 자칫 잘못되는 날에는 수십, 아니 수백의 명줄이 한날 한시에 끊어질지 모르니 한 치의 실수도 있어서는 안 될 것이야!"

문정왕후의 말에 난정은 간교한 미소를 띄우며 고개를 조아렸다.

난정이 중궁전을 다녀간 그 며칠 뒤에 세자의 생일이 있었다.

윤원형과 난정은 우선 세자의 생일을 이용하여 경빈 박씨와 그를 따르는 심정, 남곤 일파를 제거하려는 계획을 세웠다.

난정은 우선 궁녀를 매수하여 불에 그을린 쥐를 세자궁 뒤뜰 나뭇가지에 걸어 놓으라고 시켰다.

다음날 대궐은 발칵 뒤집혔고 이는 세자의 생일을 앞두고 세자를 죽이려는 음모라는 공론이 들끓었다.

또한 그러한 음모의 배후로 경빈 박씨를 지목했다.

당시 경빈 박씨에게는 장성한 아들 복성군福成君이 있었는데 만약 세자가 죽으면 뒤를 이어 보위를 이을 사람은 복성군밖에 없기 때문이었다.

결국 경빈 박씨와 복성군은 사약을 받았고 경빈 박씨를 비호하던 심정, 남곤 일파도 모두 죽임을 당했다.

그러나 윤임 일파는 중종 대왕이 승하한 후 인종仁宗이 등극하자 임금을 등에 업고 제 세상인 양 더욱 날뛰었다.

잠시 고삐를 늦추고 숨을 죽이고 있던 윤원형, 정순붕, 임백령 등은 인종이 보위에 오른 지 여덟 달 만에 인종을 독살하고 문정왕후 윤씨의 아들인 경원대군을 새로운 왕으로 추대하니 이가 곧 명종明宗이다.

그러나 명종은 나이가 열 살밖에 되지 않아 문정왕후 윤씨가 수렴 청정을 하게 되었다. 그녀는 곧바로 윤임, 김안로 일파를 역적으로 몰아 모조리 죽였다.

철인 이토정

"아니, 자네 꼴이 그게 뭔가?"

장인이 밤늦게 들어온 토정을 보고 내뱉은 첫마디였다.

토정의 모습은 그야말로 가관이었다.

분명 아침에는 새 옷을 입고 나갔는데 밤늦게 돌아온 토정은 거지 중에서도 상거지 모양이었다.

"죄송합니다, 장인 어른. 볼일을 보고 집으로 돌아오다가 이 추운 엄동설한에 찢어진 홑옷만을 입은 채 떨고 있는 사람들을 보았습니다. 차마 그냥 지나칠 수 없어 제 옷과 바꿔 입고 왔습니다."

"허허, 자네가 인정이 많다고는 들었지만 그 정도인 줄은 내 미처 몰랐네. 옷이야 또 지어 입으면 그만이니 너무 미안해할 것 없네. 허허허!"

처가 식구들은 인정 많은 토정을 칭찬해 주었다.

헐벗은 채 떨고 있는 사람들과 멀쩡한 자신의 새 옷을 바꿔 입은 토정은 오늘날까지도 사람들 사이에 유명한 『토정비결』을 지은 이지함이다.

명문가의 후손으로 태어난 토정은 학식이 뛰어남은 물론 모든 방면에 고루 탁월하였으나 일생 동안 보통 사람들의 상상을 초월하는 기행을 일삼은 것으로 더욱 유명하다.

또한 토정은 장사에도 재주가 있어 무인도를 개간하여 농사를 짓고 거기에서 수확한 곡식을 내다 팔아 많은 돈을 벌기도 했다.

하지만 그렇게 해서 번 돈을 매번 어려운 이들에게 다 나누어주고 집에는 한 푼도 가져가지 않아 토정의 집안은 항시 가난을 면치 못했다.

토정은 형식에 얽매이는 것을 싫어하여 제아무리 지위가 높은 고관대작의 집이라도 옷차림이나 시간에 구애받지 않고 제집처럼 드나들며 하고 싶은 말과 하고 싶은 행동을 다하였다.

하루는 토정이 이율곡의 집에 다니러 갔는데 마침 율곡의 집에는 당대의 내로라 하는 학자들과 관료들이 여럿 모여 있었다.

그때 이율곡은 나라에서 자신의 의견을 수렴해 주지 않자 병을 핑계로 공직을 사임하려 하고 있었다.

"더 이상 내가 조정에 머물러 있을 이유가 없지 않습니까?"

이율곡이 근엄하게 한마디했다.

"대감, 그래도 대감께서 계셔야……."

"아닙니다. 이 기회에 대감의 위상을 세우셔야 합니다. 그들이 그렇게 대감을 무시하는데 대감께서 뭐가 부족하여 그런 자리에 더 계신단 말입니까?"

사람들은 이율곡이 조정에 머물러야 하는지 물러나야 하는지에 대해 의견이 분분하였다.

그들은 한참을 더 입씨름을 하다가 결국 이율곡의 의견을 따르기로 결론을 지었다.

토정은 그들의 토론을 가만히 듣고 있다가 코방귀를 뀌었다.

"거 참, 옛날 성인이라는 분들도 형식에만 매달리더니 결국 몹쓸 것만 물려주었구면."

방안에 있던 사람들은 토정의 말뜻을 이해하지 못해 서로 얼굴만 바라보았다.

"이공, 그건 또 무슨 말씀이시오?"

이율곡이 미소를 지으며 물었다.

"옛날 공자가 병을 핑계로 유비儒非를 만나 주지 않았고, 맹자 역시 병을 핑계로 제濟 선왕宣王을 만나 주지 않았소. 병을 핑계로 할 일을 아니하는 것은 천한 종들이나 하는 짓이거늘 공자와 맹자가 그리했다고 우리까지 그리해도 되는 것으로 아니, 이것이야말로 병폐를 물려준 것이 아니고 무엇이겠소!"

토정이 큰소리로 그렇게 대답하자 자리에 있던 사람들은 무안하여 더 이상 한마디도 대꾸하지 못했다.

토정은 이렇듯 지위 고하를 막론하고 누구 앞에서든 자신이 하고 싶은 말은 다 하였다.

이런 그를 두고 이율곡은 이렇게 평하였다.

"토정은 학식이 뛰어나나 등용할 만한 인재는 못 된다. 굳이 비교하자면 기이한 꽃이나 풀 같아서 두고 보기에는 좋으나 쌀과 콩 같이 중히 사용할 만하지는 않다."

이러한 율곡의 평은 토정의 귀에도 들어갔다.

"내가 쌀이나 콩이 못 된다면 도토리나 밤 정도는 될 터인즉, 전혀 쓸모 없지는 않을 것이리."

토정은 그렇게 말하며 이율곡의 평에 그다지 신경 쓰지 않고 대수롭지 않게 여겼다.

항시 초라한 행색으로 팔도강산을 돌며 빈민들을 구제하는 데 심혈을 기울이던 토정이 우연히 포천抱川 현감縣監 자리에 앉게 되었다.

토정은 처음 부임하는 날에도 여느 날과 마찬가지로 해진 도포에 짚신을 신고 등청했는데 새로 부임해 온 현감을 위해 관가의 아전들이 상을 차려 올렸다.

상에는 온갖 산해진미가 놓여 있었는데 그것을 본 토정은 이맛살을 찌푸렸다.

"나리, 이곳까지 오시느라 얼마나 고되셨습니까? 소인들이 정성껏 마련한 상이오니 어서 드시지요."

이방이 굽실거리며 말했다.

"……."

"나리, 뭐가 마음에 안 드시옵니까?"

토정이 아무런 반응을 보이지 않자 이방이 불안한 듯 물었다.

"지금 당장 이 상을 물리도록 하라."

이방은 놀라 그 즉시 상을 물리게 하고 더 좋은 음식을 차려 오게 했다. 그런데 토정은 이번에도 상을 물리라 했다.

토정이 상을 두 번이나 물리자 이방을 비롯한 아전들은 어찌할 줄을 모르고 굽실거리며 사죄하였다.

"나리, 소인들이 부족하여 더 이상 좋은 상을 차려 올리지 못하니 죽여 주옵소서!"

이방의 말에 토정은 빙그레 웃었다.

"이보시게. 이 고을에 잡곡밥과 나물국 같은 것은 없는가? 난 지금까지 기름진 음식을 먹어 보지 못해 그 음식들을 먹을 수가 없네. 난 잡곡밥에 나물국이면 족하네."

토정은 이렇게 현감이라는 지위를 내세우지 아니하고 백성들과 똑같이 먹고 똑같이 생활했다.

어느덧 토정이 임기를 마치고 전임을 가게 되었을 때는 마을 사람 모두 길을 막고 서서 유임할 것을 간청하며 울었다고 한다.

　토정이 기이한 행동을 많이 한다고 하여 당시의 관료들에게는 좋지 않게 보였을지 모르지만 한평생 백성들과 함께 아파하고 괴로워하며 희노애락을 같이한 그의 삶은 훌륭한 귀감이 되고도 남는다.

백사의 기문, 율곡의 현답

최씨 부인은 노기 띤 얼굴로 아들 이항복을 엄하게 꾸짖었다.

"도대체 너는 언제까지 이렇게 철없는 아이처럼 살아갈 것이냐? 자고로 사내로 태어났으면 학문을 열심히 닦아 장차 나라를 위해 큰 동량이 될 포부를 가슴속에 품어야 하거늘 아직도 학문은커녕 장난 질이나 일삼으려고 하느냐!"

최씨 부인은 그 동안 벼르고 벼르다 더는 참지 못하고 항복을 크게 호통쳤다.

"이항복이라면 공부는 뒷전이고 허구한 날 기방이나 출입하는 천하에 난봉꾼이라는 소문이 장안에 파다하다. 네가 정녕 우리 가문을 욕되게 하려는 게냐? 네 행실이 이러하니 죽어서 조상님의 얼굴을 뵐 면목이 없느니라."

그 같은 꾸지람을 듣고 방을 물러 나온 이항복은 그날부터 며칠 동안 두문불출하며 지난 자신의 행동을 돌아보고 어머니의 질책을 되새기며 깊이 깨닫는 바가 있었다.

이항복은 다시 어머니 앞에 꿇어 앉아 진심으로 자신의 잘못을 뉘우쳤다.

"어머니, 용서하십시오! 소자 그 동안 어머니께 불충한 모습만 보여 드렸습니다. 그러나 이제부터라도 굳은 각오로 학문에만 힘쓰도록 하겠습니다."

항복이 눈물까지 흘리며 말하자 최씨 부인은 노한 마음이 조금 누그러졌다.

이항복은 어머니에게 머리를 한 번 숙인 뒤 다시 말을 이었다.

"며칠 동안 곰곰이 생각해 보았는데 소자는 이제부터 학식과 덕행이 두루 뛰어난 스승을 찾아 그 밑에서 수학하는 것이 좋을 듯하옵니다. 하오나 지금 저로선 안목이 깊고 넓지 못하여 훌륭한 스승님을 찾지 못하겠사옵니다. 어머니께서 아시는 분을 알려 주시면 당장 그분을 찾아가 제자로 받아 주기를 청하겠습니다."

최씨 부인은 항복의 각오가 굳은 것을 보고 미소를 띄우며 말했다.

"네가 진정으로 그리 생각한다면 용서하겠다. 사람이 성현이 아닌 바에야 어찌 과오가 없을 수 있겠느냐. 다만 그것을 깨닫고 같은 과오를 범하지 않으면 되느니라. 이제부터 남에게 부끄러운 짓은 삼가고 열심히 학문에 정진하여 나라에 보탬이 되는 사람이 되어야 하느니라."

최씨 부인은 아들의 손을 잡고 부드럽게 다독이며 말했다.

"그리고 스승을 찾으려는 네 생각이 기특하구나. 허나 늘 규중에만 있는 내가 바깥일을 제대로 알겠느냐. 다만 네 아버지와 여러 어른들이 말씀하시는 것을 잠깐 들으니 율곡 이이라는 분이 성품이 어질고 학문도 깊다고 하더구나. 퇴계 선생이 세상을 떠난 지금 그분을 따를 사람이 없다고 들었다. 많은 젊은이들이 그분 밑에서 학문을 닦는다고 하니 너도 찾아가 배움을 청해 보려무나."

"알겠습니다, 어머니."

다음날 이항복은 의관을 갖추고 이율곡의 집으로 향했다. 가는 길에 그는 율곡이 대학자인지 확인해 보려고 사람들에게 물어 보니 그야말로 율곡에 대한 칭송이 대단했다.

그러나 이항복은 의구심이 가라앉지 않았다.

"아무리 명성이 높아도 사람들 말만으로는 알 수 없어. 겉으로는 공자 맹자를 줄줄 읊어도 실상은 아무것도 모르는 이가 허다하지 않은가. 게다가 글께나 읽었다는 학자들도 벼슬길에 오르면 세도가의 집앞에서 머리를 굽실거리느라 여념이 없는 법인데……. 율곡 선생이 그 명성에 합당한 인물인지 확인해 보아야 할 텐데 무슨 방법이 없을까……."

잠시 생각에 잠기던 이항복은 이내 입가에 기묘한 미소를 띄웠다. 그는 장난기 어린 웃음을 한 번 터뜨리고는 빠른 걸음으로 율곡의 집으로 갔다.

율곡의 집에는 벌써 문하생들이 그득하게 모여 있었다.

이항복이 들어서자 그들의 시선이 일제히 그에게 집중되었다.

이항복은 보란 듯이 율곡이 있는 방으로 들어가 큰절을 올린 뒤 무릎을 꿇고 말했다.

"소생 이항복이라 하옵니다. 비록 지난날 학문을 도외시하고 못된 일만을 일삼다가 비로소 잘못을 뉘우치고 이제라도 고명하신 선생님의 밑에서 학문에 전념하고자 하옵니다. 부디 저를 너그럽게 받아 주신다면 소생 열심히 학문에 정진하여 그 은혜에 보답하겠습니다."

율곡은 따뜻한 미소를 지으며 이항복을 바라보았다.

"이항복이라 했는가?"

"예."

"자네 이름은 익히 들어 알고 있네. 난봉 부리기로 유명하다 들었네. 허허!"

"송구하옵니다."

한바탕 파안대소를 한 율곡은 이항복을 찬찬히 뜯어 보며 말했다.

"난 그저 자네보다 나이가 많을 뿐, 덕이 깊지 않고 아는 것도 많지 않네. 허나 자네가 묻는 것이 있으면 성심 성의껏 답해 줄 터이니 어려워하지 말고 친숙하게 대하게."

율곡이 한양 사람이라면 모르는 이가 없는 천하의 난봉꾼 이항복을 받아들이자 그 자리에 있던 사람들은 크게 놀라며 한마디씩 하느라 좌중은 곧 소란스럽게 웅성거렸다.

그러자 이항복은 주위를 한 번 둘러보고는 율곡에게 말했다.

"하오면 선생님, 처음 뵙는 자리에서 무례하다 생각하실지 모르겠습니다만, 소생이 여태껏 풀지 못하고 품어 온 의문이 하나 있기에 감히 여쭤 보려고 합니다."

"말해 보게. 내 아는 데까지 대답해 주겠네."

율곡은 한껏 부드러운 어조로 대답했다.

"이제껏 제가 기방을 드나들면서 늘 품어 온 의문이 한 가지 있사옵니다. 사람의 생식기를 일러 남자 아이의 그것은 자지라 하고 여자 아이의 그것은 보지라고 하다가, 어른이 되면 각각의 명칭이 남자는 좆, 여자는 씹으로 변하는 까닭이 무엇이온지 참으로 궁금하옵니다. 소생은 아둔하여 알 수가 없으니 선생님께서 명쾌히 가르쳐 주십시오."

이항복이 대학자 앞에서 이렇듯 당돌하고도 해괴한 질문을 하자 거기 모인 문하생들은 눈이 둥그레지며 아연실색했다.

그러나 율곡 선생은 크게 웃음을 터트렸다.

"하하하! 아니, 자넨 지금까지 그것도 모르고 기방을 드나들었단 말인가. 잘 듣게. 우선 여자의 보지는 '걸어다녀야 감추어진다' 는 뜻의 보장지步藏之라는 말이 잘못 발음된 것이요, 남자의 자지는 '앉아야 감추어진다'는 뜻의 좌장지坐藏之를 잘못 발음한 것일세. 또한 좆과 씹은 별다른 뜻이 있는 것이 아니라 다만 '마를 조燥'와 '습할 습濕'을 뜻하는 것일세. 이제 알겠는가?"

율곡은 태연하게 대답하고는 다시 한번 호탕하게 웃음을 터뜨렸다.

문하생들은 이항복의 질문에 이어 율곡 선생의 답변에 또 한번 크게 놀랐다.

"고맙습니다, 스승님. 소생 이제야 십 년 넘게 품어 온 의문이 풀렸습니다."

이항복은 자신의 기이한 질문에 현명하게 답한 율곡에게 탄복하며 말했다.

"소생 스승님께 한 가지만 더 여쭙겠습니다. 선생님께서는 옛 성현 군자 가운데 어느 분을 가장 존경하고 본받으려 하시는지요?"

"우리들에게 있어 공자 외에 누가 있겠느냐만, 난 항시 은나라 대신 이윤과 북송의 대신 범중엄의 말씀을 생각하며 지낸다네. 이윤께서는 '사람은 제각기 자신이 있어야 할 자리가 있으매, 자신의 자리를 못 찾는 것만큼 어리석은 사람은 없다'고 하셨고, 범중엄께서는 '관직에 오른 이는 응당 백성을 걱정해야 하고, 그 직함을 놓았을 때는 임금을 근심해야 한다. 또한 선비는 백성들보다 앞서서 걱정해야 하며, 백성들이 즐거워한 후에 비로소 즐거움을 느껴야 한다'고 하셨네."

이항복의 눈빛이 예사롭지 않게 빛났다.

"입신 양명을 위해 학문을 하는 것은 당연하나 백성을 다스리는 자리에 있는 사람은 나보다는 남을 위하는 마음과 신념이 있어야 한다. 자네가 만일 백성을 다스리고자 한다면 이분들의 말씀을 항시 유념하여 따라야 할 것이다. 민심은 곧 천심이요, 백성이 없는 나라가 무슨 소용이 있겠는가. 이 점 잊지 말도록 하거라."

이항복은 율곡 앞에 엎드려 큰절을 올렸다.

"선생님, 지금 하신 말씀 항시 명심하며 학문에 임하겠습니다. 선생님은 제가 만난 그 어떤 분보다도 훌륭하시고 학문에 조예가 깊으십니다. 선생님의 문하생이 된 것을 무한한 영광으로 알고 성심성의껏 학문에 임하겠사옵니다."

이항복은 흡족한 마음으로 집에 돌아와 어머니께 말씀드렸다.

"어머니, 과연 율곡 선생님은 명현이셨습니다. 학문도 학문이거니와 너그럽고 나라와 백성을 사랑하는 마음 또한 깊은 분이셨습니다."

이항복은 그때부터 일체 기방 출입을 삼가고 율곡의 문하생이 되어 학문을 수련하는 데 정진했다.

그러나 이항복의 타고난 장난기는 벼슬길에 오른 후에도 여전하여 포복절도할 일화들을 생애 곳곳에 남겼다.

정여립의 모반

　한 무사가 칼을 들고 노려보고 있었다. 금방이라도 그 칼로 목을 내려칠 것만 같아 사지가 떨려 왔지만 발이 땅에 붙은 것처럼 도망칠 수가 없었다.

　자세히 보니 무사는 고려 때 무신의 난을 일으킨 정중부였다.

　정중부가 큰칼을 들고 천천히 다가왔다.

　"네 목을 내놓아라! 네 목을!"

　달아나야 하는데 발이 땅에 붙어 꿈쩍도 할 수 없었다.

　"네 이놈!"

　정중부의 목소리가 귓전을 메아리쳤다.

　"아악!"

　식은땀을 흘리며 잠에서 깨어 보니 꿈이었다.

　날은 서서히 밝아오고 있었다.

　"나리! 감축드립니다. 지금 막 마님께서 옥동자를 낳으셨습니다!"

　밖에서 들려 오는 하인의 목소리는 기쁨에 들떠 있었지만 흉한 꿈에서 막 깨어난 정희증은 불길한 징조를 떨칠 수가 없어 멍하니 허공을 노려볼 뿐이었다.

　그도 그럴 것이 고려 때 무신인 정중부는 여러 무신들과 함께 반란을 일으켜 문신을 죽이고 임금을 폐한 뒤 독재 정치를 행하다 결국은 경대승에게 피살된 인물이다.

정희승은 지금 태어난 아들이 나중에 커서 정중부처럼 역적을 도모하다가 멸문지화를 당하지나 않을까 하는 예감이 들었던 것이다.

따라서 그는 아들이 태어났는데도 그다지 기뻐하지 않았다.

아니나 다를까 정여립이 커갈수록 불길한 예감은 서서히 현실로 나타났다.

정여립은 마음에 들지 않는 사람은 하인이든 누구든 가리지 않고 주먹질을 일삼았고 자기보다 높은 위치에 있는 사람에게는 꼬리를 흔드는 강아지처럼 굽실거리며 갖은 아부를 다했다.

그러나 학문에는 제법 뛰어나 일찍이 이율곡의 문하에 들어가 공부를 하게 되었는데 율곡이 정여립의 재주를 아껴 선조께 특별히 추천해 주었다.

율곡이 관직에 나아갈 수 있는 길을 열어 주자 정여립은 만나는 사람마다 율곡을 칭송했다. 그러나 율곡이 세상을 떠난 뒤 서인의 세력이 약해지고 동인의 세력이 커지자 정여립은 손바닥 뒤집듯 생각을 바꿔 동인 편에 서고는 스승인 율곡을 배척하기 시작했다.

이를 본 선조도 정여립을 간사한 자라 여기고 멀리하며 사소한 잘못에도 엄하게 꾸짖고 문책했다.

그러나 천성적으로 기질이 강한 정여립은 조금도 위축되지 않았다.

오히려 임금이 꾸짖자 돌아서면서 왕을 한 번 노려보고는 어전을 떠난 뒤 아예 벼슬을 내놓고 조상 대대로 살던 전주로 내려가버렸다.

그곳에서 정여립은 제자백가는 물론이고 병술까지 숙독하고는 후학을 가르치면서 사람들을 모아 강연을 하거나 시회를 열었다.

당시 정여립은 강연에서 획기적인 이론을 설파했다. 즉 한 임금만을 모신다는 주자학의 근본 이념에 반하는 의견을 내세우며 능력이 있는 사람이라면 얼마든지 임금이 될 수 있다고 주창했다.

하늘을 찌를 듯한 기백과 달변으로 그 당시로는 가히 혁명적인 주장을 내세우자 점점 그를 따르는 무리가 늘어났다.

정여립은 이렇게 모인 사람들을 중심으로 대동계라는 조직을 만들어 강연뿐만 아니라 무사를 불러 검술이나, 활 쏘는 것 등을 가르쳤다.

그러던 어느 날 왜구가 호남을 침범했는데 관군이 모자라 전주 부윤이 정여립에게 도움을 청하자 대동계의 무사들을 동원해 주었다.

"대감, 대감 덕에 왜구를 물리칠 수 있었소이다. 이 은혜 평생 잊지 않을 것이외다."

전주 부윤은 정여립에게 거듭 고마움을 표시했다.

"왜구를 물리치는 것은 사사로운 개인의 일이 아니라 나라를 위한 일인데 다같이 도와야 하지 않겠소? 혹여 나중에 제게 급한 일이 생기거든 그때 지체하지 말고 나를 도와주시오."

정여립은 농담처럼 말했다.

"여부가 있겠습니까? 염려 마십시오. 대감께서 부르시면 열 일을 제쳐놓고 달려가야지요. 하하하!"

정여립의 진심을 알 리 없는 전주 부윤은 웃으며 약조했다.

정여립은 그후로도 계속 사람들을 대동계로 끌어들였다. 변숭복, 박연령, 지함두, 승의연, 길삼봉 등 전국의 장사들이나 큰 도적까지 포섭한 정여립은 서서히 민심을 동요시켰다.

정여립은 지함두를 황해도로 보내 괴이한 소문을 퍼뜨렸다.

'세상이 말세인지라 곧 새로운 세상이 펼쳐질 것인데, 그때에 길삼봉이라는 의적이 지리산에서 신병을 거느리고 나올 것이다. 그들이 나오면 이씨는 망하고 정씨가 나라의 주인이 되리라. 호남 지방의 정씨가 백성을 살릴 것이다.'

또한 승의연에게는 중국 사람 행세를 하고 조선 팔도를 다니며 허황된 말로 민심을 부추기게 했다.

'내가 중국에서 동쪽 하늘을 쳐다보는데 조선 쪽에 강한 왕기王氣가 느껴지더라. 그리하여 그 기운을 따라 무작정 와보니 왕기는 다름 아닌 호남 전주 남문에서 나온 것이더라.'

호남 전주 남문은 다름 아닌 정여립이 사는 동네였다.

이어 정여립은 '이씨는 망하고 정씨가 흥한다'는 글을 옥판에 새겨 지리산 동굴에 숨겨 두고는 마치 승의연이 우연히 그것을 발견한 것으로 꾸며 사람들에게 보이니 우매한 백성들은 승의연의 말을 그대로 믿었다.

"혹, 자네도 중국에서 왔다는 점쟁이가 들고 다니는 옥판을 본 적 있나? 거기에 이씨는 망하고 정씨가 흥한다고 쓰여 있다는군."

"쉿! 조용히 하게! 그렇지 않아도 요즘 포졸들이 그 점쟁이를 잡겠다고 난리야! 괜히 말 한마디 잘못 했다가 일 치르지 말고 목소리를 낮추게."

"그래 정말 옥판에 그런 글이 씌어 있단 말인가?"

"뭐 나야 글을 모르니 알 수 없지만 글을 아는 사람이 봤는데 사실이라더군. 이제 곧 이 나라가 망하고 정씨 성을 가진 인물이 새 나라를 열 것인가 보네. 누군지는 모르겠지만 그런 날이 빨리 왔으면 좋겠군."

그런 소문이 전국 각지에 파다하게 퍼지자 백성들 사이에서는 새나라가 한시바삐 열리기를 바라는 사람들도 있었다.

정여립은 민심을 어지럽힌 뒤 국가에 변이 생기면 그때를 틈타 군사를 일으킬 계획을 세우고 있었다. 그러나 기회는 쉽사리 오지 않았다. 정씨에 대한 소문만 무성하지 실상 아무 일도 일어나지 않자 시간이 흐를수록 백성들은 점점 헛소문에 불과하다고 여기기 시작했다.

더 이상 일을 미룰 수 없다고 판단한 정여립은 기축년 겨울 황해도를 거점으로 거병할 계획을 세웠다.

그러나 정여립을 따르는 구월산의 중들이 그 계획을 전해 듣고 수군거리는 것을 한 중이 우연히 듣고는 재령 군수 박충간에게 밀고했다.

박충간은 그 사실을 확인할 길이 없어 주저하고 있는데 마침 정여립의 제자인 조구가 무리들과 함께 술에 취해 횡패를 부리자 그 즉시 그를 잡아들여 문초를 하니 모든 진상을 실토했다.

그날 밤 박충간은 이 사실을 비밀리에 조정에 전했다.

선조는 당장 의금부 도사를 파견하여 정여립을 잡아들이라 명하였으나 이미 이 소식을 전해 들은 정여립은 가족과 측근들을 데리고 벌써 피하고 없었다.

선조는 다시 선전관 이용준과 내관 김양보를 전주로 보내 정여립의 일당을 일망타진할 것을 명했다.

이용중과 김양보는 며칠을 추적한 끝에 정여립이 진안 죽도에 숨어 있다는 것을 알아내고 군사를 이끌고 죽도 주변을 겹겹이 에워쌌다.

"큰일을 펼쳐 보지도 못하고 이렇게 끝나다니……. 내 어차피 죽을 바에야 적 앞에 무릎을 꿇을 수는 없는 노릇, 차라리 스스로 목숨을 끊으리."

정여립은 비장하게 말했다.

"나리, 저희의 명줄도 끊어 주십시오."

부하들도 정여립과 함께 죽기를 맹세했다.

정여립은 칼을 뽑아 들었다.

"기다리시오. 내 곧 그대들을 따라가리다."

정여립은 피눈물을 흘리며 부하들의 목을 내리쳤다.

그러고는 정여립은 아들 옥남을 바라보았다. 밖에서는 관군들의 함성이 파도처럼 밀려들었다.

정여립은 차마 손에 든 칼을 내리치지 못하고 무릎을 꿇고 앉은 아들을 뚫어지게 바라보았다.

"용서하거라. 내생에서는 네가 아비가 되고 내가 너의 자식이 되어 죽을 때까지 너를 받들어 모시리라."

정여립은 눈물을 쏟으며 말했다.

"아버지, 관군에 잡혀 욕을 당하는 것보다 이렇게 아버지의 손에 죽는 편이 훨씬 낫습니다. 망설이지 마시고 저를 치시옵소서."

나이 어린 옥남은 의연하게 말했다.

정여립은 잠시 망설이다 아들을 향해 칼을 내리치고 자신도 아들의 피가 묻은 칼로 가슴을 찔렀다.

그뒤 관군이 들어와 정여립을 비롯한 시체들을 싣고 한양으로 올라왔다. 모반에 관여한 사람들이 모두 잡혀 문초당한 뒤 정여립의 시체는 사지를 찢어 주리를 돌리고 그와 관여한 사람들은 모두 형장에서 죽임을 당하거나 멀리 귀양 보내졌다.

후일의 사가들은 정여립을 일러 조선 역사상 보기드문 역적이라 평하기도 하고 한편에선 정여립이 당시 동인과 서인의 대립에 억울하게 죽은 희생양이라고도 한다.

양씨 부인의 선견지명

"아버님, 이제 노비들이나 전답들은 모두 저에게 맡겨 주십시오."

며느리의 말에 시아버지는 놀라지 않을 수 없었다.

시집 온 지 이제 겨우 3년째이건만 이미 온 집안은 며느리 양씨의 뜻대로 흘러가고 있었다.

며느리의 살림 솜씨가 워낙 뛰어난 데다 집안의 대소사를 처리하는 데도 빈틈이 없어 그 동안 시아버지와 시어머니는 며느리가 하는 일을 예쁘게만 보아 왔었다.

헌데 이것이 어인 말인가?

손자를 귀엽다 귀엽다 하면 나중에는 제 할아버지의 상투까지 쥐고 흔든다 하더니…….

시아버지는 지금 그것을 실감하고 있었다.

"아니, 그것이 무슨 말이냐? 네가 이 집에 들어온 지 얼마나 되었다고 가산을 통째로 네게 넘기란 말이냐?"

옆에서 듣고 있던 시어머니가 한마디하고 나섰다.

양씨 부인은 시부모의 핀잔을 각오하고 있던 터라 별다른 내색 없이 다시 시아버지를 졸랐다.

"아버님, 지금까지 제가 허튼 일 하는 것을 보셨는지요? 제가 아버님께 이러한 청을 드리는 데는 다 그만한 까닭이 있사옵니다. 다만 지금은 때가 아닌지라 말씀드리기 어려우나 언젠가 때가 되면 모두 말씀드리겠습니다. 부디 저의 청을 들어주십시오."

양씨 부인은 단호하게 말했다.

"어허……!"

시아버지는 며느리에게 무언가 말못할 깊은 속내가 있음을 짐작했지만 그렇다고 지금 당장 전 재산을 넘겨 달라는 데는 망설이지 않을 수가 없었다.

그러나 며느리가 계속해서 자신을 믿고 그렇게 해달라며 졸라대자 결국 며느리의 청을 들어주기로 마음을 굳혔다. 시아버지는 지금껏 한 번도 도리에 어긋난 행동을 한 적이 없고 항상 자신의 언행에 책임을 지는 며느리를 믿기로 했다.

그가 며느리를 믿는 또 한 가지 이유는 그녀의 부친 때문이었다. 그는 광주 어느 산골에서 세상 사람들과 담을 쌓고 살고 있었지만 선견지명이 탁월했고 세상사 이치를 두루 섭렵한 비범한 인물이었다. 그런 아버지 밑에서 자란 며느리이기에 분명히 평범한 사람들과는 다르리라고 늘 생각하고 있었던 것이다.

시아버지로부터 허락을 받아 낸 양씨 부인은 곧 노비들을 마당으로 모이게 했다.

"자, 이제부터 내가 자네들을 자유롭게 살게 해주겠네."

양씨 부인은 노비들을 둘러보며 미소를 지었다.

"아니, 그게 무슨 말씀이시옵니까?"

노비들이 놀라 되물었다.

"말 그대로라네. 이젠 자유로이 땅을 일구고 스스로 그 땅의 주인이 되어 사는 것일세. 어떤가, 그리하겠는가?"

"아이고, 아씨, 소인들이야 그리만 된다면 더 바랄 것이 없사옵니다."

노비들은 감격하여 엎드려 절을 하며 말했다.

"그럼 그리하도록 하게나. 우선은 당장 살 곳이 필요할 터이니, 내가 좋은 장소를 일러 주겠네. 이 소와 곡식들을 가지고 가서 그곳에 터전을 마련토록 하게나."

양씨 부인이 노비들에게 일러 준 곳은 무주 구천동의 깊은 산속이었다. 비록 인적이 드문 산속이었지만 땅이 기름지고 물이 풍부하여 농사를 짓기에는 안성맞춤이었다.

노비들은 양씨 부인이 준 소와 곡식들을 가지고 무주 구천동으로 향했다. 그들은 자신들의 논밭에 곡식을 심어 거둔다는 기쁨에 들떠 밤낮으로 부지런히 농사를 지었고, 당장 이듬해부터 많은 양의 곡식을 수확할 수 있었다.

양씨 부인은 틈틈이 사람을 보내어 노비들과 소식을 주고받았다.

그녀는 노비들이 수확한 쌀을 보내려 하자 그것을 마다하고 대신 해마다 일정량의 곡식을 창고에 저장해 두도록 했다.

노비들을 자유의 몸으로 면천시킨 양씨 부인은 집안의 큰 재산들을 처분하여 돈으로 바꿔 따로 보관하고 남편 김천일과 함께 직접 논밭을 일구며 시부모를 봉양했다.

남편 김천일도 처음에는 이것저것 불평을 늘어놓았다.

"부인, 그래도 양반 체통이 있지 어찌 그 많은 노비들을 다 내보내고 우리가 직접 이런 허드렛일을 한단 말이오?"

"서방님, 제가 이리 하는 것은 다 훗날을 예비하려는 것이옵니다."

"훗날?"

"예, 지금이야 별 일이 없지만 조만간 나라에 큰 변이 생길 것이옵니다. 그때가 되면 서방님께서는 큰일을 하셔야 합니다. 저의 이런 행동은 그때를 대비하기 위한 것이니 부디 저를 이해해 주세요."

"어허……. 점점 모를 소리만 하시는구려."

김천일은 아내의 말을 이해할 수 없었지만 그녀의 단호한 표정을 보고는 더 이상 불평하지 않았다.

"서방님, 서방님께서는 이제부터 강론회를 자주 여셔서 양반이든 평민이든 많은 사람들을 만나도록 하십시오."

"강론회?"

"예, 되도록이면 이 근방뿐 아니라 주변의 여러 지방을 돌아다니며 열도록 하십시오. 그러면 많은 도움이 될 것이옵니다."

양씨 부인은 다부지게 말했다.

"강론이라면 나야 즐겨하는 것이니 문제될 것은 없지만, 많은 사람들을 모으자면 대접하기도 수월찮을 것인데 그 일은 누가 한단 말이오?"

"그것은 당연히 아녀자가 할 일이니 서방님께서는 걱정하지 마시고 많은 사람들과 교분을 돈독히 다지는 데만 신경 쓰세요."

그날부터 김천일은 이곳 저곳을 돌아다니며 사람들을 모아 강론회를 열었다. 때때로 양씨의 건의로 강론회에 모인 사람들과 산행을 하거나 씨름 대회를 열기도 했다. 그러자 갈수록 강론회에 참석하는 사람들의 수가 늘어 갔다.

양씨는 강론이 끝나면 참석한 사람들에게 술과 음식을 푸짐하게 내놓아 곧잘 잔치가 벌어지곤 했다. 그녀는 힘든 기색 한 번 없이 언제나 웃는 낯으로 사람들을 대접했다.

하루는 강론을 끝낸 김천일에게 양씨가 말했다.

"서방님, 내일은 사람들에게 박을 하나씩 가져오라 하십시오."

"박? 그것은 무엇에 쓰려고 그러시오?"

아내의 별스런 부탁에 김천일이 물었다.

"호군護軍들을 위해 쓸 것입니다."

"호군? 갑자기 호군이라니? 장수들을 위해 박이 필요하단 말이오?"

"예, 곧 요긴하게 쓰일 때가 올 것입니다."

며칠 후 양씨 부인은 김천일이 모아 온 박을 단단한 무쇠 덩어리처럼 보이도록 검은 칠을 했다.

또한 양씨는 창고를 여러 개 지어 놓고 예전에 가산을 처분한 돈으로 창이나 칼들을 수시로 사들여 그곳에 쌓아 놓았다.

이렇게 수년의 세월을 보내고 마침내 임진년(선조, 1592)이 되었을 때 나라에 큰 변이 생겼다. 바다 건너 왜구들이 떼를 지어 침략해 온 것이다.

김천일은 아내의 선견지명에 놀라움을 금치 못했다.

"서방님, 이제 때가 왔습니다. 의병을 모집하여 전란에 휘말린 나라를 구하십시오!"

양씨와 김천일은 일사불란하게 행동을 개시했다.

의병을 모으는 것은 오래 전부터 강론회로 인연을 맺어 놓은 이들이 지방 곳곳에 있었으므로 큰 어려움이 없었다.

또한 집안에 있는 여러 개의 창고에 쌓아 두었던 무기는 의병들에게 지급하였고, 무주 구천동에 있는 노비들에게 저장해 두라고 한 곡식들은 군량미로 충당했다.

아내의 선견지명과 후원에 힘입어 어렵지 않게 의병 오천여 명을 모집한 김천일은 호남지역에서 왜군에 맞서 많은 공을 세웠다.

홍의 장군 곽재우

곽재우郭再祐는 문경에서부터 밤새 호랑이를 쫓아 산속을 달렸으나 불현듯 호랑이가 굴 속으로 들어가버리자 난감했다.

지금까지 쫓아온 것이 아쉬워 굴 속을 이리저리 살펴보았으나 워낙 어두워 아무것도 보이지 않았다. 오히려 잘못하면 호랑이에게 당할까 싶어 더 이상 굴 속 깊이 들어갈 수도 없었다.

"밤새 이곳까지 쫓아왔는데 그냥 가야 한단 말인가?"

곽재우는 아쉬움에 발길이 떨어지지 않았으나 어찌할 도리가 없었다. 우선 시급한 것은 산을 내려가 고단한 몸을 쉴 곳을 찾는 것이었다.

곽재우는 그저 호랑이를 쫓아 정신없이 달려왔기에 이곳이 어디인지도 알 수 없었다.

주위를 두리번거리며 산을 내려가던 곽재우는 산골짝에서 모락모락 피어나는 연기를 발견하곤 무작정 그쪽으로 발길을 옮겼다.

다 쓰러져 가는 초막에서는 아침밥을 짓는지 여전히 매운 연기가 눈을 찔렀다.

곽재우는 사립문 앞에서 큰소리로 주인을 불렀다.

"여보시오, 주인장 계시오?"

잠시 후 부엌에서 하얀 소복을 입은 처자가 나오더니 조심스럽게 밖을 살피며 물었다.

"뉘시오?"

곽재우는 처자에게 산속에서 길을 잃었다며 잠시 쉬어 갈 수 있도록 해달라고 부탁했다.

"밖에 누가 오셨는가?"

처자의 대답을 듣기도 전에 방안에서 몸집이 거대한 사내가 나오며 말했다.

곽재우는 그 사내가 범상치 않은 인물임을 한눈에 알아차렸다. 그는 사내에게 지난밤 일을 설명하고는 잠시 쉬어 가기를 청했다.

"그 호랑이를 문경에서 이곳 울진까지 쫓아오다니 형씨의 재주가 비상하구려."

사내의 말에 곽재우는 잠시 아연했다. 자신도 모르게 어느새 울진까지 왔던 것이다.

"그놈은 원래 중국 산동성의 태산에서 살다가 이곳까지 온 백년 묵은 백호지요."

그 사내는 원래 중국 사람으로 자신의 아비가 유명한 포수였는데 그만 백호에게 목숨을 잃었다. 그래서 선친의 원수를 갚고자 백호를 잡으러 쫓아다니다 백호가 울진에 있는 이 산속의 동굴에 자리를 잡자 그 또한 산골짝에 집을 지어 살고 있었다.

사내는 그 동안 수차례 백호와 겨루었으나 서로의 힘이 비슷하여 어느 한쪽도 승부가 나지 않아 지금까지 허송세월만 보내고 있었다.

사내는 말을 마치자 불현듯 곽재우에게 도와달라고 청했다.

곽재우는 겸손하게 사내의 청을 사양했다.

"허허, 형씨 같은 분도 이기지 못하는 백호를 어찌 제가 상대할 수 있겠습니까?"

"부탁이라는 것은 다름이 아니라 그저 내가 백호와 싸우고 있을 때 형씨께서 바위 뒤에 숨어 있다가 한 번만 큰소리로 호통을 쳐주시면 됩니다."

"호통이라구요?"

"그렇소. 나머지는 다 내가 알아서 처리하리다."

곽재우는 사내의 부탁이 그리 어려운 일이 아니라는 생각에 그렇게 하기로 했다.

두 사람은 아침을 먹고 곧바로 백호가 있는 동굴로 갔다.

곽재우는 바위 뒤에 숨어서 사내가 하는 양을 지켜보았다. 사내는 먼저 굴 속을 향해 무어라 큰소리를 지르며 손에 든 창으로 동굴 안쪽의 바위벽을 두들겨댔다.

잠시 후 굴 속에서 거대한 몸집의 백호가 성큼 뛰쳐나오더니 사정없이 사내를 향해 날카로운 이빨을 드러내며 덤벼들었다.

마침내 사내와 백호의 싸움이 시작되었다. 사내는 연신 창을 휘둘러댔고 백호는 날렵하게 몸을 굴려 자신을 찌르려는 창을 이빨로 물고 흔들어댔다.

곽재우는 바위 뒤에서 호통을 칠 생각조차 까맣게 잊고 백호와 사내가 싸우는 모습을 넋을 놓고 바라보기만 했다.

잠시 후 백호는 지쳤는지 어슬렁어슬렁 굴 속으로 자취를 감추었다.

사내는 가쁜 숨을 몰아쉬고 있었다. 곽재우는 그제야 사내가 부탁한 것이 생각났다.

곽재우는 사내에게 달려갔다.

"미안하오. 내가 그만 싸우는 모습에 정신이 팔려 호통치는 것을 잊었소."

"괜찮소. 오늘은 백호와 싸우는 것을 처음 보았으니 그러하셨을 게요. 그러나 내일은 꼭 호통치는 것을 잊지 마시오."

다음날 다시 사내와 백호의 싸움이 시작되었다. 하지만 이번 역시 곽재우는 입이 떨어지지 않아 호통은커녕 숨도 제대로 쉬지 못하였다.

"어허, 내가 사람을 잘못 보았구려. 그깟 호통 한 번 치는 것이 그리 어렵단 말이오?"

"미, 미안하오. 내 내일은 꼭 호통을 치리다. 이거 참 대장부의 체면이 말이 아니구려."

곽재우는 얼굴을 붉히며 사과했다.

"휴, 아니오. 내가 잠시 화를 참지 못하고 큰소리를 냈구려. 미안하오. 허나 내일은 꼭 부탁하오."

곽재우와 사내는 서로를 위로하며 다시 집으로 돌아왔다.

다음날 곽재우는 단단히 마음을 먹고 사내와 백호의 싸움을 지켜보았다. 싸움이 어느 정도 진척될 무렵 곽재우는 바위 뒤에서 뛰쳐나와 큰소리로 호통을 쳤다.

"네 이놈!"

그러자 백호는 곽재우에게 고개를 돌렸다. 사내는 이 기회를 놓치지 않고 창으로 힘껏 백호의 뒤통수를 찔렀다.

백호가 괴로움에 몸을 뒤트는 사이 사내가 백호의 목에 한 번 더 일격을 가하자 백호는 그대로 나가떨어졌다.

"이제야 아버지의 원수를 갚게 되었소. 이 모두가 형씨의 덕이오."

사내는 곽재우를 데리고 집으로 돌아와 처자를 옆에 앉히고 말했다.

"형씨의 도움이 아니었다면 내가 어찌 아버지의 원수를 갚을 수 있었겠소? 사실 이 아이의 모친도 백호한테 목숨을 잃었는데 그것이 인연이 되어 나와 함께 지내게 되었소이다. 이 아이가 자신의 원수를 갚아 준 은혜에 보답하는 뜻으로 평생 형씨를 모시고자 하니 거절하지 말고 거두어 주기 바라오. 그럼, 난 이만 갈 길을 가야겠소."

곽재우는 사내에게 이름이라도 알려 달라고 하였으나 그는 다시 보게 될 것이라는 말만 남기고 어디론가 사라져버렸다.

곽재우는 사내가 사라진 곳을 멍하니 바라보다가 처자를 데리고 자신의 집으로 돌아왔다.

그후 몇 년이 지나 임진왜란이 일어났다.

곽재우는 의병을 일으켜 함안에서 적군과 한바탕 싸움을 벌이게 되었다.

그러나 의병으로 나선 사람들은 하나같이 농사를 짓는 농부들이 태반이었다. 그들은 실전 경험은커녕 군사 훈련 한 번 받은 적이 없었기 때문에 왜병들과 싸우기에는 역부족이었다.

곽재우가 이끄는 의병은 서서히 수세에 몰리고 있었다.

전후 사방으로 말을 달리며 왜병과 대적하던 곽재우도 시간이 갈수록 점차 지쳐 갔다.

곽재우가 더 이상 왜병과 대적하기에는 무리일 것이라고 판단하고 후퇴 명령을 내리려 할 때였다.

갑자기 붉은 옷을 입은 장수가 어디선가 말을 타고 나타나더니 왜병들을 향해 칼을 휘둘렀다. 느닷없이 나타난 그 장수의 시퍼런 칼날에 왜병의 목은 가랑잎처럼 하나둘 땅으로 떨어졌다.

그로 인해 왜병은 사기가 땅에 떨어져 결국은 후퇴에 후퇴를 거듭했다.

붉은 옷의 장수는 적들이 후퇴하는 것을 보고는 곽재우에게 다가왔다.

"오랜만이구려."

곽재우는 목소리가 귀에 익어 장수의 얼굴을 자세히 들여다보니 일전에 창으로 백호를 잡았던 바로 그 사내였다.

"아니, 이게 뉘시오? 참으로 오랜만이오."

사내는 빙그레 웃으며 아무 말 없이 자신의 옷을 벗어 곽재우에게 주었다.

"이것을 왜 내게 주시오?"

"이것을 입고 전쟁을 치르면 패하는 일이 없을 것이외다."

사내는 그렇게 말한 다음 곽재우가 뭐라 말하기도 전에 또다시 어디론가 사라져버렸다.

그후 곽재우는 사내가 준 붉은 옷을 입고 전투에 임하였다. 그러자 신기하게도 사내의 말처럼 한 번도 패하지 않고 매번 승리를 했다.

그뒤 사람들은 곽재우를 일러 홍의 장군이라 불렀다. 그는 임진왜란이 끝나자 나라에서 부르는 것도 사양하고 자신의 식솔들을 데리고 울진으로 내려가 그곳에서 남은 일생을 보냈다.

조헌과 영규 대사

임진왜란이 일어나자 전국 각지에서 의병들이 일어났는데 그 가운데는 승병들도 많이 포함돼 있었다. 서산대사에게 가르침을 받은 영규 대사도 외침을 받아 나라가 위기에 처하자 기거하던 공주 청련암靑蓮菴에서 승려들을 이끌고 떨쳐 일어났다.

휘하에 승려 300여 명을 결집한 영규 대사는 문인이자 학자인 의병장 조헌의 부대에 합류하여 전장에 나섰다.

영규 대사와 조헌은 먼저 관군과 힘을 합쳐 왜군에게 함락당한 청주성을 공격하여 탈환하고 곧장 전라도 금산성으로 진격했다.

그러나 청주성 싸움에서 의병들이 입은 피해도 적지 않아 그들이 금산에 도착했을 때는 아군의 수가 700여 명으로 줄어 있었다.

왜군의 숫자에 비해 아군의 수가 너무 열세라고 여긴 영규 대사는 부하 장수들과 함께 대책을 논의했다.

"아무래도 이 정도의 군사로는 왜군을 상대하기가 어려울 것 같소이다. 일단 의병을 더 모은 후 진격하는 것이 좋을 듯한데 장군들의 생각은 어떠하시오?"

영규 대사의 말이 옳다고 생각한 부하 장수들은 일단 의병을 모으는 데 주력하기로 했다.

영규 대사는 조헌을 찾아가 그와 같은 자신들의 뜻을 전하고 의향을 물었다. 그러나 조헌은 펄쩍 뛰며 반대하였다.

"대사! 그 무슨 당치 않은 소리란 말이오! 지금 나라의 운명이 풍전등화이거늘 아군의 수가 적다 하여 어찌 눈앞에 있는 왜군들을 모른 척한다는 것이오! 지금 아군의 수가 왜군에 비해 적기는 하지만 청주성에서의 승리로 사기가 올라 있소이다. 한시가 급한 이때에 어찌 훗날을 도모하려 하시오! 난 혼자라도 싸우겠소이다!"

"장군의 뜻이 정 그러하다면 소승도 그 뜻을 따라야지요."

영규 대사는 조헌의 뜻이 완강하자 하는 수 없이 그 뜻을 따르기로 하고 부하 장수들에게 알렸다.

"대사님, 지금의 이 군사로 왜군들과 싸우는 것은 무모한 짓이옵니다. 어찌 불을 보듯 뻔한 싸움을 하시려 합니까?"

영규 대사의 부하들은 한결같이 조헌의 의견에 반대하였다.

"나도 알고 있네. 허나 처음부터 죽음을 맹세하고 함께 의병을 일으킨 우리들일세. 그런데 이제 와서 뜻이 맞지 않는다고 우리가 따로 행동한다면 그것은 결국 조헌 장군 혼자 싸우다 죽으라는 말이 아니겠는가? 난 그리할 수 없네."

"……"

"비록 아군의 수가 적어 불리하기는 하지만 죽음을 각오하고 싸운다면 무엇이 두렵겠는가? 그리고 그렇게 하는 것이 사람의 도리가 아니겠는가?"

영규 대사가 간곡히 말하자 부하들도 더 이상 반대하지 않았다.

영규 대사와 부하 장수들은 곧 군사들과 힘을 합쳐 진지를 쌓고 막사를 짓기 시작했다.

그러나 그 모습을 본 조헌이 영규 대사를 찾아와 답답하다는 듯이 말했다.

"이보시오, 대사! 눈앞에 있는 왜군들을 한시바삐 무찌를 생각은 않고 지금 무얼 하시는 것이오?"

"왜군과 대적하자면 우선 진지를 쌓고 막사를 지어야 하지 않겠소?"

"답답도 하시구려! 왜군들이 언제 공격해 올지 모르는 마당에 그것들이 다 무슨 소용이오? 속히 군사들을 정비하여 왜군과 싸울 차비를 하도록 하시오!"

조헌은 그렇게 말하고는 자신을 따르는 의병들에게 금산성을 향해 진격하라는 명령을 내렸다.

영규 대사가 미처 말릴 틈도 없이 조헌은 말을 달려 앞으로 내달았고 의병들은 함성을 지르며 그 뒤를 쫓았다.

조헌이 칼을 높이 들고 금산성으로 달려가자 때를 같이하여 성문이 열리며 왜군들이 물밀듯이 쏟아져 나왔다.

영규 대사도 서둘러 진격 명령을 내렸다.

금산성은 순식간에 아수라장으로 변했고 곳곳에서 함성과 비명 소리가 뒤섞여 터져 나왔다.

그러나 왜군에 비해 무기도 조악한 데다 수적으로도 열세한 의병들은 갈수록 뒤로 밀리기 시작했다. 이 틈을 놓치지 않고 왜군들은 공격의 고삐를 더욱 조여왔다.

"물러나지 마라, 결코 등을 보여서는 안 된다! 우리는 최후의 일인까지 여기에 뼈를 묻을 것이다!"

조헌은 큰소리로 외치며 의병들을 독려했지만 그들의 기세는 이미 모진 비바람에 떨어지는 꽃잎과도 같았다.

영규 대사가 이끄는 승병들도 사력을 다해 왜군들과 대적했지만 왜군의 수가 워낙에 많은지라 속수무책으로 당할 수밖에 없었다.

마침내 조헌이 왜군들의 공격에 무참하게 쓰러졌다는 비보를 접한 영규 대사는 울분을 터트렸다.

"조헌 장군이 전사하셨다니 그게 사실인가?"

"원통하게도 왜놈들의 조총에 그만……. 대사님! 일이 이렇게 된 이상 대사님께서도 일단 몸을 피하시는 것이 좋을 듯합니다."

"피하다니! 조헌 장군이 죽은 이 마당에 나보고 어딜 피하라는 것이오?"

영규 대사는 계속해서 몰려드는 왜군들을 바라보며 칼을 꺼내 들었다.

"대사님, 부디 후일을 도모하셔야 합니다. 어서 피하십시오!"

"아니오! 조헌 장군이 죽었다면 더욱더 내가 이 자리를 지켜야만 하오! 대장도 없이 싸우는 병사들을 두고 나 혼자 살겠다고 도망을 간단 말이오?"

영규 대사는 몸소 의병들을 지휘하며 선두에 나섰다.

"조헌 장군의 원수를 갚으러 가자! 왜군들의 목을 베어 장군의 원혼이나마 위로해야 한다!"

그날의 전투는 날이 저물도록 계속되었다.

붉은 노을이 사방을 물들일 무렵 하늘과 땅은 온통 피바다를 이룬 것 같았다.

나라를 구하겠다는 일념으로 일어선 의병들은 왜군들의 공격에 밀려 하나하나 쓰러져 갔고 영규 대사도 장렬한 최후를 맞았다.

조헌과 영규 대사가 이끄는 700여 명의 의병들은 조헌 장군의 맹세와 같이 최후의 일인까지 그 자리에 남아 왜군들의 공격에 맞서 싸웠다.

그로부터 며칠 후 의병들의 비보를 전해 들은 영규 대사의 제자들은 눈물을 흘리며 이들의 시체를 모아 무덤을 만들어 주었다. 이 무덤이 바로 현재까지 남아 있는 금산의 칠백 의사총이다.

운남국 공주를 아내로 맞은 역관

"네가 네 죄를 인정한다니 두말은 않겠다만 그 죄가 적지 않으니, 참형을 면치 못하리라!"

이여송 장군은 아직도 화가 가시지 않은 얼굴이었다.

요동도통遼東都統은 차마 고개를 들지 못하고 눈물만 흘렸다.

비록 전쟁이 끝났으나 군량미를 사사로이 전용했으니, 죽음을 면할 길이 없다는 것을 잘 알고 있었다.

요동도통은 마음을 비우고 죽음을 각오하고 있었다.

그러나 요동도통의 세 아들은 아버지의 죽음을 차마 그냥 두고 볼 수 없어 아버지를 구하고자 한자리에 모였다.

그들은 궁리에 궁리를 거듭해 보았지만 좀처럼 묘책이 떠오르지 않아 멍하니 앉아 있는데 문득 막내가 말했다.

"형님! 일전에 들으니 장군께서 조선에서 온 젊은 역관을 무척 신임하고 있다고 합니다. 그 역관을 찾아가 장군에게 잘 말해달라고 부탁해 보는 것이 어떨까요?"

그리하여 삼 형제는 지푸라기라도 잡는 심정으로 김 역관을 찾아갔다.

조선인 김 역관은 이여송이 임진왜란 때 명의 원군을 이끌고 왔을 때 나라에서 파견한 여러 통역관 중 한 사람이었다.

김 역관은 인물도 훤칠한 데다 통역은 물론 여러 방면에 재주가 뛰어난 젊은이였다.

이런 김 역관이 마음에 들었던 이여송은 그를 자주 부르며 친히 대하더니 명나라에 돌아올 때 데리고 왔다.

김 역관은 요동도통의 아들 삼 형제가 다짜고짜 자신에게 매달리자 난처했다. 그러나 아버지를 살리고자 애쓰는 아들들을 보니 고향에 계신 부모님 생각이 나 측은한 마음이 들었다.

"제가 무슨 힘이 있어 장군이 하시는 일을 막겠습니까마는 언제 기회를 보아 말씀드려 보지요."

김 역관은 그렇게 말하고 아들들을 돌려보냈다.

며칠 후 그는 이여송 장군을 찾아뵌 자리에서 요동도통의 사정 얘기를 하며 그의 죄를 용서해 줄 것을 부탁했다.

이여송은 김 역관이 자신에게 처음 부탁하는 것이라 쉽게 거절하지 못하고 마침내 승낙했다.

요동도통이 무사히 풀려나자 그의 아들 삼 형제는 금은 보화를 챙겨 들고 김 역관을 찾아갔다.

"고맙습니다. 아버지를 살려 주신 은혜 어찌 이것으로 다 갚겠습니까마는 저희의 작은 정성이오니 받아 주십시오."

"아닙니다. 이렇게 된 것은 당신들의 효성이 지극하기 때문입니다. 그러니 그냥 가져가십시오."

"그럴 수는 없습니다. 아버지의 목숨을 살려 주셨는데 어찌 저희가 그냥 있을 수 있단 말입니까? 이것이 싫다 하시면 대인께서 벼슬을 하실 수 있도록 추천해 올릴 수도 있습니다."

삼 형제는 김 역관이 선물을 거절하자 다른 제의를 했다.

"아니 될 말입니다. 전 엄연히 조선인입니다. 곧 본국으로 돌아가야 할 사람이 벼슬이라니, 당치 않습니다."

"저희는 그냥 있을 수 없습니다. 부디 대인께서 원하시는 것을 말씀하십시오. 무엇이든 저희가 들어드리겠습니다."

삼 형제는 김 역관에게 엎드려 말했다.

"허허, 거 참. 정 그러하다면 내 소원이 천하에 제일 가는 미인을 보는 것이니 그 소원을 들어주시겠소?"

김 역관은 별 생각 없이 농담처럼 말했다.

그러나 삼 형제는 그것을 진담으로 받아들이고 고개를 끄덕이며 돌아갔다.

며칠 후, 삼 형제가 다시 김 역관을 찾아왔다.

"오늘 공사가 없으시면 저희가 대인을 모실까 합니다."

"마침, 일을 끝내고 오는 길이니 달리 할 일은 없습니다. 하온데 무슨 일인지……."

김 역관은 의아해서 물었다.

"그거 잘 되었습니다. 그럼 함께 가시지요."

삼 형제는 김 역관이 대답할 겨를도 없이 자리에서 일어섰다. 김 역관은 삼 형제의 손에 이끌리다시피 그들의 집으로 함께 갔다.

삼 형제의 집은 고대광실에 맞먹을 만큼 화려하고 으리으리했다. 그들은 그 집에서 가장 큰 방으로 김 역관을 모셨다.

"잠시만 기다려 주십시오."

삼 형제들이 나간 뒤 화려한 옷차림의 미인들이 주안상을 들고 들어왔다.

김 역관은 어안이 벙벙해졌다.

미인들은 김 역관 곁에 앉아 안마도 해주고 술도 따라 주며 시중을 들었다. 그러나 김 역관은 차마 술잔도 들지 못하고 있다가 자리에서 일어섰다.

'내 이러다 잘못하여 실수하면 큰일이지.'

김 역관은 그만 이곳을 떠나야겠다고 마음을 굳혔다.

김 역관이 방을 나가려는데 삼 형제가 다시 들어왔다.

"아니, 어디를 가십니까?"

삼 형제가 놀라 물었다.

"예, 이만 가볼까 해서……."

김 역관은 더듬거리며 말을 맺지 못했다.

"아니 될 말씀입니다. 천하 제일의 미녀를 보셔야지요. 이제 곧 올 것이니 자리에 앉으시지요."

삼 형제는 김 역관의 팔을 이끌고 자리에 앉혔다.

이윽고 문이 열리더니 조금 전보다 훨씬 더 아름다운 미희들이 들어왔다.

김 역관의 눈이 휘둥그레졌다.

특히 미희들 가운데 서 있는 여인은 정녕 천하 절색이었다.

'저 여인이 진정 사람이란 말인가?'

한 차례 연회가 끝난 뒤 삼 형제는 다른 여인들을 모두 물러가게 하고 그 여인만 남도록 했다.

"이 여인이야말로 천하 절색이지요. 부디 이 여인과 좋은 인연을 맺으십시오."

삼 형제는 공손히 말하고는 자리에서 일어섰다.

"아니, 아닙니다. 전 미인을 한 번 보고자 했지 그런 뜻이……."

김 역관은 당황하여 삼 형제를 잡으며 말했다.

"거절하지 마십시오. 저희가 이 여인을 모시고 오는 데도 적지 않은 비용과 노력이 들었습니다. 이 여인은 운남국의 공주이십니다. 일전에 운남국의 원수를 저희가 갚아 준 적이 있어 이렇게 귀하신 분을 어렵게나마 모시고 올 수 있었습니다."

큰아들이 말했다.

"공주께서도 이곳까지 오시기 쉽지 않았을 것입니다. 만약 선생님께서 이렇게 가신다면 오히려 공주를 욕보이는 것이 되며 저희 또한 운남국에 얼굴을 들 수 없게 됩니다."

삼 형제는 김 역관에게 부디 자신들의 성의를 뿌리치지 말라고 간곡히 청했다.

"앞으로 이런 미인을 보는 것은 물론이요, 얻기는 더욱 힘들 것이옵니다. 부디 오늘의 인연을 소중히 여기시고 받아 주십시오."

김 역관은 살며시 운남국의 공주를 바라보았다. 삼 형제의 말이 아니더라도 지금 이대로 간다면 평생 후회할 것 같았다.

결국 김 역관은 운남국의 공주와 하룻밤을 보냈다.

다음날 아침 식사를 하는 자리에서 삼 형제 중 맏아들이 김 역관에게 말했다.

"이참에 공주와 백년가약을 맺으시는 것이 어떻겠습니까?"

"말씀은 감사하오나 국법이 지엄한지라 남의 공주를 함부로 아내로 맞이할 수는 없습니다. 저로서도 안타까울 뿐입니다."

김 역관은 허심탄회하게 말했지만 속으로는 정녕 안타까웠다.

나중에 조선으로 돌아간다 해도 지난밤 같이 보낸 운남국의 공주를 잊지 못할 것 같았다.

"그도 그렇군요. 그렇다면……, 어차피 선생님께서는 이곳에 자주 드나들 것이니 아예 이곳에 집을 마련해 공주를 지내게 하시고, 이곳에 올 때마다 함께 지내시면 어떻겠습니까? 집은 저희가 마련해 드리겠습니다."

김 역관은 삼 형제의 제의를 흔쾌히 받아들였다.

그후 김 역관은 조선과 명나라를 자주 오가며 명에 머물 때는 운남국의 공주와 함께 지냈다. 그리고 조선에서는 아예 부인을 두지 않았다.

세월이 흘러 김 역관과 운남국 공주 사이에 많은 자식이 생겨나게 되었고 김 역관은 명나라에 귀화하여 행복한 삶을 꾸렸다.

여류 시인 이옥봉의 한

"이 글을 자네 딸이 지었다는 게 사실인가? 참으로 명문일세그려!"
재상 신흠申欽은 탄복하며 다시 한번 시문에 눈길을 던졌다.

오월의 장간산을 사흘에 넘으니〔五月長干三日越〕
노릉의 구름 속에 슬픈 노래는 끊어졌네〔哀歌唱斷魯陵雲〕
이 몸 역시 왕실의 후손이라서〔妾身亦是王孫女〕
산골의 두견새 소리 차마 못 듣겠네〔此地鵑聲不忍聞〕

"부끄럽습니다, 대감."
이봉李逢은 말과는 달리 입가에 미소를 띠우며 대답했다.
"아닐세. 남자도 아닌 여자가 이런 문장을 지었다는 것은 가히
놀라운 일일세."
신흠이 그렇게 칭찬해 주니 이봉은 딸 옥봉이 더욱 자랑스러웠다.
"어려서부터 글을 가르쳤는가?"
"아닙니다. 그저 어깨 너머로 혼자 깨우친 듯합니다."
"저런……, 그런데도 이리 훌륭한 글을 짓다니. 참으로 하늘이
내린 재주로세. 거 참!"

신흠은 옥봉이 지은 글을 두고 입에 침이 마르도록 칭찬을 아끼지 않았다.

지금 신흠이 읽고 있는 글은 몇 해 전 옥봉이 영월을 다녀와서 지은 것으로 숙부인 수양대군에게 왕위를 빼앗긴 후 영월로 유배 온 단종의 애끓는 심사를 표현한 것이었다.

"자네 딸은 올해 나이가 몇이나 되는가?"

"열여덟이옵니다."

"꽃다운 나이로세그려. 이제 혼인을 시켜야겠구먼."

"그렇습니다만……."

이봉이 말끝을 흐리자 신흠이 되물었다.

"무슨 문제라도 있는 겐가?"

"허허……, 제 여식이 워낙……."

"워낙?"

신흠의 물음에 이봉은 겸연쩍은 듯 잠시 말을 잇지 못하다가 얼굴을 붉히며 헛웃음을 지었다.

"허허……, 글쎄요. 그게 문장이나 외모가 저보다 뛰어나야 한다고 고집을 부리니, 원!"

"허허허! 이 정도 문장을 짓는 재주라면 그럴 만도 할 테지……. 허허!"

웃음 끝에 이봉이 신흠에게 말했다.

"대감께서 좀 신경을 써주십시오."

"이 사람아! 내가 무슨 중신아비라도 되는가?"

그렇게 신흠과 이봉의 술자리는 밤늦도록 옥봉의 혼사 문제까지 거론하며 쉬이 끝날 줄을 몰랐다.

그로부터 4년의 세월이 흘렀다.

그 동안 이봉은 딸의 혼처를 백방으로 수소문했으나 옥봉은 번번이 마다할 뿐 도무지 좋은 기색을 비치지 않았다.

그도 그럴 것이 얼굴이 잘생기면 글재주가 없다고 고개를 저었고 문장이 뛰어나면 외모가 변변치 않다고 퇴짜를 놓았던 것이다.

옥봉의 나이 벌써 스물두 살을 넘기고 보니 이봉의 걱정은 이만저만이 아니었다.

겉으로 보기에는 멀쩡한 딸을 두고 친척들은 물론 이웃에서까지 이런저런 말들이 많았던 것이다.

이봉은 틈나는 대로 매파를 놓아 딸의 혼처를 알아보았으나 옥봉은 매번 머리를 숙이고 앉아 조용히 고개를 가로 저을 뿐이었다.

그러던 어느 날, 이봉은 밤이 이슥해졌을 무렵 옥봉을 조용히 안방으로 불렀다.

방에는 옥봉의 어머니도 함께 있었는데 웬일인지 얼굴에 짙은 수심이 깃들여 있었다.

"찾아계십니까, 아버지."

옥봉이 인사를 하고 자리에 앉자 이봉이 잠시 뜸을 들이더니 말했다.

"이제 네 나이 벌써 스물하고도 둘이다. 혼기를 놓쳐도 한참을 놓친 나이야."

아버지의 말에 옥봉은 할말을 잃고 방바닥만 내려다보았다.

"오늘 이 아비가 하는 말을 잘 새겨들어라. 대신 가부간의 결정은 네 의사를 따르겠다."

"……."

옥봉의 어머니는 무슨 말을 할 듯 말 듯 입술만 달싹이며 간혹 깊은 한숨을 내쉬었다.

"며칠 전 사석에서 운강雲江 조원趙瑗이란 이를 소개받았다. 너도 익히 들어 알고 있을지 모르나 외모나 문장으로 볼 때 네가 찾는 배필이 분명하다."

옥봉은 아버지의 말에 가슴이 가늘게 떨려옴을 느꼈다. 운강 조원의 이름은 익히 들어서 알고 있던 터였다. 사내 대장부다운 훤칠한 용모에 글재주 또한 비상하여 이미 장안에 소문이 파다했던 것이다.

옥봉의 이러한 마음을 눈치 챘는지 이봉이 좀 전과는 달리 스스럼없이 말을 이었다.

"그 사람 역시 네 소문을 들었는지 너에 대한 관심과 칭찬이 남다르더구나. 내가 보기에도 사위로 삼았으면 하는 욕심이 들 만큼 흠잡을 데 없는 사내 대장부였다. 그런데 문제는……."

일단 이봉은 거기에서 말을 끊었다.

옥봉의 어머니는 속이 타는지 마른침만 삼켰다.

"주저 마시고 말씀하십시오."

옥봉의 말에 이봉은 천천히 입을 열었다.

"문제는…… 조원이란 자가 이미 혼인을 했다는 것이다."

잠시 깊은 우물 같은 정적이 흘렀다. 옥봉도, 옥봉의 부모도 아무런 말 없이 정적 속에 휩싸여 있었다.

한참 후 옥봉이 조심스럽게 입을 열었다.

"아버지, 그리고 어머니! 소녀 그분이라면 소실이라도 상관없습니다. 지금껏 제가 찾던 분을 만났는데 정실이면 어떻고 소실이면 어떻습니까? 아무 염려 마시고 매파를 넣어 주십시오."

옥봉의 어머니는 딸의 손을 잡고 눈물만 흘릴 뿐 말을 잇지 못했다. 이봉은 조용히 천장만 바라보고 있었다.

"소녀 정말 기쁩니다. 그간 부모님께 심려만 끼쳐 드렸는데 이제

라도 배필을 만나 부모님의 걱정을 덜어 드리는 것은 물론 소녀의
소망도 이루게 되었으니 더 바랄 것이 무엇이겠습니까?"

옥봉의 위로 섞인 말에 이봉의 눈에서도 희미한 물기가 번져나
는 듯했다.

옥봉이 조원의 소실로 들어간 지 3년이 흘렀다.

지난 3년 동안 옥봉은 조원을 남편이라기보다는 평생의 시우詩友
로 여기고 언제나 글을 읽고 문장을 짓는 데에만 온갖 심혈을 기울
였다.

그래서인지 집안일에는 아예 아무 관심조차 두지 않았다.

옥봉의 그러한 태도를 보고서도 점차 시간이 지나면 아녀자로서
의 도리를 알게 되겠지 싶었던 조원은 시간이 흘러도 변함이 없자
조금씩 속에서 울화가 치밀어 오르기 시작했다. 그는 아내가 재주
많은 여인이기보다는 조신한 여인네이기를 바랐던 것이다.

옥봉은 오로지 글을 읽고 문장을 짓는 데에만 정신이 팔려 갈수
록 남편에게도 별반 신경을 쓰지 않았다.

조원이 치밀어 오르는 울화를 속으로 삭이며 혼자 전전긍긍하고
있을 때, 일은 뜻밖의 곳에서 터지고 말았다.

하루는 옥봉이 살고 있는 마을에 소도둑이 들었는데 애매한 농
부 한 사람이 도둑으로 몰려 관가에 끌려가 옥에 갇히는 신세가 되
고 말았다.

그러자 농부의 아내는 남편의 억울함을 호소하는 글을 써달라고
옥봉을 찾아갔다. 사정을 딱하게 여긴 옥봉은 순순히 그 부탁을 들
어주었다.

세숫대야의 물을 거울로 삼고〔洗面盆爲鏡〕

머리 빗은 물로 기름을 삼았네〔梳頭水作油〕

이내 몸이 직녀가 아니거늘〔妾身非織女〕

지아비가 어찌 견우가 되겠는가〔郎豈是牽牛〕

　농부의 아내는 곧 그 글을 관가의 수령에게 바쳤다. 글을 읽은 수령은 뛰어난 문장에 감동하여 농부의 무죄를 믿고 방면해 주었다.

　이 소식을 들은 조원은 더는 참을 수 없었다. 그는 곧장 옥봉의 처소로 달려갔다.

　"이보시오, 부인!"

　얼굴이 상기되어 방안으로 들어서는 남편을 보며 옥봉은 뭔가 잘못되었다고 직감했지만 이내 미소를 되찾고 남편에게 앉기를 권하고 자신도 그 앞에 앉았다.

　"무슨 일로 그러시는지……."

　"내 그간 부인을 소실로 맞아들여 싫은 소리 한마디 하지 않고 묵묵히 부인의 거동을 지켜만 보았소!"

　"……."

　옥봉은 말없이 고개를 숙였다.

　"그런데 한 집안의 아녀자 된 몸으로 집안일에는 일말의 관심도 없이 그저 날이면 날마다 책 읽고 글쓰는 데만 정신이 팔려 있으니 대체 집안 꼴이 뭐가 되겠소?"

　옥봉의 다소곳한 태도에 더욱 화가 나는 듯 조원의 노기 띤 목소리는 점점 더 커졌다.

　"거기에다 이젠 남의 일에까지 참견하여 아녀자가 쓴 글이 문지방을 넘어가니 내 어찌 더 참을 수 있겠소?"

　"그것이 아니라 사정이 하도 딱하여……."

"듣기 싫소! 그만 친정으로 돌아가시오! 부부의 연은 오늘로 끝이오!"

"서방님! 어찌 그런 말씀을 하신단 말입니까? 부부의 연은 하늘이 정한 것을, 사람이 어찌 거역할 수가 있겠습니까?"

마침내 옥봉은 울음을 터뜨렸다.

그러나 그 말을 끝으로 조원은 자리에서 일어나 뒤도 돌아보지 않고 방을 나갔다. 귓전을 때리는 세찬 방문 소리가 이미 조원의 굳은 결심을 대신하고 있는 듯했다.

한참을 자리에서 흐느끼던 옥봉은 눈물을 거두고 자세를 고쳐 앉더니 천천히 일어나 조원이 나간 방문을 향해 마지막으로 큰절을 올렸다.

"서방님. 소녀 처녀의 몸으로 서방님의 소실로 들어온 건 오로지 서방님의 덕망과 글 짓는 재주를 사모하여서였습니다. 그러나 이제 서방님께서 저를 버리시니 소녀 이곳을 떠나겠습니다. 서방님을 사모하는 마음은 두고 가오나 저를 버리신 데 대한 원망은 가슴 깊이 품고 가겠나이다."

옥봉의 가슴에는 조원에 대한 애정과 원망이 함께 서려 있었다.

조원에게서 버림받은 옥봉은 그후 독수공방을 하며 외로운 나날을 보내다가 임진왜란 때 한 많은 생을 마친 것으로 전한다.

비록 조원에 대한 원망을 가슴속에 품고 살기는 하였으나 옥봉은 끝끝내 그를 사모하는 마음을 버리지는 못하였다.

그녀가 조원에게 지어 보낸 글에는 그를 사랑하는 마음이 그대로 묻어 있었다.

그대의 안부 알 길이 없사온데〔近來安否問如何〕

달빛이 사창에 들면 제 한이 끝없네〔月到紗窓妾恨多〕

제 꿈속의 혼이 다니는 데 자취가 있었다면〔若使夢魂行有跡〕

님의 문전의 돌길은 반은 모래가 되었으리〔門前石路半成沙〕

인조반정의 숨은 공로자

　고개를 숙이고 담담하게 앉아 있던 이예순李禮順의 눈가에 자신도 모르게 눈물이 흘렀다.

　'더 이상 속세에 무슨 미련이 남았다고 부질없는 눈물이 흐른단 말인가?'

　이예순은 연평부원군 이귀李貴의 딸로 미색이 뛰어나고 재주가 많아 어려서부터 아버지의 사랑을 독차지했다.

　그러나 남편 복이 박했던지 일찍이 김자점의 아우 김자겸에게 시집을 갔으나 얼마 되지 않아 그만 청상과부가 되고 말았다.

　남편을 여읜 뒤 이예순은 부처님만을 의지하여 불공을 드리며 나날을 보냈다. 그러던 어느 날 법회에서 참찬 오겸의 아들 오언관吳彦寬을 만나게 되었는데 서로에게 이끌린 두 사람은 자연스럽게 정을 통하게 되었다.

　두 사람은 사람들의 이목을 피해 멀리 경상도 깊은 산골 마을로 도망을 가 신분을 숨기고 살았다. 그러나 두 사람을 수상히 여긴 마을 사람들의 신고로 관가에 발각되고 말았다.

　그로 인해 오언관은 부녀자를 유괴하여 야반 도주하였다는 죄목으로 사형을 당했고, 더 이상 삶에 미련이 없어진 이예순은 그 길로 절에 들어가 비구니가 되었다.

한 움큼씩 잘려 바닥에 떨어지는 머리카락을 보며 이예순은 지난 옛일들이 주마등처럼 가슴속으로 스쳐 지나가는 것을 느꼈다.

'이제 세속의 일은 모두 잊고 부처님께 의지하여 그 뜻을 받들며 살아가리라.'

그녀는 정처 없이 전국의 절을 홀로 떠돌아다녔다. 아무것에도 마음을 두지 않으니 발길에 걸리는 것도 없었다.

표표히 떠돌던 이예순이 한양 근처에 있는 절에서 며칠 기거하고 있을 때였다.

"여봐라, 이곳의 중들을 모두 묶어라!"

저녁때가 다 되어 갈 무렵 난데없이 나타난 포도청의 사령이 포졸들에게 매섭게 명령을 내렸다.

"아니, 무슨 일이오?"

깜짝 놀란 주지가 포박을 하는 포졸들의 손길을 거칠게 뿌리치며 물었다.

"그걸 몰라 물으시오! 이 절에서 부리는 노비 중 한 놈이 도적질을 하다 잡혔소. 그런데 그놈이 이 절에 있는 스님들도 모두 한통속이라 자백했으니 할말이 있으면 포도청에 가서 하시오!"

포졸들은 이예순을 비롯하여 모든 스님들을 포도청으로 끌고 갔다.

졸지에 죄인이 된 이예순은 그 신분이 하루아침에 천한 궁속으로 전락했다. 억울하고 또 억울한 일이었지만 이예순으로서는 어찌할 도리가 없었다.

궁속이 되어 대궐을 드나드는 궁인들을 따라다니던 이예순은 워낙 미색이 출중한 데다 재주가 뛰어나 당시 광해군을 가까이 모시며 세도를 부리던 김 상궁의 눈에 들게 되었다.

김 상궁은 이예순을 아예 자신의 양녀로 삼아 항시 옆에 두고 총애했기 때문에 그녀는 점차 편안한 생활을 누릴 수 있었다.

그 무렵 광해군의 횡포가 갈수록 심해져 급기야 조정의 중신들이 반정을 모의하기에 이르렀는데 이예순의 아버지 이귀 역시 그 가운데 한 사람이었다.

그러나 조정 중신들의 반정 계획은 곧 광해군의 귀에 들어갔다. 다급해진 이귀는 딸 이예순을 찾아가 전후 사정을 설명하고 사정을 했다.

"애야, 우리 가문이 멸하고 흥하고는 네 손에 달려 있다. 부디 김 상궁에게 잘 말하여 이 일이 무마되도록 네가 힘을 좀 써다오. 알겠느냐?"

그 길로 이예순은 황급히 김 상궁의 처소를 찾았다.

"마마님, 이제 소인 어찌하오리까?"

그녀는 방으로 들어가자마자 김 상궁 앞에 엎드려 흐느끼며 말했다.

"아니, 어인 일이냐?"

"소녀의 아비가 억울한 누명을 쓰고 죽게 되었사옵니다."

이예순은 울면서 자신의 집안은 절대 반정을 도모할 집안이 아니며 이 모든 일이 주위 사람들의 모함이라고 항변했다.

"어허, 몹쓸 사람들 같으니라구. 내가 전하께 잘 아뢸 테니 그만 눈물을 그치도록 하거라. 설마 전하께서 아무 죄도 없는 사람들을 다치게 하시겠느냐?"

김 상궁은 급히 어전으로 향했다. 어전에서는 이귀와 김자점을 비롯한 반정을 모의한 인물들이 광해군에게 상소를 올리고 있었다.

"전하! 어찌 그런 일이 있을 수 있겠사옵니까? 소신들이 지금까지 편안하게 살 수 있었던 것은 오로지 전하의 하해와 같은 은혜 덕택이옵니다. 하온데 지금 이런 오명을 쓰게 된 것은 모두가 신들의 불찰이오니 부디 소신들을 참형에 처해 주옵소서, 전하!"

이귀는 애절하게 호소했지만 광해군의 눈초리는 여전히 의심으로 가득 차 있었다.

이때 김 상궁이 조심스럽게 광해군에게 아뢰었다.

"전하! 소인이 나설 자리는 아니오나 부디 중신들의 상소를 귀담아 들으옵소서. 아마도 이는 중신들을 시기하는 자들의 모함인 듯하옵니다."

광해군은 평소 신임하던 김 상궁이 나서 변호하자 이귀를 비롯한 중신들의 말을 믿기로 하였다.

그러나 얼마 지나지 않아 이귀와 김자점을 주축으로 한 반정 세력들은 또 한 번 위기를 맞게 되었다.

반정 계획을 미리 알게 된 박승종이 광해군에게 그 사실을 직접 아뢰었던 것이다.

또다시 이귀와 김자점의 행로가 바빠졌다.

김자점은 김 상궁에게 많은 뇌물을 주어 자신들의 변호를 부탁하였고 이귀 역시 딸 이예순을 통해 대궐의 분위기를 전해 들으며 뒷일을 대비해 나갔다.

처음에는 반정의 무리를 잡아들이라 명했던 광해군도 김 상궁이 나서 이귀와 김자점을 변호하자 자신이 내린 명을 거두었다.

그러나 결국 이귀와 김자점을 비롯한 반정 세력들은 군사를 일으켜 광해군을 귀양 보내고 능양군을 왕위에 추대하였으니 이것이 곧 인조반정이다.

거대한 역사의 뒤안길에서 나약한 여인의 몸으로 아버지를 도와
인조 반정을 성공시킨 이예순의 인생 역정은 정사에 기록되지는 않
았지만 세인들의 입담을 통해 널리 세상에 퍼졌다.

이지광의 지략

"사또! 소승의 억울한 사연을 들어 주십시오!"

하루는 늙은 중이 울상을 지으며 청주 부사 이지광을 찾아와 하소연했다.

"무슨 일이냐?"

"소승이 있는 절은 형편이 넉넉지 못해 절에서 종이를 만들어 장터에 내다 팔고 있습니다. 오늘도 소승이 종이를 팔려고 장터로 가다가 소변이 마려워 잠시 지게를 내려놓고 볼일을 보았습니다. 헌데 소승이 돌아와 보니 종이가 온데간데없이 사라지고 빈 지게만 덩그러니 남아 있는 것이 아니겠습니까?"

"종이는 사라지고 지게만 남았다?"

"예, 사또. 부디 사또께서 제 종이와 더불어 도둑놈을 찾아 주십시오. 그러면 소승 그 은혜 평생 잊지 않겠습니다."

늙은 중은 간곡히 애원하였다.

"그래, 종이는 얼마나 되느냐?"

"한 삼십 축쯤 됩니다."

"으음……."

"소승의 절은 오로지 종이를 팔아 생계를 이어가고 있습니다. 만약 그 종이를 영영 잃어버리면 소승의 절은 앞으로 살길이 막막해질 것입니다. 부디 사또께서 살펴 주십시오."

늙은 중의 말을 잠자코 듣고 있던 이지광은 귀찮다는 듯이 말했다.

"알았다. 내 알아볼 터이니 그만 돌아가거라. 오늘은 기분도 울적하고 하니 기방에 가서 술추렴이나 해야겠다."

늙은 중은 이지광의 말에 기가 막혔다. 이름난 명판관이라는 소문이 자자한 이지광이 도둑질을 당한 백성의 송사는 뒷전에 미룬 채 기방에 가서 술추렴이나 하겠다니 어이가 없었던 것이다.

"뭣들 하느냐, 어서 출타 준비를 서두르지 않고!"

이지광은 늙은 중과 마찬가지로 어리둥절해하고 있는 이방에게 큰소리를 쳤다.

이방을 비롯한 아전들이 사또의 명을 받들어 출타 준비를 서두르는 사이 늙은 중은 황당한 표정으로 밖으로 나왔다.

"어허, 그거 참! 저런 사람이 무슨 명판관이라는 말인가? 그나저나 이제 어디 가서 종이를 찾는단 말인가?"

늙은 중이 돌아간 후 이지광은 아전들과 포졸들의 호위를 받으며 기방으로 향했다.

이지광은 밤늦도록 기방에서 술을 마시고 정신이 몽롱해져서야 아전들의 부축을 받으며 기방을 나왔다.

어둔 밤길을 비틀거리며 걸어가던 이지광은 갑자기 우뚝 한 자리에 멈춰 서더니 손가락질을 하며 큰소리로 호통을 쳤다.

"이놈! 네놈이 대관절 누구이기에 사또의 행차를 방해하는 게냐?"

당황한 아전들이 이지광이 가리키는 쪽을 바라보니 그곳엔 장승이 우뚝 서 있었다.

"사또 나리, 황공하오나 저것은 사람이 아니라 장승이옵니다."

아전들이 웃음을 참으며 말했다.

"아무리 장승이라 해도 그렇지, 감히 지엄한 사또께서 행차하시는데 썩 물러나지 않고 떡 하니 버티고 서 있단 말이냐! 어서 저놈을 잡아 옥에 가두거라!"

아전들의 말에도 아랑곳없이 이지광은 여전히 화를 내며 고함을 질렀다.

"사또께서 술이 과하셔서 그런 모양이니 일단 명을 받들게나."

이방이 하는 수 없다는 표정으로 뒤따르는 포졸들에게 말했다.

그리하여 포졸들 몇이 달려들어 장승을 땅에서 뽑아내 포박한 뒤 관가로 메고 갔다.

그 모습을 본 이지광은 그제야 화를 삭이고 조용히 관가로 돌아와 포졸들에게 일렀다.

"내일 아침 일찍 내 저놈을 문초할 것이니 너희들은 밤새 저놈이 도망가지 못하게 단단히 지키거라, 알겠느냐!"

"예, 사또."

포졸들은 웃음이 나오려는 것을 간신히 참으며 대답했다.

이지광이 방안으로 들어간 후 포졸들은 그의 어이없는 행동을 비웃으며 메고 온 장승을 관가 뒤뜰 아무데나 내려놓고 집으로 돌아갔다.

다음날 아침 이지광은 일찍 채비를 차리고 관가에 나갔다.

"여봐라! 어제 잡아들인 장승을 당장 끌고 오너라!"

아전을 비롯한 포졸들은 놀라지 않을 수 없었다. 사또의 행동을 그저 술주정이려니 했는데 장승을 진짜 문초하겠다 하지 않는가?

게다가 더욱 놀라운 일은 간밤에 관가 뒤뜰에 두었던 장승이 감쪽같이 없어진 것이다.

아전들은 당장이라도 사또의 불호령이 떨어질 것만 같아 눈앞이 캄캄해져 애꿎은 포졸들만 닦달하여 이지광 앞으로 데려갔다.

"무엇 하는 게냐! 당장 그놈을 대령하라 하지 않았느냐!"

이지광이 다그치자 포졸들은 모두들 관가 마당에 엎드렸다.

"사또, 죽을죄를 지었습니다. 저희들이 부주의하여 그 장승을 잃어버리고 말았습니다. 부디 저희들을 죽여 주십시오!"

포졸들은 일제히 목놓아 고했다.

"무엇이라, 그 같은 중죄인을 놓쳐? 그러고도 너희들이 살기를 바라느냐!"

이지광의 목소리는 더욱 높아만 갔다. 포졸들은 그야말로 혼비백산하여 이제 죽을 일만 남았다고 벌벌 떨고만 있었다.

사실 그 장승은 간밤에 이지광이 심복들을 시켜 아무도 몰래 은밀한 곳으로 옮겨 놓았다.

하지만 이런 사실을 알 리 없는 포졸들은 그저 죽을죄를 지었다고 백배 사죄하며 엎드려 있는 것이다.

"내 너희들의 목을 지금 즉시 쳐야 마땅하겠으나 이번만은 특별히 용서해 주겠노라! 대신 그 벌로 삼 일 이내에 각자 종이 두 축씩을 나에게 바치도록 하라. 알겠느냐?"

"예, 사또!"

포졸들은 안도의 한숨을 쉬며 곧장 종이를 구하러 나섰다.

그러나 워낙 종이가 귀하던 시절이라 그렇게 많은 종이를 포졸들 여럿이서 한꺼번에 구하기란 쉬운 일이 아니었다.

그렇지만 포졸들은 자신의 목숨이 달려 있는지라 이곳 저곳 수소문하여 사또와 약속한 3일 후에는 각자 종이 두 축씩을 모두 갖다 바쳤다.

포졸들이 갖다 바친 종이를 한 곳에 쌓아 놓게 한 이지광은 미리 불러들였던 늙은 중에게 잃어버린 자신의 종이를 찾아보라고 일렀다.

늙은 중은 종이를 이리저리 한참 뒤적이더니 절반 이상의 종이를 따로 모았다.

"사또, 이것들이 소승의 절에서 만든 종이이옵니다."

늙은 중이 기뻐하며 이지광에게 아뢰었다.

이지광은 늙은 중이 골라낸 종이를 포졸들에게 보이며 어디서 구하였느냐?

"예, 사또. 주막거리에 있는 어떤 집에서 이 종이들을 구하였사옵니다."

"그 집이 원래 종이 장사를 하는 지물포더냐?"

"아니옵니다. 웬 사내가 그저 어디서 우연히 종이를 많이 구했다며 자신의 집에서 직접 팔고 있었습니다."

"그래? 여봐라, 당장 가서 그자를 잡아오너라!"

포졸들은 신속히 종이를 판 사내를 관가로 붙잡아 왔다.

"네 이놈! 이 종이가 어디서 난 것이냐?"

이지광이 엄한 소리로 문책하자 붙잡혀 온 사내는 그저 벌벌 떨기만 하였다.

"……."

"어서 바른 대로 고하지 못할까?"

이지광이 사내에게 더욱 다그쳐 물었다.

"그……, 그것은 원래 소인이 갖고 있었던 것이옵니다, 사또."

사내의 목소리는 입 속에서 겨우 맴돌았다.

"어허, 이곳까지 와서도 거짓을 고하다니, 어서 저놈을 형틀에 매달아 매우 쳐라!"

포졸들이 형틀을 들고 와 사내를 묶으니 사내가 기겁하여 소리 쳤다.

"사또! 죽을죄를 지었습니다. 실은……, 그 종이는 얼마 전 길에 서 훔친 것이옵니다."

사내가 죽을상을 한 채로 실토하자 이지광은 형틀을 거두게 하 고 그를 하옥시켰다.

그리고 종이는 모두 원래의 주인인 늙은 중에게 돌려주었고, 사 내가 받은 종잇값을 회수하여 포졸들에게 돌려주었다.

늙은 중을 비롯한 고을 백성들은 이지광을 과연 명판관이라고 크게 칭송했다.

아전들과 포졸들도 이지광이 장승을 문초하려던 이유를 그때서 야 깨닫고 그 현명한 지략에 너도나도 감탄했다.

홍서봉의 어머니

인조 때 영의정을 지낸 홍서봉의 어머니 유씨는 학식과 덕망이 뛰어나기로 유명했다.

유씨는 당시 양갓집 규수들이 그러하듯 정식으로 글을 배우지는 못했으나 어려서부터 남동생의 글 읽는 소리를 듣고 어깨 너머로 글을 깨우쳐 동양의 고전을 두루 섭렵함은 물론 시문에도 능했다.

혼기가 차자 당시 도승지로 있던 홍천민과 혼인을 한 유씨는 슬하에 아들 서봉을 두고 다복한 가정을 꾸렸으나 남편이 일찍 죽는 바람에 홀몸으로 서봉을 키우고 가르쳤다.

유씨가 시문에 얼마나 뛰어났던지 아는 이들은 기회가 닿는 대로 자신이 지은 문장을 유씨에게 보이곤 했다.

하루는 먼 친척 되는 이가 자신이 지은 시문을 가지고 유씨를 직접 찾아왔다.

그런데 시문 중에 이런 구절이 있었다.

꽃이 지니 천지가 붉네〔花落天地紅〕

이를 본 유씨는 눈을 감고 한참을 생각에 잠겨 있다가 조용히 입을 열었다.

"이 글귀대로라면 이 시문을 지은 이는 필경 단명할 것입니다."

"아니, 그게 무슨 말씀이시옵니까?"

친척이 놀라 되묻자 유씨는 차근차근 설명해 나갔다.

"잘 보십시오. 꽃이 떨어지니 천지가 붉다 함은 인생의 희노애락을 다 겪은 이가 인생의 황혼을 맞는다는 뜻이지요. 그러니 이 글을 쓴 사람의 인생 역시 그와 같이 이미 황혼기에 접어들었다는 뜻이 아니겠습니까?"

유씨의 설명을 들은 친척은 아직 마흔도 채 안 된 자신의 나이를 생각하며 가슴이 덜컹 내려앉았다.

"아니 그걸 어찌 그리 쉽게 속단할 수 있습니까?"

"원래 시문이라 함은 마음속 감흥에서 비롯되는 것인데 스스로 그 같은 심사에 빠져 있는데 무엇을 더 생각한단 말입니까?"

참담한 표정으로 앉아 있는 친척에게 유씨가 차분하게 말했다.

"만약 저라면 떨어질 낙落자 대신 일어날 발發자를 쓰겠습니다."

"일어날 발자라 함은……."

친척이 다시 묻자 유씨는 천천히 붓과 종이를 꺼내 놓고 한 자 한 자 글씨를 써내려 갔다.

꽃이 피니 천지가 붉네〔花發天地紅〕

그런 다음 유씨는 다정하게 말했다.

"떨어질 낙이 아니라 일어날 발이라면 분명 수명도 길어지고 노후에도 복을 누릴 것입니다. 시문을 지을 때 단명구短命句를 함부로 썼다가는 큰 낭패를 볼 수도 있습니다."

"고맙습니다!"

유씨가 개작한 글을 받아 든 친척은 몇 번이고 유씨의 문장 실력에 감탄하며 거듭 인사를 하고 되돌아갔다.

이렇듯 시문을 평가하는 유씨의 안목은 정확하고도 예리했다.

또한 그와 같은 유씨의 인물됨은 자식인 서봉의 글공부를 가르치는 데에서도 절묘하게 드러났다.

유씨는 서봉에게 직접 글공부를 가르쳤는데 서봉이 글을 낭송할 때면 언제나 중간에 발을 치고 그 소리를 경청했다.

한번은 이를 이상하게 여긴 조카가 유씨에게 그 연유를 물었다.

"큰어머님은 어째서 서봉이 글을 읽을 때면 꼭 발을 치시는 겁니까?"

조카의 물음에 유씨는 잠시 밖을 살피더니 말했다.

"지금 서봉이는 어디 있는 게냐?"

"예. 방금 들어오다가 대문 밖으로 나가는 것을 보았습니다."

조카의 말에 유씨는 자상한 어조로 말했다.

"알고 싶으냐?"

"예, 큰어머님."

유씨는 인자한 미소를 띠우며 말했다.

"그건 바로 서봉이가 내 자식인 까닭이다. 자식이 눈앞에서 글을 잘 깨우치면 세상 어느 부모가 기쁘지 않겠느냐?"

"그렇겠지요."

"너도 알다시피 서봉이는 일찍 아버지를 여읜 불쌍한 아이다. 그런데 어머니인 내가 하나뿐인 자식이라고 그저 위하기만 한다면 장차 서봉이의 앞날은 어찌 되겠느냐? 필경 제 하나밖에 모르는 철부지가 되고 말 것이야."

유씨는 자신도 모르게 흐려지는 시야에 힘을 주며 말을 이었다.

"너, 이것이 뭔지 아느냐?"

유씨는 방 한구석에 놓인 비단 보따리를 가져왔다.

"그것이 무엇입니까?"

유씨는 아무 말 없이 비단 보따리를 풀었다.

"아니, 회초리가 아닙니까?"

놀라는 조카를 보며 유씨는 예의 그 표정을 잃지 않고 대답했다.

"그렇다, 회초리다. 아까 말하다 말았다만 만약 서봉이가 이 어미가 제 글 읽는 소리를 듣고 좋아하는 모습을 보인다면 방자하고 교만해질지도 모를 노릇이요, 또 이렇게 회초리를 비단 보자기에 싸 두는 것은 내 아들의 잘못을 바로잡는 물건을 함부로 할 수 없는 까닭이니라."

유씨는 말끝에 눈물을 훔치며 자리에서 일어났다.

조카는 큰어머니의 깊은 속뜻을 그제야 알 것 같은지 무릎을 꿇은 채로 한참을 앉아 있었다.

이렇게 자식에 대한 유씨의 훈육은 남달랐다.

유씨는 아들 서봉이 장성할 때까지 비단 보따리에 싼 회초리를 방에서 치우지 않았고 그런 어머니의 정성은 서봉을 마침내 정승의 반열에까지 오르게 한 밑거름이 되었던 것이다.

후일 유씨의 수연壽宴 잔치가 있던 날, 인조 임금께서는 하사품을 내리시어 유씨의 노고를 치하했으며 조정의 이름난 대신들 또한 대거 참석하여 유씨의 공을 칭송했다.

송시열과 충청 부사

천둥소리를 앞세우며 갑자기 쏟아진 폭우는 자욱한 물보라를 일으키며 산천초목을 삽시간에 파랗게 적셨다. 뿌옇게 먼지가 일던 황톳길은 금세 진흙탕으로 변해버렸다.

들판에서 일하던 농부들은 근처 나무 그늘로 황급히 몸을 피했다.

"갑자기 웬 비가 이렇게 쏟아진담?"

고갯마루 주막집 월선댁은 부엌에서 마당을 바라보며 버릇처럼 치맛자락을 두어 번 손으로 털었다.

"주모! 주모!"

온몸이 흠뻑 젖은 선비를 태운 말을 끌고 마부가 마당으로 들어서며 다급하게 소리쳤다.

"예! 나갑니다."

비가 와서 손님이 없을 줄 알았던 월선댁은 반가운 목소리로 대답하며 마당으로 나갔다.

"비 한번 굉장하게 오는군. 주모! 방 하나 있으면 주시구려. 아무래도 오늘은 여기서 묵어야 할 것 같소이다."

"예! 나리, 마침 좋은 방 하나가 비어 있습니다. 어서 드시지요."

월선댁은 눈웃음을 지으며 선비를 방으로 안내했다.

선비는 방으로 들어가 짐을 내려놓고 문밖으로 쏟아져 내리는 비를 바라보았다.

'쯧쯧, 갈 길이 멀거늘······.'

선비가 혀를 차며 먹장구름이 잔뜩 긴 하늘을 올려다보고 있는데 수십 명의 포졸들이 뒤따르는 행렬이 주막으로 들어섰다.

맨 앞에서 길잡이를 하는 사람이 큰소리로 주모를 찾았다.

"이보게, 주모! 충청 부사의 부임 행차일세. 비로 더 이상 행차하기 어려우니 여기서 제일 좋은 방 하나 마련토록 하게."

"이를 어찌하옵니까? 제일 넓고 좋은 방에는 방금 손님이 드셨는데······."

주모는 당황하여 말을 맺지 못했다.

"이런 답답한 사람을 봤나? 충청 부사 나리라고 하지 않았는가! 누군지 당장 방을 비우라고 하게!"

"아이 참, 먼저 오신 분을 어찌 내쫓습니까? 저······, 먼저 온 손님도 혼자이신 데다 보아하니 글 읽는 선비 같은데 두 분께서 하룻밤만 같이 지내면 안 되겠습니까? 대신 나리께서 아랫목에 자리하시면 되지 않겠습니까?"

주모는 대답을 듣지도 않고 당장 방안에 있는 선비에게 양해를 구했다. 선비는 쾌히 승낙하며 따뜻한 아랫목을 내주었다.

충청 부사는 젊은 나이에 벼슬에 오른 사람으로 이번이 첫 부임 길이었다. 하여 잔뜩 긴장이 되면서도 한편으로는 한껏 의기양양해 있었다.

충청 부사는 부임지에서 백성들의 환대를 받으며 성대한 잔칫상을 받을 기대에 부풀어 있었는데 갑자기 쏟아지는 비로 하룻밤을 주막에서 그냥 보내게 되고 보니 들떠 있던 기분이 그만 상하고 말았다. 게다가 초라한 행색의 선비와 하룻밤을 한 방에서 보내야 한다는 것이 더욱 불쾌했다.

'거 참, 주제에 양반이라고 갓 한번 크군. 꼴을 보니 겨우 양반 족보 하나 얻은 모양이구먼…….'

충청 부사는 눈살을 찌푸리며 선비를 바라보다가 거만하게 말을 걸었다.

"혹, 장기 둘 줄 아시오? 이렇게 한 방에서 지내게 되었으니 잠시나마 무료한 시간을 달래 봅시다."

"아, 예. 그러시지요."

선비는 자신보다 나이가 한참 어린 부사가 반 하대를 하는 것도 관여치 않고 미소를 지으며 존대하였다.

그렇게 해서 시작된 장기판은 서로 지고 이기기를 몇 차례 반복했다.

쉽사리 승부가 나지 않을 것이라고 여겼던지 충청 부사가 장기 알을 놓으며 말했다.

"거, 노인 양반! 장기깨나 두셨나 보구려. 오랜만에 적수를 만났소이다. 이리 만난 것도 인연인데 우리 통성명이나 합시다. 난 이번에 무과에 급제하여 충청 부사로 임명된 김무사요. 노인 양반은 어디 사는 뉘시오?"

충청 부사는 잔뜩 거드름을 피우며 말했다.

"예. 저는 회덕에 살고 있는 송 생원이라고 합니다. 이렇게 만나게 되어 반갑습니다. 그런데 이처럼 젊으신 분이 부사라니 참으로 훌륭하시오."

충청 부사는 선비의 말에 상했던 기분이 조금 누그러졌다.

"허허, 이것도 무슨 벼슬이라고……. 그런데 노인 양반께서는 아직 벼슬길에 오르지 못한 모양이오?"

그때였다.

"나리, 부사 나리!"

밖에서 다급히 충청 부사를 부르는 소리가 들렸다.

"무슨 일인가?"

"저, 나리! 잠시만 밖으로 나오시지요. 드릴 말씀이 있습니다."

큰일이라도 난 듯 목소리는 한껏 긴장되어 있었다.

"무슨 일인데 안으로 들어와 고하지 않고……."

충청 부사는 인상을 찌푸리며 밖으로 나갔다.

"나리! 큰일났사옵니다. 글쎄 방에 있는 선비께서……."

"선비? 아, 그 노인 양반 말이냐? 그런데 그 사람이 뭐가 어쨌다고 이리 호들갑이냐?"

"지금 막 그 선비를 모시고 온 마부가 하는 말을 들었는데 그분은 이번에 이조판서에 오르신 우암 송시열 대감이시랍니다."

충청 부사의 얼굴은 금세 납빛으로 변했다.

때는 효종 8년, 효종은 청의 간섭으로 오랜 꿈이었던 북벌을 제대로 추진하지 못하고 있었다.

청의 동정을 살피며 때가 오기만을 기다리던 효종은 청 나라의 섭정인 예친왕 다니곤이 죽었다는 통고를 받았다.

이제야말로 자신의 염원인 북벌을 실행시킬 때가 왔다고 여긴 효종은 곧 송시열을 조정으로 불렀다.

그러나 송시열은 이런저런 핑계를 대며 효종의 부름을 번번이 거절했다. 더 이상 조정의 일에 관여하고 싶지 않았던 까닭이었다.

그러나 효종이 친서를 보내 이조판서에 제수하자 송시열은 신하된 자로서 이를 거절할 수 없어 한양으로 올라가는 길이었다.

송시열은 초라한 행색에다 그를 따르는 이라곤 마부밖에 없었으니 누가 보아도 신임 이조판서의 행차라고 여길 수가 없었다.

송시열을 한 번도 본 적이 없는 신임 충청 부사 역시 그 노인이 송시열이라고는 꿈에도 생각지 못했던 것이다.

"뭐? 무엇이라!"

충청 부사의 얼굴은 납빛이다 못해 아예 하얗게 질려 있었다.

"소인도 깜짝 놀랐습니다, 나리! 그런 줄도 모르고 아랫목까지 빼앗았으니……."

충청 부사는 멍하니 아무 말도 하지 못했다.

'나의 방자함이 끝내 스스로 목을 치는 꼴이 되고 말았구나! 이조판서를 몰라보고 무례하게 굴었으니 파직은 물론이고 이제 무관으로서의 길 또한 모두 무산되고 말겠구나!'

가슴을 치며 통탄할 노릇이었지만 이제 와서 엎지른 물을 도로 주워 담을 수는 없는 일이었다.

내리는 비에도 아랑곳없이 한동안 마당에서 불안하게 서성이던 충청 부사는 무슨 생각에선지 굳은 표정으로 방으로 들어갔다.

"말씀 중에 죄송합니다. 잠시 볼일이 생겨서……. 그런데 노인 양반께서는 회덕에 사신다고 하셨지요?"

충청 부사는 아무 일도 없는 듯 말했다.

"그렇습니다."

"이렇게 회덕에 사는 송씨를 만나니 반갑기 그지없소이다."

"뭐, 그렇게까지……."

"제가 사실 회덕의 우암 선생 문하에서 잠시 가르침을 받은 적이 있었습니다. 문득 그 시절이 생각나서요."

"그렇습니까? 내가 그 문하생들은 다 알고 있는데, 선생은 처음

뵙는 것 같습니다?"

"아니, 댁이 어찌 그분의 문하생을 다 안단 말이오?"

"실은 내가 바로 그 우암 송시열이오."

송시열은 빙그레 웃으며 말했다.

그런데 별안간 충청 부사가 벌컥 화를 내며 소리쳤다.

"아니 이 노인 양반이 실성을 했나? 듣자 하니 우리 우암 선생님을 사칭하며 다니는 자가 있다더니 바로 당신이었군그래! 어디 할 짓이 없어서 존망이 높으신 분의 이름을 팔고 다닌다는 말이오?"

난데없이 충청 부사가 호통 치자 송시열은 아연해졌다.

"보시오! 우리 선생님을 욕한 죄를 지금 당장 묻고 싶지만 노인 양반의 나이도 있고 해서 내 그냥 참는 게요! 두 번 다시 이런 짓을 했다간 용서치 않을 것이니 그리 아시오!"

그런 다음 충청 부사는 문을 발로 뻥 차더니 주막이 쩌렁쩌렁 울릴 정도로 소리쳤다.

"여봐라! 어서 떠날 채비를 하라! 내 우리 선생님을 욕되게 하는 저런 양반과는 하룻밤이 아니라 단 한시도 같이 있을 수 없다! 뭣들 하는 게냐? 어서 서둘러라!"

당황한 송시열은 멍한 표정으로 그 모습을 지켜보았다.

마당으로 내려간 충청 부사는 포졸들이 채 정렬하기도 전에 말을 타고 어둠 속으로 사라졌다.

잠시 후 송시열은 혼자 너털웃음을 터뜨리며 박장대소를 했다.

"참으로 오랜만에 인물다운 인물을 만났어! 어허! 그 부사 성질 한번 대단하구먼. 내가 역습을 당한 게야. 내가 당했어."

젊은 부사가 처음으로 벼슬길에 올라 한껏 의기 충천한 모습을 가만히 지켜보던 송시열은 나중에 자신의 신분을 밝히고 관리로서 거만한 행동을 삼가라고 한마디 충고하려 했었다.

그런데 사태는 한순간에 끝나버리고 말았다. 충청 부사는 당당하게 송시열을 꾸짖고는 제 갈 길을 가버린 것이다. 당황한 것은 오히려 송시열이었다.

송시열은 충청 부사의 임기응변에 다시 한번 감탄하며 웃었다.

"저 정도의 기지와 무공을 갖춘 자라면 장차 나라의 큰일을 맡겨도 손색이 없겠구나."

며칠 뒤 송시열은 한양에 도착하여 효종을 알현했다.

효종이 인재를 천거하라고 하자 송시열은 주막에서 있었던 일을 또렷하게 떠올리며 주저 없이 충청 부사 김무사를 제일 먼저 추천하였다.

허물어진 북벌의 꿈

인조 14년 병자년 섣달, 청 태종은 조선이 군신 관계 요구를 거절하자 이를 빌미로 20만 대군을 이끌고 침입했다.

파죽지세로 쳐내려온 청의 군사는 삽시간에 한양에 이르렀고 아군은 남한산성을 거점으로 삼아 거센 항쟁을 벌였지만 청의 대군을 막아내기에는 역부족이었다.

결국 남한산성도 함락되고 인조는 삼전도에서 직접 청 태종에게 무릎을 꿇고 아홉 번 절을 하니 조선의 모든 백성은 눈물을 흘리지 않는 이가 없었다.

청 태종은 이런 치욕적인 항복에도 불구하고 소현세자와 봉림대군, 인평대군 등 인조의 세 아들을 볼모로 잡아갔다.

인조가 세상을 떠나고 볼모로 잡혀갔다 돌아온 지 얼마 지나지 않아 죽은 맏아들 소현세자 대신 둘째 아들 봉림대군이 왕위에 오르니 그가 조선 제17대 왕인 효종이다.

오랜 볼모 생활로 인해 반청 감정이 강했던 효종은 청에 복수하고자 즉위하자마자 북벌을 계획하고 있었지만 그보다 시급한 것은 우선 나라의 안정을 도모하는 일이었다.

그렇게 5년여의 세월을 보내고 이제 어느 정도 시국이 안정되었다고 판단한 효종은 어느 날 밤 은밀히 무신들에게 입궐하라는 명을 내렸다.

한밤중에 왕명을 받은 무신들이 황급히 대궐 문을 들어서는데 갑자기 사방에서 화살이 빗발처럼 쏟아졌다.

이는 효종이 무신들의 담대함을 알아보기 위해 미리 대궐을 지키는 군사들에게 명한 것으로 화살에는 촉이 없었다.

그러나 이 같은 사실을 알 리 없는 무신들은 갑자기 날아드는 화살을 피하기 위해 우왕좌왕하며 한바탕 난리 법석을 떨었다.

멀리서 무신들의 모습을 지켜보던 효종은 한심스런 표정으로 혀를 찼다.

"쯧쯧, 이렇게 인물이 없단 말인가?"

실망한 효종이 자리에서 일어나려는데 무신 한 명이 쏟아지는 화살에도 아랑곳하지 않고 의연한 자세로 효종의 앞으로 달려오는 것이 보였다.

순간 효종은 눈을 부릅뜨고 내관에게 물었다.

"저자가 누구인가?"

"삼도 도통사 이완이옵니다."

내관이 대답하자마자 이완이 효종 앞에 예를 갖추고 황급히 여쭈었다.

"전하, 어명을 받고 달려오는 길입니다."

효종이 이완에게 넌지시 물었다.

"저 많은 화살을 어찌 뚫고 왔는가?"

이완은 대답은 않고 자리에서 일어나 의대를 들쳐 보였는데 놀랍게도 옷 속에 갑옷을 입고 있었다.

"갑옷을?"

"예, 전하! 한밤중에 급히 부르시기에 혹 있을지 모를 불미한 일에 대비하여 무장을 갖추고 왔습니다."

효종은 이완에게 감탄하며 친히 그의 손을 잡고 어전으로 들어갔다.

"과인이 수년 전부터 한 가지 일만을 마음에 두고 있었는데 이제 그 일을 맡을 적임자가 나타난 것 같구려. 이렇게 장군을 대하고 보니 더는 미룰 이유가 없다는 생각이 드오."

효종의 목소리가 자못 긴장되었다.

"지난날 선왕께서 당하신 치욕을 장군도 익히 알고 있을 것이오. 자식된 도리로서 기필코 선왕의 원수를 갚을 것이오. 그러니 장군이 이 일을 맡아 주시오. 부탁하오."

효종은 이완의 손을 굳게 잡고 말했다.

이완은 북벌에 대한 효종의 굳은 의지를 느낄 수 있었다.

"성은이 망극하옵니다, 전하!"

이완은 아무런 망설임 없이 효종의 명을 받들기로 결심을 굳혔다. 그 자신 또한 오랜 세월 동안 마음에 품어 왔던 일이기도 했다.

"자, 이제 자세한 것은 수시로 과인과 의논하시구려."

밤새 효종은 이완과 더불어 북벌에 관해 의논했고 다음날부터 이완은 북벌 계획을 본격적으로 실행에 옮겼다.

이완은 우선 전국에 있는 장사들을 뽑아 훈련을 시켰다.

효종은 나라의 군사 제도를 북벌에 맞춰 순차적으로 바꿔 나가는 한편 이완에게 힘을 실어 주기 위해 높은 관직을 제수했다.

드디어 모든 준비가 하나하나 끝나고 마침내 출병일이 정해졌다.

효종 10년 5월 5일. 이완을 위시한 모든 장수들과 군사들은 가슴 벅차게 그날이 오기만을 기다렸다.

출병을 나흘 앞둔 5월 1일. 이완은 만약에 있을지도 모를 불상사에 대비하여 최종적으로 군사들을 비롯해 무기며 군량미 등을 다시 한번 점검했다. 모든 것이 완벽했다.

결전의 날이 오면 누구보다 앞장서서 적들의 목을 단칼에 베리라 다짐하고 있던 이완에게 대궐에서 급한 전갈이 왔다.

"장군! 급히 입궐하시라는 어명이옵니다!"

대궐로 향하는 이완의 가슴속에 알 수 없는 불길함이 먹구름처럼 몰려들었다.

"전하! 소장 이완 대령하였사옵니다."

"이리…… 가까이 오시오."

효종의 목소리가 심상치 않았다.

"전하! 옥체가 불편하시옵니까? 용안이 많이 상하셨사옵니다."

"과인은 괜찮소. 다만 장군께 부탁할 것이 있소. 혹시라도 과인에게 무슨 일이 생기더라도 장군은 관여치 말고 그 일을 계획대로 시행토록 하시오."

"전하, 어찌 그런 말씀을……."

"아니오. 사람의 앞일은 아무도 알 수 없는 일이오. 과인이 믿을 사람은 오직 장군뿐이오. 그러니 과인의 뜻을 저버리지 말고……."

효종은 힘이 드는 듯 말을 맺지 못했다.

어전을 물러나는 이완의 얼굴은 굳어 있었다.

'전하! 부디 옥체를 보존하옵소서. 부디…….'

이완은 간절하게 빌고 또 빌었다.

그러나 그런 이완의 간절한 바람을 뒤로 한 채 출병일을 하루 앞둔 5월 4일 효종은 그만 승하하고 말았다.

이완의 통곡은 애절하다 못해 처절하기까지 했다.

효종이 죽자 조정 대신들은 당리당략에만 혈안이 되어 어느 누구도 북벌을 논하지 않았다.

이완은 더 이상 북벌이 실행되기 어렵다는 것을 깨닫고 그 동안 함께 북벌을 준비한 장수들을 고향으로 돌려보냈다.

효종의 북벌의 꿈이 한낱 물거품으로 사라지는 순간이었다.

범을 때려잡은 총각

"소자 다녀오겠습니다."

삼길은 망태기를 어깨에 메고 방안에 몸져누운 노부에게 공손히 인사를 올리고 노모의 배웅을 받으며 집을 나섰다.

"애야, 너무 깊은 산중으로는 가지 말거라. 요즘 부쩍 호랑이 울음 소리가 흉물스럽게 들리는구나."

"걱정 마십시오, 어머니. 점심상은 부엌 한쪽에 봐두었으니 꼭 챙겨 드십시오."

노모의 염려에 삼길은 오히려 부모님이 끼니를 거를까 봐 당부했다. 그만큼 삼길은 효성이 지극한 청년이었다.

김삼길金三吉은 충청도 두메산골에서 나고 자랐다. 어려서부터 힘이 장사인 데다 총명하기가 이를 데 없어 글공부는 비록 못했을망정 행동거지나 예의 범절이 깍듯하였다.

삼길은 어느 정도 나이가 들자 몸져누운 노부를 대신하여 노모와 함께 집안일을 꾸렸는데 지금은 노모마저 늙어 혼자 힘으로 모든 일을 도맡아했다.

그러니 이런 형편을 아는 사람들은 어느 누구도 삼길에게 딸을 주려 하지 않아 스물일곱이 된 지금까지 떠꺼머리 총각으로 살고 있었다.

하지만 삼길은 그런 것에는 아랑곳하지 않고 농번기에는 열심히 들일을 하고 추수가 끝나는 늦가을이 되면 산으로 약초를 캐러 다니거나 화전을 일궈 생계를 연명하고 노부의 약값을 마련했다.

요즘은 추수가 끝난 늦가을이기에 날마다 망태기를 메고 온 산을 뒤지며 약초를 캐는 것으로 하루하루를 보냈다.

삼길은 산에 오르면서 이것저것 나무 열매를 따먹으며 허기진 배를 채웠다. 워낙 없는 살림이라 세 사람이 모두 세끼를 다 챙겨 먹을 수 없는 노릇인지라 삼길은 저녁만 집에서 해결하고 아침과 점심은 이렇게 산에 있는 나무 열매와 칡뿌리로 간신히 허기를 속였다.

삼길은 배고픔을 잊으려는 듯 흥얼흥얼 콧노래를 부르며 손에 든 작대기로 땅바닥을 두드리며 흥을 돋우었다.

험준한 비탈길을 오를수록 날로 짙어 가는 단풍이 장관이었다.

힘에 부친 삼길이 단풍 구경도 할 겸 잠시 두 다리를 쉬려고 시원한 나무 그늘을 찾아 들었는데 그때 난데없는 호랑이의 포효가 온 산을 메아리쳤다.

등골이 오싹해진 삼길은 반사적으로 자리에서 일어나 주위를 둘러보았으나 어디에도 호랑이의 모습은 보이지 않았고 호랑이의 포효만 거푸 산골짝을 뒤흔들었다.

삼길은 걸음 소리를 죽이고 살금살금 소리가 나는 쪽으로 다가갔다. 소리는 등성이 너머에서 들려 오고 있었다.

등성이 가까이 다가간 삼길이 땅바닥에 납작 엎드려 고개를 슬쩍 빼어 보니 엄청나게 큰 호랑이 한 마리가 아래쪽 바위 위에서 포효하고 있는데 그 앞에 한 처녀가 쓰러져 있었다.

삼길은 저도 모르게 침을 꿀꺽 삼켰다. 호랑이가 포효할 적마다 놀란 듯 가느다랗게 몸을 떠는 것으로 보아 처녀는 아직 죽지 않은 것이 분명했다.

삼길은 망설임 없이 숨을 죽이고 바위 쪽으로 내려갔다. 호랑이는 삼길이 뒤에서 다가오는지도 모른 채 계속해서 포효하고 있었다.

삼길은 몸을 날려 뒤에서 호랑이의 목을 죄기 시작했다.

뜻밖의 기습을 당한 호랑이는 발톱을 세우고 사지를 비틀며 용을 썼다. 워낙 덩치가 큰 놈이라 삼길이 있는 힘을 다해 목을 죄는데도 금방이라도 삼길의 손아귀에서 빠져 나올 것처럼 심하게 버둥거렸다.

그 순간 삼길은 주먹으로 호랑이의 급소를 내리쳤다. 그러자 호랑이는 거짓말처럼 바위 아래로 맥없이 굴러 떨어졌다.

삼길은 처녀의 인중에 손가락을 갖다대었다. 다행히 처녀는 숨을 쉬고 있었다.

삼길은 급히 처녀를 들쳐업고 집을 향해 달렸다. 오로지 처녀를 살려야 한다는 일념만이 뇌리 속에 뚜렷하게 각인되어 있었다.

처녀는 꼬박 사흘을 식은땀을 흘리며 누워 있었다. 얼마나 놀랐던지 의식을 잃은 와중에도 간간이 비명을 지르며 헛소리를 했다.

삼길의 노모는 밤잠을 설쳐 가며 처녀를 간호했다. 삼길은 좋은 약초를 캐다 정성껏 달여 먹였다.

사흘째 되는 날 저녁이었다.

삼길이 처녀의 약을 달이고 있는데 방안에서 노모의 말소리가 들렸다.

"보시오, 이제 좀 정신이 드오?"

삼길은 방안으로 들어가려다 멈칫했다. 왠지 쑥스러운 느낌이 든 까닭이었다. 삼길은 방문 앞에서 서성거리며 방안에서 새어나오는 기척에 귀를 기울였다.

"그래, 얼마나 놀랐겠소? 안심하시오, 처자. 이젠 살았소!"

그로부터도 한동안 처녀는 말이 없었다. 노모의 기쁨에 찬 목소리만 삼길의 귓전으로 흘러들었다.

"뉘신지……, 그리고 제가 어찌 여기에……."

"하마터면 큰일날 뻔했소, 처자. 호랑이 밥이 될 뻔한 목숨을 우리 아들이 구해 왔다오."

"예?"

처녀는 노모의 말을 듣고서야 저간의 일들이 기억나는 듯 화들짝 놀라며 몸서리를 쳤다.

"진정하오. 자세한 얘기는 기운을 차리면 하도록 하고 어서 자리에 누우시오."

처녀는 가쁜 숨을 몰아쉬며 다시 자리에 누웠다.

삼길은 다시 약탕기 앞에 쭈그리고 앉아 화덕에 푸푸 센 김을 불어넣었다. 처녀가 살아난 것이 정말 고맙고 다행이라는 표정이었다.

다음날 아침상을 물리고 난 후 처녀는 삼길의 부모님 앞에 큰절을 올렸다.

"이 은혜 죽어서도 잊지 못할 것입니다. 고맙습니다."

"은혜랄 것까지야 뭐 있겠소? 그나마 처자가 기력을 회복한 것이 고마울 따름이오."

삼길의 노모는 주름진 얼굴에 환한 웃음을 지으며 말했다.

곁에 앉아 묵묵히 고개를 숙이고 있는 삼길에게 처녀는 다소곳하게 이마를 숙이며 말했다.

"정말 고맙습니다. 무엇으로 이 은혜를 갚아야 할지……."

"아닙니다. 저보다 어머니께서 간호하시느라 애쓰셨습니다."

"듣기에 맨손으로 호랑이와 대적하였다고 들었습니다. 이는 아무나 할 수 있는 일이 아니지요."

"아무리 호랑이라고 하지만 인명을 해하려 든다면 어느 누구라도 그리했을 것입니다."

삼길은 스스럼없이 대답했다.

"근데 옷차림새를 보아하니 여염집 처자는 아닌 것 같은데 뉘 댁 처자이신가?"

마치 오랜 궁금증을 마음속에 품어 온 듯 노모의 말투는 조급하면서도 은근했다.

"예, 소녀의 아버지는 홍 판서 대감이시고 저는 그분의 무남독녀 외딸입니다."

잠시 방안에 물속처럼 깊은 정적이 감돌았다.

삼길의 노모는 낮게 한숨을 내쉬었다. 판서의 딸이라면 더 물어볼 것도 없었다.

사실 그녀는 삼길이 처녀를 업고 왔을 때부터 간호를 하는 동안 마음속으로 은근히 딴 생각을 품고 있었다.

행색으로 보아서는 웬만큼 행세하는 집안 규수 같았지만 아들인 삼길이 호랑이와 사투를 벌인 끝에 처녀를 살렸으니 그리 큰 차이가 나지 않는다면 은근슬쩍 혼삿말을 꺼내도 괜찮을 것이라 생각했었다.

그리하여 일만 잘 된다면 여태껏 노총각 신세를 못 면한 아들을 장가 들여 오손도손 사람 사는 재미를 알게 해주고 싶었다.

자신의 그런 속마음을 숨기려는 모양으로 노모가 얼른 말을 이었다.

"저런! 무남독녀 외딸이면 귀하게 키웠을 텐데 호환을 당했으니 지금쯤 얼마나 기가 차고 속이 탈꼬?"

그 소리를 흘려들으며 삼길은 방안에서 나왔다.

늦가을 햇살이 따갑게 느껴지는 아침나절인데도 팔뚝에 자잘한 소름이 돋는 걸 보니 겨울이 머지않은 모양이었다.

마당 구석에 놓인 망태기를 어깨에 메고 삼길은 부모님께 인사를 올린 다음 한 번도 뒤돌아보지 않고 산으로 올라갔다.

하루가 다르게 떨어지는 산중의 낙엽과도 같이 다시 몇 날이 훌쩍 지나갔다.

처녀가 삼길과 부모님께 감사 인사를 하고 나서 집으로 돌아가려고 하자 노모가 만류했다.

아직 기력도 부실한 데다 가는 길도 모르며 처녀 혼자 몸으로 산길을 다니다가 또 어떤 봉변을 당할지 모른다는 이유에서였다.

처녀는 슬픔에 잠겨 있을 부모님을 생각하면 한시바삐 집으로 돌아가고 싶었으나 노모의 말에도 일리가 있다고 여겨 며칠을 더 삼길의 집에 머물렀다.

그 며칠 동안 처녀는 기력을 완전히 회복했고 틈 나는 대로 삼길의 노모를 도와 집안일도 거들었다.

처녀는 판서의 무남독녀라고 하기에는 의구심이 들 정도로 집안일을 잘했다. 또 한 번만 가르쳐 주면 그 다음엔 혼자서 너끈히 그일을 해내었다.

삼길은 처녀에게 전혀 신경을 쓰지 않는 것 같았지만 아침에 집을 나서 산을 타고 약초를 캐는 시간보다 집으로 돌아가는 저녁때가 훨씬 발걸음이 가벼웠다. 그러다가 처녀를 집에 데려다주기로 한 날이 조금씩 다가오자 매사가 심드렁해질 뿐이었다.

삼길의 노모도 전과 같이 않게 마루에 앉아 한숨을 쉬는 일이 잦아졌다.

그것을 아는지 모르는지 처녀는 언제나 밝은 표정으로 집안일에만 열심이었다.

간혹 무엇인가를 골똘히 생각하는 눈치였지만 그것은 집에 계신 부모님 걱정을 하는 거라고 삼길과 노모는 어림짐작을 했다.

장이 서는 날 아침, 삼길과 처녀는 노모가 지어 주는 새벽밥을 먹고 일찍 길을 나섰다.

아쉬움을 참지 못한 노모의 눈물을 뒤로 한 채 두 사람은 하얗게 서리 내린 산길에 희미한 발자국을 남기며 걸어 내려갔다.

하룻길로는 저녁에 돌아오기 빠듯한 거리였기에 삼길은 장터 약재상에 들러 약초들을 급히 넘기고 점심도 거른 채 길을 재촉했다.

마침내 처녀가 사는 마을 어귀에 도착했을 때 처녀가 다짐하듯 삼길에게 말했다.

"제 말을 잘 들으셔야 합니다."

"그게 무슨 말이오?"

영문을 모르는 삼길에게 처녀가 단호하게 말했다.

"저는 이미 결심을 굳혔습니다. 그러니 이제부터 제 뜻에 무조건 따르겠다고 약조하여 주십시오."

"……."

"어서요!"

처녀의 재촉에 삼길은 얼결에 그렇게 하겠다고 약속했다.

죽은 줄로만 알았던 딸이 돌아오자 홍 판서는 맨발로 뛰어나와 딸을 품에 안았다.

한참을 딸의 얼굴을 쳐다보며 쓰다듬던 홍 판서는 두 사람을 안으로 데리고 들어가 자초지종을 듣더니 삼길을 그윽한 눈길로 바라보았다. 삼길은 첫눈에 보기에도 떡 벌어진 어깨하며 몸집이 장대한 것이 범상한 인물 같지는 않았다.

홍 판서는 삼길의 손을 몇 번이고 잡으며 고맙다는 인사를 했다.

"아버지! 소녀 드릴 말씀이 있습니다."

"그래, 무엇이냐? 어서 말해 보거라!"

홍 판서는 아직도 상기된 표정으로 딸의 말을 받았다.

"소녀 이분이 아니었으면 이미 죽은목숨일 것입니다. 또한 이분 댁에서 비록 부모님과 함께였지만 수일을 같이 지냈습니다."

"음……."

"소녀 이분과 혼인할 수 있도록 허락하여 주십시오."

"아니 낭자, 그게 무슨 말이오?"

홍 판서보다 더 놀란 사람은 삼길이었다.

"아니 될 말이오. 나는 가난한 농사꾼으로 약초나 캐고 숯이나 구으며 겨우 연명하고 있소! 낭자같이 귀한 사람에겐 어울리지 않는 미천한 사람이란 말이오!"

"저와 하신 약조를 잊으셨습니까?"

"그건……, 그건 낭자가……."

삼길이 더 이상 말을 잇지 못하자 홍 판서는 두 사람이 이미 혼인을 결심하고 정을 통했다고 여겼다.

일이 이렇게 된 이상 홍 판서로서는 딸을 다른 곳으로 시집 보낼 수도 없는 노릇이었다.

그는 글줄이나 깨쳤다고 거드름을 피우는 하찮은 양반 자제보다는 보기에도 믿음직스런 삼길에게 딸을 주는 게 더 나을 것이라고 스스로를 위로하며 마음을 굳혔다.

"그건 그렇지가 않네. 이미 죽었을 내 딸의 목숨을 자네가 살렸으니 앞으로도 내 딸 아이의 인생을 자네가 책임지게!"

"나리!"

"곧 혼례 준비를 서두를 터이니 그리 알고 어서 가서 부모님께 이 기쁜 소식을 전해 드리게."

삼길은 아무런 대답도 하지 못했다.

다만 그간 속으로만 꼭꼭 숨겨 왔던 낭자에 대한 애정이 봇물처럼 전신을 휩쓸고 지나갔다.

또한 삼길은 마을 어귀에서 했던 약속이 자신과 혼인하기 위한 것이었음을 깨닫고는 처녀의 사려 깊음에 절로 고개가 숙여졌다.

죽음의 문턱에서 천생배필을 만난 홍 판서의 딸은 시부모를 성심껏 모시는 착한 며느리이자 고된 집안일 중에도 남편에게 글을 가르치는 현명한 부인이었다.

삼길은 부인의 도움으로 나이 마흔이 다 되어 당당하게 장원 급제를 하였다.

벼슬길에 나간 삼길은 당시 임금이었던 숙종의 총애를 받아 여러 요직을 두루 거치며 평탄한 관복을 누렸다.

특히 삼길은 조정에 편히 앉아 국정을 논하기보다 직접 백성들의 삶 속에 뛰어들어 그들의 고초를 해결해 주는 목민관으로서 청사에 빛날 많은 공적을 남겼다.

그 뜻을 가상히 여긴 숙종은 삼길을 삼남안찰사三南按察使로 보내어 백성들의 생활을 두루 살피게 했는데 그가 얼마나 민생 문제를 해결하는 데 헌신을 아끼지 않았는지 지금도 충청도에는 김삼길의 선정비가 남아 있다고 한다.

왕손을 사칭한 처경

"역시 한양 땅이 좋기는 좋군. 이제 이곳을 터전 삼아 신승의 덕을 한번 펼쳐 볼까?"

승려 처경은 한양 땅에 들어서자 주위 경치를 살피며 흐뭇한 미소를 지었다.

처경은 우선 규모는 작지만 신도 수가 많은 절을 찾아가 자신을 금강산에서 수도 정진을 하다가 부처님의 계시로 이곳을 찾았다고 소개하고 며칠 머물 것을 청했다.

스님들은 처경의 말을 그대로 믿고 방 하나를 깨끗하게 치워 처경을 그곳에 기거하도록 했다.

그날부터 처경은 일체 곡기를 입에 대지 않고 오로지 가부좌를 틀고 앉아 알아들을 수 없는 말로 중얼거리며 경을 외기 시작했다.

처경이 그렇게 며칠이 지나도록 방에서 나오지 않자 스님들은 감탄해 마지않으며 처경을 신승으로 대접하고 예를 갖추었다.

절에 신승이 나타났다는 소문은 신도들 사이에 빠르게 퍼져 하루가 다르게 신도 수가 늘어났고 모두들 처경을 만나기를 소원했다.

그러나 처경은 여전히 방안에서 꼼짝도 하지 않고 경을 외는 데만 열중했다.

다시 며칠이 지났다. 처경은 절의 주지를 방으로 불러 엄숙한 목소리로 말했다.

"이제 때가 온 것 같으니 내일부터 신도들을 만나 보겠소. 단, 한 사람씩 이 방에 들여보내되 내가 신도를 만날 동안은 어느 누구도 이 방 근처를 얼씬거려서는 안 되오!"

"말씀대로 하겠습니다, 대사!"

주지는 처경이 신도들을 만나겠다고 하자 희색이 만면하여 합장을 했다.

다음날부터 처경은 신도들을 만나기 시작했다. 그런데 이상하게도 남자가 들어가면 금방 나오는데 얼굴이 제법 반반한 여자가 들어가면 꽤 시간이 흘러서야 방에서 나왔다.

음흉한 처경이 부처님의 뜻이라는 이유를 들어 여자들을 강간했던 것이다.

그러나 처경에게 강간을 당한 여자들은 오히려 그 일이 들통날까 두려워 어느 누구에게도 말하지 못하고 죽는 날까지 가슴에 숨겨야 할 비밀로 묻어 두었다.

그렇게 처경이 강간한 여자들 가운데는 남편을 일찍 여의고 수절하고 있던 과부가 있었다. 비록 나이가 들었어도 젊은 여자 못지않은 미모를 간직하고 있던 그녀는 남편의 명복을 빌러 처경을 찾았다가 그만 원통한 일을 당하고 만 것이다.

그뒤부터 과부는 죽을 결심으로 며칠을 식음을 전폐하고 자리에 드러누워 있었다. 그러나 억울한 심정을 참을 수 없었던 그녀는 먼저 처경을 죽인 다음에 죽어도 늦지 않을 것이라고 생각했다.

며칠 후 과부는 자리를 털고 일어나 처경을 찾아갔다.

두 번 다시 자신을 찾아오지 않을 줄 알았던 여인이 웃는 낯으로 방으로 들어오는 것을 본 처경은 뜻밖이었지만 곧 음탕한 생각이 고개를 들었다.

'오랫동안 수절한 과부가 남자의 살내를 맡았으니 어찌 다시 오지 않겠는가? 요망한 것……'

과부는 배시시 웃으며 자리에 앉아 한껏 교태를 떨었다.

"대사님! 이렇게 다시 뵙게 되어 영광이옵니다."

"영광이라니 당치 않소. 오히려 그대가 다시 찾아주니 기쁘구려."

그렇게 말문을 연 두 사람이 이런저런 얘기를 나누던 중, 욕정을 견디다 못한 처경은 또다시 여인을 덮치려 하였다.

그 순간 과부는 품속에서 봉투 한 장을 꺼내 처경에게 내밀었다.

"대사님! 잠시만 이것을 좀 보아주십시오."

가쁘게 숨을 몰아쉬던 처경은 과부가 내미는 봉투를 보고 멈칫했다.

"이게 무엇이오?"

"죽은 제 남편이 고이 간직하던 것입니다. 언젠가 제게 말하기를 자신은 억울하게 죽은 소현세자의 유복자라고 하면서 때가 되면 세상에 모습을 드러낼 것인즉, 그때 이 종이가 그것을 증명해 줄 것이라 하였습니다."

과부는 그렇게 말하며 낮게 흐느꼈다.

"그런데 그때가 오기도 전에 그만 몹쓸 병에 걸려……, 흑흑."

처경은 불을 뿜듯 뜨겁게 달아오르던 욕정이 일시에 사라졌다.

소현세자는 인조의 맏아들로 병자호란 때 오랜 기간 청나라에 볼모로 잡혀갔다가 돌아왔으나 곧 세상을 떠난 불행한 왕자였다.

소현세자는 슬하에 자식을 셋 두었으나 둘은 귀양을 가서 죽고 유복자로 태어난 막내아들은 신분을 숨기고 어딘가에 살아 있을 것이라는 소문이 암암리에 세간에 퍼져 있었다.

여하튼 소현세자의 유복자가 살아 있다면 그는 숙종 임금의 숙부뻘이 되는 것이다.

처경은 귀가 솔깃해졌다. 그는 천천히 봉투를 열고 그 속에 든 종이를 꺼냈다. 오래되고 낡아 너덜너덜해진 종이에는 두 줄의 희미한 글씨가 씌어져 있었다.

처경은 그 글씨를 찬찬히 들여다보았다.

소현 유복자 을유 사월 초구일생
강빈

'강빈이라면 소현세자의 부인이 아닌가? 그렇다면…….'

처경은 재빠르게 머리를 굴렸다. 이 종이만 있다면 자신은 감쪽같이 소현세자의 유복자가 되는 것이다. 그렇게 되면 화려한 대궐에서 온갖 산해진미를 즐기며 원앙 금침에 맘껏 어여쁜 계집들을 품에 안을 수 있을 것이다. 절에서 가짜 중노릇이나 하며 여자들을 후리는 것보다야 훨씬 나은 일이었다.

"그런데 이것을 왜 내게 보여주는 것이오?"

처경은 종이를 봉투에 다시 집어넣으며 별 관심이 없다는 듯 말했다.

"남편이 죽은 마당에 이것이 다 무슨 소용이 있겠습니까? 저는 부귀도 영달도 바라지 않사옵니다. 하여 이것을 없애버리려는 생각도 했었으나 그보다는 고매하신 대사님께서 남편 대신 소현세자의 유복자가 되시는 편이 훨씬 값어치가 있을 것이라 생각했습니다."

"어허! 소승은 그런 재목이 못 됩니다, 부인."

"아닙니다, 대사님! 만약 그리만 해주신다면 지하에 있는 남편도 편히 눈을 감을 수 있을 것이옵니다. 부디 제 소원을 들어주십시오."

처경은 잠시 뜸을 들인 뒤 대답했다.

"부인의 뜻이 정 그러하다면 한번 생각해 보지요."

"고맙습니다, 대사님!"

과부는 고마워하는 표정을 지어 보이며 활짝 웃었다.

과부는 곧 자리에서 일어나 합장을 하고 방을 나갔다.

혼자 남은 처경은 소현세자의 유복자가 되어 누릴 영화를 생각하니 가슴이 벅차올랐다.

며칠이 지난 후 처경은 절에서 나와 영의정 허적의 집을 찾아갔다.

허적도 처경이 신승이라는 소문을 듣고 있었기에 반갑게 안으로 맞아들였다.

"대감, 실은 내가 목숨을 부지하느라 오랜 세월 신분을 숨기고 중노릇을 하며 살아왔소이다. 허나 이제 세상에 나설 때가 된 것 같아 이리 대감을 찾아왔소이다."

처경은 품속에서 봉투를 꺼내 내밀었다.

봉투에 든 낡은 종이를 꺼내 거기 적힌 글귀를 본 허적은 크게 놀라며 황급히 처경을 자기가 앉았던 상석으로 모셨다.

허적은 처경을 자신의 집에 머물게 하고는 그 길로 봉투를 들고 좌의정 권대운의 집으로 달려갔다.

종이에 적힌 글을 본 권대운도 크게 놀라며 예삿일이 아니니 속히 임금께 고해야 한다고 서둘렀다.

그리하여 두 사람이 함께 입궐하여 이 사실을 숙종에게 아뢰었다. 숙종은 즉시 조정의 여러 중신들을 입궐하도록 명했다.

"지금 처경이라는 자가 자신이 돌아가신 소현세자의 유복자임을 증명하는 이 종이를 갖고 나타났소. 그러니 이를 어찌 처리해야 할지 경들의 의견을 말해 보시오."

숙종은 중신들에게 종이를 보여주었다.

종이의 글귀를 돌려가며 읽은 중신들은 하나같이 놀란 표정을 지었다.

"전하! 이것이 사실이라면 마땅히 처경이라는 분에게 그에 걸맞은 대접을 해야 할 것이옵니다."

중신들 중 한 사람이 나서며 아뢰었다.

"전하! 하지만 그 전에 이것이 진실인지 거짓인지 그 진위 여부를 먼저 가려야 할 것이옵니다."

중신들의 의견이 분분한 가운데 한 중신이 큰소리로 아뢰었다.

"전하! 이 글은 분명 거짓이옵니다."

그러자 소란스럽던 어전이 일순 찬물을 끼얹은 것처럼 조용해졌다.

"아니, 경은 그것을 어찌 확언한단 말이오?"

숙종이 놀라 물었다.

"전하! 아뢰옵기 황공하오나 우선 소현세자께서 돌아가신 날짜는 4월 26일이옵니다. 헌데 소현세자의 유복자가 태어난 날짜는 4월 9일로 적혀 있사옵니다. 또한 '강빈'이라는 함은 사후에 내려진 것인데 어찌 그 당시 강빈 마마께서 쓰신 것이라 하겠사옵니까? 하오니 처경이라는 자가 소현세자의 유복자라 함은 천부당만부당한 말이옵니다."

숙종과 여러 대신들은 고개를 끄덕이며 그의 지혜에 감탄했다.

"이는 분명 처경이라는 자가 왕실을 업신여기고 요망한 장난을 치는 것이옵니다. 그자를 잡아들여 엄하게 다스려야 할 줄 아옵니다."

중신들은 한결같이 처경에게 엄벌을 내려야 한다고 아뢰었다. 숙종도 대노하여 당장 처경을 잡아들이라는 엄명을 내렸다.

그리하여 영의정 허적의 집에 있던 처경을 잡아들여 그 내력을 엄하게 문초하니 그는 평해군平海郡 아전 손도孫燾의 자식이라는 것이 밝혀졌다.

결국 처경은 엄중한 형벌을 받게 되었다. 그리고 그를 신봉하던 무리들도 함부로 미신을 퍼뜨렸다 하여 중벌을 면치 못했다.

박색 고개의 전설

"아, 한 번만……. 한 번만 그 얼굴을 가까이 볼 수 있다면…….'

춘향은 자리에 누워 시름시름 앓으면서도 여전히 이 도령 생각뿐이었다.

"얘야, 정신이 드느냐? 애, 춘향아!"

월매는 춘향이 몸져눕자 가슴이 찢어지는 듯했다. 춘향은 가느다랗게 눈을 뜨는 듯하더니 다시 감았다.

"아이고, 이 불쌍한 것아! 언감생심 넘볼 사람을 넘보아야지……. 흑흑."

춘향은 얼마 전 광한루 옆 냇가에 빨래를 하러 갔다 온 후부터 줄곧 이렇게 자리에 누워 꼼짝하지 못하고 있었다.

"아이고, 내 팔자야. 하나밖에 없는 자식이 이 꼴로 누웠으니……. 이러다 시집도 못 가고 죽겠구나. 아이고, 아이고……."

월매는 답답하기 그지없었으나 상대가 이 고을 사또 자제인지라 어찌할 도리가 없었다. 더욱이 춘향이 얼굴이라도 예쁘면 어떻게 해 보련만, 누구의 수청인들 들 만한 인물이 아니었다. 월매는 한숨이 절로 나왔다.

춘향은 눈은 볼썽사납게 쭉 찢어지고, 코는 돼지코를 닮아 하늘을 바라보고, 입 또한 보기 흉할 정도로 두꺼웠다.

'어찌 이리 생겼는지……'

몸져누운 춘향의 얼굴을 들여다보며 월매는 또다시 한숨을 내쉬었다.

"마님, 약사발 가져왔습니다."

밖에서 향단의 목소리가 들렸다.

"그래, 어서 들어오너라."

향단은 사뿐히 들어와 약사발을 월매 앞에 놓았다.

"아씨는 아직 차도가 없으십니까?"

향단은 걱정스러운 듯 물었다.

"아직도 저러고 있구나."

"어쩌나. 이러다 큰일나는 것 아닙니까요?"

"상사병에 무슨 약이 있겠느냐. 그리는 님을 데려다 놓지 않는 한……"

무심히 향단을 바라보던 월매의 얼굴에 갑자기 미소가 떠올랐다.

'옳거니, 그리하면 되겠구나.'

월매는 향단을 가까이 부른 뒤 귓엣말을 하였다.

다음날, 월매는 이 도령을 모시고 다니는 방자를 불러 약간의 선물과 함께 술과 음식을 대접했다.

"아, 알았수. 내 알아서 할 터이니 향단이나 잘하라고 하소!"

방자는 월매의 부탁에 걱정하지 말라며 돌아갔다.

다음날 방자는 이 도령과 함께 광한루로 나왔다. 방자가 주위를 둘러보니 멀리에서 향단이가 그네를 타고 있었다.

'향단이 인물이 좋은 것은 진작부터 알고 있었지만 저리 꾸며 놓으니 영락없는 양갓집 규수일세그려.'

방자는 이 도령을 일부러 향단이가 잘 보이는 쪽으로 이끌었다.

이 도령은 고운 자태로 그네 뛰는 향단을 넋이 나간 듯 쳐다보았다. 이를 놓치지 않고 방자가 말했다.

"참으로 곱네요. 저런 색시 하나 얻으면 소원이 없겠구만요."

"허허, 못하는 소리가 없구나. 보아하니 귀한 집 규수인 것 같은데, 무슨 망발이냐!"

이 도령은 방자의 머리를 한 번 쥐어박았다.

"귀한 집 규수는요, 기생 딸이 귀하면 얼마나 귀하겠소. 그래 봐야 기생이지."

"정녕 기생의 딸이란 말이냐?"

이 도령이 놀라 물었다.

방자는 일이 생각대로 흘러가고 있는 것 같아 흐뭇했다.

결국 이 도령은 방자의 꾐에 넘어가 그날 밤 춘향을 만나러 가기로 하였다.

이 도령이 온다는 소식을 미리 전해 들은 월매는 독한 술로 주안상을 준비해 두었다.

"향단아, 이제 네가 할 일만 남았다. 부디 잘 해주어라. 네게 아가씨의 목숨이 달려 있다고 생각하고……."

"예. 염려 마셔요, 마님."

향단이 다부지게 말했다.

향단이는 이 도령이 오자 더욱 고혹적인 태도로 그를 대했다. 이 도령은 그런 향단에게 푹 빠져 주는 대로 술잔을 모두 비웠다.

"도련님, 많이 취하신 것 같사와요. 제가 이부자리를 펴드릴 터이니 잠시만 기다리시어요."

향단의 말에 이 도령은 고개를 끄덕이며 정신을 차려 보려 했지만 이미 사물을 분간하기 어려울 만큼 만취한 상태였다.

향단은 이불을 가지러 가는 척하며 방을 나갔다. 잠시 후 다시 문이 열리더니 향단이 아니라 춘향이 들어왔다.

이 도령이 춘향이 깔아놓은 이부자리에 눕자 춘향도 그 곁에 나란히 누웠다. 이 도령은 옆에 누운 여인이 향단인지 춘향인지도 모른 채 그렇게 꿈 같은 밤을 보냈다.

"아니! 이게 누군가?"

다음날 아침 눈을 뜬 이 도령은 깜짝 놀라 벌떡 일어났다.

'아니, 내가 귀신에 홀렸나? 춘향이는 어디 가고……'

어젯밤 자신을 시중 들던 춘향이는 없고 웬 추녀가 곁에 누워 있는 것이었다.

"기침하셨사옵니까?"

춘향은 다소곳이 일어나 앉았다.

"도대체 당신은 뉘시오?"

당황한 이 도령이 다그치자 밖에서 이를 듣고 있던 월매가 들어와 자초지종을 아뢰었다.

"도련님, 쇤네가 자식 하나 살려 보고자 이런 일을 저질렀습니다. 부디 너그러운 마음으로 저희 모녀를 살펴 주옵소서."

이 도령은 기가 막혔다.

'허, 월매야 그렇다치고 방자 녀석까지 나를 속여! 괘씸한 놈!'

하지만 이 도령은 어찌 됐든 자신으로 인해 춘향이 죽을 지경까지 갔었다는 얘기를 듣고는 측은한 마음이 들었다.

"내 자네의 마음을 이해하겠네. 하지만 그렇다고 춘향을 맞이할 수는 없는 일이고……. 이왕 이렇게 된 바에야 내 이것이나마 정표로 주고 가겠네."

이 도령은 자신의 손수건을 춘향에게 주고 돌아갔다.

그로부터 얼마 지나지 않아 이 도령은 아버지를 따라 한양으로 가게 되었다. 이 소식을 전해 들은 춘향은 하늘이 무너지는 것 같았다.

'도련님이 가시면 소녀 무슨 희망으로 살아 가겠습니까?'

이 도령과는 그날 이후로 한 번도 만나지 못했지만 춘향은 정표로 받은 손수건을 고이 간직하며 한시도 이 도령을 잊은 적이 없었다.

'서방님을 못 보며 사느니 차라리 죽음을 택하리.'

이렇게 기약 없는 이별을 가슴 아파하던 춘향은 마침내 광한루에서 이 도령이 준 손수건으로 목을 매달았다.

사람들은 춘향을 불쌍히 여기고 이 도령이 떠나간 박색고개에 무덤을 마련해 주었다.

그런데 춘향이 죽은 지 얼마 지나지 않은 어느 날인가부터 박색고개에서 밤마다 여인의 울음 소리가 끊이지 않았다.

그 구슬픈 곡성은 항시 춘향의 무덤 근처에서 들려 왔다.

남원에 신관 사또가 부임하는 날이었다. 마침 부슬부슬 내리는 비를 맞으며 신관 사또 일행이 박색고개에 다다랐을 때 또다시 애잔한 곡성이 들려 왔다.

그러자 신관 사또를 수행하던 사람들은 혼절하거나 모두 도망가 버리고 그나마 버티고 있던 사또는 그자리에서 기절해 죽고 말았다.

이런 일은 신관 사또가 올 때마다 일어났으니 남원 고을 백성들은 몇 해 동안 신임 사또를 맞이하지 못했다.

한편 이 도령은 한양에 올라간 후 더욱 학문에 정진하여 장원 급제를 하는 등 평탄한 생활을 하고 있었다. 그러던 어느 날 이 도령은 남원 고을에서 일어나고 있다는 괴이한 소문을 접하게 되었다.

'혹여, 춘향이가……'

이 도령은 춘향이가 목을 매달았다는 것을 들어 알고 있었다. 하지만 춘향과의 인연은 이미 끝난 것으로 생각하였기에 그저 안됐다는 마음뿐이었다.

그런데 지금 춘향의 무덤가에서 귀신이 나온다는 이야기를 듣자 자신이 너무 박정했던 것은 아닐까 하는 생각이 들었다. 그리하여 이 도령은 남원 사또를 자청했다.

이 도령 일행이 남원에 이르렀을 때였다. 일행이 막 박색고개에 들어서는데 갑자기 말들이 그 자리에 멈춰 서더니 더 이상 앞으로 나아가지 않는 것이었다.

이 도령은 생각한 바가 있어 말에서 내려 춘향의 무덤으로 걸어갔다.

"천하 제일의 미인이요, 열녀 춘향에게 지아비 이몽룡이 고하노니……."

이 도령은 춘향의 무덤 앞에서 절을 하더니 미리 준비한 제문을 읽어 내려갔다. 구구절절이 춘향을 애도하는 그 제문은 이 도령이 남원으로 오기 전 춘향의 명복을 빌며 써두었던 것이었다.

이 도령이 남원 고을 사또로 부임한다는 얘기를 전해 듣고 마중 나온 월매가 그 곁에서 눈물을 흘리며 기뻐하였다.

그후 박색고개에서는 더 이상 귀신의 곡성이 들리지 않았으며, 이 도령은 남원의 명사또로 이름을 널리 알리게 되었다.

암행어사 박문수

　박문수는 꿈에도 그리던 기생 소금천의 집에 당도하자 가슴이 벅차올랐다.

　'그 동안 소금천이 어떻게 변했을꼬?'

　박문수와 기생 소금천이 인연을 맺은 것은 벌써 10년 전의 일이었다. 젊은 날의 박문수가 아버지의 임지를 따라 진주에 내려갔을 때 알게 된 그들은 한날 한시에 죽자고 맹세까지 할 정도로 서로에 대한 정이 깊었다.

　박문수는 10년 전 일이 꿈결같이 느껴졌다. 아버지의 임지가 바뀌면서 한양으로 올라간 후에도 그는 한시도 소금천을 잊은 적이 없었다.

　그래서 박문수는 장원 급제를 하여 가문의 이름을 널리 알리고 또한 당당히 벼슬길에 올라 소금천을 만나려는 일념으로 학문에 더욱 힘썼다.

　마침내 박문수는 장원 급제를 하였고 암행어사에 제수되어 꿈에 그리던 진주까지 오게 된 것이다.

　암행을 하는 처지라 박문수의 차림새는 거지와 다름없었다. 행색에 걸맞게 밥도 구걸하여 먹었다.

박문수는 소금천의 집 문을 두드리며 외쳤다.

"밥 좀 주시오! 불쌍한 사람에게 밥 한 술만 줍쇼!"

박문수가 소리치자 대문이 열리고 머리가 하얗게 센 노파가 나왔다.

"밥을 구걸할 양이면 잘못 찾아왔소. 지금은 찬밥 한 덩어리도 없으니 다른 데나 가보시구려."

소금천의 모친이었다. 박문수는 반가운 마음에 빙그레 웃었다.

소금천의 모친은 박문수를 바라보다 이상한 듯 고개를 갸웃거렸다.

"거 참, 생긴 것이 꼭 박 서방님 같으이. 혹여 박 서방님이 맞소?"

"하하, 나를 알아보시겠는가? 다행이네그려. 내 지금 며칠을 굶어 죽기 직전이니, 우선 주린 배를 채울 밥이나 좀 주지 않겠는가?"

소금천의 모친이 자신을 알아보자 박문수는 허리를 구부리며 더욱 배고픈 시늉을 했다.

"아이고, 서방님. 이것이 무슨 일이오? 어찌하다 이리 상거지가 되었단 말이오?"

소금천의 모친은 박문수를 황급히 방으로 모시고 들어갔다.

방에 앉아 막상 가까이서 보니 박문수의 행색이 더욱 가관인지라 소금천의 모친은 탄식하며 물었다.

"아이고, 서방님 이게 웬일이시오? 어쩌다 신세가 이리 처량하게 되셨소?"

박문수는 쑥스러운 듯 싱긋 웃으며 대답했다.

"다 내가 못난 탓이지. 한양으로 올라가 공부는 아니하고 허구한 날 기생집이다 투전판이다 넋이 팔려 다녔으니……. 그러다가 그 많던 가산까지 모두 탕진해 버리고 하루아침에 거지가 되어 이곳 저곳을 떠돌아다니다 여기까지 오게 되었네. 그래도 옛정을 생각해 나를 이리 반겨주니 고맙구려."

소금천의 모친은 그런 박문수가 측은해 할말을 잃고 옷고름으로 눈물만 찍어냈다.

"그래, 소금천은 요즘 어찌 지내는가?"

"예, 본부本府의 청기장번廳妓長番이 되어 집에는 자주 오지 못하고 있습니다요."

박문수는 적이 실망스러웠다. 10년 만에 소금천을 만나기 위해 왔건만 볼 수 없다니 여간 섭섭한 것이 아니었다.

'거 참, 보고픈 마음에 내 천리를 마다 않고 왔건만……'

소금천의 모친은 박문수에게 곧 밥을 지어 올 테니 잠시만 기다리라고 이른 뒤 부엌으로 나갔다.

박문수가 이런저런 생각에 잠겨 있으려니 밖에서 소금천의 목소리가 들려 왔다.

"어머니, 저 왔어요."

"아니, 웬일로 이 시각에 들어왔느냐? 아 참, 지금 방안에 박 서방님이 와 계신다."

"예? 박 서방님이요. 혹여 박문수 도련님을 말씀하시는 것이어요?"

소금천의 목소리가 커졌다.

"쉿! 그런데 말이다. 서방님이 패가망신을 하신 모양이더라. 꼴이 상거지 중에 상거지야. 쯧쯧, 불쌍하지 뭐냐. 사람 팔자는 알 수 없는 것이라더니……"

소금천의 모친이 작은 소리로 속삭였다.

"뭐라구요? 내 참, 십 년 만에 나타났다는 사람이 겨우 거지꼴

이래요? 용기도 가상하지, 어떻게 그 꼴을 하고 여기 올 생각을 했을까?"

소금천의 목소리가 앙칼졌다.

"얘, 무슨 말을 그리하누. 그래도 옛정을 생각해서 여기까지 너 보러 온 사람 아니냐? 어서 들어가 위로라도 해주거라. 그래도 명색이 네 첫 서방이 아니냐?"

"어머니도 그런 소리 말아요. 난 그런 사람 모르니 어머니께서 방에 들어가 새 옷이나 꺼내 주세요. 내일 병 사또님의 생신 잔치가 벌어진다고 곱게 차려 입으라고 하네요."

"새 옷을 입든지 헌 옷을 고쳐 입든지 네 알아서 꺼내 입어라! 못된 년 같으니……!"

소금천의 모친은 딸을 나무라며 부엌으로 들어가 버렸다. 소금천은 하는 수 없이 뽀로통한 얼굴로 방으로 들어갔다.

모녀가 마당에서 나누는 대화를 듣고 있던 박문수는 기분이 상했지만 모른 척 소금천을 반겼다.

"오호, 소금천이로구나! 나를 알아보겠느냐?"

"난 댁이 누군지 모르니 아는 척 마시오."

소금천은 박문수를 본체만체하고는 옷장에서 옷을 꺼내서는 휙 돌아서서 밖으로 나가버렸다.

소금천에게서 무안을 당한 박문수는 더 이상 그 집에 있을 필요가 없다고 여기고 밥이라도 먹고 가라는 소금천의 모친에게 인사를 하고 나왔다.

분을 삭이지 못해 길거리를 한참 배회하던 박문수는 물동이를 이고 가는 한 처녀와 마주쳤다.

처녀는 박문수를 바라보더니 눈이 휘둥그레졌다.

"거지를 처음 보시나? 왜 그리 뚫어지게 보는 겐가?"

박문수는 화가 나 있던 터라 처녀에게 퉁명스럽게 쏘아붙였다.

"죄송하옵니다. 제가 알고 있는 박 서방님이라는 분과 너무나 닮으셨기에 저도 모르게 그만……."

박문수는 자신을 알아보는 처녀가 누구인가 싶어 그녀의 얼굴을 좀 더 자세히 쳐다보았다.

'앗, 춘심이 아닌가?'

춘심은 동헌에서 물긷는 일을 하는 관비인데 얼굴이 박색인지라 늘 마을 남자들로부터 못생겼다고 놀림을 받았었다.

박문수는 그런 춘심이 불쌍하여 하룻밤을 같이한 적이 있었다. 하지만 그것도 벌써 10년 전의 일이라 그 사실을 까마득히 잊고 있었다.

"나를 알아보겠느냐?"

박문수가 아는 척을 하였다.

"그럼, 진정 박 서방님이시옵니까? 그런데…… 옷차림이……. 서방님 여기서 이럴 게 아니라 누추하지만 저희 집으로 가시지요."

춘심은 박문수를 자신의 집으로 모시고 갔다.

"서방님, 아니 어찌 이리 되셨단 말입니까?"

눈물까지 흘리며 묻는 춘심에게 박문수는 소금천의 모친에게 했던 것과 똑같은 대답을 해주었다.

"소녀, 서방님이 가신 후 지금까지 정성드려 기도했거늘 이 무슨 헛된 일이란 말입니까? 흑흑, 우선 시장하실 터이니 잠시만 기다리시면 곧 진지를 지어 올리겠사옵니다. 그 동안 편히 쉬고 계십시오."

춘심은 정성껏 상을 차려 박문수를 대접하고는 낡고 해진 옷을 벗기고 자신이 직접 지어 놓은 새 옷으로 갈아입혔다.

박문수는 춘심의 지극한 마음에 감동하여 어찌할 바를 몰랐다.

밤이 깊어 박문수가 춘심이 깔아준 새 이부자리에 드러누워 탐관오리인 이 고을 병 사또를 어찌할 것인가를 고민하고 있는데 갑자기 밖에서 그릇 깨지는 소리가 들렸다.

깜짝 놀라 방문을 열어 보니 마당에서 춘심이가 그릇을 깨고 있었다.

"무슨 일이냐? 이 밤에 왜 그릇을 깨는 것이냐?"

"소녀 서방님이 떠나신 날부터 지금까지 이 그릇에 정화수를 담아 놓고 오직 서방님의 건강과 장원 급제하시기만을 빌고 또 빌었습니다. 하지만 그 모든 일이 헛일임을 알았으니 이 그릇이 무슨 소용 있겠사옵니까? 흑흑."

춘심은 비오듯 눈물을 흘리며 말했다.

'아, 내가 장원 급제한 것이 나 혼자만의 힘이 아니었구나!'

박문수는 그토록 지극한 춘심의 정성에 감동하였다.

다음날 박문수는 자신의 소임을 다하기 위해 병 사또의 생일 잔치가 열리는 촉석루에 나갔다. 촉석루에는 주변 고을 수령을 비롯한 지방 유지들이 모여 기생들과 즐거이 놀고 있었다.

거지 차림을 한 박문수는 당당하게 촉석루에 올라갔다.

"허허, 이곳에 잔치가 벌어진 듯하여 염치 불구하고 밥이나 한 술 얻어먹으러 왔소이다."

박문수의 행색을 본 사람들은 인상을 찌푸리며 못마땅한 표정을 지었다.

병 사또 역시 불쾌했지만 행색이 비록 남루해도 양반의 차림새이고 또 자신의 생일인 만큼 한 구석에 박문수의 자리를 마련해 주도록 했다.

박문수가 구석일지언정 한 자리를 차지하고 앉자 언짢아하는 것은 주변 고을 수령이나 지방 유지들만이 아니었다. 병 사또 옆에 있던 소금천도 불쾌한 얼굴로 박문수를 노려보더니 이내 표정을 바꾸어 좌중의 손님들에게 술잔을 돌리기 시작했다.

"소녀가 한 잔 올리겠으니 기분들 푸시고 즐거이 노시어요."

잠시 후 박문수 앞에도 상이 차려졌는데 보기에 민망할 정도로 보잘것없는 음식들만 놓여 있었다.

"허허, 누구의 상에는 산해진미가 가득하거늘, 어찌하여 이 상은 변변치 못한 것들만 있단 말인가! 같은 양반도 이리 푸대접을 하는데 평민들 대접은 오죽할꼬!"

박문수는 모두가 들을 정도로 큰소리로 말했다.

"아니, 저놈이 남의 잔치에 와서 못하는 말이 없구나!"

"왜 내가 말을 잘못하였소?"

"아니, 그래도 저놈이. 여봐라, 당장 저놈을 내치거라!"

병 사또가 화를 내며 벌떡 일어나 소리쳤다.

"내려가긴 누가 내려간단 말이오. 그렇게 내려가기를 원한다면 사또나 내려가시구려. 여봐라!"

박문수의 고함 소리에 주변에 매복해 있던 포졸들이 함성을 지르며 달려나왔다.

"어사 출두요! 암행어사 출두요!"

병 사또의 생일 잔치는 삽시간에 난장판이 되었다.

잠시 후 박문수는 탐관오리인 병 사또는 하옥한 후 한양으로 압송케 하였고 사또와 결탁하여 백성들의 등골을 빼먹은 지방 유지들도 죄과에 따라 형벌을 내렸다. 그는 또한 소금천을 악덕한 여인이라 하여 곤장을 치게 하였고, 그의 모친에게는 사람의 도리를 아는 여인이라 하여 상을 내렸다.

잠시 후 포졸들이 춘심을 데리고 왔다. 박문수는 그녀에게 달려가 손을 잡고는 자신의 옆에 앉혔다.

이 광경을 본 사람들이 놀라 입을 다물지 못하자 박문수는 그간의 일을 설명해 주었다.

"이 여인이야말로 부덕婦德을 아는 진정한 여인이로다."

박문수의 말을 들은 사람들은 춘심의 행동에 깊은 감동을 받았다.

그는 춘심의 신분을 관비에서 평민으로 올려주고 후한 상금을 주어 편히 지낼 수 있게 해주었다.

일을 마친 박문수는 또다시 누더기 옷을 걸치고 암행의 길을 떠났다.

안류정 노인과 손호관

한낮이라 그런지 중천에 뜬 해는 폭염을 내뿜으며 한층 그 기세를 더하고 있었다.

들판의 벼이삭은 물론 산천의 초목들도 허연 먼지를 뒤집어쓰고 힘에 겨운 듯 더운 열기를 토해내고 있었다.

웃통을 벗어 던진 육 척 장신의 손호관은 짜증스러운 푸념을 내뱉으며 푹푹 찌는 더위 속을 쉬지 않고 걸어갔다.

어디선가 뻐꾸기 울음 소리가 애잔하게 들려올 때마다 손호관은 버릇처럼 오른손에 들고 있는 괴나리봇짐을 허공중에 날려버릴 것처럼 뱅뱅 돌렸다.

그런 장난질도 어느 정도 싫증이 날 무렵 우거진 나무들 사이로 푸르게 흘러가는 한강이 나타났다.

손호관은 환호성을 지르며 한달음에 달려가 강물에 풍덩 몸을 담갔다.

"어이! 시원해!"

그는 어린 아이처럼 물장구도 치고 자맥질도 하며 한동안 강물에서 더위를 식힌 뒤 다시 갈 길을 재촉했다.

강가를 따라 한참을 걷던 그는 삿갓을 쓰고 낚시를 하는 노인이 보이자 아픈 다리도 쉴 겸 그 옆에 털썩 주저앉았다. 노인은 옆에 사람이 오는 것을 못 느꼈는지 아무 미동도 없었다.

손호관이 그렇게 앉아 있은 지 한 시간여가 흐르도록 노인은 물고기를 한 마리도 낚지 못했다.

"내 참, 낚싯대는 폼으로 놓고 있구먼……. 강태공이라도 오셨나?"

손호관이 나지막이 혼잣말로 중얼거리는데 그때까지 미동도 않던 노인이 그를 돌아보았다.

"거, 뉘신데 입질 한 번 안 하는 낚시 구경을 하고 있소?"

노인은 손호관을 유심히 바라보며 말했다.

"아, 예…… 저는 그냥 지나가는 사람인데 잠시 쉬어 갈까 하고……."

손호관은 무심결에 한 말을 들었나 싶어 흠칫 놀랐다.

"어디에서 오시는 길인가?"

"밀양에서 오는 길입니다. 한양에 가려구요."

"그럼 남문으로 곧장 들어갈 것이지 왜 와우산 끄트머리에서 헤매는가?"

"노자가 떨어져서 서강에 사는 친구에게 좀 꿔 갈까 해서 왔는데 벌써 저승가고 없구만요."

"쯧쯧, 노자를 넉넉히 준비했어야지."

"떠나올 때 충분히 가져오긴 했습니다만 제가 워낙에 먹성이 좋아 주막에서 주는 밥 한 그릇 가지고 요기가 돼야 말이지요. 그래서 두세 그릇씩 먹었더니 밥값으로 다 써버리고 말았습니다요."

"허허허, 허긴 두세 사람 몫은 먹고도 남겠구만."

"그래 한양에는 무슨 일로 가시는가?"

"뭐……. 고향에서 딱히 할 일도 없이 밥만 축내느니 한양에라도 가서 밥벌이를 하려고 합니다."

손호관은 머뭇거리며 말했다.

"보아하니 힘깨나 쓸 것 같군."

"예. 고향에서는 장사란 소릴 듣고 지냈습니다요."

손호관은 힘주어 말했다.

"그랬겠군. 헌데 자네 이름이 뭔가?"

"예, 손호관이라 합니다."

"한양에 기거할 곳은 있나?"

"정한 곳은 없습니다만, 이 한 몸 묵을 곳이야 어디 없겠습니까?"

"허허, 배짱 한번 좋군."

노인은 손호관을 다시 한번 유심히 바라보더니 말을 이었다.

"허나 배짱만 가지고는 어렵지. 내가 아는 벼슬아치가 있는데, 거기를 찾아가 보지 않겠나? 내가 보냈다고 하면 며칠 유숙할 수는 있을 것이네."

"예? 어찌 안면도 없는 사람을 찾아간단 말입니까?"

"북촌 안동에 가서 이종성 대감 집을 찾아가게. 가서 서강의 안류정에 있는 노인네가 일러 주어서 왔노라 하면 박정하게 대하지는 않을 것일세."

손호관은 노인의 말이 진담인 것 같기도 하고 아닌 것 같기도 하여 마음속으로는 망설여졌지만 노인의 태도를 보아 처음 보는 사람에게 허튼소리를 할 사람으로 보이지 않았다.

"예. 그럼 그리하겠습니다."

손호관은 자리에서 일어나 웃옷을 걸치고 노인에게 고맙다는 인사를 했다.

"해지기 전에 서둘러 가보게."

노인은 그렇게 말하고는 다시 낚싯대를 강에 드리웠다.

손호관은 걸음을 재촉하여 한양으로 들어가 어렵지 않게 이종성 대감의 집을 찾아갔다.

그러나 이종성 대감은 출타중이었다.

손호관은 하인들에게 서강의 안류정에 있는 노인이 가보라고 해서 왔으니 올 때까지 기다리게 해달라고 사정했다.

그러자 하인들은 그를 사랑방에 들게 하고 저녁상까지 푸짐하게 차려 주었다.

밥을 배불리 먹고 난 손호관은 고단함을 못 이겨 곧바로 깊은 잠에 곯아떨어졌다.

얼마나 시간이 흘렀을까?

밖에서 인기척이 들려 손호관은 어렴풋이 잠에서 깨었다.

"시골에서 날 찾아온 사람 없었는가?"

"있었습니다, 나리. 지금 사랑에 계십니다."

"어험, 그래!"

이종성 대감이 돌아온 것 같았다.

손호관은 자리에서 벌떡 일어나 머리며 옷매무새를 다졌다.

이어 방문이 열렸다.

"아니! 당신은?"

방으로 들어온 사람은 다름 아닌 낮에 강가에서 낚시를 하던 그 노인이었다.

노인은 본디 영의정까지 지낸 이름난 정승이었다. 그런데 영조가 후궁 문 소의昭儀의 농간에 빠져 친자인 사도세자까지 참혹하게 죽이는 것을 보다 못해 상소를 올렸다가 문 소의의 모함으로 영의정에서 물러나고 지금은 낚시나 즐기며 유유자적하게 지내고 있었다.

"놀랐는가?"

노인이 웃으며 말했다.

"소인을 용서하옵소서. 식견이 부족하여 나리를 몰라뵙고 무례를 저질렀습니다."

손호관은 절을 올리며 용서를 빌었다.

"허허, 자네가 무엇을 잘못했다고 그러는가? 난 괜찮으니 마음 놓게."

이종성 대감은 인자한 웃음을 띠우며 말했다.

"내 이조판서를 잘 알고 있는데 그 사람에게 부탁하여 대궐 수문장 자리 하나 줄 테니 맡아 보겠는가?"

"예? 소인에게 말씀이십니까?"

손호관은 놀라 되물었다.

"저야 황송할 뿐입니다만 저같이 미천한 놈이 어찌 대궐을 지키는 수문장이 되겠사옵니까?"

이종성 대감은 단호한 어조로 말했다.

"마침 대궐 금요문의 수문장 자리가 비었는데 그 자리는 오래 비워 둘 수 없는 자리라네. 그렇다고 함부로 아무나 앉힐 자리도 아니라네. 물론 나야 벼슬을 떠났긴 했네만 이대로 나랏일을 모른 척할 수 없어 내가 쓸 만한 사람을 추천하겠노라고 일러 놓았네."

손호관은 조용히 이종성 대감의 이야기를 듣고 있었다.

"오늘 자네를 만나고 보니 그 자리에는 자네가 적임자인 듯하네. 나라가 어지럽다 보니 수문장이 할 일도 막중하다네. 대궐에 드나드는 모든 것을 유심히 살피고 의심나는 것은 가차없이 확인해야 하네. 할 수 있겠나?"

"소인이야 그저 시켜주신다면 열심히 하겠사옵니다."

손호관은 기쁨을 감추지 못하고 대답했다.

"일자리를 구하던 터였으니 반갑겠지만 자칫 잘못하면 자네의 목숨을 잃을 수도 있는 위험한 자리라네. 그래도 괜찮은가?"

"남자로 태어나 나라를 위해 일하다 죽는다면 그보다 더한 영예가 어디 있겠습니까? 소인 시켜만 주신다면 기꺼이 이 목숨을 내놓고 하겠사옵니다."

이종성은 손호관의 대답에 흡족해하며 고개를 끄덕였다.

"그럼 그렇게 하지. 오늘 당장 이 소식을 전하면 내일부터 출사할 수 있을걸세."

이종성 대감은 그렇게 말하며 손호관의 손을 굳게 잡았다.

"그건 그렇고 오늘 밤 내 자네에게 부탁할 것이 있네. 밤이 깊으면 시동을 보낼 테니 그 아이가 안내하는 방으로 오게."

그날 밤 이종성은 사람들이 잘 드나들지 않는 으슥한 뒷방에서 손호관에게 부패한 대신들과 간악한 문 소의의 흉계로 인해 조정이 위태한 지경에 이른 사실을 이야기해 주었다. 아울러 일간 임금과 나라를 위해 목숨을 내놓고 단행할 일이 하나 있으니 그것을 기꺼이 처리해 주도록 부탁했다.

다음날부터 손호관은 대궐 금요문 수문장에 임명되었다.

손호관은 항시 이종성의 말을 기억하며 자신의 맡은 바 직무에 충실하고자 애썼다.

그로부터 몇 달이 지나지 않아 이종성 대감으로부터 은밀한 서신이 왔다.

'오늘 밤은 대궐을 드나드는 사람들을 더욱 유심히 살피게. 특히 문 소의 측의 행동은 그냥 지나쳐서는 안 되네.'

이종성이 말한 계획을 단행할 날이 된 것이다. 그날 손호관은 낮부터 수문장인 자신이 직접 대궐 문 앞에 나와 드나드는 사람들을 하나하나 조사하였다.

그 무렵 문 소의는 해산날이 가까웠다고 알리고 사가에서 갓난 아이를 하나 데려와 자기가 왕자를 낳았다고 속이고 그를 빌미로 권세를 누려 보려는 흉계을 꾸미고 있었다.

그 사실을 눈치 챈 이종성은 이를 처치하고 문 소의의 간악함을 낱낱이 폭로하려는 것이었다.

그날 밤, 밤이 이슥해졌을 때였다. 낮에 사가로 나갔던 문 소의의 나인이 커다란 바구니 하나를 머리에 이고 대궐로 들어가려 했다.

"게, 누구냐?"

손호관이 크게 소리쳤다.

"문 소의 마마전에 있는 나인이옵니다."

나인은 흠칫 놀라며 말했다.

"나인이 무슨 일로 대궐 밖에 나갔던 게냐? 그리고 그 바구니 안에는 무엇이 들어 있는 게냐?"

"문 소의 마마의 어머님께서 오늘 생신을 맞이하여 심부름 갔다오는 길이옵니다. 이것은 소의 마마께 갖다 드릴 생일 잔치 음식이옵니다."

손호관은 바구니에 코를 대고 킁킁거렸다. 그런데 바구니 안에서 음식 냄새가 아니라 금방 낳은 아기의 젖비린내가 났다.

그는 시치미를 뚝 떼고 말했다.

"생일 잔치 음식이면 푸짐하겠구나. 바구니도 큰 것이 꽤 많이 가지고 온 모양이니 여기도 한 접시 내놓고 가거라."

"아, 아니 됩니다! 사가 음식을 나눠 먹었다고 하면 문 소의 마마께서 크게 호통 치실 겁니다."

나인은 당황한 나머지 말까지 더듬었다.

"거 참, 인심도 야박하군. 문 소의 마마께는 아무 말 말고 조금만 나눠주면 되지 않겠느냐."

손호관은 슬며시 바구니에 손을 얹으며 말했다. 그러자 나인은 움찔 하더니 머리에 이고 있던 바구니를 잽싸게 두 손으로 안아 내렸다.

그 순간 바구니에서 아기 울음 소리가 요란하게 들렸다.

손호관은 단번에 칼을 뽑아 바구니를 내리치자 바구니와 함께 갓난아기가 땅에 떨어졌다.

"요망한 것 같으니!"

손호관은 다시 칼을 들어 나인을 내리쳤다. 나인은 비명 한 번 지르지 못하고 그자리에서 절명하고 말았다.

이로 인해 문 소의의 간악한 음모가 만천하에 드러나자 영조는 두말없이 문 소의를 폐위시키고 그녀의 측근들까지 형을 내렸다.

정조를 살린 홍국영

세손과 어전에 마주앉아 얘기를 주고받던 영조는 지나가는 투로 물었다.

"요즘은 논어와 대학을 읽는다지?"

"예, 할바마마!"

세손이 공손하게 대답하니 영조가 재차 물었다.

"그래, 사기 사략 같은 것은 아직 읽지 않느냐?"

세손과 대화를 나누던 영조가 갑자기 그렇게 물은 것은 문득 옛일이 생각난 까닭이었다. 지금에 와서야 자식인 사도세자를 죽인 것을 후회하고 있지만 이미 그것은 돌이킬 수 없는 일이었다.

영조는 그 일을 세손이 알고 있는지 궁금했다.

"틈 나는 대로 읽고 있습니다, 할바마마."

무심결에 대답하던 세손은 뒤늦게 영조의 의도를 눈치 채고 긴장하였다.

"그렇다면 사략에는 왕이 아들을 해치고 아들이 왕을 해하는 부분이 적지 않게 나오는데 그것도 보았느냐?"

영조의 목소리가 가라앉았다.

"그런 이야기가 있는 것으로 알고는 있습니다. 하오나 소자의 생각에 그런 일은 차라리 모르는 것이 좋을 듯해서 그 부분은 모두 찢어버렸습니다."

세손은 자신도 모르게 거짓말을 하였다. 우선 영조의 심기를 건드리지 않는 것이 중요했던 것이다.

"그래? 그거 참, 기특한지고. 찢어버렸다, 이 말이지?"

세손의 말에 흡족해하던 영조는 갑자기 밖을 향해 소리쳤다.

"여봐라! 동궁에 가서 세손이 읽고 있는 사략을 가져오너라!"

순간 세손의 등줄기에 식은땀이 흘러내렸다.

만약 자신이 거짓을 고했다는 사실이 탄로나면 자신 또한 아버지 사도세자와 같은 일을 당할지도 모를 일이었다.

'이를 어찌한다, 지금이라도 이실직고를 해야 하나?'

세손의 머릿속은 점점 아뜩해져만 갔다.

잠시 후 내관이 사략을 들고 와서 영조 앞에 바쳤다.

'아바마마……'

세손은 질끈 눈을 감았다.

"이 책이냐? 어디 보자."

영조는 천천히 책장을 넘겼다.

"오, 참말이었구나. 그거 참, 내 혹시나 했는데, 허허허!"

영조의 말에 세손은 어리둥절해졌다.

"허허, 내 손자 하나는 영특하게 두었노라, 참으로 영특해. 허허!"

영조는 더할 나위 없이 만족해하며 세손의 손을 잡았다.

잠시 후 어전에서 물러나온 세손이 내관에게 알아보니 동궁에서 책을 내어준 이는 바로 홍국영이었다.

세손은 곧장 홍국영을 찾아갔다.

"홍공이 내 목숨을 구했소! 정말 고맙소."

"황공하옵니다, 세자 마마. 별 탈은 없으셨는지요?"

홍국영이 머리를 숙여 인사하며 말했다.

"공은 그걸 어찌 알고 그 부분을 없앴소?"

"전하께서 갑작스레 그 책을 찾으신다 하기에 이유를 생각하다 문득 수양제가 부왕을 해치고 왕위에 오른 것이 생각났사옵니다. 그래서 불안한 마음이 들어 그러한 내용이 있는 다른 부분들도 모두 찢었사옵니다. 세자 마마, 소신 감히 마마의 책을 찢었사오니 그 벌 달게 받겠사옵니다."

홍국영은 무릎을 꿇고 아뢰었다.

"아니오! 그 무슨 당치 않은 말이오? 홍공이 아니었으면 나는 이미 죽은 목숨이나 다름 없었을 것이오."

세손은 홍국영의 손을 잡아 일으켜 세웠다. 그리고 그 자리에서 지필묵을 대령시킨 뒤 한 장의 글을 써주었다.

'내가 왕이 된 후, 혹시라도 홍국영이 반역을 도모한 중죄를 짓는다 해도 홍국영만은 참형에 처하지 않고 살려 주리라.'

세손은 그후 홍국영을 신임하여 항시 가까이 두었고 영조의 뒤를 이어 왕위에 등극한 후에는 그에게 이조참판과 대사헌 등 높은 관직을 제수하였다. 하지만 홍국영은 정조가 자신을 총애하는 것을 이용하여 권력의 중심에 서고자 자신의 누이를 정조의 후궁으로 들여보내며 점점 과도한 세도를 부렸다.

그러나 홍국영의 세도는 오래가지 못했다. 자신의 누이는 후사 없이 일찍 죽었고 정조 또한 그의 세도를 경계하기 시작했다. 조급해진 그는 결국 왕비를 독살하려는 계획을 세웠다가 발각되는 바람에 고향으로 내쫓겨 시름시름 앓다가 이듬해 병으로 죽고 말았다.

장마덕에 후궁이 된 수빈 박씨

박명원은 자신도 모르게 절로 한숨이 나왔다.

'허 참, 이를 어쩐다? 그렇게 호언장담을 했는데 전하께 뭐라 아뢰어야 한단 말인가?'

답답한 심사를 견디다 못한 박명원이 닫힌 방문을 활짝 열어 젖혔다.

밖에는 며칠 전부터 시작된 장마가 여전히 계속되고 있었다.

추적추적 내리는 빗소리를 듣자니 그는 마음이 더욱 착잡해졌다.

'이럴 줄 알았다면 사촌 조카딸이라는 단서라도 붙이지 말 것을……'

추녀 끝으로 떨어지는 빗방울을 멍하니 바라보는 박명원의 기억 속으로 정조를 알현했던 그날의 일이 다시금 떠올랐다.

"허허, 과인의 나이 아직 어린데 무엇이 급하다고 이리 서두르는지 모르겠소."

"전하, 그리 생각하시면 아니 되옵니다. 종묘사직을 생각하옵소서. 어서 후사를 보셔야 왕실이 안정되는 법이옵니다. 신은 항시 그것이 걱정이옵니다."

그는 정조의 혼인을 성사시키고자 간곡히 말했다.

박명원은 정조의 고모부로, 살아 생전 아버지 사도세자를 적극적으로 변호해 준 화평 옹주의 남편이었기에 정조는 그를 남달리 신임하고 있었다.

"과인이 이토록 건강한데 무엇이 그리 걱정이랍니까?"

효의왕후가 자녀를 생산하지 못하고 뒤를 이어 간택된 선빈 성씨가 낳은 문효세자도 어린 나이에 세상을 뜬 후 더 이상 후사가 없자 많은 신하들이 후궁을 들일 것을 적극 간청했지만 정조는 매번 거절했다.

그러나 박명원은 사사로운 고모부의 입장에서 생각할 때, 더는 미룰 일이 아니라고 여겨 벌써 며칠째 정조에게 똑같은 주청을 올리고 있었다.

"전하 통촉하옵소서."

정조는 박명원의 주청에 못 이기는 척 말했다.

"정 그러시다면 좋은 규수를 찾아 주십시오. 신료들이 아무도 반대하지 않을 그런 사람 말입니다."

정조가 승낙하자 박명원은 기뻐하며 아뢰었다.

"전하, 실은 소신의 질녀 중에 재색을 두루 갖춘 규수가 한 명 있사옵니다. 가세가 그리 넉넉한 편은 아니오나 전하를 모시기에 부족함이 없을 것으로 사료되옵니다."

박명원은 은근히 심중에 두고 있던 사촌 조카딸 얘기를 꺼냈다.

"그럼 간택이다 뭐다 해서 일을 복잡하게 하지 마시고 공의 사촌에게 의견을 물어서 좋다 하면 알아서 처리해 주십시오."

정조는 모든 일을 박명원에게 일임하였다.

박명원은 퇴궐하자마자 사촌의 집으로 부리나케 달려가 의논하였다.

그런데 기뻐 날뛸 줄 알았던 사촌은 심드렁한 표정으로 언성을 높였다.

"형님! 그 무슨 말씀이시오? 대궐의 후궁 자리는 왕자를 생산하지 못하면 그걸로 끝인 데다 설령 왕자를 생산한다 해도 시기와 암투가 끊이지 않는 곳인데 내 어찌 귀한 딸을 그런 곳에 보낸단 말이오!"

"이보시게! 이 일이 성사되면 가문의 영광이 아닌가?"

박명원이 의아해하며 말했다.

"내 비록 가난하지만 곱게 기른 딸자식을 호랑이 굴 같은 대궐에 보내면서까지 가문을 빛낼 생각은 추호도 없습니다. 그런 말씀 하시려거든 그만 돌아가십시오."

"허허……, 이거 참!"

박명원은 혀를 찼다.

"자네 생각이 정 그렇다면 어쩌겠는가? 평양 감사도 제 싫으면 안 하는 것을……. 내 이만 돌아가겠네."

그날부터 박명원은 혼자 속을 끓이기 시작했다.

'허, 이를 어쩐다? 친척이라 말해 놓았는데 이제 와서 다른 집 규수를 고를 수도 없고…….'

박명원은 방문을 닫고 다시 자리에 누웠다. 그러나 아무리 생각해도 뾰족한 방도가 떠오르지 않았다.

박명원이 끙끙거리며 골머리를 앓고 있는데 밖에서 하인의 목소리가 들렸다.

"나리! 박 생원님이 오셨습니다!"

박명원은 자리에서 일어나 앉았다.

'저 양반은 또 웬일이신가?'

박 생원은 박명원의 먼 친척뻘 되는 이로 전라도 여주에서 농사를 지으며 서생 노릇을 하고 있었다.

　집안이 워낙 곤궁하여 친척들과는 일절 연락을 끊고 사는 박 생원이었지만 박명원은 가끔 한양에 올라오는 그를 며칠씩 집에 묵게 하고 내려갈 땐 노자라도 얼마 손에 쥐어서 보내곤 했다.

　"아니, 대감, 어디 편찮으시오?"

　박 생원이 박명원의 낯빛을 보더니 놀라 물었다.

　"아닙니다. 헌데 이 장마에 한양까지 어인 일이십니까?"

　"실은 이번 장마로 집이고 뭐고 다 홍수에 떠내려가고 말았네. 그래서……."

　이번 장마로 여주 일대가 큰 피해를 보았는데 박 생원 역시 살고 있던 살림살이 하나 건지지 못하고 그저 식솔들을 데리고 몸만 간신히 빠져 나왔다는 것이었다.

　살림이야 워낙에 가난하여 건질 것도 없었지만 그나마 유일한 생계 수단이었던 논 몇 마지기마저 불어난 강물에 다 씻겨 내려가 살길이 막막하여 무작정 한양으로 올라왔다고 했다.

　"무작정 오긴 했는데 당장 거처할 곳도 없어 이렇게 염치 불구하고 찾아왔네그려. 다른 이는 몰라도 대감께서는 우리를 무정하게 내치지 않을 것 같아서……."

　박생원의 눈가에 희미하게 눈물이 고였다.

　"그럼 식솔들은 지금 어디 있습니까?"

　"우선 남문 근처에서 기다리라고 했네. 이제 곧 어두워질 텐데 다 큰 딸자식을 그런 곳에 두고 와서 영 마음이 놓이질 않는군."

　"딸이라고요?"

　박명원의 귀가 번쩍 트였다.

"딸아이가 올해 몇입니까?"

"말하기 창피하지만 벌써 열아홉이구먼. 그 아이도 어서 혼처를 정해야 하는데 누가 우리 같은 가난뱅이와 사돈을 맺으려 하겠는가?"

박 생원의 말에 박명원은 마음이 급해졌다.

"여봐라! 당장 박 생원님을 모시고 가서 식솔들을 모셔오도록 하라! 그리고 마님과 따님도 계시다 하니 가마를 대령하여 가도록 하라!"

박명원의 예기치 않은 환대에 박 생원은 기뻐 어쩔 줄 몰랐다.

'잘만 하면 체면은 세우겠군. 시골에서 자란 아이니 조금 모자라긴 하겠지만 부인이 잘만 가르치면 되겠지.'

박명원의 가슴은 십 년 묵은 체증이 내려가는 듯 시원해졌다.

얼마 후 박 생원이 식솔들을 데리고 돌아왔다.

박명원은 하인에게 미리 일러 둔 방으로 박 생원과 식솔들을 모시게 한 후 박 생원의 딸만 자신의 방으로 불렀다.

사뿐한 걸음걸이로 방으로 들어오는 박 생원의 딸을 본 박명원은 놀라지 않을 수 없었다.

'옥이 진흙 속에 묻혀 있었구나! 시골 아이인 데다 집안이 가난하여 기대하지 않았거늘……'

박 생원의 딸은 그야말로 어느 양갓집 규수에게도 뒤지지 않을 만큼 아름다운 미모와 품격을 지니고 있었다.

또한 박명원이 묻는 말에 또박또박 공손하고 재치 있게 대답하니 박명원의 입에서는 연신 웃음이 배어나왔다.

"허허허, 형님께서 딸아이 교육은 제대로 하시었소. 정말 훌륭한 아이입니다. 이렇게 오셨으니 남의 집이라 생각지 마시고 자리가 잡힐 때까지 편히 지내도록 하십시오."

아무것도 모르는 박 생원은 그저 박명원의 말에 감격할 따름이었다.

며칠 후, 박명원은 가벼운 마음으로 정조를 알현했다.

"전하, 지난번 말한 규수의 집에서 승낙을 받았사옵니다."

"그러셨습니까? 한 번 더 말하지만 규수는 별 탈 없을 사람이겠지요?"

정조는 신료들이 후궁 간택을 두고 이러쿵저러쿵 말이 많은 터라 집안도 그렇거니와 인물 됨됨이도 정숙한 여인을 원했다.

"그 점은 염려하지 않으셔도 될 것이옵니다. 한 가지 흠이 있다면 가세가 좀 곤궁하다는 것뿐이옵니다."

"가세가 곤궁하다? 허허, 그거 오히려 잘 되었습니다그려. 처가가 가난하니 세도를 부릴 염려가 없을 것이고 어느 당파에도 속하지 않았을 것이니 신료들의 당쟁에도 관여치 않을 것 아닙니까?"

정조는 박명원이 중매를 선 박 생원의 딸을 후궁으로 맞아들였다.

장마통에 재산을 모두 잃은 아버지를 따라 한양에 올라온 것이 계기가 되어 하루아침에 후궁이 된 이 시골 처녀는 다름 아닌 정조의 셋째 부인인 수빈 박씨였다. 그녀가 낳은 아들은 정조의 뒤를 이어 왕위에 오른 조선 제23대 왕인 순조이다.

권돈인의 출세길

괴나리봇짐을 등에 멘 이재 권돈인은 측은해 보일 만큼 어깨를
축 늘어뜨리고 혼자 터벅터벅 걸어가고 있었다.

'나름대로 하느라고 했건만 아무래도 벼슬길에 오를 팔자가 아
닌가······.'

권돈인이 과거에 낙방한 것이 올해로 벌써 몇 번째인지 모른다.
매해 마지막이라는 마음으로 응시를 했건만 결과는 번번이 낙방이
었다.

나이 사십 줄에 올해도 영낙없이 낙방의 고배를 마신 권돈인은
자신의 신세가 한없이 처량하고 한심하게만 느껴졌다.

'이제부터 과거 같은 건 잊어버리고 오늘 내려가면 다시는 한양에
오지 말아야지. 마지막으로 추사에게 작별 인사나 하고 가야겠다.'

권돈인은 추사 김정희의 집으로 발길을 돌렸다.

추사 김정희는 당대 최고의 서화가로서 조선뿐 아니라 청 나라
에도 그 명성이 자자한 인물이었다.

김정희는 권돈인이 오자 몸소 나와 반가이 맞아들였다.

"어서 오시게. 이게 얼마만인가?"

김정희는 권돈인을 방으로 들게 하고 하인을 시켜 주안상을 마

련토록 일렀다. 서로의 안부를 묻고 이런저런 이야기를 나누던 끝에 권돈인이 추연한 얼굴로 넋두리를 했다.

"내 이번에도 낙방을 하고 말았네. 내 실력이 부족하여 떨어진 것이니 누구를 탓하겠는가. 하지만 내 나이 벌써 마흔을 넘겼는데 아직도 대소과에 한 번도 급제를 못하니 가족들은 물론이거니와 주위 사람들 보기 민망할 뿐이네."

권돈인은 한숨을 내쉬며 고개를 떨구었다.

"나이가 무슨 상관인가. 고금을 돌아보면 나이 오십에 손자뻘 되는 젊은이들과 나란히 급제하여 나중에 정승에까지 오른 사람도 있지 않은가? 그런 말 말고 기운 내시게."

"아닐세. 난 그만한 인물이 못 되나 보이. 그래서 이제 과거는 영영 단념하고 고향에서 논밭이나 갈며 지낼 생각일세. 이번에 내려가면 더는 한양에 올 일이 없을 듯하여 이렇게 마지막으로 자네 얼굴이나 한 번 보려고 온 걸세."

권돈인은 씁쓸한 미소를 지으며 김정희를 바라보았다.

"이보게, 이재! 그런 생각은 접어 두게. 자네의 문장은 내가 잘 알고 있네. 지금 자네만한 학식을 구비한 선비가 이 나라에 몇이나 되겠는가. 대기 만성이라는 말도 있지 않은가? 조금만 참고 노력하면 반드시 좋은 일이 있을 것일세. 이대로 자네가 초야에 묻힌다면 나라로서도 아까운 인물을 놓치는 셈이 되네."

김정희는 권돈인의 마음을 돌려놓으려 애썼다. 그리고 청 나라에 갔을 때 사주 본 얘기를 해주었다.

"자네한텐 말하지 않았네만 내가 일전에 청 나라에 갔을 때 그곳에서 제일 용하다는 점쟁이에게 사주를 본 적이 있다네. 내 사주를 척척 맞추길래 생각난 김에 자네 사주도 넣어 보았더니 그 점쟁이가 예사롭지 않은 듯이 정성 들여 보더군. 점쟁이 말이 사십 전은 호랑이가 함정에 빠진 형국으로 재주는 있으되 고생길을 벗어나지 못하나 사십을 넘어서면 호랑이가 함정에서 빠져 나와 점차로 승승장구할 사주라 하더군. 점쟁이 말대로라면 자네는 대기 만성할 운세니 조금만 더 기다려 보게."

김정희는 다시 한번 권돈인을 설득했다.

"굳이 점쟁이의 말이 아니더라도 자네는 크게 될 인물이야. 내가 장담하지. 그러니 당분간 우리 집에 기거하며 다른 생각 말고 글이나 짓게. 자네 고향집에는 내가 따로 전곡을 보내 주겠네. 신세 진다 생각 말고 부디 그렇게 하게나. 훗날 잘 되었을 때 갚으면 되지 않겠나."

"자네 말은 고맙기 한이 없으이. 하지만 다 부질없는 짓일세. 자네가 굳이 나를 돕고 싶다면 논 몇 마지기나 얻어 주게. 그게 나을 듯하이."

"그걸 말이라고 하는가? 정승이 될 사람이 농사꾼이 되겠다니……."

더 이상 말로는 권돈인의 마음을 돌릴 수 없다고 판단한 김정희는 연거푸 술 몇 잔을 기울이고는 말했다.

"그럼 이렇게 하세. 며칠 후면 풍고 김조순 대감이 세검정에서 시회詩會를 열 것이네. 자네도 알다시피 풍고 대감은 전하의 장인으로 이 나라에서 둘째가라면 서러워할 세도가가 아닌가. 그런 만큼 그 자리에는 내로라 하는 문인이며 세도가들이 참석할 걸세. 나 역시 그곳에 참석할 것이네. 그때 자네는 세검정을 지나 북한산으로 올라가는 척하게. 내가 자네를 보고 달려가 붙잡으면 세속의 인연을 끊고 중이 되겠노라고 말하게. 그리고 내가 한사코 만류하면 못 이기는 척하고 시회에 참석하게. 그러면 세도가의 집을 찾아가지 않아도 자연스럽게 자네를 소개할 수 있지 않겠나."

김정희의 말에 권돈인의 마음이 십분 누그러졌다.

"이번 한 번만 내 말을 따라 주게. 그러면 나도 더 이상 자네를 붙잡지 않겠네."

김정희는 권돈인의 손을 힘주어 잡았다. 권돈인은 자신을 진정으로 생각해 주는 추사의 간곡한 부탁을 기꺼이 받아들였다.

"자네 뜻이 정 그러하면 그대로 따르겠네. 나머지는 다 자네에게 맡김세."

두 사람은 그날을 기약하며 밤이 깊도록 술잔을 기울였다.

세검정에서 시회가 열리는 날, 권돈인은 간단히 짐을 꾸려 어깨에 메고는 세상 모든 것을 포기한 사람 행색으로 북한산을 향했다.

북한산의 초입인 세검정이 가까워오자 사람들이 모여 떠드는 소리가 들려 왔다.

정자 위에는 영의정 김재찬, 영안부원군 김조순, 병조판서 이상황 등 높은 관료들이 자리하였고, 그 주변에는 조수삼, 이명오 등 장안의 내로라 하는 일류 시객들이며 젊은 명사들이 무리를 지어 앉아 있었다.

술은 벌써 한 순배 돌고 이런 자리에선 늘 그렇듯 악공이 연주를 하고 기생들이 그 장단에 맞춰 시조가락을 뽑고 있었다.

그때 권돈인은 산을 올라가다 정자에서 그리 멀지 않은 냇가에서 잠시 걸음을 멈추고 땀을 씻고 있었다.

권돈인이 나타나기를 기다리던 김정희가 그 모습을 보고는 깜짝 놀라는 척하며 벌떡 일어나더니 곧장 달려왔다.

"아니, 자네 이재가 아닌가? 참으로 오랜만일세그려. 안 그래도 이번에 발표된 방목에 자네 이름이 보이지 않아 섭섭했네. 위로라도 하러 갈까 하던 터였는데 참으로 잘 만났네. 마침 시회가 열리고 있으니 자네도 자리하여 문인들과 인사도 나누고 시도 한 수 짓고 가게나."

김정희는 정자에까지 들릴 만큼 큰소리로 말했다.

"당치 않네. 과거에 낙방한 사람이 무슨 염치로 귀척 각신들이 노니는 자리에 낀단 말인가? 자네를 만난 것으로 족하니 나는 그만 내 갈 길을 가려네."

"섭하이. 잠시 앉아 회포나 풀면 될 것을……. 그런데 대체 지금 어디로 가는 겐가?"

"이십여 년 동안 한 번도 과거에 급제를 못했으니 무슨 낯으로 처자식이며 고향 사람들을 보겠는가. 이대로 절에 들어가 중이나 되려고 하네."

"그게 무슨 말인가? 과거에 낙방한 사람이 어디 한둘인가? 그런 사람들이 다 자네처럼 중이 되겠다고 하면 이 나라는 어찌 되겠는가. 다 때가 있는 법이니 조금만 참게. 그리고 오늘만은 내가 반가운 벗을 놓칠 수 없네. 자, 개의치 말고 어서 같이 가세."

김정희는 한사코 만류하는 권돈인을 억지로 끌었다. 권돈인은 마지못하는 척 김정희 손에 이끌려 정자에 올라갔다.

김정희는 자리에 앉아 있는 관료들에게 권돈인을 소개하며 학식이 깊고 문장이 뛰어나다고 입에 침이 마르도록 칭찬했다.

"어허, 그리 뛰어난 선비를 못 알아봤다니. 시관의 눈이 밝지 못한가 보이."

풍고 김조순이 혀를 차며 말했다.

"그렇지만 너무 괘념치 말게. 보아하니 아직 젊은 것 같은데 그리 쉽게 세상을 등지다니 말이 되는가? 과거는 내년에도 있으니 중이 되려는 생각은 그만 접고 여기 앉아 술 한잔 하면서 함께 시나 짓게."

김조순이 진심으로 권돈인을 위로하고 나서자 권돈인도 마지못한 듯 그 뜻을 정중히 받들어 심사 숙고하겠노라고 말했다.

그날 시회에서 권돈인은 문필로 보나 말솜씨로 보나 단연 돋보였다. 김정희를 비롯한 여느 선비보다 무엇 하나 뒤지지 않았다.

그런 권돈인을 유심히 살펴보던 김조순은 시회가 끝날 무렵 그를 가까이 불렀다.

"가히 추사의 말이 그르지 않네. 다음번 양화도에서 있을 시회에도 꼭 참석하게나."

김조순은 흡족한 표정을 지으며 정자를 내려갔다.

어느새 김정희가 권돈인의 곁에 다가와 미소를 지으며 말했다.

"그것 보게. 청 나라 점쟁이의 점괘가 참으로 신통하지 않은가."

"이 모든 것이 자네 덕이네. 정말 고마우이."

그날 권돈인의 인물됨과 문필에 감탄한 김조순은 다음번 시회가 있을 때까지 그를 아들의 집 사랑방에 기거할 수 있도록 배려해 주었다.

권돈인은 양화도에서 열린 시회에서 자신의 재주를 마음껏 발휘하여 주목을 받았으며 두 번의 시회를 계기로 사람들에게 그의 이름이 알려지게 되었다.

세인의 관심은 물론 조정에서 막강한 권력을 행사하는 김조순의 총애를 받게 된 권돈인은 그해 겨울 황감별시에 당당히 급제했다.

그뒤 그의 앞날은 그야말로 탄탄대로가 기다리고 있었으니, 다른 사람 같으면 몇십 년 걸렸을 것을 몇 년 지나지 않아 조정에까지 진출하게 되었다.

　권돈인은 벼슬길에 오른 지 십여 년이 채 지나지 않아 자신에게 출세길을 열어 준 추사에 앞서 정이품 호조판서에 올랐고, 헌종대에 와서는 영의정에까지 올랐다.

정만석과 김 진사

아침을 먹자마자 정만석은 괴나리봇짐을 꾸려 떠날 채비를 했다.

쾌청한 하늘 아래 눈부시도록 맑은 햇살이 부서져 내리고 있었지만 만석의 마음은 간밤에 들은 이야기 때문인지 다소 무거웠다.

아니, 어쩌면 그건 무겁다기보다는 알 수 없는 거대한 음모를 파헤치려는 가슴속의 비장한 결의가 그렇게 느껴지게 하는지도 몰랐다.

묵고 있던 주막을 나와 김 진사의 집을 찾아가면서, 만석은 허리춤에 깊숙이 숨긴 마패를 한 손으로 확인하며 아랫배에 천천히 힘을 주었다.

임금의 명을 받아 암행을 하는 어사로서 간밤에 들은 마을 사람들의 은밀한 수군거림은 결코 간과해서는 안 될 중요한 사안이었다.

지난밤, 고단한 하룻길을 마친 만석이 혼자 주막집 마루에 걸터앉아 지는 노을을 바라보며 국밥 한 그릇에 술 한 병을 혼자 들이켜고 있을 때였다.

일을 마치고 집으로 돌아가다 주막에 들러 술추렴을 하던 농부들의 푸념 섞인 말투가 만석의 등뒤를 타고 넘어왔다.

"도대체 그 김 진사란 작자는 어디서 무얼 하기에 그렇게 돈이 많아?"

"낸들 알겠는가? 처음 우리 동네에 들어올 때부터 내 기분이 좋지 않았다구!"

그 말을 받아 얼큰하게 술이 오른 한 농부가 제법 큰소리를 내었다.

"내가 보기엔…… 아무래도 그 작자는 도적의 우두머리이거나……, 아니면…… 사기꾼이 분명해!"

그 말이 좀 심했던지 같이 앉은 일행들이 그의 입을 막으며 조심하라는 듯 손사랫짓을 했다.

그러나 사내는 화가 난 목소리로 더욱 크게 떠들었다.

"왜? 내가 무슨 틀린 말 했어? 틀린 말 했느냐 말이야?"

농부 일행은 안 되겠다 싶었던지 저마다 그만 집으로 돌아가자며 자리에서 일어섰다. 그뒤를 쫓아 부엌에서 뛰어나온 주모가 또 외상이냐고 악을 써댔다.

잠시 후 만석은 주모를 불러 물 한 잔을 청한 뒤 넌지시 말을 붙였다.

"대체 김 진사라는 이가 뉘시오?"

주모는 의아한 눈초리로 만석의 위아래를 훑어보다가 만석이 주머니에서 엽전 소리를 내며 좀 전에 농부 일행이 먹고 간 술값을 대신 치르겠다고 하자 얼른 표정을 바꾸며 그 자리에 앉아 해도 될 말 안 해도 될 말을 한동안 떠들어댔다.

"……그런데 말이에요, 손님. ……정말 이상한 것은 김 진사는 한 달에 한 번 정도 어딘가를 갔다오는데 그럴 때마다 돈 보따리를 싸 짊어지고 온다는 소문이에요."

주모는 주위를 곁눈질하며 만석의 귀에다 대고 마지막으로 그렇게 속삭였다. 주모의 목소리는 혹시 누가 들으면 무슨 큰일을 당할 것처럼 약간 상기되어 있었다.

만석은 주모의 말을 다시 한번 떠올리고는 주모가 일러 준 김 진사의 집 위치를 머릿속으로 재차 확인하며 걸어 갔다.

주모의 말대로 동네를 가로질러 산기슭을 타고 언덕으로 난 사잇길로 접어들자 갑자기 시야가 탁 트이며 들판이 나타났고 그 왼편으로 한양에서도 보기 힘든 고래등 같은 기와집이 우람한 형체를 드러냈다.

만석은 우선 집의 규모에 놀랐다. 이런 시골에 저만한 집을 짓고 사는 인물이라면 막강한 재력가이거나 아니면 세도가의 후손임에 틀림없었다.

만석은 크게 한 번 헛기침을 하고는 주저 없이 대문을 두드렸다. 잠시 후 문지기의 안내를 받아 마당으로 들어선 만석은 또 한 번 놀라지 않을 수 없었다.

마당 한쪽은 아름드리 나무들이 하늘을 찌를 듯 빽빽했고 그 반대쪽은 맑고 투명한 연못이 온갖 꽃들과 함께 아름다운 정원을 이루고 있었다.

만석은 잠시 넋을 잃은 듯 그 풍경에 취했다가 사랑방으로 들어갔다. 방은 한쪽 벽면에 걸린 산수화 한 폭을 제외하곤 별다른 장식 없이 비교적 정갈하고 깔끔하게 꾸며져 있었다.

때마침 점심때여서 계집종 아이가 밥상을 들여왔고 만석은 사양하지 않고 한 그릇을 맛나게 비웠다. 밥을 먹으면서도 만석은 줄곧 밖의 동정을 살피는 것을 잊지 않았다.

가끔씩 마당의 나무 사이를 빠져나가는 바람 소리를 제외하곤 집안은 텅 빈 것처럼 조용했다.

만석이 그렇게 귀를 곤두세우고 앉아 저녁밥까지 얻어먹고 났을 때에야 문밖에서 두어 번 헛기침 소리가 나더니 집주인인 김 진사가 술상을 받쳐든 하인을 앞세우고 방으로 들어왔다.

김 진사는 한눈에 보기에도 기골이 장대하고 귀티가 나는 인물이었다.

상대방을 제압하는 듯한 눈빛과 그러면서도 한없이 인자하고 너그러운 마음씨를 가진 듯한, 뭐라 딱히 꼬집어 표현하기 힘든 인상을 풍겼다.

만석은 정중하게 예를 갖춘 다음 인사부터 했다.

"생면부지인 소인을 이렇게 훌륭하게 대접해 주셔서 고맙습니다."

김 진사는 잠자코 만석에게 술잔부터 권하며 말했다.

"우선 한잔 드시지요. 이렇게 만난 것도 인연이 아니겠습니까?"

그렇게 만석과 김 진사는 서로 술잔을 주거니 받거니 하면서 늦은 밤까지 이런저런 세상 돌아가는 이야기를 나누었다.

만석은 겉으로는 웃으며 김 진사와 얘기를 나누면서도 한치의 경계심도 늦추지 않고 김 진사의 말이나 행동에서 그 어떤 미심쩍은 점을 발견하려고 애를 썼다.

그러나 밤이 이슥하여 김 진사가 먼저 잠자리에 들어야겠다고 일어설 때까지 이렇다 할 그 무엇도 발견하지 못했다.

김 진사가 돌아간 뒤 불을 끄고 잠자리에 누워서도 만석은 수만 가지 생각에 쉬이 잠을 이룰 수 없었다.

겉으로 보기에는 성인 군자 같으나 그 속에 도적의 괴수가 들었을 수도 있고, 음흉한 협잡꾼이 들어앉았을 수도 있었다.

새벽닭이 울었을 때에야 겨우 잠이 들었을까?

마당에서 웅성거리는 사람들의 말 소리와 분주하게 오가는 발걸음 소리 때문에 만석은 얕은 잠에서 깼다.

만석은 얼른 문가에 귀를 갖다대고 밖의 동정을 살폈다.

분명 무슨 일이 생긴 듯 어제의 정적과는 너무나 대조될 만큼 소란스러웠다.

만석은 곧바로 옷을 입고 괴나리봇짐을 챙겼다. 여차하면 자신의 신분을 밝히고 김 진사를 비롯한 모든 집안 사람들을 관가로 잡아들일 작정이었다.

"어험! 안에 일어나셨는가?"

그런데 뜻밖에도 문밖에서 김 진사의 목소리가 들려 왔다.

만석은 잠시 긴장했지만 곧 목소리를 가라앉히고 대답했다.

"예, 일어났습니다."

"내가 볼일이 있어 한 며칠 어디 좀 다녀와야 하오. 그러니 아무 주저 말고 계시고 싶을 때까지 맘 편히 계시다 가시오, 젊은이."

김 진사의 말이 끝나자마자 만석이 다급한 목소리로 대답했다.

"아닙니다. 저도 갈 길이 바쁩니다. 곧 채비를 해서 떠나야 합니다."

"그럼 아침이라도 먹고 천천히 떠나시오. 잘 가시오, 젊은이."

김 진사는 그 말을 남기고 마당에 모인 사람들을 이끌고 대문 밖을 나서는 기색이었다. 만석은 인기척이 사라지자 얼른 방을 나와 김 진사의 뒤를 밟았다.

김 진사의 뒤를 따르는 하인들은 족히 삼사십 명은 됨직했다. 만석은 발소리를 죽여가며 멀찌감치 떨어져 뒤를 쫓았다.

김 진사 일행은 해가 질 무렵에야 산밑의 제법 큰 주막 안으로 들어갔다. 아마도 오늘 밤은 서기에서 묵으려는 것 같았다.

자신이 김 진사 일행을 미행했다는 사실을 눈치 채지 못하도록 하기 위해 만석은 일부러 시간을 두고 주막 안으로 들어갔다.

김 진사의 하인들은 마당에 멍석을 깔고 앉아 질펀하게 술판을 벌이고 있었고 김 진사는 마루 위에 앉아 혼자 술잔을 기울이고 있었다.

만석이 주막 안으로 들어서자 김 진사는 마치 만석을 기다리고 있었던 것처럼 반갑게 자기 옆자리로 불러 앉혔다.

"어서 이리 오시오, 젊은 양반. 우린 보통 인연이 아닌가 보오. 이런 곳에서 또 이렇게 다시 만날 줄이야……. 타지에선 고향 까마귀만 봐도 반갑다고 하잖소. 이곳은 나나 젊은 양반이나 둘 다 타지인 셈이니 반가운 마음으로 우리 한번 실컷 취해 봅시다그려. 하하!"

김 진사는 호탕한 웃음을 날리며 술잔을 만석에게 권했다.

"그러게 말입니다, 진사 어른. 이렇게 다시 뵙게 되어서 정말 기쁩니다."

만석은 술 한 잔을 단숨에 비우고 다시 김 진사에게 술을 권했다. 둘은 어제와 마찬가지로 밤이 이슥해서야 각자의 방으로 들어갔다.

그날 밤도 만석은 밖의 동정을 살피느라 한숨도 제대로 자지 못했다.

다음날 아침, 아침상을 물리고 앉았는데 일행 중 나이가 들어 보이는 사내 하나가 김 진사에게로 다가와 조심스럽게 말을 건넸다.

"진사 어른, 오늘 이 주막에서 셈을 치르고 나면 노자가 하나도 남지 않을 듯합니다."

그러나 김 진사는 그 말을 들었는지 못 들었는지 그저 마당에 떨어지는 낙숫물만 물끄러미 바라보고 있었다. 새벽부터 내리던 비가 제법 굵어지고 있었다.

아침나절이 지나 점심때가 다가오는데도 김 진사는 일행들에게 짐을 챙기라는 말을 하지 않았다.

그들 또한 그저 김 진사의 말이 떨어질 때까지 무작정 기다리는 듯 별달리 신경 쓰지 않았다.

얼마나 시간이 흘렀을까?

웬 젊은 여인이 머리에 무거운 짐을 이고 한 손에는 보따리 하나를 들고 빗속을 달려오더니 사람들에게 길을 물었다.

김 진사는 손짓으로 여인을 자기 앞으로 부르더니 침착한 어조로 말했다.

"내 말을 잘 들으시오. 보아하니 누군가에게 쫓기고 있는 모양인데 누구나 알고 있는 길로 가서는 안 되오. 비록 험한 길이긴 하지만 산을 넘어가야 화를 면할 수 있을 것이오."

젊은 여인은 놀란 표정으로 김 진사를 바라보더니 고맙다는 인사를 이것으로 대신하겠다며 한 손에 든 보따리를 김 진사 앞에 내려놓고는 황급히 그곳을 떠났다.

여인이 떠나자 김 진사는 아까 그 중년 사내를 불러 보따리를 잘 간수하라고 명하고 일행들을 위해 푸짐한 점심상을 차리도록 했다.

을씨년스럽게 내리는 비 때문에 우중충하던 주막 안은 금방 활기를 되찾았다.

주모는 급히 닭 몇 마리를 잡았고 일행들은 다시 한바탕 신나게 술판을 벌였다.

그런데 웬일인지 김 진사는 아무 말도 없이 마루에서 일어나 주막 앞마당을 가로질러 밖으로 나가더니 누군가를 기다리는 것처럼 멀리 한 점을 응시하고 있었다.

만석은 도무지 김 진사의 행동을 이해할 수가 없었다. 만석은 유심히 김 진사를 지켜보았다.

잠시 후 한 무리의 사람들이 손에 몽둥이를 들고 주막으로 몰려오는 것이 보였다. 멀리서 보기에도 그들은 한껏 기세 등등하여 살의까지 느껴졌다.

주막 앞에 도착한 그들은 큰소리로 물었다.

"혹시 좀 전에 이리로 웬 계집 하나가 지나가지 않았소?"

김 진사는 침착한 목소리로 대답했다.

"머리에 짐을 인 여인 말이오? 저기 아래로 허겁지겁 달려갑디다."

만석이 뭐라 참견할 겨를도 주지 않고 그들은 다시 미친 듯이 그곳을 향해 우르르 몰려갔다.

그 모습을 가만히 지켜보던 김 진사는 그제야 주막 안으로 들어와 주모에게 밥과 술을 청했다.

술 한 병을 다 비울 때까지 김 진사는 만석에게 아무런 말도 하지 않았다. 만석 역시 아무 말 없이 김 진사의 술잔에 술만 따랐다.

술이 두 병째 비었을 무렵, 김 진사는 만석에게 말했다.

"이보게, 젊은이. 아무래도 자네와 나는 보통 인연이 아닌 것 같으이. 그러니 지금부터 나와 동행하는 것이 어떻겠는가?"

뜻밖의 말에 만석은 속으로 쾌재를 불렀다. 그것이야말로 만석이 바라던 바였다.

만석의 대답을 기다릴 것도 없이 김 진사는 일행들에게 곧 떠날 채비를 하라고 명했다.

김 진사의 말이 떨어지자마자 일행들은 일사불란하게 움직여 짐을 꾸렸다. 내리는 비에도 아랑곳없이 김 진사와 일행은 주막을 나섰다.

주막을 떠난 일행이 고갯마루를 넘어 굽은 산길을 내려가고 있는데 어디선가 구슬픈 만가 소리와 함께 사람들의 곡 소리가 들려왔다.

그 소리는 산 아래로 내려갈수록 더욱 커졌다. 이윽고 일행이 숲길을 빠져 나오자 산비탈 낮은 언덕 위에 족히 백 명은 됨직한 사람들이 모여 장례를 치르는 것이 보였다.

겉으로 드러난 규모나 조문객들의 수를 보건대 돈이 많거나 권세 있는 대갓집의 장례식이 분명하였다.

일행이 잠시 걸음을 멈추었다가 다시 출발하려는데 갑자기 김 진사가 성큼성큼 언덕을 올라가더니 다짜고짜 상주를 찾는 것이었다.

만석은 황급히 그를 뒤쫓아갔다.

김 진사는 자신을 이름난 지관이라고 소개하고는 상주에게 이렇게 말했다.

"이보시오. 지금 이곳에 묘를 썼다간 큰일이 날 줄 아시오. 대체 지금 당신들이 파놓은 묏자리가 어떤 곳인지 알기나 하시오? 밑도 끝도 없는 어두운 땅속의 구덩이란 말이오! 당신은 자식된 도리로서 부모님을 그 구덩이로 밀어 넣고 싶단 말이오?"

상주가 믿어지지 않는다는 표정을 짓자 김 진사는 곧바로 그의 팔을 잡아 끌고 파놓은 묏자리로 향했다.

그러더니 손에 들고 있던 긴 막대기로 바닥을 몇 번 세차게 내리쳤다. 그러자 놀랍게도 땅이 쑥 꺼지더니 컴컴한 구덩이가 지옥의 아귀처럼 검은 입을 벌렸다.

상주는 물론 만석 또한 벌린 입을 한동안 다물 수가 없었다. 주위 사람들이 몰려와 그 광경을 보고는 저마다 기겁을 하며 뒷걸음질 쳤다.

상주는 급히 김 진사에게 절을 하고는 절박한 어조로 말했다.

"나리, 참으로 이 은혜 백골 난망이옵니다. 부탁하건대 나리께서는 부디 제 아버지의 묏자리를 다시 잡아 주십시오. 사례는 충분히 하겠습니다."

김 진사는 상주의 손을 잡아 일으키고는 주위의 산세를 찬찬히 둘러보았다. 쓸 만한 묏자리를 찾는 듯했다.

잠시 후 김 진사는 건너편 산자락에다 새로운 묏자리를 잡아 주었다.

상주가 사례의 표시로 보따리를 내밀자 역시 전과 마찬가지로 중년의 사내가 김 진사 대신 나서서 받았다.

만석은 갈수록 김 진사의 기이한 행동에 감탄하면서도 혹시나 하는 의구심을 떨칠 수 없었다. 세상사를 두루 깨친 도인 같기도 했고, 그럴싸한 말과 행동으로 사람들을 미혹시키는 것 같기도 했다.

'아무튼 오늘 저녁에는 기어이 내 저자의 정체를 밝혀내고 말리라.'

만석은 굳게 다짐하며 일행을 쫓아 마을로 향했다.

그날 밤 주막에서는 또다시 한바탕 술판이 벌어졌다. 만석은 김 진사와 단둘이 방에 앉아 술잔을 주고받고 있었다.

일행이 하나둘 곯아떨어지고 술자리가 파할 무렵 김 진사가 좀 전과는 달리 나지막한 목소리로 말했다.

"이보게 젊은이. 나는 처음부터 모든 걸 알고 있었네. 자네가 어사라는 것도, 그리고 왜 나를 찾아왔는지도 말이야."

만석은 일순 숨이 멎는 듯했다.

김 진사는 만석의 그런 태도와는 상관없이 계속 말을 이어나갔다.

"자네는 여러 모로 나에 대해 궁금한 것이 많을 걸세. 그렇다면 지금부터 내가 하는 말을 잘 들어 보게. 먼저 낮에 보았던 젊은 여인은 정부와 바람난 것이 들통 나서 도망가는 길이었다네. 그것이 나쁜 짓인 줄을 알면서도 내가 그 여인에게 살길을 알려준 것은 이 세상에 사람의 목숨보다 소중한 것은 없기 때문이라네. 그리고 장례식에서 내가 그 묏자리의 구덩이를 알아낸 것도 실상 따지고 보면 누구나 알 수 있는 일이라네. 산에는, 특히 땅속 깊이 보이지 않는 곳에는 허방이 많은 법이라네. 농사를 오래 지은 이나 산에서 오래 산 사람들은 누구나 흔히 알고 있는 것들이지. 그런데 사람들이 묏자리를 팔 때 너무 얕게 파는 바람에 종종 그 허방을 모르는 경우가 있다네. 그러면 그곳에 묻힌 시신은 어찌 되겠는가? 아마도 얼마 지나지 않아 바닥이 무너져 내려 땅속 끝없는 곳으로 추락하고 말 걸세. 조상의 시신을 그렇게 함부로 할 수는 없지 않은가? 그래서 내가 그것을 일러 주고 그 대가로 돈을 받은 거라네. 자, 이래도 내가 자네가 생각하는 것처럼 도적의 괴수이거나 그럴싸한 말로 사람을 미혹시켜 돈이나 빼앗는 협잡꾼으로 보이는가?"

만석은 자신이 부끄러워 몸둘 바를 몰랐다. 김 진사가 범상치 않은 인물이라는 것을 깨달은 그는 곧 자세를 고쳐 무릎을 꿇고 앉아 정중하게 사과했다.

김 진사는 말없이 술잔을 비우고 다시 만석에게 잔을 권했다.

잠시 침묵이 흘렀다. 만석은 받은 술잔을 단숨에 들이켜고는 김 진사에게 말했다.

"진사 어른, 제 짧은 소견에도 진사 어른께서는 이렇게 초야에 묻혀 지내시는 것보다 조정에 나가 백성들을 위해 나랏일을 돌보시는 게 더 좋을 듯합니다. 이 길로 저와 함께 한양으로 가시지요. 제가 있는 힘을 다해 진사 어른을 도와드리겠습니다."

그러나 김 진사는 술잔만 비울 뿐 한마디 대꾸도 하지 않았다.

밤은 깊어 어느덧 새벽이 다가왔다. 창문으로 희미한 여명이 밝아오고 멀리서 닭 울음 소리가 이른 아침을 재촉하고 있었다.

그때까지 말없이 술잔만 비우던 김 진사는 만석을 바라보며 천천히 입을 열었다.

"젊은이의 말은 고맙지만 사람은 누구에게나 각자의 길이 있는 법이라네. 그 길을 거스르는 자는 하늘의 명을 거역하는 것과도 같네. 나는 이 길로 짐을 꾸려 내 길을 떠날 것이니 나를 찾거나 하는 부산은 피우지 말게. 그리고 자네와 나는 앞으로 이십 년 후 다시 만날 것이네. 그럼 잘 가게."

김 진사는 곧 일행들을 깨워 어디론가 길을 떠났다.

아직 이른 새벽녘이라 희미한 안개가 끼지 않았더라도 그들의 향방을 가늠하기란 어려운 일이었다.

그로부터 20년이 지난 1822년 겨울, 평안도에서 홍경래의 난이 일어났다.

조정에서는 장만석을 평안도 위무사 겸 감진어사로 임명하여 급히 평안도로 파견했다.

그러나 이미 관리들의 노략질에다 극심한 흉년까지 겹쳐 흉흉해질 대로 흉흉해진 민심의 불길은 쉽사리 누그러질 기미가 보이지 않았다.

농민군은 오히려 의기 충천한 기세를 몰아 청천강 이북의 여덟 마을을 순식간에 점령하고는 정주성定州城에 주둔하였다.

그들은 정주성에서 관군과 무려 넉 달 동안이나 치열한 공방전을 벌이고 있었는데 뚜렷한 계책이 없는 한 관군의 승리를 장담할 수 없는 상태였다.

그러던 어느 날, 밤늦도록 불을 밝히고 앉아 이런저런 계책에 골몰하고 있는 만석의 방문을 누군가 은밀하게 두드렸다.

만석이 누구냐고 묻기도 전에 방문이 소리 없이 열리며 20년 전에 헤어졌던 김 진사가 불쑥 들어섰다.

만석은 놀랍기도 하고 반갑기도 하여 자리에서 벌떡 일어나 김 진사의 손을 덥석 잡았다. 그러고는 얼른 그를 상석으로 모셨다.

"잘 지내셨는가?"

그렇게 안부를 물어 오는 김 진사는 예나 지금이나 하나도 변하지 않았다. 오히려 그때보다 더 기골이 장대해진 듯했다.

"진사 어른의 말씀대로 올해가 꼭 이십 년째 되는 해라 안 그래도 이곳으로 내려오면서 왠지 이상한 예감이 들었습니다. 그때 진사 어른이 하셨던 말씀이 지금 이곳에서 벌어지는 일과도 전혀 무관하지 않다는 생각이 들어서지요. 그래서 마음 한구석으로는 날마다 진사 어른을 기다리고 있었습니다."

김 진사는 낮은 한숨을 내쉬더니 입을 열었다.

"자네도 알다시피 그 동안 백성들의 생활은 너무 도탄에 빠져 있었네. 지금의 이 일도 거기에서 비롯된 것이라 아니할 수 없네. 지렁이도 밟으면 꿈틀하거늘 하물며 사람이야 오죽 하겠는가?"

만석은 김 진사의 말에 고개를 끄덕였다.

"그렇지만 세상의 모든 일은 순리를 따라야 하는 법. 흐르는 물을 보게나. 어디 거꾸로 치솟아 흐르는 물을 본 적이 있는가? 걱정하지 마시게나. 내가 보기엔 이 일을 꾸민 홍경래의 운세 또한 여기가 끝이야."

김 진사의 표정에 설핏 어둔 그늘이 드리워지는 것 같더니 이내 본연의 표정으로 되돌아갔다.

만석은 조심스럽게 입을 열었다.

"그럼, 진사 어른께선 혹 무슨 계책이라도 있으신지요?"

김 진사는 다시 한번 낮은 한숨을 내쉬더니 단호하게 말했다.

"한 가지 계책밖에 없네. 내 말을 잘 들으시게, 땅 밑으로 굴을 파는 수밖에 없네."

"예? 땅 밑으로 굴을 파라면…… 땅굴을 뜻하시는 겁니까?"

"바로 그걸세. 정주성 아래에까지 땅굴을 파고 들어가 화약으로 정주성을 한번에 날려버리게!"

만석은 고개를 끄덕이며 눈빛을 번득였다.

그러나 만석은 김 진사의 얼굴에 어리는 깊은 수심은 알아차리지 못했다.

얼마 지나지 않아 정주성은 일거에 무너지고 말았다. 한때 자신의 삶과 권리를 부르짖던 민초들은 자욱한 초연처럼 덧없이 허공으로 흩어져 갔다.

모든 일이 끝난 후, 만석은 다시 김 진사를 한양으로 데려가려고 했지만 그는 예전과 마찬가지로 극구 사양하며 홀연히 종적을 감추어버렸다.

장만석은 죽을 때까지 김 진사를 잊지 못했지만, 초연 자욱한 정주성을 뒤로 한 채 홀로 돌아서던 김 진사의 가슴에 처연하게 흘러내리던 민초들에 대한 죄스러움과 회한의 눈물은 결코 알지 못했다.

안종학과 대원군

갑자기 몰아닥친 눈보라에 모두들 갈 길을 재촉하고 있는 금강 나루터 한 모퉁이에 거지 행색을 한 부녀가 쭈그리고 앉아 있었다.

아버지는 벌써 의식을 잃은 듯했고 어린 딸은 애처로이 제 아비를 부르며 울음을 터뜨렸다.

"쯧쯧, 이 엄동설한에 어찌 저리 되었을꼬?"

나루터를 지나는 사람들은 그저 불쌍한 눈초리로 바라보며 혀를 찰 뿐, 누구 하나 선뜻 도와 주려 나서지 않았다.

"어찌 이리 되었느냐?"

애처롭게 아비를 부르는 여자 아이의 목소리가 너무 처량하게 들렸던지 마침내 한 선비가 걸음을 멈추고 물었다.

"나리, 소녀의 아비를 살려 주십시오!"

여자 아이는 선비의 옷자락을 붙잡고 눈물 어린 호소를 했다.

선비는 먼저 의식을 잃은 아이 아버지의 상태를 살피고는 근처 주막으로 옮겼다. 그리고 의원을 불러 약을 짓게 하고는 자신이 직접 그 약을 달여 먹였다.

선비의 정성 어린 간호 덕분인지 아이의 아버지는 며칠 후 정신을 차리고 조금씩 건강을 회복하였다.

"나리, 이 은혜를 어찌 갚으오리까?"

"은혜는 무슨 은혜이겠소. 살다 보면 누구나 그리 될 수 있는 일이오. 그런데 어쩌다가 이런 지경에까지 이르렀소?"

"소인은 한양에 사는 이 첨지라 하온데 큰딸의 시가가 모두 천주학을 믿고 있습니다. 그런데 며칠 전 나라에서 천주학을 믿는 자들을 모두 잡아들인다고 하여 모두들 전주로 피신을 갔지요. 헌데 그 여파가 우리 집에도 미쳐 졸지에 이리 도망 다니는 신세가 되고 말았습니다."

"그거 참 안됐구려. 그래 어디 갈 곳이라도 있는 게요?"

"예, 소인의 큰딸이 있는 전주로 갈까 합니다."

"아직 몸도 성치 않으니 내가 전주까지 데려다 드리리다."

선비의 말에 이 첨지는 감동했다.

"고맙습니다, 나리. 어디 사시는 뉘신지 존함이라도 알려 주십시오."

"나는 남원 사는 안 학자라고 하오."

다음날 안 학자는 이 첨지와 그 딸을 데리고 전주로 향했다. 며칠 후 무사히 전주에 도착하자 안 학자는 한 주막에 이 첨지 부녀의 거처를 마련해 주고 약간의 돈과 글이 적힌 종이 한 장을 건네주었다.

"이 종이에 당신이 천주학을 믿지 않고 유학을 신봉한다고 적었으니 관가에 잡혀가도 이것을 보이면 쉽게 풀려날 것이오. 그리고 이 돈은 얼마 되지 않소이다만 급한 대로 요긴하게 쓰도록 하시오."

안 학자는 그 말을 남기고 남원으로 발길을 돌렸다.

세월이 흘러 천주교인에 대한 탄압이 멈추자 이 첨지는 큰딸의 시가 사람들과 함께 한양으로 돌아왔다.

이 첨지는 안 학자가 써준 글을 언제나 소중히 간직하고 있었는데 우연한 기회에 그 글을 본 중국의 장사치가 천하의 명필이라며 천냥이라는 거금을 주고 사갔다.

이 첨지는 그 돈을 밑천으로 장사를 시작하여 큰돈을 벌게 되었다. 그는 형편이 점차 나아지자 그 옛날 자신을 살려 준 안 학자의 행방을 수소문했다.

하지만 평생 글을 읽는 가난한 선비였던 안 학자는 하나뿐인 아들을 데리고 이미 오래 전에 남원을 떠나고 없었다.

"참으로 대인이로다! 자신도 그렇게 어렵거늘 어찌 처음 보는 나에게 그렇듯 큰 은혜를 베풀었다는 말인가?"

이 첨지는 그제야 안 학자가 곤궁함을 무릅쓰고 자신을 도왔다는 것을 알았다.

그는 그후로도 계속 안 학자의 행방을 수소문하였으나 결국 안 학자를 만나지 못하고 그만 세상을 떠나고 말았다.

안 학자 역시 이 첨지가 자신을 그토록 찾아다니는 줄도 모른 채 세상을 뜨고 말았다.

그가 죽자 그의 아들 안종학은 고생이 이만저만이 아니었다.

'젠장, 입에 풀칠하기도 어려운데 무슨 놈의 책을 읽는담. 아버지도 무심하시지 이까짓 책만 읽는다고 무슨 돈이 나오나 쌀이 나오나……'

안종학은 가난만을 대물림하고 세상을 떠난 아버지가 원망스러웠다.

'자식 걱정도 좀 하시지. 언제까지 이렇게 살아야 한단 말인가?'

참다 못한 안종학은 돈을 벌 요량으로 글공부를 팽개치고 한양으로 올라갔다.

그러나 막상 작정을 하고 올라오기는 했지만 글공부만 하던 선비가 할 수 있는 일은 그리 많지 않았다.

고생 끝에 겨우 일자리를 구한 곳이 객사의 허드렛일을 하는 것이었는데 그나마 그 일도 쉽지 않았다.

그러던 어느 날 안종학이 심부름을 나갔다 돌아오는데 객사의 주인 마님이 안종학을 불렀다.

주인 마님은 언제나 안채에서 기거하며 바깥일에는 일체 관여를 하지 않았기에 안종학은 여태 한 번도 얼굴을 마주친 적이 없었다.

안종학은 궁금한 마음에 고개를 갸웃거리며 안채로 들어갔다.

"객사에서 일하신다 들었는데 얼굴을 뵙기는 처음이지요?"

주인 마님이 인자한 얼굴로 미소를 지으며 말했다.

"소인이 먼저 인사를 여쭈어야 하는데…… 죄송합니다."

"아닙니다. 하온데 듣자 하니 존함이 안종학이라 하던데……."

"예, 그러합니다만……."

"고향이 전라도 남원이라 들었는데 맞는지요?"

"예."

주인 마님은 잠시 안종학을 유심히 바라보았다.

"혹시 아버님께서 안 학자라는 분이 아닌지요?"

안종학은 어리둥절하였다. 고향을 묻는 것이며, 거기에다 선친에 대해 묻는 이유를 도무지 짐작할 수가 없었다.

"맞습니다만 그런 걸 왜 물으시는지……?"

안종학이 되묻자 주인 마님은 대답을 않고 서랍에서 편지가 든 봉투 한 장을 꺼내며 말했다.

"이 편지를 여기 적힌 이 주소로 찾아가 주인에게 좀 전해 주십시오. 그리고 꼭 답장을 받아 오셔야 합니다."

안종학은 주인 마님의 의중을 몰라 답답했지만 편지를 받아 들고 안채에서 나왔다.

그가 편지를 전하기 위해 주소에 적힌 집을 물어물어 찾아가 보니 그곳은 겉으로 보기에도 으리으리한 부잣집이었다.

안종학이 문 앞에서 하인을 불러 편지를 전한 후 답장을 받기 위해 기다리는데 하인이 다시 나오더니 그를 사랑채로 안내했다.

그런데 잠시 후 기다리는 답장은 안 오고 상다리가 휘어질 만큼 잘 차려진 주안상이 들어왔다.

'거 참, 편지를 받았으면 어서 답장이나 써줄 것이지, 이게 웬 해괴한 짓인고?'

때마침 저녁 무렵이라 시장기가 돌던 안종학은 의아해하면서도 술과 안주를 맛나게 먹어치웠다.

그러나 그 동안에도 여전히 기다리는 답장은 오지 않았다.

'거 참 그냥 이대로 돌아가야 하는 건가?'

안종학이 그렇게 고민하고 있는데 방문을 열고 한 여인이 들어왔다.

여인은 안종학을 보며 수줍게 미소를 지었다.

"제가 이 집의 주인입니다."

"……."

"답장을 기다리고 계시지요?"

"그렇습니다만……."

"그 편지는 답장이 필요한 것이 아니랍니다. 그저 안 학자님의 자제 분을 편히 모시라는 편지였지요."

"예? 그게 무슨 말씀이십니까?"

안종학이 크게 놀라며 물었다.

"편지를 보낸 분은 저의 언니입니다. 그 동안 저는 안 학자님의 자제 분을 찾고자 여기저기 수소문하고 있었습니다."

영문을 몰라 어리둥절해 있는 안종학에게 여인은 자신을 이 첨지
의 둘째 딸이라고 소개하고 지난날 안 학자와의 인연을 들려주었다.

"안 학자님의 행방을 수소문하던 중 우연히 그 자제분께서 한양
으로 올라오셨다는 이야기를 듣고 이곳 저곳으로 알아보았습니다.
헌데 우연히 제 언니 집에 안씨 성을 가진 분이 계시다는 얘기를 듣
고 이처럼 확인을 해본 것입니다."

"허⋯⋯!"

안종학은 말을 잃고 멍하니 앉아 있었다.

"이제라도 안 학자님의 자제분을 만났으니 지하에 계시는 저의
아버지께서도 편히 눈을 감으실 것입니다."

여인의 눈에는 어느덧 눈물이 고였다.

"이 집의 재산은 모두 안 학자님께서 저희 부녀를 살려 주셨기에
모을 수 있었던 것입니다. 하오니 이제 아무 걱정 마시고 벼슬길에
나가 가문을 빛내시는 데 전념하십시오."

"말씀은 고맙습니다만 벼슬길에 나가는 것이 어디 그리 쉬운 일
입니까? 과거가 있는 것도 아니고 특별히 아는 사람도 없으니⋯⋯."

"인연이야 만들면 되지요. 내일부터 대원군의 집을 드나드는 사
람들을 만나십시오. 그분들과 친분을 만들다 보면 분명 길이 있을
것이옵니다."

그 다음날부터 안종학은 한양의 유명한 기생집을 돌아다니며 대
원군의 주변 사람들을 만나고 다녔다.

당대의 문사이기도 한 그들은 돈을 펑펑 쓰고 다니며 자신들을
대접하는 안종학을 졸부쯤으로 여기고 그리 거리를 두지 않았다.

하루는 대원군이 직접 시회詩會를 연다고 하여 많은 문사들이 초

대를 받았는데 평소 그들과 친분을 나누고 있던 안종학도 그 자리에 참석하였다.

안종학은 초대받은 문사들이 시를 다 지을 동안 조용히 앉아 그 모습을 지켜보고만 있었다.

안종학은 아버지 안 학자 밑에서 글공부를 하여 시문에 조예가 깊었지만 섣불리 나서지 않고 문외한인 듯 잠자코 자리를 지키고 있었다.

한편으론 자신을 무지한 사람으로 보이게 하는 것도 좋을 듯하여 문사들이 모이는 정자에 '무량수각无量壽閣'이라고 써 있는 현판을 일부러 '원량수각元量壽閣'으로 읽기도 했다.

그러자 문사들은 그를 놀리며 '원량'이라고 불렀다. 그 자리에 있던 대원군도 안종학을 보고 비웃듯 쓴웃음을 지었다.

그뒤로도 안종학은 매번 시회에 참석하였지만 문사들이 글을 지으면 옆에서 감탄하는 척만 할 뿐이었다. 어쩌다 자신에게 시를 지으라 하면 고개를 절레절레 흔들며 피하기만 했다.

그러던 어느 날 대원군이 주최하는 시회에서 마침내 안종학은 자신의 시문을 사람들에게 보이게 되었다.

그날의 시회는 대원군이 띄우는 운자로 시를 짓지 못하면 다시는 모임에 참석하지 못한다는 조건이 붙어 있어 모두들 긴장하고 있었다.

대원군이 제일 먼저 지목한 사람은 다름 아닌 안종학이었다.

"오늘은 마침 천렵川獵도 하고 했으니 운자를 고기 어魚자로 하지. 어디 안공 먼저 지어 보게."

안종학은 기다렸다는 듯이 글을 써서 대원군에게 바쳤다.

새는 붉은 산에 들어간 후에야 봉황이 되었고〔鳥入丹山 然後鳳〕

용은 푸른 바다를 날기 전에는 한낱 물고기였을 뿐이다〔龍飛碧海 以前魚〕

대원군의 눈이 휘둥그레졌다. 이는 분명 대원군 자신을 빗대어 지은 글이었기 때문이다.

'대원군이라는 지위와 권력을 얻었기에 영웅이 된 것이지 그것이 아니면 당신도 우리와 별다를 것이 무엇이냐' 하는 뜻이 담겨 있는 글이었다.

대원군은 안종학을 바라보았다. 그의 눈에서는 지금까지 느끼지 못했던 무언가가 느껴졌다.

'허허, 그랬었군. 일부러 자신을 숨기고 있었군.'

그뒤 안종학은 대원군의 신임을 얻어 차후 장단부사長端府使라는 벼슬에까지 오르게 되었다.

안종학은 비록 대물림된 가난으로 고생을 하였지만 아버지 안학자가 쌓은 공덕으로 인해 훗날 이와 같은 영화를 누릴 수 있었다.

인오상보

"까르르…… 깍! 까르르…… 깍!"

오늘도 구룡산에서 까마귀 한 마리가 울어대는 바람에 강동 현령 황갑정은 신경이 예민해졌다.

예로부터 까마귀 울음 소리는 좋지 않은 소식을 전한다 하여 흉물로 취급하고 있는지라 황갑정은 백성들이 동요할까 더욱 신경을 곤두세우고 있었다.

하지만 까마귀의 울음 소리는 며칠이고 계속되었고 급기야 흉한 소문이 마을 사람들의 입에 오르내리게 되었다.

"아니, 저놈의 까마귀가 왜 저리 울어댄담?"

"그러게 말이야. 아무래도 우리 마을에 뭔가 좋지 않은 일이 생기려나 보이."

"까마귀가 울면 사람이 죽는다는데, 혹여 누가 죽기라도 하는 것 아닌가?"

마을 사람들의 수군거림이 점차 번져 가며 인심이 흉흉해지자 황갑정은 더 이상 그대로 보고 있을 수만은 없었다.

우선 형리刑吏로 하여금 흉한 말을 하는 자에게는 엄한 벌을 내리라 명하고, 자신이 직접 구룡산에 가서 까마귀가 우는 연유를 캐 보기로 마음먹었다.

그날 밤 황갑정은 수하 몇 명을 이끌고 조용히 구룡산으로 갔다.

'분명 까마귀가 그렇게 우는 데에는 그만한 까닭이 있을 터……'

밤이 깊은 구룡산은 금방이라도 컴컴한 어둠 속에서 무서운 산 짐승이 나타날 것같이 괴괴한 정적만이 감돌고 있었다.

수하들은 황갑정의 명령에 이끌려 오기는 했지만 험한 산중을 그것도 야심한 밤에 헤매는 것이 못내 무섭고 두려울 뿐이었다.

황갑정 역시 무작정 산을 헤매는 것이 막연하기는 했지만 그렇다고 마을 사람들의 동요를 그냥 보고만 있을 수는 없었다.

황갑정이 수하들과 구룡산을 헤맨 지도 얼추 두세 시간이 지났다. 일행들은 내색하지는 않았지만 서서히 두려움과 막연함에 지쳐 가고 있었다.

그때 연못 속 흐느적거리는 물풀들처럼 습기를 머금고 축 늘어져 있는 나무들을 깨우듯 건너편 숲속에서 날카로운 까마귀 울음 소리가 들렸다.

"까르르 깍! 까르르 깍."

황갑정은 수하들과 함께 까마귀의 울음 소리가 들리는 곳을 향해 급히 달려갔다. 고요하던 산중에 사람들의 다급한 발소리가 이어졌다.

먹장구름 속에 갇혀 있던 달빛이 그제야 희미하게 제 모습을 드러내며 황갑정 일행의 앞길을 비추었다.

실개천이 흐르는 건너편 언덕 한 곳에서 울고 있던 까마귀는 사람들이 다가오자 하늘로 날아올라 그 주위를 빙빙 원을 그리며 날았다.

황갑정은 까마귀가 앉아 있던 자리로 가보았다.

'까마귀가 나뭇가지가 아닌 이런 맨땅에 앉아 울고 있었다면 필시 무슨 곡절이 있을 것이다.'

그렇게 생각한 황갑정은 까마귀가 앉아 있던 땅을 유심히 살펴보았다.

"음……!"

한참을 살피던 황갑정은 손으로 흙을 한 줌 쥐어 보고는 낮은 신음 소리를 흘렸다.

"사또, 무슨 일이십니까? 흙 속에 뭐가 들어 있습니까?"

한 수하가 물었다.

"봐라. 이곳은 인적이 드문 산중이라 주위에 풀이 무성하다. 그런데 유독 이 자리에만 풀이 자라지 않고 또 움푹 패어 있지 않느냐?"

"그러고 보니 정말 이곳만 흙이 드러나 있사옵니다."

달빛에 언뜻 보아도 근처에는 풀들이 무성했으나 그곳만 흙이 드러나 있었다.

"이곳을 파도록 하라!"

황갑정은 수하들에게 다급하게 명령했다.

"예?"

수하들이 어리둥절한 표정을 지으며 바라보자 황갑정의 재촉이 이어졌다.

"뭣들 하는 게냐? 어서 이곳을 파라지 않느냐?"

수하들은 제각기 주변에서 땅을 팔 만한 기다란 나뭇가지나 날카로운 돌멩이를 주어다 일제히 땅을 파기 시작했다.

중천에 떴던 달은 어느새 새벽달이 되어 있었고 그 달빛 아래에서 땅을 파는 사람들의 모습은 기괴하기 짝없는 광경이었다.

얼마나 땅을 파내려 갔을까?

"아악!"

누군가 비명을 지르며 흠칫 넘어질 듯 뒤로 물러났다.

"여, 여, 여기⋯⋯, 사람의 손가락이 보입니다."

땅을 파던 다른 이들도 일제히 뒷걸음질을 쳤다.

"뭘 하는 게냐? 어서 마저 파지 않고!"

황갑정의 불호령에 움찔했던 수하들은 계속해서 땅을 팠다.

새벽달은 가없이 기울어 가고 반면 산 위쪽에서부터 천천히 푸르스름한 기운이 번져 가고 있었다.

싸늘한 새벽 기운 탓이었을까? 시체를 파내는 수하들의 얼굴은 하나같이 땀으로 범벅이 되어 있었지만 전신은 오한이 든 것처럼 벌벌 떨려 왔다.

땅속에서 파낸 시체는 몸집이 건장한 사내였다.

황갑정은 시체를 자세히 살펴보았다. 누군가에게 목을 맞아 즉사한 듯했다.

"나리, 여기 말채찍이 있사옵니다."

수하 중 한 명이 손가락으로 시체의 옷자락 사이에 숨겨져 있는 말채찍을 가리켰다.

잠시 생각에 잠겼던 황갑정은 수하들에게 시체를 다시 땅에 묻게 한 다음 단단히 입 단속을 시켰다. 그리고 시체와 함께 묻혀 있던 말채찍을 가지고 산을 내려왔다.

날이 밝자 황갑정은 이방에게 마방馬房에서 일하는 마부들을 각자의 채찍과 함께 모두 잡아들이라고 명했다.

마을 사람들과 마부들은 사또가 괴이한 명령을 내리자 이 모든 일들이 까마귀의 울음 소리 탓이라는 원망만 늘어놓았다.

땅에서 시체를 발견한 날 밤 황갑정은 시체의 옷자락에서 나온 채찍의 주인이 바로 범인이라고 생각했다. 그러나 과연 범인을 어떻게 가려내야 할지 뾰족한 방법이 떠오르지 않아 늦도록 잠을 못 이루고 몸을 뒤척였다.

그러다 한순간 깜빡 잠이 들었을 무렵 방문이 저절로 열리는가 싶더니 산중에 묻혀 있던 사내가 나타났다.

"나리, 소인의 원한을 풀어 주십시오."

황갑정은 놀란 가슴을 진정시키며 차분히 물었다.

"말해 보라. 자네를 죽인 자가 대체 누구인가?"

"소인의 원수는 비도비행非桃非杏이요, 비좌비행非坐非行이옵니다."

사내는 말을 마치자마자 문밖으로 사라졌고 다시 문이 저절로 닫혔다.

황갑정은 순식간의 일이라 꿈인지 생시인지 분간할 수 없었으나 사내의 그 말만은 생생하게 기억할 수 있었다.

"복숭아도 살구도 아니라면 그것과 비슷한 오얏[李]을 말하는 것인가. 하면 앉은 것도 가는 것도 아니라 함은 서 있음[立]인데……. 음, 그렇다면 이것은 이립李立을 말하는 것인데, 대체 무슨 뜻일까?"

황갑정은 어제처럼 다시 뜬눈으로 새벽을 맞았다.

다음날 황갑정은 동헌 앞뜰에서 잡아들인 마부들을 하나하나 문초하기 시작했다.

먼저 황갑정은 마부들에게 걷어들인 말채찍을 뜰 앞에 쌓아 놓았다. 물론 그 속에는 지난밤 무덤에서 찾아낸 채찍도 포함되어 있었다.

"이것들 중에 자신의 말채찍을 찾아가도록 하라!"

사또의 명령이 떨어지자 마부들은 한 사람씩 나와서 자신의 말채찍을 찾아갔다. 그러나 시체와 함께 있던 채찍만이 임자 없이 동헌 마당에 그대로 놓여 있었다.

황갑정은 막막했다.

'이들 중에 범인이 없단 말인가? 허허.'

황갑정은 답답한 가슴을 지그시 누르며 이번에는 마부들의 명단이 적힌 도록都錄을 살펴보았다.

도록을 하나하나 살펴 내려가던 황갑정의 시선이 어느 한 곳에서 딱 멈춰 섬과 동시에 추상 같은 명령이 떨어졌다.

"여봐라! 저들 중 당장 이립이라는 자를 끌어내도록 하여라!"

그 도록에 적힌 마부 중에 이립이라는 이름을 가진 자가 있었던 것이다.

갑작스러운 호명에 당황한 이립은 몸을 벌벌 떨며 포졸들에게 끌려 나와 사또 앞에 무릎을 꿇었다.

"이놈! 어찌하여 네놈이 무고한 사람을 죽여 구룡산에 묻어 놓고도 이리 시침을 떼고 있단 말이냐!"

이립의 얼굴은 금방 사색이 되었다.

"네 이놈! 이 채찍이 네 것이 아니더냐?"

이어지는 황갑정의 호통에 이립은 이내 고개를 떨구며 울음을 터뜨렸다.

"흑흑…… 사또 나리! 소인 죽을죄를 지었습니다. 돈에 눈이 어두워 소인도 모르게 그만 흑흑…… 용서하여 주십시오, 나리……."

이립이 실토하자 동헌에 잡혀 와 있던 마부들과 구경을 하러 왔던 마을 사람들은 놀라움을 금치 못했다. 그저 사또의 현명함과 기지가 신기하고 또 신기할 따름이었다.

이립이 죽인 자는 마을마다 돌아다니며 금붙이를 파는 장은張恩

이라는 장사치였다.

장은이 이립을 만난 것은 하루 장사를 끝마치고 주막에서 하룻밤 묵기 위해 마을로 내려가던 산길에서였다. 이립 역시 말 품을 팔고 집으로 돌아가는 중이었다.

호젓한 산길을 걷다 보니 두 사람은 자연스레 이런저런 얘기를 나누게 되었는데 얘기 끝에 이립이 은근슬쩍 말꼬리를 달았다.

"어르신, 어차피 저도 마을로 가는 길인데 이렇게 말을 그냥 끌고 가느니 막걸리 몇 사발 값만 주시면, 어르신을 태워 가도록 하지요."

마침 해질녘이라 더 어두워지기 전에 마을에 당도하려면 말을 타고 가는 것이 빠를 것 같아 장은은 기꺼이 이립의 제의를 받아들였다.

장은을 말에 태운 이립은 오늘 술값은 공짜로 벌었다는 생각에 흥겨운 노랫가락을 흥얼거리며 신나게 말고삐를 잡아 끌었다.

두 사람이 그렇게 산길을 가다가 구룡산 모퉁이를 돌아가려는데 문득 한 소년이 까마귀를 가지고 장난을 치는 것이 눈에 띄었다.

소년은 까마귀의 발목에 실을 묶고는 마치 강아지를 몰고 다니듯 이리저리 제멋대로 까마귀를 끌고 다녔다.

까마귀는 실에 묶인 발목이 아픈지 날개를 퍼덕거리며 애처로이 울고 있었다. 천성적으로 마음이 여린 장은은 그 까마귀가 가여웠다.

장은은 잠시 말에서 내려 소년에게 다가가 물었다.

"애야, 이 까마귀로 대체 무엇을 하려는 것이냐?"

"글쎄요? 산에 갔다 우연히 잡은 놈이니 적당히 갖고 놀다 죽으면 구워 먹을 작정입니다."

소년은 여전히 까마귀의 발목을 묶은 실을 잡고 장난을 치며 말했다.

"애야, 그 까마귀를 나에게 팔지 않겠니?"

그 말에 솔깃한 소년은 장은을 쳐다보았다.

"얼마나 쳐주실 건데요?"

"네가 하루 종일 주전부리를 할 정도는 될 게다."

"예, 그렇게 하겠습니다."

소년은 장은이 전대에서 엽전 몇 닢을 꺼내 주자 얼른 장은의 손에 까마귀를 넘겨주고는 신이 나서 뛰어갔다.

그런데 그것이 화근이었다.

장은이 전대에서 엽전을 꺼낼 때 그 속에 든 금붙이를 본 이립의 눈빛이 마른번개처럼 빛나는 것을 장은은 눈치 채지 못했다.

장은은 까마귀의 발목에 묶인 실을 푼 다음 조심스럽게 하늘 높이 놓아주었다.

"쯧쯧, 이젠 잡히지 말고 잘 살아가거라."

까마귀는 그의 말을 알아들었는지 장은의 머리 위를 몇 번 돌더니 어두워지는 저녁 숲으로 훨훨 날아갔다.

까마귀가 사라지자 장은은 다시 말에 올라 길을 재촉했다.

그러나 장은의 전대 속에 들어 있는 금붙이를 본 이립의 머릿속은 여러 가지 생각들로 재빠르게 회오리치기 시작했다.

주위엔 인가 하나 없는 깊은 산중인 데다 이미 어두워지고 있었으므로 일을 치르기는 한결 수월할 것이었다.

거기에다 장은은 타지 사람이므로 죽어 행방이 묘연하다 해도 자신만 시치미를 떼고 모른 척 한다면 죽을 때까지 혼자만의 비밀로 남을 것이었다.

생각이 이에 미치자 이립은 머릿속 회오리가 천천히 가라앉고 그 속에서 살인귀의 붉은 안광이 형형한 빛을 발했다.

이립은 장은에게 말고삐를 쥐어 주며 말했다.

"어르신, 죄송합니다만 잠깐 뒤를 보고 오겠으니 고삐를 잡고 먼저 가십시오."

"그렇게 하게나."

장은이 직접 말고삐를 잡고 말을 몰아 가는 동안 이립은 산속으로 들어가 굵직한 나뭇가지를 찾아 몽둥이를 만들었다.

등뒤에 몽둥이를 숨겨 가지고 살며시 장은에게로 다가온 이립은 장은의 목덜미를 있는 힘껏 내리쳤다.

장은은 갑작스럽게 당한 일이라 그대로 정신을 잃고 말에서 떨어졌고 이립은 쓰러진 장은을 몇 번 더 내리쳤다.

장은이 목이 부러져 죽은 것을 확인한 이립은 전대를 풀어 허리춤에 두르고, 시체를 인적 드문 실개천 언덕에 암매장했다.

정신없이 일을 마친 이립은 말을 타고 마을로 달렸다. 그러다 문득 자신의 말채찍이 없어진 것을 알게 되었으나 그곳을 빠져나가야 한다는 생각에 급급했던 이립은 그것을 찾으러 갈 경황도 없이 그대로 산을 내려왔다.

아무도 본 사람이 없다는 생각에 안심하고 있던 이립은 시침을 떼려고 했으나 현장에 떨어뜨리고 온 말채찍을 증거물로 내미는 데는 더 이상 어쩔 수가 없었다.

황갑정의 문초가 계속될 때였다. 공중에서 난데없이 까마귀 한 마리가 날아오더니 이립의 눈을 잽싸게 쪼아버리는 것이었다.

이립이 고통스러워하며 두 손으로 피가 흐르는 눈을 가리자 까마귀가 이번에는 목덜미를 쪼기 시작했다.

이립은 까마귀를 쫓으려고 손을 휘둘러 보았지만 까마귀는 도망가지 않고 줄기차게 온 몸을 사정없이 쪼아댔다.

사람들이 어떻게 손을 써볼 겨를도 없이 이립이 피투성이가 되어 바닥에 피를 토하며 쓰러지자 까마귀 역시 그 곁에 힘없이 떨어져 죽었다.

까마귀는 그렇게 자신을 살려 준 장은의 은혜에 보답한 것이었다. 이를 지켜보던 사람들은 놀라움을 금치 못하며 까마귀의 보은에 감탄했다.

그후 황갑정은 장은의 시체를 찾아 그 가족에게 전했다. 장은의 가족들은 까마귀의 시체도 거두어 장은과 함께 똑같이 수의를 입혀 장례식을 치렀다.

그리고 둘을 나란히 묻어 주고 '인오상보人烏相報'라는 글씨가 새겨진 비석을 세워 주었다.

윤동춘과 이청룡

"허, 이곳이 바로 평양이란 말이지. 내 친구 윤동춘이 감사로 있는 평양 말이야."

행색이 초라하다 못해 꾀죄죄한 한 선비가 평양 성문을 뒤로 한 채 기쁨에 겨운 듯 큰소리로 이렇게 말하며 얼굴 가득 함박웃음을 지었다.

"그래, 동춘이가 이곳 평양 감사로 부임한 지도 꽤 여러 해가 지났으니 나를 보면 얼마나 반가워할꼬."

선비는 오가는 사람들에게 길을 물어 부랴부랴 평양 감영을 찾아갔다.

그러고는 당당하게 걸어 들어가려는데 대문을 지키는 포졸이 선비를 가로막으며 호통 쳤다.

"여기가 감히 어디라고 함부로 들어가려는 게냐!"

"허허, 이 사람들아, 간 떨어지는 줄 알았네. 나는 평양 감사 윤동춘의 죽마고우인 이청룡이라는 사람일세. 그러니 어서 들어가서 감사께 이청룡이라는 사람이 멀리서 벗을 찾아왔다고 이르시게나."

포졸은 선비가 비록 행색은 초라해도 평양 감사의 이름까지 들먹이며 당당하게 소리치자 고개를 갸우뚱거리면서 대문 안쪽으로 사라졌다.

그러나 잠시 후 돌아온 포졸은 아까보다 더 큰소리로 호령했다.

"네가 지금 나를 놀리는 게냐? 우리 감사 나리는 이청룡이고 뭐고 모른다 하시네. 그러니 어서 썩 물러가지 못할까? 머리에 갓 쓰고 양반 행세한다고 다 똑같은 양반인 줄 알아?"

"아니, 이보시게. 자네 들어가서 감사한테 내 이름을 제대로 알려 준 건 확실한가?"

이청룡은 당황하여 포졸에게 재차 물었다.

"이자가 누구를 귀머거리로 알아? 이름이 이, 청, 룡이라고 들은 것 같은데, 자넨 어떤가?"

포졸은 옆에서 같이 보초를 서고 있는 동료에게 물었다.

"나도 그리 들은 것 같으이."

"이제 됐지? 그러니 어서 썩 꺼져! 그렇게 꾸물대면 옥에다 처넣어 버릴 테니까!"

힘없이 돌아선 이청룡은 포졸의 말이 믿어지지 않았다.

'동춘이 나를 모른다고 하다니? 그럴 리가 있나, 우리가 어떤 사인데……'

그도 그럴 것이 일찍 과거에 급제하여 지금의 평양 감사 자리에 오른 윤동춘과 아직 과거에 급제하지 못해 가난한 선비에 불과한 이청룡은 그 신분의 차이가 크다 해도 두 사람은 어릴 적부터 함께 동문 수학한 죽마고우였다.

또한 두 사람은 이 다음에 커서 누가 먼저 벼슬길에 나설지 모르지만 남은 친구가 벼슬에 오를 때까지 서로를 박대하지 말고 도와주기로 굳게 언약한 사이였다.

"그 친구가 나를 잊었을 리가 없어. 뭔가 착오가 있었던 것일

게야."

이청룡은 허망함을 감추기 어려웠지만 이렇게 스스로를 위로하며 기운을 잃지 않으려 애썼다.

터벅터벅 걸어가는 이청룡의 그림자는 친구를 의심하는 마음과 그렇지 않을 것이라는 두 가지 생각이 마음속에서 서로 자리다툼을 하는 것처럼 이리저리 흔들거렸다.

어느새 저녁이 다가오고 있었다.

성내 민가에서 솟아오르는 밥짓는 연기가 종일 굶은 이청룡의 허기를 새삼스레 일깨웠다.

이청룡은 돈을 아끼기 위해 제일 값싸고 허름한 객사에 여장을 풀고 탁주 몇 사발로 허기를 때웠다.

노을이 사라진 하늘 자리에 잔별들이 철새떼처럼 무리를 지어 피어났다.

그 속으로 고향에서 평양으로 떠난 자신이 돌아오기만을 학수고대하고 있을 아내와 다른 집 아이들이 밥 먹듯이 끼니를 거르는 자식들 얼굴이 아프게 살아났다.

지금 이청룡은 몇 번의 과거 실패로 가세가 기울대로 기울어 무엇 하나 변통할 수 없는 처지였다.

그래서 염치 불구하고 평양 감사가 된 친구 윤동춘에게 약간의 도움을 얻고자 찾아온 것이었다.

그런데 윤동춘을 만나 도움을 청해 보기는커녕 문전 박대를 당하고 보니 이청룡은 실로 자신의 신세가 한심스러웠다.

밤새도록 갖가지 생각들로 뒤척이다 뜬눈으로 아침을 맞은 이청룡은 또다시 윤동춘을 찾아가 수모를 당하느니 돌아가는 것이 낫겠다고 생각하고 주섬주섬 행장을 꾸려 객사를 나섰다.

이청룡이 평양 성문으로 통하는 저잣거리를 지나가는데 길바닥에 물건을 늘어놓고 파는 장사치들의 수군거리는 소리가 들렸다.

"오늘도 잔치가 벌어지려나 보이."

"그러게 말일세! 거 참 잔치 벌인 지가 얼마나 되었다고, 쯧쯧……. 헐벗고 사는 백성들의 고초는 안중에도 없나 보구먼."

"감사 나리가 그런 걸 조금이라도 안다면 저렇게 사흘이 멀다 하고 잔치를 벌이겠는가?"

이청룡은 윤동춘이 잔치를 벌인다는 말에 귀가 솔깃했다.

'그래, 기왕지사 평양까지 왔으니 돌아가기 전에 얼굴이나 한 번 보자! 막상 대면하면 또 태도가 달라질지도 모를 일이지.'

이청룡은 장사치들에게 물어 잔치가 벌어진다는 대동강변의 연광정으로 향했다.

이청룡이 연광정에 도착한 것은 잔치가 시작된 지 얼마 되지 않아서였다.

관비들이 부지런히 음식을 만들어 정자 위에 차려진 상으로 올리고 있었는데 잔치를 제법 크게 벌이는지 고기 굽는 연기가 강변 주위 풀숲에 안개처럼 띠를 둘렀고 갖가지 음식 냄새가 강둑에까지 진동했다.

이청룡의 눈에 감사 윤동춘이 연광정의 상석을 차지하고 앉아 양옆에 기생들을 끼고 노닥거리고 있는 모습이 보였다.

이청룡은 어떻게든 윤동춘과 대면을 해야겠다는 생각이 들었다. 그러나 연광정 주변은 포졸들로 둘러싸여 경비가 삼엄했다.

이청룡은 한참 주위를 살피다가 마침 큰 술독을 들고 가는 사람들 틈에 섞여 포졸들 눈에 띄지 않고 연광정에 오를 수 있었다.

이청룡은 망설임 없이 곧장 윤동춘 앞으로 걸어가 소리쳤다.

"이보시게, 윤 감사, 정녕 나를 모르시겠는가? 죽마고우 이청룡을 이래도 모른다 하시겠는가?"

윤동춘은 갑자기 나타난 이청룡을 보고 깜짝 놀라는 눈치더니 이내 그를 노려보며 포졸들에게 소리쳤다.

"여봐라! 아무나 들이지 말라고 했거늘, 웬 실성한 자가 나타나 잔치의 흥을 깨는 게냐. 어서 잡아 밖으로 내쳐라!"

포졸들은 서둘러 이청룡을 잡아 무릎을 꿇렸다. 순간 이청룡은 한 가닥 희망마저 사라지고 다만 기막히고 분할 뿐이었다.

지금까지 자신이 윤동춘을 대하매 서운하게 한 것이 없었거늘 벼슬이 높아졌다고 지난날의 친구를 이리도 매정하게 대한단 말인가!

"자네와 내가 동고동락한 세월이 얼마인데, 자네가 나를 이리 업신여길 수 있단 말인가? 친구와의 의리조차 헌신짝 버리듯 매정하게 저버리는 자가 어찌 백성들을 다스리는 벼슬아치란 말이더냐?"

이청룡은 죽을힘을 다해 소리쳤다.

"여봐라! 저 실성한 놈이 본관을 농락하는 것을 보고만 있을 터이냐! 당장 거적에 싸서 강물에 던져버리거라! 괘씸한 놈 같으니라구!"

포졸들은 감사의 처벌이 다른 때에 비해 그 정도가 심하다고 여겼으나, 명령이 이미 내려졌으니 실행할 수밖에 없었다.

"감사 나리의 처벌이 오늘은 유독 심하시구먼……."

"그러게 말일세. 친군지 실성한 사람인지 알 순 없지만 저 사람 정말 안됐군그래."

구경꾼들도 안쓰러운 마음에 저마다 한마디씩 수군거렸다.

잠시 후 포졸들이 이청룡을 거적에 싸 대동강 물에 던져버리자 윤동춘은 잔치를 계속하도록 명했다.

막 잔치가 재계되려는데 윤동춘이 가장 총애하는 기생 춘외춘이 얼굴을 찡그리며 윤동춘의 귓전에다 소곤거렸다.

"저, 감사 나리. 송구하옵니다만 소녀 아무래도 아침에 먹은 것이 체했는지 배가 아파 집에 가서 의원의 진찰을 좀 받았으면 하옵니다."

"얼굴을 보니 많이 안 좋은 모양이구나?"

"송구하옵니다, 감사 나리."

춘외춘은 더욱 얼굴을 찡그렸다.

"그래, 그렇다면 먼저 집에 들어가 쉬어라. 내 잔치가 끝나면 들르겠느니라."

윤동춘은 춘외춘이 간다고 하자 술맛이 싹 가시는 듯했지만 오늘 초대한 손님들은 소홀히 대접할 이들이 아닌지라 마지못해 웃으며 허락하였다.

그리하여 잔치에서 빠져 나온 춘외춘은 그 길로 뱃사공을 찾아가 강물에 배를 띄우도록 했다. 그녀는 아무래도 윤 감사의 지나친 처사가 마음에 걸렸고, 이청룡의 태도 또한 거짓이 아닌 듯하여 두 사람 사이에 필경 무슨 연유가 있을 것이라고 생각한 것이다.

뱃사공은 서둘러 노를 저었고 춘외춘은 뱃전에서 이청룡을 싼 거적을 찾았다. 과연 멀지 않은 곳에서 둘둘 말린 거적 하나가 강물에 거의 잠긴 채 아래로 흘러가고 있었다.

뱃사공의 도움으로 거적을 건져 올려 보니 이청룡은 정신을 잃고 사경을 헤매고 있었다.

춘외춘은 사람들의 눈을 피해 이청룡을 자신의 집 뒤뜰에 있는 골방으로 옮겼다.

그러고는 여종을 시켜 급히 의원을 불러와 진맥을 하게 한 다음 탕약을 달여 먹이며 정성껏 간호했다.

물론 뱃사공과 의원에게는 수고비 말고도 비밀을 지켜야 한다는 조건으로 후하게 웃돈을 얹어 주었다.

춘외춘의 정성이 갸륵했던지 이청룡은 며칠 후 기적적으로 정신을 차리고 자리에서 일어났다.

춘외춘이 기방에 나가 집을 비운 사이 이청룡은 시중을 드는 여종에게서 그간 있었던 일들을 모두 전해 들었다.

그날 저녁 기방에서 돌아온 춘외춘에게 이청룡은 고개도 제대로 들지 못하고 그저 감사하다는 말만 되풀이했다.

"감사하고 또 감사하오. 이 은혜를 어찌 갚아야 할지……."

"아닙니다, 나리. 어떤 사연인지는 모르겠으나 사람을 그렇게 무참히 죽게 할 수는 없는 일이지요. 소녀는 다만 할 일을 한 것뿐이옵니다."

춘외춘은 얼굴뿐 아니라 심성도 고운 기생이었다.

"나리. 아무 걱정 마시고 기력을 회복할 때까지 저희 집에서 몸을 추스르십시오."

처음에는 몸을 추스르는 대로 어서 아내와 아이들이 기다리는 고향으로 돌아가려고 생각했던 이청룡은 춘외춘의 선녀 같은 마음씨에 반했는지 몸이 다 나았는데도 떠날 날짜를 차일피일 미루기만 했다.

춘외춘 역시 이청룡이 조금 더 자기 곁에 있어 주기를 바라는지 날마다 갖은 정성으로 이청룡을 받들고 따랐다.

결국 그들은 이것 또한 하늘이 맺어준 인연이라고 여기고 언제부터인가 합방을 하며 지냈다.

그러던 어느 날 나라에서 과거령이 내렸다. 춘외춘은 이청룡에게 과거에 응시할 것을 권했다.

이청룡은 선뜻 내키지는 않았지만 윤동춘과의 일을 떠올리며 마침내 결심을 굳혔다.

"나리! 여기서는 제가 바깥일이 있는지라 일일이 챙겨 드리지를 못하옵니다. 하오니 댁으로 돌아가셔서 과거를 준비하십시오."

그러면서 춘외춘은 두둑한 보따리 하나를 내밀었다.

"이것이면 식구들 끼니 걱정은 안 하시고 공부에만 전념하실 수 있을 것이옵니다."

"이보오, 내 목숨을 살려 주고 여태껏 보살펴 준 것만도 평생 못 갚을 빚이거늘……."

"그리 말씀하시면 소녀 섭섭하옵니다. 서방님을 향한 제 마음을 왜 빚이라 하십니까?"

"고맙구려 고마워. 정말 고맙구려."

다음날 이청룡은 춘외춘과 아쉬운 작별을 하고 한양에 있는 집으로 돌아왔다.

이청룡은 평양에서 있었던 모든 일들을 아내에게 솔직하게 이야기하고 다시 한번 과거에 응시하겠다는 결의를 보였다.

이청룡의 아내는 남편의 말을 잠자코 듣고 앉았다가 눈물을 흘리며 말했다.

"여보, 이번에는 꼭 과거에 급제해서 춘외춘이라는 그 기생에게도 당신의 장한 모습을 보여 주세요."

"내 이미 각오는 되어 있소! 단지 당신을 또 고생시켜 미안하구려."

이청룡은 아내의 손을 잡다가 왈칵 눈물을 쏟을 뻔했다. 아내의 손은 얼마나 고생을 했던지 앙상하게 뼈만 남은 데다 상처투성이였다.

아내의 뒷바라지와 춘외춘의 정성이 더한 덕분인지 이청룡은 그해 과거에서 당당하게 장원으로 급제했다.

어사화를 쓴 이청룡을 껴안고 아내는 쌓였던 설움이 터진 듯 울고 또 울었다.

한편 조정에서는 이청룡에게 암행어사를 제수하여 평양성을 감찰하라는 어명을 내렸다.

평양 감사가 백성들의 안위는 돌보지 아니하고 주색 잡기에 빠져 수시로 잔치를 열어 국고와 세금을 낭비하고 있다는 상소문이 조정에 올라왔던 것이다.

이청룡에게는 드디어 윤동춘에게 당한 원한을 풀 길이 열린 셈이었다.

자신의 신분을 은폐하기 위해 일부러 초라한 행색으로 평양에 당도한 이청룡은 먼저 춘외춘의 집으로 갔다.

춘외춘과 마주한 이청룡은 미안한 기색으로 말했다.

"미안하이. 내 또 이런 몰골로 오게 되었네. 그간 자네 볼 면목이 없어 못 찾아왔네."

"어서 오세요, 나리. 그리고 너무 낙담치 마십시오. 기회는 또 오게 마련이옵니다. 불편해하지 마시고 전처럼 편히 쉬십시오."

이어 춘외춘은 이청룡이 갈아입을 옷가지들을 손수 챙겨 가지고 왔다. 옷들은 깨끗하게 빨아 반듯하게 다림질까지 되어 있었다.

그것을 본 이청룡의 가슴은 또 한 번 고마움에 미어지는 것 같았다.

그날부터 이청룡은 춘외춘의 집에 머물면서 평양 감영의 동태를 은밀히 살펴보았다.

그러던 어느 날, 아침 일찍 일어나 목욕을 하고 난 춘외춘이 곱게 몸단장을 하며 말했다.

"오늘은 감사 나리께서 대동강 연광정에서 잔치를 벌이신답니다. 소녀도 명을 받았사오니 잠시 다녀오겠사옵니다."

이청룡은 마침내 기다리던 때가 왔다고 생각하며 내심 쾌재를 불렀지만 겉으로는 내색하지 않았다.

"오늘이 무슨 날인가?"

"듣기로 감사 나리의 생신이라 하옵니다. 그럼 편히 쉬고 계시어요."

이청룡은 춘외춘이 나가자 급히 포졸들을 불러 연광정 주변에서 출도할 준비를 하라고 일렀다. 그리고 자신은 곧장 연광정으로 말을 달렸다.

'윤동춘 이놈, 네 생일날이 제삿날이 될 것이니라!'

연광정에서는 윤동춘이 자신의 생일을 맞아 근방에 있는 모든 수령들을 불러모아 성대한 잔치를 벌이고 있었다.

이청룡은 이번에도 연광정 위로 뛰어올라가 소리쳤다.

"윤동춘! 이 사람아, 오늘도 나를 모른다 하시겠는가? 나 이청룡일세!"

윤동춘은 죽은 줄 알았던 이청룡이 나타나자 기겁하였다. 그 옆에 앉아 있던 춘외춘도 놀라기는 마찬가지였다.

윤동춘은 고래고래 소리를 질렀다.

"아니! 저놈은 내가 죽이라 하지 않았더냐!"

"그래! 자네가 나를 죽이려 했지만 난 춘외춘과 뱃사공의 도움으로 이렇게 살아 있다네."

"아니, 이년이? 네가 감히 나를 속여! 여봐라! 이년을 당장 끌어내거라!"

윤동춘은 길길이 뛰며 소리쳤다.

"내려갈 사람은 춘외춘이 아니라 바로 윤동춘 자네네! 여봐라! 당장 평양 감사를 끌어내라!"

이청룡의 명령이 떨어지자 연광정 주변에 숨어 있던 포졸들이 우루루 몰려나왔다.

"암행어사 출두요! 암행어사 출두요!"

연광정은 순식간에 아수라장이 되었다.

잠시 후 이청룡은 연광정에 앉아 땅바닥에 무릎을 꿇고 있는 윤동춘을 내려다보았다.

"지금도 나를 모른다 하겠는가?"

윤동춘은 아무 말도 하지 못하고 침울한 표정으로 땅만 내려다보고 있었다.

이청룡은 그런 옛 친구의 모습을 보고 있자니 괘씸한 마음 한편으로 불쌍하고 측은한 생각이 들어 조금씩 가슴이 아려 왔다.

"이보시게. 자네와 내가 어찌하여 이렇게 되었단 말인가. 어찌하여 나를 그리도 박정하게 대하였는지 그 이유나 들어 보세?"

이청룡이 말하자 윤동춘은 잠시 한숨을 쉬더니 말문을 열었다.

"글쎄, 이제 와서 군이 이유를 말하면 무엇하겠는가마는……. 휴, 지난날 내가 이곳으로 부임하기 전에 자네 집에서 하룻밤 묵으며 이별주를 나누지 않았는가?"

"그래, 그랬었지."

"그때 술상을 봐주던 여종을 기억하는가?"

"……."

이청룡은 윤동춘의 앞으로 발걸음을 옮겼다.

"내 그 여종이 마음에 든다고 자네한테 말했었지?"

"그래, 그랬었지."

이청룡은 윤동춘의 입에서 그날의 얘기가 나오자 이내 얼굴이 굳어졌다.

"사실, 나는 그 여종이 너무나 마음에 들었었네. 그래서 부끄러움을 무릅쓰고 자네에게 그 여종을 달라고 말했던 것이네. 하지만 자네는 그런 내게 핀잔과 무안만을 주었었지."

"……."

윤동춘의 이야기를 들으며 이청룡의 얼굴은 더욱 굳어져 갔다.

"우리 사이에 그깟 여종 하나쯤 주는 것이 무엇이 어렵다고 친구를 그렇게 면박하나 싶었네. 자네와의 우정이 모두 허사라고 느꼈지. 하여 그때 내 다시는 자네를 보지 않기로 결심했던 것이네."

이청룡은 윤동춘의 손을 덥석 잡아 일으키며 말했다.

"그랬구먼, 그랬었구먼. 그래서 자네가 나를 모른 척했었구먼. 그렇다면 모든 것은 내 탓인 게지. 하지만 그날 일은 내게도 사연이 있네."

"사연이라니?"

"실은 그 무렵 우리 집 형편이 굉장히 어려웠었네. 그래서 부리는 종은커녕 먹을 것조차 변변히 구하기 어려웠지."

"아니, 그럼. 그때 내게 대접한 주안상과 그 여종은 뭐란 말인가?"

윤동춘이 놀라며 물었다.

"사실 음식은 아내가 이웃집을 돌아다니며 나중에 품을 팔기로 하고 먼저 받은 품삯으로 어렵게 마련한 것이었네."

"그렇다면 왜 진작 말하지 않았는가?"

"그리고……, 놀라지 말게. 자네가 마음에 있어 하던 그 여종은 실은 내 아내라네. 내 집에서 친구를 대접하는데 술시중을 들 여종이 없다고 하여 어찌 아내에게 술시중을 들라고 할 수 있겠는가? 그래서 자네 대접하는 것을 그만두자 했더니, 아내가 자신이 여종인 것처럼 꾸미고 술시중을 들겠다고 자청하는 바람에……."

"그런 일이……."

"미안하이. 먼길 떠나는 친구를 그냥 보낼 수 없어 그리한 것인데, 그것이 화근이 될 줄 몰랐네. 미안하네. 내 탓이었네."

"그럼 내가 자네 아내를 욕보인 것이나 마찬가지 아닌가?"

윤동춘이 당황하여 말했다.

"이보시게, 이젠 다 지난 일이 아닌가, 다 잊도록 하시게나. 이제라도 오해를 풀었으니 우리 예전의 우정을 다시 이어 보도록 하세."

이청룡과 윤동춘은 서로 얼싸안고 다짐했다.

차마 친구를 벌줄 수 없었던 이청룡이 사직 상소를 올리라고 권하자 윤동춘은 상소를 올린 후 평양 감사 자리에서 물러나 낙향했다.

한편 춘외춘은 그후 기적에서 빠져 나와 이청룡을 평생 가까이 모시며 살았다.

꽃 중의 꽃

올해도 북한산에는 어김없이 봄이 찾아왔다.

시원한 물줄기가 굽이굽이 흐르는 계곡과 바위틈에는 형형색색의 봄꽃들이 만발하였고, 나비와 벌들이 꿀을 찾아 꽃들 사이를 이리저리 날아다니고 있었다.

북한사에서 과거를 준비하며 동문 수학하고 있는 박유선과 안상렬은 잠시 춘흥을 만끽하기로 하고 오랜만에 산길을 걸어 뒷동산으로 올라갔다.

산길을 오르며 숲속에 핀 두견화를 바라보던 박유선은 자신의 부인이 처음 시집 오던 날이 생각났다.

그날은 말 그대로 온 마을이 잔치 분위기로 떠들썩했다.

홀어머니 밑에서 자라난 박유선은 집안 형편도 어렵고 해서 마을 사람들은 모두 장가 가기가 어려울 것이라 했었다.

그런데 우연히 가문 좋은 송씨 집안에서 통혼이 들어와 이렇게 혼례를 치르게 되었으니 그것은 비단 박유선 집안의 경사일 뿐만 아니라 마을의 경사라 할 만큼 온 마을 사람들이 기뻐했다.

박유선의 어머니는 사돈 댁의 가문도 가문이거니와 조금도 부족한 것 없이 살아왔을 규수가 한마디 불평도 없이 가난한 집안의 며느리로 들어와 주는 것이 고마웠다.

더욱이 며느리의 모습이 참으로 고왔으니, 마을 사람들은 그런 송씨 부인을 보고 '화수화花羞花'라 부르며 꽃 중에도 그렇게 예쁜 꽃은 없을 것이라 칭찬하였다.

"아니, 무엇을 그리 골똘히 생각하나?"

안상렬이 두견화에 정신을 팔고 있는 박유선에게 물었다.

"응, 실은 이 꽃을 보니 아내 생각이 나서……."

박유선은 민망한 듯 상기된 얼굴로 대답했다.

"거 참, 아내 없는 사람 서럽게 하는군. 그래 자네 아내가 그 꽃을 닮았는가?"

안상렬은 박유선을 짓궂게 놀렸다.

"그런 게 아니고……, 실은 아내의 별칭이 화수화거든."

"화수화? 꽃 중의 꽃이라는 뜻인가?"

"뭐 굳이 말하자면 그렇지."

"자네 아내가 그리도 미색이라는 말인가?"

안상렬은 화수화라는 말에 호기심이 생겼다.

"뭐, 그렇게까지……. 그냥 마을 사람들이 하는 말이지. 허허 내가 아직 미장가인 친구에게 너무 아내 자랑을 하는 것 같군. 이제 그만두세. 허허!"

안상렬은 더 이상 묻지 않았지만, 박유선의 아내가 얼마나 고우면 화수화라는 별칭을 얻었을까 싶어 몹시 궁금하였다.

안상렬과 박유선이 이곳에서 만나 학문을 닦은 지도 어언 3년이 다 되어 가고 있었다.

그 동안 서로 잡생각을 버리고 학문에만 전념하였거늘 오늘 낮 송씨 부인의 이야기를 들은 이후로 안상렬은 마음이 흔들리고 있었다.

'허, 화수화花羞花라…… 화수화. 얼마나 미색이면 화수화라 했을까.'

잠자리에 들어서도 쉽사리 잠을 이룰 수 없었던 안상렬은 더 이상 누워 있을 수가 없었다.

'이 사람은 무슨 복을 타고났기에 그리도 아름다운 아내를 얻었을꼬.'

옆에서 곤히 잠든 박유선을 바라보던 안상렬은 무언가 결심한 듯 짐을 챙겨 새벽 안개를 밟으며 북한사를 떠났다.

안상렬은 그 길로 박유선의 집이 있는 경성으로 갔다.

경성에 도착한 안상렬은 혹시라도 자신의 신분이 탄로 날까 두려워 이름을 바꾸고 방물장수의 집에 방을 얻은 후 박유선의 집 근처를 매일같이 배회했지만 좀처럼 박유선의 아내를 볼 수 없었다.

그렇게 며칠이 지나자, 조급해진 안상렬은 방물장수 할머니에게 은근히 물었다.

"할멈, 이 근방에서 미색이 뛰어나 화수화라 불리는 여인이 산다던데 혹 알고 있소?"

"아, 박씨 댁 아씨를 말씀하시는 모양이구먼요."

할멈은 단번에 대답했다.

"그 아씨가 그리도 미색인가?"

"아, 두말하면 잔소리죠. 아마 양귀비나 서시도 와서 보면 울고 갈 걸요?"

할멈은 마치 자신의 자랑거리인 듯 대답했다.

"휴, 헌데 요즘 그 아씨께서 병이 나신 모양이어요. 하긴 병날 만도 하시지, 부잣집에서 편히 살다 밤낮으로 일을 하시려니 병이 안 나시겠어요? 게다가 서방님은 공부하러 가신 후 통 연락도 없으시니……."

"왜, 어디 아프신가?"

"몸살이 나신 모양인데 가난한 살림에 의원 한번 부르지 못하고, 약 한 첩 못 드시는 모양인가 봅디다."

안상렬은 그 말에 귀가 번쩍 뜨였다.

"그거 참, 안됐군. 할멈, 사실은 내가 의원인데 이 근방으로 이사를 오려고 터를 알아보는 중이었소. 그런 딱한 사정을 들으니 내 가만히 있을 수가 없구려. 내가 한번 봐드릴 터이니 그 집에 기별을 해주시게나."

안상렬은 자신이 의원인 듯 거드름을 피며 말했다.

할멈은 안상렬의 말에 기뻐하며 그 길로 박유선의 집으로 달려가 이 소식을 전했다.

하지만 송씨 부인은 그다지 반가워하지 않았다.

"제 병이 그다지 심한 것도 아니니, 그리 수선을 피울 필요 없습니다. 혹, 맥을 보여야 한다면 지아비에게 먼저 알리고 상의한 후 처리해야 하는 것이 도리이니 말씀만은 고맙다고 전하여 주십시오."

할멈은 더 이상 권하지 못하고 돌아왔다.

안상렬은 기대했던 기회가 허망하게 사라지자 송씨 부인에 대한 마음이 더욱 간절해졌다. 그러한 간절함이 얼굴만 보고 가려고 했던 그를 걷잡을 수 없는 욕망 속으로 빠뜨리고 말았다.

'내 기필코 송씨 부인을 얻고야 말리라.'

그러나 며칠이 지나도 송씨 부인을 만날 기회가 오지 않자, 안상렬은 월장을 하기로 결심했다.

그날 밤 안상렬은 살그머니 박유선의 집으로 가 주변을 살핀 후 담장 위로 뛰어올랐으나 순찰을 돌던 포졸들에게 들키고 말았다.

"게 누구냐?"

안상렬은 담 위에서 황급히 내려와 죽을힘을 다해 도망쳤다.

포졸들의 눈을 피해 자신의 고향집으로 돌아온 안상렬은 여전히 송씨 부인을 차지하겠다는 마음을 버리지 못하고 허송세월만 보내고 있었다.

결국 안상렬은 사람을 시켜 보쌈을 하기로 결심했다. 그러나 계획이 착착 진행되어 보쌈할 날짜만 기다리고 있을 무렵 마침 나라에서 과거령이 내려 박유선이 과거 시험을 치르기 위해 집으로 돌아오자 그마저도 수포로 돌아가고 말았다.

한편 박유선은 과거에 당당히 급제하여 벼슬길에 오르게 되었다.

안상렬은 이런 박유선의 소식에 분해하며 여전히 송씨 부인을 빼앗을 기회만 노리고 있었다.

그러던 어느 날 박유선이 평양 감사가 되어 식솔을 이끌고 길을 떠난다는 소식을 접하게 되었다.

'옳지, 드디어 기회가 왔구나.'

안상렬은 박유선 일행이 지나가는 청석골에서 돈으로 매수한 불량배들과 함께 대기하고 있었다.

드디어 박유선 일행이 청석골을 지나가려 할 때였다.

"이보시게, 그간 안녕하셨는가?"

안상렬은 말을 타고 박유선 일행 앞에 나타나 큰소리로 말했다.

박유선은 갑자기 산적이라도 나타난 줄 알고 깜짝 놀랐으나 그가 안상렬임을 알고 반갑게 말했다.

"아니, 이게 누구신가? 안공이 아니신가? 그간……."

"긴 말 필요 없네! 난 자네를 보기 위해 이곳에서 기다린 것이 아니네! 화수화라 불리는 자네 아내를 데리러 온 걸세. 그러니 순순히 내놓고 가게!"

안상렬의 말에 박유선은 깜짝 놀라 입을 다물지 못했다.

주위에는 안상렬의 부하인 듯한 사람들이 창과 칼을 들고 험한 표정을 짓고 서 있었다.

"난 화수화를 얻기 위해 수년을 기다렸네. 그러니 무사히 이곳을 지나시려면 내 말을 들으시게나."

박유선은 어찌해야 할지 망막해하며 아내가 타고 있는 가마로 다가갔다.

그러나 박유선이 가까이 다가가기도 전에 가마에서 먼저 아내의 목소리가 들려 왔다.

"이 안에서 듣자 하니, 안 장군은 대장부 중에 제일의 대장부이신 것 같군요. 여인이 평생에 대장부를 모실 기회가 어디 흔하겠사옵니까? 내 기꺼이 따라가지요."

아내의 말에 박유선은 기가 막혔다.

아무리 목숨이 위험한 지경에 이르렀다 해도 그리 쉽게 다른 남정네를 따라 나서겠다고 할 수 있는 것이며 안상렬을 언제 보았다고 장군이라고 부르며 사내 대장부 운운하는지 그는 도무지 이해할 수 없었다.

하지만 안상렬은 쾌재를 부르며 아이처럼 좋아했다. 일이 이렇게 쉽게 성사되리라고는 미처 생각하지 못했던 것이다. 그는 한바탕 크게 싸움이 벌어질 거라고 생각했었는데, 송씨 부인이 스스로 자신에게 오겠다고 하니 여간 기쁘지 않았다.

"새로이 지아비를 섬기려는바, 안 장군께 몇 가지 청이 있사옵니다."

송씨 부인이 가마 안에서 말했다.

"어서 말해 보시오. 부인의 부탁이라면 얼마든지 들어드리리다."

안상렬은 그저 기쁜 마음에 웃으며 말했다.

"우선, 새로이 혼례를 올리되 육례를 갖추어 할 수 있도록 해주시고, 둘째로 가까운 주막이라도 들어가 제가 혼인에 앞서 목욕을 할 수 있게 해주십시오. 그리고 제가 준비를 끝내고 가마에 오르면 곧장 남편이 있는 곳에서 멀리 떠나 주옵소서. 그리해 주신다면 안 장군을 기꺼이 따르겠사옵니다."

안상렬은 당장 근방에 있는 주막으로 박유선 일행을 끌고 갔다. 그리고 주모에게 엽전 꾸러미를 던지며 목욕을 할 수 있도록 물을 데우고 술과 기름진 안주를 어서 내오라고 시켰다.

처음에는 목욕 소리에 얼토당토않다는 표정을 짓던 주모는 엽전 꾸러미를 보더니 입이 함빡 벌어져 안상렬이 시키는 대로 목욕물을 데우는 것은 물론 술과 고기까지 한달음에 내왔다.

안상렬 일행은 모두 먹고 마시며 흥겨워했는데 특히 안상렬은 벌어진 입을 다물 줄을 몰랐다.

이윽고 채비를 마친 송씨 부인의 가마가 나오자 안상렬 일행은 박유선에게는 눈길도 주지 않고 어디론가 한달음에 말을 달려 떠났다.

주막에 남은 박유선은 허탈했다.

'허허, 여자의 마음이란……. 내 이 꼴을 당하고 어찌 평양 감사를 하랴. 벼슬을 내놓고 고향집으로 돌아가 농사나 지으며 여생이나마 편히 보내는 게 나을 듯하구나.'

박유선이 망연자실하여 안상렬이 사라진 곳을 바라보고 있는데 주모가 다가와 잠시 방안으로 들기를 권하였다.

만사가 허탈해진 박유선은 술이나 한잔할 요량으로 방문을 열고 안으로 들어갔다.

"아니, 부인!"

방안에는 아내가 조용히 미소를 지으며 앉아 있었다.

"부인! 어찌된 일이오. 허면 가마에는 누가⋯⋯?"

"유모가 타고 있지요."

다소곳한 아내의 대답에 그제야 앞뒤 정황을 이해한 박유선은 아내의 지략에 감탄하며 기뻐했다.

한편, 안상렬은 송씨 부인의 청을 들어주기 위해 단숨에 송도까지 말을 달린 후 한적한 주막에 자리를 잡았다.

"부인, 이만하면 청석골에서 멀리 오지 않았소? 이제 부인의 얼굴이나마 봅시다. 어서, 가마에서 나오도록 하시오."

그런데 가마에서는 아무런 기척이 들리지 않았다.

한참이 지나도록 기척이 없자 더 이상 참을 수 없었던 안상렬이 직접 가마 문을 열며 말했다.

"허허, 어차피 방으로 들어가 쉬어야 하지 않소? 어서 나오도록 하시오."

이윽고 가마에서 한 여인이 정숙한 발걸음으로 조심스레 나왔다.

"아니! 넌 누구냐?"

순간 안상렬의 입에서 비명에 가까운 소리가 터져 나왔다.

"누구긴? 당신이 데려온 장차 당신의 아내가 될 여인이지."

"아니, 송씨 부인은 어디 가고 이런 늙어빠진 할망구가 나온단 말이냐?"

"아이고, 세상에 송씨 부인만 여자고, 난 뭐 여자가 아니란 말이야? 이래봬도 자식 열은 더 낳을 수 있는 몸이라구!"

유모는 안상렬의 기세에 지지 않고 또박또박 대꾸를 했다.

"에잇, 이런 일이⋯⋯. 당장 내 눈앞에서 사라지지 못하겠는가?"

"아니, 여기까지 데려와 놓고는 이제와 어딜 가라는 말이야!"

유모의 말대답도 만만찮았다.

일이 이쯤 되자 허탈해진 것은 안상렬이었다. 더 이상 서 있을 수도 없어 그 자리에 털썩 주저앉고 말았다.

안상렬은 큰소리로 허탈하게 웃으며 그간의 어리석었던 자신의 욕망을 허공 속으로 날려 보냈다.

"진정 화수화는 화수화로다, 화수화야! 내 어찌 그리도 어리석었단 말인가!'

안상렬은 우선 송씨 부인의 유모에게 많은 재물을 주어 돌려보낸 후 자신은 그 길로 북한사에 들어가 중이 되었다.

이휘정과 백 이방

군데군데 기워 넝마가 다 된 도포를 입고 구멍이 나 너덜너덜해진 갓을 쓴 중년의 선비 한 사람이 강가를 거닐고 있었다.

선비는 물새가 한가로이 나는 강을 쳐다보며 희미하게 미소를 지었다.

'여기쯤이었던가? 이 년 전 내가 백 이방을 처음 만났던 곳이……. 만약 그때 백 이방을 만나지 못했더라면 나는 지금쯤 어찌되었을까?'

선비의 아련한 기억은 어느새 백 이방을 처음 만났던 그날로 돌아가고 있었다.

선비의 이름은 이휘정李輝廷으로 충청도 예산에 살고 있었다.

이휘정은 본시 재력 있는 가문의 후손으로 학문도 뛰어나고 성품 또한 호탕하여 주변에 사람들이 끊이지를 않았다.

단지 한 가지 아쉬운 것은 번번이 과거에 낙방을 하여 아직 벼슬길에 나아가지 못한 것이었다.

이휘정의 친구들은 처음에는 이휘정을 위로하고 격려를 아끼지 않았다. 그러나 그가 과거를 보러 한양을 오르내리며 조금씩 가산을 탕진하게 되자 하나둘씩 그의 곁을 떠나기 시작했다.

결국 외톨이 신세가 된 이휘정은 모든 가산을 정리하여 마지막으로 과거를 보러 한양으로 갔지만 결과는 낙방이었다.

수중에 돈도 떨어지고 갈 곳도 없어진 이휘정은 며칠을 굶으며 막연히 고향으로 내려가던 중 충주에 도착하여 강가에 앉아 신세 한탄을 했다.

'내 신세가 어찌 이 꼴이 되었단 말인가? 이렇게 고향에 돌아간다 해도 어느 누가 반겨 줄 것인가?'

이휘정은 전신에서 기운이 쏙 빠져 나가는 것 같아 자리에 벌렁 드러누웠다.

"아니, 이보시오. 어찌하여 이곳에 이러고 있소?"

땅바닥에 누워 눈을 감고 있는 이휘정에게 누군가 말을 걸었다. 눈을 떠보니 나이가 꽤 들어 보이는 사내가 그를 찬찬히 내려다보고 있었다.

이휘정은 혹여 밥 한 술이라도 얻어먹을 수 있을까 해서 처량 맞은 목소리로 말했다.

"나는 장사꾼인데 한양에서 장사를 하다가 그만 쫄딱 망해서 가산을 모두 탕진하고 말았소. 그랬더니 마누라는 도망가고, 친구도 일가친척도 모두 모른체하니 살길이 막막하여 그만 이 강에 빠져 죽을까 생각중이오."

"아니, 아직 젊은 사람이 어찌 그런 몹쓸 생각을 하시오?"

사내는 나무라듯 말했다.

"쓸데없는 생각 말고 우리 집으로 갑시다. 마누라가 없어 서럽다면 내 마누라라도 드리리다."

"뭐요, 노형의 마누라를 내게 준다 했소? 예끼, 무슨 망발을 그리하시오!"

이휘정은 기가 막히다는 듯 소리를 쳤다.

"어허, 이 사람. 내 말이 실없는 소리로 들리시오? 이래뵈도 내 마누라가 이 동네에서는 알아주는 미색이라네. 자, 여러 말 말고 어서 우리 집에 갑시다. 보아하니 며칠을 굶은 게 분명하구먼!"

사내의 말에 이휘정은 머리를 저었다.

"내 관상을 조금 볼 줄 아는데, 보아하니 자네는 장차 큰 인물이 될 사람이야. 그러니 이곳에서 이러지 말고 내 집으로 가세나."

결국 이휘정은 사내에게 이끌려 그의 집으로 갔다.

"나는 백 아무개로 이 마을 관아에 이방으로 있소."

백 이방은 이휘정을 찬찬히 보며 말했다.

"그렇게 죽기에는 아직 젊지 않소? 앞으로 무엇을 한들 한 번은 이름을 날릴 관상이니 더 이상 망측한 생각은 하지 마시오."

"……."

"자, 난 이만 일이 있어 나가 봐야 하오. 조금 있으면 수발을 들 사람이 올 것이니 마음놓고 편히 쉬시게."

백 이방은 하인에게 이휘정이 갈아입을 새 옷을 준비하고 저녁 상을 푸짐하게 차려 내라 이른 뒤 집을 나갔다.

이휘정은 염치 불구하고 새 옷으로 갈아입고 저녁까지 배불리 먹은 뒤 자리에 누워 오랜만에 느껴 보는 포만감에 한껏 젖어 있었다.

"들어가도 되옵니까?"

그때 문밖에서 들려오는 젊은 여인의 목소리에 이휘정은 자리에서 벌떡 일어나 앉았다.

"뉘시오?"

"잠시 들어가겠습니다."

이어 조용히 문이 열리더니 주안상을 든 젊은 여인이 들어왔다.

"주인께서 바쁘셔서 대신 왔사옵니다."

여인은 조금은 수줍은 듯했다.

"그래도 누군지 알아야……."

"우선 한잔 받으세요."

여인은 이휘정이 말을 마치기도 전에 술을 권했다.

한 잔, 두 잔…… 여인은 말없이 술잔을 채웠고 계속해서 잔을 비우다보니 이휘정도 어느덧 술기운이 올랐다.

그러나 무엇이든 과하면 실수를 하게 되는 법. 이휘정이 술 기운에 바라보니 눈앞의 여인이 그리 어여쁠 수가 없었다. 자세히 보니 서른이 갓 넘은 것 같았다.

이휘정은 백 이방이 자신을 대접하려고 기생을 부른 것으로 생각하고는 살며시 여인의 손을 잡으려 했다. 그러자 여인은 깜짝 놀라며 한 걸음 뒤로 물러나 앉았다.

순간 이휘정의 머리에 낮에 백 이방이 하던 말이 생각났다.

'내 마누라라도 주리다. 알아주는 미색이라오.'

이휘정은 퍼뜩 정신이 들었다.

'아니, 그럼 이 여인이 백 이방의 부인이란 말인가? 세상에 미친 사내가 아니고서야 어떻게 자기 아내를 다른 남정네에게 준단 말인가!'

이휘정은 자세를 고쳐 앉은 후 점잖게 말했다.

"혹, 백 이방의 부인이시오?"

"……."

"어허, 낮에 백 이방이 말은 그렇게 했지만 설마 진심인 줄은 몰랐소. 난 그저 부인이 기생이나 이 집 몸종이려니 생각했소이다."

이휘정은 어이가 없었다.

"대관절 이 무슨 망측한 일이란 말이오? 백 이방이라는 사람은 나를 어찌할 속셈으로 이러는 게요?"

"저……, 실은 소녀는 백 이방 어른의 소실이옵니다. 사실 저도 백 이방 어른이 시키는 일인지라 어쩔 수 없이 이 방에 들어왔답니다."

여인은 평소 백 이방이 많은 사람들을 구제해 주었다는 것과 자신의 아버지가 억울한 누명을 쓰고 죽게 된 것을 백 이방이 돈을 써서 풀어주었다고 눈물을 흘리며 이야기했다. 그리고 자신은 아버지의 은인인 백 이방에게 평생을 다해 은혜를 갚고자 십 년 전에 자청하여 그의 소실로 들어왔다고 했다.

그러나 백 이방의 생각은 여인과 달랐다.

'내 나이 벌써 오십 줄이 넘었거늘 무슨 복으로 저 젊은 아이를 계속해서 내 곁에 두겠는가? 어디 마음 맞는 사람이 있다면 보내 줘야 옳지. 어린 것이 아버지를 생각하여 이 집 몸종으로라도 있겠다고 고집을 부리는 바람에 할 수 없이 소실로 들이긴 했지만 십 년이 넘은 지금까지 곁에 둔다는 건 사람의 인정이 아니지.'

백 이방은 괜찮은 사람만 나타나면 두말없이 여인을 내보낼 마음을 품고 있었다.

그러던 차에 마침 강가에서 이휘정을 보자 행색은 초라해도 그 인물이 귀한 상인지라 여인을 보내기로 결심한 것이다.

백 이방의 그런 속내를 알 리 없는 여인은 갑자기 나타난 남정네와 합방을 하라는 말에 펄쩍 뛰었다.

"나리, 그런 천부당만부당한 소리가 어디 있습니까? 소녀 죽으면 죽었지 그리는 못 하옵니다."

"얘야, 그러지 말고 내 말을 들어 보거라. 너와 나는 전생에 지은 업이 있어 현세에서 이런 운명으로 만난 것이다. 만약 우리가 현세에서 그 업을 풀지 못하면 내세에서 또 어떤 악연으로 만날지 모르는 일이다."

백 이방은 여인을 지그시 바라보며 말을 이었다.

"그 업을 풀 수 있는 유일한 길은 네가 그 사내를 따라가는 것이다. 그러니 부디 내 말을 따르도록 해라."

백 이방은 어린 아이 달래듯 여인을 달랬고 결국 여인은 그의 말을 따를 수밖에 없었다.

"어허, 그것 참,……"

여인의 말을 모두 들은 이휘정은 어떻게 해야 할지를 몰라 생각에 잠겼다. 눈 딱 감고 백 이방의 말을 따를 것인가, 아니면 그냥 이대로 떠날 것인가?

그러나 이휘정은 여인을 취할 수 없다고 결론 지었다. 일이야 어찌 되었건 자신에게 호의를 베푼 사람의 여인을 취한다는 것은 선비가 할 도리가 아니라고 여겼던 것이다.

"백 이방의 마음은 알겠지만 합방은 있을 수 없는 일이오. 그렇다고 해서 부인이 이 방에서 나가면 백 이방이 서운해할 것이니 그냥 얘기나 나누며 밤을 지새도록 합시다."

이휘정은 그렇게 말하고 방 한쪽에 놓인 거문고를 가져다 곡조를 타기 시작했다.

여인은 자리에서 일어나 거문고 소리에 맞춰 조용히 춤을 추었다.

거문고 곡조의 높낮이에 따라 여인의 춤사위도 시시각각 바뀌었다. 마치 거문고의 아름다운 곡조와 여인의 어여쁜 춤사위가 합방을 하는 것처럼 느껴졌다.

이윽고 새벽이 오자 이휘정은 거문고를 멈추고 일어섰다.

"자, 난 이만 가겠소이다. "

그러자 여인은 왈칵 눈물을 쏟아내었다. 밤새 자신과 백 이방의 체면을 지켜 준 이휘정의 의리와 호탕함에 감복하고 만 것이다.

"어찌하여 눈물을 보이십니까? 부인은 정조를 지켰고 나는 백 이방에 대한 의리를 지켰지 않소. 백 이방이 돌아오면 이 은혜 잊지 않겠다고 전해 주시오."

강가에 앉아 지난 생각에 잠겨 있던 이휘정은 회심의 미소를 지으며 자리에서 일어났다.

'그때나 지금이나 내 행색이 말이 아니니 백 이방이 보면 뭐라고 할까?'

이휘정은 백 이방의 집으로 향했다.

이휘정이 반가운 마음으로 대문을 두드리려는데 집안에서 희미하게 여인의 울음 소리가 새어 나왔다.

이휘정이 살며시 문을 열고 들어가니 백 이방의 소실이 흐느끼고 있었다.

직감적으로 무슨 변괴가 생겼다고 생각한 이휘정은 급히 여인에게로 다가갔다.

"나를 알아보겠소?"

여인은 천천히 고개를 들어 이휘정을 바라보다가 깜짝 놀라며 대답했다.

"전에 뵈었던 선비님이 아니신지요?"

"그렇다네. 그런데 무슨 일이 있는가? 백 이방은 어디 갔는가?"

이휘정이 집안을 두리번거리며 묻자 여인은 더욱 서럽게 흐느끼며 백 이방이 어려운 사람들을 도우려다 그만 관아의 곡식에 손을 댔다고 말했다.

"관아의 곡식에 손을 댔다면 이는 그냥 넘어갈 일이 아닌데……."

"나리, 이 일을 대체 어쩌면 좋겠습니까?"

가만히 생각에 잠겨 있던 이휘정이 여인에게 말했다.

"실은 내가 어사의 직분으로 이곳에 왔소이다. 하지만 아무리 어사라 할지라도 관아의 곡식에 손을 댄 자를 그냥 풀어줄 수는 없는 노릇이오. 방법은 오직 하나 그만큼의 돈을 물어내야 하는데……."

"그야 알지만 지금 당장 그만한 돈이 어디 있어야지요. 흑흑."

"부인, 내게 좋은 생각이 있소. 내가 내일 관가에 나갈 터인즉 나를 찾아오시오."

이휘정은 이렇게 말하며 미소를 지었다.

다음날 이휘정은 아침 일찍 관가에 들어가 자신의 신분을 밝혔다.

갑작스러운 암행어사의 출현으로 관가뿐만 아니라 고을 전체가 떠들썩해졌다.

억울한 일을 당한 백성들은 이 기회에 어사또에게 자신의 억울함을 호소하려고 관가 주위를 빼곡하게 둘러쌌다.

이때 백 이방의 소실이 사람들을 헤집고 나타나 큰소리로 말했다.

"어사또가 오셨다고 들었소. 어사또를 직접 뵙고 내 억울한 사연을 고해야겠소!"

백 이방의 소실은 앞길을 가로막는 포졸들과 실랑이를 벌이며 재차 어사또를 만나게 해달라고 목소리를 높였다.

이휘정은 소리나는 쪽을 바라보다가 짐짓 놀라는 표정을 짓더니 버선발로 뛰어나와 여인의 손을 덥석 잡으며 반가워했다.

"아니, 아주머니! 이곳에서 아주머니를 뵙다니……. 그간 평안하셨는지요? 이것 참, 제가 지금은 공무가 바쁜지라 짬을 낼 수가 없으니 우선 집에 가 계시면 수일 내로 찾아뵙겠습니다. 하시고 싶은 이야기는 그때 자세히 듣도록 하지요."

백 이방의 소실은 이휘정의 속내를 알 수 없었지만 일단 그 길로 집으로 돌아갔다.

그날부터 백 이방의 집에는 문턱이 닳을 정도로 많은 사람들이 드나들었다. 그제야 그녀는 이휘정의 의중을 이해할 수 있었다.

그들은 하나같이 백 이방의 소실에게 자신의 억울한 일을 보살펴달라는 부탁과 함께 슬그머니 돈과 곡식을 놓고 간 것이다.

그녀가 그렇게 해서 모아진 돈과 곡식을 관가에 갖다 바쳐 백 이방은 무사히 풀려날 수 있었다.

백 이방과의 의리를 끝까지 지킨 이휘정은 훗날 그 벼슬이 판서의 자리에까지 올랐다.

부교의 사연

"아니, 저렇게 젊은 사람이 뭐가 아쉬워서 도적질을 했대?"

"그러게 말일세. 인물도 좋구먼, 어쩌다 그런 흉악한 도적이 되었을꼬?"

"그나저나 우리 신임 사또에겐 경사지 뭔가. 그 동안 저 떳다리 놈을 잡지 못해 바뀐 사또만 해도 어디 한둘인가?"

마을 사람들이 관가 밖에서 삼삼오오 모여 이렇게 쑥덕이고 있는 동안 관가 마당에는 젊은이 한 명이 오랏줄에 묶인 채 무릎을 꿇고 있었다.

"네가 진정 떳다리라는 도적이냐?"

신임 사또 역시 믿기 어려운 듯 엄하게 소리쳤다.

떳다리는 몇 년 전부터 경남 밀양 일대를 누비며 부잣집만을 골라 털어 온 유명한 도적이었다.

떳다리가 그토록 유명해진 것은 부잣집만을 골라 턴 까닭도 있었지만 도적질할 부잣집에 자신의 이름과 도적질할 날짜를 적어 미리 알려주었기 때문이다.

일단 떳다리의 통보를 받은 부잣집에서는 관가에 도움을 청해 포졸들을 집 주위에 철통같이 배치시켰으나 워낙에 신출귀몰한지라 번번이 당하고 말았다.

　이렇듯 뗏다리가 관가의 수사망과 포위망을 비웃으며 활개를 치고 다닌다는 소문은 한양에까지 퍼졌다. 조정에서는 몇 번이고 안찰사를 파견하거나 밀양 사또를 바꾸어 보았지만 결과는 마찬가지였다.

　조정에서는 다시 밀양의 지리를 잘 아는 자라야만 뗏다리를 잡을 수 있다는 공론이 일어 그곳 출신인 김태수가 새로 부임하게 되었다.

　김태수는 뗏다리에 대해 익히 들어 알고 있는지라 부임하기 전부터 걱정이 태산 같았다. 뗏다리를 사로잡지 못하면 자신도 파직당할 것이 분명했기 때문이다.

　그런데 김태수가 밀양 사또로 부임한 지 얼마 되지 않아 돌연 뗏다리가 자수하겠다는 의사를 밝히더니 약속한 날 제 발로 관가에 나타난 것이다.

　"예, 소인이 뗏다리가 맞사옵니다."

　젊은이는 당당하게 말했다.

　"도적놈치고는 제법 당당하구나! 네놈이 지은 죄를 알고 있으렷다?"

　"사또! 도적질이 죄라면 처자식을 버린 아비는 무슨 죄이옵니까?"

　"무어라? 처자식을 버린 아비의 죄?"

　김태수는 잠시 할말을 잃었다. 그 말에는 분명 사연이 있을 거란 생각이 들었다.

　"그 말에는 필시 무슨 사연이 있는 듯하니 숨김 없이 고하도록 하라."

　뗏다리는 망설임 없이 가슴에 묻어 두었던 이야기를 시작했다.

떳다리는 섣달 그믐날 김해에 있는 떳다리(浮橋) 밑에 버려진 것을 손씨 노인이 데려다 키웠는데 듣기에도 생소한 떳다리라는 이름은 그렇게 해서 지어진 것이다.

어려서부터 영특하고 착하기만 했던 떳다리는 자라면서 자신이 주워온 아이라는 걸 알게 되었고 그때부터 조금씩 비뚤어지기 시작했다.

혈육을 그리워하는 것은 숨길 수 없는 인정인지라 떳다리도 자랄수록 자신을 낳아 준 부모에 대한 그리움이 더해만 갔다.

떳다리는 12살 되던 해 섣달 그믐날 밤 자신이 버려졌던 떳다리 밑으로 들어가 밤새 목놓아 어머니를 불렀다.

그날 밤 이후 떳다리는 밤마다 어머니를 목놓아 불렀고 사연을 알 길 없는 마을 사람들은 부모에게 버림받아 죽은 아이의 원귀가 나타났다고 수군거렸다.

그 소문은 꼬리에 꼬리를 물고 퍼져나가 마침내 떳다리의 어머니에게도 들어가게 되었다. 그녀는 어느 날 밤 떳다리 밑으로 찾아와 눈물을 흘리며 혼자 넋두리를 늘어놓았다.

"아가야, 불쌍한 우리 아가야, 너는 갑신년甲申年 12월 27일생으로 태어나자마자 이 몹쓸 어미에게 버림을 받아 죽어 원귀가 되었구나. 이 어미는 이제야 그 죄를 뉘우치고 늦게나마 네 옷과 음식을 지어 왔단다. 부디 이것으로나마 네 한을 풀고 극락으로 가려무나."

이 소리를 듣고 있던 떳다리는 어두컴컴한 다리 밑에서 기어 나와 한달음에 어머니의 품에 안겼다.

"어머니!"

시커먼 그림자가 갑작스레 품에 안겨들자 여인은 가슴이 철렁 내려앉았다. 그러나 곧 아들을 알아보고는 뜨거운 눈물을 흘렸다.

"어머니! 제가 밤마다 다리 밑에서 목놓아 운 것은 친부모님을 찾기 위해서였습니다."

뗏다리는 그간의 일을 이야기해 주며 어머니를 안심시켰다.

"네가 그 동안 얼마나 한이 맺혔으면 이런 일을 벌였겠느냐?"

"어머니, 왜 저를 버리셨습니까?"

"……."

어머니는 말이 없었다. 그저 한없이 눈물을 쏟으며 뗏다리에게 용서를 빌 뿐이었다.

뗏다리의 어머니 이씨는 시집 온 지 채 일 년도 안 되어 남편을 여의고 슬하에 자식 하나 없이 하루하루 외롭게 살아가고 있었다.

낮이면 집안일에 매달리고 밤이면 물레질을 하며 적적함을 달래 던 어느 밤, 난데없는 고함소리가 온 집안을 떠들썩하게 울렸다.

"도둑이야! 도둑이야!"

이씨가 방문을 열고 나갔을 때 마당에서는 한바탕 큰 소란이 벌 어지고 있었다.

도둑이라고 고래고래 소리치며 쫓아가는 하인을 피해 황급히 몸 을 날려 담을 뛰어넘는 사람은 동네 글방에서 공부를 하는 반가의 도령들이었다.

아마도 밤이 깊어 출출해지자 닭서리를 하러 왔다 하인에게 들 킨 모양인지 닭장 속에서 닭 울음 소리가 요란하게 들렸다.

이윽고 쫓고 쫓기는 소란이 잠잠해지고 이씨는 방으로 들어가려 다 말고 잠시 마당을 거닐기 시작했다.

달은 휘영청 밝아 마당에는 마치 메밀꽃이 피어난 것처럼 달빛 이 자잘하게 뿌려져 있었다.

이씨는 고적한 심사를 달랠 길 없어 멍하니 하늘을 바라보았다.

"저……, 초면에 실례인 줄은 압니다만……, 좀 도와주십시오."

마당 저쪽에서 어두운 그림자가 머뭇머뭇 말을 붙여 왔다.

"누……, 누구시오?"

"놀라지 마십시오. 닭서리를 하러 왔다가 그만……."

"그런데 무슨 일이시오?"

대답 대신 어두운 그림자가 천천히 마당으로 걸어 나왔다.

"급하게 도망을 치다 그만 거름통에 빠졌습니다. 이 꼴을 하고 도저히 그냥 갈 수가 없어서……."

그림자가 가까이 다가올수록 심한 악취가 코를 찔렀다. 이씨는 웃음이 터져 나오려는 것을 간신히 참고 도령을 집 뒤편에 있는 우물로 안내했다.

도령이 몸을 씻고 난 후 이씨는 그를 방으로 데리고 들어가 예전에 남편이 입었던 옷을 꺼내 주었다.

옷을 다 입은 도령은 고맙다는 인사를 하면서 이씨의 얼굴을 뚫어지게 쳐다보았다.

'참으로 아름다운 여인이구나.'

도령은 가슴 속에서 뜨거운 열정이 솟구치는 것을 느꼈다.

"이제 어서 가십시오. 혹시라도 시부모님이 아시면 저뿐만 아니라 도련님도 온전치 못할 것입니다."

도령의 시선을 의식한 이씨는 민망한 표정으로 재촉했다.

'소복을 입은 자태가 더욱 곱구나.'

도령은 이씨의 재촉을 외면하고 엉뚱하게도 자신을 소개했다.

"저는 올해 스무 살로 밀양에 사는 김태수라 합니다. 이곳 김해에는 친척 댁에 잠시 다니러 왔습니다."

"속히 가십시오. 행여 누가 들어오기라도 하면……."

도령은 방에서 나갈 생각은 않고 이런저런 얘기만 늘어놓았다.

처음에는 들킬까 봐 속이 타는 것 같던 이씨도 도령의 얘기를 듣다 보니 점차 마음이 편안해졌다.

이씨가 보기에도 도령은 훤칠하니 잘생긴 미남이었다. 거기에다 어찌 그리 얘기를 재미있게 하는지 조금씩 마음이 끌리는 것을 숨기느라 도령의 얼굴을 제대로 쳐다보지도 못했다.

어느덧 날이 새려는지 첫닭이 울었다.

그때 도령은 자리에서 일어나려는 듯하더니 갑자기 촛불을 끄고 이씨를 품에 안았다.

이씨도 별다른 저항 없이 순순히 도령의 품에 안겨 가만히 몸을 맡겼다.

열정의 시간은 짧고도 아쉬웠다. 전신이 땀에 젖은 두 사람은 날이 밝아 오는 게 못내 아쉬운지 긴 입맞춤으로 작별 인사를 대신했다.

그것이 이씨와 도령의 마지막이었다. 그러나 그날 밤의 흔적은 지울 수 없었다. 아기를 가진 이씨는 결국 시가에서 쫓겨나고 말았다.

갈 곳 하나 없고 혼자 몸으로 아기를 키울 자신도 없었던 이씨는 아기를 떡다리 밑에 버리고 피눈물을 흘리며 어디론가 떠났다.

다시 만난 모자는 그날부터 함께 살았다.

뒤늦게 찾은 어머니였기에 떡다리는 지극 정성으로 모셨다.

그러나 성장할수록 떡다리의 마음속에는 아버지에 대한 원망 섞인 그리움이 커져 갔다.

떡다리의 마음을 눈치 챈 어머니 이씨는 부질없는 짓인 줄 알면서도 밀양으로 김태수를 찾아갔다.

그러나 이씨는 눈물을 머금고 되돌아올 수밖에 없었다.

"네 아버지라는 사람은 지금 일가를 이루고 벼슬도 하여 잘 지내고 있더라만, 내가 네 이야기를 하였더니 펄쩍 뛰며 자기는 전혀 모르는 일이라고 시치미를 떼더구나."

떳다리의 두 볼에 굵은 눈물이 흘렀다. 그의 가슴속에서는 뜨겁게 타오르는 장작불 같은 증오와 한이 꿈틀거렸다.

'세상에 자식을 모른체하는 아비가 있단 말인가? 내 어디 그런 냉혈한의 얼굴을 한번 보리라!'

그 길로 떳다리는 집을 나와 밀양으로 향했다. 그러나 떳다리가 밀양에 도착했을 때 김태수는 한양으로 이사를 가고 없었다.

전신에 힘이 빠져 터벅터벅 김해로 돌아오던 떳다리의 가슴속에는 아버지에 대한 증오와 원망이 세상에 대한 원망과 분노로 바뀌어 가고 있었다.

'망할 놈의 세상! 내 가만 있지 않을 것이다!'

떳다리의 도적질은 그때부터 시작되었다. 그러나 부잣집에서 훔친 재물들은 가난하고 힘없는 사람들에게 몰래 나눠주었다.

떳다리가 말을 마치자 주변의 분위기는 사뭇 숙연해졌다.

신임 사또 김태수는 조용히 자리에서 일어나 방으로 들어갔다. 그러고는 떳다리를 불러들였다.

떳다리는 김태수에게 큰절을 올렸다.

"이리 가까이 오너라."

떳다리가 다가앉자 김태수는 눈물을 흘리며 말했다.

"내가 네 아비인 줄 어찌 알았느냐?"

"어머니께서 신임 사또의 함자와 고향이 밀양이라는 말을 들으시고 제게 말씀해 주셨습니다."

"나를 용서하거라. 가문의 대를 이을 몸으로 과부와 정을 통하였다는 소문이 나면 벼슬길이 막힘은 물론 집안 어른들을 뵐 면목이 없어 그랬느니라."

떳다리의 눈에서도 눈물이 흘렀다.

"소자, 이제 아버지의 얼굴을 뵈었으니 죽어도 여한이 없습니다. 단지 한 가지 청이 있다면 혼자 살고 계신 어머니의 뒤를 부탁드리겠습니다."

"아니다. 네가 지은 죄는 모두 이 못난 아비의 죄과이니라! 그러니 이 길로 어머니를 모시고 멀리 떠나도록 하여라. 뒷일은 내가 알아서 하마!"

"아버지!"

"이제라도 너희 모자를 거두지 못함을 용서하고 다시는 도적질을 하지 말거라."

김태수는 머뭇거리는 떳다리의 등을 다독거리며 잘못을 빌고 용서를 구했다.

떳다리는 자리에서 일어나 다시 큰절을 올린 후 차마 떨어지지 않는 발걸음을 옮겼다.

김태수는 자신이 저지른 지난날의 잘못을 비롯하여 떳다리에 대한 모든 사연을 소상히 적은 상소문을 올렸다.

그 상소문을 읽은 임금은 떳다리가 비록 도적질을 했으나 그 재물로 가난한 백성들을 구제한 점을 인정하여 죄를 묻지 않기로 했다. 또한 덮어두고 넘어갈 수 있었던 자신의 허물을 밝히고 스스로 단죄를 청하는 김태수의 마음을 갸륵히 여겨 죄를 묻지 않고 근신할 것을 명했다.

집으로 돌아간 떳다리는 어머니 이씨를 모시고 깊은 산중으로 들어갔고, 그뒤부터 그들 모자에 대한 소식을 아는 사람은 아무도 없었다.

부모를 살린 지혜

"아버지! 무슨 연유로 이러시는지 그 이유라도 말씀하여 주십시오."

아들 인준寅俊이 사랑방 문전에 붙어 앉아 계속해서 간곡하게 말하는데도 영변 군수 김지태金志泰는 단호하게 소리쳤다.

"네가 알 필요 없으니 어서 물러가라고 하지 않았느냐!"

이들 부자의 이런 입씨름은 벌써 며칠째 반복되고 있었다.

"하오나 아버지, 이 집의 장손으로서 아버지의 죽음을 이대로 보고 있을 수만은 없습니다. 또 어찌 죽음을 결심하셨는지 그 이유조차 모른다는 것은 자식된 도리가 아니라 사료되옵니다."

"……"

"그러니 부디 그 이유만이라도 소자에게 말씀해 주십시오. 그것도 모른 채 이대로 아버지를 여읜다면 소자 어찌 얼굴을 들고 살아갈 수 있겠습니까?"

김지태는 결국 아들 인준의 눈물 어린 말에 감동을 받았는지 고개를 끄덕이며 굳게 닫아걸었던 방문을 열었다.

영변 군수 김지태가 이렇게 며칠째 방문을 닫아걸고 식음을 전폐한 이유는 오로지 평양 감사 이시운李時雲과의 마찰 때문이었다.

평양 감사 이시운은 특별한 이유도 없이 영변 군수 김지태를 달가워하지 않았다.

그뿐 아니라 여러 사람들이 모인 자리에서 은근히 김지태에게 면박을 주거나 모욕적인 언사를 내뱉기 일쑤였다.

그러나 아랫사람인 김지태로서는 평양 감사의 그런 행동에 한마디 항변도 못하고 고스란히 당하고 있을 수밖에 없었다.

얼마 전 있었던 이시운의 생일 잔치에서도 그와 같은 일을 또 당하게 되니, 차라리 사내 대장부답게 깨끗이 죽는 길을 선택했던 것이다.

인준은 아버지의 말을 듣고는 굳은 표정으로 말했다.

"아버지! 어찌하여 그만한 일로 쉽게 목숨을 끊는단 말씀이시옵니까? 이유 없이 모욕을 당했다면 당연히 묻고 따지고 그래도 안 된다면 똑같이 갚아야지요."

"그게 무슨 소리냐? 상대는 평양 감사니라! 괜한 일을 벌였다간 오히려 화를 자초할 수도 있느니라. 게다가 무슨 수로 앙갚음을 한다는 말이냐?"

아들의 말에 김지태가 놀라 말했다.

"아버지, 소자에게 생각이 있사오니 제게 맡겨 주십시오."

인준은 말리는 아버지를 안심시키고 곧장 평양으로 향했다.

평양에 도착한 인준은 먼저 유명한 기생집들을 돌며 평양 감사 이시운이 평소 가까이하는 기생을 수소문했다.

인준은 평양 감사가 계향이라는 기생과 가까이 지낸다는 것을 알아내고 계향을 찾아가 다짜고짜 돈 천 냥을 내놓으며 말했다.

"내 네게 긴히 부탁할 일이 있어 이리 찾아왔다. 만약 내 부탁을 들어준다면 돈 천 냥을 더 주마. 들어줄 수 있겠느냐?"

계향은 인준의 행색을 한 번 훑어보더니 대답했다.

"소녀처럼 미천한 기생이 돈을 마다할 리가 있겠사옵니까? 부탁할 일이 무엇인지요."

"내 듣기에 평양 감사 이시운 대감이 평소 너를 총애한다고 들었다. 다음에 이시운 대감이 너를 찾아오거든 대감의 주머니를 몰래 뒤지거라. 하면 상감 마마께서 직접 하사하신 평양 감사의 인장이 있을 것이니 그것을 훔쳐서 내게 주면 된다."

"상감 마마께서 직접 하사하신 평양 감사의 인장이라 하셨습니까?"

계향은 뜻밖의 부탁에 놀라 되물었다.

"그렇다. 그 인장은 목숨보다 소중한 것이니 늘 몸에 지니고 다닐 것이다."

"한데 그것을 무엇에 쓰려고 하십니까?"

"나쁜 일에 쓰려는 것은 아니니 걱정하지 말고 넌 그저 내가 시키는 대로만 하면 된다."

잠시 후 계향은 고개를 천천히 끄덕였다.

"알겠습니다. 그만한 일이야 어렵지 않지요."

며칠 후, 계향은 자신을 찾아온 평양 감사 이시운이 술에 취해 잠들자 주머니에서 인장을 꺼내 인준에게 건네주었다.

인준은 그 길로 곧장 집으로 돌아왔다.

"아버지, 상감 마마께서 하사하신 인장을 잃어버렸으니 이제 평양 감사의 목숨은 경각에 달렸습니다."

"오호! 네가 어찌 그것을 손에 넣었단 말이냐? 네 재주가 참으로 기특하구나, 하하하! 이시운 이놈, 네놈이 평양 감사라는 직위만 믿고 나를 업신여겼겠다! 어디 두고보자!"

김지태는 인준이 건네주는 평양 감사의 인장을 받으며 그렇게 큰소리를 쳤다.

한편, 평양 감사 이시운은 뒤늦게 인장이 없어진 것을 알고 그날로 자리에 드러누웠다.

당장 조정에 이 사실이 알려지기라도 하면 자신은 목숨을 부지하기도 어려울 것이었다.

'상감 마마께서 직접 하사하신 인장을 잃어버렸으니 어찌 살기를 바라겠는가? 차라리 이대로 죽는 것이……'

이시운은 식음을 전폐하고 속만 끓이고 있었다.

'이는 필시 영변 군수 김지태의 소행이다. 며칠 전 그자의 아들이 평양에 나타났다고 하더니 사람을 시켜 인장을 훔쳐간 게야!'

그러나 이시운은 그 사실을 확인할 방도가 없어 더욱 난감하기만 했다. 말 그대로 심증은 있는데 물증이 없는 것이다.

"아버지, 소녀 설화이옵니다. 잠시 들어가겠습니다."

이시운의 하나뿐인 외동딸 설화가 쟁반에 죽을 받쳐들고 들어왔다.

"아버지, 제발 일어나 진지를 좀 드십시오. 벌써 며칠째 곡기라고는 입에 대지 않으시니 소녀 걱정이 이만저만이 아니옵니다."

"됐다. 거기 두고 나가거라."

이시운의 심드렁한 말에 설화는 입술을 꼭 다물고 있다가 단단히 결심한 듯 말했다.

"아버지께서 정 진지를 안 드시면 소녀도 지금부터 물 한 모금 입에 넣지 않겠습니다!"

이시운은 자리에서 벌떡 일어나 앉았다.

"설화야……!"

"말씀하세요, 아버지."

이시운은 어려서부터 어미 없이 자란 딸이 애처로워 깊은 한숨을 쉬었다.

"실은 말이다……. 미안하구나, 네 얼굴 볼 면목이 없다."

이시운은 인장을 잃어버린 얘기와 그것이 영변 군수 김지태의 소행일 것이라는 자신의 의중을 딸에게 낱낱이 얘기했다.

아버지의 말을 들은 설화는 입가에 빙긋 미소를 띠우며 말했다.

"아버지, 왜 진작 말씀하시지 않으셨습니까? 소녀에게 방도가 있사옵니다."

설화는 아버지에게 가까이 다가가 무어라 귓속말을 속삭였는데 딸의 말을 듣는 이시운의 얼굴에 점차 희색이 만면해졌다.

다음날 이시운은 인근 고을 군수들에게 사령을 보내 소집령을 전달했는데 영변 군수 김지태에게만은 참석하지 않으면 벌을 주겠다는 글을 따로 덧붙였다.

김지태는 왠지 께름칙하여 아들 인준을 불러 상의하였다.

"네가 보기에 내가 꼭 그 자리에 갈 필요가 있겠느냐?"

"아버지, 어려우시겠지만 꼭 가시는 것이 좋겠사옵니다. 이것은 어차피 아버지를 불러들이기 위함인 것 같사옵니다."

"내 생각도 그러하다만, 아무래도 무슨 꿍꿍이가 있는 것 같구나."

김지태는 못마땅한 듯 얼굴을 찌푸리며 말했다.

"제 생각도 그렇습니다. 그러니 이번에 가실 때 필히 인장을 지니고 가십시오. 아마도 인장을 내놓아야 할 때가 있을 것입니다. 그 때는 서슴지 마시고 아무도 모르게 되돌려 주십시오."

"아니, 어찌 얻은 인장인데……."

"하지만 인장보다 사람의 목숨이 더 중하지 않사옵니까? 필히 인장을 가지고 가십시오. 아버지."

며칠 후 김지태는 평양으로 갔다.

평양 감사 이시운은 군수들을 맞이하여 큰 잔치를 벌이고 있었다. 그런데 김지태가 도착하자 평소와 다르게 반갑게 맞이하며 자신의 옆자리에 앉히고 직접 술까지 따라 주었다.

김지태는 이시운의 환대가 석연치 않았으나 모른 척하고 있었다.

이시운은 그간의 안부를 다정하게 물으며 이것저것 음식을 권하는 등 김지태를 마치 오랜 친구를 대하듯 하니 오히려 주위 사람들이 어리둥절해할 정도였다.

한창 잔치의 흥이 무르익어 갈 무렵, 별안간 밖에서 소란스러운 소리가 들렸다.

"불이야! 불이야!"

모두들 놀란 표정으로 서로를 쳐다보고만 있는데 하인 한 명이 급히 이시운을 찾았다.

"나리! 나리! 큰일났사옵니다! 연광정에 불이 났다 합니다!"

연광정은 평양 대동강에 위치한 명소로서 많은 문사들이 풍류를 즐기는 유명한 곳이었다.

이시운은 자리를 박차고 벌떡 일어났다.

"아무래도 내가 직접 가봐야겠소. 김 군수, 잠시 내 도포를 맡아 주시오."

이시운은 자신의 도포를 벗어 김지태에게 건네주고는 서둘러 밖으로 나가버렸다. 순식간의 일이라 김지태는 당황하여 어찌할 바를 몰랐다.

'아차, 이것이로군. 평양 감사가 돌아와 인장이 없어졌다고 하며 나를 문책하려는 속셈이로구나.'

김지태는 퍼득 정신이 들었다. 그는 아무도 모르게 인장을 이시운의 도포 주머니에 넣어두었다.

그로부터 얼마 지나지 않아 이시운이 돌아왔다. 그는 김지태에게 도포를 돌려받아 입으며 주머니에 인장이 들어 있는 것을 확인하고는 만면에 득의의 미소를 띠웠다.

"다행히 불은 그다지 크지 않았소이다. 괜히 잔치의 흥이 깨졌구려. 여봐라! 어서 음식을 더 내오너라!"

이시운은 환한 얼굴로 크게 소리쳤다.

그날 저녁 이시운은 따로 자리를 마련하여 김지태와 마주앉았다.

"지난 일은 다 잊고 우리 솔직히 말해 봅시다. 우선 내 인장을 돌려주어서 고맙소."

이시운의 말에 김지태의 낯빛이 사색으로 변했다.

"죽을죄를 지었습니다, 대감."

"아니오, 그런 뜻으로 한 말이 아니오. 난 단지 어떻게 내 인장을 가져갔으며 또 오늘 일을 어찌 짐작하고 인장을 다시 가져왔는지 그것이 궁금할 따름이오?"

이시운은 전에 없이 친근한 목소리로 물었다.

"그리 말씀해 주시니 고맙습니다. 실은 저에게 아들놈이 하나 있는데 이 모두가 그 아이의 계략이었습니다."

"오호라, 그래요? 실은 나도 딸자식의 꾀로 오늘 인장을 되찾은 것이오, 하하하!"

이시운은 김지태의 아들의 지혜에 감탄하며 호탕하게 웃었다.

"그래, 아들은 올해 몇이나 되었소?"

"스물입니다."

"그래요? 젊은 사람이 어지간히 영특하구려. 그러고 보니 우린 자식 덕을 톡톡히 보았습니다그려."

"그렇습니다, 대감."

"이보시오, 김 군수! 자식들 혼기도 꽉 찼으니 우리 이 기회에 사돈을 맺는 것이 어떻겠소?"

"아니, 그리 황송한 말씀을……."

"내 생각엔 이 모든 일이 다 하늘의 뜻인 것 같소! 만약 그 아이들이 아니었다면 우리가 이리 마주앉아 있을 수도 없는 일. 그러니 한시바삐 혼인날을 잡아 두 아이를 맺어 줍시다."

"대감과 사돈을 맺는 것은 저희 가문의 영광이지요."

김지태는 기꺼이 승낙했다.

"하하하! 이리 좋은 날 술이 빠져서는 안 되지. 여봐라, 여기 주안상 차려 오너라!"

하마터면 평생 서로 미워하며 지낼 뻔했던 이시운과 김지태는 지혜로운 자식들 덕에 지난날의 감정을 모두 잊고 사돈의 인연을 맺게 되었다.

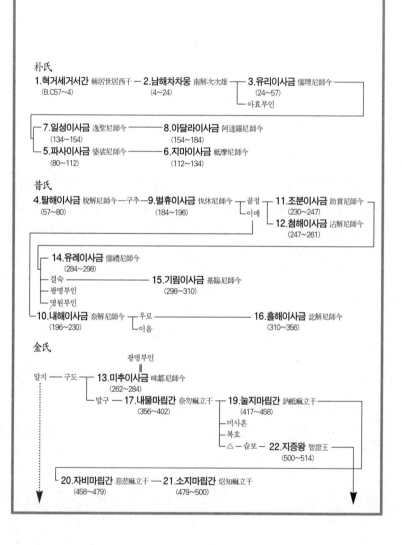

신라 왕조표

朴氏

1.혁거세거서간 赫居世居西干 ― 2.남해차차웅 南解次次雄 ― 3.유리이사금 儒理尼師今 ―
(B.C57~4)　　　　　　　　　　　(4~24)　　　　　　　　　　(24~57)
　　　　　　　　　　　　　　　　　　　　　　　　　　　　└ 아효부인

┌ 7.일성이사금 逸聖尼師今 ――――――― 8.아달라이사금 阿達羅尼師今
│　(134~154)　　　　　　　　　　　　　　(154~184)
└ 5.파사이사금 婆娑尼師今 ――――――― 6.지마이사금 祇摩尼師今
　　(80~112)　　　　　　　　　　　　　　(112~134)

昔氏

4.탈해이사금 脫解尼師今 ―구추― 9.벌휴이사금 伐休尼師今 ―┬골정―― 11.조분이사금 助賁尼師今 ―
(57~80)　　　　　　　　　　　　(184~196)　　　　　　　　└이매　　　(230~247)
　　　　　　　　　　　　　　　　　　　　　　　　　　　　　　　　　12.첨해이사금 沾解尼師今
　　　　　　　　　　　　　　　　　　　　　　　　　　　　　　　　　　(247~261)

┌ 14.유례이사금 儒禮尼師今
│　(284~298)
├ 걸숙 ―――――――――――――― 15.기림이사금 基臨尼師今
├ 광명부인　　　　　　　　　　　　　　(298~310)
├ 명원부인
└10.내해이사금 奈解尼師今 ―┬우로――――――――――― 16.흘해이사금 訖解尼師今
　(196~230)　　　　　　　└이음　　　　　　　　　　　　(310~356)

金氏

　　　　　　　　　광명부인
　　　　　　　　　　‖
알지 ― 구도 ― 13.미추이사금 味鄒尼師今
│　　　　　　(262~284)
│　　　　└ 말구 ― 17.내물마립간 奈勿麻立干 ―― 19.눌지마립간 訥祗麻立干 ―
│　　　　　　　　　(356~402)　　　　　　　　　　(417~458)
│　　　　　　　　　　　　　　　　　　　　├ 미사흔
│　　　　　　　　　　　　　　　　　　　　├ 복호
│　　　　　　　　　　　　　　　　　　　　└△―습보― 22.지증왕 智證王
│　　　　　　　　　　　　　　　　　　　　　　　　　　(500~514)
└ 20.자비마립간 慈悲麻立干 ―― 21.소지마립간 炤知麻立干
　　(458~479)　　　　　　　　　(479~500)

········· 대서지 ── 18.**실성마립간** 實聖痲立干
(402~417)

── 23.**법흥왕** 法興王
(514~540)
└ 입종 ┬ 24.**진흥왕** 眞興王 ┬ 동륜 ── 26.**진평왕** 眞平王 ── 27.**선덕여왕** 善德女王
(540~576) (579~632) (632~647)
└ 숙흘종 ├ 백반
└ 국반 ── 27.**진덕여왕** 眞德女王
(647~654)
└ 25.**진지왕** 眞智王 ── 용춘
(576~579)

── 29.**태종무열왕** 太宗武烈王 ── 30.**문무왕** 文武王 ── 31.**신문왕** 神文王 ┬ 32.**효소왕** 孝昭王
(654~661) (661~681) (681~692) (692~702)
└ 33.**성덕왕** 聖德王
(702~737)

┬ 중경
├ 34.**효성왕** 孝成王
(737~742)
└ 35.**경덕왕** 景德王 ── 36.**혜공왕** 惠恭王
(742~765) (765~780)

17.**내물마립간** 奈勿痲立干 ······· 효방(내물왕의 9세손) ── 37.**선덕왕** 宣德王
(780~785)
······· 법선 ── 의관 ── 위문 ── 효양(내물왕의 11세손) ─────

── 38.**원성왕** 元聖王 ┬ 인겸 ┬ 39.**소성왕** 昭聖王 ── 40.**애장왕** 哀莊王
(785~798) (798~800) (800~809)
├ 41.**헌덕왕** 憲德王 └ 체명
(809~826)
├ 42.**흥덕왕** 興德王
(826~836)
├ 충공 ──────────── 44.**민애왕** 閔哀王
└ 의종 (838~839)
└ 예영 ── 균정 ┬ 45.**신무왕** 神武王 ── 46.**문성왕** 文聖王
(839~839) (839~857)
├ 47.**헌안왕** 憲安王
(857~861)
└ 43.**희강왕** 僖康王 ── 계명 ───
(836~838)

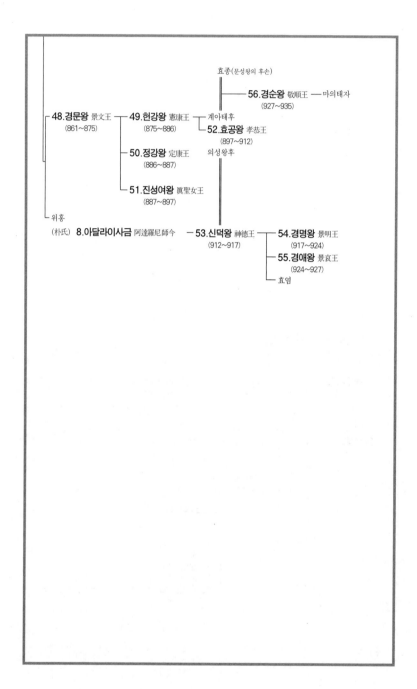

효종(문성왕의 후손)

56.경순왕 敬順王 ── 마의태자
(927~935)

48.경문왕 景文王 ── **49.헌강왕** 憲康王 ── 계아태후
(861~875) (875~886) **52.효공왕** 孝恭王
(897~912)

50.정강왕 定康王 의성왕후
(886~887)

51.진성여왕 眞聖女王
(887~897)

위홍

(朴氏) **8.아달라이사금** 阿達羅尼師今 ── **53.신덕왕** 神德王 ── **54.경명왕** 景明王
(912~917) (917~924)

55.경애왕 景哀王
(924~927)

효염

고구려 왕조표

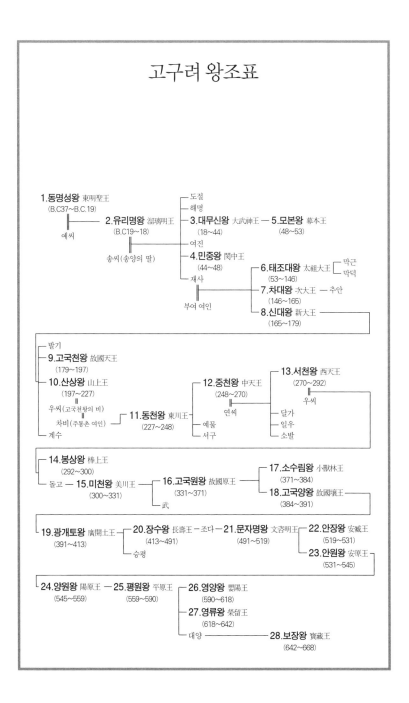

1.동명성왕 東明聖王
(B.C37~B.C.19)
예씨

─ 도절
─ 해명

2.유리명왕 瑠璃明王
(B.C19~18)
송씨(송양의 딸)

─ 여진

3.대무신왕 大武神王
(18~44)
── 5.모본왕 慕本王
(48~53)

4.민중왕 閔中王
(44~48)

─ 재사
부여 여인

6.태조대왕 太祖大王
(53~146)
┌ 막근
└ 막덕

7.차대왕 次大王
(146~165)
── 추안

8.신대왕 新大王
(165~179)

─ 발기

9.고국천왕 故國天王
(179~197)

10.산상왕 山上王
(197~227)
우씨(고국천왕의 비)
차비(주통촌 여인)
─ 계수

11.동천왕 東川王
(227~248)

12.중천왕 中天王
(248~270)
연씨
─ 예물
─ 서구

13.서천왕 西天王
(270~292)
우씨
─ 달가
─ 일우
─ 소발

14.봉상왕 烽上王
(292~300)
─ 돌고 ─ 15.미천왕 美川王
(300~331)
─ 武

16.고국원왕 故國原王
(331~371)

17.소수림왕 小獸林王
(371~384)

18.고국양왕 故國壤王
(384~391)

19.광개토왕 廣開土王
(391~413)

20.장수왕 長壽王
(413~491)
─ 승평
── 조다 ─ 21.문자명왕 文咨明王
(491~519)

22.안장왕 安藏王
(519~531)

23.안원왕 安原王
(531~545)

24.양원왕 陽原王
(545~559)
── 25.평원왕 平原王
(559~590)

26.영양왕 嬰陽王
(590~618)

27.영류왕 榮留王
(618~642)

─ 대양 ─────── 28.보장왕 寶藏王
(642~668)

백제 왕조표

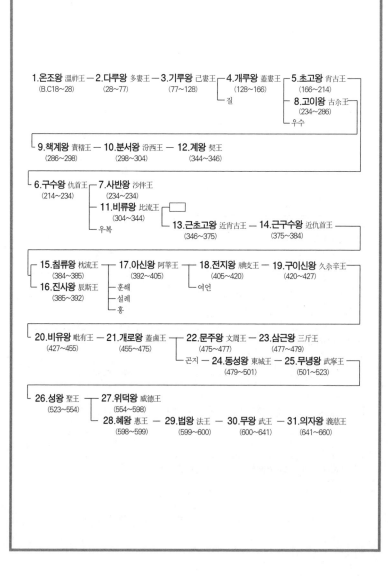

1.온조왕 溫祚王 ― 2.다루왕 多婁王 ― 3.기루왕 己婁王 ― 4.개루왕 蓋婁王 ― 5.초고왕 肖古王
(B.C18~28)　　　(28~77)　　　(77~128)　　　(128~166)　　　(166~214)
└ 질　　　　　　　8.고이왕 古尒王
　　　　　　　　　(234~286)
└ 우수

└ 9.책계왕 責稽王 ― 10.분서왕 汾西王 ― 12.계왕 契王
(286~298)　　　(298~304)　　　(344~346)

└ 6.구수왕 仇首王 ┬ 7.사반왕 沙伴王
(214~234)　　　(234~234)
├ 11.비류왕 比流王 ┬
　　(304~344)
└ 우복　　　└ 13.근초고왕 近肖古王 ― 14.근구수왕 近仇首王
　　　　　　　(346~375)　　　(375~384)

┌ 15.침류왕 枕流王 ┬ 17.아신왕 阿莘王 ┬ 18.전지왕 腆支王 ― 19.구이신왕 久尒辛王
　(384~385)　　　(392~405)　　　(405~420)　　　(420~427)
└ 16.진사왕 辰斯王 ├ 훈해　　　└ 여언
　(385~392)　　├ 설례
　　　　　　　└ 홍

└ 20.비유왕 毗有王 ― 21.개로왕 蓋鹵王 ┬ 22.문주왕 文周王 ― 23.삼근왕 三斤王
(427~455)　　　(455~475)　　　(475~477)　　　(477~479)
└ 곤지 ― 24.동성왕 東城王 ― 25.무녕왕 武寧王
　　　　　(479~501)　　　(501~523)

└ 26.성왕 聖王 ┬ 27.위덕왕 威德王
(523~554)　　(554~598)
└ 28.혜왕 惠王 ― 29.법왕 法王 ― 30.무왕 武王 ― 31.의자왕 義慈王
　(598~599)　　(599~600)　　(600~641)　　(641~660)

삼국 관직표

신라 17등 위품

등급	특위	비상위	1등	2등	3등	4등	5등	6등	7등	8등
작위명	태대각간	대각간	이벌찬	이척찬	잡찬	파진찬	대아찬	아찬	일길찬	사찬
별 칭	태대서발한	대서발한	이벌간, 우벌찬, 각간, 각간, 서발한, 서불한	이찬	잡판, 소판	해간, 파미간		아척간, 아찬	울길간	살찬, 사돌간

등급	9등	10등	11등	12등	13등	14등	15등	16등	17등
작위명	급벌찬	대나마	나마	대사	사지	길사	대오	소오	조위
별 칭	급찬, 급복간	대나말	나말	한사	소사	계지, 길차	대오지	소오지	선저저

신라 내외 관직표

내직		외직	
직명	위품	직명	위품
대보	미상	도독	이찬 ~ 급찬
령	태대각간 ~ 이찬	사신	파진찬 ~ 급찬
사신	태대각간 ~ 금하	주조	중아찬 ~ 나마
금하신	대각간 ~ 이찬	군태수	중아찬 ~ 사지
시중	이찬 ~ 대아찬	장사	대나마 ~ 사지
진	아찬 ~ 급찬	사대사	대나마 ~ 사지
좌	급찬 ~ 대사	외사정	
시랑	아찬 ~ 나마	소수	대나마 ~ 당
대감	이찬 ~ 나마	현령	사찬 ~ 선지지
제감	나마 ~ 사지		
주부	나마 ~ 사지		
적위			
청위	나마 ~ 사지		
원외랑	대사 ~ 사지		
사	대사 ~ 조위		

백제 관직

백제의 16품 관직	신라 관직 대비	
	내직	외직
좌평		
달솔	대나마	귀간
은솔	나마	선간
덕솔	대사	상간
한솔	사지	간
나솔	당	일벌
장덕	대오	일척
시덕		
고덕		
계덕		
대덕		
문독		
부독		
좌군		
진무		
극우		

※ 좌보, 우보, 좌장, 상좌평 등의 관직도 있다.

고구려 관직

고구려의 12급 관직			신라 위품과의 대비	
『수서』에 나타난 것	『신당서』에 나타난 것	『책부원귀』에 나타난 것	고구려	신라
태대형	대대로	대대로	주부	일길찬
대형	울절	태대형	대상	사찬
소형	태대 사자	대형	위두 대형 종대 상	급찬
대로	조의두 대형	소형	위두 대형 종대 상	급찬
의후사	대사자	이가사	소상, 적상	나마
오졸	대형	오졸	소형	대사
태대 사자	상위 사자	태대 사자	저형	사지
대사자	저형	소사자	선인	길자
소사자	소사자	욕사	자위	오지
욕사	과절	예속		
예속	선인	선인		
선인	고추 대가	욕살		

※ 좌보, 우보, 국상, 막리지, 상가, 패자, 우태, 구사자, 중외대부, 내평, 외평 등의 관직도 있다.

고려 왕조표

1.태조 건(建)
(918~943)

신혜왕후
(정주 유천궁의 딸)

장화왕후
(나주 다련군의 딸)

신명왕후
(충주 유긍달의 딸)

신정왕후
(황주 황보제공의 딸)

신성왕후
(경주 김억렴의 딸)

정덕왕후
(경정주 유덕영의 딸)

현목대부인
(경주 평준의 딸)

정목부인
(울주 왕경의 딸)

동양원부인
(평주 유금필의 딸)

순목부인
(진주 명필의 딸)

천안부원부인
(경주 임언의 딸)

흥복원부인
(홍주 홍규의 딸)

후대량원부인
(협주 이원의 딸)

2.혜종 무(武)
(943~945)

경희궁부인…광종

의화왕후
(진주 임희의 딸)

후광주원부인
(광주 왕규의 딸)

청주원부인
(청주 김긍률의 딸)

3.정종 요(堯)
(946~949)

문공왕후
(승주 박영규의 딸)

문성왕후
(승주 박영규의 딸)

청주남원부인
(청주 김긍률의 딸)

4.광종 소(昭)
(943~975)

대목왕후
(태조의 딸)

경화궁부인
(혜종의 딸)

문원대왕 정(貞)

대종 욱(旭)

선의왕후
(태조의 딸)

대목왕후…광종

선의왕후…대종

흥덕원군 규(圭)

5.경종 주(伷)
(976~981)

현숙왕후
(신라 경순왕의 딸)

헌의왕후
(문원대왕 정의 딸)

헌애왕후
(대종의 딸)

헌정왕후
(대종의 딸)

대명궁부인
(원장태자의 딸)

문덕왕후…성종

7.목종 송(誦)
(997~1009)

선정왕후
(흥덕원군 규의 딸)

6.성종 치(治)
(982~997)

문덕왕후
(광종의 딸)

문화왕후
(선주 김원숭의 딸)

연창궁부인
(최행언의 딸)

원정왕후…현종

원화왕후…현종

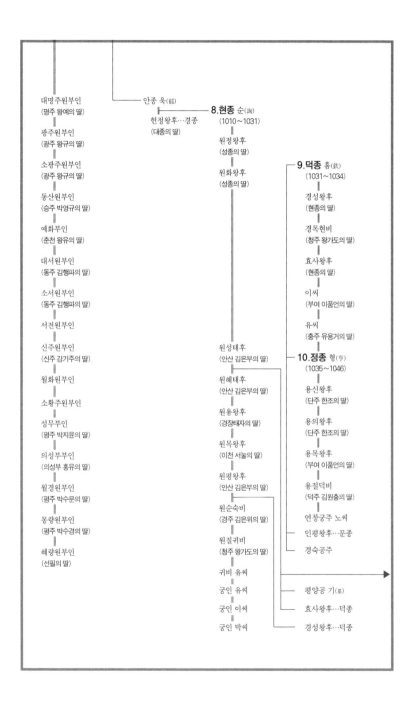

대명주원부인
(명주 왕예의 딸)

광주원부인
(광주 왕규의 딸)

소광주원부인
(광주 왕규의 딸)

동산원부인
(승주 박영규의 딸)

예화부인
(춘천 왕유의 딸)

대서원부인
(동주 김행파의 딸)

소서원부인
(동주 김행파의 딸)

서전원부인

신주원부인
(신주 강기주의 딸)

월화원부인

소황주원부인

성무부인
(평주 박지윤의 딸)

의성부부인
(의성부 홍유의 딸)

월경원부인
(평주 박수문의 딸)

몽량원부인
(평주 박수경의 딸)

혜량원부인
(선필의 딸)

안종 욱(郁)

헌정왕후…경종
(대종의 딸)

8.현종 순(詢)
(1010~1031)

원정왕후
(성종의 딸)

원화왕후
(성종의 딸)

원성태후
(안산 김은부의 딸)

원혜태후
(안산 김은부의 딸)

원용왕후
(경장태자의 딸)

원목왕후
(이천 서눌의 딸)

원평왕후
(안산 김은부의 딸)

원순숙비
(경주 김은위의 딸)

원질귀비
(청주 왕가도의 딸)

귀비 유씨

궁인 유씨

궁인 이씨

궁인 박씨

9.덕종 흠(欽)
(1031~1034)

경성왕후
(현종의 딸)

경목현비
(청주 왕가도의 딸)

효사왕후
(현종의 딸)

이씨
(부여 이품언의 딸)

유씨
(충주 유용거의 딸)

10.정종 형(亨)
(1035~1046)

용신왕후
(단주 한조의 딸)

용의왕후
(단주 한조의 딸)

용목왕후
(부여 이품언의 딸)

용절덕비
(덕주 김원충의 딸)

연창궁주 노씨

인평왕후…문종

경숙공주

평양공 기(基)

효사왕후…덕종

경성왕후…덕종

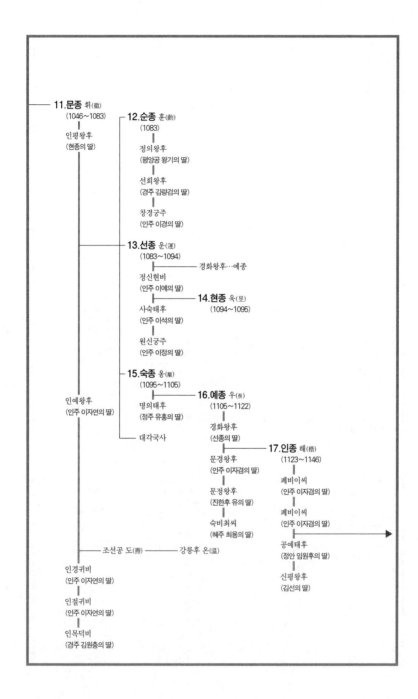

11.문종 휘(徽)
(1046~1083)

인평왕후
(현종의 딸)

12.순종 훈(勳)
(1083)

정의왕후
(평양공 왕기의 딸)

선희왕후
(경주 김량검의 딸)

창경궁주
(인주 이경의 딸)

13.선종 운(運)
(1083~1094)

경화왕후···예종

정신현비
(인주 이예의 딸)

14.현종 욱(昱)
(1094~1095)

사숙태후
(인주 이석의 딸)

원신궁주
(인주 이정의 딸)

15.숙종 옹(顒)
(1095~1105)

명의태후
(정주 유홍의 딸)

16.예종 우(俁)
(1105~1122)

경화왕후
(선종의 딸)

대각국사

문경왕후
(인주 이자겸의 딸)

17.인종 해(楷)
(1123~1146)

문정왕후
(진한후 유의 딸)

폐비이씨
(인주 이자겸의 딸)

숙비최씨
(해주 최용의 딸)

폐비이씨
(인주 이자겸의 딸)

인예왕후
(인주 이자연의 딸)

조선공 도(燾) ─── 강릉후 온(溫)

공예태후
(정안 임원후의 딸)

인경귀비
(인주 이자연의 딸)

신평왕후
(김선의 딸)

인절귀비
(인주 이자연의 딸)

인목덕비
(경주 김원충의 딸)

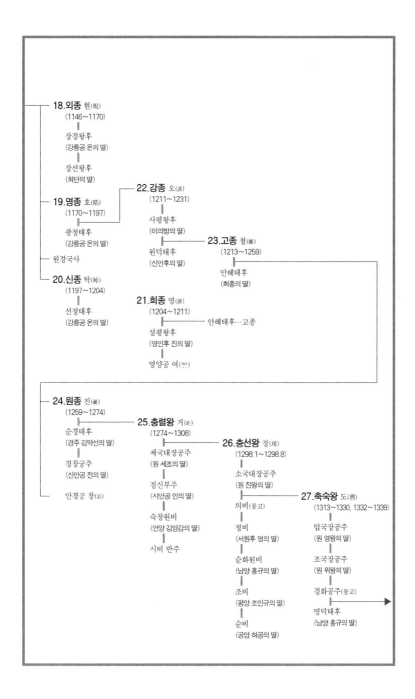

18.외종 현(晛)
(1146~1170)
∥
장경왕후
(강릉공 온의 딸)
∥
장선왕후
(최단의 딸)

22.강종 오(祦)
(1211~1231)
∥
사평왕후
(이의방의 딸)
∥
원덕태후
(신안후의 딸)

23.고종 철(皞)
(1213~1259)
∥
안혜태후
(희종의 딸)

19.명종 호(晧)
(1170~1197)
∥
광정태후
(강릉공 온의 딸)

원경국사

20.신종 탁(晫)
(1197~1204)
∥
선정태후
(강릉공 온의 딸)

21.희종 영(韺)
(1204~1211)
∥ ── 안혜태후…고종
성평왕후
(영인후 진의 딸)
∥
영양공 여(㥠)

24.원종 진(禃)
(1259~1274)
∥
순경태후
(경주 김약선의 딸)
∥
경창궁주
(신안공 전의 딸)

안경공 창(淐)

25.충렬왕 거(昛)
(1274~1308)
∥
제국대장공주
(원 세조의 딸)
∥
정신부주
(시안공 인의 딸)
∥
숙창원비
(언양 김양감의 딸)
∥
시비 반주

26.충선왕 장(璋)
(1298.1~1298.8)
∥
소국대장공주
(원 진왕의 딸)
∥
의비(몽고)
∥
정비
(서원후 영의 딸)
∥
순화원비
(남양 홍규의 딸)
∥
조비
(평양 조인규의 딸)
∥
순비
(공암 허공의 딸)

27.축숙왕 도(燾)
(1313~1330, 1332~1339)
∥
업국장공주
(원 영왕의 딸)
∥
조국장공주
(원 위왕의 딸)
∥
경화공주(몽고)
∥
명덕태후
(남양 홍규의 딸)

28.충혜왕 정(禎)
(1330~1332, 1339~1344)
┠────────── **29.충목왕** 흔(昕)
덕령공주   (1344~1348)
(원 진서무정왕의 딸)
┠────────── **30.충정왕** 흔(昕)
희비   (1348~1351)
(파평 윤계종의 딸)
┃
화비
(당성 홍탁의 딸)
┃
은천옹주
(임신의 딸)

31.공민왕 전(顓)
(1351~1374)
노국장공주
(원 위왕의 딸)   **32.우왕**
┃   (1375~1388)
혜비   ┠────────── **33.창왕**
(계림 이제현의 딸)   근비   (1388~1389)
┃   (고성 이림의 딸)
익비   ┃
(덕풍군 의의 딸)   영비
┃   (철원 최영의 딸)
정비   ┃
(죽주 안극인의 딸)   의비
┃   (노영수의 딸)
신비   ┃
(서원 염제신의 딸)   숙비 최씨
┃   안비 강씨
반야   ┃
(신돈의 비첩)   정비 신씨
                            ┃
                            덕비 조씨
                            ┃
                            선비 왕씨
                            ┃
                            현비 안씨

34.공양왕 신종의 7세손, 양양공 려 세손
(1389~1392)
┃
순비
(교하 노진의 딸)

조선 왕조표

목조(안사, 고조부)
효공왕후

익조(행리, 증조부)
정숙왕후

도조(춘, 고조부)
경순왕후

환조(자춘, 부)
의해왕후

1.태조 성계
(1392.7~1398.9)
신의왕후 한씨
신덕왕후 강씨
?

2.정종 방과(차남)
(1398.9~1400.11)
정안왕후 김씨
성빈 지씨
숙의 지씨
숙의 기씨
숙의 문씨
숙의 윤씨
숙의 이씨
?

3.태종 방원(5남)
(1400.11~1418.8)
원경왕후 민씨
효빈 김씨
신빈 신씨

4.세종 도(3남)
(1418.8~1450.2)
소헌왕후 심씨
영빈 강씨
성빈 김씨
혜빈 양씨
숙원 이씨
상침 송씨

5.문종 향(장남)
(1450.2~1452.5)
현덕왕후 권씨
귀인 홍씨
사측 양씨

6.단종 홍위(장남)
(1452.6~1455.6)
정순왕후 송씨

7.세조 유(차남)
(1455.6~1468.9)
정희왕후 윤씨
근빈 박씨

덕종(장남)
소혜왕후 한씨

8.예종 황(차남)
(1468.9~1469.11)
장순왕후 한씨
인순왕후 한씨

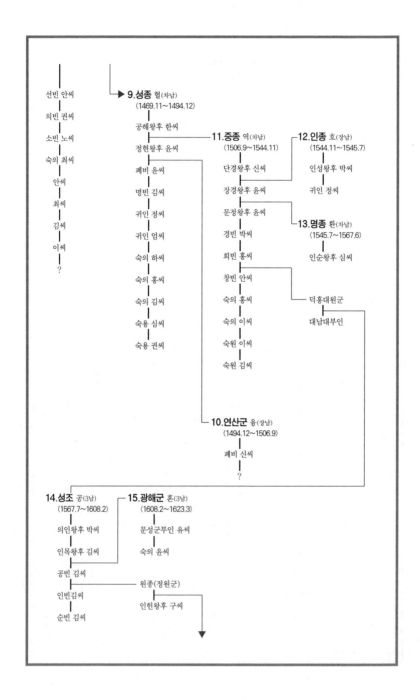

선빈 안씨

의빈 권씨

소빈 노씨

숙의 최씨

안씨

최씨

김씨

이씨

?

► **9.성종** 혈(차남)
(1469.11~1494.12)

공혜왕후 한씨

정현왕후 윤씨

폐비 윤씨

명빈 김씨

귀인 정씨

귀인 엄씨

숙의 하씨

숙의 홍씨

숙의 김씨

숙용 심씨

숙용 권씨

11.중종 역(차남)
(1506.9~1544.11)

단경왕후 신씨

장경왕후 윤씨

문정왕후 윤씨

경빈 박씨

희빈 홍씨

창빈 안씨

숙의 홍씨

숙의 이씨

숙원 이씨

숙원 김씨

12.인종 호(장남)
(1544.11~1545.7)

인성왕후 박씨

귀인 정씨

13.명종 환(차남)
(1545.7~1567.6)

인순왕후 심씨

덕흥대원군

대남대부인

10.연산군 융(장남)
(1494.12~1506.9)

폐비 신씨

?

14.성조 공(3남)
(1567.7~1608.2)

의인왕후 박씨

인목왕후 김씨

공빈 김씨

인빈김씨

순빈 김씨

15.광해군 혼(3남)
(1608.2~1623.3)

문성군부인 유씨

숙의 윤씨

원종(정원군)

인헌왕후 구씨

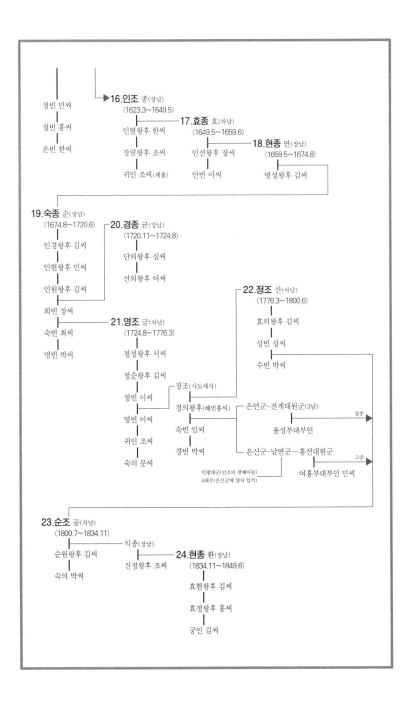

정빈 민씨

정빈 홍씨

온빈 한씨

►16.인조 종(장남)
(1623.3~1649.5)

인열왕후 한씨

장렬왕후 조씨

귀인 조씨(폐출)

►17.효종 호(차남)
(1649.5~1659.6)

인선왕후 장씨

안빈 이씨

►18.현종 연(장남)
(1659.5~1674.8)

명성왕후 김씨

19.숙종 순(장남)
(1674.8~1720.6)

인경왕후 김씨

인현왕후 민씨

인원왕후 김씨

희빈 장씨

숙빈 최씨

명빈 박씨

20.경종 균(장남)
(1720.11~1724.8)

단의왕후 심씨

선의왕후 어씨

21.영조 금(차남)
(1724.8~1776.3)

정성왕후 서씨

정순왕후 김씨

정빈 이씨

영빈 이씨

귀인 조씨

숙의 문씨

장조(사도세자)

경의왕후(혜빈홍씨)

숙빈 임씨

경빈 박씨

22.정조 산(차남)
(1776.3~1800.6)

효의왕후 김씨

성빈 성씨

수빈 박씨

은언군-전계대원군(3남)

용성부대부인

은신군-남연군—흥선대원군

여흥부대부인 민씨

인평대군(인조의 셋째아들)
6대손(은신군에 양자 입적)

철종 ►

고종 ►

23.순조 공(차남)
(1800.7~1834.11)

순원왕후 김씨

숙의 박씨

익종(장남)

신정왕후 조씨

24.현종 환(장남)
(1834.11~1849.6)

효현왕후 김씨

효정왕후 홍씨

궁인 김씨

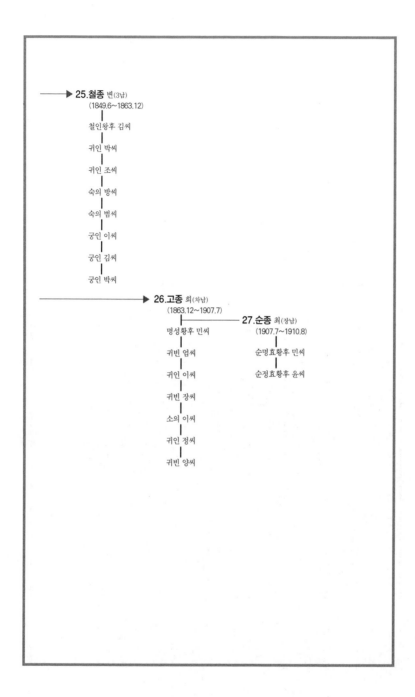

25.철종 변(3남)
(1849.6~1863.12)

철인왕후 김씨

귀인 박씨

귀인 조씨

숙의 방씨

숙의 범씨

궁인 이씨

궁인 김씨

궁인 박씨

26.고종 희(차남)
(1863.12~1907.7)

명성황후 민씨

귀빈 엄씨

귀인 이씨

귀빈 장씨

소의 이씨

귀인 정씨

귀빈 양씨

27.순종 척(장남)
(1907.7~1910.8)

순명효황후 민씨

순정효황후 윤씨

한 권으로 읽는
한국의 야사

초판 1쇄 인쇄 2021년 6월 22일
초판 1쇄 발행 2021년 6월 25일

지은이 김형광
펴낸이 김형성
디자인 공간42
인쇄제본 정민문화사
펴낸곳 (주)시아컨텐츠그룹

주소 서울시 마포구 월드컵북로5길 65 (서교동), 주원빌딩 2F
전화 02-3141-9671
팩스 02-3141-9673
E-mail siaabook9671@naver.com
출판등록번호 제406-251002014000093호
등록연월일 2014년 5월 7일

ISBN 979-11-88519-25-5 (03910)